KB174047

시어 방언 사전

시어 방언 사전

이상규 · 홍기옥

역락

머리말 __ 시어에 살아 숨쉬는 방언

방언은 한 언어의 역사뿐만 아니라 그 언어를 사용하는 사람들이 살아온 잔해, 자취와 같은 오랜 역사의 위엄이 아로새겨져 있는 삶의 주름이라고 할 수 있다. 이러한 방언을 사용한 문학작품은 어쩌면 방언의 어휘뿐만 아니라 방언에 배어 있는 토속적인 가락, 장단, 말투, 억양이나 눈에 보이지 않는 질펀한 심상이나 맛깔이 문학작품의 행간에 생동감 있게 가로 세로로 얽혀지게 된다. 또한 변두리 사람들이 사용하고 있는 방언에는 고도의 은유와 비유와 같은 표현력의 아름다움이 무늬를 이루고 있다.

사실 언어나 방언의 다종성이 가져다주는 지적 축적이나 문화 창조의 힘에 비하면 그것을 보존하고 가꾸고 갈무리하는 노력은 아무것도 아니다. 특히 시와 소설을 창작하는 데 방언은 놀라우리만치 위력적인 힘을 가지고 있다.

20세기 이후 전 인류의 언어와 방언이 급격하게 소멸하고 있다. 나라 안으로는 서울과 지방(변두리)이라는 정치적 · 문화적 이중성의 잣대가 만든 표준어는 존대되어야 할 대상으로 그리고 변두리의 방언은 내다버려야 할 대상으로 전락하게 된 것이다. 이처럼 소멸 위기에 처한 언어 사용자의 지위 향상이 이루어지지 않는다면 지배 문화의 압력을 제거하기란 거의 불가능해 보인다.

1933년 이후 서울과 지방(변두리)이라는 이분법적 구도가 굳혀져 서울의 바깥을 단순한 변두리로 타자화하는 서울 중심의 표준화 정책으로 일관해 왔다. 그리고 일제식민 기간 동안인 1933년 <조선어학회>(한글학회 전신)라는 민간 학술 단체가 제정한 '한글 맞춤법 통일안'은 국어사전 편찬을 위한 기획이었음에도 불구하고 국어의 지배적 규칙 혹은 틀로 고착됨으로서 국어 규범이 오히려 소통에 불편한 존재가 되었다. 또한 표준어와 방언의 관계가 좋고 나쁨의 잘못된 고정 관념으로 굳어지게 되었다. '한글 맞춤법 통일안'과 우리말

'큰사전'의 기초를 닦은 당시 환산 이윤재 선생이나 외솔 최현배 선생은 가능한 지역 방언을 최대한 조사하여 살려내려고 노력하였다. 특히 환산 이윤재 선생은 지역 방언을 '전등어'(어원적 분화형)와 '각립어'(음운 분화형)로 구분하여 어원이 다른 전등어는 비록 서울의 말이 아니더라도 표준어로 살려 쓰기 위해 노력하였다. 음운론적 변이형태인 각립어(各立語)는 예측이 가능하지만 형태론적인 방언형인 전등어(全等語)는 예측이 불가능하다. 이윤재 선생은 여기에서 각립어를 제외한 전등어 중 대표성을 띠는 방언형을 골라 표준어로 올리려는 노력을 하였다. 즉 이윤재 선생은 방언형은 비록 지방의 말이라고 할지라도 민족 언어의 일부이며 당연히 지켜야 할 언어 유산으로 인식하고 있었던 것이다.

언어와 방언의 관계는 우열이 존재하는 것이 아니지만 소통의 편의성 때문에 특정의 언어나 방언이 세력권을 갖는 기이한 상황에 도달하였다. 광복 이후 국어 어문정책은 민간과 정부의 협력 체계로부터 차츰 멀어지게 되었다. 전 세계적으로 한국의 '표준어'처럼 융통성 없는 국가 언어 정책을 펼치는 나라는 어디에서도 찾아 볼 수 없다. 우리나라의 '표준어' 개념 자체는 메이지 유신 이후 "일본 동경의 야마노테센(NR전철선) 내의 교양인의 말을 일본 표준어로 한다"는 근거 위에서 만들어졌다. 일본 동경시의 규모가 확대되고 인구도 급격하게 증가함에 따라 1946년부터 일본의 표준어 정책은 '동경 표준어' 정책에서 '동경 공통어(a common language)'로 선회하였다. 그런대 한국은 1960년대 이후 산업화와 도시화의 과정에서 급팽창한 '서울' 지역의 외연과 그 속에 유동하며 살아가고 있는 '교양인'의 정체를 규정하기 어렵게 되었음에도 불구하고 우리 어문 정책의 틀은 결국 한정된 '서울' 지역과 '교양인'으로 묶여 버린 것이다.

변두리 사람들의 언어에는 그들이 살아온 삶 속의 살아 있는, 생동하는 언어라는 점에서 '민중성'과 '변두리성', 그리고 '현장성'을 지니고 있다. 문학작품, 특히 시에 이러한 방언을 활용함으로써 '향토적 심미적 충격'이나 '운율적

효과'를 부여하는 데 이용되기도 한다. 다시 말하면 향토적 특성, 심미성, 부락(마을)의식 등 정서적 층위를 드러내는 효과와 함께 형식적 측면에서 시어, 율격, 음운 등의 표현적 효과를 위해 이용된다. 문학작품, 특히 시나 소설작품에서 향토색이 짙은 분위기를 연출하거나 향토적인 인물의 개성적 성격을 묘사하기 위해서나 또는 방언은 민중성과 지방성을 그리고 현장성을 지니고 있어 문학작품에 심미적 충격을 주는 데 이용된다고 하여 방언이 왜 문학작품에 활용될 수 있는가를 잘 설명해 주고 있다.

나날이 쏟아져 나오는 문학작품에 실린 생생한 모국어를 수집 관리하는 일은 개인 연구자가 수행하기엔 너무나 힘든 일이다. 이들을 국가 사전 지식 관리 차원에서 효율적으로 그리고 지속적으로 수집 관리하는 동시에 이를 활용하여 문화의 폭을 확대시키는 방안이 마련되어야 한다. 예컨대 국립방언원의 설립을 통해 지속적으로 지역 방언의 보존과 활용을 위한 노력을 해야 할 시점이다. 그러한 측면에서 사전에 올림말로 올려져 있지 않은 시 작품에 나타난 다양한 방언을 골라 사전으로 묶어 보았다. <21세기세종계획>의 과제를 함께 연구했고 국립국어원의 생활어휘조사 사업의 연구원이었던 제자 홍기옥 박사의 숨은 노력으로 이제 이 『시어 방언 사전』을 상제하게 되었다.

다양한 변두리 사람들의 방언에 담겨 누적되어온 체험적 언어 지식·정보가 얼마나 소중한지 알려내기 위해 이 책을 편찬하였다. 또 우리말과 글의 마지막 지킴이가 시인과 작가라고 생각한다. 한국어라는 큰 숲이 서울말 일색으로만 바뀐다면 그건 소나무만 무성한 숲이거나 아까시만 무성한 숲이기 쉽다. 그것을 두고 풍성하고 생태가 안정된 숲이라고 말하기는 어렵다. 풍성한 모국어의 기반을 보다 넓게 확대하기 위한 기초공정으로써 『시어 방언 사전』을 많이 활용해주길 바란다.

여러 가지 미흡한 점들은 두고두고 개편해 나갈 것을 약속드린다. 필자가 국립국어원장 재직 시에 기획했던 생활어휘조사 사업이 중단되어 무척 아쉽게 생각하고 있다. 여력이 있으면 전국의 다양한 사람들이 사용하고 있는 전

문 생활어휘사전의 기획도 구상하고 있다. 어려운 출판 환경에 흔쾌하게 이 책의 출판을 맡아 주신 도서출판 역락 이대현 사장님과 편집실의 이소희 님께도 감사의 인사를 드린다.

저물어가는 2015년 12월 10일

이상규 · 홍기옥

일 러 두 기

『시어 방언 사전』은 시에 나타난 방언 어휘를 표제어로 선정하여 뜻풀이와 사용 예문을 들어 정리하였다. 본 『시어 방언 사전』은 김관식, 김광협, 김남주, 김동명, 김동환, 김상용, 김소엽, 김소월, 김여정, 김용범, 김재흔, 김지하, 김찬기, 김춘수, 김현구, 김현승, 박남수, 박두진, 박목월, 박용철, 박재삼, 박제천, 박태일, 백석, 상희구, 서정주, 성춘식, 신경림, 신석정, 유안진, 유정, 유치환, 이상화, 이용악, 이육사, 이재무, 임화, 정동주, 정숙, 정완영, 정지용, 정현종, 정희성, 조오현, 조지훈 최남선, 최승자, 허수경, 현진건 등의 시인의 작품에 나오는 방언 어휘를 수집 정리한 것으로 가급적 시의 원문을 조사 대상으로 하였다.

표기 방식에 대한 일반적인 특징 사항은 다음과 같다.

1. 표제어는 한글의 자모순으로 배열하였다.

2. 이 사전은 "표제어-품사-해당표준어/뜻풀이-예문-시인명-시 제목순"으로 정리하였다.

   (예) **가개비** 명 개구리. #"고노리는 **가개비** 되곡/비애기는 닥이 되곡/망생이는 말이나 되곡/송애기는 밭갈쇠 된다//"(김광협, 고노리는 가개비 되곡)

3. 표제어는 방언 어휘를 중심으로 하였으며 방언을 반영하는 외래어(영어, 일본어, 한자어)도 포함하였다. 단어 외에 접사나 어미, 격조사, 말줄임형, 구, 절도 표제어로 실었다. 또한 시의 제목에 나타난 방언 어휘와 방언형의 오식, 오기에 관련된 어휘도 표제어로 선정하였다.
   표제어가 용언류일 경우 기본형 '-다'형을 중심으로 하고 필요에 따라 시제 결합형이나 어미 결합형도 수록하였다. 그리고 음성적 변이형은 가급적 한 표제어로 다루려고 하였으나 시에 나타난 보다 다양한 모습을 그대로 보일 필요가 있는 경우에는 각각 별도로 표제어로 삼았다. 표제어는 시의 원문을 참조한 경우에는 원문에 수록된 어휘형을 그대로 실었고, 예문도 원문에서 나타난 그대로 수록하여 띄어쓰기가 현대와 다른 경우도 있다. 작가의 시에 나타난 표기법을 그대로 반영한 것이다.

   (예) 이상화, 빼앗긴들에도 봄은오는가

4. 표제어의 품사 혹은 문법 정보를 약어로 나타냈다. 곧 명(명사), 형(형용사), 부(부사), 조(조사), 대(대명사), 미(어미), 구(구), 준(준말) 등으로 사전용 약물을 사용하여 표시하였다. 예문 표시는 #으로 하였고 '/'로 행 구분, '//'로 연 구분을 하였다. 예문 뒤에는 괄호를 해 시인명과 시의 제목을 명기하였다. 예문의 경우를 시어를 제시하고 시에 나온 예문 외에도 문학 작품에서 나온 예문이 있을 경우에는 수록해두었다.

5. 뜻풀이는 표제어에 해당되는 표준어가 있을 경우 표준어로 대체하거나 표준 어형으로 대체하기 어려운 경우에는 뜻풀이를 하였다. 시어 자체의 의미와 함께 시에서 나타난 상징적인 의미가 있는 경우에는 관련 설명을 덧붙였다.

6. 기저형을 밝힐 필요가 있는 표제어에 대해서는 활용형이나 곡용형을 제시하여 밝혀두었다.

7. 방언 시어의 정확한 이해를 돕기 위해 시어에 관련된 국어학적 설명을 다양한 참고문헌을 바탕으로 부연설명을 더하였다.

8. 방언 어휘의 변화 과정을 확인하기 위한 표제어에 대해서는 고어 문헌의 예를 밝혀두었다.

ㄱ

가가 명 '가게'의 방언. 상점 또는 집들. #"거지와 淑女가 가끔/숨박꼭질 하는 곳//생선 **가가**같이/비린내가 풍긴다//"(김동명, 목격자)

가개비 명 개구리. #"고노리는 **가개비** 되곡/비애기는 닥이 되곡/망생이는 말이나 되곡/송애기는 밭갈쇠 된다//"(김광협, 고노리는 가개비 되곡)

가난테미 명 '가난'의 뭉텅이. 매우 가난한 모습을 비유하는 말. #"구루마채 휘도록/**가난테미** 싣고서/동당동당 小鼓 울려/코 묻은 銅錢 부르네//"(이희승, 박꽃)

가냘프다 형 가늘고 여리다. #"그리하여 너는 이 믿지 못할 얼굴 하얀 오빠를 염려하고/오빠는 **가냘핀** 그 날 속에서도//"(임화, 네거리의 순이)

가녈피 부 가늘고 약하게. #"호젓이 피어 있던 꽃. 먼 砲聲에도/**가녈피** 이파리를 흔들며//"(유정, 최후의 꽃)

가녘 명 가장자리. 여가리. #"차라리 태어나지 말았더라면/태어나도 노을진 어느 보리밭 **가녘**/귀 떨어진 돌부처로 모로 누웠더라면//(김지하, 안팎)

가느슥히 부 가느스름하게. 희미하게. 어렴풋이. 「城外」에서 사용된 '그스늑히'와 유사한 의미를 지닌 말로 추정된다. #"시큼한 배척한 퀴퀴한 이 내음새 속에/나는 **가느슥히** 여진의 살내음새를 맡는다//"(백석, 북관)

가늣하다 형 가느다랗다. 가늘다. #"허리 가늣한 개아미는//"(김소월, 개아미), #"불그스레한 얼굴에 **가늣한** 손가락의/모르는 듯한 거동도 전날의 모양대로/그는 야젓이 나의 팔 위에 누워라//"(김소월, 꿈으로 오는 한사람)

가둥그리다 동 '가동그려'의 큰말. 가지런히 추리다. 가지런히 모으다. 간추리다. #"**가둥그려** 접었다가 크게 펴는 날개/퍼덕여 바다 위를 童話처럼 나는//"(박두진, 조용한)

가뜬하다 형 (들거나 사용하기에) 썩 간편하다. (기분이) 후련하고 가볍다. #"파란 하늘에 흰 구름이 가벼이 떠가고/**가뜬한** 남풍이 무엇을 찾아내일 듯이/강 너머 푸른 언덕을 더듬어 갑니다.//"(신석정, 봄의 유혹)

가라지 명 밭에 난 강아지풀. 함북에서

는 강아지풀을 '가라디', '가래풀', '개지풀', '반대' 등의 이름으로 부른다. 'ᄀᆞ랏 유(莠)', 'ᄀᆞ랏 패(稗)'(訓蒙, 上-9). "가라지의 소문"에서 '가라지'를 'ᄀᆞ랏'으로 풀이하면 소문을 강아지풀로 이어 엮은 것으로 비유하고 있다. #"너를 키운 두메산골에선/**가라지**의 소문이 뒤를 엮을 텐데/그래도/우리를 실은/차는 남으로 남으로만 달린다//"(이용악, 그래도 남으로만 달린다), #"**가라지**풀은 찬서리와 시비 없이도 떠날 수 있음으로 하여 아름답고/고요한 들녘 강은 수척하다.//"(정동주, 입동날, 논두렁에 서서)

가락나다 동 (솜씨, 조건, 분위기 따위가 좋아) 일을 치루어 나아가는 데 능률이 오르다. #"동해 바다 燈明 근처의 물결도/거울이 되어 **가락난** 소리결로/가인과 눈빛을 맞추고 있다.//"(홍해리, 燈明을 지나며, 우이동 시인들 · 18)

가락지다 형 매우 가락이 있다. #"죽음의 모습이 저렇게 **가락져** 모아질 수 있을까."(김찬기, 애기소나무)

가람 명 '강'의 옛이름. 길고 넓은 내. #"접동/접동/아울 오라비 접동/津頭江 **가람** 가에 살던 누나는/진두강 앞 마을에/와서 웁니다./옛날, 우리 나라/먼 뒤쪽의/진두강 **가람** 가에 살던 누나는/의붓어미 시샘에 죽었습니다.//"(김소월, 접동새)

가랑가랑하다 형 액체가 많이 괴어 가장자리까지 찰 듯한 모양. 그렁그렁하다. 물이 거의 찰 듯한 상태. #"산골사람의 손을 핥으며/약자에 쓴다는 홍정소리를 듣는 듯이/새까만 눈에 하이얀 것이 **가랑가랑한다**//"(백석, 노루)

가랑나무 명 상수리나무. 도토리과의 나무. #"인제는 그저 부는 바람 쪽/푸르른 배때기를/드러내고 나부끼는/먼 산 **가랑나무** 잎사귀로다."(서정주, 내 데이트 시간)

가름아 명 가르매. #"나는 온몸에 해살을 밧고/푸른한울 푸른들이 맛부튼 곳으로/**가름아**가튼 논길을싸라 꿈속을가듯 거러만간다.//"(이상화, 빼앗긴들에도 봄은오는가)

가름하다 형 갸름하다. #"남달리 녀겼더니 내하어이 어리석어/밝은달이 원망될줄 이제야 개달은고/가지를 울리는바람아 고이건너 가렴아//그윽한 닭의 우름 하멀리 들려온다/달근한 잠은 널좇아 거기간다/벼개만 빰을만지니 헐든하다 하올가//"(박용철, 정희를 가름하야)

가리늦게 부 늦은 것이 아주 늦게 시작되었다는 뜻. #"**가리늦게** 머시마만 너이로/둔 어떤 오마이가 사할뒤리/씨부렁거리 쌓는 기라꼬는//큰 늠은 물티이 겉고/둘째 늠은 쫌쌔이고/시째 늠은 배막띠이고/그라마 끄티이는 쫌

크기 될랑강?//이었다//"(상희구, 물티이/대구.72)

가리새 명 베틀에서 날실의 오르내림을 조절하는 막대기. #"가리새라 지는 양은/청룡황룡이 굽니는 듯/용두머리 우는 양은/새벽서리 찬바람에/외기러기 짝을 잃고/벗부르는 소리로다.//"(베틀노래3, 조선 가요집)

가리치다 동 가르키다. 동남방언에서는 '가르치다'와 '가르키다'의 의미 변별이 안 됨. #"하늘을 가리쳐 서로 戱戱하고/날는 동니의 소임에 이르기까지/백성의 뼈 핥기를 茶盤으로 알거늘./"(유치환, 日蝕)

가림하다 동 가리다. 남에게 잘 보이게 하기 위해 차리다. #"하늘도 땅도 가림할 수 없어/보오얀히 적설하는 날은/한 오솔길이 그대로/먼 천상의 언덕배기로 잇따라 있어/그 길을 찾아가면/그 날 통곡하고 떠난 나의 청춘이/"(유치환, 雪日)

가마하다 형 까마득하다. 까마득하게 멀다. #"한 그루 冬天을 견디어 의지하는 낙목 끝에/오늘은 삭풍도 가고 點으로 앉은 새여/네 눈은 가마한 불똥먼 산야가 잠겨든다.//"(정완영, 首首片片 4)

가막덤불 명 풀과 나무가 어수선하게 엉클어져 검은 빛깔이 나는 수풀. #"산에 가시나무/가막 덤불은/덤불 덤불 산마루로/벌어 올랐소//"(김소월, 가막덤불)

가막새 명 까마귀, 까치 등 검은 빛의 새. #"그리고 긴 긴 겨울밤이 오면/내 스스로 걸어 나가리라/흰 눈 덮인 들숲의/가막새 까욱대던 거기/바람을 찾아/가고 또 가리라//"(정희성, 바람에게)

가만하다 형 조용하다. 내밀하다. 은밀하다. #"눈이 내리는/고갈의 벌을 지키며,/고독의 소는 귀를 세우고/수학보다는 확실한 방법으로/풀리는 생성을 믿으면서/강 밑에 흐르는/가만한 것에/몸이 녹는 즐거움을/삭임질하다.//"(박남수, 소품삼제)

가무래기 명 새까맣게 동그란 가무래기 조개. 가무락조개라고도 함. #"비애고지 비얘고지는/제비야 네 말이다/저 건너 노루섬에 노루 없드란 말이지/신미두 삼각산엔 가무래기만 나드란 말이지//"(백석, 대산동)

가문비나무 명 가문비나무과에 딸린 큰 키 상록수. #"그는 쇠잔해진 목소리로/말했다./마치 눈오는 날의/가문비나무 같았다."(김용범, 善神의 노래 5)

가뭇없다 형 1. 눈에 띄지 아니하다 2. 간 곳을 알 수 없다 3. 소식이 없다 4. 흔적이 없다 5. 갑자기 보이지 않아 찾을 수 없는 상태이다. 감쪽같다. #"산골짜기/물소리,/말이 가뭇없다//"(정현종, 물소리), #"곧 뇌중추가 항복하리라./온 성이 가뭇없이/잠의 빙하 속에 가라앉으리라.//"(최승자, 미망, 혹은

비망 · 16)

가보셧다요 준 가보셨어요. #"우리골 자동차는 손님을 실코/날마다 산넘어 그곳갑니다//삼남에 제일가는 곳이 낫다는날/금동이 아버지는 **가보셧다요**// 보랏빗츠로 자주빗츠로 곱게물드린/저녁쎄 해지는 산고개/그고개 넘어 먼곳에잇는 항구에는/날이날마닥 쒸쒸쒸 륜선이 드나든대요//"(김현구, 산님어먼곳에)

가비얍다 형 가볍다. #"잠들어 꿈속에서는 무거운 짐 벗어주고/조그만 고추잠자리 **가비야운** 몸짓으로/불붙은 나래 짓 아득히 가물가물 뜨고 싶다.//"(정완영, 가비야운 몸짓으로), #"젊은 마음 꼬이는 구비도는 물 구비/두리함끠 굽어보며 **가비얍게** 웃노니.//"(정지용, 甲板 우), #"사랑은흘러가는 마음우헤서 웃고잇는**가비얍은** 갈대쏫인가./때가오면 쏫송이는 고라지며 때가가면 써러젓다 석고마는가.//"(이상화, 이별을하느니)

가비업다 형 가볍다. #"온 것을 아주 잇었어라, 깊은 밤 예서 함께/몸이 생각에 **가비업고**, 맘이 더 높이 떠오를 때./문득, 멀지 않은 갈숲 새로/별빛이 솟구어라.//"(김소월, 저녁때)

가삼 명 가슴. #"쏙두로 오르는정열에 **가삼**과 입설이써러 말보담숨결조차 못쉬노라./오늘밤 우리둘의목숨이 꿈결가치보일 애타는네맘속을 내어이모르랴.//"(이상화, 이별을하느니)

가새 명 가위. 가위<가익<ᄀᆞ애<ᄀᆞᅀᅢ<ᄀᆞᇫ애<두시, 초>←ᄀᆞᇫ-+-개, 경상방언에는 고어의 'ㅿ'이 'ㅅ'으로 변하여 된 어휘가 많이 있는데 '야시, 여시(여우), 가시개, 가새(가위), 저실(겨울), 가실(가을)' 등이 그에 해당되는 예이다. '가위'의 경상방언형에는 '까위, 가이, 가새, 가이개, 가시개, 까시개' 등이 사용되고 있다.『한국방언자료집 7-8 경상도편』 참조. #"네가 주는 것이 무엇인가?/어린애게도 늙은이게도/즘생보담은 신령하단 사람에게/단맛뵈는 엿만이아니다/단맛넘어 그맛을 아는맘/아모라도가젓느니 잇지말라고/큰**가새**로 목닥치는네가/주는것이란 엇재 엿뿐이랴!//"(이상화, 엿장사)

가수네 명 가시내. 여자아이. #"오다 **가수내** 들어가는 주막 앞에/문둥이 품바타령 듣다가/열이레 달이 올라서/나룻배 타고 판데목 지나간다 간다//"(백석, 통영)

가슴밭 명 가슴을 밭으로 비유한 말. #"당신의 **가슴밭**에 병조각으로 꽂힌/간경화꽃 붉게 타오르던 날/젖은 장작처럼 늘 몸이 무겁던/당신의 생에 재 한줌으로 남았습니다.//"(이재무, 간경화꽃 · 2)

가슴빛 명 눈의 빛을 눈빛이라고 하듯이

가슴에도 빛이 있다면 가슴빛이 될 것이라는 뜻의 조어. #"이루지 못한 사랑마다/별이 되게 하소서/눈빛과 **가슴빛**으로만/수만 대화 나누고/멀리 두고 바라만 보게 하소서//"(김소엽, 이루지 못한 사랑)

가시내 명 계집아이. #"알룩조개에 입맞추며 자랐나/눈이 바다처럼 푸를뿐더러 가무스레한 네 얼굴/**가시내**야/나는 발을 얼구며/무쇠다리를 건너온 함경도 사내//"(이용악, 전라도 가시내), #"남쪽 바다 봄 물결의 따스한 사랑을/일찌기 모르던 뭍의 나그네여/五月이 가기 전 이 봄이 다 가기 전/더 갈 수도 없는 우리네 땅/비린내 나는 마지막 港口에 들러,//**가시내**랑 **가시내**랑 술이라도 마시다가/이슥고 떠나는 기적 소리 귓전에 울리면,/波濤처럼 멀리 밀려가는/저 바위들의 儒達山을 향하여/손이라도 흔들어라!/마지막 손이라도 흔들어라!//"(김현승, 다도해 서정)

가시돋이 명 가시가 돋은 물건. 또는 가시가 돋는 일. #"우리 다시 만나기로 언약한 때는 언제이던가구요/뒷동산에 밤송이 익어서 툭툭 터져/알은 굴러 홈에 떨어지고 **가시돋이** 송이만이 내왕 길을 쫙, 덮어, 가도 오도 못하게 할 제/그대는 앞장태에 나는 뒷장태에 서서/서로 마주 쳐다보며 웃자고 할 때니 늦은 가을철인걸요.//"(김동환, 우리 만나던 시절이)

가시우다 동 가세다. 씻어내어 깨끗하게 하다. #"그 날은 뒷덜미가 가렵도록 부끄러워/들내어 무엇 하나 자랑할 수도 없는데/하늘이 첨 열리던 날에 다시 있게 하여라.//욕된 피 **가시우면** 구름도 고운 것이/돌아앉는 골에 꽃이 피는 그 모양도/새 노래 골에만 돌아도 이미 알고 있더라.//"(박재삼, 어느 날)

가신애 명 가시내, 계집애. #"띄염띄염 보히는 그림 쪼각은/압밭에 보리밧헤 말매나물 캐러간/가신애는 **가신애**와 종달새소리에 반해//빈바구니 차고오긴 너무도 부끄러워/술래짠 두뺨우에 모매꽃이 피엿고//"(이육사, 초가)

가얌 명 개암, 개암나무의 열매. #"또 **가얌**에 귀이리에 도토리묵 도토리범벅도 났다/나는 주먹다시 같은 떡당이에 꿀보다도 달다는 강낭엿을 산다//"(백석, 월림장)

가얏고 명 가야금. #"조각배 노 젓듯이 **가얏고**를 앞에 놓고/열두 줄 고른 다음 벽에 기대 말이 없다.//"(조지훈, 가야금)

가엾다 형 1. 딱하고 불쌍하다. 2. 가소롭다. 3. 가당치도 않다(=가짢다). 대구방언에서는 '가엽다'와 '가엾다'의 어형 구분이 없이 '가엽따, 가엽꼬, 가엾어, 가엽쓰니'로 활용한다. #"아내맘의잠근문을, 쑤다리는이여, 네가

누냐?이어둔밤에/영예!/방두째살자는 영예여! 너거든 오지말어라/나는네게서 오즉가엽슨선 웃음을볼쁜이로라.//"(이상화, 방문거절)

가왁가왁 뷔 가마귀 울음소리. #"어제도 하룻밤/나그네 집에/까마귀 **가왁가왁**울며 새었소//"(김소월, 길)

가을귀 명 가을의 예민한 소리를 들어내는 섬세한 귀를 비유한 말. #"너를 사랑하는 바로 그이가/너를 울릴 그 사람이 되나니/이별 있는 사랑만이 정녕 사랑이라는/바람의 목소리를 누님의 목소리를/**가을귀**를 스스로 알아 듣습니다.//"(유안진, 혼자서 걸어가면)

가을너새 명 너새는 기러기와 비슷하나 훨씬 큰 새의 한가지. #"바다,/바라보면 옛 同窓은/한 마리 **가을너새**가 되어/울고 있고//"(김춘수, 바다 사냥)

가음 명 어떤 일을 할 때 쓸 재료. #"밭이랑 문희우고/곡식 앗어가고/이바지 하올 **가음**마자 없어/錦衣는 커니와/戰塵 떨리지 않은/융의 그대로 뵈일밖에!//"(정지용, 그대들 돌아오시니)

가재미선 명 가자미식혜. #"김치 **가재미선** 동치미가 유별히 맛나게 익는 밤//아배가 밤참 국수를 받으려 가면 나는 큰마니의 돋보기를 쓰고 앉어 개 짖는 소리를 들은 것이다//"(백석, 개)

가주나다 동 갓나다. #"눈물에 싸여 오는 모든 기억은/피 흘린 상처조차 아직 새로운/**가주난** 아기같이 울며 서두는/내 영을 에워싸고 속살거려라.//"(김소월, 가을 아침에), #"**가주난** 아기 갓치 울며서 두는//"(김소월, 가을아츰에), #"봄 아츰 자리에서 **가주닐은** 다는 몸에//"(김소월, 건강한잠)

가중크리다 동 가지런하게 하다. #"옛날 우리 선비들은 거의가 진실한 무슨 책만 읽으려해도 깨끗이 목욕하고 몸과 마음을 **가중크려** 단정히 앉아 먼저 향에 불을 붙여서 사르었었다.//"(서정주, 미당산문)

가쥐치 명 참치나물. #"그래도 그 쉬영꽃 진달래 빨가니 핀 꽃 바위 너머/산 잔등에는 **가지취** 뻐국채 게루기 고사리 산 나물판/산나물 냄새 물씬 물씬 나는데/나는 복장노루를 따라 뛰었다//"(백석, 산)

가즈랑집 명 '가즈랑'은 고개 이름. '가즈랑집'은 할머니의 택호. #"**가즈랑집**은 고개 밑의/山 너머 아을서 도야지를 잃는 밤 즘생을 쫓는 깽제미 소리가 무서웁게 들려오는 집/닭 개 즘생을 못 놓는/멧도야지와 이웃사춘을 지나는 집//"(백석, 가즈랑집)

가즉이 뷔 가깝게. 가직게. 가직다. 가직허다. #"달빛 흐부얀 새벽ㅅ산골 안개속같은 내가슴/숲속에 수머앉어 가만이 나래떨고/졸리운 양 눈을 가믄 산비달기 같은 내넋은 머얼리 **가즉이**

ㄱ

서 나직하게 이러나는 大地의 Dirge를 하가이 듯습니다//"(김현구, 山비둘기 같은), #"비가 조록 조록 세염없이 나려와서…/쉬일줄도 모르고 일도없이 나려와서…/나무를 지붕을 고만이세워놓고 축여준다…/올라가는 기차소리도 **가즉이** 들리나니…/비에 홈추리 젖은 기차모양은 애처롭겠지…/내마음에서도 심상치 않은놈이 흔들려 나온다…//"(박용철, 비)

가지취 명 참취나물. #"女僧은 合掌하고 절을 했다./**가지취**의 냄새가 났다./쓸쓸한 낯이 옛날같이 늙었다.나는 佛經처럼 서러워졌다.//"(백석, 여승)

가차이 부 가까이. #"멀리 **가차이** 사람은 사람마다 비틀거리고/나의 쎈트헤레나는 술에 잠겨/나어린 병정이/머리숙이고 쑥스러이 옆을 스친다//"(이용악, 술에 잠긴 쎈트헤레나), #"타지 않는 저녁 하늘을/가벼운 병처럼 스쳐흐르는 시장기/어쩌면 몹시두 아름다워라/앞이건 뒤건 내 **가차이** 모올래 오시이소//"(이용악, 집)

가찹다 형 가깝다. 어느 한 곳에서 다른 곳까지의 거리가 짧다. '가찹다'와 '가직다'는 '가깝다'의 경상도 방언형이다(가찹다, 가첩다, 가죽다, 가직다, 가적다, 개깝다, 개작다, 개적다, 개죽다). 『경북방언사전』 '가직다'와 '가찹다' 항목을 참조하면 다음과 같다. '가직다'는 다음 예에서처럼 경북 봉화, 달성, 영천, 청도, 성주, 안동, 대구, 다성, 포항, 김천, 청도 등지에서 사용된다. **#가직은** 질로 나아 뚜고와 먼 질로 돌아댕기노(달성)(영천)(청도), 고만 병환 드고는 내외간 가직히 하믄 병 더한다고 안 와 주싰어(봉화), 가차운 질로 가래이(성주), 삽짝결 맹구로 개작나?(안동)(대구)(달성)(포항)(김천)(청도), 가직헌 데는(봉화), '가찹다'는 예천, 성주, 달성, 영덕 등지에서 사용되고 있다. #그 마실이 개찹다(예천), 가차운 질로 가래이(성주), 가차이(달성), 가찹따(영덕)『한국방언자료집 7-8 경상도편』 참조. #"먼 산 **가차운** 산/무더기채 가슴을 포개고 앉은/무심한 산만큼도 벗하고 싶지 않아/우리보다 무덤이 더 할 말이 없습니다.//"(허수경, 슬픔만큼 거름이 어디 있으랴), #"크레오파트라의코와몬나리—자의손을가즌/어린妖精아! 내혼을가저간妖精아!/**가차온** 머—ㄴ길을 밟고가는너여 나를다리고가라//."(이상화, 쓸어져가는 미술관), #"막창에 **가찹은** 부위의 곱창을 사와서는 어지간한/숯불에 노릿노릿 꿉어서 껌 씹 딧이 및 시간씩이나/재근재근 씹어 자시는 기 그 싯째 맛이고//"(상희구, 家親五味/대구.54), #"에전엔 무신 좋은 날을 받고 일기도 청명하고 별도 많이 나고 이런 날

한 번씩 봐 주시고 이랬대. 고만 병환 드고는 내외간 **가직히** 하믄 병 더하다고 안 봐주싰어./그때는 혼인 전이라 안보고 부음 하인한테 그짜아서 돈하고 종이하고 부의라꼬 해서 보내고 마음에만 애통했지. **가직헌** 데는 명지나 베나 이런 것도 보내고 법이 그랬어./친정서 올캐가 떡하고 옷하고 해 가지고 와서 삼신을 빌고 먹고 그러고는 방을 옮깄지./올캐는 그때 돈암동 살았으이 **가직게** 살믄 아무래도 좋겠다 시워서.//"(성춘식, 이부자리 피이놓고)

가추가추 뮈 갖가지. #"나비 춤 새의 노래/**가추가추** 아름답소만은/내 마음은 비어/신부 없는 골방//"(김상용, 향수)

가츤하다 혱 간충하다. #"수숫대 울섭 짓고 새집웅 **가츤한데**/골목에 사람그처 네런 듯 괴괴하다/아마도내들은소식 헐된줄만 싶어라//"(박용철, 애사3)

가티 조 같이. #"욱어진나무미테 넉싸진녯몸은/속마음깁게—고요롭게—밋그러우며/생각에겨운눈물과**가티**/일홈도 얼굴도모르는빈꿈을얽메더라."(이상화, 지반정경)

가펴롭다 혱 가파르다. #"손에 어린 것의 손을 끌고/**가펴러운** 언덕길을/숨이 차서 올라갔다//"(백석, 절망)

각근스럽다 혱 특별히 예의와 격식을 잘 갖추다. #"입사귀 떨어지고, 까마귀 소리하고,/해는 싫증난 얼골로 인사하던때에/우리는 서로 싸늘하게 말하길 잘계십시오!/허고 너는 가장 **각근스런** 인사를 각근히 하였니라…//"(박용철, 각근한 인사를 하였겠다)

각담 몡 1. 논밭의 돌이나 풀을 추려모아 한 편에 나지막히 쌓아놓은 무더기. 2. 돌로만 된 담. 돌각담. #"이 동리엔 섬든 처자 없던가 보이/**각담** 위 패랭이꽃 그저 남았을 제는/처자 있고 사랑이 있었더라면/저 어여쁜 꽃 그저 남았을까/벌써 사내들 손에 꺾여 물동이에 띄웠을 것을.//"(김동환, 패랭이꽃)

간간이 뮈 틈틈이. 간혹. #"경상도 金陵 고을 거기서도 한 칠십 리/사람보다 바위가 더 많이 살고 있는 官基里에/**간간이** 내가 내려와 팔짱 끼면 古佛되더라.//"(정완영, 官基里)

간땡이 몡 간. 가로막 바로 밑의 오른쪽에 있는 기관. 탄수화물을 저장하고, 단백질이나 당의 대사를 조절하며, 해독 작용을 하는 표준어 '간'의 의미와는 달리 겁도 없이 무모한 사람을 의미한다. 간땡이, 간뗑이, 간띠, '간땡이, 간뗑이, 간띠'는 '간'의 경상지역 대응 방언형으로 '간땡이가 크다', '간땡이가 부었다'는 '겁도 없이 무모하다'의 뜻이다. #"옛 어른님들/젊은 애들 겁 없이 굴 때면/**간뗑이**가 부었다고 하시던 말씀의 뜻/그 간뗑이 붓는다고 참뜻을/50이 넘은 지금에사 알풋살풋 알게 되다니/내참, 이부끄럽고 부끄러움/요즈음 세상엔 쥐구멍도 쉬이 보이질 않는구나/쥐구멍 찾기에 마음 조급한/이 부끄럽고 또 부끄러움/이런 밤엔/깜깜한 하늘에 별도 좀 숨어 줬으면/그래서 이런 날 내려다보지나 말아줬으면//"(김여정, 간단상), #"연해주 일대 만주벌판을 오가는 사람이면 그쯤 무법이구 사람들 간땡이도 큰 게야. 나 솔직히 말하자면 김두순가 뭔가 그잘 과히 좋게 생각하는 처지도 아니지만 어차피 그 길로 살아왔으니."(박경리, 토지)

간ㅅ잎 명 간엽, 곧 잎사귀 모양을 하고 두 쪽으로 나뉜 간장의 한쪽 부분. #"서리 밟고 걸어간 새벽길우에/간ㅅ잎만 새하얗게 단풍이 들어/거미줄만 발목에 걸린다해도쇠사슬을 잡아맨듯 무거워졌다//"(이육사, 연보 28)

간살 명 속살. #"바람을 빗질해도 네 별자린 촘촘하고/비를 목욕해도 네 간살은 안 젖는다/애당초 풍상은 까치 집이고 흔들릴거나.//"(정완영, 겨울나무 7)

간열프다 형 가냘프다. #"신개지에도 봄은 와서 간열픈 빗줄은//"(김소월, 상쾌한 아침)

간장밭 명 '간장(肝腸)+밭'의 합성어로 '간장'은 '간장과 창자', '애가 타서 녹을 듯한 마음'이라는 의미로 생활이 힘들어 생긴 마음을 밭이라는 공간에 투영하여 나타낸 말이다. #"오백 년 정 떨어지게/한정없이 맞고 한정없이 빌고//겨우 한뼘짜리 간장밭이나/근근히 소작하고 살았던가.//시절좋을쏜/굶고 울고 굶고 울고//"(박재삼, 원한)

간조날 명 정해지지 않은 부정기적인 날에 일한 만큼의 날품을 받는 날. #"흙먼지를 뒤집어쓰고 밀린 간조날을/꼽아보고. 건조실 앞에서는 개가/짖어댄다 고추 널린 마당가에서/동네 아이들이 제기를 찬다. 수건으로//"(신경림, 원격지)

간조롱해지다 형 가지런해지다. #"별만한 흰꽃이 하늘대오./밈들레 같은 두다리 간조롱 해지오.//"(정지용, 절정)

간직여 있다 형 간직되어 있다, 저장되어 있다. #"바다는 하늘을 간절너본다/여기 바다의 아량이 간직여잇다//날근 그물은 바다를 얽고/바다는 대륙을 푸른 보로싼다/여기 바다의 음모가 서리어잇다//"(이육사, 바다의 마음)

갈거이 명 옆으로 가는 게. 정주에서 가을에 나오는 게를 말하며 봄에는 '칠게'라고 한다. #"보름밤이면/갈거이와 함께 이 언덕에서 달보기를 한다/강물과 같이 세월의 노래를 부른다//"(백석, 늙은 갈대의 독백)

갈꽃 명 갈대꽃. #"밤이라면 별모래 골

고루 숨쉴 하늘/생각은 노새를 타고/갈꽃을 헤치며 오막살이로 돌아가는 날//"(이용악, 연못), #"노새나 나귀를 타고/방울소리며 갈꽃을 새소리며 달무리를/즐기려 가는 것은 아니올시다//"(이용악, 노래 끝나면)

갈다 동 바꾸다. #"한골에 그늘 딴골에 양지 따로 따로 갈어 밟다//"(정지용, 진달래)

갈라카마 동 가려면. #"보이소, 달성공원쪽으로 갈라카마 어데로 가마 대능교/요 쪽으로 패내기 가서 시머리 다리를 찾어소,/거라고 거게서 새로 물어보소//보소, 북문시장으로 갈라카마 어데로 가마 대능교/저 쪽 호무래이를 돌아, 패내기 가서 시머리 다리를/찾어소, 거라고 거게서 또 물어보소//시머리 다리 밑,/맑은 개천에서/여인네들 곧잘 머리 감곤 하던//"(상희구, 시머리 다리(新川橋)/대구.18)

갈립내다 동 갈립니다. #"찢기이는 옷같이 구름도 갈립내다/나무도 눈물젖어 안개같이 보입내다/녯사람 기럭이 글기다림 본받지않게 하소서//"(박용철, 한시습작)

갈매나무 명 갈매나뭇과의 낙엽 활엽 관목. 높이는 2~5m이며, 가지에 가시가 있다. 잎은 마주나고 톱니가 있으며, 5월에 연한 황록색의 잔꽃이 한두 송이씩 핀다. 열매는 약용하고 나무껍질은 염료로 쓴다. #"어느먼 산 뒷옆에 바우섶에 따로 외로이 서서,/어두워 오는데 하이야니 눈을 맞을, 그 마른 잎새에는,/쌀랑쌀랑 소리도 나며 눈을 맞을,/그 드물다는 굳고 정한 갈매나무라는 나무를 생각하는 것이었다.//"(백석, 남신의주유동박시봉방)

갈바리 명 나이가 든 호랑이. #"그러나 언덕길을 오르나리면서 항상 생각는 것은 친구의/얼굴들이 아니었습니다 갈바리의 산이요 우레소리와 함께/둘로 갈라지는 갈바리의 산//"(이용악, 항구에서)

갈보 명 몸을 파는 계집. 화류계에서 일하는 여자를 낮추어서 부르는 말. #"계집은 모두 갈보가 되어 나가고/사내는 미쳐 대낮에 칼질을 해서/온 고을이 피로 더럽혀질 때//"(신경림, 3월1일), #"제천역전 앞 하숙집에서 만난/영자라는 그 어린 갈보 얘기를 했다./때로는 과부집으로 몰려가/외상 돼지도로리에 한몫 끼였다.//"(신경림, 그 겨울)

갈부던 명 조개로 만든 아이들의 장난감. 갈 잎 세 개로 엮어 가운데는 빈 공간으로 한 두툼한 갈잎 덩어리로 만든 아이들 장난감. #"갈부던 같은 藥水터의 山 거리/여인숙이 다래나무 지팽이와 같이 많다/시냇물이 버러지 소리를 하며 흐르고/대낮이라도 산 옆에서는/승냥이가 개울물 흐르듯 운

다//”(백석, 山地)

갈앉다 동 1. 걸터앉다. #“그것 때문에,/우리를 사랑하신 그것 그 짐 때문에, 어이할가나,/갈앉아지기로는,/몸을 풀어 사랑을 나누기로는,/바다밖에 죽을데가 없었느니라.//”(박재삼, 어지러운 혼), 2. 가라앉다. #“불빛 노을 함빡 갈앉은 눈이라 노한 노한 눈들이라//”(이용악, 노한 눈들), #“사일랑 살랑 봄물ㅅ결/누가 버렸나 놓졌다/붉은꽃 힌꽃 묶음이/물ㅅ결우에 떠오른다 갈앉는다.//”(박용철, 봄물ㅅ결)

갈치다 형 기리키다. #“너희는 이를 갈처 어리석다 부르느뇨/내 생명의 불ㅅ길이 이제 차츰 줄어들어/세상에 대한 욕망이란 연기같이 사라질제/오히려 저를맞나 한마디말슴 하려함을.//”(박용철, 로-만스)

갈히다 동 가리다. 분별하다. #“앉음새 갈히여/양지 쪽에 쪼그리고,/서러운 새 되어/흰 밥알을 쫏다.//”(정지용, 조찬)

갊다 동 감추다, 간직하다. #“매야. 매, 송골매, 내 전생의 새야/너는 본시 猛禽類의 만아들./주우리면 주우릴수록 노오란 重瞳의 눈언덕은 안으로 움푹 꺼지어 들되,/가슴속 염통은 탄알같이 영글어 구슬덩이 갊은듯 雄志를 품고/터럭은 더펄더펄 덧거츤 주둥부리 사호나운 발톱으로!/천길 벼랑타기 아슬한 청솔가지 구부러진 시렁 위에 다리 하나 오그려 살짝 뒤로 제낀 自在畵한 폭.//”(김관식, 송골매)

감람 명 양배추. 간랑. 양배추를 포기 포기 심어놓은 것처럼 푸른 파도가 물결을 이루는 모양. #“마스트 끝에 붉은 旗가 하늘보다 곱다./甘藍 포기 포기 솟아 오르듯 茂盛한 물이랑이어!//”(정지용, 다시 해협)

감발 명 짚신을 신고 벗어지지 않도록 발에 천이나 끈으로 감는 것. #“길심메고 감발하는 등안 날은 어둡습니다 야속도 해라//”(김소월, 길차부), #“집신에 감발하고 길심메고//”(김소월, 두사람)

감석 명 ‘광석(鑛石)’의 잘못인 듯. #“그날 끌려간 삼촌은 돌아오지 않았다./소리개차가 감석을 날라 붓던 버력더미 위에/민들레가 피어도 그냥 춥던 사월/지까다비를 신은 삼촌의 친구들은/우리 집 봉당에 모여 소주를 켰다.//”(신경림, 폐광)

감수하다 형 감수(減壽)하다. 물이 폭포를 이루며 떨어지는 순간 ‘십년 감수한’ 것처럼 놀랐음을 묘사한다. 최동호 교수의 『정지용 사전』에서는 ‘불만 없이 달게 받다’로 풀이했다. #“어쨋던 너무 재재거린다./나려질리자 쭐뻿 물도 단번에 감수했다.//”(정지용, 폭포)

감잡다 동 어떤 말의 실마리를 잡다. 또는 어떤 느낌이 들다. ‘감잡히다’와 혼동하기 쉬움 #“괜히 강샘으로 올

곧게 그리는 사람들 **감잡고** 늘어지는 것으로밖에 보이질 않아."(김찬기, 애기 소나무)

감주 명 따듯한 식혜. '기장감주'는 기장으로 만든 감주를 말한다. #"그리고 또 달디단 따끈한 **감주**나 한잔 먹고 싶다고 생각하는 내 가지가지/외로운 생각이 헤매인다/"(백석, 흰 바람벽이 있어)

갑븐하다 형 가쁜하다. #"삼단가튼 고맙게 잘자란 보리밧아/간밤 자정이넘어나리든 곱은비로/너는 삼단가튼머리를 쌈앗구나 내머리조차 **갑븐하다**.//"(이상화, 빼앗긴들에도 봄은오는가)

갑피기 명 이질 증세로 곱똥이 나오는 배앓이 병. #"이 눈세기 물을 냅일물이라고 제주병에 진상항아리에 채워두고는 해를 묵여가며 고뿔이 와도 배앓이를 해도 **갑피기**를 앓어도 먹을 물이다//"(백석, 고야)

갓 나는 구 갓(冠)이 나는. 통영은 갓으로 유명한 지방이다. 선조 37년 통영에 수군통제영이 설치되고 그 아래 12공방을 두었는데, 그중에 입자방(粒子房)이 있어 통영지방에 갓을 제작하는 기능이 전승되어 왔다. 통영갓은 갓 중에서도 최상품으로 꼽혔다. #"구마산의 선창에선 좋아하는 사람이 울며 나리는 배에 올라서 오는 물길이 반날/**갓 나는** 고당은 갓갓기도 하다//"(백석, 통영2)

갓 물 난 구 방금 물에서 나온. #"너의 목소리는 살아있다/영하의 깊이에서 달빛을 길어올리는/두레박 소리, **갓물난**/물고기의 비늘 터는 소리에/너의 입내는 서려 있다.//"(박제천, 벽시계에게)

갓기도 하다 구 같기도 하다. 백석 시에서 '같다'는 '같다'와 '갓다' 두 가지로 표기된다. #"구마산의 선창에선 좋아하는 사람이 울며 나리는 배에 올라서 오는 물길이 반날/갓 나는 고당은 **갓갓기도 하다**//"(백석, 통영2)

갓들 부 가득. 1. 분량이나 수효 따위가 어떤 범위나 한도에 꽉 찬 모양 2. 빈데가 없을 만큼 사람이나 물건 따위가 많은 모양. 갓들, 갓득이, 가뜩, 까득, '갓들'은 '술을 한 잔 가뜰 따라바아라.(술을 한 잔 가득 따루어 보아라.)'의 예에서처럼 '가득'이라는 의미로 사용된 대구방언이다. 이기철(1982 : 187)은 '한배갓들'이란 말의 뜻을 '한 배 가득'이라고 해석해서는 안 된다고 주장하고 있다. 곧, 앞뒤 문맥으로 봐서 갑자기 배(舟)라는 말이 나오는 것도 이상하다. 외려 대구지방 방언에 '바깥'을 '배갓'이라 하는 것을 따라 '한 배갓들(한 바깥을)', 즉 '온 들판을 구비치네'로 보면 어떨지 밝히고 있다. '갓들'과 함께 '갓득이, 가뜩, 까득'도 경상도에서는 사용되고 있는데 이는 '가득히'라는 의미의 부사이다. #"갓없는생각 짬모를꿈이 그만 하나둘 자자지려는가,/홀아비같이 헤매는 바람떼가 한배갓들 구비치네./가을은 구슬픈마음이 앓다못해 날뛸시절인가보다.//"(이상화, 병적 계절), #"달아! 한울갓득이 서러운안개속에 쑴모닥이가티 써도는달아./나는 혼자/고요한 오늘밤능 들창에기대여/처음으로 안나치는 그이만 생각는다.//"(이상화, 달아)

갓부게 부 가분하게, 가뿐하게. 몸이나 마음이 적당히 가볍다. '갓부게나'를 '갓부게 나가자'로 띄어쓰기를 교정하여 기본형을 '갑부다(가버리다)' 또는 '갓부다(가버리다)' 등으로 잡고 있으나 대구방언에서 이러한 기본형을 가진 낱말들은 존재하지 않는다. 또는 '혼자라도 숨이 가쁘지만 가자'라고 해석하면서 '혼자라도 가뿟이나(가쁘게나) 가자'로 교열하는 것도 옳지 않다. 어미 '-게나'는 '무선택'의 의미를 가지며 '-든동'과 바꾸어 쓸 수 있다. 따라서 원본의 '갓부게나'는 '갓부든동'으로 바꾸어 보면 뜻이 명확해진다. 최명옥(1980 : 115)은 '-든동/지'와 '-게/거나'의 차이점은 쉽사리 지적해 낼 수 없다'고 지적한 바와 같이 '갓부게나'는 '갑븐하게나'라는 의미로 해석이 된다. 따라서 고등학교 검인증교과서와 대구문인협회에서 '가뿟이나'로 교열한 것도 잘못임이 명확해진다. 앞의 예에서 보면 '너가 머리를 감아 나조차 가분하다, 혼자라도 가분하게 가자'라는 의미로 해석할 수 있다. #"혼자라도 갓부게나 가자/마른논을 안고도는 착한도랑이/젓먹이 달래는 노래를하고 제혼자 엇게춤만 추고가네.//"(이상화, 빼앗긴들에도 봄은오는가)

갓사둔 명 새사돈. #"재당도 초시도 문장(文章) 늙은이도 더부살이 아이도 새사위도 갓사둔도 나그네도 주인도 할아버지도 손자도 붓장사도 땜쟁이도 큰개도 강아지도 모두 모닥불을 쪼인다//"(백석, 모닥불)

갓신창 명 부서진 갓에서 나온, 말총으로 된 질긴 끈의 한 종류. 가죽신 바닥에 댄 창. '갓신'은 '가죽신'의 고어이다. 갓끈창. 갓에서 나온 말총으로 된 질긴 끈. '갓끈'의 고어는 '갇긴', '갓낀'이다. '갓진창'은 이 고어가 음운변화를 거친 말로 보인다. #"새끼오리도 헌신짝도 소똥도 갓신창도 개니빠니도 너울쪽도 짚검불도 가락잎도 머리카락도 헝겊조각도 막대꼬치도 기왓장도 닭의 깃도 개터럭도 타는 모닥불//"(백석, 모닥불)

갓없다 형 끝이 없다. 경계에 가까운 바깥쪽 부분, 또는 '끝'이라는 의미를 지닌 '가'의 대구방언형. #"눈물 흘

리는 적소래만/갓업는 마음으로//"(이상화, 단조)

갓주지 명 산지기. #"**갓주지** 이야기와/무서운 전설 가운데서 가난 속에서/나의 동무는 늘 마음 졸이며 자랐다/당나귀 몰고 간 애비 돌아오지 않는 밤/노랑고양이 울어 울어/종시 잠 이루지 못하는 밤이면/어미 분주히 일하는 방앗간 한구석에서/나의 동무는/도토리의 꿈을 키웠다//"(이용악, 낡은 집)

강딘장 명 강된장, 국물이 작은 된장. #"씹어마 씹히는 그 맛이 쫀닥쫀닥하다 카시민서,/밥우에다 찐 팥잎사구를, 짜박짜박 끓인 **강딘장**에,/하얀 맨자지 쌀밥으로 쌈을 사서 쫀닥쫀닥 씹어/자시는 기 그 둘째 맛이고//"(상희구, 家親五味/대구.54)

강맘 구 준 강의 마음. 시인 조어로 한자어 江心에 대비되는 말이다. #"숨막힐 마음속에 어데 강물이 흐르느뇨/달은 강을 따르고 차듸찬 **강맘**에 드리느라//수만호 빛이래야할 내고향이언만/노랑나비도 오잖은 무덤우에 이끼만 푸르러라//"(이육사, 자야곡, 38)

강새이 명 강아지. 조부모가 손주를 정답게 부르는 말. #"**강새이**는 삽짝서 졸고/달구새끼는 횃대 우에서 졸고/괘네기는 실경 밑에서 졸고/할배는 담삐라다 바지게/걸치놓고 살핑사서 졸고/할매는 마늘 까다가 졸고/알라는 할매 젖태서 졸고/에미는 콩밭 매다가 졸고/에비는 소 몰민서 졸고//팔공산 모티는 가몰가몰/아지래이 속에서 졸고/영천군 청통면 신원리 마실이/마카 졸고 있는데//居祖庵 靈山殿/五百羅漢 부처님만/마실 지키니라고/누이 말똥말똥하다//"(상희구, 자부래미 마실-영천 청통 거조암 가서/대구.8), #"오마이를 먼저 앞세운/올개 국민학교에 갓 입학한/막내손주 보겠도우에/노랑 콧수건을 메달아 주면서/할매가 다짐을 한다//기철아, 차에 받칠라/먼산 보지 말고/패내기 댕기 온너래이/내 엿 녹카 노오꾸마,//한잠 늘어지게 자고 난/앞마다아 **강새이**가/하품을 크게 하고는/머리뚱하이/먼 산을 본다//"(상희구, 立春-먼 산 보다/대구.92)

강원도치 명 강원도 출신을 낮추어 이르는 말. #"길이 마음의 눈을 덮어줄/검은 날개는 없느냐/두만강 너 우리의 강아/북간도로 간다는 **강원도치**와 마주앉은/나는 울 줄을 몰라 외롭다//"(이용악, 두만강 너 우리의 강아)

개고리 명 개구리. #"저녁때 **개고리** 울더니/마츰내 밤을 타서 비가 나리네//여름이 와도 오히려 쓸쓸한 우리집 뜰우에/소리도 그윽하게 비가 나리네//그러나 이것은 또 어인 일가 어대선지/한머리 버레소리 이따금 들리노나//"(박용철, 어느밤)

개구락지 명 개구리. #"바람결에 실려 온 물, 물에 실려 오는 바람/**개구락지** 한 마리가 하늘 업고 놀고 있다/하늘도 물 속에 내려와 개구락지 업고 논다."(정완영, 金浦詩抄 2 / 개구락지 있는 풍경)

개구력 명 개구리. #"들낄은 휠끔하다 곳은 **개구력**//"(김소월, 저녁)

개굴 명 개울. #"뒷 가시나무밭에 깃들인 까치떼 좋아 지껄이고/**개굴**가에서 오리와 닭이 마주 앉아 깃을 다듬는다.//"(김소월, 상쾌한 아침)

개굴헝 명 개울. 수채. 도랑. #"간밤엔 아마 술이 좀 지났든게다 마지막 순배가 어느카페에서 돌았든가 어느골목으로 어느석하고 같이 걸었든가 흰눈으로 세상을흘기고 그래도 이렇게 내자리에서 내몸을 찾을 수 있고 **개굴헝**에도 빠지지않었다 알맞게 취했든게지 술은먹을지라 취하지는 말지라 어느석이 그따위 수작을한담 숙종대왕이 술을 금했는데말이야 하나님의 뜻으로 술새암이 솟았단말이야 그런이야기를 큰갓쓰고//"(박용철, 삼부곡)

개니빠니 명 개의 이빨. '니빠디'는 '이빨'의 평북 방언이다. 부서진 갓에서 나온, 말총으로 된 질긴 끈의 한 종류. #"새끼오리도 헌신짝도 소똥도 갓신창도 **개니빠니**도 너울쪽도 짚검불도 가락잎도 머리카락도 헝겊조각도 막대꼬치도 기왓장도 닭의 깃도 개터럭도 타는 모닥불//"(백석, 모닥불)

개발코 명 개발처럼 뭉퉁하게 생긴 코 내지는 넙죽한 코를 말함. #"영감들은/말상을 하였다 범상을 하였다 쪽재비상을 하였다/**개발코**를 하였다 안장코를 하였다 질병코를 하였다//"(백석, 석양)

개버드나무 명 개버드나무. #"어둡게 깊게 목메인 하늘./꿈의 품속으로서 굴러나오는/애닯이 잠 안 오는 유령의 눈결./그림자 검은 **개버드나무**에/쏟아져내리는 비의 줄기는/흐느껴 비끼는 주문의 소리.//"(김소월, 열락)

개버들 명 개버들. #"新開地에도 봄은 와서 가냘픈 빗줄은/뚝가의 어슴푸레한 **개버들** 어린 엄도 축이고,/난벌에 파릇한 뉘 집 파밭에도 뿌린다.//"(김소월, 상쾌한 아침)

개아미 명 개미. #"새파란하날 아득이 높고/**개아미**무리 다만 부지런하다/나래든솔개 휠신 잡아두르고/닭의무리 올밑에 몸을숨기다//"(박용철, 솔개와 푸른 쏘), #"**개아미** 마치 개아미다 젊은 놈들 겁이 잔뜩나 참아 참아하는 마음은 널 원망에 비겨 잊을 것이었다 깍쟁이.//언제나 여름이 오면 황혼의 이뿔따귀 저뿔따귀에 한줄식 걸처매고 짐짓 창공에 노려대는 거미집이다 령비인.//"(이육사, 서울), #"허리 가늣한 **개아미**는//"(김소월, 개아미), #"집 짓는

저 **개아미**//"(김소월, 사노라면사람은죽는것을)

개암 명 고염. #"실상 적막이란 별빛에 나 가 닿는 것/하늘나라 할머니 얘기 **개암**처럼 익는 밤은 솔밭에 솔씨 흐르듯 풍경소리 흐릅니다."(정완영, 풍경 3)

개와집 명 기와집. #"이 언덕은 언젠가 본듯한 언덕,/아아 그렇지,/그림 그린 **개와집** 저기 있고나.//"(박용철, 이 길)

개우 명 개우(蓋羽). 깃으로 만든 덮개. #"오늘도 젊은이의 상여는 훨훨 날리는 양장도 없이 대대로/마지막 길엔 덮어보내야 덜 슬프던 **개우**도 제쳐버리고 다만/조선민주청년동맹 깃발로 가슴을 싸고 민주청년들 어깨에/매여 영원한 청춘 속을 어찌하여 항쟁의 노래 한마디도/애곡도 없이 지나가는 거리에//"(이용악, 다시 오월에의 노래)

개자씨만쿰 구 겨자씨만큼. #"에미가 반디시 누븐 머시마 눈까풀을 까디집고는 빼간/새 끝으로 누 난을 요게조게 핥기 시작디마는 마츰네 **개자씨만쿰**/쪼맨한 까망 점같은 기 에미 빼간 새 끝에 묻어 나왔다/머시마가 무망간에 발딱 일어 나민서 만세, 엄마 인자 갠/찮다 카이끼네, 에미가, 아이고 고노무 자석 하민서 또 한분/머시마 궁디를 찰싹 때린다//"(상희구, 살을 섞다/대구.44)

개장취념 명 각자가 돈을 내어 개장국을 끓여 먹는 것. #"마을에서는 세불 김을 다 매고 들에서/**개장취념**을 서너 번 하고 나면/백중 좋은 날이 슬그머니 오는데//"(백석, 칠월 백중)

개지꽃 명 나팔꽃. #"바닷가는 **개지꽃**에 개지 아니 나오고/고기비늘이 하이얀 햇볕만 쇠리쇠리하야/어쩐지 쓸쓸만 하구려 섧기만 하구려//"(백석, 바다)

개평 명 놀음 뒷자리에서 돈을 딴 사람으로부터 얻어내는 잔돈 또는 잔심부름을 한 대가로 받는 돈이나 물건. #"온 집안에 퀴퀴한 돼지 비린내/사무실패들이 이장집 사랑방에/중돈을 잡아 날궂이를 벌인 덕에/우리들 한산 인부는 헛간에 죽치고/**개평** 돼지비계를 새우젓에 찍는다/끗발나던 금광시절 요릿집에 얘기 끝에/음담패설로 신바람이 나다가도/벌써 예니레째 비가 쏟아져//"(신경림, 장마), #"볏섬을 싣고 온 마차꾼까지 끼여/판이 어우러지면 어느 새 닭이 울어/버력을 지러 나갈 아내를 위해 나는/**개평**을 뜯어 해장국을 시키러 갔다.//"(신경림, 경칩)

개포가 명 강이나 내에 바닷물이 드나드는 곳. #"어느 먼 앞대 조용한 **개포가**의 나즈막한 집에서/그의 지아비와 마주 앉어 대구국을 끓여놓고 저녁을 먹는다//"(백석, 흰 바람벽이 있어)

객쩍다 형 겸연쩍다. #"아내는 뜨개질을 하러 나가 비운 방을 지키며/나는 애가 미치지 않은 것이 희한했다/때로 다 큰 쥔집 딸을 잡고/객쩍은 농지거리로 핀퉁이를 맞다가/허기가 오면 미장원 앞에 참외를 놓고 파는/동향사람을 찾아가 우두커니 앉았기도 했다//"(신경림, 처서기)

갱빈 명 강변. #"처음에 가사령과 성법령을 갖 지내와서는/동네 미역감는 꼬매이들 친구도 되 주다가/마실마중 널찍한 **갱빈**도 맨들어서 마실네들/쉼터도 맨들어 주다가/永川 와서, 자양천 상신천을 합류하고/부터는 제법 강의 틀이 째이이끼네/점점 할 일이 많에진다//"(상희구, 琴湖江/대구.100)

갱식이죽 명 대개 식은 밥에다 먹다 남은 김치랑 온갖 것을 집어 넣고 끓인 죽, '객식'이라고도 한다. #"참, 언선시럽두룩 죽을 마이 묵었다//보릿고개 급한 救荒에는 보리죽/비 오는 날에는 대개 콩죽/집에 半불 들오는 날 저녁에는 으레 갱죽/식은 밥에다 먹다 남은 짐치랑 온갖 잡동사이/집어 넣어서 낋인 **갱식이죽**/엄마 아풀 때는 그나마 흰죽/알라들 엄마젖 모지랠 때는 암죽/강낭콩이나 팥네끼가 백찜에/까망콩이나 건포도겉은 호박범벅죽/지체있는 집안의 영감님이나 마님들, 속이/허할 때는 잣죽 아이마 전복죽, 홍합죽, 깨죽/동짓날에는 당연히 팥죽/중간중간에 녹띠죽/이것도 저것도 아닌 풀때죽//"(상희구, 죽/대구.95)

갱죽 명 시레기나 콩나물등 주로 야채를 넣어 끓인 죽, 옛날의 죽은 거의 대부분이 끼니의 대용식이었는데 갱죽은 우리네 시골 서민들의 가장 대표적인 죽이라고 할 수 있다. #"참, 언선시럽두룩 죽을 마이 묵었다//보릿고개 급한 救荒에는 보리죽/비 오는 날에는 대개 콩죽/집에 半불 들오는 날 저녁에는 으레 **갱죽**/"(상희구, 죽/대구.95)

거긔 대 그곳. '그곳으로'라는 뜻을 가진 방언형 '거긔로'를 '거게로', '거기로'로 교정한 것은 표기법 차이의 문제이지만 『이상화 시집』(정음사)의 '세계로'로 교정한 것은 잘못이다. #"아, 어린애가슴처럼歲月모르는나의寢室로가자, 아름답고오랜**거긔**로."(이상화, 나의 침실로)

거나 미 -ㄹ까. #"오종대 뒤에 치마를 둘러쓰고/숨은 계집애들한테/연애편지라도 띄워볼거나. 우리의/괴로움을 아는 것은 우리뿐./올해에는 돼지라도 먹여볼**거나**.//"(신경림, 겨울밤)

거라 미 -(어)라. #"골목골목이 바다를 향해 머리칼 같은 달빛을 빗어내고 있었다. 아니, 달이 바로 얼기빗이었었다. 흥부의 사립문을 통하여서 골목을 빠져서 굼꾸는 숨결들이 바다로 간다. 그 정도로 알**거라**.//"(박재삼, 가난의 골목에서는)

거라요 미 것이라요. #"저저히 할 말을 뇌일락하면 오히려 사무침이 무너져 한정없이 멍멍한 **거라요**. 문득 때가치가 울어오거나 눈은 이미 장다리꽃밭에 홀려 있거나 한 **거라요**. 비오는 날도, 구성진 생각을 앞질러 구성지게 울고 있는 빗소리라요. 어쩔 수 없는 **거라요**.//"(박재삼, 무봉천지)

거러지 명 거지. '남에게 빌어먹고 사는 사람'을 '거지'라고 하는데 '거지'의 경상방언형에는 '각서리, 각써리, 거러지, 거르지, 걸개, 거러박씨, 걸구새이, 걸배이, 걸뱅이, 비럭지, 비럭지, 비렁뱅이, 비름배이' 등이 쓰이고 있다.『한국방언자료집 7-8 경상도편』 #"아츰과져녁에만 보이는**거러지**야!/이러케도 완악하게된 세상을/다시더 가엽게녀여 무엇하랴 나오느라."(이상화, 거러지)

거룩합시니 준 거룩하시니. #"렴리한 사람들을 다스리는 신이란 항상 **거룩합시니**/새별을 차저가는 이민들의 그 틈엔 안끼며갈테니/새로운 지구에단 죄없는 노래를 진주처럼 흣치자//"(이육사, 한개의 별을 노래하자)

거름애 명 그림자 물체가 빛을 가려서 그 물체의 뒷면에 드리워지는 검은 그늘. 거렁지, 거름애, 그렁지, 그리매, 그름애, 그릉지, 그림지, 그링지, 기림자 등의 방언형이 있다. 이상규(1998 : 14),『방언학』에서 "역사적으로 오래된 어휘들이 방언에 여전히 쓰이는 예는 매우 많다. '그르메'는 '그림자'라는 의미로 15세기 문헌에서도 극히 드물게 쓰였던 것이지만 현대의 경상방언에서 조사된 바가 있다."라고 설명하고 있다. '바래 드리비취ᄂᆞ닌 殘月 ㅅ 그르메로소니(두시 2-28), 그르메 업슨 즘겟 머리예(금삼 2-20)'에서의 '거름애'는 '그림자'라는 뜻으로 대구방언에서는 '거렁지', '그르매' 등의 분화형이 있다. 특히 영남방언이 반영되어 있는『두시언해』에 '그르메'라는 어형이 나타난다. 이상화의 산문 '무산작가와 무산작품'에서도 "검은누덕이죳는사람의 거름애가 행길에쩌러진 헌씨걱지를주우려고허리를굽힐때 그것은 날근누덕이에서난 독갑이가튼 반갑지안흔그影姿이엇다." 그 예가 나타난다. #"愛人아 검은 **거름애**가 오르락나르락 소리도 업시 얼린그리도다"(이상화, 이별을 하느니), #"저— 편에 느러섯는/白楊나무숩의 살찐**거름애**는/이저버린 기억이 떠돔과갓치/沈鬱,朦朧한/칸빠스 우헤셔 흐늑이다"(이상화, 단조), #"검은누덕이죳는사람의 **거름애**가 행길에쩌러진 헌씨걱지를주우려고허리를굽힐때 그것은 날근누덕이에서난 독갑이가튼 반갑지안흔그影姿이엇다."(이상화, 무산작가와 무산작품)

거메줄 명 거미줄. #"거메줄 감아들고 청령을 쫏던//"(김소월, 거츤풀허트러진),

거믜줄 명 거미줄. #"바람에 나붓기라 져녁은, 흐터진 거믜줄의//"(김소월, 비난수하는 맘)

거반 부 거의. #"밤이되면 괴로움에/누어 잠못들고 깨여 새인다./낮이되면 꿈가운대/거반 조을며 나는헤맨다…(노래 5)…//"(박용철, 일어나며 묻는말), #"천천히 말없이 걸으며/흙덩이를 깨는 다만한사람/함께 걸어가며 거반 조으는/비척거리고 끄덕거리는 늙은말을 가지고//"(박용철, 흥망을 등지고)

거시기 부 무슨 말을 하기 전에 다음 말이 있음을 알리는 간투어. 전라방언에서 주로 사용됨. #"그래 그랬었다 그는/소가 아프면 읍내로 약을 지으러 간다 수의사를 부르러 간다 허둥지둥 바빴으되/배가 아파 내가 죽는 시늉을 하면 건성으로 한 마디 할 뿐이다/,거시기 뭐냐 뒤안에 가서 물꼬시나무 뿌리 좀 캐서 달여 맥여//"(김남주, 아버지)

거짓것 부 일부러. 살짝. 눈속임 정도로. #"나도/인간이 되었으며,/아름다운 여인을/약속한 시간에 기다리고/팽창한 설계와/시작하기 전에 성공하는 사업과/거짓것이나마/감정이 부픈/철따라 마른 옷을 입고//"(박목월, 돌)

거짓말이락 해도 구 거짓말이라고 해도. #"옛날부터 이야기는 다 거짓말이락 해도 노래는 참말이다 하시던 데에서/노래의 가락은/더욱 절절해갔고/나는 거기서 고향삼아/훗날 시의 슬픔을/어렴풋이 배웠었다.//"(박재삼, 어머님 전 상서)

거츠다 형 스치다. 살짝 스쳐지나가다. #"밤 저녁의 그늘진 그대의 꿈/흔들리는 다리 위 무지개 길/바람조차 가을 봄 거츠는 꿈//"(김소월, 꿈길)

거츨다 형 거칠다. #"분명 라이풀선을 튕겨서 올나/그냥 화화처름 사라서 곱고//오랜 나달 연초에 끄스른/얼골을 가리면 슬픈 공작선//거츠는 해협마다 흘긴 눈초리/항상 요충지대를 노려가다//"(이육사, 광인의 태양, 73)

건답직파 명 마른 밭에 바로 파종을 하는 일. #"옷섶을 들치는/바람은 아직 차고/'건답직파' 또는//'농지세1프로 감세'/신문을 뒤적이는/가난한 우리의 웃음도/꽃처럼 밝아졌으면//"(신경림, 꽃그늘)

건대 명 국거리 야채의 하나. #"대구의 봄은/칠성시장에 제일/ 먼저 찾아온다//칠성시장의 봄은/칠성시장 채소전에서/시작는다//배껕 날씨는/아즉 칩은데//발씨로 不老, 西村/쪽서 쑥갓, 아욱이/들왔단다//中里 날뫼 쪽서/햇미나리, 정구지가/들오고//河賓 東谷서는/시금치, 건대가/들오고//慶山 押梁서는/낭개 가지가 들오고//淸道 풍각 角

北/서는 풋고치, 오이가/들왔다//"(상희구, 대구의 봄은/대구.93)

건들매 명 김천 지역에 있는 자연부락 명칭. #"고향 벌 **건들매** 아래 황우 한 필을 세워두라/이 풍요 이 경작을 너 아니고 누가 맡으랴/진실로 萬頃辛苦를 그 순명턴 대지일세."(정완영, 秋風賦), #"산은 산대로 앉고 물은 물대로 흘러라/장마 가신 먼 하늘에 구름마저 나부끼면/고향은 **건들매** 속에 자리자리 물들겠다."(정완영, 淸秋에)

건반밥 명 잔치 때 쓰는 약밥. #"개 하나 얼린하지 않는 마을은/해밝은 마당귀에 맷방석 하나/빨갛고 노랗고/눈이 시울은 곱기도 한 **건반밥**/아 진달래 개나리 한참 피었구나//"(백석, 고성가도)

건치 명 돗자리 모양으로 짚을 성글게 엮은 것. #"산을 허물어/바위를 뜯어 길을 내고/길을 따라 집터를 닦는다/쓰러지는 동무…/피투성이 된 두개골을 **건치**에 싸서/눈물없이 묻어야 한다//"(이용악, 오늘도 이 길을)

걸걸하다 형 정갈하지 않고 잘 어울릴 듯한 성격이나 맛깔. #"보이소 아는 양반 앙인기요/보이소 웃마을 이생원 앙인기요/서로 불러 길을 가며 쉬며 그 마지막 주막에서/**걸걸한** 막걸리 잔을 나눌 때/절로 젓가락이 가는/쓸슬한 음식.//"(박목월, 적막한 식욕)

걸구새이 명 거지. 남에게 빌어먹고 사는 사람. 각서리, 각써리, 거러지, 거르지, 걸개, 거러박씨, 걸구새이, 걸배이, 걸뱅이, 비럭지, 비럭지, 비렁뱅이, 비름배이 등의 경상도방언형이 있음. #"어디메 요란한 花林을/낭자하게 무찔고 온 비는 또/나의 창 앞에 종일을 붙어서서/**비럭지**처럼 무엇을 조르기만 한다.//"(유치환, 오월우), #"아이구, 그거 날물도 그래. 무시겉은 거는 옛날에 빌로 마이 못 갈았어. 집에서 쪼끔씩 갈아 놓으마 뭐, "**걸구새이** 꿀 얻어먹듯 한다."꼬 귀했지."(김점호, 베도 숱한 베 짜고)

걸음제 명 걸음새. 걸음걸이. #"길옆에 늘언 어린 銀杏나무들은 異國斥候兵의 **걸음제**로 조용조용히 흘러 나려갑니다.//"(정지용, 황마차)

걸치 놓고 구 걸쳐 놓고. #"강새이는 삽짝서 졸고/달구새끼는 횃대 우에서 졸고/괘네기는 실경 밑에서 졸고/할배는 담삐라다 바지게/**걸치놓고** 살핑사서 졸고/할매는 마늘 까다가 졸고/알라는 할매 젓태서 졸고/에미는 콩밭 매다가 졸고/에비는 소 몰민서 졸고//팔공산 모티는 가몰가몰/아지래이 속에서 졸고/영천군 청통면 신원리 마실이/마카 졸고 있는데//居祖庵 靈山殿/五百羅漢 부처님만/마실 지키니라고/누이 말똥말똥하다//"(상희구, 자부래미

마실－永川 淸通 居祖庵 가서/대구.8)

검 명 신. 神靈. #“가서는오지못할 이목숨으로/언제든지 헛웃음속에만 살려거든/검아 나의신령을 돍맹이로 만드러다고/개천바닥에석고잇는돍맹이로 만드러다고.//”(이상화, 극단)

것 미 －겠. #“다라운 사람놈의 세상에 몹슬팔자를 타고낫서/살도 죽도못해 잘난 이짓을 대대로 하는 줄은/한울아! 네가 말은 안해도 짐작 이야 못햇것나/보리도 우리도 오장이 다 탄다 이리지 말고 비를 다고!”(이상화, 비를다고), #“가을 햇볕으로나 동무삼아 따라가면,/어느새 등성이에 이르러 눈물이나고나.//제삿날 큰집에 모이는 불빛도 불빛이지만, 해질녘 울음이 타는 가을강을 보것네.//”(박재삼, 울음이 타는 가을강), #“그리고 천지가 하는 별의별 가늘고 희한한 소리도 다 듣것네. 수풀이 소리하는 것은 수풀이 반짝이는 탓으로 치고, 저 빨래돌의 반짝이는 것은 또한 빨래돌의 소리하는 법으로나 느낄까 보다.//”(박재삼, 한나절 언덕에서), #“그래 그랬었다 그는/방금 전에 점심 먹고 낮잠 한숨 붙이려는데 나를 깨워 재촉했다/,해 다 넘어가겄다 어서 일어나 나무하러 가거라//”(김남주, 아버지, 조국은 하나다)

것가 준 것인가? #“눈이 붓어, 저것은 꽃핀 것가 꽃진 것가 여겼더니, 피는 것 지는것을 같이한 그러한 꽃밭의 저것은 저승살이가 아닌것가 참. 실로 언짢달것가. 기쁘달것가.//거기 정신없이 앉았는 섬을 보고 있으면,/우리는 살았닥해도 그 많은 때는 죽은 사람과 산 사람이 숨소리를 나누고 있는 반짝이는 봄바다와도 같은 저승 어디즘에 호젓이 밀린 섬이 되어 있는 것이 아닌것가.//”(박재삼, 봄바다에서)

겅고오 명 건공에, 곧 텅 비어 있는 허공을 말함. #“여뀌향이 진동하는/봇또랑우에/철개이 한 마리/오도 가도 안하고/기양 겅고오 떠 있다//무얼 가만 엿듣고 있나?//아모래도 지 있는데서/봇또랑물 있는 데 까지/기럭지를 測보는 갑다//”(상희구, 철개이/대구.68)

게글받다 형 게으르다. 행동이 느리고 움직이거나 일하기를 싫어하는 성미나 버릇이 있다. ‘게으르다’에 대응되는 경상방언 어휘에는 ‘게글받다, 게그르다, 게거르다, 기일르다, 기걸르다, 개얼르다, 끼얼르다, 깨얼르다, 께으르다, 께을받다, 껠받다, 겔받다’ 등이 있다.『한국방언자료집 7–8 경상도편』 #“뽑아 가주고 밭에 지자리에 너는 사람도 있고, 게글받은 사람은 뽑지도 아하고 그양 서와 두는 사람도 있고. 주장 고만 뽑아다가 집 가까이에 널어요.”(김점호, 베도 숱한 베 짜고)

게루기 명 게로기. 초롱꽃과에 딸린 여

러해살이 풀. #"그래도 그 쉬영꽂 진달래 빨가니 핀 꽃 바위 너머/산 잔등에는 가지취 뻐국채 **게루기** 고사리 산 나물판/산나물 냄새 물씬 물씬 나는데/나는 복장노루를 따라 뛰었다//" (백석, 산)

게사니 명 오릿과의 새. 거위. 게우. '게사니'는 거위의 방언이다. '게:사니, 게사니, 게사이, 게상이, 계:사니, 계산이' 등의 방언이 있다. '희광이'는 민속놀이에서 등장하는 인물로 얼이 빠진 좀 모자라는 듯한 모습의 사람을 비유하여 부르는 말이다. '희광이'는 경북 경산의 '한장군놀이(韓將軍-)'에 등장하는 인물 가운데 하나이다. 한장군놀이는 경상북도 경산군 일대에서 전승되는 단오굿의 민속놀이이다. 가장행렬에는 장산사명기·청룡기·백호기·令旗 등을 든 사람들과 농악대, 여원화 2명, 巫夫, 희광이, 여장동자 2명, 감사뚝, 군노 2명, 사령 2명, 砲將, 포군 20명, 營將, 기생전배 4명, 中軍, 삼재비, 前陪通引, 日傘 및 芭蕉扇, 도원수, 印陪通引, 髓陪 등이 참가하였다. 옛날에는 무당굿도 겸하였다고 하나 지금은 볼 수 없다. 그런데 경북 경산의 민속놀이에 등장하는 '게사니'가 청마의 시에 어떤 연유로 하여 나타나는가? 또는 거제에도 이와 유사한 민속놀이가 있었는가라는 의문은 아직 남아 있다. #"苦熱과 자신의 탐욕에/여지없이 건조 風化한 넝마의 거리/모두가 허기 걸린 **게사니**같이 붐벼 나는 속을/칼가시오!/칼가시오!/한사나이 있어 칼을 갈라 외치며 간다.//…//손에 손에 그 시퍼런 날들을 들고 게사니같이 덤벼/남 나의 어느 모가지든 닥치는 대로 컥컥 찔러/황홀리 뿜어나는 그 새빨간 선지피를/희광이 같이 희희대고 들이켜라는데//"(유치환, 칼을 갈라!), #"내가 엄매등에 업혀가서 상사말같이 항약에 야기를 쓰면 한창 피는 함박꽃을 밑가지채 꺾어주고 종대에 달린 제물배도 가지채 쪄주고 그리고 그 애끼는 **게사니** 알도 두 손에 쥐어주곤 하는데//집에는 언제나 센개 같은 게사니가 벅작궁 고아내고 말 같은 개들이 떠들썩 짖어대고 그리고 소거름 내음새 구수한 속에 엇송아지 히물쩍 너들씨는데//"(백석, 넘언집 범 같은 노큰마니)

게스리 미 -게끔. '있게스리'에서 '-스리'는 접미사로서 함경도방언에서 강원 동해안을 거쳐 경북지역으로 이어지는 지역에 분포하며, '-끔'과 같은 강조와 한정의 기능을 한다. #"거룩하고 감사론 이동안이/영영 있**게스리** 나는 울면서 빈다./하로의 이동안- 저녁의 이동안 이/다맛 하로 만치라도

ㄱ

머물러 있게스리 나는빈다.//"(이상화, 저므는놀안에서)

게우 명 거위. 게사니. #"그뒤로 힌**게우**가 미끄러진다.//"(정지용, 호면)

게울리 부 게으르게. #"해도 지리한듯/머언산끝에 파리한 하품을 물고/모기떼 가느라한소리 설리 앵앵그리면/풀뜯는 황소는 **게울리** 꼬리를 치며/보랏빛 노을 은은이끼여 고요한 들에/구슬픈꿈 아스프라니 떠도는 여름해으름/찔레꽃 순한향기 스르시 지처오는/냇갈가 보드레한 풀밭에 누어/뽀얀하날에 기리 피여오르는/나의 애달픈 한숨이여!//"(김현구, 김현구전집, 풀우에 누어서)

게을받다 형 게으르다. '게글받다', '기일타' 등의 방언형이 있음. #"매양 악착하여 바둥대는 나날임에도/짐짓 하루해를 **게을받아** 보는 뜻은/더러는 저 산 만큼은 넉넉하여 살자 함이다.//"(정완영, 이 게으런 가을날에)

겟구나 미 하겠구나. '따습-하겠-구나'의 구성에서 '하-'의 생략에 의한 '따습겠구나'로 구성된 것이다. #"서리가 덩짜라 추녀끄트로 눈물을흘리는가./내야 반가웁기만하다 오늘은 짜쓰**겟구나**.//"(이상화, 겨울마음)

겨오 부 겨우. #"당신이보낸이해는 목마르든나를 물에빠저죽이려다가/누덕이로 **겨오**가린 헐버슨몸을 태우려도 하엿고/주리고주려서 사람끼리원망타가 굶어죽고만 이해를 돌려보냄니다."(이상화, 이해를보내는노래)

겨웁다 형 지겹다. #"푸른 풋감은 떫어도/한없이 마음 감치어 아이들은 즐겁다오./그 파아란 그늘 아래 모여/적은 고개 재껴/세어 보기도 하고/종일을 놀아도 **겨웁잖다오**./"(유치환, 풋감)

견양 명 겨냥. #"모태ㅅ불 이운 듯 다시 살어난다 警官의 한쪽 찌그린 눈과 빠안한 먼 불 사이에 銃**견양**이 조옥 섰다//"(정지용, 도굴)

겻방살이 명 셋방살이. #"金剛! 오늘의 력사가보인바와같이 조선이죽었고석가가죽었고 지장미륵모든보살이죽었다. 그러나 우주생성의로정을밟노라—때로변화되는 이과도현상을보고 묵은그시절의조선얼굴을찾을수없어 조선이란 그생성전체가 죽고말앗다—어리석은말을못하리라. 없어진것이란다맛 묵은조선이죽었고 묵은조선의사람이죽었고 묵은네목숨에서 **겻방사리**하던인도의모든신상이죽었을 다름이다, 항구한청춘—무한의자곡—조선의생명이종합된너의존재는 영원한자연과 미래의조선과함께기리누릴것이다.//"(이상화, 금강송가)

고나 미 -구나. #"깨여나라 조그만 꽃아/너는 풀새에 고달파 누었**고나**./간밤에 나리던 비가/받들기에 너무나

무겁더냐//"(박용철, 힐다·콩클링의 시)

고누다 동 겨누다. #"마른 국화대궁이가 **고누는** 하늘로//구름이 달린다. 모발이 소멸하는/구름이 달린다. 돛을 말며//"(박목월, 한정), #"나는/흔들리는 저울대./시는/그것을 **고누려는** 종/겨우 균형이 잡히는 위치에/한가락의 미소//"(박목월, 시)

고달폇노라 준 고달팠노라. 열 네 살부터 고향을 떠나 서럽게 지냈음을 말한다. #"나가서도 고달피고/돌아와서도 **고달폇노라**/열네살부터 나가서 **고달폇노라.**//"(정지용, 녯니약이 구절)

고담(枯淡)하다 형 속되지 않고 아취가 있다. #"이 조용한 마을과 이 마을의 으젓한 사람들과 살틀하니 친한 것은 무엇인가/이 그지없는 **고담하고** 소박한 것은 무엇인가//"(백석, 국수)

고당 명 고장. #"구마산의 선창에선 좋아하는 사람이 울며 나리는 배에 올라서 오는 물길이 반날/갓 나는 **고당**은 가깝기도 하다//"(백석, 통영 2)

고대 준 곳에. #"너곳 아니드면/하느님도 별 수 없는 小學生/그릇친 習字紙는 **고대** 부벼/휴지통에 버려야 하는것을//"(박용철, 망각)

고랑 명 밭이나 논의 두둑 사이 낮은 곳. #"老王은 팔장을 끼고 이랑을 걸어/나는 뒷짐을 지고 **고랑을** 걸어/밭을 나와 밭뚝을 돌아 도랑을 건너 행길을 돌아//"(백석, 귀농)

고리땡 명 처음부터 끝까지 단맛이 무던한 사과이다. #"풋사과가 달기로는/그 중에 유와이가 젤로 낫고//**고리땡**은 오래 나아 둘수록/지푼 단맛이 있고//아사히는 물이 많은데 달지만/지푼 맛이 적고//B품으로 나온 오래된 落果는/그 맛이 허벅허벅하다//"(상희구, 대구사과/대구.66)

고리짝 명 고리짝. 궤짝. #"머리맡에 접어놓은 군대 담요와 되도록 크게 말은 솜버선이며/**고리짝**을 뒤적거렸자 쓸 만한 건 통 없었구나 무척헐게/입은 속내복은 나는 다시 한 번 어루만지자 오래간만에/들린 우리집 문마다 몹시도 조심스러운데//"(이용악, 유정에게)

고만두 구 그만 두어라 #"즌퍼리의 물가에 우거진 고만두/고만두풀 꺾으며 **"고만두라"** 합니다.//두 손길 맞잡고 우두커니 앉았소./잔지르는 수심가 **"고만두라"** 합니다.//슬그머니 일면서 "고만갑소" 하여도/앉은 대로 앉아서 **"고만두고 맙시다"** 고.//고만두풀숲에 풀버러지 날을 때/둘이 잡고 번갈아 **"고만두고 맙시다"**//"(김소월, 고만두풀 노래를 가져 月灘에게 드립니다)

고만스럽다 형 고만하다. 驕慢스럽다. 젠체하고 뽐내며 방자하다. #"네 눈은 **驕慢스런** 黑단초./네입술은 서운한 가을철 수박 한점.//"(정지용, 저녁 해ㅅ살)

고목동굴 명 고목의 안이 썩어 뚫린 구멍. 고목나무에 굴처럼 파인 곳. #“시커먼 머리채 풀어헤치고/아우성하면서 가시는 따님./헐벗은 벌레들은 꿈틀릴 때,/黑血의 바다. **고목동굴**./啄木鳥의/쪼아리는 소리, 쪼아리는 소리.//”(김소월, 열락)

고무 명 고모. #“얼굴에 별자국이 솜솜 난 말수와 같이 눈도 껌벅거리는 하루에 베 한 필을 짠다는 벌 하나 건너 집엔 복숭아나무가 많은 신리 고무 **고무**의 딸 이녀 작은 이녀//”(백석, 여우난골족)

고뿔 명 감기. #“이 눈세기 물을 냅일물이라고 제주병에 진상항아리에 채워두고는 해를 묵여가며 **고뿔**이 와도 배앓이를 해도 갑피기를 앓어도 먹을 물이다//”(백석, 고야)

고샅길 명 눈이 사람 키 닿을 정도로 쌓인 시골 마을의 좁은 길. #“눈이 치로 싸힌 **고샅길** 인기척도 아니하였거니//”(정지용, 삽사리)

고상 명 고생. #“아이고 삐때기총각, 불쌍에서 우짜꼬, **고상**, **고상**해서 참한 색씨 얻어서 인자 살만 하디마는, 지발 저승에 가서라도 낯쨱이 쫙 피이 질랑강//”(상희구, 德壽醫院 삐때기 원장/대구.73)

고시에라 형 고소해라. #“아이구 **고시에라**/아이구마 달구마는/구시다카이 구시다 안 카덩교/그냥 꼬오옥 꼬오옥 씹어보소 얼마나 단지//제리 묵는 열무는/경산 자인 논두렁,/콩밭 새에서 키운 열무가/젤이구마는.//”(상희구, 慶山 慈仁 열무/대구.28)

고아내다 동 떠들어대다. #“집에는 언제나 센개 같은 게사니가 벅작궁 **고아내고** 말 같은 개들이 떠들썩 짖어대고 그리고 소거름 내음새 구수한 속에 엇송아지 히물쩍 너들씨는데//”(백석, 넘언집 범 같은 노큰마니)

고았다냐 형 고왔다더냐. #“말해보아라/예너스가 너보다/더엡벗다냐/제가 자개로 배를타고/언덕으로 밀려오며, 굼틀리는 물ㅅ결우에/둥실 떠올랐을제?/보티쩰리의 얽어보든 그림인들/내해보다 더 **고았다냐**?/그의 그림속에 귀한부인/꾸며놓은 장미송인들/넘우갸륵한 너의 아름다움을/흐릿한 얇은 銀의/포장으로인 듯 가리려/너의몸가에 불어보낸/나의말슴보다 더 나었다냐?//”(박용철, 말해보아라)

고오고리 명 키에르케골. #“성미 어진 나의 친구는 **고오고리**를 좋아하는 소설가 몹시도/시장하고 눈은 내리던 밤 서로 웃으며 고오고리의 나라를/이야기하면서 소시민 소시민이라고 써놓은 얼룩진 벽에/벗어버린 검은 모자와 귀걸이가 걸려 있는 거울 속에 너는 있어라//”(이용악, 오월에의 노래)

고이하다 형 괴이하다. #"남생이 등같이 외로운 이서, 밤을/싸고오는 소리! **고이한** 침략자여!/내 보고을 문을 흔드난건 그누군고?/영주인 나의 한마듸 허락도 없이//"(이육사, 해조사)

고조곤히 부 고요히. 소리없이. '고요히'의 평북 방언. #"나타샤가 아니 올리 없다/언제 벌써 내 속에 **고조곤히** 와 이야기한다/산골로 가는 것은 세상한테 지는 것이 아니다//"(백석, 나와 나타샤와 흰 당나귀), #"오오 내 님이여! 당신이 깔아놓아주신 이 자리는 맑은 못밑과 같이 **고조곤도** 하고 아늑도 했어요."(김소월, 꿈자리)

고치가리 명 고춧가루. #"두째로 묵은 탱글탱글 야물어야 한다/(묵을 썰라꼬 칼을 묵에다 갔다댔일 때/묵이 너무 야물어 가주고 칼이 한 발이나/우로 팅기오리마 그 묵이 채곤기다)//끝으로 묵맛은 양념장이/받쳐줘야 하는 것이다/저렁에다가 다진 마늘,/맵싹한 **고치가리**를 풀고/창지름이 두어 빠알/자청파를 쫑쫑 썰어 넣어마 그마이다//"(상희구, 묵/대구.85)

고하 형 고와. #"온 고을이 밧들만 한/薔薇 한가지가 솟아난다 하기로/그래도 나는 **고하** 아니하련다.//" (정지용, 또 하나의 다른 太陽)

곤두치다 동 높은 곳에서 머리를 아래로 하여 거꾸로 떨어지다. #"蹂躪바든계집가티 검은무릅헤, **곤두치고**, 죽음일다!"(이상화, 이중의 사망), #"철모르는 나의마음 홀아비자식 아비를 따리듯 불본나비가되야/꾀우는 얼굴과같은 달에게로 웃는닛발같은 별에게로/앞도모르고 뒤도모르고 **곤두치듯** 줄다름질을 쳐서가더니.//"(이상화, 역천)

곧어름 명 고드름. 이숭원 교수의 『원본 정지용 시집』에서는 '곧 어름이 얼어'라고 풀이 했지만 이는 잘못이다. # "**곧어름** 지여 얹가지/나려앉은 하눌에 찔리고//"(정지용, 창)

골리딧이 동 골르듯이. #"깜동콩을 볶아서 쌀 뉘 **골리딧이** 床 우에다 가지러히/벌써 놓고 한 알씩 입 안으로 톡 톡 던져 넣고는 바짝/에빈 뽈때기가 오막오막 하민서 올캉졸캉 씹어 자시는/기 그 다섯 분째 맛이다//"(상희구, 家親五味/대구.54)

골부림 준 골을 냄. 성을 냄. #"네 꾸지람 **골부림** 까지라도/참을성있게 들으려니와,/내 詩를 추지 않는 날에는/나는 너를 보내고 말겠다."(박용철, 내안해되는 날에는)

골아지다 형 시들다. #"사랑은흘러가는마음우헤서 웃고잇는가비얍은 갈대꼿인가./때가오면 꼿송이는 **고라지며** 때가가면 떠러젓다 석고마는가.//"(이상화, 이별을하느니)

곱돌탕관 명 광택이 나는 매끈매끈한 암

석으로 만든, 약을 달일 때 쓰는 자그마한 그릇. '곱돌'은 '蠟石'의 평북 방언이다. '납석'이란 기름 같은 광택이 있고 만지면 양초처럼 매끈매끈한 암석과 광물을 통틀어 이르는 말이다. '탕관'이란 국을 끓이거나 약을 달이는 자그마한 그릇이다. #"토방에서는 질화로 위에 **곱돌탕관**에 약이 끓는다//"(백석, 탕약)

곱새 명 곱사등이. #"욕된 나날이 정녕 숨가쁜/**곱새**는 등곱새는/엎디어 이마를 적실 샘물도 없어//"(이용악, 해가 솟으면)

곱새녕 명 초가의 용마루나 토담 위를 덮는 짚으로, 지네 모양으로 역은 이엉. 짚으로 지네처럼 엮은 이엉을 얹은 지붕. '곱새'는 '용마름'의 평북 방언이고, '녕'은 '지붕'의 평북 방언. #"나는 이번에는 굴통 모퉁이로 달아가는데 굴통에는 굴대장군/얼혼이 나서 뒤울 안으로 가면 뒤울 안에는 **곱새녕** 아래 털능귀신//"(백석, 마을은 맨천귀신이 돼서)

곱새담 명 풀, 짚으로 엮어서 만든 담. 짚으로 지네처럼 엮은 이엉을 얹은 담. '곱새'는 '용마름'(짚으로 지네처럼 엮음 이엉)의 평북 방언. #"엄매와 나는 앙궁 위에 떡돌 위에 **곱새담** 위에 함지에 버치며 대냥푼을 놓고 치성이나 드리듯이 정한 마음으로 냅일눈 약눈을 받는다"(백석, 고야)

곱지 명 고삐. #"**곱지** 서발을 해 올라와/봄철 안개는 스러져가/강 위에 둥실 뜬 저 배는/서도 손님을 모신 배라.//"(김소월, 대수풀 노래)

곳집 명 창고 집. 마을 상여 등을 보관해 두는 마을 창고. #"친구여. **곳집** 뒤 솔나무밭은 이제/나 혼자도 갈 수 있다./나의 삼촌과 친구들이 송탄을 굽던 곳, 친구여./밀겨와 방아소리에 우리는 더욱 취해/어깨를 끼고 장거리로 나온다./친구여, 그래 부끄러운가.//"(신경림, 친구)

공상거리다 동 중요하지 않은 이야기를 서로 조잘대는 것. #"골목 끝에 한 여자가 서 있다/골목 끄티서 한 여인이 울고 있다//골목 끝에 바람이 지나간다/골목 끄티서 바람이 **공상거리 쌓는다**//대개 마중은 골목 끝에서 하고/배웅은 골목 끄티서 한다//"(상희구, 골목 끝과 골목 끄티/대구.59)

곽중에 부 갑자기. #"너댓 살은 문 머시마가 **곽중에** 누 난에 티꺼풀이 드러가서/까끄러브 죽겠다고 죽는 시융을 하는데 에미가, 아이고 이/노무 자석, 하민서 머시마 궁디를 찰싹 때리민서 자리에다/닙힌다//"(상희구, 살을 섞다/대구.44)

관개 명 관개(灌漑). 농사를 짓는 데에 필요한 물을 논밭에 댐. #"비되여 나린물이 모둥켜지면/山間(산간)엔 瀑布(폭포)되어 水力電氣(수력전기)요/들에선 灌漑(관개)되어 萬鐘石(만종석)이오/매말러 타는짱엔 기름입니다//"(김소월, 고락)

괄새 명 남을 업신여기거나 천하게 낮추어 대접함. #"붉은 환락속에 세월을 보내는 無爲의 무리/음란한 사교담 뜻없는 哄笑, 虛飼, 아첨/지저거리는 새때처럼 질탕한 술자리에/나는 남원골 이어사처럼 **괄새**를 받습니다//무거운 짐 등에지고 구슬땀 흘리며/일을해도 락이없는 세상을/"(김현구, 고독)

광대넘이 명 앞으로 온몸을 굴리며 노는 놀이. 앞으로 온몸을 굴리며 노는 유희. 동남방언에서는 '덕새넘기'라고 한다. 물구나무를 섰다 뒤집으며 노는 모습을 말한다. #"엄매와 둘이 소기름에 쌍심지의 불을 밝히고 밤이 들도록 바느질하는 밤 같은 때 나는 아룻목의 삿귀를 들고 쇠든 밤을 내여 다람쥐처럼 밝아먹고 은행여름을 인두불에 구어도 먹고 그러다는 이불위에서 **광대넘이**를 뒤이고 또 누어 굴면서 엄매에게 웃목에 두른 평풍의 새발간 천두의 이야기를 듣기도 하고//"(백석, 고야)

광살구 명 너무 익어 저절로 떨어지게 된 살구. 잘 익은 살구. #"뒤울안 살구나무 아래서 **광살구**를 찾다가/살구벼락을 맞고 울다가 웃는 나를 보고/밑구멍에 털이 몇 자나 났나 보자고 한 것은 가즈랑집 할머니다//"(백석, 가즈랑집)

광지보 명 광주리 보자기. #"**광지보**에서 나온 은장두에 바늘집이 원앙에 바둑에/번들번들 하는 노리개는 스르럭 스르럭 소리가 나고//"(백석, 칠월 백중)

괘네기 명 고양이. #"강새이는 삽짝서 졸고/달구새끼는 횃대 우에서 졸고/**괘네기**는 실경 밑에서 졸고/할배는 담뻬라다 바지게/걸치놓고 살핑사서 졸고/할매는 마늘 까다가 졸고/알라는 할매 젓태서 졸고/에미는 콩밭 매다가 졸고/에비는 소 몰민서 졸고//팔공산 모티는 가몰가몰/아지래이 속에서 졸고/영천군 청통면 신원리 마실이/마카 졸고 있는데//居祖庵 靈山殿/五百羅漢 부처님만/마실 지키니라고/누이 말똥 말똥하다//"(상희구, 자부래미 마실-永川 淸通 居祖庵 가서/대구.8)

괴 명 고양이. '괴의'에 대해 (대구문협) 교합본을 제외한 모든 시집에서는 원본과 동일하게 '괴'로 표기하고 있다. 아마 '괴'의 방언형에 대해 올바른 이해가 부족한 탓이다. 더군다나 이기철(1982 : 110) 교수는 각주에서 '괴'는 '개'를 잘못 표기한 결과로 이해하고 있다. 마루에 고양이가 앉아 있는 모습과 개가 앉아 있는 모습은 전혀 엄청난 다른 상황이 될 것이다. 대구 방언에서는 『한국방언자료집 7. 경상북도편』, 187쪽에서는 '고양이'의 방언형 '괘', '괭이'(달성), 괘:(안동) 등의 방언 분포를 밝히고 있다. '괴'형은 '고양이' 어형에 대한 구형(old form)으로 경북 전역에서 나타나며, 그외에도 '살찡이', '살찡이' 등의 방언형도 존재한다. #"참새소리는, 제소리의몸짓과함께가볍게놀고/溫室갓흔마루끗에누은검은괴의등은, 부드럽게도, 기름저라.//"(이상화, 가을의 風景), #"양도 아니고 늑대도 아닌 요새 농부들. 양도 아니고 늑대도 아니라믄 그거는 **고앵이**다. **고앵이**라…"(박경리, 토지), #"니내 할 것 없이 사우는 **고내기** 새끼, 다 마찬가지 아니것소."(박경리, 토지), #"그랬다가는 자네 만주 못가지. 그 동안 자네야 멀리 떨어져서 그나마 편키 있은 셈이고 엽이어매가 밤낮없이 당하는 것 말도 못한다. 말하기조차 모서리쳐지는데 **고냉이** 대가리를 짤라서 마당에 던지넣지를 않나 만나기만 하면 욕설이요 폭행할려고 덤비고."(박경리, 토지)

괴다 형 사랑하다. 사랑함직도. #"그날 밤 그대의 밤을 지키든 삽사리 **괴음**즉도 하이 짙은 울 가시 사립 굳이 닫히었거니//"(정지용, 삽사리)

괴럼 명 괴로움. #"솔밭속 그늘밑이 나는 좋아서/한종일 풀속에 든 산토끼같이/아모런 생각업이 **괴럼**도없이/푸른하날 내보내다는 산토끼같이//"(김현구, 산토끼)

괴양이 명 고양이. #"꼬부라진 사람이 꼬부라진 길을 가다/꼬부라진 담모퉁이서 꼬부라진 오전한푼 줏었네/그걸로 꼬부라진 **괴양이**를 샀더니 꼬부라진 생쥐를 잡았네/그래 꼬부라진 쪼고만집에서 다같이 살았드란다.//"(박용철, 꼬부라진 사람이)

괴체(塊體) 명 괴상하고 이상한 몸둥아리. #"그대의 典雅 燦爛한 **塊體**에서 脫劫하시여 따기실 아츰이 머지/않어 올가 하옵니다.//"(정지용, 슬픈 우상)

교룡 명 용의 일종으로 상상속에 등장하는 동물의 하나. #"넌 제왕왕 길드린 **교룡**/화석되는 마음에 잇기가 끼여//승천하는 꿈을 길러준 렬수/목이 째지라 울어 예가도//저녁 놀빛을 걷어 올리고/어데 비바람 잇슴즉도 안해라//"(이육사, 남한산성)

구녕 명 구멍. #"이제/칼날가튼 상어를 본 우리는/배ㅅ머리로 달려나갓소,/**구녕** 뚤린 붉은 돗폭 퍼덕이오/힘은 모조리 팔에!/창 끄튼 꼭 바로!//"(정지용, 바다2)

구덕살이 명 구더기. #"일가들이 모두 범같이 무서워하는 이 노큰마니는 **구덕살이**같이 욱실욱실하는 손자 증손자를 방구석에 들매나무 회채리를 단으로 쪄다 두고 때리는 싸리갱이에 갓신창을 매여놓고 때리는데//"(백석, 넘언집 범 같은 노큰마니)

구렝이 명 구렁이. #"백 년 기다리는 **구렝이** 숨었다는 버드남엔/하루살이도 호랑나비도 들어만 가면/다시 나올 성싶잖은/검은 구멍이 입벌리고 있었건만//"(이용악, 버드나무)

구멍탄 명 구공탄. #"**구멍탄** 까만 눈이 빨간 불을 피워내듯/바늘 쥔 엄마 손이 오색실을 뽑아 올려/수틀에 꽃밭을 열고 나비마저 불렀어요."(정완영, 눈 아침), #"**구멍탄** 한 장으로도 피워 올린 꽃밭입니다/시린 손 더운 가슴 젖 물리는 엄마 마음/펼치면 열두 폭 병풍 모국 강산이 열립니다.//"(정완영, 禱曲)

구보 명 驅步. 달음질. #"호 호 칩어라 **구보**로!//"(정지용, 바람)

구부정 형 구부정하다의 어근. 구부정-하다. #"늙어 가면 너도 보리라 너희 집 뜰 고목나무/삭정이 고향 쪽으로 무겁게 드리운 채/**구부정**! 눈물 신는 것, 달무리도 실리는 것."(정완영, 이런 나무)

구붓하다 형 몸이 구부정하다. #"**구붓하고** 모래톱을 오르면/당신이 앞선 것만 같구려/당신이 뒷선 것만 같구려//"(백석, 바다)

구비 명 휘어서 구부러진 곳. #"갈수록 설레이는 허구한 나달이요/그 누가 엎질러 논 죄 모습의 거울 앞에/어룽진 **구비**를 돌아 나 여기를 왔구나."(정완영, 待春賦)

구손이 명 다리를 서로 끼워 넣어서 노는 놀이. 정주 출생인 이기문 교수의 회고에 의하면 '제비손이구손이'를 할 때 "한알때 두알때 상사네 네비오드득 뽀드득 제비손이 구손이 종제비 빠 땅!" 하면서 손바닥으로 무릎을 치며 노는 놀이라고 한다. #"집안엔 엄매는 엄매들끼리 아릇간에서들 웃고 이야기하고 아이들은 아이들끼리 웃간 한 방을 잡고 조아질하고 쌈방이 굴리고 바리깨돌림하고 호박떼기하고 제비손이 **구손이**하고//"(백석, 여우난골족)

구시다카이 형 고소하다니까. #"아이구 고시에라/아이구마 달구마는/**구시다카이** 구시다 안 카덩교/그냥 꼬오옥 꼬오옥 씹어보소 얼마나 단지//제리 묵는 열무는/경산 자인 논두렁,/콩밭 새에서 키운 열무가/젤이구마는.//"(상희구, 慶山 慈仁 열무/대구.28)

구신 명 귀신. #"엄마야! 고만 새이집 한쪽 모티가 찌불텅하기 니리 앉은 겉은기 아모래도 그 안에 **구신**이 들앉은 갑드라, 놀란 달구새끼/횃대줄똥을 싸듯이 줄행낭을 놓는데, 마침 하늘을 올리다 보이끼네, 핑소에 세숫대야만하던 허옇던 보룸달도 따라 식겁을 했는지, 낯짝이 왼통 쪼막손 만한 기, 포리쪽쪽해 졌드마는.//"(상희구, 새이(喪輿)집/대구.27)

구신간시렁 명 걸립 귀신을 모셔놓은 시렁. 집집마다 대청 도리 위 한 구석에 조그마한 널빤지로 선반을 매고 위하였음. 귀신을 모셔놓은 곳의 선반. '구신간'은 '귀신이 있는 곳' 즉 '귀신을 모셔놓은 곳'을 말한다. 백석 시에는 '간'이 장소를 나타내는 의미로 쓰인 말들이 많이 나온다. 절간, 연자간, 뒷간, 곡간, 웃간, 아르간, 안간, 대문간, 외양간 등의 어휘들이 백석 시에서 산견된다. '시렁'은 '선반'이다. #"내가 날 때 죽은 누이도 날 때/무명필에 이름을 써서 백지 달어서 **구신간시렁**의 당즈깨에 넣어 대감님께 수영을 들였다는 가즈랑집 할머니//"(백석, 가즈랑집)

구신집 명 귀신이 있는 집. 무당집. #"나는 돌나물김치에 백설기를 먹으며/옛말의 **구신집**에 있는 듯이/가즈랑집 할머니//"(백석, 가즈랑집)

구우 명 구우(舊友)는 한자어로 오랜 벗. #"오고가는 두서너 **구우**를 보면서 하는 말이//"(김소월, 깁피밋든심성)

구정물 명 개숫물. #"지금은 걸레,/종일 **구정물**에 젖은./아아 지금은//"(박목월, 돌)

구죽죽하다 형 비를 맞아 더럽고 을씨년스럽다. '구중중한'은 축축한 습지나 고인 물 따위가 더럽고 지저분한 것을 뜻한다. #"목숨이란 마치 깨여진 배쪼각/여기저기 흩어져 마을이 **구죽죽한** 어촌도담 어설프고/삶의 티끌만 오래묵은 포범처럼 달아매였다//"(이육사, 로정기), #"도시의 온갖 쓰레기들에 묻어/큰 재를 넘어 이곳에 버려진다/거리에는 바닷바람이 불고/미루나무가 몸을 틀며 울고/**구죽죽이** 철늦은 비가 내렸다//"(신경림, 동해기행)

국수내기 명 주로 60,80년대 농촌 생활에서 행해졌는데 국수를 사 먹는 것을 목적으로 한 화투나 투전놀이. #"**국수내기** 나이롱뻥을 치고는/비닐우산으로 머리를 가리고/텅 빈 공사장에 올라가 본다//"(신경림, 장마)

국수당 명 마을의 본행 당신(부락 수호신)을 모신 집. 서낭당. 國師堂. 城隍堂으로 불리기도 한다. 알록달록한 헝겊조각을 매달고 닭의 모가지를 걸어놓기도 한다. 길손의 안전을 돌봐주는 이 신은 돌을 좋아한다 하여 길손들이 당 앞을 지날 때엔 돌을 당에 던져 바치거나 나뭇가지 사이에 끼워놓기도 한다. 그렇게 하면 발덧이 안 난다고 믿었다. 국수당 앞으로 지날 때 당을 향해 '퉤퉤'하고 침을 뱉고 넘어간다. '국수당'은 보통 돌무더기로 되어 있는데, 그 외에 神木의 형태로 되어 있거나, 堂의 형태로 되어 있는 것도 있으며, 신목과 돌무더기, 신목과 당이 함께 있는 경우도 있다. #“황토 마루 수무나무에 얼럭궁 덜럭궁 색동헝겊 뜯개조박 뵈자배기 걸리고 오쟁이 끼애리 달리고 소삼은 엄신 같은 딥세기도 열린 **국수당**고개를 몇 번이고 튀튀 춤을 뱉고 넘어가면 골안에 아늑히 묵은 영동이 무겁기도 할 집이 한 채 안기었는데//”(백석, 넘언집 범 같은 노큰마니), #“어스름저녁 **국수당** 돌각담의 수부나무 가지에 녀귀의 탱을 걸고 나물매 갖추어 놓고 비난수를 하는 젊은 새악시들/잘 먹고 가라 서리서리 물러가라 네 소원 풀었으니 다시 침노 말아라//”(백석, 오금덩이라는 곳)

국수분틀 명 국수(냉면)를 만드는 기계. #“나는 낡은 **국수분틀**과 그즈런히 나가 누어서/구석에 데굴데굴하는 목침들을 베여보며/이 산골에 들어와서 이 목침들에 새까마니 때를 올리고 간 사람들을 생각한다//”(백석, 산숙)

군수야업 명 군수공장의 야간작업. 일제는 그들의 침략전쟁을 수행하기 위해 우리 청장년들을 군수공장에 징용하여 야간에도 작업을 강행했다. #“목안에 피ㅅ때를 올녀가며 마음껏 불너보자//처녀의 눈동자를 늣기며 도라가는 **군수야업**의 젊은동무들/푸른샘을 그리는 고달픈 사막의 행상도마음을 축여라/”(이육사, 한개의 별을 노래하자, 63)

굴까보다 구 키워 보다. 써 보다. 굴게 해 보다. #“안경알만 닦았다는 외로운 날의 스피노자/진실로 게으른 날엔 산이나 하나 모셔놓고/이 가을 恩寵에 앉아 나도 시나 **굴까보네**.//”(정완영, 이 게으런 가을날에)

굴껍지 명 ‘굴껍질’의 방언. #“옛날엔 통제사(統制使)가 있었다는 낡은 항구(港口)의 처녀들에겐 옛날이 가지 않은 천희(千姬)라는 이름이 많다/미역오리같이 말라서 **굴껍지**처럼 말없이 사랑하다 죽는다는 이 천희(千姬)의 하나를 나는 어느 오랜 객주집의 생선 가시가 있는 마루방에서 만났다/”(백석, 통영)

굴대장군 명 굴때장군. 키가 크고 몸이 남달리 굵은 사람. 살빛이 검거나 옷이 시퍼렇게 된 사람. 굴때장군. 키가 크고 몸이 굵으며 살갗이 검은 사람을 놀림조로 이르는 말. 이 시에서는 굴뚝을 주관하는 신으로 쓰이고 있다. #“나는 이번에는 굴통 모퉁이로 달아가는데 굴통에는 **굴대장군**/얼혼이 나서 뒤울 안으로 가면 뒤울 안에는 곱새녕 아래 털능귀신//”(백석, 마을은 맨천귀신이 돼서)

굴르다 동 구르다. (굴르고, 굴르며, 굴르니, 굴러) ㄹ-정칙활용. #“滄茫한

水天에 진일을 郎郎히 할일없는 波浪을 **굴르므로** 헛헛한 欲情의 도리어 하늘 같이 부풀기만 함이여.//"(유치환, 격투)

굴통 명 굴뚝. #"나는 이번에는 **굴통** 모퉁이로 달아가는데 굴통에는 굴대장군/얼흔이 나서 뒤울 안으로 가면 뒤울 안에는 곱새녕 아래 털능귀신//"(백석, 마을은 맨천귀신이)

궁겁다 형 궁금하다. #"비듥이는 무엇이 **궁거워** 구구 우느뇨,/오동나무 꽃이야 못견디게 香그럽다.//"(정지용, 달)

궁구다 형 1. 구르다. '구르다'보다는 탄력을 더 받아 구르는 모습을 '궁구리다, 궁구르다'라고 한다. 경상방언에서 '궁글다, 궁글다, 궁그리다, 궁글궁글하다'는 '뒹굴다'의 의미를 갖고 있다. 대구방언형인 '궁굴다'를 '뒹굴다'로 교정하는 것은 원본의 결속성을 훼손하지 않기 때문에 문제가 없다. 그러나 (청구), (사조사), (정음사)에서 '궁굴다'의 유의어인 '둥굴다'로 교정한 것은 잘못이다. 한글학회(1992) 편 『우리말큰사전』에서 '둥굴다'를 평북방언으로 처리하고 있는데 대구방언에서 '둥굴다'와 '궁굴다'는 어두 T/K 교체형으로 유의어이다. '궁글리다'는 『女四書諺解』(1736)에 처음보이고 있다. 이와 함게 '궁글다'는 한국표준대사전에도 수록되어 있는데 『표준국어대사전』에는 다음과 같은 의미를 가지고 있다고 밝히고 있다. 2. 착 달라붙어 있어야 할 물건이 들떠서 속이 비다. #"벽지가 **궁글어** 보기 싫다. 단단한 물체 속의 한 부분이 텅 비다. 소리가 웅숭깊다." #"소 옆에 걷는 듯한 **궁근** 남자의 말소리와 달구지에 탄 듯싶은 어린 계집애의 목소리도 들려왔다."(황순원, 신들의 주사위) 3. 내용이 부실하고 변변치 아니하다. #"**궁글** 대로 **궁근** 살림살이를 떠맡아 놓으니 어디서부터 손을 대야 할지 정신을 차릴 수가 없었다." #"지난해지난날은 그쑴속에서/나도몰래 그러케 지나왓도다/짱은 내가드된짱은 몃번**궁구려**/아 이런눈물쏠짝에 날던것도다.//"(이상화, 극단), #"무엇을 밋고 니저볼쏘 짱바닥에 **뒤궁글다** 죽고나말것인가"(이상화, 지구흑점의 노래), #"아, 행여나, 누가 볼는지,가슴이쒸누나, 나의아씨여, 너를부른다/마돈나밤이주는사쑴, 우리가얽는쑴, 사람이 안고 **궁그는** 목숨의쑴이 다르지안흐니//"(이상화, 나의 침실로)

궁글다 동 안고 뒹굴다. 안고 폴짝폴짝 뛰다. 한글학회(1992) 편 『우리말큰사전』에서 '둥굴다'를 평북방언으로 처리하고 있는데 대구방언에서 '둥굴다'와 '궁굴다'는 어두 T/K교체형으로 유의어이다. #"마돈나밤이주는쑴, 우리가얽는쑴, 사람이안고**궁그는**목숨의

삶이다르지안흐니,//"(이상화, 나의 침실로)

궁디 [명] 엉덩이. #"너댓 살은 문 머시마가 곽중에 누 난에 티끼풀이 드러가서/까끄러브 죽겠다고 죽는 시융을 하는데 에미가, 아이고 이/노무 자석, 하민서 머시마 **궁디**를 찰싹 때리민서 자리에다/넙힌다//"(상희구, 살을 섞다/대구.44)

궤연히 [부] '올연(兀然)히'의 오식. 우뚝 서 있는 모양. 『문장』에 발표할 당시에는 '올연(兀然)히'로 표기되었는데, 『백록담』에서 '궤연(几然)히'로 고쳐졌다. '올연히'는 '올올(兀兀)히'와 마찬가지로 산이나 바위 등이 우뚝하게 서 있는 모습을 말하며, '궤연히'는 '점잖고 침착하다'는 뜻을 가진다. '궤연히'라는 말도 그 앞에 오는 '차고'와 문맥상으로 무리 없이 연결된다. 그러나 '几'를 '兀'의 오식으로 보아 바로 잡는 것은 해방 후의 『지용시선』에서 이를 '올연히'로 다시 고쳐놓았기 때문이다. #"차고 **几然히** 슬픔도 꿈도 없이 長壽山 속 겨울 한 밤 내,//"(정지용, 장수산)

귀걸개 [명] 귀를 따뜻하게 하기 위해 짐승의 털로 만든 귀마개. #"돌개바람이 멀지 않아/어린것들이/털 고운 토끼 껍질을 벗겨/**귀걸개**를 준비할 때//"(이용악, 만추)

귀경 [명] 구경. #"참말로 참담키는 날이가물때 제/한 분은 어는 철인고 모릴 따마는/오뉴월 한 시절, 비가 한 빠알도 **귀경**/할 수가 없었는데,/가슴패기가 서늘한 기 왼통 텅 빈 거 겉은데/등짝이는 안팎으로 뱃짝 말라붙어가주고/줄라카이 줄끼 있나, 받을라 카이 받을끼 있나,/숫제, 안고 있는 알라는 젖 돌라꼬 울어 쌓는데/젖토오 젖은 하나도 없고 젓꼭따리가 뱃짝/말라붙어 뿐 거 겉했다 카이끼네//"(상희구, 琴湖江/대구.100)

귀기 [명] 고기. #"청천 금호강 /물띠미쪼오는/물이 말따//청천 금호강/물띠미에는/귀기가 많이 산다//청천 금호강/물띠미 **귀기**는/비린내가 많이 난다//그래서 청천 금호강/물띠미 **귀기**는/맛이 좋다//"(상희구, 淸泉 금호강 물띠미/대구.21)

귀뚤이 [명] 귀뚜라미. #"낮인데도 **귀뚤이**는 섬돌 뒤에/제를 달래어 종일을 가만히 울고올을 흔들고 있고/먼 글밭엔 수숫대 잎새 쇠붙이 소리로 울어 쌓는데/계절의 이미 급한 풍운이/미닫이 안 부인의 돋보기에 그림자 얼이다.//"(유치환, 심장기)

귀뚜리 [명] 꿔뚜라미. #"고향엔 또 가을이 수심처럼 짙었는데/천리 밖 서울 **귀뚜리** 시름 보태 우는고나/너와 나 아비고 아들인 이 인연의 실 끝에다.//"(정완영, 가을 단상 / 편지), #"제주서 올라온 시인 오승철과 마주 앉아/들고 온 시 이야기로 기울어진 가을밤은/우리가 **귀뚜리**였었네 새까맣게 불탔었네.//"(정완영, 귀뚜리 시인), #"천지에 草廬 한 채를 王土처럼 누리시며/흰 수염 빛나는 백발을 태산처럼 쌓으시며/**귀뚜리** 우는 밤이란 등불 하나를 달래셨다."(정완영, 옛날 우리 할아버님은)

귀ㅅ밤 명 귀빰. '귀빰'은 빰의 귀 쪽 부분. #"**귀ㅅ밤**에 우는 구슬과 사슬 끊는 소리 들으며 나는 일홈도/모를 꽃밭에 물을 뿌리며 머ㄴ 다음 날을 빌었더니//꽃들이 피면 향기에 취한 나는 잠든 틈을 타 너는 온갖/화판을 따서 날개를 붙이고 그만 어데로 날러갔더냐//"(이육사, 해후)

귀애하다 형 읽어 내리다. 귀로 듣고. 백석은 '귀에하고'와 '귀해하고(귀애하고)'를 구별해 썼다. #"한 해에 몇 번 매연지난 먼 조상들의 최방등 제사에는 컴컴한 고방 구석을 나와서 대벌머리에 외얏맹건을 지르터 맨 늙은 제관의 손에 정갈히 몸을 씻고 교우 위에 모신 신주 앞에 환한 촛불 밑에 피나무 소담한 제상 떡, 보탕, 식혜, 산적, 나물지짐, 반봉, 과일들을 공손하니 받들고 먼 후손들이 공경스러운 절과 잔을 굽어보고 또 애끊는 통곡과 축을 **귀애하고** 그리고 합문 뒤에는 흠향오는 구신들과 호회 접하는 것//"(백석, 목구)

귀이리 명 귀리. 포아풀과의 일년생 또는 이년생 재배식물. #"해빛이 초롱불같이 희맑은데/해정한 모래부리 플랫폼에선/모두들 쩔쩔 끓는 구수한 **귀이리**차를 마신다//"(백석, 함남도안)

귀해하다 형 '귀여워하다'의 평북 방언. #"하늘이 이 세상을 내일 적에 그가 가장 **귀해하고** 사랑하는 것들은 모두/가난하고 외롭고 높고 쓸쓸하니 그리고 언제나 넘치는 사랑과 슬픔 속에 살도록 만드신 것이다/ 초생달과 바구지꽃과 짝새와 당나귀가 그러하듯이/ 그리고 또 프랑시쓰 쨈과 도연명과 라이넬 마리아 릴케가 그러하듯이/"(백석, 흰 바람벽이 있어)

귀향 명 귀양. #"꽃도/**귀향** 사는 곳,//"(정지용, 구성동)

귓결 명 우연하게 듣게 된 겨를. #"가사 그 金龍寺가 깃을 치며 날아간대도/깃 하나 털 하나쯤은 떨궈 놓고 갈 것 같고/**귓결**에 온 산이 울어 솔씨 흘려 놀 것 같더라."(정완영, 金龍寺)

귓도리 명 귀뚜라미. #"거기서는 내마음도 얼마쯤 갈앉으리,/안개어린 아침에서 평화는 흘러나려,/**귓도리** 우는게로 가만이 흘러나려,/밤ㅅ중에도 환한 기운 한낮 에 타는자주,/해으름은 홍작의 나래소리.//"(박용철, 이니스ᄢ리), #"모도 빼앗기는 듯 눈덮개 고이 나리면 환한 원몸은 새파란불 붙어있는 린광/깜안 **귓도리**하나라도 있으면 얼마나한 기쁨이랴//"(박용철, 싸늘한이마), #"국화야 무슴꽃이랴/열매없으니/나비를 못맞으니/찬바람의 향기는 살을 깊히 어일뿐/아! 젊은몸 여름날을 누어지내고/제철꽃보다 단풍이 더욱붉거니/봄새소리보다 **귓돌이** 더욱잦거니//"(박용철, 실제)

그 단에 구 그 동안에. #"아이고 무섭어라!/한 동네 사는 신태랑, **그 단에** 배루고 배루던 저 건너 마실, 안티골에 숨어 있는 喪輿 집을 염탐키로 작정을 했다.//"(상희구, 새이집/대구.27)

그넘에 구 준 그 너머에. #"한낮은 햇발이/백공작 꼬리우에 합북 펴지고//**그넘에** 비닭이 보리밧헤 두고온/사랑이 그립다고 근심스레 코고을며//"(이육사, 소공원)

그념덜다 동 근심을 덜다. #"내이리 침착하다 설마하니 어떨소냐/누이야 **그념덜고** 안해야 눈물걷워라/멀으신 두어이께는 맘노이실 글을쓰자//여보게 죽는단말 어이참아 입에내랴/그일을 속속드리 요량함도 아닐세만/죽었다 한번해봐라 모도 앗질하고나//"(박용철, 실제)

그느슥하다 형 희미하고 어두침침하다. '그늑하다'라는 말을 변형시켜 만든 것으로 추정됨. '그늑하다'는 평북 방언으로서 '날이 흐리거나 구름이 끼거나 석양이 되어 볕이 약하게 비치거나 어둠침침하다'라는 의미이다. #"농마루며 바람벽은 모두들 **그느슥히**//"(백석, 古寺)

그단새 부 그 사이에. #"아이고 자잘궂에라!/작년에 냉기논 쑥갓씨로 삽짝가새/다문다문 흩쳐논 지가 한 달포는 됐시까, 엊지역에 깨굼발비가 살째기/니리는 거 겉디마는 **그단새** 좁쌀네끼/겉은 포란 새싹이 빼쭘하이 돋았구마는//"(상희구, 春三月/대구.7)

그뛰염에 명 그 뛰어오름에. #"우리 개지 않아 자는때에,/해는 바다에서 뛰어올라/해빛이 **그뛰염에** 생겨나고/빠르고 자유롭고 힘에넘쳐,/왼통 바다에 매깜으려 속태인다.//"(박용철, 다름질 노래)

그러고도 준 그렇게 하고도. #"그 많은 눈물들을/당신은 소매나 행주치마에도/얼룩질까 조바심하고/간장 속으로 닦아내며/울어지냈느니./**그러고도**/어린 자식들에게까지/어두운 그늘을 내리고 싶지 않아/가다간 소스라쳐/함박꽃 웃음을 엉뚱하게 피우기도 했었다.//"(박재삼, 어머님 전 상서)

그러구러 부 그럭저럭하여. 그렇게나. 힘들게 겨우 그렇게 하다. #"닦이고 허물 없는 웃음이나 서로 비추며/노래는 조용히 익어 안소리로 가꾸는/가난은 물새 바자니듯 **그러구러** 살더니라.//만져서 화안하여 念珠 같은 마음일레/고운 임이여! 손들고 헤어져보면/다시도 넘치는 둘레 緣分하여 뵙는데.//"(박재삼, 환도부)

그럭게 명 제작년. #"**그럭게** 팔월에 네가 간 뒤/그해 십월에 내가 갓치어/네 어미 간장을 태웟드니라.//"(이상화, 곡자동)

그렁지 명 그림자. #"淸道 伊西 쪽에서/八鳥嶺 넘어 온 새들이/잠시 놀다 가고//琴湖 大昌 쪽에서/건들바람이 불어와/기양 건들거리다가 가고//淸道 雲門 쪽에서/구름이 몰려와/**그렁지**만 맨들어/ 놓고 가고//"(상희구, 凡勿洞/대구.11)

그르다 형 어떤 일이 사리에 맞지 아니하다. (주로 과거 시제에 쓰여) 어떤 일이나 형편이 잘못되어 바로잡기 어렵거나 잘될 가망이 없다. 어떤 상태나 조건이 좋지 아니하다. #"올에는 날씨가 알맞지 않았는지/나의 가꾸기가 **글렀던지**/우리집에 영근 것이 겨우 호박 일곱덩이/오늘 마지막 죄 따다 멍석 위에 굴러뜨리니/한량없이 데려온 촌뜨기 아이들이요.//"(유치환, 시골에서), #"오늘은 날씨가 **글러** 먹어서 야구장에 가지 못하겠습니다./이 집은 분위기도 좋고 사람도 친절한데 음식 맛이 영 글렀다./대세는 벌써 그른 지 오래다. 장녹수가 들어오고 임숭재가 가까이 드나든 뒤로 연산의 마음은 비뚤어졌다."(박종화, 금삼의 피)

그름애 명 그르매. 그림자. '그림자'를 뜻하는 경상방언은 '그르매', '그리매', '그렁지' 등이 있다. #"마돈나 오느라가자, 압산**그름애**가, 독갑이처럼, 발도업시이곳갓가이 오도다,"(이상화, 나의 침실로)

그리 부 그렇게. #"어제는 가까운 新樹島 근방/아지랑이가 모락모락 오르고 있어/열댓 살 적으로 돌아와/**그리** 마음 가려워/사랑하는 이여,/안으로 홀로 불러 보았고,//"(박재삼, 바닷가 산책)

그림서도 준 그리하면서도. #"누이야 그래 네심장이 물마른데뛰는 고기처럼 두근거리느냐/마른잎사귀같이 그냥 바사지려하는냐/기름마른 뷘 물레 돌아가듯 돌아간단말이냐/아,애처로워라 **그림서도** 너는 걱정이/오빠의얼굴빛이 피끵벗이 누르다는것/가슴에 피는 동백꽃잎이 배알어나오는것/아, 우리의 손이 서로닿으면 하얀초같이 싸늘하고나//"(박용철, 두 마리의 새)

그립다살는 구 준 그립다고 해 쌓는. #"돌도 씻기고 바래이면, 죽도록을 **그립다살는**/장천에 뜨고 싶은 마음이 따로 있을까./…아마 없으리.//돌들이 그런 대신 또 아무것도 여기 못 온다./그득한 바닷물, 바닷바람, 햇빛 별빛 밖에는./오히려 사는 일 끝에 묻은 어

려운 먼지가/돌밭 위에 서성이다 하늘로 뜨는 걸 보았다.//"(박재삼, 물먹은 돌밭 경치)

그만춤 마이 알마 구 그만큼 많이 알면. #"할매 내 좀 보소, 저게 하늘에 빌이 많제, 그라마/저 빌 중에 첩싸이 빌이 어는 빌인지/그라고 큰오마씨 빌이 어는 빌인지 맞차보소/**그만춤 마이 알마**//"(상희구, 소전꺼래 알분다이 할매/대구. 15)

그무다 형 어두워지다. 불길이 약해저 꺼저가다. #"등잔불 **그무러지고** 닭소래는 자즌데//"(김소월, 돈과밥과맘과들), #"달빛츤 **그무리며** 넓은 우주에//"(김소월, 녀름의달밤), #"젊음의 불심지가 마자 **그므는**//"(김소월, 벗마을), #"등잔불 **그무러지고** 닭소리는 잦은데/여태 자지 않고 있더냐 다심도 하지 그대 요밤 새면 내일 날이 또 있지 않우//"(김소월, 돈과 밥과 맘과 들)

그무리다 형 그물거리다. 불빛이 밝아졌다 어둠침침해졌다가 하다. #"붉은 전등/푸른 전등/널따란 거리면 푸른 전등/막다른 골목이면 붉은 전등/전등은 반짝입니다./전등은 **그무립니다.**//"(김소월, 서울밤)

그물그물 명 가물가물. #"산마루에 서면/멀리 언제나 늘 **그물그물**/그늘만 친 건넛산에서/벼락을 맞아 바윗돌이 되었다는/큰 땅괭이 한 마리/수염을 뻗치고 건너다 보는 것이 무서웠다//"(백석, 산)

그싯다 동 (글씨를) 쓰다. 음향 '그싯는 음향'에서 '그싯는'이라는 말은 '긋다'에서 나온 방언으로 보는 것이 옳을 듯하다. '그시다'는 방언. 원래 충청도 지방에서 '긋다'를 '그스다' 또는 '그시다'라고 한다. '긋다'는 말은 타동사일 경우와 자동사일 경우 각각 그 의미가 다르다. 타동사일 경우에는 '줄을 긋다', '성냥을 긋다', '외상값을 장부에 치부하다', '마음속에 정하다' 등의 의미로 쓰인다. 그러나 이 시에서는 '그싯는'이 자동사로 쓰인 것이며 '음향'을 꾸민다. 다시 말하면 '음향이 그싯다' 또는 '음향이 긋다' 정도로 이해된다. 이때 자동사로 쓰이는 '긋다'는 '그치다', '끊어지다', '쉬다' 등의 의미를 지닌다. '내리던 비가 긋는 바람에 밖에 나갔다'고 쓴다. 이 시의 경우 바람에 유리창이 흔들리며 휘파람 소리 같은 바람소리가 들리던 것이 점차 가라앉으면서 사방이 고요해지고 있음을 말한다. #"뺌은 차라리 戀情스레히/유리에 부빈다, 차디찬 입마춤을 마신다./쓰라리, 알연히, **그싯는** 音響,//"(정지용, 유리창2), #"나는 아들이 아닌것을, 윗수염 자리 잡혀가는, 어린 아들이 버얼서 아닌것을./나는 유리쪽에 가깝한 입김을 비추어 내가 제일 좋아하는 이름이나 **그시며** 가쟈./나는 늬긋늬긋한 가슴을 蜜柑쪽으로나 씻어나리쟈.//"(정지용, 슬픈 기선), #"고요히 **그싯는** 손씨로/방안하나 차는 불빛!//"(정지용, 촉불과 손)

그싯다 동 긋다. 성냥불을 긋다. 충청도 방언에서는 '그스다' 또는 '그시다'가 자연스럽게 쓰인다. 여기서는 겨울 산꼭대기의 하늘에서 갑작스럽게 번갯불이 번쩍하는 모습을 그려내고 있다. 다음 연에 우박이 쏟아지는 대목과 이어진다. #"海拔五千 呎이이트 卷雲層우에/**그싯는** 성냥불!//"(정지용, 毘盧峯) #"풀벌레는 아침부터 성냥불을 **그싯더니**/바람도 저녁답엔 시든 풀밭 자리 깔고/밤 들자 등불도 들국화 창빛 흔들립니다.//"(정완영, 등불), #"멀고도 막막한 하늘에 성냥불을 **그싯는** 너/태초의 저 별빛에 불 단 것도 너 일레라/봄 가고, 가을이 가고, 수 수억 년이 흘러가고……."(정완영, 풍경 2)

그야 한때 나라도 구 '그야 한 때로 날아가도'의 뜻. #"제깃에 무드면/두날개가 촉촉이 젓겠구나//가다가 푸른숲우를 지나거든/홧홧한 네 가슴을 식혀나가렴//불행이 사막에 떠러져 타죽어도/아이서려야 않겠지//**그야 한때 나라도** 홀로 높고 빨라/어느 때나 외로운 넋이였거니//"(이육사, 잃어진 고향)

그윽일러라 준 '그윽함일러라'의 오류이다. '그윽이-'의 활용형은 대구방언에서 존재하지 않는다. #"이못이세상갓고, 내한몸이 모든사람갓기도하다!/아너그럽게도 숨막히는**그윽일러라** 고요롭은설음일러라.//"(이상화, 지반정경)

그즈런히 부 가지런하게. #"여인숙이라도 국수집이다./모밀가루포대가 그득하니 쌓인 웃간은 들믄들믄 더웁기도 하다./나는 낡은 국수분틀과 **그즈런히** 나가 누워서/구석에 데굴데굴하는 목침들을 베여보며/이 산골에 들어와서 이 목침들에/새까마니 때를 올리고 간 사람들을 생각한다./"(백석, 산숙(山宿))

그허하다 형 그러하다. #"닭 개 짐승조차 꿈이 있다고/이르는 말이야 있지 않은가./**그허하다**, 봄날은 꿈꿀 때,/내 몸이야 꿈이나 있으랴,/아아 내 세상의 끝이여,/나는 꿈이 그리워, 꿈이 그리워.//"(김소월, 꿈)

근치다 형 그치다. #"밤이 새도록 퍼붓든 그비도**근치고**/동편하울이 이제야 붉으래하다/기대리는듯 고요한 이땅우로/해는 점잔하게 도더오른다.//"(이상화, 빼앗긴들에도 봄은오는가)

글거리 명 등걸. 그루터기. #"지금은 아무도 살지 않는 집/마을서 흉집이라고 꺼리는 낡은 집/제철마다 먹음직한 열매/탐스럽게 열던 살구/살구나무도 **글거리**만 남았길래/꽃피는 철이 와도 가도 뒤울안에/꿀벌 하나 날아들

지 않는다//"(이용악, 낡은 집)

글밭 명 그루. 곡식을 베어 내고 곡식의 그루터기가 남아 있는 밭. #"낮인데도 귀뚤이는 섬돌 뒤에/제를 달래어 종일을 가만히 올고올을 흔들고 있고/먼 **글밭**엔 수숫대 잎새 쇠붙이 소리로 울어 쌓는데/계절의 이미 급한 풍운이/미닫이 안 부인의 돋보기에 그림자 얼이다.//"(유치환, 심장기)

금덤판 명 예전에, 주로 수공업적 방식으로 작업하던 금광의 일터. 금전판, 금판. 금을 캐거나 파는 산골의 장소 또는 그곳에서 간이 식료품 등 잡품을 파는 곳. #"평안도의 어느 산 깊은 **금덤판**/나는 파리한 여인에게서 옥수수를 샀다/여인은 나어린 딸아이를 때리며 가을밤같이 차게 울었다//"(백석, 여승)

금시 명 바로 지금. #"뒷골 못 가득 실린 물/번들번들 살찐 도랑물/낚아낸 붕어 한 마리/손바닥에 올려놓면/**금시** 그 오색무지게/동산 위에 떠오른다."(정완영, 장마 개었다)

금시 부 금방. 곧. #"저 아득한 물소리 바람소리가/그 소리를 대신하는가./그러다가는 **금시** 또/이웃집 망나니 구름과 같이/딴 데로 놀러 가기가 바쁘다./물소리 바람소리가 한동안 없다./그런 때는 구름도 滿面에 웃음,/산봉우리에게는 滯症처럼 풀린다.//"(박재삼, 개구쟁이 구름)

기 명 것. #"그렇게밖에는 들리지 않는/섭섭한 섭섭한 물소리.//나만 빼돌려 놓고/아내의 숨소리도 아이들의 그것도/함께 휘말아 가누나./…참말로 그러**긴**가.//"(박재삼, 잠이 먼 밤에)

기기 삐간지 겉은 구 생선 뼈 같은. #"살찌매를 삐무리내는 겉치/아구락시럽기도 날이 칩은데/희뿜한 하늘에는/**기기 삐간지 겉은**/뺏쪽하기 에빈 초생달이/새초무리하다//(상희구, 七星洞의 섣달 초사흘/대구.81)

기껍다 형 깜짝 놀라 까무러치다. #"어느 벽에도 이름 모를 꽃/향그러이 피어 있는 함속 같은 방이래서/**기꺼울** 듯 어지러웁다//"(이용악, 벽을 향하면)

기난이요 준 '길게 자라는 것이요'의 뜻임. #"향수에 철나면 눈섶이 **기난이요**/바다랑 바람이랑 그 사이 태여 났고/나라마다 어진 풍속에 자랐겠죠//"(이육사, 아미)

기대리다 동 기다리다. '기대리든'은 '기다리든'에서 움라우트 현상이 적용된 방언형이다. 개재자음이 'ㄹ'인 경우 움라우트가 적용되지 않는 것이 서남방언의 특징인데 동남방언인 경상방언에서는 '다리다/대리다', '다리미/대리미'와 같이 움라우트가 적용되어 개재자음에 의한 면제의 폭이 크다. #"게서어든모-든것은목숨과함께 던

저바리라,/그때야, 우리를기대리든 우리목숨이 참으로오리라."(이상화, 허무교도의 찬송가), #"밤이 새도록 퍼붓든 그 비도근치고/동편하울이 이제야 붉으래하다/기대리는듯 고요한 이짱우로/해는 점잔하게 도더오른다.//"(이상화, 빼앗긴들에도 봄은오는가)

기드렁하다 형 길쭉하여 길게 늘어뜨린 모양을 하다. #"쇠주푀적삼 항라적삼의 자지고름이 기드렁한 적삼에/한끝나게 상나들이옷을 있는 대로 다 내입고//"(백석, 칠월 백중)

기라 준 것이라. #"제2조/어매와 아배는/섬기는기라./글로 머하노./도끼자루 미우는 것부터/배우는기라.//"(박목월, 눌담)

기럭지 명 길이, 곧 잠자리가 있는 곳과 봇도랑물이 닿는 곳까지의 높이를 말함. #"여뀌향이 진동하는/봇또랑우에/철개이 한 마리/오도 가도 안하고/기양 경고오 떠 있다//무얼 가만 엿듣고 있나?//아모래도 지 있는데서/봇또랑물 있는 데 까지/기럭지를 測 보는 갑다//"(상희구, 철개이/대구.68)

기르매 명 길마. 짐을 실으려고 소의 등에 얹는 안장. #"소는 기르매 지고 조운다//아 모도들 따사로히 가난하니//"(백석, 삼천포)

기리다 동 대견스럽게 생각하며 그리다. 『표준국어대사전』에서는 '그리다'의 방언형으로 처리하고 있지만 의미가 조금 차이가 난다. (-을) 사랑하는 마음으로 간절히 생각하다. #"대구길 백육십 리 서로 불러 기린 벗들/철쭉처럼 타는 난로 雪人처럼 둘러앉아/시인들 선한 눈빛이 초식동물 닮겠네."(정완영, 雪日 行-大邱를 나가며)

기림 명 그리워함. 흠모하거나 그리워함. #"남의기림에서만 미듬을엇고 남의미움에서는 외롬만 바들너이엿드냐./행복을차저션 비웃음도모르는인간이면서 이고행을실어할나이엿드냐.//"(이상화, 이별을하느니)

기립다 형 그립다. #"파란불에 몸을 사루면 싸늘한 이마 맑게 트이여 기여가는 신경의 간지러움/기리는 별이라도 맘에있다면 얼마나한 질검이랴//"(박용철, 싸늘한이마)

기시다 동 계시다. #"미칠째 묵고 기시던 고모가/휭 가버리니 참 허전했는데/마침 이모가 와서 괜찮았다"(상희구, 조야동 / 대구.5)

기식 명 기식(氣息). 숨 쉬는 기운. '기식(氣息)도 없다'는 말은 조금도 움직임이 없다는 뜻. #"주먹 쥐어 징징 치니 날을 氣息도 없이 네 壁이 도로혀 날개와 떤다."(정지용, 나븨)

기아(飢餓) 명 버린 아이. #"도회의 검은 능각을 담은/수면은 이랑이랑 떨여/하반기의 새벽같이 서럽고/화강석

에 어리는 기아의 찬꿈/물풀을 나근나근 빠는/담수어의 입맛보다 애닲어라//"(이육사, 화제)

기야 준 그것이야. #"아주 헐벗은 나의 뮤-즈는/한번도 기야 싶은 날이 없어/사뭇 밤만을 왕자처럼 누려 왔소//아무것도 없는 주제였만도/모든 것이 제것인듯 뻐티는 멋이야//"(이육사, 나의 뮤-즈)

기양 부 그냥. #"딘장은 짜박짜박/끓어 쌓고//젖믹이 에비는/오도 안 하고//시에미 새짜래기 잔소리는/ 짜다라 예지랑시럽은데//새댁이 갓 볶은/ 뽀글파마머리가/티미한 불삐체/기양 자글자글 하다//"(상희구, 平日/대구.24), #"淸道 伊西 쪽에서/八鳥嶺 넘어 온 새들이/잠시 놀다 가고//琴湖 大昌 쪽에서/건들바람이 불어와/기양 건들거리다가 가고//淸道 운문雲門 쪽에서/구름이 몰려와/그렁지만 맨들어/ 놓고 가고//"(상희구, 凡勿洞/대구.11)

기오르다 동 기어 오르다. #"쫒기는 마음 지친 몸이길래/그리운 지평선을 한숨에 기오르면/시궁치는 열대식물처럼 발목을 오여쌌다//새벽 밀물에 밀려온 거미이냐//"(이육사, 로정기)

기와골 명 기와지붕에서 수키와와 수키와 사이에 빗물이 잘 흘러내리도록 골이 진 부분. 기왓골, 기왓고랑. #"보득지근한 북쪽재비들이 씨굴씨굴 모여서는 짱짱짱짱쇳스럽게 울어대고/밤이면 무엇이 기와골에 무리돌을 던지고 뒤우란 배나무에 쩨듯하니 줄등을 헤여달고/"(백석, 나와 나타샤와 흰당나귀)

기험하다 형 산길이 험하다. (비유적으로) 세상살이가 순탄하지 못하고 가탈이 많다. #"오고나니 기험타 아하 물도 많고 산 첩첩이라 아하하//"(김소월, 삼수갑산), #"내려가는 길이 기험하여 폭포 밑이 꽉 질렸으며…/"(최남선, 심춘순례)

길 명 길이의 단위. 한 길은 여덟 자 또는 열 자로 약 2.4미터 또는 3미터에 해당한다. 한 길은 사람의 키 정도의 길이이다. #"자리마다 풀빛 깔리듯 가슴마다 수심 돋는가/벨수록 길로 자라는 여사 풀밭 애기/빼꾸기 울음소리를 흰 구름이 듣고 왔다."(정완영, 흰 구름이 들은 얘기)

길겁다 형 즐겁다. 마음에 거슬림이 없이 흐뭇하고 기쁘다. '길겁다'는 '즐겁다'의 경상방언형이다. '길겁게'는 '즐겁게'에서 전부모음화를 거친 '질겁게'라는 대구방언형에서 k-구개음화형에 대한 과도교정(hyper collect)형으로 '길겁게'라는 방언형이 사용된 예이다. #"어디로 돌아다보든지 하이한 큰 팔구비에 안기여/地球덩이가 동그랐타는 것이 길겁구나.//"(정지용, 갑판 우), #"청춘을일허버린낙엽은,

미친듯, 나붓기어라/설업게도, **길겁게**, 조으름오는 寂滅이, 더부렁그리다.//" (이상화, 가을의 풍경)

길경 명 桔梗. 도라지. #"桔梗 꽃봉오리 흔들려 씻기우고,//"(정지용, 朝餐)

길동 명 옷소매의 끝에 이어서 대는 동. '끝동'의 평북 방언. #"흰 저고리에 붉은 **길동**을 달어/검정치마에 받쳐입은 것은/나의 꼭 하나 즐거운 꿈이였드니//"(백석, 절망)

길분전 명 길에 있는 하찮은 것. #"**길분전**의 바람에 날라 도라라//"(김소월, 들도리)

길세 명 길(路). 길의 형편. #"말하자면, 나도 나도/늦은 봄 오늘이 다 盡토록/百年妻眷을 울고 가네./**길세** 저문 나는 선비,/당신은 강촌에 홀로 된 몸.//" (김소월, 江村)

길신가리 명 죽은 사람의 갈 길을 인도하기 위하여 소경을 데려다 하는 굿. #"당신의 **길신가리** 차릴 때외다//"(김소월, 님의 말슴)

길심매다 귀 먼 길을 가기 위해 옷 따위를 동여매다. #"흰눈은 한 잎/또 한 잎/嶺 기슭을 덮을 때/짚신에 감발하고 **길심 매고**/우뚝 일어나면서 돌아서도…/다시금 또 보이는./다시금 또 보이는.//"(김소월, 두 사람)

길쎄 명 길의 형세나 형편. #"말하자면, 나도 나도/늦은 봄 오늘이 다 盡토록/百年 妻眷을 울고 가네./**길세** 저문 나는 선비,/당신은 江村에 홀로된 몸.//" (김소월, 강촌)

길욱하다 형 (길이가) 좀 길다. '길쭉한 모양'을 나타내는 경상도 방언에는 '길욱하다', '길씀하다', '길다랗다', '질직하다' 등의 방언형이 있다. 이 방언형 중 '질직하다'는 '길직하다'의 구개음화형태이다.『한국방언자료집 7-8 경상도편』 #"죽음과삶이 숨밧굼질하는 위태로운 짱덩이에서도/엇재 여게만은 눈빠진 금음밤조차 더내려짤려/애닯은 목숨들이 — **길욱하게도** 못살가엽슨 목숨들이/무엇을 보고 엇지살꼬 앙가슴을 쑤다리다 밋처나 보앗든가."(이상화, 지구흑점의 노래), #"잠자듯 고운 눈썹 우에/달빛이 나린다/눈이쌓인데/옛날의 슬픈/피가 맺힌다/어느 강을 건너서/다시 그를 만나랴/살 눈썹 **길씀한**/옛사람을//"(박목월, 귀밑사마귀), #"한자락은 햇빛에 빛난다. 다른 자락은 그늘에 묻힌 채…이 **길씀한** 산자락에 은은한 웃음과 그윽한 눈물을 눈동자에 모으고 아아 당신은 영원한 모성//"(박목월, 山·소묘1)

김치가재미 명 겨울철 김치를 묻은 다음 얼지 않도록 그 위에 수수깡과 볏짚단으로 나무를 받쳐 튼튼하게 보호해 놓은 움막을 말하며 넓은 뜻으로 김치독을 묻어두는 곳을 의미한다. #

"가난한 엄매는 밤중에 **김치가재미**로 가고/마을을 구수한 즐거움에 사서 은근하니 홍성홍성 들뜨게 하며/이것은 오는 것이다//"(백석, 국수)

깁섬 명 능라도. 대동강에 있는 섬. #"우헤는 청초 언덕 곳은 **깁섬**//"(김소월, 닭은꼬꾸요). #"다시금 배는 흘너대이는 **깁섬**//"(김소월, 이한밤)

깁실 명 비단 실. #"**깁실**인 듯 가느른 봄별이/골에 굳은 얼음을 쪼기고,//"(정지용, 思惠) #"해님도 다른 꽃들에게처럼 /**깁실** 같은 부드러운 볕을 보내주는 것이 아니라/금빛 화살을 마구 쏘아주는 것이다/그래야 씨앗이 꽉꽉 박힌다."(정완영, 해바라기처럼)

깃 명 각기 앞으로 돌아오는 몫. 자기가 차지할 물건. #"뱃사람들의 언젠가 아홉이서 회를 쳐먹고도 남어 한 **깃**씩 노나가지고 갔다는 크디큰 꼴두기의 이야기를 들으며 나는 슬프다//"(백석, 꼴두기)

깃봄 명 기쁨, 곧 '깃븜'의 오식인 듯. #"하날이 사모치는 거룩한 **기봄**의 소리!/해조는 가을을 볼너 내 가슴을 어르만지며/잠드는 넋을 부르다 오 해조! 해조의 소리!//"(이육사, 해조사)

깃죽지 명 깃의 끝. #"꽃지는 꽃그늘엔/바람이 잠시 피하고/저것들이 **깃죽지**와 돛폭 아래선/햇살이 잠시 피하는가.//사람들이여/이승과 저승은 어디서 잘린다더냐.//풀밭에 바람이 흐르듯이/남쪽 바다에 햇살이 흐르네.//"(박재삼, 한 경치)

까끄러브 가주고 구 까슬까슬해서. #"해가 짱짱하다//이리키 가문데/비 올 요량은 안하고//내사마 무울 때 입 아이/**꺼끄러브 가주고**/조밥은 싫다 카이끼네//해가 짱짱하다//"(상희구, 조밥/대구. 38)

까끄럽다 형 까슬하다. #"너댓 살은 문머시마가 곽중에 누 난에 티꺼풀이 드러가서/**까끄러브** 죽겠다고 죽는 시융을 하는데 에미가, 아이고 이/노무 자석, 하민서 머시마 궁디를 찰싹 때리민서 자리에다/닙힌다//"(상희구, 살을 섞다/대구.44)

까끌막지다 형 가파르다. 산이나 길이 몹시 비탈지다. 까끌막지다, 까꾸막길, 까구막땅, 깔크막 등의 방언형이 있다. '까끌막지다'는 '(경사가) 가파르다'를 나타내는 경상도 방언형이다. '까끌막지다'와 관련된 어휘 중에 '까꾸막땅, 까꾸막길, 깔크막' 등의 어휘가 있는데 '까꾸막길, 깔크막'은 '가파른 길, 경사진 길'을 말하고, 까꾸막땅'은 '비탈진 곳의 땅'을 의미한다. 이와 함께 '까꾸로, 깍꿀로'는 앞의 어휘와는 조금 다르게 경상지방에서 '꺼꾸로, 반대로'를 의미하는 부사이다. #"등에 진/짐에 눌리다 보면/깔

크막 오르기에/숨이 가쁜 헐떡임/"(김재흔, 등짐)

까끔속 명 산 속. #"여기 알들이 다정한 나의 적은 패아리가 있다/그는 들만 말마 살포시든 잠결속에 사노니/나라드는 봄나비, 이슬비 소곤거린 여름花園/초밤별 엿보는 가을黃昏 강변의 어둔숲길/또 양짓갓 **까끔속** 겨울산새의 모양하고/나의 얕든 잠결속에 아양지며 아른덴다//"(김현구, 요정)

까디집고는 구 까서 뒤집고는. #"에미가 반디시 누븐 머시마 눈까풀을 **까디집고는** 빨간/새 끝으로 누 난을 요게조게 핥기 시작디마는 마츰네 개자씨만쿰/쪼맨한 까망 점같은 기 에미 빨간 새 끝에 묻어 나왔다/머시마가 무망간에 발딱 일어 나민서 만세, 엄마 인자 갠/찮다 카이끼네, 에미가, 아이고 고노무 자석 하민서 또 한분/머시마 궁디를 찰싹 때린다//"(상희구, 살을 섞다/대구.44)

까딱하다 형 자칫하다. #"아, 물결의 몸부림 사이사이/쉬임없이 별들이. 그들의 영혼을/보석으로 끼워 넣고 있는 것을/**까딱하여** 나는 놓칠 뻔하였더니라.//"(박재삼, 바다 위 별들이 하는 짓)

까지끗 부 다하듯. 다 할 때까지 끝까지. 힘이 다 할 때까지. #"꽃 봐라 꽃 봐라 떠들던 소리가 잠결에 들은 듯이 흐려져 버리고 숨가쁜 이 더위에 떡갈잎 잔디풀이 **까지끗지** 터졌다."(이상화, 청량세계)

깍구로처 부 거꾸로. #"천길 벼랑끝에 사십도(四十度)넘어 길울은몸/하는수 없이 나는 **깍구로처** 떨어진다/사랑아 너의날개에 나를업어 날아올라라//"(박용철, 마음의 추락)

깍지 명 손가락을 서로 마주 끼거나 팔짱을 낌. #"문화공작대로 갔다가 춘천에서 강릉서 돌팔매를 맞고/돌아온 젊은 시인 상훈도 진식이도 기운 좋구나 우리 모두 **깍지**끼고/산마루를 차고 돌며 목놓아 부르는 것 싸움의 노래//"(이용악, 빗발 속에서)

깍지명 명 열 손가락을 서로 엇갈리게 바짝 맞추어 잡은 상태. #"시름 백팔을 **깍지 끼고** 팔 베게로 누웠자니/二十八宿을 수직하며 불을 다는 내 山茶花/눈이여 뜨거운 눈이여 낙화로나 덮어다오."(정완영, 겨울 愁心歌)

깍질 명 껍질. 딱딱하지 않은 물체의 겉을 싸고 있는 질긴 물질의 켜. 깍질, 껍지, 껍질, 겁띠기, 껍띠이, 껍찌, 꺼피 등의 방언형이 있음. '껍질'의 경상방언형은 '깍질, 껍지, 껍질, 껍칠, 겁띠기, 껍띠이, 껍찌, 꺼피, 껍데기' 등이 쓰이고 있고, 이 중 '깍질'은 '껍질이 견고하고 딱딱한 것'을 가리키는 경북방언형이다. 변이형으로 '깍때기' 등이 있다.『한국방언자료집 7-8 경상도편』 #"쫒기는 마음! 지친 몸이길래/그리운 지평선을 한숨에 기오르면서/시궁치는 열대식물처럼 발목을 오여 쌋다.//…//다삭어빠진 소라 깍질에 나는 부터왔다/머-ㄴ 항구의 노정에 흘너간 생활을 들여다보며//"(이육사, 노정기)

깐알라 명 갓난아기. #"새빅부터 시에미 새짜래기 잔소리가 **깐알라** 많은 집에/똥기저기 망쿰이나 여게저게 퍼널려 쌓는다//"(상희구, 상추쌈/대구.65)

깔방이 명 아주 작은 새끼 이. #"지집아들 짱배기마중 씨가리랑/**깔방이**가 억시기 많고"(상희구, 대구풍물 / 대구.4)

깔앉다 동 가라앉다. #"다리를 건너/아이야/네 애비와 나의 일터 저 푸른 언덕을 넘어/풀냄새 **깔앉은** 대숲으로 들어가자//"(이용악, 아이야 돌다리 위로 가자)

깔이다 동 햇볕에 말리려고 멍석 위에 널어둔 팥을 손으로 이리저리 쓸어 모으거나 펴다. 벌레 먹은 것을 가려내고 돌이나 이물이 들어 있으면 가려내는 일. 남부방언에서는 볏짚을 '깔이다'라고 하면 쓸만한 것만 가려내다라는 의미로 사용된다. 여기서는 오줌 누는 소리에 비유함. #"여우가 우는 밤이면/잠없는 노친네들은 일어나 팥을 **깔이며** 방뇨를 한다//"(백석, 오금덩이라는 곳)

깜ㅅ작새 부 눈 깜짝하는 사이에. 재빨리. #"하나님 당신은 이게 무언줄 모르시리다/당신은 햇빛 잘 나는 당신의 하날에 계셔/**깜ㅅ작새** 사라지는 流星을 바라보시며/해를 늘 곁에 가져 다숩게 지내시오니//"(박용철, 석탄갱부)

깡똥거리다 동 조금 짧은 다리로 가볍게 뛰는 모양. #"病든 짐승처럼 憂患의 아리는 날/어디에도 갈데 없어/마당가에 나와 앉았노라면/聖푸란시스와 비둘기 아닌 참새/곁에 내려 와 나를 희학하여 **깡똥거린다**.//"(유치환, 참새)

깡통골목 명 6·25 전란 후 인교동에는 깡통으로 여러 가지 물건을 만드는 소공장이 많았다. #"**깡통골목**에는 깡통이 많고"(상희구, 대구풍물 / 대구.4)

깨굼발비 명 순간적으로 깜짝 내리는 비. 아이들이 한쪽 발을 든 채 한 걸음씩 옮기는 것을 '깨금발이'라고 하는데, 이처럼 한쪽 발을 얼른 내려야 할 만큼 순간적으로 깜짝 내리는 비를 '깨금발비'라고 한다. #"아이고 자잘궂에라!/작년에 냉기논 쑥갓씨로 삽짝가새/다문다문 흩쳐논 지가 한 달포는 됐시까, 엊지역에 **깨굼발비**가 살째기/니리는 거 겉디마는 그단새 좁쌀네끼/겉은 포란 새싹이 뺄쭘하이 돋았구마는//"(상희구, 春三月/대구.7)

깨금발 명 발뒤꿈치를 들어 올림. 또는 그 발. #"햇살로 눈 비비던 민들레꽃, 오랑캐꽃/**깨금발** 뛰며 놀던 앞산 뒷산, 산새 들새/한 철만 살다 죽어도

나 母川에 가고 싶네.//"(정완영, 母川에 가고 싶네)

깨끼저고리 명 안팎 솔기를 발이 얇고 성긴 깁을 써서 곱솔로 박아 지은 저고리. 깨끼겹저고리. #"불면 꺼질 듯한 저 이슬 밭 자주 분홍/당신 **깨끼저고리** 말려 오른 그 앞섶의/어쩌면 별빛도 새던 단추 구멍만한 과꽃.//"(정완영, 과꽃)

깨미다 동 깨물다. #"풀에 스치는 저의 灰色옷은/폴과 땅을 **깨미는**/독한 배암과 같아/슬픈 길을 만들고간다/천천히 문있는데로 가서/거기서 전에 하든대로/저는 뒤돌아보고 기다린다/다시한번 작별을 하려//"(박용철, 노래)

깨웃듬이 명 돌출이 되어 기웃뚱이. #"十月시절은 단풍이 얼굴이요, 또 마음인데 시월단풍도 높다란 낭떨어지에 두서너 나무 **깨웃듬이** 외로히 서서 한들거리는 것이 기로다//"(백석, 단풍)

깨치다 동 1. 일의 이치 따위를 깨달아 알다. 2. '깨뜨리다'의 잘못. 『표준국어대사전』과 같은 뜻풀이 외에 방언적인 의미로 '깨우다', '깨워 일으키다'라는 의미가 있다. #"음2월 가로질러 黃嶽 산불이 건너가면/주막집 土酒 사발에 마을 남정 목이 달고/시루봉 **깨치는** 장끼 새 솔 빛이 돌더라.//"(정완영, 고향의 봄 / 2. 산불)

깽제미 명 꽹가리. #"가즈랑집은 고개밑의/산 너머 마을서 도야지를 잃는 밤 짐승을 좇는 **깽제미** 소리가 무서웁게 들려오는 집/닭 개 짐승을 못 놓는/멧도야지와 이웃사춘을 지나는 집//"(백석, 가즈랑집)

꺼머첩첩하다 형 거무칩칩하다. #"멀어진 태양은/아직 **꺼머첩첩한** 의혹의 길을 더듬고/지금 태풍이 미쳐 날뛴다/얼어빠진 혼백들이 地溫을 불러 곡성이 높다/그러나 나는/내 자신의 체온에 실망한 적이 없다//"(이용악, 동면하는 곤충의 노래)

꺼머틱틱하다 형 좀 검고 거칠게 생겼다. #"부두의 인부꾼드은/흙은 씹고 자라난 듯 **꺼머틱틱했고**/시금트레한 눈초리는/푸른 하늘을 쳐다본 적이 없는 것 같았다/그 가운데서 나는 너무나 어린/어린 노동자였고//"(이용악, 항구)

꺼풀 명 껍질. #"물가의 닳아져 널린 굴**꺼풀**에/붉은 가시덤불 뻗어 늙고/어둑어둑 저문 날을/비바람에 울지는 돌무더기/하다못해 죽어 달래가 옳나/방의 고요한 때라도 지켰으면!//"(김소월, 하다못해 죽어 달래가 옳나)

꺽정이 명 키가 크고 좀 모자라는 사람. #"보름달은 밝아 어떤 녀석은/**꺽정이**처럼 울부짖고 또 어떤 녀석은/서림이처럼 해해대지만 이까짓/산구석에 처박혀 발버둥친들 무엇하랴//"(신경림,

농무)

껄덕이다 형 매우 먹고 싶거나 갖고 싶어 입맛을 다시거나 안달하다. 숨이 끊어질 듯 말 듯 하는 소리가 나다. 『표준국어대사전』에서 '껄떡이다'는 의미를 자동사인 경우 1. 목구멍으로 물 따위를 힘겹게 삼키는 소리가 나다, 2. 엷고 빳빳한 물체의 바닥이 뒤집히거나 뒤틀리는 소리가 나다, 3. 매우 먹고 싶거나 갖고 싶어 입맛을 다시거나 안달하다로, 타동사인 경우 숨이 끊어질 듯 말 듯 하는 소리가 나다로 규정하고 있는데 대구방언에서는 3의 의의소가 주의(primary meaning)로 주로 사용된다. 이 시에서도 3의 뜻으로 사용된 예이다. 무엇이 모자라는 것을 바라는 행동이나 몸짓 따위. #"어여쁜계집의, 씹는말과가티,/제혼자, 지즐대며, 어둠에쓸는여울은, 다시고요히,/농무에휩사여, 맥풀린내눈에서, **썰덕이다**.//"(이상화, 이중의 사망), #"병드러힘업시도섯는잔듸풀— 나무가지로/미풍의한숨은, 가는(細)목을메고, **썰덕이여라**.//"(가을의 풍경)

께 접 (시간이나 공간을 나타내는 일부 명사 뒤에 붙어) '그때, 장소에서 가까운 범위'의 뜻을 더하는 접미사. #"빈 손, 빈 마음으로 이 清秋에 다시 서면/연륜도 無心 山川, 노을 젖은 靑石쯤 될까/해인사 紅流洞께의 세월 씨는 그 물소리"(정완영, 淸秋에)

께다 동 꿰다. 끼우다. #"제삿날이면 귀머거리 할아버지 가에서 왕밤을 밝고 싸리꼬치에 두부산적을 **께었다**//"(백석, 고방)

꼬개이 명 고갱이. 여기서는 배추의 뿌리쪽을 잘라 낸 밑동부분을 말한다. 옛날 엄마가 김치를 썰다가 김치 마지막 고갱이 쪽이 남으면 한 입씩 주시곤 했는데 배추뿌리가 조금 섞여 있는 고갱이 김치는 씹을수록 고소한 별미였다. 지금의 아내는 기생충이 가장 많이 스며들 위험성이 있다고 하면서 김치 고갱이는 가차없이 버리곤 한다. #"물괘기는 눈까리가 마씻고/뱁추짐치는 **꼬개이**가 마씻고/수루매는 다리가 마씻고/다꾸앙은 복파이 마씻고/써리 논 짐밥은 다꾸앙이나/우붕뿌리이 것튼 기 삐쭉삐쭉/티 나온 가아따리 끄티쪼오가/마씻고//"(상희구, 幼年五味/대구.53)

꼬둘채댕기 명 가늘고 길게 만든 빳빳하게 꼬드러진 감촉의 댕기. #"머리는 다리를 서너켜레씩 들여서/시뻘건 **꼬둘채댕기**를 삐뚜룩하니 해 꽂고//"(백석, 칠월 백중)

꼬라지 부 꼬락서니. #"큰 오마씨와 작은 오마씨가 한테 사는 웅이네에 지역답이 되자/이집 영감이 대문을 들어섰다. 영감재이가 하마나 오까, 하마나/오까 하민서 누이 빠지게 기다리던 작은 오마씨가 엉기불통하고/쫓아 나가는 데, 고만 고모신코에 발가락이 잘못 끼었는지 발딱/나자빠지고 말았다. 이 **꼬라지**를 외미닫이 밖으로 얼치거이 없이/내다보고 있던 큰 오마씨가 사부제기 내뱉었다./아이고 고고 꼬방시에라.//"(상희구, 꼬방시다/대구.47)

꼬랑대기 명 꽁지. #"철개이 한 마리/또랑 우에/안질락 말락/안질락 말락//**꼬랑대기**로/또랑물에 점을/꼭꼭 찍어 쌓는다//하늘이/터-엉 빘다//"(상희구, 夏至-칠성동 한도랑에서/대구.31)

꼬리잡이 명 여러 아이들이 마당에서 앞 아이의 허리를 잡고 한 줄로 늘어서서 맨 앞의 아이가 꼬리 쪽 아이를 잡으려고 하면 꼬리 쪽 아이는 앞 아이의 허리를 잡은 채 도망질한다. 잡힌 아이는 맨 앞의 머리 쪽 아이가 되어 다시 꼬리 쪽 아이를 잡으려고 한다. 이 놀이를 '서도지방'에서는 '꽁댕이잡기'라 부른다. #"또 인절미 송구떡 콩가루차떡의 내음새도 나고 끼때의 두부와/콩나물과 뽂운 잔디와 고사리와 도야지비계는 모두 선득선득/하니 찬 것들이다/저녁술을 놓은 아이들은 외양간섶 밭마당에 달린 배나무 동산/에서 쥐잡이를 하고 숨굴막질을 하고 **꼬리잡이**를 하고 가마/타고 시집가는 놀음 말 타고 장가가는 놀음을 하고 이렇게 밤/이 어둡도록 북적하니 논다/밤이 깊어가는 집안엔 엄매는 엄매들끼리 아르간에서들 웃고//"(백석, 여우난골족)

꼬방시다 형 서로 대척점에 있는 쌍방에서 한 쪽에서 실수를 했을 때 다른 한 쪽이 쾌감을 느끼는 경우를 말한다. #"큰 오마씨와 작은 오마씨가 한테 사는 웅이네에 지역답이 되자/이집 영감이 대문을 들어섰다. 영감재이가 하마나 오까, 하마나/오까 하민서 누이 빠지게 기다리던 작은 오마씨가 엉기불통하고/쫓아 나가는 데, 고만 고모신코에 발가락이 잘못 끼었는지 발딱/나자빠지고 말았다. 이 꼬라지를 외미닫이 밖으로 얼치거이 없이/내다보고 있던 큰 오마씨가 사부제기 내뱉었다./아이고 고고 **꼬방시에라**.//"(상희구, 꼬방시다/대구.47)

꼬아리 명 꽈리. 가지과에 속하는 다년초로서 잎은 타원형으로 잎자루가 있고, 황백색의 꽃이 핀다. 가을에 열매가 발갛게 익으면 씨를 빼내어 아이들이 입에 넣고 소리를 내는 놀잇감으로 쓴다. 여기서는 멀리 수평선 아래로 잠기는 붉은 태양을 빨간 꽈리에 비유하고 있다. 이숭원 교수의 『원본 정지용 시집』에는 이 말을 '또아리'로 잘못 읽고 있다. #白樺 가지 건너/짙푸르러 찡그린 먼 물이 오르자,/**꼬아리** 같이 붉은 해가 잠기고,//" (정지용, 꽃과 벗)

꼬이다 형 꾀다. 유혹하다. #"젊은 마음 **꼬이는** 구비도는 물 구비/두리 함끠 굽어보며 가비얍게 웃노니.//"(정지용, 갑판 우)

꼬치 명 고추. #"그 너린 검다이보리밭에 와서는 마츰 가물어빠진/보리밭에다가 한정없이 물을 대고/동변 서변에 와서는 쑥갓 상추밭에 물을 대고/노곡 조야에 와서는 **꼬치** 정구지밭에 물을 대고/팔달교 근처서는 깨구리참외밭에다가 물을 대고/세천 파산동에 와서는 도마도 수박밭에 물을 댔네//" (상희구, 琴湖江/대구.100)

꼭두서니 명 봉숭아꽃. #"얼른 이 문짝을 발라 치우고/저녁놀이 뜨거들랑/뒷산 언덕에 올라/고운 **꼭두서니**빛으로 물든 먼 세상의/사람들의 사는 양을 바라다 구경하자./"(유치환, 문을 바르며)

꼰돌라 명 곤돌라. 이탈리아의 베네치아에서 수로를 따라 손님을 실어 나르는 작은 배. #"산뜻한 이 紳士를 아스 빨트우로 **꼰돌라**인 듯/몰고들 다니길래 하도 딱하길래 하로 청해왔다.//" (정지용, 류선애상)

꼽삶이 꽁보리밥 명 쌀이 한 톨도 섞이지 않은 순전한 보리밥. 보리가 거칠기 때문에 두 번씩 삶는다고 하여 '꼽삶이'라고 한다. 당시 어려웠던 시절의 어머니들은 어떠한 경우에도 하얀 맨자지 쌀밥만 먹는 것을 죄악시했다. #"맨자지는 아부지 생일밥/반자지는 형 생일밥/반반자지는 내 생일밥/**꼽삶이 꽁보리밥**은 엄마 생일밥//"(상희구, 맨자지/대구.9)

꽃다지 명 오이, 가지, 참외, 호박 따위에서 맨 처음에 열린 열매. #"오랜만에 고향에 내려와 하늘 덮고 누운 밤은/달래 냉이 **꽃다지** 같은 별이 송송 돋아나고/그 별빛 꿈속에 내려와 잔부리도 내립니다."(정완영, 고향에서 살고 싶다/고향 별밭), #"내가 아주 눈이 푸른 엄마 등의 아길 적에/직지사 인경소리가 햇살무늬 놓고 가야/보리밭 냉이 **꽃다지** 돋는 줄만 알았어요.//" (정완영, 직지사 인경소리)

꽃심 명 꽃술. #"아 그날 그때에는 낮도 모르고 밤도 모르고 봄빛을먹음고 움돋던 나의령이/저녁의 여울우로 곤두치는 고기가되어/술취한 물결처럼 갈모로 춤을추고 **꽃심**의 냄새를 뿜는 숨결로 아무 가림도/없는 노래를 잇대어불렀다//"(이상화, 그날이 그립다)

꽃이파리 명 꽃잎. #"목이 휘인 채 꽃진 꽃대같이 조용히 춘향이는 잠이 들었다. 칼 위엔, 눈물방울이 어룽져 꽃이파리의 겹쳐진 그것으로 보였다. 그렇다, 그것은 달밤일수록 영롱한 것이 오히려 아픈, **꽃이파리 꽃이파리, 꽃이파리**들이 되어 떨고 있었다.//"(박재삼, 화상보), #"숨가삐 쳐다보는 하늘에/먹구름 뭉게치는 그러한 때에도/너와 나와 너와 나와/마음속 월계는 함빡 피어/**꽃이팔 꽃이팔** 캄캄한 강물을 저어간 **꽃이팔**//"(이용악, 월계는 피어)

꽤짜 명 이상한 짓이나 말을 하여 남을 웃기게 만드는 행동이나 말씨. #"내가 어른이 되는 날에는/나는 **꽤짜**로 버티여볼테야/내작난감 손대지 말라고/다른 애들을 타일를테야.//"(박용철, 어른되는날)

꾸냥 명 중국 처녀. #"머리채 츠렁츠렁 발굽을 차는 **꾸냥**과 가즈런히 쌍마차 몰아가고 싶었다//"(백석, 안동)

꾸레미 명 꾸러미. #"이윽고 통행금지 시간이 지나면 창의 어미는 이 내복 **꾸레미**를/안고 나서야 한다 바람을 뚫고 바람을 뚫고 조국을/대신하여 네가 있는 서대문 밖으로 나가야 한다//"(이용악, 유정에게)

꿉어야 동 구어야. '굽다'의 어두경음화형인 '꿉다'의 활용형. #"배추찌짐은 디집어 엎어/논, 무시 솥띠끼우에다/**꿉어야**, 지맛이다/둥굴오목한 솥띠끼를/후꾼 달구어/돼지지름을 아지매들/성질대로 알라들/호작질 하딧이 마구잽이로/문질러 놓고서는/큼지막한 배추잎사구로 하나/머얼건 밀가루반죽에다 담뿍 적셔 내어,/솥띠끼우에다 찌지직 앉히는 것이다.//"(상희구, 배추전/대구.37)

꿔뚜리 명 귀뚜라미. #"기러기 제비가 서로 엇갈림이 보기에 이리도 설은가,/**귀뚜리** 떠러진 나무옆을 부여잡고 긴밤을 새네./가을은 애달픈 목숨이 나누여질까 울시절인가보다.//"(이상화, 병적 계절)

끄나푸리 명 끄나풀. 1. 실로 만든 끈. 2. 어떤 정보나 기밀을 몰래 알려 주는 사람. #"피로써 무르리라 우리의 것을 우리에게 돌리라고 요구했을 뿐이다/생명의 마지막 **끄나푸리**를 요구했을 뿐이다//"(이용악, 기관구에서)

끄슬다 동 그을다, 그을리다, 햇볕이나 연기 따위를 오래 쬐어 검게 되다. '쓰슬려'는 '그을다'의 '끄실다, 끄실고, 끄실어라'와 같은 'ㅅ'불규칙동사인 경상방언형이다. 이와 함께 경상도에서는 '끄시럼'이 함께 쓰이고 있는데 이는 '그을음'의 방언형이다. 이외에도 '그을음'의 경상방언형에는 '끄시름, 끄지럼, 끼명'이 있다.『한국방언자료집 7-8 경상도편』 #"춤추어라, 오늘만의 젓가슴에서,/사람아, 압뒤로 헤매지 말고/짓태워버려라/**쓰슬려버려라**/오늘의 생명은 오늘의 슻싸지만//"(이상화, 마음의 꽃), #"그 늙은인/암소 딸라 조아밭 저쪽에 사라지고/어느 길손이 밥 지은 자취지/끄슬은 돌 두어 개 시름겨웁다//"(이용악, 강가), # "분명 라이풀선을 튕겨서 올나/그냥 화화처름 사라서 곱고//오랜 나달 연초에 끄스른/얼골을 가리면 슬픈 공작선//거츠는 해협마다 흘긴 눈초리/항상 요충지대를 노려가다//"(이육사, 광인의 태양), #"춤추어라, 오늘만의 젓가슴에서,/사람아, 압뒤로 헤매지 말고/짓태워버려라/끄슬려버려라/오늘의 生命은 오늘의 끗까지만//"(이상화, 마음의 꽃), #"너그러운 호흡, 가락이 긴/삶과 생활,/흙을 종일,/흑하고 친하고/등어리를/햇볕에 끄실리고/말하자면/정신의 건강이 필요한./唐人里 변두리에/터를 마련할까보아"(박목월, 당인리 근처)

끄시름 명 그을음. #"기념품으로 주는/우리나라에서는 난생 처음인 나일론 보자기를 하나씩 얻기/위해서였다./희안하기도 해라, 석탄 덩거리로 맨들었다 카던데/우째 끄시름이 하나도 안 묻노/하면서 뽈때기에다가 문질러대는 아낙도 있었다./소 심줄은 커잉 철사보다도 더 질기다 카더마는/오늘도 시골 할매들, 나일론이라는 말은 빼버리고 백 뿌로,/백 뿌로 해 쌓는다.//" (상희구, 나이롱 백 뿌로/대구.48)

끄티서 명 끝에서. #"골목 끝에 한 여자가 서 있다/골목 끄티서 한 여인이 울고 있다//골목 끝에 바람이 지나간다/골목 끄티서 바람이 공상거리 쌓는다//"(상희구, 골목 끝과 골목 끄티/대구.59)

끄티이 명 끝. 여기서는 넷째 놈(막내)을 말한다. #"가리늦게 머시마만 너이로/둔 어떤 오마이가 사할뒤리/씨부렁거리 쌓는 기라꼬는//큰 늠은 물티이 겉고/둘째 늠은 쫌쌔이고/시째 늠은 배막띠이고/그라마 끄티이는 쫌 크기 될랑강?//이었다//"(상희구, 물티이/대구.72)

끌뜯다 동 쥐어뜯다. 헐뜯다. 마구 집어뜯다, 상대방을 헐뜯다. '선구자의 노래'에서 '쑬듯는'을 다양한 의미로 해석을 하고 있다. 문장사, 형설사에서 간행된 교합본에서는 '쑬듯는'으로 문학사상사, 정음사에서 간행된 교합본에서는 '쑬 듣는'으로 그리고 대구문협, 미래사에서 간행된 교합본에서는 '꿀 듣는'으로 표기하고 있어 잘못을 범하고 있다. '끌듯는'이라는 낱말은 대구방언에서 '끌뜯다'라는 방언형인데 '쥐어뜯다' 또는 '남을 좋지않게 평가하여 말을 하다'라는 의미를 가지고 있다. 이러한 방언적 의미를 고려하지 않고 '끌듣는'이나 '꿀이 떨어지는'이라는 의미로 '꿀 듣는'으로 교정한 것은 전혀 옳지 않은 오류라고 할 수 있다. 대구방언인 '끌뜯다'는 '마구 집어뜯다' 혹은 '상대방을 헐뜯다'라는 의미를 가지고 있다. 따라서 위의 시구절은 '아무래도 내하고 싶은 것은 미친짓뿐이라/남의 끌 뜯는 집을 무너뜨릴지 나도 모른다' 라는 의미로 이해된다. #"아모래도 내하고저움은미친짓뿐이라./남의 쓸듯는집을 문흘지 나도모른다//사람아 미친내뒤를 짜라만 오느라/나는 미친 흥에겨워 죽음도뵈줄테다//"(이상화, 선구자의 노래)

끝잇다 준 마치다. 끝을 내다. #"그러나 이것이 모도 다/그 녜전부터 엇던 시연찬은 사람들이/끗닛지 못하고 그대로 간 니야기어니//"(정지용, 녯니약이 구절)

끝타아 부 끝에. 타아는 별 의미가 없다. '타아'와 같은 말은 접미어로 별 의미는 없지만 언어와 언어 사이의 흐름을 매끄럽게 한다든가, 토속 母語의 맛깔스런 억양을 유지하는 데 큰 역할을 한다고도 할 수 있다. #"아이고 무섭어라!/한 동네 사는 신태랑, 그 단에 배루고 배루던 저 건너 마실, 안티골에 숨어 있는 새이(喪輿) 집을 염탐키로 작정을 했다./초지역이 이역할 때 쭘 해서 질을 나서는데, 안티골 새이집은 건너 지실마을 끝타아, 막은안 창집 옆푸라다 배껕마당을 가로질러 //"(상희구, 새이(喪輿)집/대구.27)

끼니로 이아 묵는 구 끼니로 쳐서 먹는. #"식구들이 쭈욱 둘러 앉아서 아침 저녁 끼니로 이아 묵는 뜨겁은 한 그릇의 시레기국은 언제나 그 根氣를 온전히 보존 하였던 것이다/요새 와서 그 사실이 밝혀졌지만 배추잎사구와 무시시레기의 葉綠素는 비타민의 보고이며 미리치대가리의 칼슘 함량은 동급 식품중에 최고라고 한다/칠성동 시절의 우리 4남매가 여죽지 골골거리지 않고 건강한 것도 우리 엄마 시레기국 힘이 크다/아, 시레기국 만세!//"(상희구, 시레기국/대구.75)

끼때 명 식사 때. #"또 인절미 송구떡 콩가루차떡의 내음새도 나고 끼때의 두부와/콩나물과 뽂운 잔디와 고사리와 도야지비계는 모두 선득선득/하니 찬 것들이다/저녁술을 놓은 아이들은 외양간섶 밭마당에 달린 배나무 동산/에서 쥐잡이를 하고 숨굴막질을 하고 꼬리잡이를 하고 가마/타고 시집가는 놀음 말 타고 장가가는 놀음을 하고 이렇게 밤/이 어둡도록 북적하니 논다/밤이 깊어가는 집안엔 엄매는 엄매들끼리 아르간에서들 웃고//"(백석, 여우난골족)

끼밀다 형 어떤 물건을 끼고 앉아 자세히 보며 느끼다. #"이 투박한 北關을 한없이 끼밀고 있노라면/쓸쓸하니 무릎은 꿇어진다//"(백석, 북관-함주시초(咸州詩抄) 1)

끼애리 명 짚으로 길게 묶어 동인 것. '꾸러미'의 평북 방언. #"황토 마루 수무나무에 얼럭궁 덜럭궁 색동헝겊 뜯개조박 뵈자배기 걸리고 오쟁이 끼애리 달리고 소삼은 엄신 같은 딥세기도 열린 국수당고개를 몇 번이고 튀튀 춤을 뱉고 넘어가면 골안에 아늑히 묵은 영동이 무겁기도 할 집이 한 채 안기었는데//"(백석, 넘언집 범 같은 노큰마니)

끼얹다 동 끼얹다. #"그곳이 어디더냐 남이장군이/말 먹여 물 **끼얹던** 푸른 강물이/지금에 다시 흘러 둑을 넘치는/천백 리 두만강이 예서 백십 리//"(김소월, 물마름)

ㅆ라지다 형 가라앉다. #"愛人아 하늘을보아라 하늘이**ㅆ라젓고** 짱을보아라 짱이ㅆ져젓도다/愛人아 내몸이 어제가치보이고 네몸도아즉살앗서 네겨테안젓느냐?//"(이상화, 離別을하느니), #"한울에도 게으른 흰구름이돌고/짱에서도 고달픈 침묵이**ㅆ라진**/오—이런날 이런때에는/이짱과내마음의 우울을쌔술/동해에서 폭풍우나 소다저라—빈다.//"(이상화, 폭풍우를 기다리는 마음)

ㅆ부리다 형 까불다. #"아 사람의맘은 두릴것업다 만만하게 생각고/천가지 가즌지랄로 **잘ㅆ부리는** 저한울을 둠이야말로 속터진다//"(이상화, 地球黑點의 노래)

쌈우러지다 동 정신이 혼미할 정도로 지치거나 정신을 잃은 상태가 되다. #"目的도업는憧憬에서 酩酊하든하로이엇다./어느날 한나제 나는 나의「애든」이라든솔숩속에 그날도/고요히 생각에**쌈우러지면서** 누어잇섯다.//"(이상화, 夢幻病)

쌈작이다 형 '깜박이다'와 '깜짝이다'는 중부방언에서는 그 의미가 구분된다. 곧 '불빛이 반복적으로 환해졌다가 어두워지는 모습'은 '깜박이다'이며 '눈꺼풀을 반복해서 떴다 감았다 하는 것'은 '깜짝이다'이다. 그런데 대구방언에서는 이 두 단어의 의미차이가 중화되어 사용되기도 한다. #"봉창구멍으로/나려—ㄴ하여조으노라/**쌈작이는**호롱불—/해비츨써리는늙은눈알처럼/세상밧게서알는다, 알는다.//"(이상화, 貧村의 밤)

쌈푸르다 형 검푸르다. #"능수버들의거듭포개인닙새이에서,/해는朱橙色의짜사롭은웃음을던지고,/**쌈푸르게** 몸꼴꿈인, 저편에선/남모르게하는, 바람의군소리—가만이오다.//"(이상화, 池畔靜景)

쌉치다 형 재촉하다. '깝치다'는 대구방언에서 '재촉하다'라는 의미로 사용되며 동음이의어로서 '손목이나 발목을 접치다.'라는 의미로도 사용된다. 양명희(2003)의 『현진건의 20세기 전반기 단편소설 어휘조사』에서는 '깝치다'를 '얻다'의 의미에 가깝다고 밝히고 있으나, '깝치다'는 대구방언에서 '재촉하다'라는 의미로 사용되고 있는 방언형이다. 이와 함께 동음이의어로서 방언형 '깝치다'는 '손목이나 발목을 접치다.'라는 의미로도 사용된다. 최기호(1995)의 『사전에 없는 토박이말 2400』에서 '깝치다'의 뜻풀이를 '곱치다'로 잘못 해석하고 있다. #"나비 제비야 **ᄭᅡᆸ치지**마라/맨드램이들마ᄭᅩᆺ에도 인사를해야지//"(이상화, ᄲᅢ앗긴들에도 봄은오는가), #"혈마 오늘 내로 어ᄶᅥ랴 십헛다. 무슨 일이 잇드래도 재일 재이의 행운을 **ᄭᅡᆸ친** 것보담도 오히려 ᄭᅥᆸ절이 만흔 이 행운을 노칠 수 업다 하얏다."(현진건, 운수 좋은 날), #"성미가 급하지 않은 분이 왜 이리 **깝치시오**? 하여간 소승이 잘 못 안 것은 아니겠지요."(박경리, 토지)

ᄭᅩᆨ두 명 꼭대기. 꼭두머리. #"**ᄭᅩᆨ두**로 오르는情熱에 가삼과 입설이ᄯᅥ러 말보담숨결조차 못쉬노라./오늘밤 우리둘의목숨이 ᄭᅮᆷ결가치보일 애타는네맘속을 내어이모르랴.//"(이상화, 離別을하느니)

ᄭᅩᆺ닙 명 꽃잎. #"내노래는/밋을수업는 시약시 우슴갓치/그러케 것잡을수 업고/그울님은/저녁노을에 ᄯᅥ러지는 **ᄭᅩᆺ닙**갓치/그러케 고요하며/노래의 빗갈은/장밋빗아츰 매친이슬에 눈을ᄯᅥ/푸른하날에 번ᄯᅧᆨ이는 나빗갓치/그러케 빗나다가//"(김현구, 나의노래는)

ᄭᅮᆯ듯다 형 끌뜯다. 쥐어뜯다. 남을 좋지 않게 평가하여 말을 하다. 이러한 방언적 의미를 고려하지 않고 'ᄭᅮᆯ듯는'을 '꿀이 떨어지다'라는 의미로 '꿀(蜜蜂) 듣는'으로 교열한 것은 옳지 않다.(이상규 1998 : 369) #"아모래도 내하고저움은 미친짓뿐이라/남의 **ᄭᅮᆯ듯는**집을 문훌지 나도모른다.//"(이상화, 先驅者의 노래)

ᄭᅳ슬다 동 끄을다. 'ᄭᅳ슬려'는 '그을다'의 '끄실다, 끄실고, 끄실어라'와 같은 'ㅅ'불규칙동사인 경상방언형이다. #"짓태워버려라!/**ᄭᅳ슬려버려라**!/오늘의 生命은 오늘의ᄭᅩᆺᄭᅡ지만—//"(이상화, 마음의ᄭᅩᆺ)

ㄴ

나달 명 세월(歲月). #"나는 초려의 까마귀, 고독에 암울한 나의 **나달**을 어디로 향을 하고 이 포호를 보내랴.//"(유치환, 초려), #"**나달**이 쇠털 같단들 잃고 보면 더 허뿌이/악연 같던 여름도 가니 땀 개이고 허전한 이마/오늘은 쇠잔한 뜨락에 맨드라미 꽃대만 탄다."(정완영, 殘陽記), #"그대와 한자리에 **나달**을 보내올제/하날도 푸르러 우슴에 질겼으나/님이라 부르옵기는 생각밖이 옵더니//"(박용철, 哀詞1)

나들다 동 드나들다. #"적은 창문을 가려 우거졌던 잎들이 모조리 지고 나니/겨울 햇빛이 행결 많이 비쳐 들건만/둥주리를 **나드는** 그의 초라한 양은 볼 수 없어/종일을 집안에서 쪼구리고 앉아만 있는지./"(유치환, 겨울의 까치 둥주리를 보면 우리 어머님 생각이 나오)

나락밭 명 돼기밭. #"**나락밧** 가운데의 움물까에는//"(김소월, 녀름의달밤)

나련하다 형 나른하다. #"날이맛도록/왼데로헤매노라—/**나련한**몸으로도/시들푼맘으로도/어둔부억에,/밥짓는어머니의/나보고웃는빙그래웃음!//"(이상화, 어머니의 웃음)

나룻이 잡히다 구 나룻이 잡히다. '나룻'은 수염을 말한다. 면도를 한 얼굴과 턱 주변에 수염이 조금 자라서 거뭇하게 수염이 보이는 것을 말한다. 이숭원 교수의 『원본 정지용 시집』에서는 '나룻'을 '수레의 양쪽에 있는 기다란 채'라고 풀이하였으며, '나룻이 잡힌'을 '움직일 수 없게 된 상태'라고 설명하고 있다. #"높이 구름우에 올라,/**나룻이 잡힌** 벗이 도로혀/아내같이 여쁘기에,/눈 뜨고 지키기 싫지 않었다.//"(정지용, 꽃과 벗)

나리다 동 내리다. #"비오는 어느 아침 나룻배 **나린** 길손의 갈대 지팡이/모두 내 사랑이었다//"(백석, 늙은 갈대의 독백)

나릿하다 형 '느릿하다'의 작은말. 북한에서는 '나릿하다'를 냄새, 공기, 소리가 사람의 감각기관을 약하게 자극하는 말로 쓴다. #"**나릿한** 남만의밤/번제의 두레ㅅ불 타오르고//옥돌보다 찬 넋이 있어/홍역이 만발하는 거리로 쏠려//"(이육사, 아편)

나무뒝치 명 나무의 속을 파서 만든 조

그마한 뒤웅박. '퉹치'는 '뒤웅박'의 평북 방언. '뒤웅박'은 '박을 쪼개지 않고 꼭지 근처에 구멍만 뚫어 속을 파낸 바가지'를 말한다. #"산너머 十五里서 **나무퉹치** 차고 싸리신 신고 山비에 축축히 젖어서 藥물을 받으러 오는 산 아이도 있다//"(백석, 산지)

나무리벌 명 황해도 재령군에 있는 벌판. 최상품의 쌀을 생산하는 곳. # "신재령에도 **나무리벌**//"(김소월, 나무리벌노래)

나무말쿠지 명 나무로 만든 옷걸이로 벽에 박아서 사용. #"구석의 **나무말쿠지**에 할아버지가 삼는 소신 같은 짚신이 둑둑이 걸리어도 있었다//"(백석, 고방)

나무엽 명 나뭇잎. '나무엽'은 '나무+엽(葉)'의 복합구성으로 '나무잎'이라는 의미이다. 그런데 이것을 '나무 엽'으로 교열한 것은 잘못이다. #"**나무엽** 마다에셔//"(이상화, 단조)

나물매 명 1. 나물과 밥. 2. 이것저것 맵시 있게 진설해놓은 나물. '나물매'에서 '매'는 명사 뒤에 붙어 '생김새' 또는 '맵시'의 뜻을 더하는 접미사. #"어스름저녁 국수당 돌각담의 수부나무 가지에 녀귀의 탱을 걸고 **나물매** 갖추어 놓고 비난수를 하는 젊은 새악시들,/잘 먹고 가라 서리서리 물러가라 네 소원 풀었으니 다시 침노말아라//"(백석, 오금덩이라는 곳)

나베 미 -나보다. #"길 잃은 송아지/구름만 보며/초저녁 별만 보며/밟고 갔**나베**/무질레밭 약초길"(박목월, 산그늘)

나수다 동 1. (…을 …에/에게) 내어서 드리다. 2. (…을) 높은 자리로 나아가게 하다. #"가난도 길이 들면 양처럼 어질더라/어머님 곱게 **나순** 물레 줄에 피가 감겨/청산 속 감감히 묻혀 등불처럼 가신 사랑.//"(정완영, 고향 생각)

나아 둘수록 구 놓아 둘수록, 곧 '보관해 둘수록'의 의미. #"풋사과가 달기로는/그 중에 유와이가 젤로 났고//고리땡은 오래 **나아 둘수록**/지푼 단맛이 있고//아사히는 물이 많은데 달지만/지푼 맛이 적고//B품으로 나온 오래된 落果는/그 맛이 허벅허벅하다//"(상희구, 대구사과/대구.66)

나우리치다 동 잔파도가 일다. 잔잔한 파도가 일다, 물결이 일다. 『문장』에 실린 이육사의 「아미」라는 작품의 일부이다. '나우리치오'에 대해 심원섭(1998 : 338)은 기본형을 '나우리치다'로 보고 '나우리'는 '잔 파도'의 의미를 지닌 낱말로 처리하고 있다. 그리고 아직도 경상도 해안지방에서는 '나볼리'라는 발음이 잔존해 있으며, '나우리치다'는 '잔 파도가 일다'라는 뜻으로 풀이하는 것이 타당하다고 밝히고 있다. 그러나 이와 함께 원래 '나ᄫᅳ리 나우리'는 『한국방언자료집 7』에 'I. 550 (보충) 노을/아침노을'항에 보면 '노을, 노울, 놀, 놀이, 나올이, 나울이, 잰노리, 뿔새, 나구리, 나부리' 등의 방언형이 실현된다. 경북 내에서도 경주지역에서는 '붉새' 형이 상주·안동지역에서는 '나구리', '나부리'형으로 실현된다. 특히 안동지역에서는 '나우리', '노올'고 같은 어형이 실현된다. 그러니까 '나우리치다'를 아무런 근거 없이 '잔파도가 치다'로 해석하는 일은 매우 위험한 발상이라 아니할 수 없다. 아마 '저녁 황혼 노을이 퍼져 가는 모습을 파도에 비유하여', '나우리치다'로 노래한 것으로 이해해야 할 것이다. #"촛불처럼 타오른 가슴속 思念은/진정 누구를 애끼시는 贖罪라오/발아래 가드기 황혼이 **나우리치오**//"(이육사, 아미)

나울치다 동 '노을'이 마치 바다 파도처럼 물결을 이루다. #"가만히 눈 감으면 絶島같은 고향이 있어/봄이면 봄마다를 **나울치며** 떠오르누나/먼 수평 세월의 片舟는 가고 아니 오데마는.//"(정완영, 懷鄕 1)

나이 명 초봄에 하얀 꽃이 줄기 끝에 피고 열매는 삼각형으로 어린 잎과 뿌리는 국거리로 쓴다. 나이, 나시, 나생이, 나생기, 난생이 등의 방언형이 있다. #"ᄃᆞ로미 나ᅀᅵ ᄀᆞ도다"(두초 8, 18)'냉이'의 경상방언형에는 '나이, 나시, 나생이, 나생기' 등이 있다. '냉이'의 고어형은 '나ᅀᅵ(飜外通事)'인데 경상방언에는 고어형태가 그대로 쓰이고 있다. 이중 '나생기'는 '나ᅀᅵ'에 접사 '-앙이'가 결합된 형태이다. #"찰밥 한 솥 하고 나물은 **나이** 뜯어서 그거 먹으믄 버짐 안 난다고 무치고. 콩나물 콩을 선달 보름 적부터 두되쯤 놔서 설에도 씨고 보름에도 씨지."(성춘식, 이부자리 피이 놓고), #"**나생이** 하얀 꽃 꽃니파리 흝어선/...정자/마파람 은빛 바람에 날리옵네/"(유정, 가는 봄), #"진흙덩이 뚫고 나온 **난생이** 잎입니다./갈증에 목이 몰아 시들어 버리기 전에/목숨의 계류를 끼고 살게 하여 주세요//"(조오현, 염원)

나이금 명 나이테. 연륜. #"이렇게 한여름을 보내면서 나는 하늑이는/물살에 **나이금**이 느는 꽃조개와 함께/허리도리가 굵어가는 한사람을 연연해 한다//"(백석, 삼호)

나이롱 백 뿌로 명 원래 나일론 백 프로라는 말인데 나일론이라는 옷감의 조직 구성요소가 經絲, 緯絲 모두가 백퍼센트(100%) 순전히 나일론 실로만 짜여졌다는 말인데 나중에 나일론이라는 말은 빼 버리고 그냥 일본식 발음으로 '백 뿌로'라고만 부르곤 하였다. 시골 할머니들도 곧잘 '백 뿌로,

백 뿌로' 했는데 시골의 村老들이 어떻게 수학의 百分率까지 알까마는 어쨌건 이러한 것까지도 당시 수학의 領域이 시골에까지 확대되었다고 할 수 있을는지. #"우리나라 나일론 산업의 선구자 李源萬이 대구 新川洞에/한국나일론 대구공장을 처음 준공하고 기념식이 열리던 날/공장 앞은 대구시민들로 인산인해였다. 기념품으로 주는/우리나라에서는 난생 처음인 나일론보자기를 하나씩 얻기/위해서였다./희안하기도 해라, 석탄 덩거리로 맨들었다 카던데/우째 끄시름이 하나도 안 묻노/하면서 뽈때기에다가 문질러대는 아낙도 있었다./소 심줄은 커잉 철사보다도 더 질기다 카더마는/오늘도 시골 할매들, 나일론이라는 말은 빼버리고 **백 뿌로**,/**백 뿌로** 해 쌓는다.//"(상희구, 나이롱 백 뿌로/대구.48)

나이롱뺑 명 화투놀이의 일종. #"국수내기 **나이롱뺑**을 치고는/비닐우산으로 머리를 가리고/텅 빈 공사장에 올라가 본다//"(신경림, 장마)

나자빠지다 형 넘어지다. #"저 수천만 평의 하늘에 깔린 구름을 괭이로도 쟁기로도/다 갈아낼 수 있는 사람은 없다./기껏해야 사람마다 스무남 평 남짓/갈아놓고는 **나자빠지고** 만다./그러면서 친구도 노래도 잊어버린 채/임자 노릇만 하려고 든다.//"(박재삼, 구름의 주인)

나조반 명 나좃쟁반. 갈대를 한 자쯤 잘라 묶어 기름을 붓고 붉은 종이로 둘러사서 초처럼 불을 켜는 나좃대를 받치는 쟁반. #"낡은 **나조반**에 흰밥도 가재미도 나도 나와 앉어서/쓸쓸한 저녁을 맞는다//"(백석, 선우사)

나죙에 부 나중에. #"여섯 살쯤 된 사내아이가 큼지막한 사진 한 장을 들고/난리를 친다/엄마아, 이거는 누부야 얼굴이 아이다 카이/아이고 이노무 자석이 와 이카노/부엌일을 하던 엄마는 종내 부지깽이를 내려놓고는/손아래 시누에게 푸념을 늘어 놓는다/아이구 우짜꼬, 사진일랑 고마, 아무데서나 찍을꺼로,/얼굴로 너무 뺀지리하게 맨들어 났구마는,/저너무 자석이 **나죙에** 머라 안 카까, 우쨌던지 쟈가/시집 가서 잘 살아야 될낀데.//"(상희구, 명성사진관/대구.30)

나주볕 명 저녁 햇빛. '나주'는 '저녁'의 평북 방언. #"그런데 저기 나무판장에 반쯤 나가 누워서/**나주볕**을 한없이 바라보며 혼자 무엇을 즐기는 듯한 목이 긴 사람은/陶淵明은 저러한 사람이었을 것이고/"(백석, 조당에서), #"**나주볕**이 가득 들이운 밝은 방안에 혼자 앉어서/실감기며 버선짝을 가지고 쓰렁쓰렁 노는 아이를 생각한다//"(백석, 촌에서 온 아이)

나즛손 명 저녁 무렵. '저녁 무렵'의 평북 방언. #"외로운 생각만이 드는 때쯤 해서는/더러 **나즛손**에 쌀랑쌀랑 싸락눈이 와서 문창을 치기도 하는 때도 있는데//"(백석, 남신의주 유동 박시봉방)

나투시다 동 '나타내다'의 옛말인 '나토다'의 방언형. 말씀하여 나타내다. #"功이 녀트며 기푸믈 조차 暫持ᄒᆞ며<석상 19:8>/表ᄂᆞᆫ 物을 보람ᄒᆞ야 나톨씨라<능엄 1:70>/말ᄉᆞ믄 ᄠᅳ들 나토ᄂᆞ니<선가 상:19>", #"가락동 內從형님은 望九十의 古老신데/언제나 나만 만나면 저녁노을 풀어놓고/매양 그 萬壽香 사루 듯 옛 이야길 **나투신다.**//"(정완영, 無量心抄 / 저녁놀 풀어놓고)

나후따링 명 나프탈린. #"이거 묵어마 킬 난데이/좀 실까바 옷에 넣는 좀약인데/무마 죽는다 카이/엄마가 아이들이 사탕으로 잘못 알고/먹을가봐 닥달을 하시면서 반짝반짝/광채가 나면서 하얀 박하사탕같은 것을/코앞으로 디밀었는데 이 희안한/異邦의냄새//"(상희구, **나후따링**/대구.89)

낙사랑 명 실을 두른 여자. #"絡絲娘의 잣는 실 가늘게 풀린다/무엇이 나를 적박의 바다 한가운데로 떠박지른다/나는 속절없이 부서진 배 쪼각인가?//"(백석, 고독)

낙타 명 약대라고도 함. #"고비 사막을 걸어가는 **낙타** 탄 행상대에게나/아프리카 녹음속 활 쏘는 토인에게라도/황혼아 네 부드러운 품안에 안기는 동안이라도/지구의 반쪽만을 나의 타는 입술에 맡겨다오//"(이육사, 황혼)

낚다 동 '낚다'는 대구방언에서는 '여성을 꾀다'라는 의미로도 사용된다. #"愛戀!/불노리하자는사랑아, 네거든 와서**낚거가거라**/내겐너줄, 오직 네病든몸속에, 누은넉쁜이로라.//"(이상화, 방문거절)

난길 명 바람 남. 바람피움. 여성이 바람이 나서 집을 나가다. 난길, 난질 등의 방언형이 있음. '난길로'는 '어려운 길' 또는 '길이 나 있는'의 뜻으로 해석하기가 쉬운데 그렇지 않다. 경상도 방언에서 '바람이 나서 집밖으로 나가다.'는 뜻으로 '난질간다' 또는 '화냥질가다'는 방언이 있는데 이 '난질가다'의 '난'과 '길'이 결합된 '난질'의 역구개음화 형태로 파악해야 한다. #"어린 사슴이 **난길**로 벗어나/저문 산을/바라듯//또한 성근 풀잎새에/잠자리를 마련하듯.//"(박목월, 아가)

난벌 명 바깥벌판. #"新開地에도 봄은 와서 가냘픈 빗줄은/뚝가의 어슴푸레한 개버들 어린 엄도 축이고,/**난벌**에 파릇한 뉘 집 파밭에도 뿌린다.//"(김소월, 상쾌한 아침)

난장 명 점포 없이 길가에 난전에서 물건을 파는 일. #"**난장**이 끝났다. 작업복/소매 속이 썰렁한 장바닥./외지 장꾼들은 짐을 챙겨/정미소 앞에서 트럭을 기다리고/또는 씨름판 뒷전에 몰려/팔짱을 끼고 술렁댄다.//"(신경림, 씨름)

난장지다 형 어수선하게 엉망이 되다. #"閑麗水道는 하나 목숨발같이/잔잔한 결을 지어서 흐르고만 있고나.//**난장진** 피바다 속에 눈뜨고 목숨 지운이/사백 년 흐른 오늘도 목이 마른 하늘가에서/이승을 바라는 곳에 銀河로 보일 水道여.//"(박재삼, 남해유수시)

난출 명 넝쿨. #"다래머루 **넌출**은/바위마다 휘감기고/풀섶 둥지에/산새는 알을 가네//"(유치환, 구름 밭에서), #"일찌기 우리 할아버지 할머니가/이 호박 **박넌출**을 극진스리 돌보드키/나도 시골에 살며/푸른 영머리 끝으로/그 억센 잎새들이 벋어 자람을 지극히 사랑하오//"(유치환, 시골에서)

난호다 동 나누다. 서로 헤어지다. #"엇지면 너와나 써나야겟스며 아모래도 우리는 **난호**야겟느냐?/우리둘이 **난호**여 생각고사느니 차라리 바라보며 우는별이나되자!//", #"좁은자리에 이때 쩟**난호**여잇든 그녀자의가장큰재산을 그녀자를가장사랑하는줄아는 그두사람을 괘로웁게녀기게하면서도"(이상화, 離別을하느니), #"싸늘하게 땅속에 눈은 깊히 네우에 싸인데/멀리멀리 떨어져 처량한 무덤속 싸늘하게! 누은가/모든 것을 **난호는**때의 물결에 마츰내 난호여져/내가 잊었을게냐 너를 사랑하기를 나의 왼 사랑아?//"(박용철, 원제미상), #"사랑하는 두사람이 **난호**일때는/서로의 손을 쥐어주며/눈물도 터져나오고/끝없는 탄식에 잠기는것이다.//"(박용철, 사랑하는 두 사람이)

날가지 명 1. 새나 곤충의 몸 양쪽에 붙어서 날아다니는 데 쓰는 기관. 2. 공중에 잘 뜨게 하기 위하여 비행기의 양쪽 옆에 단 부분. 3. 선풍기 따위와 같이 바람을 일으키는 물건의 몸통에 달려 바람을 일으키도록 만들어 놓은 부분. 4. 식물의 씨에 달려 바람에 날 수 있도록 된 부분. 놀개/놀애<월석> ←놀-+-개. 날가지, 날감지, 날래기, 날애, 나래 등의 방언형이 있음. 경상지역에서는 '날개'를 '날가지, 날감지, 날래기, 날애, 나래' 등으로 부른다. '날애'는 15세기의 '놀개'로 소급한다. '놀개'의 제 2음절 두음 'ㄱ'이 선행하는 'ㄹ'의 영향으로 'ㅇ'으로 교체되어 '놀애'가 되고, '놀애'의 'ㆍ'가 'ㅏ'로 변하여 '날애'가 된 것이다. #"**날가지**에 오붓한/진달래꽃을/구황룡 산길에/금실 아지랑이//…//날가지에 오붓한/꿈이 피면//구황룡 산기에/은실 아지랑이//"(박목월, 구황룡3), #"세상에도 아름답고 세상에도 깨긋

한 그 무엇이 나뷔 날애 가튼 옷자락을 한을거리며 하느적 하느적 自己에게로 걸어오는 듯하얐다.//"(현진건, 지새는 아침), #"애라는 기다리는 밤과 낮은 공작의 날애처럼 찬란하얏든 것이다.//"(현진건, 황원행)

날궂이 명 잔뜩 흐려 날씨가 비가 올 듯한 날씨. #"온 집안에 퀴퀴한 돼지비린내/사무실패들이 이장집 사랑방에/중돈을 잡아 **날궂이**를 벌인 덕에/우리들 한산 인부는 헛간에 죽치고/개평 돼지비계를 새우젓에 찍는다/끗발나던 금광시절 요릿집에 얘기 끝에/음담패설로 신바람이 나다가도/벌써 예니레째 비가 쏟아져//"(신경림, 장마), #"그 공사장까지는 백리라 한다/가을비에서는 여전히 마른 풀내가 나고/툇마루에 모여 음담으로 **날궂이**를 하던/버들집 소식은 그 여자도 모른다 한다//"(신경림, 해후)

날기멍석 명 난알(탈곡하지 않은 곡식의 알)을 널리 말릴 때 쓰는 멍석. '날기'는 '난알'의 평북 방언이다. #"**날기멍석**을 져간다는 닭보는 할미를 차 굴린다는 땅 아래 고래 같은 기와집에는 언제나 니차떡에 청밀에 음금보화가 그득하다는 외발 가진 조마구 뒷산 어느메도 조마구네 나라가 있어서 오줌 누러 깨는 재밤 머리맡의 문살에 대인 유리창으로 조마구 군병의 새까만 대가리 새까만 눈알이 들여다 보는 때 나는 이불 속에 지즈러붙어 숨도 쉬지 못한다.//"(백석, 古夜)

날다려 구 나에게. #"자네 말이/**날 다려**/이것을 모도 사랑하라는가/어떻게/내가 이 모든 것을 사랑할수 있는가/내가 아름다운 것을 사랑하지 않든가/그러나 보게/내마음을 날뛰게하는 아름다움이 어데 있는가/푸르하날과 잘나는 빛/또 구비꽃은 山川과 나무와 꽃/말 말게/저의는 그우에 무슨 아름다움을 보랬는가/저의는 무엇을 만들었는가//"(박용철, 곧은 날개)

날라리 명 악기. #"등불을 가리고 검은 그림자와 함께/차차루 멀어지는 벽을 향하면/**날라리** 불며/**날라리** 불며 모여드는 옛적 사람들//"(이용악, 벽을 향하면), #"쇠전을 거쳐 도수장 앞에 와 돌 때/우리는 점점 신명이 난다/한 다리를 들고 **날라리**를 불거나/고개짓을 하고 어깨를 흔들거나//"(신경림, 농무)

날래 부 빨리. 빠르게. #"어느 산 두릅순보다 **날래** 피는 내 귀일까/紫霞門 고단한 丹靑 기대 앉아 졸다 깨니/목련꽃 여는 물소리 온 골 안이 환하다.//"(정완영, 待春 3題 / 1. 졸다 깨니)

날래 가라지는 구 빨리 가려 하지는. 여기서 '날러'는 기본형이 '날다'가 아니라 '날래다'이다. #"青만틀 깃자락에 마담. R의 가여운 입술이 여태껏

떨고 있다./누나다운 입술을 오늘이야 실컷 절하며 갑노라./나는 언제든지 슬프기는 슬프나마,/오오, 나는 차보다 더 **날래 가랴지는** 아니하랸다.//”(정지용, 슬픈 기선)

날무 명 햇볕을 쪼여 푸르게 변한 날무. #“나이 어린것들은/왜놈들이 남기고 간 다다미 방에서/**날무**처럼 포름쪽쪽 얼어있구나.//”(박목월, 층층계)

날새 명 나는 새. #“**날새**가 이리 포옥 따스한 겨울날/까암한 다박솔 안윽히 둘러선 산기슭/양지바른 무덤앞 잔디우에 누었으면/마음속 어둔그늘 이제 구름같이 사라지고/죽엄의 맑은기쁨 향불처럼 핑오르노니//”(김현구, 산비둘기 같은)

날싹 명 매일 받는 품. #“밤새도록, 하늘의꽃바치, 세상으로옵시사비는 입에서나,/**날싹**에팔려, 과년해진몸을모시는 흙마루에서나/알는이의 조으는 숨결에서나, 다시는,/모든것을 시들프게아는, 늙은 마음우에서나,/어대서, 언제일는지//”(이상화, 본능의 놀애)

날이 들다 구 날씨가 개이다. #“모든 것은/젖고 있다./젖고 있기로니./내일은 **날이 들** 것이다.//”(박목월, 일삼일)

남갑사 명 남색의 품질 좋은 紗. #“허리에 찬 **남갑사** 주머니에는 오랜만에 돈푼이 들어 즈벅이고/광지보에서 나온 은장도에 바늘집에 원앙에 바둑에/번들번들하는 노리개는 스르럭스르럭 소리가 나고/”(백석, 칠월 백중)

남길동 명 남색의 저고리 깃동. #“골이 다한 산대 밑에 자그마한 돌능와집이 한 채 있어서/이 집 **남길동** 단 안주인은 겨울이면 집을 내고/산을 돌아 거리로 나려간다는 말을 하는데/해바른 마당에는 꿀벌이 스무나문 통 있었다//”(백석, 산곡)

남끝동 명 남색끝동. 한복 윗저고리의 소매끝 부분에 남색으로 물들인 천으로 덧댄 끝동. #“갑사댕기 **남끝동**/삼삼하고나//”(박목월, 갑사댕기)

남도치들 명 남쪽에서 사는 사람들을 낮추어 함께 일컫는 말. #“북으로 가는 **남도치들이**/산길을 바라보고선 그만 맥을 버리고/코올콜 낮잠 자던 버드나무 그늘//”(이용악, 버드나무)

남먼하다 형 ‘남면하다’의 충청도 방언. 남쪽으로 향하다. 김재홍 교수는『한국 현대시어사전』에서 ‘남 먼저’의 방언으로 풀이하고 있으나, 그 근거를 정확히 밝히지 않았다. 이숭원 교수의『원본 정지용 시집』에서 ‘물끄러미’라고 풀이하였다. #“나드리 간 집새 찾어 가라고/**남먼히** 피는 꽃을 심고 왔오.//”(정지용, 산소)

남생이 명 풋것, 야채. #“**남생이** 등같이 외로운 이섬, 밤을/싸고오는 소리! 고이한 침략자여!/내 보고을 문을 흔드

난건 그누군고?/영주인 나의 한마듸 허락도 없이//"(이육사, 해조사, 65)

남포불 명 남포등불. #"달빛이 차차 그 물어가고/날랜 천사가 하늘로 지나가며/하늘의 촉불을 반짝 켜놀때/**남포불** 켜는 사람은 사다리 들고/어두워지는 길거리를 지나간다/우리 세상에 등불을 켜주려.//"(박용철, 남포불켜는사람)

낡 명 나무. 경상도에서는 '나무'를 '낭개', '낭기'라고 하는데 '낭기'는 경북 군위지역에서 만이 사용되고 있는 어휘이다. #"그러면서 나도 오늘 저녁부텀 이집을 나가면 이집에 안 돌아올 모양이께. 내 아무 산고개, 그 당 **낭기** 있는데, 당나무 절에 가만 돌으로 인제 머 돌담을 쌓아놓은 데 있다이기라. 그, 내 돌담 속에 들어있을 모앵이께네 갈 때 그 골담 속에 날 찾아도고."(군위) #"먹을 수 없는 탱자 열매 가시 **낭구** 향내를 코에 대이며"(오장환, 체온표), #"두서넛 아니라 열 첩을 거느린다 캐도 내사 입 한분 안 떼겄소. 제발 한분 잘살아보기나 했이믄 얼매나 좋을꼬. 죽은 **낭개** 꽃 피기를 바라지."(박경리, 토지), #"그거 다 팔잡니다. **낭개**서 따온 것 겉은 솜씨니께. 싫었으믄 솜씨가 늘었겠소."(박경리, 토지), #"그러니께, 긴말 할 것 없고 새끼 뽑아서 줄 기니께 이녁이 키우라고, 키워. 서방 생각이 나서 그랬던 것도 아니겄고 그것 다 배부른 년들이나, **낭개**도 돌에도 못 대니께 사는 기지."(박경리, 토지) #"앞**낡**의 곱은 가지에 걸리어 파람 부는가 하니 창을 바로치놋다//"(정지용, 온정(溫正)), #"까마귀야. 까마귀야./우리 **남게** 웨 앉었나.//"(정지용, 홍시)

낫다 형 낫다. (낫오아, 낫워) #"내맘이 얼마나 깊이상한가/조그만 꽃들이 이를안다면/나의 고통을 **낫오아** 주려/저의는 나와 같이 울거라//"(박용철), #"하야고 붉은 꽃들 가운데/보아라 보아 나는 나래쳐/석뉴 나무 새가지 우에서./나를 보아라 나의이 은부리/착한이 말을 **낫워** 준단다./눈물 짓지마 눈물 짓지마/꽃은 새해에 피기도 하려니/아디유 아디유 나는 날아가 아디유/하날 푸른속에 나는 사라저/아디유 아디유//"(박용철, 선녀의 노래)

낫대들었다 구 낮에 들었다. 낮때가 되어 장에 들어갔다. #"統營장 **낫대들었다**//"(백석, 통영)

낭 명 낭떠러지. #"네 헛된 꿈을 섬기어 무서운 **낭**에 떨어질 텐데/그래도 너는 두 눈을 똑바로 뜨고만 있다//"(이용악, 앵무새)

낭개 명 애호박. #"대구의 봄은/칠성시장에 제일/ 먼저 찾아온다//칠성시장의 봄은/칠성시장 채소전에서/시작는다//배껕 날씨는/아즉 칩은데//발씨로

不老, 西村/쪽서 쑥갓, 아욱이/들왔단다//中里 날뫼 쪽서/햇미나리, 정구지가/들오고//河賓 東谷서는/시금치, 건대가/들오고//慶山 押梁서는/낭개 가지가 들오고//淸道 豊角 角北/서는 풋고치, 오이가/들왔다//"(상희구, 대구의 봄은/대구.93)

낮배 명 낮에. 한낮 무렵. #"**낮배** 어니메 치코에 꿩이라도 걸려서 산너머 국수집에 국수를 받으려 가는 사람이 있어도 개는 짖는다//"(백석, 개)

낮째이 명 낮짝이. #"엄마야! 고만 새이집 한쭉 모티가 찌불텅하기 니리 앉은 겉은기 아모래도 그 안에 구신이 들앉은 갑드라, 놀란 달구새끼/횃대줄똥을 싸듯이 줄행낭을 놓는데, 마침 하늘을 올리다 보이끼네, 핑소에 세숫대야만하던 허옇던 보룸달도 따라 식겁을 했는지, **낮째이** 왼통 쪼막손만 한 기, 포리쪽쪽해 졌드마는.//"(상희구, 새이(喪輿)집/대구.27)

내 눈이 티눈이다 구 글자를 모르는 무식한 사람. 일자 무식쟁이. '내 눈이 티눈이다.'가 곧 글자를 읽지 못한다는 의미를 파악하지 못한다면 '등잔불도 없는 제상에/축문이 당한기요.'라는 대목과의 관계를 파악하기 힘들게 된다. 곧 내가 무식하니까 등잔불도 없는데 축문도 가당하지 않다는 의미이다. #"아베요 아베요/**내 눈이 티눈인걸**/아베도 알지러요./등잔불도 없는 제상에/축문이 당한기요./눌러 눌러/소금에 밥이나 많이 묵고 가이소./윤사월 보릿고개/아베도 알지러요./간고등어 한손이믄/아베 소원 풀어드리련만/저승길 배고플라요/소금에 밥이나마 많이 묵고 가이소.//"(박목월, 만술 아비의 축문)

내 엿 녹카 노오꾸마 구 내가 엿을 녹혀 놓을 테니까. #"오마이를 먼저 앞세운/올개 국민학교에 갓 입학한/막내손주 보겠도우에/노랑 콧수건을 메달아 주면서/할매가 다짐을 한다//기철아, 차에 받칠라/먼산 보지 말고/패내기 댕기 온너래이/**내 엿 녹카 노오꾸마**,// 한잠 늘어지게 자고 난/앞마다아 강새이가/하품을 크게 하고는/머리뚱하이/먼 산을 본다//"(상희구, 立春-먼 산 보다/대구.92)

내금 명 냄새. 코로 맡을 수 있는 온갖 기운. 연기 때문에 눈이나 목이 따가울 때 경상도에서는 '내구랍다, 내거랍따, 내그랍따, 내굽다'라는 말을 쓴다. '내거랍따'는 '상주, 구미, 영덕, 예천, 의성, 청도' 등지에서 사용되며, '내그랍따'는 '의성, 군위, 구미, 청도, 성주, 고령' 등지에서 사용되고 있다. '내굽다'는 '봉화, 문경, 영주'에서 사용되고 있다. 이와 함께 '내구랑내, 내구래기, 내굼내'와 같이 '연기'나

'그을음내'를 나타내는 말도 함께 사용되고 있다. '내금, 내김'은 '냄새'를 나타내는 경상도 방언형이다. #"강냉이죽 끼리는 데 가 보니/맛있는 **내금**이 졸졸 난다/죽 끼리는 아이가 손가락으로/또독 또독 긁어 먹는다/난도 먹고 싶다/그걸 보니 춤이 그냥 꿀떡 넘어간다/참 먹고 싶었다//"(이오덕, 일하는 아이들)

내더져 앉다 구 내던져 앉다 #"온산중 나려 앉는 휙진 시울들이 다치지 안히! 나도 **내더져 앉다**//"(정지용, 장수산)

내도록 부 계속해서. 『표준국어대사전』에서는 "1. (기간을 나타내는 일부 명사 뒤에 붙어) '그 기간의 처음부터 끝까지'의 뜻을 더하고 부사를 만드는 접미사. 2. (때를 나타내는 몇몇 명사 뒤에 붙어 '그때까지'의 뜻을 더하고 부사를 만드는 접미사."로 처리하고 있는데 방언형에서는 '-도록'이 붙어 어기로 사용되고 있다. #"거울 속 비쳐진 얼굴 희끗희끗 흰 머리털/고운 때 묻은 옷이야 허물없어 좋질 않은가/**내도록** 앓던 아내도 어여쁜 듯 자리 일고//"(정완영, 平日)

내들창 명 내밀어서 여닫는 들창문. #"동방을 차자드는 신부의 발자최 같이/조심스리 거러오는 고이한 소리!/해조의 소리는 네모진 **내들창**을 열다/이밤에 나를 부르는니 업스련만//"(이육사, 해조사)

내리 부 1. 위에서 아래로. 2. 잇따라 계속. 3. 사정없이 마구. #"황악산 **내리** 소나기 말발굽 달리어 가면/金陵 내달이 벌에 7월 벼 오르는 소리/더위도 떡시루 찌듯 伏을 넘던 내 고향//"(정완영, 추억 / 2. 복더위)

내리 온나 동 내려 오너라. #"어이 종달새야, 자지 빈다/어서 **내리 온나**//어이 종달새야, 자지 빈다/어서 **내리 온나**//"(상희구, 종달새/대구.94)

내미치매 명 온통 알몸위에 팬티는 커녕 속옷을 전연 입지 않고 맨치마만 입었을 때의 치마를 말 하는 대구 사투리. 대개 목욕을 끝냈을 때 속옷이 저만치 떨어져 있거나 우선 급할 때에 치마만 둘쳐 입는 경우의 치마를 말한다 치마를 대구지방에서는 치매라고 한다. #"너 댓살 먹었을 때 쯤이었을까/무더운 한 여름 밤/초저녁 선잠에서 막 깨었는데/엄마랑 엄마친구 아낙네들이/우물가에서 목욕을 하고 있었다/사방이 온통 캄캄했지만/여인네들의 알몸이 어둠 속에서/언듯언듯 비쳐 보이는 듯했다/목욕이 끝나면,/용수네, 내 **내미치매** 입었구마/아이고 누구는 아이까바, 마카다/내미치매 바람이제/하면서 수선들을 떨곤 했다//"(상희구, 내미치매/대구.74)

내사마 장디이가 구 나야말로 허리가.

#"漲水가 나마 또 우짜는데,/대구시내는 물노이고 永川, 慶山 언저리에/숫채라는 숫채는 말할꺼도 없고 온갖 하수도/도랑, 봇도랑, 개랑, 개천, 하천마중 물이/쏟아져 들오는데 **내사마 장디이가** 뿌러지는거/것더마는//"(상희구, 琴湖江/대구.100)

내사말로 뷔 나야말로. #"해가 짱짱하다//이리키 가문데/비 올 요랑은 안하고//**내사마** 무울 때 입 아이/꺼끄러브가주고/조밥은 싫다 카이끼네//해가 짱짱하다//"(상희구, 조밥/대구.38)

내음새 명 냄새. #"다듬지 못한 몸맵시 입에서나는 김치**내음새**/검고 푸르른 손으로 눈으로 참아 잡지못하야/붉고 푸른 전기불아래 딴스와 서양술을 일삼아/...비쥰을 따라헤매여 이곳에 자잖는 페트로늬우스//"(박용철, 삼부곡)

내임 명 냄. 배웅. 전송. '냄내다'는 '배웅하다'의 뜻이다. #"새하얗게 얼은 자동차 유리창 밖에/內地人 주재소장 같은 어른과 어린아이 둘이 **내임**을 한다//"(백석, 팔원)

내펴실 제면 구 내 펴실 때면. #"적으신 체수 단정하고 흰머리 삭글한데/손마조 부비시며 허리굽혀 걸으시나/일맞나 **내펴실제면** 굽힘 모르시더니//"(박용철, 애사)

내하어이 구 내가 참. #"남달리 녀겼더니 **내하어이** 어리석어/밝은달이 원망될줄 이제야 개달은고/가지를 울리는 바람아 고이건너 가렴아//그윽한 닭의 우름 하멀리 들려온다/달근한 잠은 널좇아 거기간다/벼개만 빰을만지니 헐든하다 하올가//"(박용철, 정희를 가름하야)

내해보다 구 내것보다. #"말해보아라/예너스가 너보다/더엡벗다냐/제가 자개로 배를타고/언덕으로 밀려오며, 굼틀리는 물ㅅ결우에/둥실 떠올랐을제?/보티쎌리의 얽어보든 그림인들/**내해보다** 더 고았다냐?/그의 그림속에 귀한 부인/꾸며놓은 장미송인들/넘우갸륵한 너의 아름다움을/흐릿한 얇은 銀의/포장으로인 듯 가리려/너의몸가에 불어보낸/나의말슴보다 더 나었다냐?//"(박용철, 말해보아라)

낸내 명 연기내음. #"떠러진 닙 타서 오르는 **낸내**의 한 줄기로//"(김소월, 비난수하는맘)

낼모래 명 글피. #"아즈바님/잔 드이소./환갑이 **낼모랜**데/남녀가 어디 있고/상하가 어딨는기요.//"(박목월, 한탄조)

냅일날 명 납일(臘日). 한 해 동안 지은 농사 형편과 그 밖의 일을 여러 신에게 고하며 제사 지내는 날. 동지 뒤의 셋째 戌日. 태조 이후에는 셋째 未日로 하였음. #"섣달에 **냅일날**이 들어서 **냅일날** 밤에 눈이 오면 이 밤엔 쌔하얀 할미귀신의 눈귀신도 냅일눈을

받노라 못 난다는 말을 든든히 여기며//”(백석, 고야)

냅일눈 명 납일에 때 맞추어 내리는 눈. 납일에 내린 눈을 받아 녹인 臘雪水는 약용으로 썼다. 납설수로 장을 담그면 구더기가 생기지 않는다 하여 이것을 받아두었다가 환약을 만들 때나 장을 담글 때 사용하였고, 납설수로 눈을 씻으면 안질에도 걸리지 않으며 눈이 밝아진다고 믿었다. #“섣달에 냅일날이 들어서 냅일날 밤에 눈이 오면 이 밤엔 쌔하얀 할미귀신의 눈귀신도 **냅일눈**을 받노라 못 난다는 말을 든든히 여기며//”(백석, 고야)

냇갈 명 냇가. #“모기때 가느란한 소리 설리 앵앵그리면/풀뜯는 황소는 게울리 꼬리를 치며/보랏빛 노을 은은이 끼여 고요한 들에/구슬픈꿈 아슴프라니 떠도는 여름해으름/찔레꽃 순한향기 스르시 지처오는/**냇갈**가 보드레한 풀밭에 누어/뽀얀하날에 기리 피여오르는/나의 애달픈 한숨이여//”(김현구, 풀우에 누어서)

냉기 논 구 남겨 놓은. #“아이고 자잘궂에라!/작년에 **냉기논** 쑥갓씨로 삽짝가새/다문다문 흩쳐논 지가 한 달포는 됐시까, 엊지역에 깨굼발비가 살째기/니리는 거 겉디마는 그단새 좁쌀네끼/겉은 포란 새싹이 뺄쭘하이 돋았구마는//”(상희구, 春三月/대구.7)

냉해지처녀 명 여름철 기온이 내려가 농작물이 자라지 않아 흉년이 든 지방의 여자 아이들. #“하날이 놉기도 하다/고무풍선갓흔 첫겨울 달을/누구의 입김으로 부너올렷는지?/그도 반넘어 서쪽에 기우러젓다//행랑뒤골목 휘젓한 상술집엔/팔녀온 **냉해지처녀**를 둘너싸고/대학생의 지질숙한 눈초리가/사상선도의 염탐 밋헤 떨고만잇다//”(이육사, 실제)

너댓 살은 문 구 너댓 살은 먹은. #“**너댓 살은 문** 머시마가 곽중에 누 난에 티꺼풀이 드러가서/까끄러브 죽겠다고 죽는 시융을 하는데 에미가, 아이고 이/노무 자석, 하민서 머시마 궁디를 찰싹 때리민서 자리에다/닙힌다//”(상희구, 살을 섞다/대구.44)

너들시다 동 한가하게 천천히 왔다갔다 하며 아무 목적없이 주위를 맴돌다. #“집에는 언제나 센개 같은 게사니가 벅작궁 고아내고 말 같은 개들이 떠들썩 짖어대고 그리고 소거름 내음새 구수한 속에 엇송아지 히물쩍 **너들씨는데**//”(백석, 넘언집 범 같은 노큰마니)

너르다 형 너르다. 넓다. #“흐느낌으로 피던 살구꽃 等屬이 또한 흐느끼며 져버린 것을 어쩌리요./세상은 더욱 **너른** 채 소리내여 울고 있는 녹음을,/언제면 소득 본단 말이요./피릿구명 같은. 獄에 내린 달빛 서린 하늘까지

가 이내 몸에 파고들어/가쁜 숨줄로 앓아상는 저것을 어쩌리오.//"(박재삼, 녹음의 밤)

너슬너슬 뿌 (굵고 긴 털이나 풀이) 부드럽고 성긴 모양. #"노루새끼 등을 쓸며/터 앞에 당콩순을 다 먹었다 하고/서른닷냥 값을 부른다/노루새끼는 다문다문 흰 점이 백이고 배안의 털을 **너슬너슬** 벗고/산골사람을 닮었다//"(백석, 노루)

너울 명 덩굴. '너울'은 '너출', '넌출'과 함께 함남북에 분포하는 덩굴의 방언형이다. '당콩 너울'은 '강낭콩의 덩굴'의 의미이다. #"하얀 박꽃이 오들막을 덮고/당콩 **너울**은 하늘로 하늘로 기어올라도/고향아/여름이 안타깝다 무너진 돌담//"(이용악, 고향아 꽃은 피지 못했다)

너울쪽 명 널빤지. #"새끼 오리도 헌신짝도 소똥도 갓신창도 개니빠디도/**너울쪽**도 짚검불도 가랑잎도 머리카락도 헝겊조각도/막대꼬치도 기왓장도 닭의 짗도 개터럭도 타는 모닥불//"(백석, 모닥불)

너흐다 동 물어 흔들다. 무엇을 입으로 물고 상하 좌우로 뒤흔들다. '물어뜯으며, 뒤흔들며 놓지 않는다'라는 의미를 가진 대구방언인 '물고 너흐다'가 쓰인 예이다. 이 방언형의 이해가 제대로 되지 않아 원전에 대한 교정본에서 '몰고 넣은'으로 교정하는 오류를 범하는 경우도 있다. 무엇을 입으로 물고 상하 좌우로 뒤흔들다. 표준어로는 '물어서 비틀다'라는 의미와 비슷하다. 그러니까 '물어서 놓지 않고 비틀다.'라는 방언적 표현이다. 그런데 대부분의 시집에서는 '몰고 넣는'으로 잘못 해석하고 있다. 문학사상, 정음사, 형설사, 대구문협에서 '몰고 넣는'으로 교정한 것은 잘못이다. '너흐다'는 표준어로는 '물어서 비틀다'라는 의미의 경상방언 어휘이다. #"이世紀를물고**너흐는**, 어둔밤에서/다시어둠을쉽쑤노라조우는조선의밤/忘却뭉텅이가튼, 이밤속으론/해쌀이 비초여 오지도못하고/한우님의말슴이, 배부른군소리로들리노라//"(이상화, 비음), #"한낫해ㅅ살이 돌맹이를 시들하게스리 물고**너흐는** 악착한더운 날이다//"(이상화, 무산작가와 무산작품)

넉마지 명 넋을 맞이하는 굿의 행위. '넋+맞(다)+이'의 어형이다. #"당신의 **넉마지**로 나가 볼 때요//"(김소월, 님의 말슴), #"꾹구닥한다 니불속에서 **넉마지** 닭이//"(김소월, 성색)

넉새베 명 석새베보다 품질이 좀 더 나은 삼베. 四升布. 320올의 날실로 짜는데, 삼베 가운데 품질이 낫다. #"**넉새베** 무명실 같은 눈물 말린 구름 같은/그 세월 나룻터에도 나룻배는

있었던가/아내는 억새풀 친정의 성묫길을 가겠단다.//"(정완영, 가을은)

넋이 가치 구 넋같이, 넋처럼. #"머나먼 기억은 끝없는 나그네의 시름속에 자라나는 너를/간직하고 너도 나를 아껴 항상 단조한 물결에 익었다//그러나 물결은 흔들려 끝끝내 보이지 않고 나조차/계절풍의 **넋이 가치** 휩쓸려 정치못 일곱 바다에 밀렸거늘//"(이육사, 해후)

넌출진풀 명 넝쿨이 우거진 풀숲. #"몬저 나는 당신의 庭園이 되고싶습니다/그래 **넌출진풀**과 花壇으로/당신의 아름다움을 가릴수있으면/당신은 어머니답게 피로하신/미소를 띠우시고 질겨 나를 찾으시리다.//"(박용철, R·M·릴케시편)

널따 형 넓다. #"붉은 전등./푸른 전등./**널따**란 거리면 푸른 전등./막다른 골목이면 붉은 전등./전등은 반짝입니다./전등은 그물입니다./전등은 또다시 어스렷합니다./전등은 죽은 듯한 긴 밤을 지킵니다.//"(김소월, 서울밤)

널쪽 명 널 조각. #"유(六)月 어스름 때의 빗줄기는/暗黃色의 屍骨을 묶어세운듯,뜨며 흐르며 잠기는 손의 **널쪽**은/지향도 없어라/丹青(단청)의 紅門(홍문)//"(김소월, 여수)

널찌다 동 떨어지다. 위에서 아래로 내려지다. '아래로 떨어지는 모습'을 경상도에서는 '너러지다, 널찌다, 니찌다'라는 표현을 쓰는데 이 중에서도 '널찌다, 날찌다'가 광범위하게 쓰이는 어휘이다. #"높은 방구새로 **널찌는** 폭포는 참말로 기가 맥케더라"(청송, 봉화), #"고기를 한 마리 가주고서 오다 고만 그걸 **널짜뿌렜어**"(예천). 『한국방언자료집 7-8경상도편』. #"집바(질빵)가 벗겨지이 가매(가마)는 가매대로 주루루 **널쪄 뿌리고**(떨어져버리고) 사람은 사람대로 나가 떨어지고. 우습지. 타고 바로 본집에 드가는 사람도 있고, 또 옆집에 드가가 중점(점심)을 하기도 하니더."(김점호, 베도 숱한 베 짜고), #"하늘에서 땅에 **널찌는** 긑이(떨어지는 것같이) 캄캄해. 자기 마음을 돌릴라 캐도(해도) 안된다, 단념하라 카는데(하는데) 마음이 어떻게나 후다닥거리는지."(성춘식, 이부자리 피이 놓고), #"은행잎이 하나 가지 맨 끝에/달랑달랑거리는데/나는 그기 **니찌까봐**/고만 보고 오는데/신작로에 오니 뚝/떨어집니다//", #"눈이 많이 오니/서로 **니찔라고** 해서/또 어떤 거는 너 먼저 **니쪄**/어떤 거는 안 죽을라고/땅에 떨어지면 죽는다고 너 먼저 **니쪄** 하고/다른 거를 막 떠다 밉니다//", #"참 예쁜 게 매달렸다/어쩌면 조렇게/매달렸을까?/조금 있으니/땅에 **널쪄고** 한다/참 재미있구나//"(이오덕, 일

하는 아이들)

널찌실랑강 동 떨어져 있을는지. #"새빅에 이말무지로/새미 가새 한 분 가보소/감이 얼매나 **널찌실랑강**//새빅에 이말무지로/장터꺼래 한 분 가보소/돈이 얼매나 **널찌실랑강**//이말무지로 한 분 기다리보소/지집질하는 사나도/지엽으마 오겠지//"(상희구, 이말무지로/대구.80)

넘너른히 부 여기저기에 마구 널려 있는. #"그리고 새벽녘이면 고방 시렁에 채국채국 얹어둔 모랭이 목판 시루며 함지가 땅바닥에 **넘너른히** 널리는 집이다//"(백석, 외갓집)

넘석하다 동 목을 길게 빼고 자꾸 넘겨다보다. '넘성하다'의 평북 방언. #"장진 땅이 지붕넘에 **넘석하는** 거리다/자구나무 같은 것도 있다//"(백석, 노루)

넘어얄 준 넘어야 할. #"가끄스로 학비를 마련해 아이에게 보내주고/오늘은 한 짐을 부린 듯 먼 구름도 氣盡하다/**넘어얄** 辛苦의 嶺은 몇 고개나 남았는지.//"(정완영, 하일장)

넘언집 명 산 너머, 고개 너머의 집. #"**넘언집** 범 같은 노큰마니//"(백석, 넘언집 범 같은 노큰마니)

네날백이 명 세로줄오 네 가닥 날로 짠 짚신. #"**네날백이** 따배기신을 맨발에 바꿔 신고/고개를 몇이라도 넘어서 약물터로 가는데//"(백석, 칠월 백중)

네오면 준 네가 오면. #"장토의 큰칼집에 숨여서는//귀향가는 손의 돈대도 불어주고//회한을 사시나무 잎처럼 흔드는/**네오면** 부길할것같어 좋와라//", #"장토의 큰칼집에 숨여서는//귀향가는 손의 돈대도 불어주고//회한을 사시나무 잎처럼 흔드는/**네오면** 부길할것같어 좋와라//"(이육사, 서풍)

녀귀 명 厲鬼. 못된 돌림병에 죽은 사람의 귀신. 제사를 받지 못하는 귀신. #"어스름저녁 국수당 돌각담의 수부나무 가지에 **녀귀**의 탱을 걸고 나물매 갖추어 놓고 비난수를 하는 젊은 새악시들/,잘 먹고 가라 서리서리 물러가라 네 소원 풀었으니 다시 침노말아라//"(백석, 오금덩이라는 곳)

녀기다 동 기울이다. 한쪽으로 정신을 집중하다. #"가만히 귀**녀기면** 탑은 정녕 멍이외라/물구름 不忘의 넋의 懷青山 뻐 뻐꾸기/골골이 메아리 불러 못을 박아 예노니.//"(정완영, 塔)

년갑 명 나이가 거의 같은 사람. 연배. #"그 **년갑**의 젊은이 길에어여도//"(김소월, 흘러가는물이라)

녑이다 형 여미다. 두 손을 가지런히 포개다. #"힌 자리옷 채로 이렁나/가슴우에 손을 **녑이다**.//"(정지용, 별)

녕 명 '지붕'의 평북 방언. #"**녕** 낮은 집 담 낮은 집 마당만 높은 집에서

열나흘 달을 업고 손방아만 찧는 내 사람을 생각한다//"(백석, 통영 2)

녕기슭 명 영기슭. 높은 산기슭. #"비오는 저녁 캄캄한 **녕기슭**의//"(김소월, 개여울의 노래), #"**녕시슭**의 어둑한 그늘 속에선//"(김소월, 녀름의 달밤)

녕동 명 楹棟. 기둥과 마룻대를 아울러 이르는 말. #"황토 마루 수무나무에 얼럭궁 덜럭궁 색동헝겊 뜯개조/박뵈짜배기 걸리고 오쟁이 끼애리 달리고 소삼은 엄신같은 딥세기도 열린 국수당고개를 몇 번이고 튀튀 춤을 뱉고 넘어가면 골안에 아늑히 묵은 **년동**이 무겁기도 할/집이 한 채 안기었는데/"(백석, 넘언집 범 같은 노큰마니)

녚차개 명 호주머니. 옆구리에 찬 수건. #"五斗米를 버리고 버드나무 아래로 돌아온 사람도/그 **녚차개**에 수박씨 닦은 것은 호박씨 닦은 것은 있었을 것이다//"(백석, 수박씨. 호박씨)

노 미 -니. #"희죽이 웃으며 우리집 문턱을 넘어오는 치모/길씀한 얼굴이 말상진 치모/팔뚝만한 덧니가 정다운 치모/소쿠리만한 입이 탐스러운 치모/또 왜 왔**노**. 일 안하고 이놈./할아버지가 호통치면/아재요./놀아가믄 일도 해야지 앙는기요.//"(박목월, 치모), #"이 병신아 이 병신아/뭣하고 살았**노**,/내 눈에 금빛 열매 열리는/매미 운다.//햇빛과 바람을 친하였던/천 갈래의 만 갈래의/댓살을 다스리어/먼 강물을 들판을 도는가,/청춘은 다 가고 빈 바구니를.//"(박재삼, 죽세공의 노래)

노굴다 형 녹아서 오그라들다. #"닢도 줄기도 **노구라** 붙고 둥근박만 달렸네//"(김소월, 박녕쿨타령)

노나리꾼 명 농한기나 그 밖에 한가한 때 소나 돼지를 잡아 내장은 즉석에서 술안주로 하는 밀도살꾼. #"어느 산꼴짜리에서 소를 잡아먹는 **노나리꾼**들이 도적놈들같이 쿵쿵 거리며 다닌다//"(백석, 고야)

노니라고 동 노느라고. #"오늘도 나는 친구들 하고 **노니라고**/잡차져서 정시이 없는데/지역 무라꼬 엄마가 부르는 곳은/언제나 우리 집 앞/골목 끄티 서였다/골목 끝이라기보다는//"(상희구, 골목 끝과 골목 끄티/대구.59)

노다지 부 늘. 항상. 아무것도 가리지 않고 그대로. #"눈썹에 눌린/그 天堂 눈도 안 보이며/더욱 아름다운데……//**노다지** 비맞아 차가운/내 살 걱정보다//비를 잘 피하기를 먼데 떨어져 나는 빌었다//"(박재삼, 한 기원)

노랑이 명 노란 빛깔을 띤 물건. #"파랑이를 대고 보면 파아란 세상이 되고/**노랑이**를 대고 보면 노오란 세상이 되고//"(유치환, 세월)

노랭이 명 구두쇠. 인색한 사람을 일컫는 말. #"마작판에서 주머니를 털린 새벽./거리로 나서면 얼굴을 훑는 매운 바람./노랭이네 집엘 들러/새벽 댓바람부터 술이 취한다.//"(신경림, 3월 1일 전후)

노상 뿌 늘. 항상. #"그리고 조금 내려와서/八浦 웃동네 모퉁이/혼자 늙으며 술장사하던/蛇梁섬 昌權이 고모,/**노상** 동백기름을 바르던/아, 그분 말이라, 바람같이 떴다고?//"(박재삼, 고향소식), #"바람은 **노상** 부는 것이 아니고/때로는 꽃그늘이나 못물 가에 쉬고 싶기도 하고/도한 뜬 구름은 늘 떠도는 것이 아니고/때로는 고목의 둥지 같은 데 들고 싶기도 한것을,/정말 그런 것을,/언제 기미라도 알았을까//"(박재삼, 어머님 전 상서)

노큰마니 명 老할머니. #"일가들이 모두 범같이 무서워하는 이 **노큰마니**는/구덕살이같이 욱실욱실하는 손자 증손자를 방구석에/들매나무 회채리를 단으로 쩌다 두고 따리고 싸리갱이에/갓신창을 매여놓고 따리는데/"(백석, 넘언집 범 같은 노큰마니)

녹띠죽 명 녹두죽. #"참, 언선시럽두룩 죽을 마이 묵었다//보릿고개 급한 救荒에는 보리죽/비 오는 날에는 대개 콩죽/집에 半불 들오는 날 저녁에는 으레 갱죽/식은 밥에다 먹다 남은 짐치랑 온갖 잡동사이/집어 넣어서 끓인 갱식이죽/엄마 아플 때는 그나마 흰죽/알라들 엄마젖 모지랠 때는 암죽/강낭콩이나 팥네끼가 백찜에/까망콩이나 건포도겉은 호박범벅죽/지체있는 집안의 영감님이나 마님들, 속이/허할 때는 잣죽 아이마 전복죽, 홍합죽, 깨죽/동짓날에는 당연히 팥죽/중간중간에 **녹띠죽**/이것도 저것도 아닌 풀때죽//"(상희구, 죽/대구.95)

논매미 명 논의 한 구역으로 논과 논 사이를 구분하는 것. #"그래도 오리야 호젓한 밤길을 가다/가까운 **논배미** 들에서/까알까알 하는 너이들의 즐거운 말소리가 나면//"(백석, 오리)

논삐얄마중 명 논바닥마다. #"**논삐얄마중**/깨구리 우는 소리가/자글자글하다//"(상희구, 딸꾸비 / 대구.2)

논ᄭᅦ 명 논에서 물을 데는 물 어귀. '물끼', '논께', '논끼'라는 방언형이 사용된다. 곧 "논에서 물을 대는 물 어귀"를 '논께'라고 하니 이는 "가뭄이 든 논 어귀에는"으로 교열되어야 한다. 그런데 이를 '논에게는'(대구문협)으로 교열한 것은 전혀 근거가 없는 오류이다. #"한篇의詩 그것으로/새로운世界 한아를 나허야할줄 ᄶᅢ칠그ᄯᅢ라야/(詩人아 너의存在가/비로소 宇宙에게 업지못할너로 알려질것이다/감음든**논ᄭᅦ**에는 청개고리의울음이 잇서야하듯—//"(이상화, 시인에게)

놀로 갔뿌리고 구 놀러 가버리고. #"오

늘은 섭씨 38.6 도/기상관측이래 이런 더위는 처음이란다/삼 일 간의 황금 연후 첫 날/대구가 텅텅 비겠다/앞집 미자는 花園 유원지로 **놀로 갔뿌리고**/ 옆집 춘자는 嘉昌 냉천으로 놀로 갔뿌리고/뒷집 말자는 玉浦 용연사로 놀로 갔뿌리고/두 집 건너 춘희는 앞산 안지랭이에/물 맞으로 갔뿌리고/ 마담 언니는 친정엄마네 갔뿌리고/고려다방 미쓰 김, 입이 댓발이나 티 나왔다//"(상희구, 오늘, 가수 南珍이 半月堂 고려다방을 접수하다/대구.45)

놀으다 형 높은 압력으로 솥두껑이 들썩뜰썩하다. #"내일같은 명절날인 밤은 부엌에 쩨듯하니 불이 밝고 솥뚜껑이 **놀으며** 구수한 내음새 곰국이 무르끓고 방안에서는 일가집 할머니가 와서 마을의 소문을 펴며 조개송편에 달송편에 죈두기송편에 떡을 빚는 곁에서//"(백석, 고야)

놋날것치 명 놋날은 놋쇠의 날이니 빗줄기가 놋쇠의 날처럼 날카롭다는 뜻. #"딸꾸비가 하로 쟁일/**놋날것치**/퍼버쌓티마는/지역답이 되이끼네/씨신듯이 그친다//"(상희구, 딸꾸비/대구.2)

놋낫 부 줄기차게 내리는. '노날같다'에서 나온 말. '노날같다'는 '빗발이 노끈을 드리운 것 같아 줄기차게 쏟아지다'의 뜻으로, 여기서는 '줄기차게 내리는' 정도로 해석된다. 이숭원 교수는 『원본 정지용 시집』에서 '노박이로'(계속해서 오래 붙박이로)라고 풀이했다. #"소나기 **놋낫** 맞으며 무지개에 말리우며 궁둥이에 꽃물 익여 붙인채로 살이 붓는다.//"(정지용, 백록담)

놋낱 부 아무 가림도 없이 그대로. #"바위도 구름 밟듯 구름 또한 바위 밟듯/푸른 산 입고 가니 내가 짐짓 신선 같다/새소리 **놋낱** 맞으며 물소리도 맞으며.//"(정완영, 智異山 詩抄 / 靑鶴洞 가는 길)

농구다 동 1. 하나를 둘 이상으로 가르다. 2. 여러 가지가 섞인 것을 구분하여 분류하다. 3. 나눗셈을 하다. 가르다, 노누다, 가르다, 가리다, 논구다, 농구다 '나누다'에 대응되는 경상방언형에는 '가르다, 노누다, 가르다, 가리다, 논구다, 농구다' 등이 있다.『한국방언자료집 7-8 경상도편』. #"이 어른이 **농가** 주다이 어떤 사람이 저런 사람은 나도 젊고 이런데 우리는 안주고 저런 사람은 와 주노꼬 와서 항의를 하는 거래. 고마 지서에 고소꺼정 해뿌릿어."(김점호, 베도 숱한 베 짜고), #"왜 틀리는가 하머는 글 때 볼쌀이 인제 너말 한 가마라 카마는, 면에서 받을 때는 무게로 달아 가주고 너말인데, **농가** 줄 때는 되로 되 주다 보이 너말 안 되거든?"(김점호, 베도 숱한 베 짜고)

농기 명 농구. 농구연장. 농기계. #"목이 쉬어/펄럭이는 **농기** 아래/온 마을이 취해 돌아가는/아아 오늘은 무슨 날인가//"(신경림, 오늘)

농다리 명 늪에 사는 제일 작은 물고기. #"장마지면 비와 같이 하늘에서 나려왔습니다/뒤에 붕어와 **농다리**의 미끼가 되었습니다//"(백석, 나와 지렝이)

농마루 명 반자. 천장. #"화라지송침이 단채로 들어간다는 아궁지/이 험상궂은 아궁지도 조앙님은 무서운가보다/**농마루**며 바람벽은 모두들 그느슥히/흰밥과 두부와 튀각과 자반을 생각나하고/하폄도 남즉하니 불기와 유종들이/묵묵히 팔장끼고 쭈구리고 앉었다/"(백석, 함주시초3)

농오리 명 놀. 바다의 사나운 큰 물결. 여기서는 사월 햇살이 눈부시게 비치는 가운데 마치 바다에서 큰 물결이 밀려오는 것처럼 비둘기 떼가 날아오고 있음을 묘사한다. #"사월ㅅ달 해ㅅ살이/물 **농오리** 치덧하네.//"(정지용, 비듥이)

높대 명 '솟대'를 이렇게 쓴 듯하다. #"그냥 주검에 물든줄 아나/내 지금 달 아래 서서 있네//**높대**보다 높다란 어깨/얕은 구름쪽 거미줄 가려/파도나 바람을 귀밑에 듣네//"(이육사, 독백, 48)

뇌히길래 동 놓이기에. #"무엇에 후젓허든 맘 못**뇌히길래** 그리 짖었더라니//"(정지용, 삽사리)

누 난에 구 눈 안에. #"너댓 살은 문 머시마가 곽중에 **누 난에** 티꺼풀이 드러가서/까끄러브 죽겠다고 죽는 시융을 하는데 에미가, 아이고 이/노무 자석, 하민서 머시마 궁디를 찰싹 때리민서 자리에다/닙힌다//"(상희구, 살을 섞다/대구.44)

누 난을 구 눈 안을. #"에미가 반디시 누븐 머시마 눈까풀을 까디집고는 빨간/새 끝으로 **누 난을** 요게조게 핥기 시작디마는 마츰네 개자씨만쿰/쪼맨한 까망 점같은 기 에미 빨간 새 끝에 묻어 나왔다/머시마가 무망간에 발딱 일어 나민서 만세, 엄마 인자 갠/찮다 카이끼네, 에미가, 아이고 고노무 자석 하민서 또 한분/머시마 궁디를 찰싹 때린다//"(상희구, 살을 섞다/대구.44)

누겁다 형 축축한 기운이 젖어들다. #"벌에 부는 바람은/해를 보내고,/골에 우는 새소리/열어감이여.//누운 곳이 차차로/**누거워** 오니,/이름 모를 시름에/해 늦음이여.//"(김소월, 오과의 읍)

누구렛집 구 누구의 집. #"바자에 까치 한 마리 까각이다 가도 어머님은/지향 없는 기다림에 조바심해 살았느니//**누구렛집** 막동이의 돌날이라도/돌이 돌이 한울안 같은 적은 모꼬지었다.//"(유치환, 고원)

누긋이 부 눅눅하게. #"이슥하니 물기에 **누긋이** 젖은 왕구새자리에서 저녁상을 받은 가슴/앓는 사람은 참치회를 먹지 못하고 눈물겨웠다//"(백석, 柿崎(시기)의 바다)

누긋하다 형 여유 있다. #"밖은 봄철날 따디기의 **누긋하니** 푹석한 밤이다/거리에는 사람두 많이 나서 흥성흥성할 것이다/어쩐지 이 사람들과 친하니 싸다니고 싶은 밤이다//"(백석, 내가 생각하는 것은)

누기라 구 누구이라. #"나의 부르는소리 들리쟎늬 뿔없는 힌사슴아!/나는 한귀붉은 사냥개로 되어 버렸다/**누기라** 미움과 바람 정욕과 무섬을/내 발아래 숨겨 밤낮으로 너를 딸케하여서,/나는 돌작길과 가시덤불로 돌아다닌다./별안간 내얼골 이리 바꾸었단다; 나도 달리보였더니/이제 내 불름소리는 사냥개의 불름일뿐//"(박용철, 그와 그의사랑에게이른 변화를설어하여 세상이 끝나기를 바란다)

누늘 뿔시고 구 눈을 부릅뜨고, 대개 쌈을 싸서 먹을 때는 쌈의 덩이가 크기 때문에 입의 아구를 크게 벌리고 손윗사람들 앞에서도 체면 없이 눈을 부릅뜨게 된다는 것인데 예의 말쌈은 상추쌈보다도 맛이 더 좋으니 으레 쌈의 덩이가 더 클 것이므로 말쌈을 먹을 때는 상춧쌈을 먹을 때보다 눈을 더 크게 부릅떠야 하니 시에미보다 하나 더 윗자리인 시할매 앞에서도 눈을 부릅뜨게 된다는 것이다. #"미느리가 상추쌈을 무울때는/시에미 앞에서 **누늘 뿔씨고**//미느리가 말쌈을 무울때는/시할매 앞에서 누늘 뿔씬다//"(상희구, 말쌈/대구.63)

누룩재비 명 참새와 비슷하게 생긴 작은 새로 머리 부분이 누런빛을 띈다. 예전에는 참새와 누룩재비를 잡아서 구이로 즐겨 먹은 새이다. #"친구들의 목숨 무엇보다 값진 것/질척이는 장바닥에 탱자나무 울타리에/**누룩재비** 참새떼 몰려 웃고 까불어도/"(신경림, 다시 남한강 상류에 와서)

누뤼 명 우박. '누뤼'는 중부 지역의 토속어. #"東海는 푸른 挿畵처럼 옴직 않고/**누뤼** 알이 참벌처럼 옴겨 간다.//"(정지용, 비로봉), #"黃昏에/누뤼가 소란히 싸이기도 하고//"(정지용, 구성동)

누뤼알 명 우박알. #"비ㅅ방울 나리다 **누뤼알**로 구을러/한 밤중 잉크빛 바다를 건늬다//"(정지용, 겨울), #"小蒸氣船처럼 흔들리는 窓./透明한 보라ㅅ빛 **누뤼알**아,/이 알몸을 끄집어 내라, 때려라, 부릇내라.//"(정지용, 유리창2)

누리 명 세상. #"감음이들고 큰물이지고 불이나고 목숨이만히죽은올해이다. 조선사람아 금강산에불이낫다 이한말이 얼마나깁흔묵시인가. 몸서리치이는말이아니냐. 오 한우님—사람의약한마음이만든독갑이가아니라 누리에게힘을주는 자연의 령정인 한아쁜인사람의예지—를불러말하노니 잘못짐작을갖지말고 바로보아라 이해가다가기전에—. 조선사람의가슴마다에숨어사는 모든한우님들아!//"(이상화, 이해를보내는노래)

누부 명 누나, 누이. 같은 부모에게서 태어난 사이거나 일가 친척 가운데 항렬이 같은 사이에서 남자가 여자 형제를 이르는 말. 흔히 나이가 아래인 여자를 이른다. #"방 두칸이고 정지 하나이고 한 파자집 비식한 데 그런 데 살두만. 동생이 날 반기고마고. 만주 긑은 험韓 땅에 **누우**가 혼자 와 놓으이 하도 어먹해 가지고 서로가 목에 메서 인사를 못하고.//"(성춘식, 이부자리 피이 놓고), #"간밤에 디기 덥디만 더부 자신 거 아인기예?/없는 **누부**는 와 찾는 기예?/말라고예?//"(정숙, 달님이 체조하능기예?), #"보리 숭넌 치맛자락 붙잡고 달아나는 간날 갓적 **누부** 울음 소리가/감은사 묻힌 종소리에 묻혀 들리고//"(박태일, 대왕바위·탈해바위). #"나도 설빔옷을 입고 염낭을 차고, 어디 되놈들, 우리 **누부**만큼 예쁜 사람 있으면 나와보라고 외치고 싶었다."(박경리, 토지)

누부야 명 누나. #"여섯 살쯤 된 사내아이가 큼지막한 사진 한 장을 들고/난리를 친다/엄마아, 이거는 **누부야** 얼굴이 아이다 카이/아이고 이노무 자석이 와 이카노/부엌일을 하던 엄마는 종내 부지깽이를 내려놓고는/손아래 시누에게 푸념을 늘어 놓는다/아이구 우짜꼬, 사진일랑 고마, 아무 데서나 찍을꺼로,/얼굴로 너무 뺀지리하게 맨들어 났구마는,/저너무 자석이 나죙에 머라 안 카까, 우쨌던지 쟈가/시집 가서 잘 살아야 될낀데.//"(상희구, 명성사진관/대구.30) #"이 전장 저 전장 난리판에/사나 있는 저 이핀네는/호시뺑빼이로 살겠구마는//이핀네 주거뿐지 석삼 월 만에/처녀장개 든 저 사나는/호시뺑빼이로 살겠구마는//**누부야** 많은 저 머시마는/업어 줄 **누부야**들 많아서/호시뺑빼이로 살겠구마는//"(상희구, 호시뺑빼이/대구.26) #"저저아래는 누부야가 와서/봄똥배추짐치 담가 놓고 가고//저아래는 **누부야**가 와서/이불홑청 빨아 놓고 가고//아래는 누부야가 햇찐쌀/한 보시기 갖다 놓고 가고//어제는 **누부야**가 안 왔다//오늘은 **누부야**가 올랑강?//"(상희구, 태평로 2街/대구.51)

누븐 동 누운. #"에미가 반디시 **누븐** 머시마 눈까풀을 까디집고는 빨간/새끝으로 누 난을 요게조게 핥기 시작디마는 마츰네 개자씨만쿰/쪼맨한 까망 점같은 기 에미 빨간 새 끝에 묻어 나왔다/머시마가 무망간에 발딱 일어 나민서 만세, 엄마 인자 갠/찮다 카이끼네, 에미가, 아이고 고노무 자석 하민서 또 한분/머시마 궁디를 찰싹 때린다//"(상희구, 살을 섞다/대구.44)

누이 명 눈이. #"강새이는 삽짝서 졸고/달구새끼는 횃대 우에서 졸고/괘네기는 실겅 밑에서 졸고/할배는 담삐라다 바지게/걸치놓고 살핑사서 졸고/할매는 마늘 까다가 졸고/알라는 할매 젓태서 졸고/에미는 콩밭 매다가 졸고/에비는 소 몰민서 졸고//팔공산 모티는 가몰가몰/아지래이 속에서 졸고/영천군 청통면 신원리 마실이/마카 졸고 있는데//居祖庵 靈山殿/五百羅漢 부처님만/마실 지키니라고/**누이** 말똥말똥하다//"(상희구, 자부래미 마실－永川 淸通 居祖庵 가서/대구.8)

누지다 형 습기가 있어 눅눅하다. #"차고 **누진** 네 방에 낡은 옷가지들/라면 봉지와 쭈그러진 냄비/나는 부끄러웠다 어린 누이야/너희들의 힘으로 살쪄가는 거리/너희들의 땀으로 기름져가는 거리//"(신경림, 나는 부끄러웠다 어린 누이야)

눅구다 동 건조한 것을 물기나 습기를 더하여 눅눅하게 하다. #"길까의 찬 샘되여 **눅궈도** 주요//"(김소월, 고락)

눅잣추다 동 늦추어주다. 은은하다. 눅잣히다. 위로하다. 누그러지게 하다. #"**눅잣추는** 향기를 두고 가는데//"(김소월, 녀름의달밤)

눈 숨기고 구 알아차리지 못하게. #"해바라기 씨를 심자./담모롱이 참새 **눈 숨기고**/해바라기 씨를 심자.//"(정지용, 해바라기 씨)

눈갈 명 눈깔. #"진주 장터 생어물전에는 바닷밑이 깔리는 해다진 어스름을,//울엄매의 장사 끝에 남은 고기 몇 마리의/빛 발하는 **눈갈**들이 속절없이/은전만큼 손 한 닿는 한이던가/울엄매야 울엄매.//"(박재삼, 추억에서)

눈까리 명 눈깔, 눈알. #"물괘기는 **눈까리**가 마씻고/뱁추짐치는 꼬개이가 마씻고/수루매는 다리가 마씻고/다꾸앙은 복파이 마씻고/써리 논 짐밥은 다꾸앙이나/우붕뿌리이 것튼 기 삐쭉삐쭉/티 나온 가아따리 끄티쪼오가/마씻고//"(상희구, 幼年五味/대구.53)

눈덮개 명 눈꺼풀. '눈뚜껑'이라는 방언형이 있음. #"모도 빼앗기는 듯 **눈덮개** 고이 나리면 환한 원몸은 새파란 불 붙어있는 린광/깜안 귓도리하나라도 있으면 얼마나한 기쁨이랴//"(박용철, 싸늘한 이마)

눈석이물 명 눈이 내린 뒤 처마에 녹아서 떨어지는 눈석임물. #"소래를 드러라 **눈석이물**이 식어리는//"(김소월, 찬 저녁), #"그러나 나는, 오히려 나는/소리를 들어라 눈석이물이 씨거리는/땅 위에 누워서, 밤마다 누워/담 모도리에 걸린 달을 내가 또 봄으로.//"(김소월, 찬 저녁)

눈세기물 명 눈이 내린 뒤 처마에 녹아서 떨어지는 눈이 섞인 물. 즉 눈이 녹아서 생긴 물. #"이 **눈세기 물**을 냅일물이라고 제주병에 진상항아리에 채워두고는 해를 묵여가며 고뿔이 와도 배앓이를 해도 갑피기를 앓어도 먹을 물이다//"(백석, 고야)

눈숡 명 눈시울. 눈의 언어질의 속눈썹이 난 곳. '숡'은 피륙이나 바느질감 헝겊의 가장자리를 의미한다. #"벌개늪에서 바리깨를 뚜드리는 쇳소리가 나면/누가 눈을 앓아서 부증이 나서 찰거마리를 부르는 것이다/마을에서는 피성한 **눈숡**에 저린 팔다리에 거마리를 붙인다//"(백석, 오금덩이라는 곳)

눈집장 명 고추장, 식초, 물엿, 간장 등을 섞어 만든 초장, 우리나라 傳來의 소스라 할 수 있는데, 주로 菜蔬煎을 찍어 먹을 때 요긴하게 쓰이는 양념장이다. #"식은 배추찌짐을 쭈우욱 쭉/찢어서 **눈집장**에 콕 찍어서/먹는 맛이란,/잔치음석으로는 배추전이 아랫전/이지마는 뒷잔치 음석으로는/배추전이 웃전일세.//"(상희구, 배추煎/대구.37)

눈포래 명 '눈포래'는 '눈보라'의 함경도 방언으로 '눈포래', '눈보래' 등 아래와 같은 다양한 방언형이 있다. #"이윽고 얼음길리 밝으면/나는 **눈포래** 휘감아치는 벌판에 우줄우줄 나설 게다/노래도 없이 사라질 게다/자욱도 없이 사라질 게다//(이용악, 전라도 가시내), #"삽살개 짖는 소리/**눈포래**에 얼어붙은 섣달 그믐/밤이/얄궂은 손을 하도 곱게 흔들길래/술을 마시어 불타는 소원이 이 부두로 왔다//"(이용악, 우라지오 가까운 항구에서)

눌하다 형 빛이 흐리게 누르스름하다. #"금귤이 **눌한** 마을마을을 지나가며/싱싱한 금귤을 먹는 것은 얼마나 즐거운 일인가//"(백석, 이두국주가도), #"밭에는 밭곡식/논에는 물벼/**눌하게** 익어서 수그러졌네!//"(김소월, 옷과 밥과 자유)

늪 명 진흙탕. 늪. 못. #"벌논의 **늪** 옆에 쭈구렁 벼알 달린 짚검불을 널어놓고/닭이짗 올코에 새끼달은치를 묻어놓고/동둑넘에 숨어서/하로진일 너를 기다린다//"(백석, 오리), #"게구멍을 수시다 물쿤하고 배암을 잡은 **늪**의 피 같은 물이끼에 햇빛이 따그웠다//"(백석, 하답)

느꼅다 형 입맛에 맞지 않는 느끼한 맛. #"그러나 그 사람이/그 사람의 안마당에 심고 싶던/**느껴운** 열매가 될는지 몰라!/새로 말하면 그 열매 빛깔이/前

生의 내 죽설움이요 죽소망인 것을/알아내기는 알아낼지 몰라!/아니, 그 사람도 이 세상을/설움으로 살았던지 어쨌던지/그것을 몰라, 그것을 몰라!//"(박재삼, 한)

느꾸다 명 느꼈다. 그 무엇에 대한 느낌이 가슴에 사무쳐서 마음에 겹다. #"그 조상들이 대대로 하든 본대로 元宵라는 떡을 입에 대며/스스로 마음을 **느꾸어** 위안하지 않았을 것인가//"(백석, 두보나 이백같이)

느라 미 -너라. #"내게로오**느라** 사람아 내게로오**느라**/병든어린애의 헛소리와 가튼/묵은 哲理와 날근聖教는 다이저 버리고/哀痛을안은채 내게로만오**느라**.//"(이상화, 바다의 노래)

느레가 명 미상. #"저밖에 눈이 싸힌다 하자/**느레가** 오고, 폭풍우 인다하자,/창을 근들거리며 부디친다하자,/내사 조금도 설은말은 않겠다,/내가슴에는 품어있지 않으냐,/사랑의 얼굴과 봄의 질검을.//"(박용철, 밖에는 눈이 싸힌다 하자)

는다 미 -한다. '생각는다'는 '생각하-ㄴ다'의 구성인데 대구방언에서는 '*사랑는다(사랑한다)', '*기억는다(기억한다)'의 예와 같이 '하-'류의 동사의 어기가 자립성인 있는 경우 '하-'의 생략이 불가능하지만 유일하게 '생각는다'는 생략된다. #"고요한오늘밤을 들창에기대여/처음으로 안니치는 그이만 **생각는다**./달아!/너의얼골이 그이와갓네//"(이상화, 달아)

늘름 부 날름. 재빨리. 눈 깜빡할 사이에. #"깜안 바위낭 아래 푸른쏘/모든 그림자를 **늘름** 삼키다/조건 가지끝에 감츠름한새/그래도 제그림자를 노래하고있다//"(박용철, 솔개와 푸른 쏘)

늣겁다 형 느끼하다. #"나는 알아들었다,/그의 **늣거운**노래를./우리둘이 다 괴롭고 근심스러,/다같이 근심스럽고 괴로워.//"(박용철, 신춘), #"꼿철이 **늣거워라** 슬푼시를 외이놋다/눈물에도 히망의 단맛이 숨겻나니/젊은날 애끓는애상에 잠겨본들 어떠리//"(박용철, 한시습작)

능각 명 물체의 뾰족한 모서리. #"도회의 검은 **능각**을담은/수면은 이랑이랑 떨여/하반기의 새벽같이 서럽고/화강석에 어리는 기아의 찬꿈/물풀을 나근나근 빠는/담수어의 입맛보다 애닯어라//"(이육사, 화제, 83)

능금 명 능금. 사과. #"첫가을! 금호강 구비쳐 흐르고/벼이삭 배부르게 느러져섰는/이별판 한가운데 주저앉어서/두볼이 비자웁게 해같은**능금**을 나는 먹는다.//"(이상화, 나는 해를 먹다)

능당 명 능달. 응달. #"추운 거리의 그도 추운 **능당** 쪽을 걸어가며/내 마음은 웃줄댄다 그 무슨 기쁨에 웃줄댄다//"(백석, 가무래기의 락)

늬긋하다 형 늬긋늬긋하다. 차멀미에 속이 메슥거리는 상태. #"나는 아들이 아닌것을, 윗수염 자리 잡혀가는, 어린 아들이 버얼서 아닌것을./나는 유리쪽에 가깝한 입김을 비추어 내가 제일 좋아하는 이름이나 그시며 가쟈./나는 **늬긋늬긋한** 가슴을 蜜柑쪽으로나 씻어나리쟈.//"(정지용, 슬픈 기선)

니 명 너. #"빨래꺼리를 뒤적거리던 엄마가/숨 끊어진 다음의 자투리같은/끓는 소리로 내뱉었다/아이구 우얐끼네라, 자, 속옷이/지리상갈상 떨어졌구나! 딴 거로/빈줄라 가주고 라도 퍼떡 니 내복/부터 한 불 사재이.//"(상희구, 지리상갈상/대구.40)

니리 앉은 동 내려 앉은. #"엄마야! 고만 새이집 한쭉 모티가 찌불텅하기 **니리 앉은** 겉은기 아모래도 그 안에 구신이 들앉은 갑드라, 놀란 달구새끼/횃대줄똥을 싸듯이 줄행낭을 놓는데, 마침 하눌을 올리다 보이끼네, 핑소에 세숫대야만하던 허옇던 보룸달도 따라 식겁을 했는지, 낯짝이 왼통 쪼막손 만 한 기, 포리쪽쪽해 졌드마는.//"(상희구, 새이(喪輿)집/대구.27)

니차떡 명 이차떡, '찰떡'의 평북 방언. 인절미를 말함. #"날기멍석을 져간다는 닭보는 할미를 차 굴린다는 땅 아래 고래 같은 기와집에는 언제나 **니차떡**에 청밀에 은금보화가 그득하다는 외발 가진 조마구 뒷산 어느메도 조마구네 나라가 있어서 오줌 누러 깨는 재밤 머리맡의 문살에 대인 유리창으로 조마구 군병의 새까만 대가리 새까만 눈알이 들여다 보는 때 나는 이불 속에 지즈러붙어 숨도 쉬지 못한다.//"(백석, 고야)

니치대는구료 동 이치대다. 펄럭거려 거치적거리다. '이아치다'의 준말. 이 말의 뜻은 '거치적거리어 일을 방해하거나 손해를 끼치다'로 풀이한다. 여기서는 바다 바람이 불어서 계속 치마 폭을 귀찮게도 날리는 것(옷자락을 쥐고 날리지 않도록 할 수밖에 없다.)을 의미한다. #"바다바람이 그대 치마폭에 **니치대는구료**,/그대 치마는 부끄러운 듯 나붓기고.//"(정지용, 갑판 우)

니치대다 형 성가시게 굴다. 『정지용 시집』에 수록된 시 '갑판 우'에도 '니치대다'가 등장한다. 여기서는 '거치적거리거나 귀찮게 하다'는 뜻보다는 어린애가 잠이 깨어 칭얼대며 성가시게 구는 것을 의미한다. #"기름ㅅ불은 **깜박이며** 듯고, 어머니는 눈에 눈물이 고이신대로 듯고/**니치대든** 어린누이 안긴데로 잠들며 듯고/우ㅅ방 문설쭈에는 그사람이 서서 듯고,//"(정지용, **녯**니약이 구절)

닌함박 명 이남박. 쌀같은 것을 씻어 일

때 쓰는 안턱에 이가 서게 여러 줄로 돌려 판 함지박의 하나. 쌀을 일 때 쓰이는 바가지의 일종. #"물밑,이 세 모래 **닌함박**은 콩조개만 일다/모래장변, 바다가 널어놓고 못미더워 드나드는 명주필을 짓궂이 발뒤축으로 찢으면/날과 씨는 모두 양금줄이 되어 짜랑짜랑 울었다//"(백석, 물계리)

닐다 동 '일어나다'의 고어. 백석은 '닐은'과 '날아가는'을 구별해서 썼다. #"흙꽃니는 **일은**봄의 무연한벌을//"(백석, 曠原)

닙힌다 동 눕힌다. #"너댓 살은 문 머시마가 곽중에 누 난에 티꺼풀이 드러가서/까끄러브 죽겠다고 죽는 시융을 하는데 에미가, 아이고 이/노무 자석, 하민서 머시마 궁디를 찰싹 때리민서 자리에다/**닙힌다**//"(상희구, 살을 섞다/대구.44)

닝닝거리다 형 참벌처럼 잉잉거리다. 마치 참벌이 잉잉거리는 것처럼 울며 떠나다. #"그끄제 밤에 늬가 참버리처럼 **닝닝거리고** 간뒤로,/불빛은 송화ㅅ 가루 삐운 듯 무리를 둘러 쓰고/문풍지에 아름푸시 어름 풀린 먼 여울이 떠는구나.//"(정지용, 뻣나무 열매)

ㄷ

다 뭐 모두. 전부. #"晩鐘의소리에 마구를그리워 우는소―/避亂民의마음으로 보금자리를 찾는새―다―검은濃霧의 속으로, 埋葬이되고,大地는 沈默한뭉텅이구름과, 가티되다!//"(이상화, 이중의 사망)

다거 뭐 모두. 전부. #"도야지 도야지/잘은 먹는다/내일 먹을 것까지/**다거** 먹느냐?//"(박용철, 도야지)

다꾸앙 명 단무지. #"물괘기는 눈까리가 마씻고/뱁추짐치는 꼬개이가 마씻고/수루매는 다리가 마씻고/**다꾸앙**은 복파이 마씻고/써리 논 짐밥은 다꾸앙이나/우붕뿌리이 것튼 기 삐쭉삐쭉/티 나온 가아따리 끄티쪼오가/마씻고//"(상희구, 幼年五味/대구.53)

다는 미 -다가는. #"靑鐵의녯城門으로 다친듯한, 얼빠즌내귀를뚤코,/울어들다―울어들다―울**다는**, 다시웃다―//"(이상화, 이중의 사망)

다니다 동 다니다. 단여도=다녀도. #"너는 준마처럼 달리며/죽도 져 곧은 기운을/목숨같이 사라했거늘//거리를 쫓아 **단여도**/풍경속에/동상답게 서봐도 좋다//"(이육사, 소년에게)

다라지다 형 닳아지다. #"물까의 **다라**저 널린 굴껍풀에//"(김소월, 하다못해죽어달내가올나), #"**다라진** 이 세상의 버릇이라고 오오 그대들//"(김소월, 맘에잇는말이라고다할까보냐)

다락같다 형 덩치가 헌거롭게 크다. 이 시에서는 '다락'과 '같은'을 띄어 쓰고 있어서 두 개의 단어로 보이지만, '다락같다'(형용사)로 봐야 한다. #"말아, **다락 같은** 말아,/너는 즘잔도 하다 마는//"(정지용, 말)

다란하다 미 -다랗다. 대구방언에서 '지다란하다'(길다랗다), '깊다란하다'(깊다랗다)와 같은 파생어가 있어 중부방언과의 조어상 차이를 보여준다. #"구름은 차림옷에 놓기 알맞어보이고/하늘은 바다같이 깊**다라**ㄴ **하다**.//"(이상화, 나는 해를 먹다)

다랍다 형 대구방언에서 '다랍-'는 '인색하고 융통성이 적어 너그러움이 없다.'라는 의미이다. 더럽다. #"사람만 **다라워**진줄로 알엇더니/필경 에는 밋고 밋든 한울 까지 **다라워** 젓다/보리가 팔 을 버리고 달라 다가 달라 다가/이제는 고라진 몸으로 목을 대자나 빠주고 섯구나!//"(이상화, 비를 다고)

다래나무 명 다래나무과의 낙엽 활엽 덩굴나무. 열매는 식용하거나 약용하며 주로 깊은 산에서 자란다. #"갈부던 같은 藥水터의 山거리/旅人宿이 **다래나무** 지팽이와 같이 많다.//"(백석, 山地)

다려 조 -에게. #"[류벤]무슨 권리로 내가 장가를 들어!/저는 무슨 권리로/저도 계집과 자식을 가진놈이/날**다려** 그따위 수작을 한담/그놈의 돈을 팽게쳐서…!/[쩨시]아니 임자 그런사람 생각을 해서/부대 속을 석이지 말우/임자더러 아무런 말을 했지로서니/인제 다 지난 일이고/애기는 배가 불르쟎았소//"(박용철, 노상), #"처음엔 마음이 쓰러질 듯 도하여/생각기에 견딜상 싶지않더니…/그래도 나는 아모턴 견디어왔네,/허나 날**다려** 묻지는 마소「어떻게?」냐고…//"(박용철, 마음 아조 쓰러질듯)

다리몽댕이 명 다리의 비어(卑語). #"그래 그랬었다 그는/지각할까 봐 아침밥 먹는 둥 마는 둥 사립문을 나서면 내 뒷통수에 대고 재촉했다/학교 파하면 핑 와서 소깔 비어라이 길목에서 놀았다만 봐라 **다리몽댕이**를 분질러 놓을 팅게//"(김남주, 아버지)

다맛 부 다만. 오직. #"뭇사람과 소란한 世代에서/그가 **다맛** 내게 하신 일을 진히리라!//"(정지용, 다른 한울), #"金剛! 이제 내게는 너를읊조릴말씨가적어졌고 너를기려줄가락이거치러져 **다맛**내가슴속에있는눈으로 내마음의발자욱소리를 내귀가헤아려듣지못할처럼—나는고요롭은恍惚속에서—할아버지의무릅우에앉은손자와같이 禮節과自重을못차릴네웃음의恍惚속에서—나의生命 너의生命 朝鮮의生命이서로默契되었음을보았노라 노래를부르며 가비압으나마이로서사례를아뢰노라. 아 自然의 聖殿이여! 朝鮮의 靈臺여//"(이상화, 금강송가)

다문다문 부 띄엄띄엄. #"아이고 자잘궂에라!/작년에 냉기논 쑥갓씨로 삽짝가새/**다문다문** 흩쳐논 지가 한 달포는 됐시까, 엊지역에 깨굼발비가 살째기/니리는 거 겉디마는 그단새 좁쌀네끼/겉은 포란 새싹이 뺄쭘하이 돋았구마는//"(상희구, 春三月/대구.7), #"노루새끼는 **다문다문** 흰점이 배기고 배안의 털을 너슬너슬 벗고 산골사람을 닮었다//"(백석, 노루)

다박머리 명 더벅머리보다 의미가 조금 적은 짧은 엉킨 머리카락의 머리. #"하늘에 놀구름도 사라지고/이제 무한한 밤이 닥쳐 오는 행길에/**다박머리** 아기 하나 울고 울고 섰나니.//"(유치환, 황혼에서)

다복히 부 모양이 소담히. 시인의 조어로 용례는 '다복솔'이 있다. #"차디찬 아침이슬/진주가 빛나는 못가/연꽃하나 **다복히** 피고//소년아 네가 낳다니/맑은 넋에 깃드려/박꽃처럼 자랐세라//"(이육사, 소년에게)

다사시럽다 형 매사에 말이 많고 다소 경박스러운 사람을 이름. #"돌다리 건너 소전꺼래/알분다이 할매가 살았다/얼매나 **다사시럽었던지** 마실에/뉘집 미느리가 하로에 방구로 및 분/낏는지 다 꿰고 있을 정도였다//"(상희구, 소전꺼래 알분다이 할매/대구. 15)

다수다 형 따스하다. #"우리가 어릴적부터/자라는 옛집에선 세월이 꿈같더니/여름에는 흙지않은 光?가있고/해도 더 **다순** 빛을 층게에 더져/아 새집에선 다 말라뵈는고나//"(박용철, 옛집에서), #"세상은 이리 아름답고 하날은 이리 푸르러/이리도 바람은 한들한들 **다수하고**,/꽃들은 꽃피는 들로 오라 눈짓하여,/아침이슬이 맺어 반짝반짝 빛이나고,/사람들은 질거움에취한다, 어디를 보나/허지만 나는 무덤ㅅ속으로 나려간련다./그리하야 죽은 나의사랑을 안고 누으련다.//"(서정삼곡33), (박용철, 아름다운세상), #"오, **다순**남방의 미주 가득채운 큰잔을!/확근 붉은 진정한 신선의술/구슬진 방울이 가장(자리)에 복금거리고/자주빛 얼핏한 시울,/나는 그를마시고 보이지않게 이세상을 떠나/어두운 숲속으로 너를딸아 사라지리.//"(박용철, 나이팅게일의 시), #"하나님 당신은 이게 무언줄 모르시리다/당신은 햇빛 잘 나는 당신의 하날에 계셔/깜ㅅ작새 사라지는 流星을 바라보시며/해를 늘 곁에 가져 **다숩게** 지내시오니//"(박용철, 석탄갱부), #"**다숩고** 밝은해ㅅ발 이같이 나려흐르느니/숨어있던 어린풀싹 소곤거려 나오고/새로피어 수접은 가지우 분홍 꽃잎들도/어느하나 그의입마춤을 막어보려 안합니다//"(박용철, 빛나는 자최)

다수어지다 형 적셔지다. #"아즉 노래안하는 새들아 나는 네안에서 움질기는/가락을 안다/어둡고 有情한 해의 始初에서/반쯤 맨들려진 너의 노래/이 이른철에 너의는 너의 말음을 생각고 있다/나는 그를 다 외여있다/비에 **다수어저** 숨어있는 꽃씨의 비밀을 나는 안다//"(박용철, 조춘)

다순 형 따뜻한. #"삼월은 산에도/**다순** 바람 부는데/어대선가 봄이/살아 나온다//"(박용철, 봄이 살아 난다)

다숩다 형 따뜻하다. #"하나님 당신은 이게 무언줄 모르시리다/당신은 햇빛 잘 나는 당신의 하날에 계셔/깜ㅅ작새 사라지는 流星을 바라보시며/해를 늘 곁에 가져 **다숩게** 지내시오니//"(박용철, 석탄갱부)

다옥하다 형 나무나 풀이 무성하다. '다복하다'와 같은 의미로 쓰인다. #"솔나무 대나무/**다옥한** 수풀로, 하고 있을까요.//"(정지용, 바다1)

다짐두다 동 다짐을 해두다. #"**다짐둔** 팔베개//"(김소월, 팔벼개노래)

다치다 동 닫히다. #"아스름 **다치랴는** 눈초리와/金실로 잇은 듯 가깝기도 하고,//"(정지용, 별), #"온산중 나려 앉는 휙진 시울들이 **다치지** 안히! 나도 내더져 앉다//"(정지용, 장수산 2) 하얀 눈으로 덮인 뚜렷한 시울(능선)이 그 모습을 그대로 지니고 있음을 말한다.

다행타 준 다행이다. 다행하다. #"네 슬픔을 깨닫기도 전에 흙으로 갔다/별이 뒤를 따르지 않아 슬프고나/그러나 숙아/항구에서 피 말라간다는/어미 소식을 모르고 갔음이 좋다/아편에 부어 온 애비 얼굴을/보지 않고 갔음이 **다행타**//"(이용악, 검은 구름이 모여든다)

다황 명 성냥, 50년대에는 성냥을 '다황'으로 불렀다. 성냥의 도래에 대해서는 여러 가지 설이 있으나 성냥개비의 앞대가리에 黃을 발라 불을 일으켰으므로 중국(唐)에서 건너 온 黃이라 하여 唐黃이었는데 이것이 다황으로 부르게 된 유래라고 한다. #"**다황** 가주 온너라, 큰 바아/**다황** 가주 온너라, 정지에/**다황** 가주 온너라, 정나아//작고 가냘픈 성냥개비/끄트머리에 앙증맞은/붉은 대가리의/꼬마 革命家//"(상희구, 다황/대구.77)

단술 명 식해. '단술'은 일종의 '식해'인데 대구지역에서는 쌀을 고슬고슬하게 밥을 하여 뜨거운 엿기름물에 담가 뜨거운 곳에 적당한 시간동안 보관하여 먹는 음료이다. 그런데 여기에서는 '달콤한 술'이라는 의미로 사용되었다. #"그녀자는 제가먹은음식갑슬 제가치럿다. 그러나 쏘이에게는 한푼도주지안헛다. 그녀자는 **단술**이나쓴술이나 다—마섯다."(이상화, 파리의 밤), #"斜線언덕우흐로 쑥으리고안즌 두어집 울타리마다/걸어둔그물에 틈틈이끼인조개썹지는 머—ㄹ리서웃는니ㅅ발일너라./마을압흐로 업대여잇는 모래길에는 아모도업고나/지난밤 밤낙기에 나련하여—낫잠의**단술**을 마심인가보다."//(이상화, 원시적 읍울)

단잠 명 단잠. 이상규(1998)는 『경북방언문법연구 : 368』에서 '단장에'는 원본의 표기 오류로 보고 있다. "대구방언에서 '단장에'라는 어휘는 '곧 바로', '급히'라는 뜻이 있어 '다른 꿈은 꾸지도 말고 곧 바로 잠자리에 들고 싶다'로 해석이 가능하기 때문에 원본을 오류로 처리하는 것은 좀 더 신중하게 검토해 볼 과제이다."라고 설명하고 있다. 대구문협 등에서 교정한 '단잠에'로 교정한 것이 옳다. #

"야릇한 이마음 안은이대로/다른꿈은 꾸지도말고 **단잠**에 들고십다./달아!//" (이상화, 달아)

단장 명 담장. #"달 아래 싀멋없이 섰던 그 여자./서 있던 그 여자의 해쓱한 얼굴,/해쓱한 그 얼굴 적이 파릇함./다시금 실버듯한 가지 아래서/시커먼 머리길은 번쩍거리며,/다시금 하룻밤의 식는 강물을,/평양의 긴 **단장**은 슺고 가던 때./오오 싀멋없이 섰던 여자여!//"(김소월, 기억)

단장 명 짧은 지팡이. 손잡이가 꼬부라진 짧은 지팡이. #"나는 고독과 나란히 걸어간다/하늘 높이 **단장** 홰홰 내두르며/교외 풀밭길의 이슬을 찬다//" (백석, 고독)

단쟝 명 단장. #"평양의 긴 **단쟝**은 슷고 가든 때//"(김소월, 기억)

단조하다 형 단순하고 변화가 없다. 단순하고 변화가 없다. #"머나먼 기억은 끝없는 나그네의 시름속에 자라나는 너를/간직하고 너도 나를 아껴 항상 **단조한** 물껼에 익었다//그러나 물결은 흔들려 끝끝내 보이지 않고 나조차/계절풍의 넋이 가치 휩쓸려 정치못 일곱 바다에 밀렸거늘//"(이육사, 해후)

달가불시다 형 작은 몸집으로 격에 맞지 않게 자꾸 까불다. #"고원선 종점인 이 작은 정거장엔/그렇게도 우쭐대며 **달가불시며** 뛰어오던 뽕뽕차가/가이없이 쓸쓸하니도 우두머니 서 있다//" (백석, 함남도안)

달구 명 사람이 죽으면 땅에 묻어 봉분을 만들 때 땅을 다지는 일. #"어허 달구 어허 **달구**/바람이 세면 담 뒤에 숨고/물결이 거칠면 길을 옮겼다/꽃이 피던 날은 억울해 울다/재 넘어 장터에서 종일 취했다/어허 **달구** 어허 **달구**//"(심경림, 어허 달구)

달구다 동 불기운으로 뜨겁게 하다. #"아래ㅅ절 불켜지 않은 장방에 들어 목침을 **달쿠어** 발바닥 꼬아리를 슴슴 지지며//"(정지용, 진달래)

달구새끼 명 닭을 통틀어서 말함. #"강새이는 삽짝서 졸고/**달구새끼**는 횃대 우에서 졸고/괘네기는 실경 밑에서 졸고/할배는 담삐라다 바지게/걸치놓고 살핑사서 졸고/할매는 마늘 까다가 졸고/알라는 할매 젓태서 졸고/에미는 콩밭 매다가 졸고/에비는 소 몰민서 졸고//팔공산 모티는 가몰가몰/아지래이 속에서 졸고/영천군 청통면 신원리 마실이/마카 졸고 있는데//居祖庵 靈山殿/五百羅漢 부처님만/마실 지키니라고/누이 말똥말똥하다//"(상희구, 자부래미 마실－永川 淸通 居祖庵 가서/대구.8)

달궤 명 달구질. 달구로 집터나 땅을 단단히 다지는 일. #"산골에서는 집터

를 츠고 달궤를 닦고/보름달 아래서 노루고기를 먹었다//"(백석, 노루)

달라다 형 달아나다. '달라다가'는 '달라고 하다가'의 줄임말로 대구방언이다. 그런데 '달라다가'는 '달아나다가'라는 의미로도 해석이 가능하다. 곧 비가 오지 않아 답답하여 비를 달라고 하다가 안 되어서 "보리가 팔을 벌리고 달아나다가 달아나다가"로 해석할 수 있는 가능성이 있다. #"사람만 다라워진줄로 알엇더니/필경에는 밋고 밋든 한울까지 다라워젓다/…/보리 가 팔을 버리고 달라다가 달라다가/이제는 고라진 몸으로 목을 대자나 빠주고 섯구나!//"(이상화, 비를다고)

달래가 동 달라고 하다. #"아주 나는 바랄 것 더 없노라/빛이랴 허공이랴,/소리만 남은 내 노래를/바람에나 띄어서 보낼밖에./하다못해 죽어 달래가 옳나/좀더 높은 데서나 모았으면!//"(김소월, 하다못해 죽어 달래가 옳나)

달리시난지 구 달라고 하시는지 #"이른 아츰 골목길을 미나리장수가 기르게 외우고 감니다./할머니의 흐린동자는 창공에 모엇을 달라시난지,/아마도 x에간 맛아들의 입맛(미각)을 그려보나 봐요.//"(이육사, 춘추삼제)

달밤이지러애 구 달밤이지요. #"안골짜기로 기어 오르는/달밤이지러 애//"(박목월, 달빛)

달비전 명 머리카락을 덧머리로 만들어 파는 집. #"지는 해 등에 업고 긴 그림자로/꿈속에서 고향을 찾게 한다/엿도가에서 옹기전에서 달비전에서/부사귀 몽달귀 동무되어 뛰게 한다/새벽에 눈뜨고 강물소리 듣게 한다//"(신경림, 소리)

달옹배기 명 질옹배기. 둥글넓적하고 아가리가 쩍 벌어진 아주 작은 질그릇. '옹배기'는 '옹자배기'라고도 불리는 것으로서 '둥글넓적하고 아가리가 쩍 벌어진 아주 작은 질그릇'을 가리킨다. #"달옹배기에 북덕불이라도 담겨오면,이것을 안고 손을 쬐며 재 우에 뜻 없이 글자를 쓰기도 하며,/또 문밖에 나가디두 않구 자리에 누워서,/머리에 손깍지 베개를 하고 굴기도 하면서/"(백석, 남신의주 유동 박시봉방)

달재 명 달째. '達江魚'의 방언. 쑥지과에 속하는 바닷물고기. 몸길이 30cm 가량으로 가늘고 길며, 머리가 모나고 가시가 많음. #"이렇게 젊은 나이로 코밑수염도 길러보는 탓이고 그리고 어느 가난한 집 부엌으로 달재 생선을 진장에 꼿꼿이 지진 것은 맛도 있다는 말이 자꾸 들려오는 탓이다//"(백석, 내가 이렇게 외면하고)

달증 명 황달증세. '황달증세'는 얼굴이 노랗게 변하는 간질병의 하나이다. 조지, 문사, 상시, 작품집, 형설, 범우사, 선영사, 상아, 미래사, 청목사, 문현, 대구문협에서 모두 '달증'으로 교열하고 있으나 이는 모두 대구방언에 대한 이해부족으로 인한 오류이다. #"반갑지도 안흔 바람만 냅다 부러/가엽게도 우리 보리가 **달증**이 든듯이 뇌랏타/풀을 뽑너니 이장에 손을 대보너니 하는 것도/이제는 헛일을 하는가 십허 맥이 풀려만 진다!//"(이상화, 비를다고)

달판이 명 달팽이. #"**달판이** 뿔 내놔라,/찔레꽃이 바람에 흔들리운다./참새도 지재하고 재잘거리고,/소 치는 아이도 일어나오고,/외양간에 암소도 꼴을 먹는다.//"(박용철, 아침)

닭이 울도락 구 닭이 울도록. 닭이 울 때까지. 날이 샐 때까지. #"나가서 어더온 이야기를/**닭이 울도락**,/아버지 쎄닐으노니//"(정지용, 녯니약이 구절)

닭이짗 명 닭 깃털. #"벌논의 눞 옆에 쭈구렁 벼알 달린 짚검불을 널어놓고/**닭이짗** 올코에 새끼달은치를 묻어놓고/동둑넘에 숨어서/하로진일 너를 기다린다//"(백석, 오리)

닭이짗 올코 명 닭의 깃털을 붙여서 만든 올가미. #"벌논의 눞 옆에 쭈구렁 벼알 달린 짚검불을 널어놓고/**닭이짗 올코**에 새끼달은치를 묻어놓고/동둑넘에 숨어서/하로진일 너를 기다린다//"(백석, 오리)

닭전 명 닭을 파는 가게. #"돌과 몽둥이와 곡괭이로 어지럽던/좁은 **닭전** 골목. 농사꾼들과/광부들의 싸움질로 시끄럽던 이발소 앞./의용소방대원들이 달음질치던 싸전 길.//"(신경림, 산읍일지)

담모도리 명 담 모서리. #"아릇동리선가 말 웃는 소리 무서운가, 아릇동리 망아지 네 소리 무서울라. **담모도리** 바윗잔등에 다람쥐 해바라기하다 조은다//"(백석, 황일)

담배꽁다리 명 담배 꽁지. #"피우던 **담배꽁다리**를 「아스팔트」등에 뿌려던지고/발가락이 나간 구두로 꼭 디딘 채/걸음을 멈추었나니//"(이용악, 천정의 시)

담배말이 명 잎담배를 말아 피우기 위해 종이로 담배를 싼 것. #"그래 그랬었다 그는/공책이란 공책은 다 찢어 **담배말이** 종이로 태워버렸고/책이란 책은 다 뜯어 밑씻개로 닦아 버렸다//"(김남주, 아버지)

담뿍 부 어떤 물건이 그릇에 가득하게 담긴 모양. 여기서는 가슴에 **담뿍** 가득하게 안기는 모양. #"그날밤에사 山蔘이 담속 불거진 가슴팍이에 앙징스럽게 后娶감어리처럼 唐紅치마를 두르고 안기는 꿈을 꾸고 났다//"(정지용, 도굴)

담삐라다 명 담벼락에다. #"강새이는 삽짝서 졸고/달구새끼는 횃대 우에서 졸고/괘네기는 실경 밑에서 졸고/할배는 **담삐라다** 바지게/걸치놓고 살핑사서 졸고/할매는 마늘 까다가 졸고/알라는 할매 젓태서 졸고/에미는 콩밭매다가 졸고/에비는 소 몰민서 졸고//팔공산 모티는 가몰가몰/아지래이 속에서 졸고/영천군 청통면 신원리 마실이/마카 졸고 있는데//居祖庵 靈山殿/五百羅漢 부처님만/마실 지키니라고/누이 말똥말똥하다//"(상희구, 자부래미 마실-永川 淸通 居祖庵 가서/대구.8)

담수어 명 민물에 사는 고기, 바닷고기의 상대어. #"도회의 검은 능각을담은/수면은 이랑이랑 떨여/하반기의 새벽같이 서럽고/화강석에 어리는 기아의 찬꿈/물풀을 나근나근 빠는/**담수어**의 입맛보다 애닯어라//"(이육사, 화제)

답답다 형 답답하다. 윤동주와 이육사와 더불어 일제에 항거하는 민족시의 대표작으로 손꼽히는 상화의 수작인 「빼앗긴 들에도 봄은 오는가」에서 원본의 오류가 그대 교합본까지 그리고 고등학교 교과서에서까지 답습되어온 대표적인 예이다. 대구방언에서는 '답답다', '답답하다'가 어간쌍형어간을 가진 방언형으로 'ㅂ'-정칙활용을 하기 때문에 중부방언과 차이를 보여준다. 곧 대구방언에서는 '답답-(형용사어간)+어라(설명형어미)'의 구성으로 '답답어라'가 올바른 표현이다. 그런데 중부방언에서 'ㅂ'-불규칙활용의 흔적인 '우'가 이중으로 표기되어 '답답워라'로 표기된 것이다. 곧 방언형으로 '답답어라'로 표기되어야 하며, 표준어형으로는 '답다워라'로 표기되어야 함에도 불구하고 모든 교합본에서 원본의 잘못을 그대로 답습하고 있다. 심지어는 고등학교 국정 교과서에 이르기까지 오류를 답습하고 있다. 이처럼 원본의 텍스트에도 작가의 의도와는 달리 많은 오류들이 발견되기 때문에 원본을 확정하기 위해서는 원본의 텍스트에 대한 정밀한 분석이 필요하다. 이와 유사한 예가 單調라는 작품에서도 나온다. "비오는밤 짜라안즌 하날이 꿈꾸듯 어두어라"에서 '어두어라'는 대구방언에서 '어둡-+-어라'로 'ㅂ'정칙활용을 하기 때문에 '어두버라'로 표기되든지 중부방언형처럼 'ㅂ'불규칙활용이 적용된 표기라도 '어두워라'로 표기되어야 할 것이다. '고요롭은'(池畔靜景), '슬기롭은가'(先驅者)의 표기처럼 원본에서 보여주는 혼란을 교열하는 과정에서도 혼란을 보여주어서는 안 된다. #"입슐을 다문 한울아 들아/내맘에는 내혼자온것 갓지를 안쿠나/네가 끌엇느냐 누가부르드냐 **답답워라** 말을해다오.//"(이상화, 빼앗긴들에도 봄은오는가)

당등 명 밤새도록 켜 놓은 등불. #"닭이

두 홰나 울었는데/안방 큰방은 홰즛하니 **당등**을 하고/인간들은 모두 웅성웅성 깨여 있어서들/오가리며 섯박디를 썰고/생강에 파에 청각에 마늘을 다지고//"(백석, 추야일경)

당세 명 당수. 우리나라 전래음식의 하나로 곡식을 물에 불려 간 가루나 마른 메밀가루에 술을 조금 넣고 물을 부어 미음같이 쑨다. #"찰복숭아를 먹다가 씨를 삼키고는 죽을 것만 같어 하루종일 놀지도 못하고 밥도 안 먹은 것도/가즈랑집에 마을을 가서/**당세** 먹은 강아지같이 좋아라고 집오래를 설레다가였다//"(백석, 가즈랑집)

당조카 명 장조카. 큰조카. #"내가 이 노큰마니의 **당조카**의 맏손자로 난것을 다견하니 알뜰하니 기꺼이 여기는 것이었다//"(백석, 넘언집 범 같은 노큰마니)

당즈깨 명 뚜껑이 있는 바구니로 '당세기'라고도 함. #"내가 날 때 죽은 누이도 날 때/무명필에 이름을 써서 백지 달어서 구신간시렁의 **당즈깨**에 넣어 대감님께 수영을 들였다는 가즈랑집 할머니//"(백석, 가즈랑집)

당즈깨 명 '도시락'의 평북 방언. 고리버들이나 대오리를 길고 둥글게 결은 작은 고리짝. 점심밥 등 음식을 넣어 가지고 다니는 그릇으로 씀. #"내가 날 때 죽은 누이도 날 때/무명필에 이름을 써서 백지 달어서 구신간시렁의 **당즈깨**에 넣어 대감님께 수영을 들였다는 가즈랑집 할머니//"(백석, 가즈랑집)

당치마 명 唐衣. #"눈들이 비단 안개에 둘리울 때,/그때는 홀목숨은 못살 때러라./눈 풀리는 가지에 **당치마** 귀로/젊은 계집 목매고 달릴 때러라.//"(김소월, 비단 안개)

당콩 명 강낭콩의 함경도와 평안도 방언. #"하얀 박꽃이 오들막을 덮고/**당콩** 너울은 하늘로 하늘로 기어올라도/고향아/여름이 안타깝다 무너진 돌담//"(이용악, 고향아 꽃은 피지 못했다), #"노루새끼 등을 쓸며/터 앞에 당콩순을 다 먹었다 하고/서른닷냥 값을 부른다//"(백석, 노루), #"인간들이 모두 터앞에 나와서 물외포기에 **당콩**포기에 오줌을 주는 때 터앞에 밭마당에 샛길에 떠도는 오줌의 매캐한 재릿한 내음새//"(백석, 동뇨부)

닻주다 동 닻을 풀어 닻을 물속에 던져 넣다. #"검은 구름은 멧기슭에서 어정거리며,/애처롭게도 우는 산의 사슴이/내 품에 속속들이 붙안기는 듯./그러나 밀물도 쎄이고 밤은 어두워/**닻주었던** 자리는 알 길이 없어라./市井의 흥정일은/외상으로 주고받기도 하건마는.//"(김소월, 무신)

대 우에 구 대(臺) 위에. #"장미는 아름다워라 그내음 그빛갈,/**대우**에 높은 나리꽃도/그러나 더드믈고 귀한 봉우

리,/저는 그와 다름없어라.//"(박용철, 사월의 달)

대곤 명 장자에 나오는 상상적인 큰 물고기. #"고향은 어데라 물어도 말은 않지만/처음은 정녕 북해안 매운 바람속에 자라/**대곤**을 타고 단였단 것이 일생의 자랑이죠//"(이육사, 나의 뮤,즈 32)

대까치 명 까치 가운데 몸이 큰 까치. #"어제 오늘을 우리집 굽어 보고/**대까치** 우짖어 저렇게 야단 은/이따금 산들바람 풍경 건드리는 뜨락에/이제 첫 세상을 빠쪼롬히/작약 새순 흙 뚫고 나옴을 알림이로고.//"(유치환, 소식)

대냥푼 명 큰 양푼. #"엄매와 나는 앙궁우에 떡돌 우에 곱새담 우에 함지에 버치며/**대냥푼**을 놓고 치성이나 드리듯이 정한 마음으로 냅일눈 약눈을 받는다.//"(백석, 古夜)

대능교 동 됩니까. #"보이소, 달성공원 쪽으로 갈라카마 어데로 가마 대능교/요 쪽으로 패내기 가서 시머리 다리를 찾어소,/거라고 거게서 새로 물어 보소//보소, 북문시장으로 갈라카마 어데로 가마 **대능교**/저 쪽 호무래이를 돌아, 패내기 가서 시머리 다리를/찾어소, 거라고 거게서 또 물어보소//시머리 다리 밑,/맑은 개천에서/여인네들 곧잘 머리 감곤 하던//"(상희구, 시머리 다리(新川橋)/대구.18)

대멀머리 명 아무 것도 쓰지 않은 맨 머리. 대머리. #"한 해에 몇 번 매연지난 먼 조상들의 최방등 제사에는 컴컴한 고방 구석을 나와서 **대벌머리**에 외얏맹건을 지르터 맨 늙은 제관의 손에 정갈히 몸을 씻고 교우 위에 모신 신주 앞에 환한 촛불 밑에 피나무 소담한 제상 떡, 보탕, 식혜, 산적, 나물지짐, 반봉, 과일들을 공손하니 받들고 먼 후손들이 공경스러운 절과 잔을 굽어보고 또 애끓는 통곡과 축을 귀애하고 그리고 합문 뒤에는 흠향오는 구신들과 호회 접하는 것//"(백석, 목구)

대모체 돗보기 명 바다거북의 등 껍데기로 안경테를 만든 돋보기. #"그 코에 모두 학실을 썼다/돌체 돗보기다 **대모체 돗보기**다 로이도 돗보기다//"(백석, 석양)

대모풍잠 명 대모갑으로 만든 풍잠(玳瑁風簪). #"아이들은 늘늘히 청대나무 말을 몰고/**대모풍잠**한 늙은이 또요 한 마리를 드리우고 갔다//"(백석, 南向)

대목장 명 명절날 직전에 열리는 장. #"뜰기운 수려선 연변/작은 면소재지/추운 **대목장**//저 맵찬 바람소리에도/독기 어린 수군댐에도/나는 귀를 막았다//"(신경림, 대목장)

대밋벌 명 어떤 산을 중심으로 그 산의 기슭에 바싹 잇다은 벌판. #"그리하여 산 일번지에 밤이 오면/**대밋벌**을

거쳐온 강바람은/뒷산에 와 부딪쳐/모든 사람들의 울음이 되어 쏟아진다.//"(신경림, 산1번지)

대양푼 명 큰 양푼. #"엄매와 나는 앙궁 위에 떡돌 위에 곱새담 위에 함지에 버치며 **대냥푼**을 놓고 치성이나 드리듯이 정한 마음으로 냅일눈 약눈을 받는다//"(백석, 고야)

대이다 동 닿이다. #"내 生命의 새벽이 사라지도다/그립다 내 生命의 새벽-설어라 나 어릴그때도 지나간 검은밤들과같이 사라지려는도다/聖女의被首布처럼 드러움의 손 입으로는 감히 대이기도 부끄럽던 아가씨의목-/젖가슴빛같은 그때의 生命 !//"(이상화, 그날이 그립다), #"**대이기만** 했으면 톡 터질 듯/익은 포도알에/물든 환상이 너울너울 물결친다/공허로운 이 마음을 어쩌나//"(이용악, 포도원)

대일랑 말랑 구 닿일랑 말랑. #"두셋 잠자리/**대일랑 말랑** 물머리를 간질이고/연못 잔잔한 가슴엔 내만 아는/근심이 소스라쳐 붐비다//"(이용악, 연못)

대질리다 동 [-질러, -지르니] 손으로 쥐어 지르다. (~에/에게) (~을) 찌를 듯이 대들다. #"옹기 굴에 옹기가 앉듯 옹기종기 집들이 앉고/행여 그 옹기 같은 것 **대질리면** 금 갈세라/일월은 하늘에 두고 청산에나 묻혀 살더라.//"(정완영, 官基里)

대처 명 도회지. #"늬는 시골 듬에서 사람스런 숨소리를 숨기고 살고/내사 **대처** 한복판에서/말스런 숨소리를 숨기고 다 잘았다.//"(정지용, 말 2)

댓바람 명 시작하자마자. 시작부터 바로. 출발하기 시작부터. #"마작판에서 주머니를 털린 새벽./거리로 나서면 얼굴을 훑는 매운 바람./노랭이네 집엘 들러/새벽 **댓바람**부터 술이 취한다.//술청엔 너저분한 진흙 묻은 신발들./아직 해가 뜨지 않은 새벽인데도//"(신경림, 3월 1일 전후)

댓발이나 티 나왔다 구 다섯 발이나 튀어 나왔다는 말로, 한 발은 양 팔 사이의 거리이니 다섯 발이나 입이 튀어 나오다는 말은 사람이 화가 몹시 났을 때의 모습을 말하는데 경상도식 과장법의 표현이다. #"오늘은 섭씨 38.6 도/기상관측이래 이런 더위는 처음이란다/삼 일 간의 황금연후 첫 날/대구가 텅텅 비겠다/앞집 미자는 花園 유원지로 놀로 갔뿌리고/옆집 춘자는 嘉昌 냉천으로 놀로 갔뿌리고/뒷집 말자는 玉浦 용연사로 놀로 갔뿌리고/두집 건너 춘희는 앞산 안지랭이에/물맞으로 갔뿌리고/ 마담언니는 친정엄마네 갔뿌리고/고려다방 미쓰 김, 입이 **댓발이나 티 나왔다**//"(상희구, 오늘, 가수 南珍이 半月堂 고려다방을 접수하다/대구.45)

댔일 때 구 대었을 때. #"두째로 묵은 탱글탱글 야물어야 한다/(묵을 썰라꼬 칼을 묵에다 갔다**댔일 때**/묵이 너무 야물어 가주고 칼이 한 발이나/우로 팅기오리마 그 묵이 채곤기다)//끝으로 묵맛은 양념장이/받쳐줘야 하는 것이다/저렁에다가 다진 마늘,/맵싹한 고치가리를 풀고/창지름이 두어 빠알/자청파를 쫑쫑 썰어 넣어마 그마이다//"(상희구, 묵/대구.85)

댕기 온너래이 구 다녀오려무나. #"오마이를 먼저 앞세운/올개 국민학교에 갓 입학한/막내손주 보겠도우에/노랑 콧수건을 메달아 주면서/할매가 다짐을 한다//기철아, 차에 받칠라/먼산 보지 말고/패내기 **댕기 온너래이**/내 엿 녹카 노오꾸마,//한잠 늘어지게 자고 난/앞마다아 강새이가/하품을 크게 하고는/머리뚱하이/먼 산을 본다//"(상희구, 立春－먼 산 보다/대구.92)

댕기다 동 다니다. 1. 어떤 볼일이 있어 일정한 곳을 정하여 놓고 드나들다. 2. 볼일이 있어 어떠한 곳에 들르다. '당기다'; '댕기다'는 경상도에서 두루 쓰이는 말로 '다니다'의 방언형이다. 고어형은 '돋(到)+거(行)+니(行)+다'이며, 고전에는 'ᄃᆞᆫ니다'의 형태로 많이 나타나고 있다. #"이모딸 고돌파 ᄃᆞᆫ니노라"「두초 7, 18」, 두루ᄃᆞ닐숀「신중유합」, #"그 때 뱃속에 아가 놀래 가주고 얼라를 낳아 놓으이 얼라 다리가 똑 가시게 겉애. 골병이 들어 가주고. 쫓개 **댕기니라꼬** 골병이 들었잖니껴. 요새도 억시 적은 편은 안 가도 기중 약하니더. 우리 아아덜 중에서 기중 약해.//"(김점호, 베도 숱한 베 짜고), #"마느래 자리를 잡으러 **댕기더니만** 자기 가족들을 어데 자리를 잡아 놓고 나는 현반에 자라 그랬어. 요새 기차 현반엔 못 올라 가지. 그 현반은 사람이 잘만 했어. 이사를 간다꼬 이불 한 보따리하고 또 내 옷 한 상자 옇은 것 있었는데 내 머리맡에 놓고 잤어.//"(성춘식, 이부자리 피이 놓고), #"산은 평평한데 새강이고 뭐고 풀이 우거졌고. 길이 서울 거리보다 더 널러. 사람이 끌고 **댕기는** 인력거, 말이 끌고 대니는 마차, 똔 전차가 왔다갔다하고//"(성춘식, 이부자리 피이 놓고)

댕추 명 당고추, 고추. #"붉게 익은 **댕추**의 씨로 가득한 그대의 눈은/나를 가르쳐주었어라, 열 스무 번 가르쳐 주었어라./어려 듣고 자라 배워 내가 안 것은/무엇이랴 오오 그 무엇이랴?/모든 일은 할 대로 하여보아도/얼마 만한 데서 말 것이더라.//"(김소월, 어려 듣고 자라 배워 내가 안 것은)

댕추가루 명 당초가루. 고춧가루. #"겨울밤 쩡하니 익은 동치미국을 좋아하고 얼얼한 **댕추가루**//"(백석, 국수)

더러 조 -에게. #"하늘은 날더러 구름이 되라 하고/땅은 날더러 바람이 되라 하네/청룡 흑룡 흩어져 비 개인 나루/잡초나 일깨우는 잔바람이 되라네/뱃길이라 서울 사흘 목계나루에/아흐레 나흘 찾아 박가분 파는/가을 볕도 서러운 방물장수 되라네//"(신경림, 목계장터)

더부렁그리다 형 더부렁거리다. '더부렁거리다'의 오표기로 '-그리다'와 '-거리다'를 여러 곳에서 잘못 표기한 예가 나타난다. '덩부렁거리다'는 '물수면에 떠올라 둥둥 떠다니는 모습'이라는 뜻을 가지고 있다. #"**더부렁그리다**//"(이상화, 가을의 풍경)

더불다 동 더불어 있다. #"그의 형제와/그의 사촌들을 **더불고** 있듯이/바람받이 잘하고/햇살받이 잘하며/어린 섬들이 의좋게 논다.//어떤 때는 구슬을 줍듯이 머리를 수그리고/어떤 때는 고개 재껴 티없이 웃는다.//"(박재삼, 섬을 보는 자리)

더우든 부 더욱이. 더군다나. #"熱情의 洗禮를 받지도 않고서 自然의 成果만 기다리는 신령아! 眞理를 따라가는 한 갈래 길이라고 자랑삼아 안고 있는 너희들의 그 理知는 自然의 智慧에서 캐 온 것이 아니라 人生의 範疇를 縮製함으로써 自滅的 自足에서 긁어모은 妄想이니 그것은 眞도 아니오 善도 아니며 **더우든** 美도 아니오 다만 邪惡이 生命의 탈을 쓴것 뿐임을 여기서도 짐작을 할 수 있다."(이상화, 청량세계), #"思想上으로 階級에對한 聞見이 쩌들어잇스나 깁히 全的衝動을 니르키려는 그焦操가업시 發程前의 覺寢期로 생각될쑨이며 **더우든** 보담 完成의追求에마음을가진 趣味게얏고 그 生活의 實現에 生命을길르는 享樂이 너머나적음으로 서로企待를 못가졔외야 드듸여分裂이되고마는 것이아닌가."(이상화, 문예의 시대적 변위와 작가의 의식적 태도)

더우잡다 동 돋우어 잡다. 짧은 심지를 더우잡고에서 '더우잡다'라는 어휘에서 '더우-'는 분명하지는 않지만 '돋우어-'의 변이형으로 추정되며, 이 '더우(돋우어-)-'에 경상방언에서 '거머쥐다'의 뜻으로 실현되는 '검잡다'의 '-잡다'가 결합한 어휘로 추정된다. 곧 '돋우어 잡고', '돋운 상태로'라는 뜻으로 해석이 가능하다. #"마돈나 짧은심지를**더우잡고**, 눈물도업시하소연하는내맘의燭불을봐라,//"(이상화, 나의 침실로)

더욱여 부 더욱. 더욱 더. #"아아아 허수롭다 바로 사랑도/**더욱여** 허수롭다 살음은 말로./아 이봐 그만 일자 창이 희었다./슬픈 날은 도적같이 달려들었다.//"(김소월, 바닷가의 밤)

더튼하다 형 깐깐하고 알뜰하다. #"깨끗한 심정과 **더튼한** 솜씨로//"(김소월, 불탄자리)

덕 명 언덕. 낮은 재. 해안에서는 바다이름. #"통곡으로 쏟아버릴 인생도 내겐 없고/사는 날의 짜증인양 밀보리만 타는 날을/해종일 **덕** 너머에서 울어예는 뻐꾸기.(정완영, 首首片片 1/뻐꾸기), #"산 너무 어느 산마을 그 **덕** 너머 어느 分校/그 마을 잔칫날 같은 운동회 날 갈채 같은/그 무슨 자지러진 일 세상에는 있나부다.//"(정완영, 秋晴)

덜거기 명 수놈 장끼. '수꿩'의 평북방언. #"돌능와집에 소달구지에 싸리신에 옛날이 사는 장거리에 어느 근방 산천에서 **덜거기** 껙껙 검방지게 운다//"(백석, 월림장)

덩거리 명 덩어리. #"기념품으로 주는/우리나라에서는 난생 처음인 나일론 보자기를 하나씩 얻기/위해서였다./희안하기도 해라, 석탄 **덩거리**로 맨들었다 카던데/우째 끄시름이 하나도 안 묻노/하면서 뽈때기에다가 문질러대는 아낙도 있었다./소 심줄은 커잉 철사보다도 더 질기다 카더마는/오늘도 시골 할매들, 나일론이라는 말은 빼버리고 백 뿌로,/백 뿌로 해 쌓는다.//"(상희구, 나이롱 백 뿌로/대구.48)

덩그럭 불 명 자작나무 장작의 다 타지 않은 덩어리에 붙은 불. 잉걸불. 이숭원 교수의 『원본 정지용 시집』에는 "덩그렇게 떨어져 피어 있는 불"이라고 풀이하였다. #"자작나무 **덩그럭 불**이/도로 피여 붉고,//"(정지용, 인동차)

덩더꾸이 명 사전적으로는 '아무 것도 모르면서 끼어드는 사람'으로 되어 있으나 경상도에서는 조금 다른 의미로 쓰인다. 대개는 덤벙대다가 실수를 한다거나 성격이 맵짜지 못하여 매사에 양보만 하다가 2등만 하는 사람들을 말하는데 반드시 바탕에는 선량함이 깔려 있어야 하는 것이다. 융통성 없이 우직하기만 하다던가 천진난만하여 바보 스럽다든가 하는 사람들이 실수를 하였을 때 우스꽝스러움을 동반했다면 그야말로 덩더꾸이가 하는 짓이라고 할 수 있다. #"우리 마실에는/**덩더꾸이**가 마이 산다//뒷집에는/맨날 알라만 울리는/덩더꾸이 알라 아부지//"(상희구, 덩더꾸이/대구.42)

덩더꿍 명 북이나 장구를 흥겹게 두드리는 소리, 혹은 흥이 났을 때 얼씨구 하면서 추임새를 넣는 것. #"앞집에는 밥 하민서/맨날 밥만 태우는/덩더꾸이 이집/작은 미느리//옆집에는/해거름만 되마/지 그렁지 붙잡아 볼라꼬/헛발질만 해 쌓는/덩더꾸이 칠복이늠//한 집 건너 웃 집에는/맨날 헛타아다/총을 쏘아대 가주고/쥔 새는 놓치고 나는/새만 잡으로 댕기는/엉터리 포수/덩더꾸이 먹보영감//꽃 조코 물 조흔/우리 마실/**덩더꿍**!/**덩더꿍**!//덩더꾸이가 많은/우리 마실/**덩더꿍**!/**덩더꿍**!//"(상희구, 덩더꾸이/대구.42)

데군데군 부 여기저기. 이곳저곳. #"**데군데군** 허러진 담모도리에//"(김소월, 찬 저녁)

데불다 동 '데리다'의 방언(경상, 함경, 황해). (데불고, 데불어) #"흰 터럭 더 부룩해도 나는 언제 철 날건가/개나라 망울 만져도 지레 봄을 다 얻은 듯/종달새, 멧새, 할미새 다 **데불고** 나선다.//"(정완영, 首首片片 14/3.), #"고향길 가는 날은 완행열차를 타고 가자/중간역 간이역들 잘 있었나 인사하며/늘어진 강물도 **데불고** 세월 저편 찾아가자.//"(정완영, 고향 가는 길), #"당신은 이러한風景을 **데불고**/힌 연기 같은 /바다/멀리 멀리 航海합쇼.//"(정지용, 바다1), #"그러나 너는 나를 되떠나게 하날/비틀대고 절뚝거리는 이들 **데불고**/버려진 포구에서 썩어가는 갯벌에서/마파람 하늬바람에 취하게 하날/너는 다시 나를 칼날 위에 서게 한다//"(신경림, 소리)

데석님 명 帝釋神. 무당이 받드는 家神祭의 대상인 열두 신. 그 가정의 남자들만의 壽命을 다스리는 한편 곡간 안에 있는 모든 곡식을 주관하는 신으로서 '다랑치'만 한 벼짚섬에 돈(섭전)과 곡식을 담아 방 안 '실경(시렁)다리' 위 한구석에 놓아두기도 하고 헛간(곡간・창고)에 달아매고 창호지를 접어서 걸어두기도 한다. #"나는 성주님이 무서워 토방으로 나오면 토방에는 디운귀신/나는 무서워 부엌으로 들어가면 부엌에는 부뚜막에 조앙님/또 시렁에는 **데석님**//"(백석, 마을은 맨천 귀신이 돼서)

데이 미 -다. #"그만 일로/죄면할 게 뭐꼬/누구나/눈 감으면 간**데이**//"(박목월, 대좌상면오백생)

뎅그마니 부 덩그랗게. #"누가 나를 허공중에 **뎅그마니** 내다 걸었나/추녀 끝 풍경 소리가 대신해서 나를 운다/딩그렁! 자취도 없이 사라져갈 저 울음을.//"(정완영, 풍경 1)

도 미 -지도. 대구방언에서는 '잠자지도'에서 '-지도'가 생략된 '잠자도'와 같은 형식. 곧 '가지도'(가도), '보지도'(보도)와 같이 사용된다. #"가을밤 별가티 어엽분이 잇거든/착하고 귀여운 술이나 부어다고/숨갑븐 이한밤은 잠자**도** 말고서/달지고 해돗도록 취해나 볼테다//"(이상화, 대구행진곡)

도 조 -과도. #"이때야말로 이나라의 보바로운 가을철이다/더구나 그림도 같고 꿈과**도**같은 좋은밤이다//"(이상화, 역천)

도고하니 부 도고하게. 짐짓. 의젓하게.

#"이 작고 가벼웁고 갤족한 희고 까만 씨가/조용하니 또 **도고하니** 손에서 입으로 입에서 손으로 오르나리는 때//"(백석, 수박씨, 호박씨)

도디키다 동 훔치다. 남의 물건을 남몰래 슬쩍 가져다가 자기 것으로 하다. '도둑키다, 도딕키다, 도디키다, 후비다'는 남의 물건을 훔치는 것을 의미하는 경상방언형이다. 이 중 '후비다'는 『표준국어대사전』에서는 '틈이나 구멍 속을 긁거나 돌려 파내는 것'이라고 등재되어 있는데 경상방언에서는 '도둑질하는 경우'에 사용된다. #"아아는 업고 구루마에는 솥쟁기, 식량 겉은 거 싣고 놋그륵 가튼 거는 마카 거름에 파묻고 인민군들 오마 옷겉은 거 **도디캐** 간다꼬 그래가 시집 칠대조 산소가 있는 골짜아 드갔는 거래." (김점호, 베도 숱한 베 짜고)

도락구 명 트럭(トラツワヲ)의 일본어식 표현. #"내레 부상병이라구 강원도 평창까디는 반 이상은 **도락구**를 갈아 타믄서 용케 네까디 왔디."(박도, 어떤 약속)

도래샘 명 '도래샘'은 '빙돌아서 흐르는 샘물'을 뜻하는데, '타래'처럼 용언 어간 '돌-'에 접사 '-애'가 붙어 파생된 것이다. #"아낙도 우두머리도 돌볼 새 없이 갔단다/**도래샘**도 띳집도 버리고 강 건너로 쫓겨갔단다/고려 장군님 무지무지 쳐들어와/오랑캐는 가랑잎처럼 굴러갔단다//"(이용악, 오랑캐꽃)

도로 부 다시. 동남방언에서는 다부로. 다보로 등의 방언형이 있음. #"네모진 얼굴로/인가에서 밤을 밝히면/**도로** 산으로 간다.//"(박목월, 심방)

도로리 명 보통 두어 마리의 돼지를 잡아 여러 집이 나누어 가는 것. #"제천역전 앞 하숙집에서 만난/영자라는 그 어린 갈보 얘기를 했다./때로는 과부집으로 몰려가/외상 돼지 **도로리**에 한몫 끼였다.//"(신경림, 그 겨울)

도록 미 -도록. -ㄹ 때가지. #"꿈 깨친 뒤엔 감**도록** 잠 아니오네/솜솜하게도 감**도록** 그리워오네//"(김소월, 닭은꼬구요)

도롬도롬 부 도란도란. #"물 위를 **도롬도롬** 헤어다니던 마음/흩어졌다도 다시 작대기처럼 꼿꼿해지던 마음/나는 날마다 바다의 꿈을 꾸었다/나를 믿고자 했었다/여러 해 지난 오늘 마음은 항구로 돌아간다/부두로 돌아간다 그날의 羅津이여//"(이용악, 항구), #"유리 항아리 동글한 품에/견디질 못해 삼삼 맴돌아도/날마다 저녁마다 너의 푸른 소원은 저물어간다/숨결이 **도롬도롬** 방울져 공허로웁다//"(이용악, 금붕어)

도루모기 명 도루묵. #"다시 만나면 알아 못 볼/사람들끼리/비웃이 타는 데서/타래곱과 **도루모기**와/피 터진 닭의 볏 찌르르 타는/아스라한 연기 속에서/목이랑 껴안고/웃음으로 웃음으로 헤어져야/마음 편쿠나/슬픈 사람들끼리//"(이용악, 슬픈 사람들끼리)

도르다 동 먹을 것을 게우다. 되돌리다. #"**도르고** 싶은 슬픔처럼/누엿누엿 익어 가는 보리누름고개/어쩌자고 하늘은 저렇게 희멀건고/나의 간장속 깊은 어디메 숨어 앉아/뻐꾹이는 뻐국이는 저리도 울어대고.//"(유치환, 보리누름)

도수장 명 가설 수도의 물을 모아두는 곳. #"쇠전을 거쳐 **도수장** 앞에 와 돌 때/우리는 점점 신명이 난다/한 다리를 들고 날라리를 불거나/고개짓을 하고 어깨를 흔들거나//"(신경림, 농무)

도시 명 1. 급하게 허둥지둥하다가 신을 거꾸로 신음. 2. 손님을 영접하느라고 어쩔 줄을 몰라 쩔쩔맴. #"산 위에 오를수록 하늘빛은 더욱 멀고/사랑이 어여쁜지 눈물이 어여쁜지/**도시**가 분간 못할 마애석불 흘린 미소.//"(정완영, 普門寺에 올라)

도야지 명 돼지. #"**도야지 도야지**/잘은 먹는다/내일 먹을 것까지/다거 먹느냐?//"(박용철, 도야지), #"국수집에서는 농짝 같은 **도야지**를 잡어 걸고 국수에 치는 도야지 고기는 돗바늘 같은 털이 드문드문 배겼다//"(백석, 북신)

도장포 명 도장을 새기거나 파는 집. #"늙은 가로수 헐벗은 가지에 매달려/칭얼댄다 소생하라 소생하라/**도장포** 찌그러진 간판에 엉켜 운다/미장원 밝은 유리창을 흔들어댄다//"(신경림, 바람)

도적개 명 도둑개. #"달빛도 거지도 **도적개**도 모다 즐겁다/풍구재도 얼럭소도 쇠스랑볕도 모다 즐겁다.//"(백석, 연자간)

도적괭이 명 도둑 고양이. #"**도적괭이** 새끼락이 나고/살진 족제비 트는 기지개 길고//"(백석, 연자간)

도체비꽃 명 도깨비꽃. '도체비'는 제주 지방의 방언이다. 도체비꽃이 파랗게 피어 있는 모습을 묘사한 부분이다. #"鬼神도 쓸쓸하여 살지 않는 한모롱이, **도체비꽃**이 낮에도 혼자 무서워 파랗게 질린다.//"(정지용, 백록담)

도투굴 명 돼지굴. #도망하고 싶던 너의 아들/가슴 한구석이 늘 차거웠길래/고향아/**도투굴** 같은 방 등잔불은/밤마다 밤새도록 꺼지고 싶지 않았지//(이용악, 고향아 꽃은 피지 못했다)

독갑이 명 도깨비. '독갑이, 도까비, 도째비, 또깨비, 똘째비, 토깨비, 토째비, 토쩨비, 톳째비, 허까비, 허깨비, 헉깨비, 홀개비, 홀깨비'는 '도깨비'의 경상도 방언형이다.『한국방언자료집 7-8 경상도편』. 이 중 '독갑이'는 '도깨비'의 옛말로 현대 경상도 방언에는 여전히 사용되고 있는 어휘이다. '독갑이'는 15세기 문헌에 '돗갑이'로 나온다. 이 '돗가비'가 자음동화되어 '독가비', 즉 '독갑이'가 된 것이다. # "夜叉精 독갑이 狐狸精 독갑이 柳樹精 독갑이"『역해 하:52』, 狐魅 독갑이『한청 9:7』, #"마돈나 오느라가자, 압산그름애가, **독갑이**처럼, 발도업시이곳갓가이 오도다//"(이상화, 나의 침실로), #"감음이들고 큰물이지고 불이나고 목숨이만히죽은올해이다. 朝鮮사람아 金剛山에불이낫다 이한말이 얼마나깁흔默示인가. 몸서리치이는말이아니냐. 오한우님-사람의弱한마음이만든**독갑이**가아니라 누리에게힘을주는 自然의靈精인 한아쁜인사람의睿智-를불러말하노니 잘못짐작을갓지말고 바로보아라 이해가 다가기전에-. 朝鮮사람의가슴마다에 숨어사는 모든한우님들아!//"(이상화, 이해를 보내는 노래), #"**독갑이**노래하자는목숨아, 너는 돌아가거라.//"(이상화, 방문거절), #"慣性이란해골의쩨가밤낮으로**독갑이**춤추는것쁜이아니냐?//"(이상화, 오늘의 노래), #"웃으꽝스런 **독갑이**에세 흘린 긴 꿈이엇구나//"(이상화, 지구흑점의 노래), #"귀신 **독갑이** 무설것없지/사랑과 하날의 고임받으니/궂인 것 하나 네게못오지/내 엡븐 내사랑아.//"(박용철, 양을 부르소), #"그러치 안흐면 **독갑이** 작난이나 아닌가 하야 무싀무싀한 증이 들어서 동무를 깨웟다가//"(현진건, B사감과 러브레타), #"어홍한 이 구석 저 구석에서 **독개비**가 튀어나올 듯 나올 듯하다.//"(현진건, 황원행), #"그것은 날근누덕이에서난 **독갑이**가튼 반갑지안흔그影姿이엇다.//"(이상화, 무산작가와 무산작품)

독새나다 동 동나다. 소용되는 데가 많아 모자라다. 물건 따위가 다 떨어져서 남아 있는 것이 없게 되다. '동나다. 독새나다, 독시가 나다'는 '동나다'의 의미를 가진 경상방언형으로 '독새나다, 독시가 나다' 등의 관용구로 사용됨. #"머리 다리가, 머리함이라 그는 큰 함에다 여 놘 걸(넣어 놓은 것을), 종갓집에 우리 종질녀가 시집 갈 때 빌리(빌려) 간다고 큰 집에 가져 갔어. 맹 거 있으면 있제 하고 뒀디이, 한동안에 그때 다리가 **독새났잖아요**. 한 다리 돈이 몇천원 되고 이랬는데 우리는 몇만원 짜라래요. 그거 몽땅 다 잃어버렸어요."(성춘식, 이부자리 피이 놓고)

돋다 형 '듣다'의 오식. 떨어지다. 방울지어 떨어지다. #"멎은듯/새삼 **돋는** 비ㅅ낯/붉은 닢닢/소란히 밟고 간다.//"(정지용, 비)

돌가마도 명 돌로 만든 가마솥. #"너는 오랑캐의 피 한 방울 받지 않아건만/오랑캐꽃/너는 **돌가마도** 털메투리도 모르는 오랑캐꽃/두 팔로 햇빛을 막

아줄게/울어보렴 목놓아 울어나 보렴 오랑캐꽃//"(이용악, 오랑캐꽃)

돌각담 명 1. 돌을 모아 놓은 큰 돌무더기 2. 다듬지 않은 돌로 쌓아 올린 담. #"**돌각담** 같이 달그락거리며 웃어쌌던 동무들이며/골목을 따라 나서던 봉숭아꽃들하며/"(배옥주, 꽃등)

돌개바람 명 회오리바람. #"**돌개바람**이 멀지 않아/어린것들이/털 고운 토끼껍질을 벗겨/귀걸개를 준비할 때//"(이용악, 만추)

돌능와집 명 돌능에집, 너와집. 기와 대신 얇은 돌조각으로 지붕으로 인 집. #"골이 다한 산대 밑에 자그마한 **돌능와집**이 한 채 있어서/이 집 남길동단 안주인은 겨울이면 집을 내고/산을 돌아 거리로 나려간다는 말을 하는데/해바른 마당에는 꿀벌이 스무나문 통 있었다//"(백석, 산곡), #"**돌능와집**에 소달구지에 싸리신에 옛날이 사는 장거리에 어느 근방 산천에서 덜거기 껙껙 검방지게 운다//"(백석, 월림장)

돌다 동 돌다(廻). 무엇이 서서히 확산되어 퍼져나가다. #"맛있는 것을 묵고 한 참 있다가 젖이 **돌거던** 얼라한테 조오라.(맛있는 것을 먹고 한참동안 있다가 젖이 생겨나면 어린아이에게 주어라.)", #"그러나 네 마음에 뉘우친 生命이 굽이를 치거든 망령되게 絶望을 말고 저—편 하늘을 바라다 보아라. 검은 구름 사이에 흰구름이 보이고 그 너머 저녁놀이 **돌지를** 않느냐?"(이상화, 청량세계)

돌덜구 명 돌절구. #"**돌덜구**에 天上水가 차게/복숭낡에 시라리타래가 말라졌다//"(백석, 초동일)

돌라 케 가주고는 구 달라고 해 가지고는. #"고구마로 푸욱 삶아 **돌라 케 가주고는** 불도 키지/않은 어독어독한 바아서 문 쪼오로 등더리를 비/이게 하고는 엎디려서 고구마껍디기로 조근조근/빗기서 야물야물 씹어 자시는 기 그 니째 맛이고//"(상희구, 家親五味/대구.54)

돌물레 명 칼, 도끼, 가위 등의 무뎌진 날을 벼리게 만든 회전숫돌. #"異邦거리는/독기날 벼르는 **돌물레** 소리 속에/되광대 켜는 되양금 소리 속에//"(백석, 안동)

돌배 명 산이나 들에서 제멋대로 자라는 야생종 배로, 크기는 능금 정도이며 큰 자두만 한 것도 있다. 이 배는 야생상태로 그냥 먹기보다 항아리에 그대로 넣거나 겨 또는 쌀에 섞어 놓은 다음 2~3주 정도 저장해서 완전히 익힌 후 물에 씻어서 껍질을 벗기지 않고 먹는다. #"어치라는 산새는 벌배 먹어 고흡다는 골에서 **돌배** 먹고 앓던 배를 아이들은 열배 먹고 나었다고 하였다//"(백석, 여우난골)

돌배꽃 명 산이나 들에 자라는 돌배나무의 꽃. #"石段을 올라와/잔디에 조심스레 앉아/뾰족뾰족 올라온 새싹을 뜯어 씹으면서/조곰치도 아까운 줄 모르는 주림/지난밤/휘파람은 **돌배꽃** 피는 洞里가 그리워/북으로 북으로 갔다//"(이용악, 길손의 봄), #"성 위 **돌배꽃**/피고 지고 다시 필 적마다/될 성싶이 크더니만/숙아/장마 개인 이튿날이면 개울에 띄운다고/돛단 쪽배를 만들어달라더니만//"(이용악, 검은 구름이 모여든다)

돌보드키 구 돌보듯이. #"일찌기 우리 할아버지 할머니가/이 호박 박넌출을 극진스리 **돌보드키**/나도 시골에 살며/푸른 영머리 끝으로/그 억센 잎새들이 번어 자람을 지극히 사랑하오//"(유치환, 시골에서)

돌비 명 돌로 된 비석. 石碑. #"그 동안 **돌비**는 깨어지고 많은 은금보화는 땅에 묻히고 가마귀도 긴 족보를 이루었는데/이리하야 또 한 아득한 새 옛날이 비롯하는 때//"(백석, 북방에서)

돌삐 명 돌멩이. 돌덩이보다 작고 자갈보다 큰 돌. '돌멩이'의 경상도 방언형에는 '독, 독맹이, 돌미, 돌밍이, 돌삐, 돌삥이'가 있다.『한국방언자료집 7-8 경상도편』. #"인내들은 와 효부, 열부, 끝내는 망부석 카는/**돌삐**가 돼야 되능교?/용왕님께서는 하마 정신이 오락가락/그네를 타시니더. 이 시대 맨끄티//"(정숙, 돌삐가 돼야 되능교?), #"옛날에는 **돌미** 하나썩 얹어 놓고, 어떤 데는 가마 지게 갖다가 눌리 놓고, 까시덤배기 갖다 놓고. 마캐 눌리 놨어. 우리가 어른이라도 가 보미 무섭어."(김정숙, 베도 숱한 베 짜고), #"**독** 새에 풀 한 포기 억지로 빠져나와 해를 보려고 동쪽으로 고개를 드는데, 동생들이 호매로 쪼아가면 그 풀 뿌리는 또 억지로 나오니라고 얼마나 외로이 얼마나 애를 먹을까?"(이오덕, 일하는 아이들), #"성춘네 집 언덕 우에 쉬다가 일어서는데/뒤에 있는 **독맹이**에 받혀서 그 높은 곳에서 떨어질 때/풀하고 구불어 내려와서 도랑 바닥에 떨어졌다."(이오덕, 일하는 아이들)

돌삐이 명 돌멩이. #"용두방천에는 돌삐이가 많고"(상희구, 대구풍물 / 대구.4)

돌우래 명 도루래. 말똥 벌레나 땅강아지와 비슷하나 크기는 조금 더 크다. 땅을 파고 다니며 '오르오르' 소리를 낸다. 곡식을 못 살 게 굴며 특히 콩밭에 들어가서 땅을 판다. #"풀밭에는 어느새 하이얀 대림질감들이 한불 널리고/**돌우래**며 팟중이 산엶이 들썩하니 울어댄다//"(백석, 박각시 오는 저녁), #"한울은/울파주가에 우는 병아리를 사랑한다/우물돌 아래 우는 **돌우래**를 사랑한다/그리고 또/버드나무 밑 당나

귀 소리를 임내나는 시인을 사랑한다//"(백석, '호박꽃 초롱' 서시)

돌음길 명 우회하는 길. #"길잡이야 우리의길을 휠신 **돌음길**로 잡어라/아스팔트우에 우리의거름이 넘우나 가비여우니/세갈름길이 하나 닥치고보면 돌아서기도 어려우리라//"(박용철, 유쾌한 밤)

돌이돌이 부 연이어 이웃해 있는. '둘레'의 옛말. '돌이 돌이'는 경남 거제방언에서는 '가까운 거리에 함께 있는 모습'을 말하는데 '돌레돌레' 등의 방언형이 있다. 이와 함께 표준국어사전에 등재되어 있는 '돌레돌레'는 '사방을 요리 조리 살피는 모양'이라고 풀이하고 있다. #"이 술위 술윗 바횟 밧 **돌이** 혀여디도다"『번노 하:36』, #"바자에 까치 한 마리 까각이다 가도 어머님은 지향 없는 기다림에 조바심해 살았느니/누구렛집 막동이의 돌날이라도/**돌이 돌이** 한울안 같은 적은 모꼬지였다.//"(유치환, 고원), #"해 가는줄 모르고 놀기에만 잠칙한 아이들도 어서 오라/종일을 안으로 거두기에 알뜰하던 지(어)미와 더불어/**돌이 돌이** 저녁상을 받아 마루 위에 둘러앉은 자리.//"(유치환, 제신의 좌)

돌처보다 동 돌이켜보다. #"잊고 살다 가도/**돌처보면** 승거웁지요/앨써 살값도 없지요마는/그렇다고/앨써죽기는 또 힘들지요/우리우숨은 속이뷔이고/깃브단말은 字典에서도 지워지오//"(박용철, 단상)

돌체돗보기 명 돗보기. 석영 유리로 안경테를 만든 돋보기. 안경테의 재로로 돌(石)이나 놋쇠(鍮)를 사용하였다. #"그 코에 모두 학실을 썼다/**돌체 돗보기**다 대모체 돗보기다 로이도 돗보기다//"(백석, 석양)

돌팍 명 '돌멩이'의 방언(경기, 경북, 충남). #"우리 마을 앞 냇물을 건너가는 징검다리/**돌팍** 밑에 숨어사는 버들붕어 두 마리는/**돌팍**이 저희들 집이래 여울목이 놀이터래.//"(정완영, 버들붕어 두 마리는), #"하늘에서 내려다보면 이 지구도 하늘일거야/우리 마을 징검다리는 하늘나라 오작교이고/냇물에 엎드린 **돌팍**은 까막까치 머리일거야.//"(정완영, 하늘에서 내려다보면)

돍 명 돌(石). '돍(石)'은 대구방언에서 '돍-이, 돍-을, 돍-으로'처럼 곡용한다. 그러나 오늘날에는 주로 '돌'이 쓰인다. 대구문인협회에서는 '여울목'으로 교열했다. 그러나 이것을 '여울목'으로 교열하면 "여울목에서 여울목으로 건너간다"라는 구절의 의미가 통하지 않는다. 그러니까 '여울의 돌에서 돌로 건너가는 모습'을 연상한다면 '여울 돌'이 정확하다. 아마 '여울돍'의 대구방언형을 잘못 이해한 탓으로 그동안 많은 오류가 나타난 것으로 보인다. #"맛 두서넛 젊은안악네들이 붉은초마 입은허리에 광주리를달고/바다의꿈가튼 미역을거드며 여울돍에서 여울돍으로 건너만간다.//"(이상화, 원시적 읍울), #"아, 사노라, 사노라, 취해사노라/自暴속에잇는서울과 시골로/멍든목숨행여갈가/취해사노라/어둔밤말업는돍을안고서/피울음을울드면, 셜음은풀릴것을-//"(이상화, 가장 비통한 기욕)

돗바늘 명 아주 굵은 바늘. #"국수집에서는 농짝 같은 도야지를 잡어 걸고 국수에 치는 도야지 고기는 **돗바늘** 같은 털이 드문드문 배겼다//"(백석, 북신)

동그다 형 동글다. 동사 '둥글다'의 작은 말. #"바늘 같이 쓰라림에/솟아 **동그**는 눈물!//"(정지용, 사혜)

동그맣다 형 동그랗다. #"까치집은 까치집은/봄이 오는 고목가지에/바람 담고 햇살 담아/**동그맣게** 올려 논 등불/까치가 돌아와 울면/먼 산 빛도 눈을 뜨지요.//"(정완영, 까치집)

동긋이 부 동근 듯하게. #"님아 살아지이다/님아…/길들은 사자처럼 화려한 침대속에/마는/그대여 죽지 말아지이다/세상이 살음직하지 안하닛까/하날은 저렇듯 그지없이 높푸른데/감나무에 붉은열매 **동긋이** 매달리고/은행닢은 금빛으로 아낌없이 저나리고//"(박용철, 그전날밤)

동둑 명 못에 쌓은 큰 둑. 방죽. #"벌논의 늪 옆에 쭈구렁 벼알 달린 짚검불을 널어놓고/닭이짗 올코에 새끼달은 치를 묻어놓고/**동둑**넘에 숨어서/하로진일 너를 기다린다//"(백석, 오리)

동마루 명 동쪽의 가장 높은 곳. #"어린 적 내 노리터 이 **동마루**는//"(김소월, 거츤풀허트러진)

동말랭이 명 동쪽의 등성이. '말랭이'는 '마루'(등성이를 이루는 지붕이나 산 따위의 꼭대기)의 평북 방언이다. #"오리치를 놓으려 아배는 논으로 내려간 지 오래다/오리는 동비탈에 그림자를 떨어트리며 날아가고 나는 **동말랭이**에서 강아지처럼 아배를 부르며 울다가/시악이 나서는 등뒤 개울물에 아배의 신짝과 버선목과 대님오리를 모다 던져 버린다//"(백석, 오리 망아지 토끼)

동비탈 명 동쪽의 비탈. #"오리치를 놓으려 아배는 논으로 내려간 지 오래다/오리는 **동비탈**에 그림자를 떨어트리며 날아가고/"(백석, 오리 망아지 토끼)

동세 명 동서(同壻). #"이야기하고 아이들은 아이들끼리 웃간 한 방을 잡고 조아질하/고 쌈방이 굴리고 바리깨돌림하고 호박떼기하고 제비손이구손이/하고 이렇게 화디의 사기방등에 심지를 몇 번이나 돋구고 홍게/닭이 몇 번이나 울어서 졸음이 오면 아릇목싸움 자리싸움을 하며/히드득 거리다 잠이 든다 그래서는 문창에 텅납새의 그림자가/치는 아침 시누이 **동세**들이 욱적하니 흥성거리는 부엌으론 샛문/틈으로 장지 문틈으로 무이징게국을 끓이는 맛있는 내음새가/올라오도록 잔다//"(백석, 여우난골족)

동저고리 명 『표준국어대사전』에서는 '동옷(남자가 입는 저고리)을 속되게 이르는 말'로 정의하고 있으나 경상도 지역에서는 흔히 사용하는 방언형이다. #"만 갈래 시름겨움도 타고 보면 아지랑이/**동저고리** 맨발이 좋아 밝은 사래 밟고 서면/마음은 씨롱 흔드는 마냥 종다리어라.//"(정완영, 採春譜 1/麗日)

돝벌기 명 돼지벌레. 잎벌레. 괴수의 잎이나 배추, 무 따위의 잎을 갉아먹는 해로운 벌레. #"까막까치나 두더지 **돝벌기**가 와서 먹으면 먹는 대로 두어두고/도적이 조금 걷어가도 걷어가는 대로 두어두고//"(백석, 귀농)

돼지굴 명 '돼지굴'은 '돼지우리'를 뜻한다. 함북 방언에서 '굴'은 '우리'를 뜻하는 말이어서 '닭의장'은 '닭굴'이라 한다. 그러나 정작 '돼지우리'의 함북 방언형은 '도투굴'이다. 이는 '돝+으(속격조사)+굴'의 합성어이다. '도투'의 자리에 '돼지'가 삽입된 것이다. #"도망하고 싶던 너의 아들/가슴 한국석이 늘 차거웠길래/고향아/**돼지굴** 같은 방 등잔불은/밤마다 밤새도록 꺼지고싶지 않았지//"(이용악, 고향아 꽃은 피지 못했다)

되리 붉다 구 '되레, 오히려 붉다'의 뜻. 빗물에 씻기어 이전보다 더 붉게 보임. #"쏘내기가 한줄기 할랑강//뒷산 산삐얄쪼오서 번갯불이/밑 분 뺏뜩거리 쌓티마는/이내 자질구리한 천둥소리가/줄방구띠방구로 엮끼나온다//쏘내기가 억수로/퍼볐다가 그친다//마당 한쪼오는/따리아가 **되리 붉다**//하늘에는 발씨로/식은 낮달이/시큰둥하다//"(상희구, 뒷산 산삐얄쪼오서 자질구리한 천둥소리가 줄방구띠방구로 엮끼 나오다-고산골에서/대구.32)

되양금 명 중국의 현악기. 양금과 비슷하다. #"이방 거리는/독기날 벼르는 돌물레 소리 속에/되광대 켜는 **되양금** 소리 속에//"(백석, 안동)

된비 명 몹시 세차게 내리는 비. 소낙비. #"소와 말은 도로 산으로 돌아갔다/염소만이 아직 **된비**가 오면 산 개울에 놓인 다리를 건너 인가 근처로 뛰어온다//"(백석, 산지)

될낀데 구 될 것인데. #"여섯 살쯤 된 사내아이가 큼지막한 사진 한 장을 들고/난리를 친다/엄마야, 이거는 누부야 얼굴이 아이다 카이/아이고 이노무 자석이 와 이카노/부엌일을 하던 엄마는 종내 부지깽이를 내려놓고는/손아래 시누에게 푸념을 늘어 놓는다/아이구 우짜꼬, 사진일랑 고마, 아무 데서나 찍을꺼로,/얼굴로 너무 뺀지리하게 맨들어 났구마는,/저너무 자석이 나중에 머라 안 카까, 우쨌던지 쟈가/시집 가서 잘 살아야 될낀데.//" (상희구, 명성사진관/대구.30)

두동달이베개 명 두 사람이 밸 수 있는 긴 베개. #"**두동달이 베개**는/어디 갔는고/언제는 둘이 자던 베갯머리에/"죽자 사자" 언약도 하여 보았지.//" (김소월, 원앙침)

두렁길 명 논이나 밭의 가장자리로 작게 쌓은 둑이나 언덕길. #"먼 북쪽 광야에/크낙한 가을이 소리 없이 내려 서면//잎잎이 몸짓하는 고량밭 십리 이랑 새로/무량한 탄식 같이 떠 오로는 하늘!/석양에 **두렁길**을 호올로 가량이면/애꿎이도 눈부신 체 옷자락에/설흔여섯 나이가 보람 없이 서글퍼/이대로 활개 치고 만리라도 가고지고.//" (유치환, 북방추색)

두레방석 명 짚으로 엮어 짠 둥그스레한 방석. 둘레방석. #"아카시아들이 언제 흰 **두레방석**을 깔었나/어데서 물큰 개비린내가 온다//"(백석, 비)

두레ㅅ불 명 두레의 불. '두레'는 농민들이 농번기에 농사일을 공동으로 하기 위하여 부락이나 마을 단위로 만든 조직. #"나릿한 남만의밤/번제의 **두레ㅅ불** 타오르고//옥돌보다 찬 넋이 있어/홍역이 만발하는 거리로 쏠려//" (이육사, 아편)

두렷이 부 엉클어지거나 흐리지 아니하고 윤곽이 분명하다. '뚜렷하다'보다 여린 느낌을 준다. #"아침 라디오는 이른다./오늘 우리나라는/移動性 高氣壓圈內에 있어/전체로 맑게 개이겠읍니다고.//사뭇 東海 푸른 물결이 등솔을 씻는/보라빛 삼삼한 長白의 멧부리와 그 기슭에 깃들은 人家며 田園 위에/오늘도 **두렷이** 둘러 칠 晴天이여!//" (유치환, 청천제)

두룽이 명 도롱이. 재래식 우장의 한가지. 짚이나 띠같은 풀로 안을 엮고 겉은 줄기를 드리워 끝이 너덜너덜함. #"이렇게 추운데 웃동에 무슨 **두룽이** 같은 것을 하나 걸치고 아랫도리는 쪽 발가벗은 아이여//"(백석, 촌에서 온 아이)

두름박 명 뒤웅박. '산벌떼 두름박 지어'는 '산벌떼가 마치 뒤웅박처럼 둥그렇게 무리를 지어'라는 뜻이다. #"山벌떼 **두름박** 지어 위잉 위잉 두르는 골//"(정지용, 진달래)

두리기둥 명 둘레를 둥그렇게 깎아 만든 기둥. 둥근기둥 #"둥우리만한 山寺 열매만한 쇠북이여/나무들 消燈하고 山色 또한 잠이 들고/단청만 **두리기둥**

에 불을 가만 놓는다.//"(정완영, 山寺 3 題/寂寞)

두리다 형 두려워하다. #"여러 가지 연유가 있사오나 마침내 그대를 암표범처럼 **두리고** 嚴威/롭게 우러르는 까닭은 거기 있나이다.//"(정지용, 슬픈 우상)

두릴빵수 명 위엣 돌을 빼서 아래에다 고이고 아랫돌은 빼서 위에다 고이는 식의 '즉흥적인 융통성', 혹은 '응용 능력'을 말하는 대구 사투리. #"빼어난 **두릴빵수**는/천지를 造營할 만하고// 번뜩이는 기지는 날카롭고/멀리 아우르는 안목은 깊다//"(상희구, 吳達龍 逍防監/대구.35)

두세업다 형 두서없다. 일의 앞뒤 순서가 없다. #"**두세업는** 저 가마귀 새들게 울짓는 저 까치야//"(김소월, 몹쓸꿈)

두여들 명 열여섯 살, 이팔청춘. #"지금부터 **두여들** 좋은 年光/다시 와서 내게도 있을 말로/전부터 좀더 전보다 좀더/살음즉이 살는지 모르련만/거울들어 마주 온 내 얼굴을/좀더 미리부터 알았던들!//"(김소월, 부귀공명)

둑둑이 부 수두룩히. 한 둑이는 10개를 의미함. '둑둑이'는 많이 있다는 뜻. #"구석의 나무말쿠지에 할아버지가 삼는 소신 같은 짚신이 **둑둑이** 걸리어도 있었다//"(백석, 고방)

둘러쓰다 동 무리를 둘러쓰다. 햇무리 달무리처럼. 해나 달의 주위에 빛의 굴절과 반사 작용에 의해 둥그렇게 하얀 테두리가 생기듯이, 불빛에 뿌연 테두리가 생긴다. #"그끄제 밤에 늬가 참버리처럼 닝닝거리고 간뒤로,/불빛은 송화ㅅ가루 삐운 듯 무리를 **둘러 쓰고**/문풍지에 아름푸시 어름 풀린 먼 여울이 떠는구나.//"(정지용, 뻣나무 열매)

둘레길 명 주변길. 둘러쌓인 길. #"저 칠칠한 대밭 **둘레길**을 내 마음은 늘 바자니고 있어요. 그러면, 훗날의 당신의 구름 같은 옷자락이 不刻스레 보여 오는 것이어요. 눈물 속에서는, 반짝이는 눈물 속에서는, 당신 얼굴이 여러 모양으로 보여 오다가 속절없이 사라지는, 피가 마를 만큼 그저 심심할 따름이어요. 그러니 이 생각 밖에는요.//"(박재삼, 待人詞)

둘리우다 형 둘러싸이다. #"눈들이 비단 안개에 **둘리울** 때,/그때는 홀목숨은 못살 때러라./눈 풀리는 가지에 당치마 귀로/젊은 계집 목매고 달릴 때러라.//"(김소월, 비단 안개)

둠벙 명 물웅덩이. #"저기 **둠벙**에/공이 빠졌네//막대로 끄어낼까/들어가 집어 올까//막대는 모자라고/물은 깊어 안 되였네.//"(박용철, 공)

둣 눰이 부 두 놈이. #"초지역이 이역할 때 쭘 해서 질을 나서는데, 안티골 새이집은 건너 지실마을 끝타아, 막은

안창집 옆푸라다 배꼍마당을 가로질러, 호무래이로 돌아서 야산을 올라가마, 방고개 만데이 지나서 쪼만한 산삐얄 못미쳐 비탈, 위진 곳에 살찌이맹쿠로 숨었는기라, 둣 뉨이 이망빼기에 땀을 팥죽겉치 흘리면서 사부재기 손을 뿥잡고 새이집을 가망가망 내리다 보는데, 엄마야!//"(상희구, 새이(喪輿)집/대구.27)

둥구나무 명 크고 오래된 정자나무. #"풀 수풀 깊은 골에 옛 마을은 말이 없고/내 남산 햇 빼꾸기 혼자 울어 배고파라/하늘만 **둥구나무**에 물을 대고 있는데.//"(정완영, 고향에 와서 / 햇 빼꾸기)

둥구재벼 오다 동 둥구잡혀 오다. 두멍잡혀 오다. '둥구'는 '두멍'의 평북 방언이다. '두멍'이란 물을 많이 담아 두고 쓰는 큰 가마나 독을 말한다. 그러니까 '둥구재벼 오다'는 '물동이를 안고 오는 것처럼 잡혀 오다'라는 뜻이다. #"개들은 게모이고 쌈기거리하고/놓여난 도애지 **둥구재벼 오고**//"(백석, 연자간)

둥굴네우림 명 '둥굴레'는 백합과에 속하는 다년초. 전분을 채용하여 식용도 함. '둥글네우림'은 둥굴레풀의 뿌리를 물에 담가 쓴맛을 우려낸 것을 계속해서 삶은 것. 찌거나 삶으면 빛이 시커멓게 되면서 단맛을 낸다. #"山나물을 하는 가즈랑집 할머니를 따르며/나는 벌써 달디단 물구지우림 **둥굴네우림**을 생각하고/아직 멀은 도토리묵 도토리범벅까지도 그리워한다//"(백석, 가즈랑집)

둥글소 명 황소. 함경도에서는 암퇘지는 '피게' 또는 '구래미', '구람때지'라 하고 수퇘지는 '수리', '수렁때지'라 하며 '황소'는 '둥구리, 둥굴소'라 한다. #"재를 넘어 무곡을 다니던 당나귀/항구로 가는 콩실이에 늙은 **둥글소**/모두 없어진 지 오랜/외양간엔 아직 초라한 내음새 그윽하다만/털보네 간 곳은 아무도 모른다//"(이용악, 낡은 집), #"산과 들이/늙은 풍경에서 앙상한 계절을 시름할 때/나는 흙을 뒤지고 들어왔다/차굳 달빛을 피해/**둥글소**의 앞발을 피해/나는 깊이 땅속으로 들어왔다//"(이용악, 동면하는 곤충의 노래)

뒤궁굴다 동 나뒹굴다. #"지리한 장마 속에 귀한 감정은 탕이가 피고/요행이 어리석음에 등말을타고 돌아다녀서/난장이가 재주란답시 **뒤궁굴으면**/당나귀의 무리는 입을 헤버리고 웃습니다.//"(박용철, 小惡魔)

뒤란 명 뒤안. 뒷마당 울타리 안쪽. #"아 조그만 병정 황금투구 쓰고/우리 **뒤란**에서 너는 무엇을 지키고있느냐?/너는 너의 푸른총으로/그리고 노란 수염을 가지고/왜 그리 무섭게 서있느냐?/마조 싸울놈은 풀잎밖에 없지 않니?//"(박용철, 문들레), #"밤이면 무엇이 기와골에 무리돌을 던지고 **뒤우란** 배나무에 쩨듯하니 줄등을 헤여달고 부뚜막의 큰솥 적은솥을 모조리 뽑아놓고 재통에 간 사람의 목덜미를 그냥그냥 나려 눌러선 잿다리 아래로 처박고//"(백석, 외갓집)

뒤재다 동 뒤척이다. #"아무리 혼자 누어 몸을 **뒤재도**//"(김소월, 그를꿈꾼밤), #"몸을 잡고 **뒤재며** 누엇스면//"(김소월, 닭은꼬꾸여), #"**뒤재이는** 생각을//"(김소월, 고만두풀노래를)

뒤지다 동 뒤지다. 흙을 파서 갈아엎다. #"산과 들이/늙은 풍경에서 앙상한 계절을 시름할 때/나는 흙을 **뒤지고** 들어왔다/차군 달빛을 피해/둥글소의 앞발을 피해/나는 깊이 땅속으로 들어왔다//"(이용악, 冬眠하는 곤충의 노래), #"마음도입도업는 흙인줄알면서/얼마라도 더달나고 정성픗**뒤지는**/그들의가슴엔 저주를바들/숙명이주는 자족이 아즉도잇다/자족이식힌 굴종이 아즉도잇다.//"(이상화, 폭풍우를 기다리는 마음)

뒤직이 명 두더지. 두더지과의 포유동물을 통틀어 이르는 말. '두더지'에 대한 대구방언형으로 '뒤직이'는 '파헤치다'라는 의미를 지닌 '뒤직다'의 어간 '뒤직-이(명사화파생접사)'의 합성어이다. '두더지'에 대한 대구방언형으로 '뒤직이'는 '파헤치다'라는 의미를 지닌 '뒤직다'의 어간 '뒤직-이(명사화파생접사)'의 합성어이다. '두더지'의 경상방언형은 '두지기, 두디기, 뒤직이, 디지기, 뒤지기, 뛰지기, 띠지기, 디더구, 디저구, 디저기, 디디기, 논떨간지' 등이 있다. 이와 함께 '두더지'는 '더덕'의 경북방언형이기도 하다.『한국방언자료집 7-8 경상도편』 #"이 世紀를 물고너흐는, 어둔 밤에서/다시어둠을 꿈구노라 조우는 조선의 밤/忘却뭉텅이가튼, 이밤속으론/해쌀이비초여 오지도 못하고/한우님의 말슴이, 배부른군소리로 들리노라//나제도밤—밤에도밤—/그밤의어둠에서씀여난, **뒤직이**가튼신령은,/光明의목거지란일홈도모르고/술취한장님이머-ㄴ길을가듯/비틀거리는자욱엔, 피물이흐른다!//"(이상화, 비음)

뒤채기다 동 물건이나 몸을 자꾸 이리저리 뒤집다.『표준국어대사전』에서 "『북』 1. =뒤채다01(1. 너무 흔하여 쓰고도 남다. 2. 함부로 늘어놓아 발길에 툭툭 걸리다.), 2. =뒤채다02(1. '뒤치다'의 잘못.『북』 몸이나 몸체를 세게 뒤치다.)"로 뜻풀이를 하고 있다. 그러나『북』용어가 아니라 경상도 방언형으로 사용되는 예이다. #"동해도 잠 잃은 밤은 짐승처럼 **뒤채기고**/차바람 갈기를 때리면 달 아래 강릉이 춥

더라/대관령 怒呼타 멎은 너 龍馬야, 불퇴전아.//"(정완영, 嶺 타령)

뒤채이다 형 뒤척이다. #"쉬일 때나 있으랴/생시엔들 꿈엔들/어찌하노 하다니/**뒤채이는** 생각을.//"(김소월, 고만두풀 노래를 가져 月灘에게 드립니다)

뒤싼 명 뒤곁. '뒷간'은 '뒤(후미)+ㅅ(사잇소리)+간(간)'의 구성으로 된 복합어로 순수한 우리말과 한자어가 복합된 단어이다. 대구방언에서 '뒷간'은 1. '화장실'이라는 의미와 2. '뒤꼍'이라는 의미를 가지고 있는데 이 시에서는 두 번째 의미로 사용되었다. #"거리뒤싼 류리창에도/달은내려와 꿈꾸고잇네.//"(이상화, 달밤-도회)

뒷간거리 명 가가운 거리에. 가까운 거리를 뜻함. #"가무락조개 난 **뒷간거리**에/빚을 얻으려 나는 왔다/빚이 안되어 가는 탓에/가무래기도 나도 모도 춥다//"(백석, 가무래기의 락)

뒷개 명 후포(後浦). #"끼잡이 사내아이는 참좋으리라/저의ㄴ의와 작난하며 소리치느니/사공된 젊은이도 참좋으리라/**뒷개**안 배를타고 노래를 부르느니//"(박용철, 지나가 버린날)

뒷잔치 명 본잔치가 끝난 후 품앗이로 잔칫일을 도와 준 동네 아낙네들을 불러 모아 가까운 이웃들과 함께 잔치에 쓰고 남은 허드레 음식을 나누어 먹으며 즐기는 일. #"식은 배추찌짐을 쭈우욱 쭉/찢어서 눈집장에 콕 찍어서/먹는 맛이란,/잔치음석으로는 배추전이 아랫전/이지마는 **뒷잔치** 음석으로는/배추전이 웃전일세.//"(상희구, 배추煎/대구.37)

드가다 동 들어가다. 밖에서 안으로 향하여 가다. 새로운 상태나 시기가 시작되다. 어떤 일에 돈, 노력, 물자 따위가 쓰이다. 안에 삽입되다. 경상방언에서는 조어법상 합성동사는 중세국어 형식과 마찬가지로 '동사어간-+-아/어-+-동사어간' 형식을 취하지 않고 '동사어간+동사어간' 형식으로 실현된다. 위에서 제시된 '드가다(=들어가다)'는 물론 '떳부리고(=떼어버리고), 인나다(=일어나다), 주옇고(주어넣고)'와 같이 독특한 조어법상 특징을 가진다. #"집바(질빵)가 벗겨지이 가매(가마)는 가매대로 주루루 널쩌 뿌리고(떨어져버리고) 사람은 사람대로 나가 떨어지고. 우습지. 타고 바로 본집에 **드가는** 사람도 있고, 또 옆집에 드가가 중점(점심)을 하기도 하니더."(김점호, 베도 숱한 베 짜고), #"서울 사람들 그양 뚜께이만 덮어 놓으만 벌게 들어가는지 모리지. 벌기 **드가지** 뭐. 그래 한달이나 두달이나 되만 간장을 딸이잖애요."(성춘식, 이부자리 피이 놓고)

드난살이 명 여자가 자유로이 드나들며

고용살이 하는 생활. #"넘어가세 넘어가세/논둑밭둑 넘어가세/**드난살이** 모진 설움/조롱박에 주워담고//"(신경림, 달 넘세)

드내쉬다 동 드내쉬다. 숨을 들이쉬고 내쉬다. #"가쁜 숨결을 **드내 쉬노니**, 박나비 처럼,/가녀린 머리, 주사 찍은 자리에, 입술을 붙이고/나는 중얼거리다, 나는 중얼거리다, 부끄러운줄도 모르는 多神教徒와도 같이.//"(정지용, 발열)

드뉘다 동 낮게 드리워 움직이다. #"窓유리까지에 구름이 **드뉘니** 후 두두두 落水 짓는 소리//"(정지용, 나븨)

드디다 동 낮게 드리워 움직이다. #"쌍무지개 다리 **드디는** 곳,/아래서 볼때 오리옹 星座와 키가 나란하오.//"(정지용, 절정)

드리무겁다 형 무겁다. 『표준국어대사전』에서는 '들도록, 들게'로 풀이하고 있다. 그런데 경상도 방언에서는 '드리', '딛다'와 같이 의미 없이 관용적으로 서술어와 연어로 사용된다. #"7월도 陰雨에 지쳐 이대로 가고 말면/녹음은 **드리무거워** 長城보다 답다운데/萬里에 가뭇이 앉아 사람 하나 病되겠다.//"(정완영, 울우)

드면 미 -으면. '가졌드면'은 '가졌더라면'의 어미 '-더(시상선어말어미)-+-라면(조건의 접속어미)'에서 대구방언에서는 시상어미 '-었-'이나 '-더-'가 생략되어 사용되기도 한다. 예를 들면 이 작품에서도 "피울음을울드면, 설음은풀릴 것을-"에서 시상어미 '-었-'이, "마구나, 가짓드면, 단잠은 얽맬것을-"에서 시상어미 '-더-'가 각각 생략되어 사용되었다. #"자갈을 밥으로, 햇채를마서도/마구나, 가젓**드면**, 단잠은얽맬것을-/사람을만든검아, 하로일즉/차라로주린목숨빼서가거라!//"(이상화, 가장 비통한 기욕)

들가시나무 명 들판에 있는 가시나무. #"**들가시나무**의 밤드는 검은가지/잎새들만 저녁빛에 희그무레히 꽃 지듯 한다.//"(김소월, 반달)

들내다 동 들어내다. 남에게 자랑스럽게 들어내다. #"하야니 바랜 빨래가 햇살보다 눈부시어/이제 속일 수 없어, 지낸 날이 비쳐 오는/어머님 손 간 데마다 도 하나 큰 은혜여!//그 날은 뒷덜미가 가렵도록 부끄러워/**들내어** 무엇 하나 자랑할 수도 없는데/하늘이 첨 열리던 날에 다시 있게 하여라.//"(박재삼, 어느 날)

들레다 동 1. 야단스럽게 떠들다. 2. 『북』 얼었던 땅이 녹으며 움직이다. 『북』= 들레이다. 들에다<능엄> #"끝내 길들일 수 없는 그림자 하나 끌고/스스로를 반역하여 이 廣漠에 내려서면/悲愁는 임자를 잃은 軍馬처럼 **들렌다**.//"

(정완영, 萬頃平野에 와서), #"태초에 일월을 업고 내달려와 멈춘 渴馬/흰 구름 등에만 와도 또 들레고 싶다마는/따끝이 하도 더 멀어 눈감고 선 저 龍岩.//"(정완영, 遊江 3題/渴馬龍岩圖)

들마꽃 명 제비꽃. '들마꽃'에 대한 해석은 매우 구구하다. 먼저 '들에 핀 마꽃', 혹은 '들메나무'(문덕수(1982), 현대시의 해석과 감상)로 해석하고 있으나 이는 잘못이다. '들메나무'는 야산에 자생하는 키가 매우 큰 나무이니 앞에서 든 '맨드라미'와 조응이 되지 않는다. 한편으로 '들마꽃'을 '들꽃'으로 해석하거나 '들(입구)+마(마을)+꽃(화)', 곧 '마을 입구에 피어 있는 꽃'으로 해석하는 견해(이상규, 2001, 『정본 이상화시전집』, 전정구, 2001)도 있다. 생물학자인 박지극 선생님이 들마꽃은 '매꽃'의 대구 방언형이라는 증언을 해 주었다. '메꽃'은 『표준국어대사전』에 메꽃과의 여러해살이 덩굴풀로, 줄기는 가늘고 길며 다른 것에 감겨 올라간다. 잎은 어긋나고 타원형 피침 모양이며 양쪽 밑에 귀 같은 돌기가 있다. 여름에 나팔꽃 모양의 큰 꽃이 낮에만 엷은 붉은 색으로 피고 저녁에 시든다. 뿌리줄기는 '메' 또는 '속근근'이라 하여 약용하거나 어린 잎과 함께 식용한다. 들에 저절로 나며, 한국, 일본, 중국 등지에 분포한다. 이러한 '메꽃'이 여름살이라는 측면에서 그 설득력이 떨어진다. 『신통』이라는 잡지에 1925년 7월호(88, 89쪽)에 녹성(록성)이라는 필명의 시인의 작품 '버들과 들마꼿(근)'에 '들마꼿'이 나타난다. '한가한 근심에/느러진 버들/봄바람 어즈러워/부댓기도다//도홍색에빗최여/눈을뜬버들/그마암에머리숙인/어린들마꽃'에서 '버들'과 '들마꽃'이 서로 만나지 못하는 이별의 아쉬움을 노래하는 이 작품에 나타난 '들마꽃'은 이상화의 시에 나타난 '들마쏫'과 동종임을 확인할 수 있다. 곧 봄에 피었다 곧 져버리는 생명력이 길지 않은 꽃이다. 이 '들마꼿'은 한자어로 '근화(槿花)'이며 이 꽃이 의미하는 '제비꽃, 씀바귀꽃, 무궁화꽃' 가운데 '제비꽃'으로 규정하고 있다. 육근웅은 『신통 1호』(1925년 7월호)에 녹성이라는 시에서 "버들과 들마꼿(근화)"이라는 시를 근거로 하여 들마꽃이 제비꽃임을 확정하였다. 이상규(1998)는 들꽃. 혹은 들(입구)+마(마을)+꽃(화), 곧 '마을 입구에 피어 있는 꽃'으로 해석하는 견해도 있다. #"제비야 쌉치지마라/맨드램이 들마쏫에도 인사를해야지//"(이상화, 빼앗긴들에도, 봄은오는가), #"내마음 참으로 날뛰더니라/이른봄 꺾은 들마꽃 하나도/우리 기쁨의 샘이든것을//"(박용철, 이별), #"오 봄아 나는 너를 안다 어린아이들 눈에서/아름다운 驚異를 찾어라/나는 여러해를두고 배화 아즉 잎새속에든/**들마꽃**을 알어본다//"(박용철, 조춘)

들망 명 후릿그물. 바다나 큰 강물에 넓게 둘러치고 여러 사람이 그 두 끝을 끌어당기어 물고기를 잡는 큰 그물. #"신새벽 **들망**에/내가 좋아하는 꼴두기가 들었다/갓 쓰고 사는 마음이 어진데/새끼 그물에 걸리는 건 어인 일인가//"(백석, 꼴두기)

들매나무 명 들메나무. 물푸레나뭇과의 낙엽 활엽 교목. 나무껍질은 연한 회색이고 세로로 깊게 갈라진다. 목재는 무겁고 단단하며 무늬가 곱다. #"이 노큰마니는 구덕살이같이 욱실욱실하는 손자 증손자를 방구석에 **들매나무** 회채리를 단으로 쩌다 두고 때리는 싸리갱이에 갓신창을 매여놓고 때리는데//"(백석, 넘언집 범 같은 노큰마니)

들매나무 명 산딸나무. 층층나무과에 속하며, 정원수로 심고 열매는 식용. #"울밖 늙은 **들매낡**에 튀튀새 한불 앉었다. 흰구름 따러가며 딱장벌레 잡다가 연두빛 닢새가 좋아 올라왔나 보다.//"(백석, 황일), #"일가들이 모두 범같이 무서워하는 이 노큰마니는 구덕살이같이 욱실욱실하는 손자 증손자를 방구석에 **들매나무** 회채리를 단으로 쩌다 두고 때리는 싸리갱이에 갓신창을 매여놓고 때리는데//"(백석, 넘언집 범 같은 노큰마니)

들믄들믄 부 드문드문. 간혹. 때때로. #"여인숙이라고 국수집이다/모밀가루포대가 그득하니 쌓인 웃간은 **들믄들믄** 더웁기도하다//"(백석, 산숙)

들죽 명 들쭉. 들쭉나무의 열매. 진홍색으로 단맛과 신맛이 함께 느껴지며 그냥 먹거나 술을 담가 먹는다. #"七星고기라는 고기의 쩜벙쩜벙 뛰노는 소리가/쨋쨋하니 들려오는 호수까지는/**들죽**이 한불 새까마니 익어가는 망연한 벌판을 지나가야 한다//"(백석, 함남도안)

들지고방 명 들문만 나 있는 고방. 즉 가을걷이나 세간 따위를 넣어 두는 광. 허름한 방. #"五代나 나린다는 크나큰 집 다 찌그러진 **들지고방** 어득시근한 구석에서 쌀독과 말쿠지와 숫돌과 신뚝과 그리고 옛적과 또 열두데석님과 친하니 살으면서//"(백석, 목구)

들치다 형 저절로 들썩이게 하다. #"옷섶을 **들치는**/바람은 아직 차고/'건답직파' 또는//'농지세1프로 감세'/신문을 뒤적이는/가난한 우리의 웃음도/꽃처럼 밝아졌으면//"(신경림, 꽃그늘)

들쿠레하다 형 좀 달고 구수하고 시원하다. #"실 같은 봄비 속을 타는 듯한 여름볕 속을 지나서 **들쿠레한** 구시월

갈바람 속을 지나서//"(백석, 국수)

듬 명 뜸. 한 동네 안에서 따로따로 몇 집이 한데 모여 있는 구역. #"말아,/누가 났나? 나를. 내도 몰라./늬는 시골 **듬**에서/사람스런 숨소리를 숨기고 살고//"(정지용, 말2)

등곱새 명 등이 굽은 곱새. #"욕된 나날이 정녕 숨가쁜/곱새는 **등곱새**는/엎디어 이마를 적실 샘물도 없어//"(이용악, 해가 솟으면)

등솔 명 어깨로부터 등의 허리에 이르는 길이. 등솔기. #"아침 라디오는 이른다./오늘 우리나라는/移動性 高氣壓圈內에 있어/전체로 맑게 개이겠읍니다고.//사뭇 東海 푸른 물결이 **등솔**을 씻는/보라빛 삼삼한 長白의 멧부리와 그 기슭에 깃들은 人家며 田園 위에/오늘도 두렷이 둘러 칠 晴天이여!//"(유치환, 청천제)

등솔기 명 어깨로부터 등의 허리에 이르는 길이. 옷의 뒷길을 맞붙여 꿰맨 솔기. #"배난간에 기대 서서 회파람을 날리나니/새까만 **등솔기**에 八月달 해ㅅ살이 따가워라.//"(정지용, 선취), #"아아 노고지리/노고지리의 울음을/은은한 하늘 하늘꼭지로/**등솔기**가 길고 가는 외로운 혼령의 읊조림을//"(박목월, 춘일)

등심살 명 등힘살. '심'은 '힘'의 구개음화형이다. 곧 '등살'의 의미임. #"내가 마음이쓰을리게된 것은 그녀자의 우숡가튼 **등심살**도아니고 그녀자의검은비가오듯이-검은구슬이 열린거리든-//"(이상화 번역, 파리의 밤(폴모랑 작)) #"오랜 오랜녯적부터/아 몃백년 몃천년녯적부터/호미와가래에게 **등심살**을 빗기이고/감자와기장에게 속기름을빼앗기인/산촌의뼈만남은 짱바닥우에서/아즉도사람은 수확을 바라고잇다.//"(이상화, 폭풍우를 기다리는 마음)

등처기 명 언덕. 전남방언에서 언덕을 '등처기'라 함. #"희망과 절망의 두 **등처기** 사이를/시계추같이 건네질하는 마음씨야//詩의 날랜 날개로도 따를수없는/거름빠른 술래잡기야 이 어리석음이야//"(박용철, 희망과 절망은)

듸러보다 동 드리우다. 이를 '핏물을 듸뤄보자.'(開闢)를 '들여보자'로 교열한 경우는 문사, 상시, 범우사, 선영사, 상아, 미래사, 청목사, 문현이고 '듸러보자'로 교열한 경우는 작품집, 형설에서 그리고 '드리워 보자'로 교열한 경우는 대구문인협회이다. 따라서 '듸러보자'를 '들여보자'로 교열한 것은 전혀 근거가 없는 잘못이다. #"그러나아즉도-/쉴사이업시올머가는自然의變化가내눈에내눈에보이고/「죽지도살지도안는너는生命이아니다」란내맘의비웃음까지들린다들린다./아서리마즌배암과가튼이목숨이나마 끗허지기전

에/입김을 부러너차 핏물을**듸뤄보자**.//"(이상화, 오늘의 노래)

디겁을 하여 구 질겁을 하여. #"나는 고만 **디겁을 하여** 큰 행길로 나서서/마음 놓고 화리서리 걸어가다 보니/아아 말 마라 내 발뒤축에는 오나 가나 묻어 다니는 달걀구신/마을은 온데 간데 구신이 돼서 나는 아무데도 갈 수 **없다**//"(백석, 마을은 맨천귀신이 돼서)

디려다 보다 구 들여다 보다. #"네눈을 **디려다 보고** 있으면/내근심걱정이 다 사라져라./게다가 네입에 입마촐때는/아조그만 내가 기운차져라.//"(박용철, 네눈을 보고있으면), #"아침 저녁 나는 돌아다닌다,/사람 많이나온 축동길로,/색시 모자마다 **디려보아**/나의 옙븐이를 찾으련다.//"(박용철, 신춘)

디루다 동 드리우다. 『표준국어대사전』에서는 '드리우다01의 잘못'으로 뜻풀이를 하고 있는데 '디루고, 디루지, 디라아, 디라라' 등으로 활용되는 경북방언형이다. #"내 눈은 내가 심은 눈물 도는 해바라기/내일이면 서럽도록 풀러 내려 강물들의/성처를 어루만지자 포도주를 **디루자**.//"(정완영, 봄바람에)

디리닥쳐서 동 들이닥쳐서. #얼마 동안 친하게 지내던 앞산/진달래 개나리가 한꺼번에 져/버려서 너무 서운했는데 그새에/산철쭉 영산홍이 **디리닥쳐서**/서운한 것이 없어졌다."(상희구, 조야동/대구.5)

디비다 동 뒤집다. 1.안과 겉을 뒤바꾸다. 2.위가 밑으로 되고 밑이 위로 되게 하다. 3.일 따위의 차례나 승부를 바꾸다. 4.되어 가는 일이나 하기로 된 일을 돌려서 틀어지게 하다. 경상도 방언의 '뒤비'는 '거꾸로, 도리어, 뒤집어'의 의미를 가진 방언형이다. 이와 함께 '두배다, 뒤비시다, 뒤비다, 뒤배다, 디끼다'는 동사로 '안과 겉, 위와 밑을 바뀌게 하다'라는 의미를 가지고 있는 방언형이다.『한국방언자료집 7-8 경상도편』 #"근데 안질이 옳잖은 어른을 만내가 **디배** 되이께네, 남자하고 바꽈가 살림을 살게 되이께네 성질 배랬어요. 짜증도 내고, 어떨 땐 언성도 높이고."(김점호, 베도 숱한 베 짜고), #"사랑도 받았는데 그동안에도 하마 생산 늦는다고 옷을 벗어 놔 놓으면 자꼬 **두배보시고** 그랬지만 꾸지람 별로 들은 일 없어요. 그동안 꾸지럼 들을 여개가 있어야지."(성춘식, 이부자리 피이 놓고), #"마음만 묵으믄 그까짓 헌계집 **뒤비시** 업고 올 수도 있고 멀못해. 대접을 해주니께 강아지 부뚜막에 똥싼다 카더마는 헌계집 업고 오는 거사 나랏법으로도 못 막게 돼 있는 것 몰라요?"(박경리, 토지)

디운귀신 명 地運귀신. 땅의 운수를 맡

아본다는 민간의 속신. #"나는 성주님이 무서워 토방으로 나오면 토방에는 **디운귀신**/나는 무서워 부엌으로 들어가면 부엌에는 부뚜막에 조앙님/또 시렁에는 데석님//"(백석, 마을은 맨천귀신이 돼서)

디집어 엎어 논 구 뒤집어 엎어 놓은. #"배추찌짐은 **디집어 엎어**/논, 무시솥띠끼우에다/꿉어야, 지맛이다/둥굴오목한 솥띠끼를/후꾼 달구어/돼지지름을 아지매들/성질대로 알라들/호작질 하덧이 마구잽이로/문질러 놓고서는/큼지막한 배추잎사구로 하나/머얼건 밀가루반죽에다 담뿍 적셔 내어,/솥띠끼우에다 찌지직 앉히는 것이다.//"(상희구, 배추煎/대구.37)

딜옹배기 명 아주 작은 자배기. #"**딜옹배기**에 북덕불이라도 담겨오면,/이것을 안고 손을 쬐며 재 위에 뜻 없이 글자를 쓰기도 하며,/또 문 밖에 나가지두 않고 자리에 누워서,/머리에 손깍지베개를 하고 굴기도 하면서,/나는 내 슬픔이며 어리석음이며를 소처럼 연하여 쌔김질하는 것이었다.//"(백석, 남신의주 유동 박시봉방)

딥세기 명 '딮세기'. 짚신. #"황토 마루 수무나무에 얼럭궁 덜럭궁 색동헝겊 뜯개조박 뵈자배기 걸리고 오쟁이 끼애리 달리고 소삼은 엄신 같은 **딥세기**도 열린 국수당고개를 몇 번이고 튀튀 춤을 뱉고 넘어가면 골안에 아늑히 묵은 영동이 무겁기도 할 집이 한 채 안기었는데//"(백석, 넘언집 범 같은 노큰마니)

딧터 동 지쳐. #"천천히 밤은 외로이/근심스럽게 **딧터** 나리나니//"(김소월, 길손)

따개다 동 쪼개다. 가르다. 나무 따위의 단단한 물건을 연장으로 베거나 찍어서 갈라지게 하다. '따개다'는 '어떤 물건을 베거나 찍어서 갈라지게 하는' 경우 즉 '쪼개다, 가르다'에 대응되는 경상방언형이다. '따개칼'은 '물건을 가르는 데 쓰는 칼'을 말한다. #"껍데기가 네 개로 벌어져요. 그라믄 그 사이에 인제 목화 한 쪼가리씩이 나오지. 첨에 벌어질 때 **따개** 보믄 꼭 마늘 쪽 겉지. 안즉은 솜도 아이고."(김점호, 베도 숱한 베 짜고), #"쪼개만 안은 쫌 뽈수롬하민서 까맣게 돼야 되고. 그걸 칼로 **따개**, 장도리로 뚜디리 가며, 물로 씨이 놓지. 그걸 정월에나 삼월에나 담는데 달아라고 닭날에 담아."(성춘식, 이부자리 피이 놓고), #"무꾸익질을 하고 무꾸적도 하고. 익질은 무꾸(무우)를 **따개** 가지고 밥 할 직에 옇어서 익히 가지고 내서 얇게 쌀이서 무치는 거지. 어른들 반찬은 물러야 되거든. 무꾸적은 얇게 쌀인 거 익혀서 밀가루로 부치지."(성춘식, 이부자리 피이 놓고)

따기다 동 땅기다. 가까이 오도록 잡아 끌다. #"그대의 典雅 燦爛한 塊體에서 脫劫하시여 **따기실** 아츰이 머지/않어 올가 하옵니다.//"(정지용, 슬픈 우상)

따다 형 다르다. #"저 아득한 물소리 바람소리가/그 소리를 대신하는가./그러다가는 금시 또/이웃집 망나니 구름과 같이/**딴** 데로 놀러 가기가 바쁘다./물소리 바람소리가 한동안 없다./그런 때는 구름도 滿面에 웃음,/산봉우리에게는 滯症처럼 풀린다.//"(박재삼, 개구쟁이 구름)

따디기 명 한낮의 뜨거운 햇빛 아래 흙이 풀려 푸석푸석한 저녁 무렵. #"밖은 봄철날 따디기의 누굿하니 푹석한 밤이다/거리에는 사람두 많이 나서 흥성흥성 할 것이다/어쩐지 이 사람들과 친하니 싸다니고 싶은 밤이다//"(백석, 내가 생각하는 것은), #"옆에서 누가 빰을 쳐도 모르게 어둡다누나/오리야 이때는 **따디기**가 되어 어둡단다//"(백석, 오리)

따리아 명 달리아(dahlia). #"쏘내기가 한줄기 할랑강//뒷산 산삐얄쪼오서 번갯불이/밑 분 뺏뜩거리 쌓티마는/이내 자질구리한 천둥소리가/줄방구띠방구로 엮끼나온다//쏘내기가 억수로/퍼벘다가 그친다//마당 한쪼오는/**따리아**가 되리 붉다//하늘에는 발씨로/식은 낮달이/시큰동하다//"(상희구, 뒷산 산삐얄쪼오서 자질구리한 천둥소리가 줄방구띠방구로 엮끼 나오다－고산골에서/대구.32)

따배기 명 고운 짚신. 곱게 삼은 짚신. #"네날백이 **따배기**신을 맨발에 바꿔 신고/고개를 몇이라도 넘어서 약물터로 가는데//"(백석, 칠월 백중)

따배이 명 여인들이 물동이같은 무거운 것을 머리에 일 때 머리가 아프지 않게 짚같은 것을 동그랗게 엮어 물동이와 머리 사이에 고이는 것을 말한다. #"기와 굽는/기왓골이 있었단가/기왓집이 많았단가//날이 가물어/참새떼가 마당에/고인 물을 마시려고/마카 옹크렸는데/마춤 팥죽에 옹심이/것치 쬐끄마한 새대가리들이/똥그락키 **따배이**를 틀었는데//고록쿰 올망졸망한/瓦村의 기왔집들이/봄볕에 졸고 있네//"(상희구, 와촌(瓦村)/대구.97)

따습다 형 알맞게 따뜻하다. #"흙은, 안악네를감은, 천아융 허리띄갓치도, **따습어라**//"(이상화, 가을의 풍경)

따에 부 때문에. #"말못하든 너일망정 잘웃기**따에**/장차는 어려움업시 잘지나다가/사내답게 한평생을 맛칠줄알앗지.//"(이상화, 곡자동), #"하늘은 雪意를 머금고 해종일 意志를 앓다가/장지밖 뜨락 위에 싸락눈의 舍利를 뱉누나/끝내 아무것 하나 거둘 것이 없는 **따에**.//"(정완영, 虛日 心書)

딱짜구리 명 딱따구리. #"앵무와 함께

종알대여 보지도 못하고/**딱자구리**처름 고목을 쪼아 울니도 못하거니/만호보다 노란눈깔은 유전을 원망한들 무엇하랴/서러운 주문일사 못외일 고민의 잇빨을 갈며//"(이육사, 80)

딴 거로 구 다른 것으로. #"빨래꺼리를 뒤적거리던 엄마가/숨 끊어진 다음의 자투리같은/끓는 소리로 내뱉었다/아이구 우얐끼네라, 쟈, 속옷이/지리상갈상 떨어졌구나! **딴 거로**/빈줄라 가주고 라도 퍼떡 니 내복/부터 한 불 사재이.//"(상희구, 지리상갈상/대구.40)

딸 명 딸기. 장미과 딸기속, 거문딸기속, 뱀딸기속 및 나무딸기속의 일부를 포함하는 식물을 통틀어 이르는 말. 보통은 딸기속 식물을 가리키며 열매는 식용하는 것이 많다. '딸기'에 대응되는 경상방언 어휘는 '딸, 따리, 딸기' 등이다.『한국방언자료집 7-8 경상도편』 #"덤불을 헤치며 들어가는데/머가 내 발등에/미키적하였다./나는 고마/가슴이 펄떡하였다./가만히 보니/짝두꼬지가 그랬다/짝두꼬재한테 오지게도 속았다.//"(이오덕, **딸** 따 먹기), #"총각들 딸 먹어 봄세/잘 익은 **산딸** 먹어 봄세//"(서지월, 산딸기), #"그때, 끄때 말이야. 딸을 봉순이가 따왔어."(박경리, 토지)

딸꾸비 명 연이어 쉴새없이 세차게 내리는 비. #"**딸꾸비**가 하로 쟁일/놋날것치/퍼버쌓티마는/지역답이 되이끼네/씨신듯이 그친다//"(상희구, 딸꾸비/대구.2)

땃불 명 땅불. 화톳불. #"개나리봇짐 벗고 **땃불** 놓고 앉어/담배 한 대 피우고 싶은 길이다//"(백석, 창원도)

때글다 명 오래도록 땀과 때에 절다. #"희미한 십오촉 전등이 지치운 불빛을 내어던지고/**때글은** 다 낡은 무명샷쯔가 어두운 그림자를 쉬이고//"(백석, 흰 바람벽이 있어)

떠날애기 명 떠날 아기. 아이들이 병이나 기근 등으로 오래 살지 못 하고 죽는 경우가 많으므로 이를 '(저 세상으로) 떠날 아기'라 표현하였다. #"나란한 다섯아들 구중마지 스물안적/여러해포 막혔던딸 첫길분곡 **떠날애기**/한우름 어울어지니 걸려어이 가신가//"(박용철, 애사3)

떠뜨무리하기나 형 더운 기운이 조금 있는 듯하 #"옛날 이부제 큰일에 푸마씨 음석으로는/주로 단술, 잡채, 묵같은 거로 했는데/그중에 묵을 기중 마이 했다//묵이 마시실라카마/첫째로 묵은 차바야 한다/묵이 **떠뜨무리하기**나 미적지건하마/그 묵은 못 씬다//"(상희구, 묵/대구.85)

떡당이 명 떡 덩어리. #"또 가얌에 귀이리에 도토리묵 도토리범벅도 났다/나는 주먹다시 같은 **떡당이**에 꿀보다도 달다는 강낭엿을 산다//"(백석, 월림장)

떨어졌구나 동 해어졌구나. #"빨래꺼리

를 뒤적거리던 엄마가/숨 끊어진 다음의 자투리같은/끓는 소리로 내뱉었다/아이구 우얐끼네라, 쟈, 속옷이/지리상갈상 **떨어졌구나**! 딴 거로/빈줄라 가주고 라도 퍼떡 니 내복/부터 한 불 사재이.//"(상희구, 지리상갈상/대구.40)

뗏노래 명 뱃노래. 뗏목을 타고 부르는 노래. #"보리밭 없고/흐르는 **뗏노래**라곤/더욱 못 들을 곳을 향해/암팡스럽게 길떠난/너도 물새 나도 물새/나의 사람아 너는 울고 싶고나//"(이용악, 그래도 남으로만 달린다)

또 한 분 구 또 한 번. #"에미가 반디시 누븐 머시마 눈까풀을 까디집고는 빼간/새 끝으로 누 난을 요게조게 핥기 시작디마는 마츰네 개자씨만쿰/쪼맨한 까망 점같은 기 에미 빼간 새 끝에 묻어 나왔다/머시마가 무망간에 발딱 일어 나민서 만세, 엄마 인자 갠/찮다 카이끼네, 에미가, 아이고 고노무 자석 하민서 **또 한분**/머시마 궁디를 찰싹 때린다//"(상희구, 살을 섞다/대구.44)

또약볕 명 때약볕. #"장독대 **또약볕**에 바가지 널어 두고/어디로 다 가고 아무도 없는가./빈사립을 들어 서자 자즈러지게 소리치는건/혼자가 혼자가 겨운/울가 빨간 촉규의 화안한 얼굴!//"(유치환, 촉규꽃)

또요 명 도요새. 도요과에 속하는 새의 총칭. 강변의 습기 많은 곳에 살고 다리, 부리가 길며 꽁지가 짧음. #"아이들은 늘늘히 청대나무말을 몰고/대모풍잠한 늙은이 **또요** 한 마리를 드리우고 갔다//"(백석, 남향)

똥그락키 부 동그랗게. #"기와 굽는/기왓골이 있었단가/기왓집이 많았단가//날이 가물어/참새떼가 마당에/고인 물을 마시려고/마카 옹크렀는데/마춤 팥죽에 옹심이/것치 쬐끄마한 새대가리들이/**똥그락키** 따배이를 틀었는데//고록쿰 올망졸망한/瓦村의 기왔집들이/봄볕에 졸고 있네//"(상희구, 瓦村/대구.97)

똥기저기 망쿰이나 구 똥기저귀 만큼이나. #"새빅부터 시에미 새짜래기 잔소리가 깐알라 많은 집에/**똥기저기 망쿰이나** 여게저게 퍼널려 쌓는다//"(상희구, 상추쌈/대구.65)

뚜물 명 곡식을 씻어 내 부옇게 된 물. #"산까마귀만 울며 날고/도적갠가 개 하나 어정어정 따러간다/이스라치전이 드나 머루전이 드나/수리취 땅버들의 하이얀 복이 서러웁다/**뚜물**같이 흐린 날 동풍이 설렌다//"(백석, 쓸쓸한 길)

뚝장군 명 힘만 세고 영리하지 못하고 우둔한 사람을 일컫는 함북 방언. '뚝장군의 전설'의 내용은 알 수 없다. #"**뚝장군**의 전설을 가진 조고마한 늪/늡흘 지켜 숨줄이 말는 썩달나무에

서//"(이용악, 도망하는 밤)

뛰 명 풀. 잔디. '쒸집에선'의 '쒸'는 '쒸 불휘'(茅根) 「方藥 8」라는 기록에서처럼 풀이름이라는 뜻을 가지고 있다. 그런데 대구방언에서는 '띠', '떼', '뗏장', '뛰'란 '풀', '잔디'를 의미한다. 그러니까 '풀로 지붕을 이은 집'을 '띠집'이라고 한다. #"마음의 막다른/날근 **쒸**집에선/뉜지모르나 까닭도업어라.//"(이상화, 단조), #"하늘에 하얀 **띠집** 뭉게뭉게 대추 아주까리"(박태일, 상량노래), #"가을이다/더 멀고 거침이 없는/우리들의 삶이 끝날 듯/되살아나는/저기 저곳에다/**띳**집이라도 한 채 지으리라.//"(조태일, 지평선)

뛰여들삼어도 구 뛰어든다해도. #"별안간 **뛰여들삼어도** 설마 죽을라구요/빠나나 껍질로 바다를 놀려대노니//"(정지용, 갑판 우)

뜨다 동 본을 따서 만들다. #"세간 흩어져서 재로 남는 백성들은/義妓 버선발 **뜨듯** 추녀 끝 돌아나가듯/하 높은 가을하늘 밑 그림자만 서성여.//시방 가랑잎은 한두 잎 발치에 지고/저무는 기운 속에 대숲은 푸르며 있고/이 사이 소리도 없는 물은 역시 흐른다.//"(박재삼, 촉석루지에서)

뜨시다 형 따뜻하다. 기분 좋을 만큼 알맞게 덥다. 보드랍고 포근하다. '뜨시다, 따시다'는 '따뜻하다'의 경상도 방언형이다. 표준어와 중부방언에서는 '더운밥, 더운물, 더운 방'인데 경북방언에서는 '뜨신밥, 떠신물, 떠신방'이다. 물리적 온도는 기체이거나 고체 또는 액체와 상관없이 '찬' 또는 '식은'과 결합한다. 그런데 중부방언에서는 '더운'과 결합되어 '더운밥'과 '추운밥'이라는 비체계적인 대응을 보여준다. 경북방언에서 '찬밥'과 '더운밥'이 대응은 체계적이라 할 수 있으나 중부방언의 '찬밥', '더운밥'의 대응은 온도어휘의 체계적인 대립에서는 벗어났다고 할 수 있다.『이상규, 경북방언 문법연구』 #"다리는 일년 가도 전화 한번 아하는 미느리들이 있다이더. 우리는 요새도 자주 전화해 가주고 "춥은데 방 **뜨시게** 해가 있으이소." 카지. 인제 막내만 장개 보내믄 끝이지."(김점호, 베도 숱한 베 짜고), #"**뜨신** 방에 엎드려 메밀묵 사이소 들을 때//"(최영철, 메밀묵 장수), #"다시 **뜨시잖는** 두눈에/피지 못한 꿈의 꽃봉오리가 갈앉고/얼음장에 누우신 듯 손발은 식어갈 뿐/입술은 심장의 영원한 정지를 가르쳤다/때늦은 의원이 아무 말없이 돌아간 뒤/이웃 늙은이 손으로/눈빛 미명은 고요히/낯을 덮었다//"(이용악, 풀벌레 소리 가득 차 있었다)

뜯개조박 명 뜯어진 헝겊조각. #"황토마루 수무나무에 얼럭궁 덜럭궁 색동헝겊 뜯개조박 뵈자배기 걸리고 오쟁이 끼애리 달리고 소삼은 엄신 같은 딥세기도 열린 국수당고개를 몇 번이고 튀튀 춤을 뱉고 넘어가면 골안에 아늑히 묵은 영동이 무겁기도 할 집이 한 채 안기었는데//"(백석, 넘언집 범 같은 노큰마니)

띠끼다 동 소풀을 뜯다. 소를 먹이다. 산에서 소먹이다. #"그래 그랬었다 그는/새벽이면 날이 새기가 무섭게 나를 깨워 재촉했다/해가 중천에 뜨겠다 어서 일어나 소 **띠끼러** 가거라//"(김남주, 아버지)

띠쫗다 형 치쪼다. 뾰족한 부리로 위를 향해 잇따라 쳐서 찍다. #"아카시아 꽃의 향기가 가득하니 꿀벌들이 많이 날어드는 아침/구신은 없고 부엉이가 담벽을 **띠쫗고** 죽었다//"(백석, 정문촌)

띠팡 명 소작 경지. '띠팡'을 '움막'이라 하였으나, 필자의 조사에 의하면 '한 地主가 소유한 토지'를 일컫는다. 한어 '地方' 또는 '地盤'에서 비롯된 말로 보인다. 따라서 위의 '띠팡을 떠날 때'는 '소작살이를 하던 중국인 지주로부터 벗어날 때'라는 뜻으로 풀이된다. 여기서 파생된 '지팡살이'라는 말이 지금도 연변 일대에서 쓰인다. '지팡살이'는 '지난날 가난한 농민들이 지주한테서 땅, 살림집, 농기구 등을 빌려 가지고 농사를 지어 수확량의 대부분을 계약에 따라 착취당하면서 살아가던 생활'을 뜻한다.(『중국조선어실태조사보고(1993), 민족출판사, 509쪽 참조)』 #"**띠팡**을 떠날 때 강을 건널 때 조선으로 돌아가면 빼앗겼던/땅에서 농사지으며 가 갸 거 겨 배운다더니 조선으로 돌아와도/집도 고향도 없고//"(이용악, 하늘만 곱구나)

띨배 명 띨괭이. 띨광나무의 열매로 맛이 시고 달콤하며 식용하거나 약재로 쓰인다. 띨광나무는 '아가위나무'의 평북 방언이다. #"어치라는 산새는 벌배 먹어 고웁다는 골에서 돌배 먹고 아픈배를 아이들은/**띨배** 먹고 나었다고 했었다.//"(백석, 여우난골)

띳집 명 풀로 이은 집. '쀠집에선'이라는 어휘에서 '쀠'는 '쀳불휘(茅根)「方藥 8」'라는 기록에서처럼 풀이름이라는 의미를 가지고 있다. 그런데 대구방언에서 '띠', '뗴'란 '풀', '잔디'를 의미한다. 아마 '쀠'라는 어휘는 그 분포가 매우 넓었던 것으로 보인다. 이용악의 「오랑캐꽃」에서도 "도래샘도 띳집도 버리고 강건너로 쫓겨갔단다"처럼 사용되고 있다. 그러니까 '풀로 이은 집'을 '띠집'이라고 하는데 바로 이러한 의미를 지닌 '쀠집에선'을 '뒤집에서'(청구, 정음사)로 교정한 것은 잘못이다. #"아낙도 우두머리도 돌볼새 없이 갔단다/도래샘도 **띳집**도 버리고 강 건너로 쫓겨갔단다/고려 장군님 무지무지 쳐들어와/오랑캐는 가랑잎처럼 굴러갔단다//"(이용악, 오랑캐꽃)

싸 명 땅. #"나는萬象을가리운假粧넘어를보앗다,/다시나는, 이세상의秘符를, 혼자보앗다,/그는이싸를만들고, 人生을처음으로만든未知/의妖精이, 저의게叛逆할까하는어리석은뜻으로/「모든것이헛것이다」 적어둔 그秘符를//"(이상화, 虛無敎徒의 讚頌歌)

쎄밀다 동 떠밀다. #"목이메이고 청이잠겨서 가슴속에끌는마음이 말이되야나오지못하고 불김가튼숨결이 켜이질쁜이엇다 손도들이지안코 발도떠러지지안코 가슴우헤싸힌방우돍을 **쎄밀려**고애쓸쁜이엇다.//"(이상화, 夢幻病)

쑤다리다 동 두드리다. #"아 내맘의잠근문을, **쑤다리는**이여, 네가누냐?이어둔밤에/榮譽!/방두째살자는榮譽여!너거든 오지말어라/나는네게서 오즉가엽슨선웃음을볼쁜이로라.//"(이상화, 訪問拒絶)

쒸집 명 풀로 이은 집. '쒸집'의 '쒸'는 '쒸불휘'(茅根)「方藥 8」라는 기록에서처럼 풀이름이라는 뜻을 가지고 있다. 그런데 대구방언에서는 '띠', '떼'란 '풀', '잔디'를 의미한다. 그러니까 "풀로 지붕을 이은 집"을 '띠집'이라고 한다. 미래사에서는 이를 '뒷집에선'으로 교열하고 있으나 전혀 근거 없는 잘못이다. #"마음의 막다른/낡근 **쒸집**에선//"(이상화, 單調), #"솟바람이 붑니다 솟바람이 붑니다/마른듸잔디ㅅ풀에 솟바람이 붑니다/바람에 나부기난 금빗 쒸솟ㅅ닙 미테서/새봄마지 차비하는 적은 솟풀들//솟바람이 붑니다 솟바람이 붑니다/이른봄 산ㅅ비탈에 솟바람이 붑니다/바람아 솟바람아 어서 부러가거라//"(현구 김현구전집, 솟바람, 49)

ㄹ

ㄹ네라 미 -ㄹ 것이로다. #"들로 가면 들의 자태/물로 가면 물의 자태/흐르는 구름 빛나는 잎새의/愛情일네라 애정일래라/어디에도 어느 뉘게도 드릴 길 없는/고스란히 속절없을 나의 애정일네라.//"(유치환, 청령가)

ㄹ다 미 -겠다. '죽음일다'는 '죽음이겠다'의 듯인 바, 경상방언에서는 미확정선어말어미 '-겠-'보다 '-ㄹ'이 많이 사용된다. '죽을다(죽겠다)', '몬살다(못 살겠다)'와 같이 의고적인 문법 형식을 사용하고 있다. #"죽음일다!/성낸해가, 니ㅅ발을갈고/입술은, 붉으락푸르락, 소리업시훌적이며//"(이상화, 이중의 사망), #"젊음도 안타까움도/흐르는 끔일다/애달픔처럼 애달픔처럼 아득히/상기 산그늘은/나려간다//"(박목월, 산그늘)

ㄹ사록 미 -ㄹ수록. #"칠색 바다를 건너서 와도 그냥 눈동자에/고향의 황혼을 간직해 서럽지 안뇨//사람의 품에 깃들면 등을 굽히는 짓새/산맥을 느낄사록 끝없이 게을너라//"(이육사, 반묘)

ㄹ새레 미 -는커녕. 고사하고. #"내사 그대ㄹ새레 그대것엔들 다흘법도 하리//"(정지용, 삽사리)

라네 미 -라고 하네. #"잠들라네 날더러 고이 잠들라네/보리밭 풀밭 모래밭에 엎드려/피멍든 두 눈 억겁년 뜨지 말고/잠들라네 날더러 고이 잠들라네//"(심경림, 씻김굿)

라요 미 -아요. #"야폰스키가 아니요 우리는/거린채요 거리인 채/한 달두 더 걸려 만주서 왔단다/땀으로 피로 지은 벼도 수수도/죄다 버리고 쫓겨서 왔단다/이 사람들의 눈 좀 보라요/이 사람들의 입술 좀 보라요//"(이용악, 38도에서)

락단하다 동 즐거워서 손뼉을 치다. #"내가 이렇게 추운 거리를 지나온 걸/얼마나 기뻐하며 락단하고/그즈런히 손깍지베개하고 누어서/이 못된 놈의 세상을 크게 크게 욕할 것이다//"(백석, 가무래기의 락)

란다 미 -라고 한다. #"이제는 사람 말고 산 더불어 내 살란다/나 닮은 굴참나무 임자 닮은 원추리 꽃/이끼 낀 종가집같은 큰 반석도 예 있느니//"(정완

영, 관악에 산다/3)

란다마는 미 -이다마는. 이라마는. #"나는남보기에 미친사람이란다/마는 내 알기엔 참된사람이노라.//"(이상화, 선구자의 노래)

런가 미 -던가. #"향수는 또한/검정 망토를 쓴 병 든 고양이런가./해만 지면 은밀히 기어 와/내 대신 내 자리에 살쨔기 앉나니//"(유치환, 사향)

렬수 명 고조선 때에는 '대동강'을, 조선 시대에는 '한강'을 이르던 말. #"넌 제왕왕 길드린 교룡/화석되는 마음에 잇기가 끼여//승천하는 꿈을 길러준 **렬수**/목이 째지라 울어 예가도//저녁 놀빛을 걷어 올리고/어데 비바람 잇슴즉도 안해라//"(이육사, 남한산성, 72)

렴리 명 사바세계의 더러움을 싫어하며 떠난다는 뜻의 불교용어 '염이'로 추정. #"**렴리**한 사람들을 다스리는 신이란 항상 거룩합시니/새별을 차저가는 이민들의 그틈엔 안끼며갈테니/새로운 지구에단 죄없는 노래를 진주처럼 흣치자//"(이육사, 한개의 별을 노래하자)

로 조 때문에. #"하로해를 네겨테서 못지나본것/한가지로 속시원히 못해준것/감옥방 판자벽이 얼마나 울엇든지//"(이상화, 곡자동)

로이도 돗보기 명 로이드 안경. 둥글고 굵은 셀룰로이드테의 안경. 미국의 희극배우 로이드가 쓰고 영화에 출연한 데서 유래한다. #"그 코에 모두 학실을 썼다/돌체 돗보기다 대모체 돗보기다 **로이도 돗보기다**//"(백석, 석양)

론 미 -로운. #"거룩하고 감사론 이동안이/영영 있게스리 나는 울면서 빈다./하로의 이동안— 져녁의 이동안이/다맛 하로 만치라도 머물러 있게스리 나는빈다.//"(이상화, 저므는 놀안에서)

루 조 -(으)로. #"바람이 이는데/이제 바람이 이는데/어디**루** 가는 사람들이/서로 담뱃불 빌고 빌리며/나의 가슴을 건너는 것일까//"(이용악, 시골사람의 노래), #"모두 억울한 사람 속에서 자유를 부르짖는 고함소리와 한결같이 일어나는 박수 속에서 몇번이고 그저 눈시울이 뜨거웠을/아내는 젖먹이를 업고 지금쯤 어딜**루** 해서 산길을 내려가는 것일까//"(이용악, 빗발 속에서)

루바쉬카 명 러시아풍의 남성 의상. 품이 넉넉하고 옷깃을 세워 왼쪽 앞가슴에 단추로 여미도록 되어 있으며 허리를 끈으로 둘러매는 겉옷. #"이놈은 **루바쉬카**/또 한놈은 보헤미안 넥타이/뺏적 마른 놈이 압장을 섰다//"(정지용, 카페·프란스)

루핑 명 두꺼운 종이나 비닐에 코울타르를 발라 지붕을 잇는데 사용함. #"해가 지기 전에 산 일번지에는/바람이 찾아온다/집집마다 지붕으로 덮은 **루핑**을 날리고/문을 바른 신문지를 찢

고/불행한 사람들의 얼굴에/돌모래를 끼어얹는다.//"(신경림, 산1번지)

리별 명 이별. #"뵈올가 바란 마음 그마음 지난 바램/하로가 열흘같이 기약도 아득해라/바라다 지친 이 넋을 잠재울가 하노라//잠조차 없는 밤에 촉태워 안젓으니/**리별**에 병든 몸이 나을 길 없오매라/저달 상기보고 가오니 때로 볼가하노라//"(이육사, 옥룡암에서 신석초에게)

ㅁ

마가리 명 오막살이. 평북 방언. #"눈이 푹푹 쌓이는 밤 흰 당나귀 타고/산골로 가자 출출이 우는 깊은 산골로 가 **마가리**에 살자//"(백석, 나와 나타샤와 흰 당나귀)

마가슬 명 넘어가는 해의 빛. 저녁 오후 3시를 넘어서는 햇빛. #"그리고 물이라도 들 듯이 샛노랗디 샛노란 산골/**마가슬** 볕에 눈이 시울도록 샛노랗디 샛노란 햇기장쌀을/주무르며 기장쌀은 기장차떡이 좋고 기장차랍이 좋고/기장감주가 좋고 그리고 기장살로 쑨 호박죽은 맛도 있는 것을//생각하며 나는 기뿌다//"(백석, 월림장)

마구 명 마구, 마구간. #"만종의소리에 **마구**를그리워 우는소—/피란민의마음으로 보금자리를 찾는새—다—검은 농무의속으로, 매장이되고,대지는 침묵한뭉텅이구름과, 가티되다!//"(이상화, 이중의 사망)

마구나 부 아무 것이나. 함부로, 아무렇게나'라는 뜻 이외에도 '전부'라는 뜻이 있다. #"자갈을밥으로, 햇채를마서도/**마구나**, 가젓드면, 단잠은얽맬것을—/사람을만든검아, 하로일즉/차라로주린목숨빼서가거라!//"(이상화, 가장 비통한 기욕)

마노 명 석영, 단백석, 옥수의 혼합물. #"그 적은 포효는 어느 선조 때 유전이길래/**마노**의 노래야 한층 더 잔조우리라//그보다 뜰안에 흰나비 나즉이 날라올땐/한낮의 태양과 튜립 한송이 지컴직하고//"(이육사, 반묘)

마누래 명 손님 마마, 천연두. #"아이들이 큰**마누래**에 작은 **마누래**에 제구실을 할 때면/"(백석, 넘언집 범같은 노큰마니)

마다곤들 준 마다고인돌. '공명이 싫다고 하는 말인들'의 뜻이다. #"첫사랑이 흘러간 항구의 밤/눈물 섞어 마신 술 피보다 달더라/공명이 **마다곤들** 언제 말이냐 했나/바람에 붙여 돌아온 고장도 비고//"(이육사, 연보, 28)

마달밭 명 산비탈에 붙은 척박한 밭. #"풀잎에나 부는 바람 아니라 가을 天空 가는 바람/**마달밭** 조, 수수들도 안경만한 이삭을 달았네/秋 9월, 달 뜨거들랑 滿身으로 앉을란다.//"(정완영, 秋無題/2.)

마뜩다 형 깨끗하다. 때나 먼지가 없다. 청결하다, 말쑥하다, 맑고 산뜻하다, 올바르고 떳떳하다, 아무 것도 남은 것이 없이 말끔하다. '마뜩다'는 '깨끗하다'의 경상방언형이다. 이외에도 '마떡다, 마띠맞다'도 함께 사용되고 있다. #"우리 아들이 돈은 없어도 자가용을 몰으이 **마뜩하이** 해 다니거든. 그래가 선을 봐 가주고 배필 됐잖니껴."(김점호, 베도 숱한 베 짜고), #"그랬던 게 요새는 서울 가가 잘 산다. 발 뒤꾸무리 까지고, 까시 천지던 게 요새는 잘 살아. 아아덜은 전부 씻개지도 안허고 아물따나 키왔는데 요새는 다 **마뜩하이** 살지."(김점호, 베도 숱한 베 짜고), #"**마뜩한** 흙을 상주 오지랎에 떠 옇어 가주고 손으로 "취토, 취토, 취토" 세 번 하므는 그 담엔 일꾼이 팬하게 메꾸니더. 그라고 들구를 찧지."(김점호, 베도 숱한 베 짜고)

마슬 명 마을. #"낮 귀뚜리 울음소리가 늙은 아내 **마슬** 보낸다/찌르 찌르 찌르 찌르 햇살 주며 물살을 주며/손주놈 반달 손잡고 신발 끌며 **마슬** 보낸다.//"(정완영, 낮 귀뚜리 울음소리), #"16대 한 산자락에 도래솔을 키워놓고/산 사람 죽은 사람이 등을 맞대 살던 **마슬**/우리게 양지받이엔 봄도 먼저 오더니.//"(정완영, 고향의 봄 / 4. 먼저 온 봄), #"서러우면 캄캄 칠야에 待罪하듯 자리 들고/즐거우면 달뜨는 동산 몰래 익는 머루 다래/조각돌 외로운 풀에도 하늘 모셔 살던 **마슬**.//"(정완영, 추억 / 1. 하늘 마슬)

마시실라카마 구 맛이 있으려면. #"옛날 이부제 큰일에 푸마씨 음석으로는/주로 단술, 잡채, 묵같은 거로 했는데/그중에 묵을 기중 마이 했다//묵이 **마시실라카마**/첫째로 묵은 차바야 한다/묵이 떠뜨무리하기나 미적지건하마/그 묵은 못 씬다//"(상희구, 묵/대구.85)

마실 명 마을. #"강새이는 삽짝서 졸고/달구새끼는 횃대 우에서 졸고/괘네기는 실경 밑에서 졸고/할배는 담삐라다 바지게/걸치놓고 살핑사서 졸고/할매는 마늘 까다가 졸고/알라는 할매 젓태서 졸고/에미는 콩밭 매다가 졸고/에비는 소 몰민서 졸고//팔공산 모티는 가몰가몰/아지래이 속에서 졸고/영천군 청통면 신원리 **마실**이/마카 졸고 있는데//居祖庵 靈山殿/五百羅漢 부처님만/**마실** 지키니라고/누이 말똥말똥하다//"(상희구, 자부래미 마실 - 永川 淸通 居祖庵 가서/대구.8), #"우리 **마실**에는/덩더꾸이가 마이 산다//뒷집에는/맨날 알라만 울리는/덩더꾸이 알라 아부지//"(상희구, 덩더꾸이/대구.42)

마실마중 구 마을마다. #"처음에 가사령과 성법령을 갓 지내와서는/동네 미역감는 꼬매이들 친구도 되 주다가/

마실마중 널찍한 갱빈도 맨들어서 마실네들/쉼터도 맨들어 주다가/永川 와서, 자양천 상신천을 합류하고/부터는 제법 江의 틀이 째이이끼네/점점 할 일이 많에진다//"(상희구, 琴湖江/대구. 100)

마씻기 뷔 맛있게. #"어무이예,/상추쌈 마씻기 잡숫고/지발 쫌 마이 자부이세이//어무이예,/상추쌈 **마씻기** 잡숫고/지발 쫌 마이 자부이세이//"(상희구, 상추쌈/대구.65)

마우재 명 '마우재'는 러시아 사람을 뜻하는 중국어 '毛材(mauzai)' 곧 '滿族'을 대용한 말로서 함경도 지역에서 널리 사용된다. 오장환의 「고향이 있어서」에서도 '나타샤는 마우자 쫓진 이의 딸/나 혼자만 살었느냐'에서도 '마우자'가 나타난다. #"철없는 누이 고수머릴랑 어루만지며/우라지오의 이야길 캐고 싶던 밤이면/울어머닌/서투른 **마우재**말도 들려주셨지/졸음졸음 귀밝히는 누이 잠드 때꺼정/등불이 깜박 저절로 눈감을 때꺼정//"(이용악, 우라지오 가까운 항구에서)

마음 키인다 구 마음 쓰이다. 마음 켕기다. #"(나는, 쌀, 돈셈, 지붕샐것이 문득 **마음 키인다**)//"(정지용, 태극선)

마이 뷔 많이. #"옛날 이부제 큰일에 푸마씨 음석으로는/주로 단술, 잡채, 묵 같은 거로 했는데/그중에 묵을 기중 **마이** 했다//묵이 마시실라카마/첫째로 묵은 차바야 한다/묵이 떠뜨무리하기나 미적지건하마/그 묵은 못 씬다//"(상희구, 묵/대구.85)

마자 뷔 마지막까지. 전부. #"나는 세상에/즐거움 모르는/바람 이로라/잎벗은 가지는/소리없이 떨어울고/검은 가마귀/넘는해를 **마자** 지우는제/자최없이 걸어가는/늣김없는 바람이로라//"(박용철, 하욤없는 바람의 노래)

마즈막 뷔 마지막. #"설업다 健忘症이 든 都會야!/어제부터 살기조차 다—두엇대도/몃百년전 네몸이생기든 녯꿈이나마/**마즈막**으로 한번은 생각고나 말어라/서울아 叛逆이나흔 都會야!//"(이상화, 招魂)

마카 뷔 모두. #"강새이는 삽짝서 졸고/달구새끼는 횃대 우에서 졸고/괘네기는 실겅 밑에서 졸고/할배는 담삐라다 바지게/걸치놓고 살핑사서 졸고/할매는 마늘 까다가 졸고/알라는 할매 젓태서 졸고/에미는 콩밭 매다가 졸고/에비는 소 몰민서 졸고//팔공산 모티는 가몰가몰/아지래이 속에서 졸고/영천군 청통면 신원리 마실이/**마카** 졸고 있는데//居祖庵 靈山殿/五百羅漢 부처님만/마실 지키니라고/누이 말똥말똥하다//"(상희구, 자부래미 마실－永川 淸通 居祖庵 가서/대구.8)

마카다 뷔 모두 다. #"너 댓살 먹었을 때 쯤이었을까/무더운 한 여름 밤/초저녁 선잠에서 막 깨었는데/엄마랑 엄마친구 아낙네들이/우물가에서 목욕을 하고 있었다/사방이 온통 캄캄했지만/여인네들의 알몸이 어둠 속에서/언듯언듯 비쳐 보이는 듯했다/목욕이 끝나면,/용수네, 내 내미치매 입었구마/아이고 누구는 아이까바, **마카다**/내미치매 바람이제/하면서 수선들을 떨곤 했다//"(상희구, 내미치매/대구.74)

마타리 명 마타릿과의 여러해살이풀. 연한 순은 나물로 먹고 전초는 소염, 어혈이나 고름을 뺄 때에 약으로 쓴다. #"토끼도 살이 오른다는 때 아르대즘퍼리에서 제비꼬리/**마타리** 쇠조지 가지취 고비 고사리 두릅순 회순 山/나물을 하는 가즈랑집 할머니를 따르며/"(백석, 가즈랑집)

마돝 명 말과 돼지. #"저 한쪽 마을에는 **마돝**에 닭, 개, 즘생도 들떠들고/또 아이어른 행길에 뜨락에 사람도 웅성웅성 흥성거려//"(백석, 귀농)

막배등거리 명 거칠게 짠 베로 소매가 없거나 짧으며 등만 덮을 만하게 만든 홑옷. #"이 거리에 산골사람이 노루새끼를 다리고 왔다/산골사람은 **막베등거리** 막베잠방둥에를 입고 노루새끼를 닮았다//"(백석, 노루)

막베잠방둥에 명 막베(거칠게 짠 베)로 가랑이가 무릎까지 내려오도록 짧게 만든 홑바지. '잠방둥에'는 '잠방이'의 다른 말이다. #"이 거리에 산골사람이 노루새끼를 다리고 왔다/산골사람은 막베등거리 **막베잠방둥에**를 입고 노루새끼를 닮았다//"(백석, 노루)

막서레기 명 막써레기. 거칠게 썬 엽연초.(담배 이파리를 썰어놓은 것) #"예순이 넘은 아들 없는 가즈랑집 할머니는 중같이 정해서 할머니가 마을을 가면 긴 담뱃대에 독하다는 **막서레기**를 몇 대라도 붙이라고 하며//"(백석, 가즈랑집)

막은안창집 명 막혀 있는 안쪽에 있는 집, 시골마을에 마을이 끝나는 곳에는 대개 산이 가로 막혀 있는데 바로 그 산 아래 있는 집, 그러니까 마을의 제일 끝 쪽에 있는 집을 '막은 안창집'이라고 한다. #"아이고 무섭어라!/한 동네 사는 신태랑, 그 단에 배루고 배루던 저 건너 마실, 안티골에 숨어 있는 새이(喪輿) 집을 염탐키로 작정을 했다./초지역이 이역할 때 쭘 해서 질을 나서는데, 안티골 새이집은 건너 지실마을 끝타아, **막은안창집** 옆푸라다 배껕마당을 가로질러//"(상희구, 새이(喪輿)집/대구.27)

만두 명 고깔(饅頭). #"손톱을 시펄하니 길우고 기나긴 창꽈쯔를 즐즐 끌고 싶었다/**饅頭**고깔을 눌러쓰고 곰방대를 물고 가고 싶었다/이왕이면 香 내 높은 취향梨 돌배 움퍽움퍽 씹으며//"

(백석, 안동)

만입 명 '만입'이란 '여러 개의 입'이라는 뜻으로, 여러 사람이라는 의미이다. #"그때의네눈엔, 간악한것이업고/죄롭은생각은, 네맘을밟지못하도다,/아, 만입을내가, 가진듯, 거륵한이동안을, 나는기리노라,//"(이상화, 본능의 놀애)

만종석 명 많은 곡식. #"들에선 권개되어 만종석이요//"(김소월, 고락)

만치 미 -만큼. #"하늘은 오랑캐꽃 핀 만치 작기도 하고,/또 그만치밖에 흔들릴 따름인 것이,/우리도 모를 우리 맘에 못을 파고 내리어.//그리운 못 위에도 무늬진 햇살이거든,/새 소리 소리 은은히 맘에 흘러들어/비로소 잔잔한 기쁨, 물은 반짝이노나.//"(박재삼, 숲에서 보는 하늘)

말구러미 부 물끄러미. 빤히. 유난히 의심쩍은 눈빛으로 쳐다보는 모습. #"「아가야 엄마는?/너이집은 어디?」/울다 말고 말구러미 쳐다보는/가득 문물 얼인 끝없이 어진 눈.//"(유치환, 黃昏에서)

말꾼 명 말몰이꾼. 짐을 싣는 말을 몰고 다니는 것을 직업으로 하는 사람. #"정문집 가난이는 열다섯에/늙은 말꾼에게 시집을 갔겄다//"(백석, 정문촌)

말매나물 명 말냉이. 2년초 봄나물의 일종으로 들, 보리밭에 자라며 새순을 뜯어서 먹는다. #"띄염띄염 보히는 그림 쪼각은/압밭에 보리밧헤 말매나물 캐러간/가신애는 가신애와 종달새소리에 반해//빈바구니 차고오긴 너무도 부끄러워/술래짠 두뺨우에 모매꽃이 피엿고//"(이육사, 초가, 68)

말상지다 형 얼굴이 말머리처럼 길게 생긴 모습이다. #"희죽이 웃으며 우리집 문턱을 넘어오는 치모/길쓤한 얼굴이 말상진 치모/팔뚝만한 덧니가 정다운 치모/소쿠리만한 입이 탐스러운 치모/,또 왜 왔노. 일 안하고 이놈./할아버지가 호통치면/,아재요./놀아가믄 일도 해야지 앙는기요.//"(박목월, 치모)

말수와 같이 구 수와 함께. 말할 때마다. #"얼굴에 별 자국이 솜솜 난 말수와 같이 눈도 껌벅거리는 하루에 베 한 필을 짠다는 벌 하나 건너 집엔 복숭아나무가 많은 신리(新里) 고모 고모의 딸 이녀(李女) 작은 이녀(李女)//"(백석, 여우난골족)

말스런 숨소리 구 말과 같은 동물의 야성적 기질. #"늬는 시골 듬에서 사람스런 숨소리를 숨기고 살고/내사 대처 한복판에서/말스런 숨소리를 숨기고 다 잘았다.//"(정지용, 말 2)

말짱 부 『표준국어대사전』에 등재된 '말짱'은 '부정의 뜻을 나타내는 서술어'와 함께 쓰여 '속속들이 모두'를 뜻하는 말이다. #"저 친구 술 끊었다더니 말짱 거짓말이었군, 피를 부르지 않게끔 미리 어떻게든 조처해 달라는 화순네의 하소연에 운암댁은 말짱 소용 없는 일이라며 도리질만 했다."(윤흥길, 완장) 하지만 경상도 방언에서 '말장, 말짱'은 뒤에 부정적인 의미를 가진 서술어가 나오지 않아도 여러 서술어와 쓰일 수 있다. 이 외에도 '모두, 전부'를 의미하는 경상도 방언에는 '말장, 말짱, 모도, 몰쏙 다, 마카, 마카다, 말캉, 말케, 마칸, 마컨, 마큰, 마캉, 말카, 말캉, 말캐, 말쿰' 등이 있다.『한국방언자료집 7-8 경상도편』.

말쿠지 명 벽에 옷 같은 것을 걸기 위해 박아놓은 큰 나무못. '말뚝'의 평북 방언. #"五代나 나린다는 크나큰 집 다 찌그러진 들지고방 어득시근한 구석에서 쌀독과 **말쿠지**와 숫돌과 신뚝과 그리고 옛적과 또 열두 데석님과 친하니 살으면서//"(백석, 木具)

맛도록 부 마치도록. 끝나도록. 다하도록. #"**날이맛도록**/왼데로헤매노라—/나련한몸으로도/시들푼맘으로도/어둔부억에,/밥짓는어머니의/나보고웃는빙그래웃음!//"(이상화, 어머니의 웃음)

맛스럽다 형 보기에 맛이 있을 듯하다. #"이 집에 가서 그 **맛스러운** 떡국이라도 한 그릇 사먹으리라 한다//"(백석, 두보나 이백같이)

맛이 하박하박하다 형 주로 씹히는 질감을 말하는데 살짝 얼린 아이스크림처럼 씹는 맛이 다소 살강살강한 것을 말한다. #"인도라는 사과는/최고의 糖度에다/씹는 **맛이 하박하박하고**//紅玉이라는 사과는/때깔이 뿔꼬 달기는 하지마는/그 맛이 너무 쌔가랍고//"(상희구, 대구사과/대구.66)

맛찹다 형 격에 알맞다. 적합하다 #"**맛찹은** 말 업거니와 그 역 누될까 합니다//"(김소월, 생과돈과사)

망상거림 명 멈칫거림. #"오도가도 못하는 **망상거림**에//"(김소월, 오는봄)

맞구멍 명 마주 뚫린 구멍. #"**맞구멍**난 토끼굴을 아배와 내가 막아서면/언제나 토끼새끼는 내 다리 아래로 달아났다.//"(백석, 오리 망아지 토끼)

맞춤 부 마침. #"그 너린 검다이보리밭에 와서는 **마춤** 가물어빠진/보리밭에다가 한정없이 물을 대고/동변 서변에 와서는 쑥갓 상추밭에 물을 대고/노곡 조야에 와서는 꼬치 정구지밭에 물을 대고/팔달교 근처서는 깨구리참외밭에다가 물을 대고/세천 파산동에 와서는 도마도 수박밭에 물을 댔네//"(상희구, 琴湖江/대구.100)

매가리 명 힘. 기운. 생명이 살아 움직이는 힘. 경상도에서는 '매가리', '매가리 업다'라는 말을 많이 사용하고 있는데 이는 '힘, 기운, 맥(없다)'을 의미하는 방언형이다. #천일어매는 배추를 솎다 말고 눈부시게 흰 나래를 부챗살같이 펴고 나는 백로를 올려다

보며 말했다. "가슴에는 장개보내야 안 하겄나." "보내야 할 긴데." "**매가리** 없이 와 그라노. 말하는 데도 없나?" "아무도…우리집 일이 늘 안 그렇십니까. 혼삿길 열기가 어렵지요." "우리도 혼삿말 있을 때마다 천일아배 성질 때문에 말이 많았네라. 그러이 부모란 자식 혼인길 막는 짓은 하지 말아야, 우떤 때는 양잿불 묵고 콱 죽고 저버도 자식들 앞길 생각해서…."(박경리, 토지)

매감탕 명 엿을 고아낸 솥을 가셔낸 물 혹은 메주를 쑤어낸 솥에 남아 있는 진한 갈색의 물. '매'와 '감탕'이 결합된 말이다. '매'는 평북 방언에서 '메진' 즉 '끈기가 적은 상태'를 말할 때 쓰인다. '감탕'이란 엿을 고아낸 솥을 부신 단물 또는 메주를 쑤어낸 솥에 남은 걸쭉한 물을 의미한다. 따라서 '매감퉁'이란 '메진 감탕'이라는 뜻이다. #"열여섯에 四十이 넘은 홀아비의 후처가 된 포족족하니/성이 잘 나는 살빛이 **매감탕** 같은 입술과 젖꼭지는 더 까만 예수/쟁이 마을 가까이 사는 土山 고무 고무의 딸 承女/아들 承동이/六十里라고 해서 파랗게 뵈이는 산을 넘어 있다는//"(백석, 여우난골족)

매구 명 꽹과리. 농악과 무악 따위에 사용하는 타악기의 하나. 놋쇠로 만들어 채로 쳐서 소리를 내는 악기로, 징보다 작으며 주로 농악에서 상쇠가 치고 북과 함께 굿에도 쓴다. '꽹과리'의 경상도방언형에는 '매구, 메구, 꽹가리, 깽가리, 깽마구, 깽매구, 깽매기, 깽매, 깽수, 깽사, 깽생이, 깽채, 깽채미, 깬쭈깽이, 강세, 깡세, 캥수, 캥쎄, 캥상, 캥망, 캥세째기, 꽹매, 꽹쇄, 꽹기미, 깽매귀, 깽매구히, 꽝쇄, 깽깨미' 등으로 지역마다 다양하게 사용되고 있다.『한국방언자료집 7-8, 경상도편』 #"발은 쪼맨하고. 설이믄, 정월 초순이믄, 양거리 춤이라꼬, 온 보름 전을 사뭇 놀아, 때때 나발 부고,. 거리에 댕기믄 벙치건 씨고, 여자들은 치장을 해가지고 나발 부고 **꽹쇄** 치고 잘 놀아요. 용춤 추고."(성춘식, 이부자리 피이 놓고), #"종놈이 달아나니 말이 있이까. 과부 시엄씨는 웃방에, 과부 며느리는 아랫방에 앉아서 마당에 **매구**를 치니 말이 있이까."(박경리, 토지), #"**매구**치기 좋겄제? 마당이 넓어서 그렇다는 얘기다."(박경리, 토지), #"내가 오기로만 할라 카믄 그놈의 돈 그 집구석에 가서 메어치고 접다마는, 자식 하나 없는 셈치고 니사 혼삿날에 가서 굿을 치든 **매구**를 치든 우찌 그리 에미 맘을 모리는고."(박경리, 토지)

매깜다 동 멱감다. #"우리 개지 않아 자는때에,/해는 바다에서 뛰어올라/해빛이 그뛰염에 생겨나고/빠르고 자유롭

고 힘에넘쳐,/왼통 바다에 **매깜으려** 속태인다.//"(박용철, 다름질 노래)

매딥매딥 명 마디마디. #"이 몸의 **매딥매딥**/잃어진 사라의 허물 자국/별 많은 어느 밤 강을 날여간 강다릿배이 갈대 피리//"(백석, 늙은 갈대의 독백)

매란 명 두서. 형편. 일의 차례나 갈피. '일의 차례나 갈피'를 뜻하는 '두서, 형편'의 경상방언에는 '매란, 매련'이 있고 이와 함께 '매란없다, 매련없다'는 '형편없다'라는 뜻을 가지고 있다. 또한 안동지방에서는 '형편없다'는 뜻으로 '매란업다'를 쓰는데 그 변형으로 '매란형편, 매란천지'라는 말도 아울러 함께 쓰고 있다. #"그런데 우리 엄마가 기침이 막 나고, 한참 그럴 땐 마 **매란**형편이래. 늘어져 가주고. 가래도 들이 나고. 밤으로 그라마는 나는 마 밤새도록 일났다 누웠다. 똑바른 말로 머슴아들은 어데 그런 데 신경쓰나?"(김점호, 베도 숱한 베 짜고), #"또 집에 오이 더운데 갔다와서 더우를 먹고 왕땀때기가 돋아서 **매련**없었어."(성춘식, 이부자리 피이 놓고), #"모른 척 하고 있제. 속으론 애가 타서 **매련**없지 뭐. 딸 상적을 안한다는데. 문 앞에 와서 밤새도록 듣고 그랬어. 건드리는가 안 건드리는가, 이얘기나 하는가."(성춘식, 이부자리 피이 놓고)

매마다 동 값을 매기다. #"세상사람들은 제가끔 제 비위에 헐한 값으로/그의 몸갓ㅂ을 **매마자고** 덤벼들어라.//"(김소월, 맘에 있는 말이라고 다 할까보냐)

매아미 명 매미. #"그 사람이 우리 마음 알 때도 이제 올 것을…/너는 왜 울고 있느냐/**매아미**는/이슬이 말라야 世相을 안다고…/어서 눈물을 씻어라//(이용악, 너는 왜 울고 있느냐)

매연지난 구 매년 지낸. 백석 시에서 '지낸'은 '지난'으로 표기된다. #"한 해에 몇 번 **매연지난** 먼 조상들의 최방등 제사에는 컴컴한 고방 구석을 나와서 대벌머리에 외얏맹건을 지르터맨 늙은 제관의 손에 정갈히 몸을 씻고 교우 위에 모신 신주 앞에 환한 촛불 밑에 피나무 소담한 제상 떡, 보탕, 식혜, 산적, 나물지짐, 반봉, 과일들을 공손하니 받들고 먼 후손들이 공경스러운 절과 잔을 굽어보고 또 애끊는 통곡과 축을 귀애하고 그리고 합문 뒤에는 흠향오는 구신들과 호회접하는 것//"(백석, 목구)

매지 명 망아지. 평북 방언. #"아배는 행길을 향해서 크다란 소리로/**매지**야 오나라/**매지**야 오나라//"(백석, 오리 망아지 토끼)

매짜다 형 매섭게 춥다. 맵고 짤 정도로 날씨가 춥다. #"나라에 또다시 슬픔이 있어/떨리는 손등에 볼따구니에 이마에/싸락눈 함부로 휘날리고 바람

매짜고/피가 흘러//"(이용악, 나라에 슬픔 있을 때)

매태 명 때자국. 오랫동안 사용하지 않은 물건 등에 자연적으로 끼인 때자국. 매태낀'을 '苺笞'를 심원섭(1986, 291쪽)은 '이끼'로 해석을 하고 있고 『표준국어대사전』에도 '이끼'와 같은 말로 풀이하고 있지만, '이끼'와는 그 의미가 차이가 있다. 곧 안동방언에서 '매태'란 '오랫동안 말을 하지 않고 있거나 잠을 오래 자고 나면 눈가나 입가에 침과 부유물이 끼이는 것'이나 혹은 '오랫동안 사용하지 않은 물건 등에 자연적으로 끼이는 때자국'의 의미로 사용된다. 따라서 '내 고도의 매태낀 성곽을 깨트려다오!'라는 구절에서의 '매태'란 '오랫동안 사용하지 않은 성곽에 끼인 세월이 때자국'이라는 의미로 해석되어야 한다. #"이 밤에 날부를이 업거늘! 고이한 소리!/황야를 울니는 불마진 獅子의 신명인가?/오 소리는 장엄한 네생애의 마즈막 포효!/내 고도의 **매태**낀 성곽을 깨트려 다오!//…/소리! 고이한 소리! 지축이 메지게 달녀와/고요한 섬밤을 지새게 하난고녀.//"(이육사, 해조사)

맥 명 '맥'은 '기운이나 힘'을 뜻한다. 중부방언권에서도 '맥 없이', '맥 놓고', '맥 빠진'과 같은 말을 쓰기는 하지만, 함경도에서는 '힘' 대신에 대체로 '맥'이라는 말을 쓴다. #"**맥**이 모자라서(힘이 없어서). **맥**이 없다(힘이 없다). **맥**을 버리다(맥을 놓다). 한국말이 배우기 더 **맥**이 드재이오?(한국말이 더 배우기 힘들지 않소?) 벰이 아덜 다 잡아먹구 **맥**이 없어서 눕구 있는다(호랑이가 아이들을 다 잡아먹고 힘이 없어서 누워 있다)(곽충구, 2003)." #"뛰여 뛰여 높은 재를 넘은 어린 사슴처럼/오솝소리 **맥**을 버리고/가벼히 볼을 맞이는 야윈 손//"(이용악, 밤), #"북으로 가는 남도치들이/산길을 바라보고선 그만 **맥**을 버리고/코올콜 낮잠 자던 버드나무 그늘//"(이용악, 버드나무)

맥물 명 맹물. #"서름이는 **맥물**에 돌을 살믄 셈//"(김소월, 죽으면)

맥지 부 쓸데없이. 공연히. 까닭이나 필요가 없이, 소용없이, 아무 가치 없이. '쓸데없이, 공연히'의 의미를 가진 경상도 방언에는 '맥제, 맥지, 백지, 백제, 백지로, 백찔로' 등이 함께 사용되고 있다. #"그리 하라고 부모가 시킨 것도 아니겄고 **백지** 성님(형님)이 그래싸아서 그렇지. 기성아배는 지누서 유지고 출세했다 안캅니까?"(박경리, 토지), #"뭣이 어쨌다고 야단이고.", "다 듣고서 **맥지** 그러네."(박경리, 토지), #"와, 그래도 서너 명은 실컷

갈라묵을 기다. 어이구 불쌍한 내 동생.", "하 참, **맥지** 그래쌓네."(박경리, 토지)

맥히다 형 막히다. #"아무렇게 겪어온 세월일지라도 혹은 무방하여라 숨맥혀라/숨맥혀라 잔바람 불어오거나 구름 한 포기 흘러가는게 아니라/어디서 누가 우느냐//"(이용악, 거리에서)

맨날 부 매일 같이. #"우리 마실에는/덩더꾸이가 마이 산다//뒷집에는/**맨날** 알라만 울리는/덩더꾸이 알라 아부지//"(상희구, 덩더꾸이/대구.42)

맨드램이 명 민들레. '맨드램이'를 '맨드라미'로 해석하는 경우 문제가 생긴다. 곧 '맨드라미'는 『표준국어대사전』에서는 '비름과의 한해살이풀. 줄기는 높이가 90cm 정도이고 곧고 붉은색을 띠며, 잎은 어긋나고 달걀모양이다. 7-8월에 닭의 볏 모양의 붉은색. 노란색, 흰색 따위의 아름다운 꽃이 피고 열매는 개과(蓋科)이다. 꽃은 지사제로 쓰고 관상용으로 재배한다. 열대 아시아가 원산지로 전 세계에 분포한다.'로 풀이하고 있다. 그런데 맨드라미는 7-8월에 꽃이 피니까 이 작품의 계절적인 배경이 되는 이른 봄이라는 상황에 맞지 않는다. #"제비야 쌉치지마라/**맨드램이** 들마쏫에도 인사를해야지//"(이상화, 빼앗긴들에도, 봄은오는가)

맨들리니(맨들다) 동 만들리니(만들다). #"江물 히게 흘러가고 꽃들 곱게 피인곳에/우리의 부엌간과 너의방을 **맨들리니**/아침에 오느비와 밤에나린 이슬로서/너의 빨래 헹겨빨고 네몸맑게 싯으렴아//"(박용철, 나그내노래)

맨자지 명 백 퍼센트 하얀 쌀로만 지은 흰 쌀밥을 맨자지라고 한다. 본래 말은 '맨잦이'일 듯. '밥을 잦힌다'라는 말이 있는데 밥을 지을 때 뜸을 들이는 과정을 말한다. 보리, 조, 수수 등은 단단하고 거칠기 때문에 두 번 씩은 삶아야 하는 잡곡밥과는 달리 쌀은 거칠지 않고 연하기 때문에 맨으로 잦힌다고 하여 '맨잦이'가 아닐까 하고 단정해보는 것이다. #"**맨자지**는 아부지 생일밥/반자지는 형 생일밥/반반자지는 내 생일밥/꼽삶이 꽁보리밥은 엄마 생일밥//"(상희구, 맨자지/대구.9)

맵싹한 형 맵싸한, 매운. #"두째로 묵은 탱글탱글 야물어야 한다/(묵을 썰라꼬 칼을 묵에다 갔다댔일 때/묵이 너무 야물어 가주고 칼이 한 발이나/우로 텡기오리마 그 묵이 채곤기다)//끝으로 묵맛은 양념장이/받쳐줘야 하는 것이다/저렁에다가 다진 마늘,/**맵싹한** 고치가리를 풀고/창지름이 두어 빠알/자청파를 쫑쫑 썰어 넣어마 그마이다//"(상희구, 묵/대구.85)

맵차다 형 날씨가 몹시 추워 맵고 차다.

#"산은 날더러 들꽃이 되라 하고/강은 날더러 잔돌이 되라 하네/산서리 **맵차거든** 풀 속에 얼굴 묻고/물여울 모질거든 바위 뒤에 붙으라네//"(심경림, 목계장터)

맹동 명 1. 싹이 남. 2. 어떤 생각이나 일이 일어나기 시작함. #"보리밭 **맹동**만 해도 종다리가 뜬다면서/동구 밖 고향 까치집 등불로나 밝힌 채로/빈 하늘 솔개나 돌리며 그렇게를 살자던 너.//"(정완영, 봄 편지)

맹아리 명 망울이의 사투리. #"오히려 꽃은 빨갛게 피지 않는가/내 몸숨을 꾸며 쉬임 없는 날이여//북쪽 쓴도라에도 찬 새벽은/눈속 깊이 꽃 **맹아리**가 옴자거려/제비떼 까맣게 날라오길 기다리나니//"(이육사, 꽃, 56)

머구리 명 개구리. #"들에는 소슬비/**머구리**는 울어라./풀그늘 어두운데//"(김소월, 바리운 몸), #"첫 **머구리** 소래를 드러라//"(김소월, 묵념), #"이윽고 비난수도 **머구리** 소리와 함께 자자저라//"(김소월, 묵념), #"사오월 밤중만 해도 우러 새는 져 **머구리**//"(김소월, 생과돈과사)

머금 명 모금. #"그대뜰앞에 넘처흐르는 샘물한**머금** 원치않는내게/문을굳이닫고 도라섬은 어인일이십니까/그대가 아끼고 탐내하시는 보화야/나의게는 길차비에 고달픈짐이 될뿐이외다//허공에 뜬 무지개같은 그대 죄금한 업적이야/애배래스트 상상봉꼭대기 풀잎하나와/대양의 깊고어둔 물밑에놓인 조약돌한알보다도/더 부러워 여기지는 않습니다//"(김현구, 우리 좋은 길동무로, 80)

머라 동 뭐라고. #"여섯 살쯤 된 사내아이가 큼지막한 사진 한 장을 들고/난리를 친다/엄마아, 이거는 누부야 얼굴이 아이다 카이/아이고 이노무 자석이 와 이카노/부엌일을 하던 엄마는 종내 부지깽이를 내려놓고는/손아래 시누에게 푸념을 늘어 놓는다/아이구 우짜꼬, 사진일랑 고마, 아무 데서나 찍을꺼로,/얼굴로 너무 뺀지리하게 맨들어 났구마는,/저너무 자석이 나쭝에 **머라** 안 카까, 우쨌던지 쟈가/시집 가서 잘 살아야 될낀데.//"(상희구, 명성사진관/대구.30)

머러오다 동 멀리서 오다. '멀어 오다'의 연철 표기. #"낮같이 밝은 그 달밤의/흔들려 **머러오는** 물노래고요,/그 노래는 너무도 외로움에/근심이 사뭇되어 비낍니다.//"(김소월, 달밤)

머루전 명 머루가 많이 펼쳐져 있는 곳. #"산까마귀만 울며 날고/도적갠가 개 하나 어정어정 따러간다/이스라치전이 드나 **머루전**이 드나/수리취 땅버들의 하이얀 복이 서러웁다/뚜물같이 흐린 날 동풍이 설렌다//"(백석, 쓸쓸한 길)

머리길 명 머리카락. 남부방언에서는

'머리끼', '멀커딩이'라는 방언형이 있다. #"달 아래 싀멋없이 섰던 그 여자./서 있던 그 여자의 해쓱한 얼굴,/해쓱한 그 얼굴 적이 파릇함./다시금 실버듯한 가지 아래서/시커먼 **머리길**은 번쩍거리며,/다시금 하룻밤의 식는 강물을,/평양의 긴 단장은 숫고 가던 때./오오 싀멋없이 섰던 여자여!//"(김소월, 기억), #"식컴은 **머리낄**은 번쩍어리며//"(김소월, 기억), #"수플밋테 서리운 **머리낄**들은//"(김소월, 오는봄), #"허트러진 **머리낄** 손에는 감겨//"(김소월, 이한밤)

머리뚱하이 부 물끄러미. #"오마이를 먼저 앞세운/올개 국민학교에 갖 입학한/막내손주 보겠도우에/노랑 콧수건을 메달아 주면서/할매가 다짐을 한다//기철아, 차에 받칠라/먼산 보지 말고/패내기 댕기 온너래이/내 엿 녹카 노오꾸마,//한잠 늘어지게 자고 난/앞마다아 강새이가/하품을 크게 하고는/**머리뚱하이**/먼 산을 본다//"(상희구, 입춘(立春) - 먼 산 보다/대구.92)

머시마 명 어린 사내아이. #"너댓 살은 문 **머시마**가 곽중에 누 난에 티꺼풀이 드러가서/까끄러브 죽겠다고 죽는 시융을 하는데 에미가, 아이고 이/노무 자석, 하민서 **머시마** 궁디를 찰싹 때리민서 자리에다/닙힌다//"(상희구, 살을 섞다/대구.44) #"이 전장 저 전장 난리판에/사나 있는 저 이핀네는/호시빵빵이로 살겠구마는//이핀네 주거뿐 지 석삼 월 만에/처녀장개 든 저 사나는/호시빵빵이로 살겠구마는//누부야 많은 저 **머시마**는/업어 줄 누부야들 많아서/호시빵빵이로 살겠구마는//"(상희구, 호시빵빵이/대구.26)

머시마만 너이로 둔 동 사내아이만 넷을 둔. #"가리늦게 **머시마만 너이로**/**둔** 어떤 오마이가 사할뒤리/씨부렁거리쌓는 기라꼬는//큰 늠은 물티이 겉고/둘째 늠은 쫌쌔이고/시째 늠은 배막띠이고/그라마 끄티이는 쫌 크기 될랑강?//이었다//"(상희구, 물티이/대구.72)

머흘다 형 험하다. #"그대 함끠 한나잘 벗어나온 **그머흔** 골작이 이제 바람이 차지하는다.//"(정지용, 溫正)

먹 뻐꾸기 명 울지 못하는 뻐꾸기. #"사람이 외로우면 절을 지어 願을 두고/하늘이 외로우면 솔씨 심어 솔 가꾼다/세월이 외롤라치면 아! 백운청산에 **먹 뻐꾸기**.//"(정완영, 首首片片 3 / 세월이 외로우면)

먹머기 명 칼샛과의 새. 몸의 길이는 18cm 정도로 제비와 비슷한데 검은 갈색에 허리, 목, 턱이 희며 나는 속도가 빨라 소리가 들리고 높은 산이나 해안 절벽에 분포한다. '칼새'는 제비와 비슷한 새로 네 발가락이 모두 앞쪽을 향한 것이 특징이다. 날개가 길고 뾰족하며 칼 모양이기 때문에 '칼새'라고 한다. '먹머기, 맹맹이, 명내기, 연자' 등의 방언형이 있다. 방언형으로는 구제비(평남, 평북, 함남, 황해), 맹맹이(경남), 맹애기(전북), 멍머구리(경기, 황해), 명내기(경북), 명마구리(경기, 황해), 병마구리(황해), 앵매기(전북), 연자(경남), 왱매기 (전북), 칼새(강원), 칼재비(경남, 경북), 칼제비(강원, 경남, 경북) 등이 있다. 『한국방언자료집 7, 8 경상도편』 #"북만주 먼 벌판 끝 외딴 마을의/새빨간 석양이 물든 적막한 한때를/영 끝에 모여서들 蒼穹을 대하여/조잘대며 이루 나는/제비야 **먹머기**야 새끼제비야/날아라 날아 마구 날아라//…//제비야 먹머기야 새끼제비야/오히려 그리움의 적막한 恨에/날아라 날아라 마구 날아라//"(유치환, 飛燕과 더불어)

먼디 준 먼 곳. #"흘러가는 시냇물에 이마음 띄워주자/물고기 외로움에 시다리든 나의가슴/가다가 가고가다 **먼디** 마을 지낼때는/빨래하는 시악시의 고운손목 감고가리//외롭고 쓸쓸한 맘 혼자부는 노래소리/산골도 외로운 듯 서로마저 울려간다//"(김현구, 산골사내의 부르는 노래 2)

먼바루 명 먼발치기. 조금 멀찍이 떨어져 있는 곳. #"**먼바루** 개가 짖는 밤은/어데서 물외 내음새 나는 밤이다//"(백석, 야우소회)

먼산 본다 구 '먼산 본다'는 원래 "먼 山을 본다"의 뜻인데 경상도에서는 '한눈을 팔다', 또는 '엉뚱한 곳을 보다'의 의미로 쓰인다. 옛날 선비들은 글공부를 하다가 눈의 피로도 풀 겸해서 사색에 잠기곤 할 때는 한 번씩 먼 산을 바라보았을 터이고 고향을 떠나 멀리 타향으로 시집 간 안방의 규수들은 때로 사무쳐 오르는 친정 생각에 먼 산을 또 한 번식 쳐다보았을 것인데 언제부터인가 모두의 생활이 한참씩 분주해지면서 먼 산을 물끄러미 바라다 볼 낭만적인 여유가 없어지면서 한편으로 '엉뚱한 곳을 보다'의 의미로 바뀐 것이다. #"오마이를 먼저 앞세운/올개 국민학교에 갓 입학한/막내손주 보겠도우에/노랑 콧수건을 메달아 주면서/할매가 다짐을 한다//기철아, 차에 받칠라/먼산 보지 말고/패내기 댕기 온너래이/내 엿 녹카 노오꾸마,//한잠 늘어지게 자고 난/앞마다아 강새이가/하품을 크게 하고는/머리뚱하이/**먼 산을 본다**//"(상희구, 立春－먼 산 보다/대구.92)

먼첨 부 먼저. '먼첨'은 '먼저'라는 의미의 대구방언이다. '먼점', '먼지', '먼츰', '먼첨' 등의 방언변이형들이 있다.(이상규(1999), 『경북방언사전』) #"애닯은滅亡의骸骨이되려는나에게 무슨靈

藥이되랴./아 오즉 오늘의하로로부터 먼첨사러나야겟다/그러하야 이하로에서만永遠을잡어쥐고 이하로에서世紀를헤아리려/倦怠를쑤수자! 慣性을죽이자!//"(이상화, 오늘의 노래)

멀구 명 머루. #"**멀구**광주리의 풍속을 사랑하는 북쪽 나라/말 다른 우리 고향/달맞이노래를 들려주마//"(이용악, 아이야 돌다리 위로 가자)

멀구광주리 명 머루광주리. #"**멀구광주**리의 풍속을 사랑하는 북쪽 나라/말 다른 우리 고향/달맞이노래를 들려주마//"(이용악, 아이야 돌다리 위로 가자)

멀구알 명 머루 알. 머루 열매. #"**멀구**알이 시들어갈 때/北國 아가씨는/차라리 고독한 길손 되기를 소원한다//"(이용악, 北國의 가을)

멀찌기 부 멀리서. 멀찌감치. #"풀잎에 이슬모양 손끝에 물방울 달고/빛나는 하늘 속에 퍼지는 네 웃음이/**멀찌기** 꽃으로 서서 시름 잊게 하노나.//"(박재삼, 물 옆에 노는 아이), #"풀잎에 이슬모양 손끝에 물방울 달고/빛나는 하늘 속에 퍼지는 네 웃음이/**멀찌기** 꽃으로 서서 시름 잊게 하노나.//"(박재삼, 물 옆에 노는 아이)

멀찍이 부 멀리. #"내 죽어 그 밖에 내 모르는 그 많은 사람들은/하다못해 잎이라도 되는 걸로 새기지 않을 수 없고/내 마음이 그 잎들을 **멀찍이서** 볼 부비고 싶은 그 싱싱한 잎들이 아닐 수 없고/…과연 안 그럴까.//"(박재삼, 꽃나무)

멀커대이 명 머리카락. 머리털의 낱개. '머리까닥, 머리까락, 머리칼, 멀카락, 멀카드락, 멀커닥, 멀터락, 머리까치, 머리꺼뎅이, 멀께뎅이, 머리카댕이, 멀커딩이, 머리터리기, 멀카딩이, 멀꺼딩이, 머리터리, 머리끼, 머리털, 멀커대이, 멀커리, 머리커리, 멀끼'와 같은 방언형이 있다. #"친정 조부모 어른들은 사이가 좋아겠어. 우리 어매, 혼자 사는 메누리를 두남을 도서 말씀은 안하시고, 명주 짠다꼬 **멀커대이** 글은 걸 하루 몇자씩 짜 놓으이 등어리가 오뉴월 염천에 명주 짜는 게야 신선놀음이제."(성춘식, 이부자리 피이 놓고)

멍 형 '멍하다'의 어근. '멍+이다'의 조어로 이루어진 어형임. 정신이 나간 것처럼 자극에 대한 반응이 없다. 몹시 놀라거나 갑작스러운 일을 당하여 정신을 차리지 못하게 얼떨떨하다. #"가만히 귀녀기면 탑은 정녕 **멍**이외라/물구름 不忘의 넋의 懷靑山 빽빼꾸기/골골이 메아리 불러 못을 박아 예노니.//"(정완영, 탑)

메기수염 명 메기의 수염처럼 몇 오라기만 양쪽으로 길게 기른 수염. #"날이 밝으면 또 **메기수염**의 늙은이가 청배를 팔러 올 것이다//"(백석, 정주성)

메꽂 명 매꽃. #"무연한 이 벌 심어서 자라는 꽃도 없고 **메꽃**도 없고/이 비에 장차 이름 모를 들꽃이나 필는지?//"(김소월, 상쾌한 아침)

메지다 형 터지다, 찢어지다. 어떤 틈 사이가 막히어 터지다. 또는 힘이 엇갈리는 방향으로 작용하여 찢어지다. '미지다, 미어지다' 등도 함께 쓰인다. '메지게'라는 낱말은 '어떤 틈 사이가 막히어 터지다.' 또는 '힘이 엇갈리는 방향으로 작용하여 찢어지다.'라는 의미를 가진 안동방언이다. '지축이 메지게 달녀와'란 '지축이 찢어지도록 달려와'라는 정도의 의미로 해석될 수 있다. 또한 경북방언에서 '메지다'의 변이형으로 '미지다'가 있다. "사람들이 너무 많이 와가 운동장이 미져나갈 꺼 겉떠라.(사람들이 너무 많이 와서 운동장이 복잡하여 터져나갈 것 같더라.)", "옷이 다 미져가 몬 입을따.(옷이 다 힘이 엇갈리는 방향으로 작용되어 찢어져 못 입겠더라.)"와 같이 사용된다. #"산실을 새여나는 분만의 큰 괴로움!/한밤에 차자올 귀여운 손님을 마지하자/소리! 고이한 소리! 지축을 **메지게** 달녀와/고요한 섬밤을 지새게 하난고녀.//"(이육사, 해조사, 67)

멕이다 동 '메기다'로 추정된다. 이에 대해서는 최정례의 견해가 제시된 바 있다. '메기다'는 두 편이 노래를 주고받고 할 때 한편이 먼저 부르는 것을 말한다. 따라서 '메기고'는 '주고받으며 지저귀고' 정도로 풀이할 수 있다. '고정되지 않고 움직이다'는 뜻의 평북방언. '쏘다니다'의 뜻으로 쓰임. #"해변에선 얼마나 너이들이 욱자지껄하며 **멕이기에**/해변땅에 나들이 갔든 할머니는/오리새끼들은 장뫃이나 하듯이 떠들썩하니 시끄럽기도 하드란 숭인가//"(백석, 오리), #"눈이 많이 와서/산엣새가 벌로 나려 **멕이고**/눈두덩에에 토끼가 더러 빠지기도 하면/마을에는 그 무슨 반가운 것이 오는가 보다//"(백석, 국수)

멧꽂 명 매꽃. #"무연한 이 벌 심거서 자라는 꽃도 업고 **멧꽂**도 없고//"(김소월, 상쾌한아침)

멧도야지와 이웃사춘을 지나는 집 구 멧돼지와 이웃사촌을 지내는 집. 멧돼지와 이웃사촌으로 지낼 정도로 멧돼지가 많이 출몰한다는 뜻이다. 백석 시에서 '지내다'는 의미는 '지나다'로 표기된다. 이런 용례는 백석의 시「두보나 이백같이」에서도 '일가친척들과 서로 모여 즐거이 웃음으로 지날 것이연만' 같은 구절에서도 발견된다. 백석 시에는 '내리다', '때리다' 등도 '나리다', '따리다' 등으로 표기되며, '약재'는 '약자'로, 꼭대기는 '꼭다기'

등으로 표기 된다. '애' 소리가 '아' 음으로 표기되는 것은 당시의 일반적인 표기법인데, 백석 시에는 이 점이 더 두드러진다. #"닭 개 짐승을 못 놓는/**멧도야지**와 이웃사촌을 지나는 집//"(백석, 가즈랑집)

멧돌 명 멧돼지. #"나는 그때/자작나무와 이깔나무의 슬퍼하든 것을 기억한다/갈대와 장풍의 붙드든 말도 잊지 않었다/오로촌이 **멧돌**을 잡어 나를 잔치해 보내든 것도//"(백석, 북방에서)

멧비둘기 명 산비둘기. 염주비둘기. #"드나드는 배 하나 없는 지금/부두에 호젓 선 나는 **멧비둘기** 아니건만/날고 싶어, 날고 싶어//"(이용악, 우라지오 가까운 항구에서)

명모 명 '멱모'의 오식인 듯함. 이때의 '멱'은 죽은 자의 얼굴을 가리는 명주, '모'는 얼굴을 가리는 일, 즉 멱모는 죽의 자의 얼굴을 가리는 비단을 가리킨다. #"때로 백조를 불러 휘날려보기도 하것만/그만 기슭을 안고 돌아누어 흑흑 느끼는 밤//희미한 별 그림자를 씹어 놓이는 동안/자주ㅅ빛 안개 가벼운 **명모**같이 나려씨운다//"(이육사, 호수, 39)

명상 명 눈을 감고 깊이 생각하는 것. #"내여달리고 저운 마음이련마는/바람에 씻은 듯 다시 **명상**하는 눈동자//때로 백조를 불러 휘날려보기도 하것만/그만 기슭을 안고 돌아누어 흑흑 느끼는 밤//"(이육사, 호수, 39)

모가지 명 목. 목의 낮춤말. #"이제는 따로/새 정신이 들었는지/할미꽃 **모가지**를 타고 올라와/목숨이 좋다고/목숨 있는 것 근처에서만 희희낙락하는고나.//바람아 바람아/네 앞에서 나는 늘/앞이 캄캄해진다.//"(박재삼, 바람 앞에서)

모꼬지 명 놀이나 잔치 또는 그 밖의 일로 여러 사람이 모이는 일. #"바자에 까치 한 마리 까각이다 가도 어머님은/지향 없는 기다림에 조바심해 살았느니//누구렛집 막동이의 돌날이라도/돌이 돌이 한울안 같은 적은 **모꼬지**었다.//"(유치환, 故園), #"혼인날에도 다른 제자보다 오히려 더 일찍이 와서 모든 일을 총찰하였고 **모꼬지** 자리에서도 가장 기쁜 듯이 술을 마시고 춤을 추고 즐기었다."(현진건, 무영탑)

모다귀 명 못의 머리. #"한 방 건너 관덮는 **모다귀** 소리 바삐 그친다/목메인 울음 땅에 땅에 슬피 내린다//"(이용악, 등을 동그리고)

모도리 명 모서리. #"퍼르스럿한 달은, 성황당의/군데군데 헐어진 담 **모도리**에/우둑히 걸리었고, 바위 위의/까마귀 한 쌍, 바람에 나래를 펴라.//"(김소월, 찬 저녁)

모둥켜지다 형 한데 모아지다. #"비 되어 나린 물이 **모둥켜지면**/산간엔 폭포

되어 수력전기요/들에선 관개 되어 萬鍾石이요/메말라 타는 땅엔 기름입니다//"(김소월, 苦樂)

모디다 동 모이다. #"오라 동모야 한데로와 가기빨아래 가만이 **모디여**/가만가만이 모래성밑 스며들어가 주추를 뚫자//"(박용철, 三剖曲)

모래동 명 모래를 쌓은 무더기. #"거츤 풀 허트러진 **모래동**으로//"(김소월, 거츤 풀허트러진)

모래뜸질 명 여름에 바닷가 모래밭에서 모래에 몸을 묻어 찜질을 하는 것. #"어머니는 **모래뜸질**로/남행 십리 박사등리에 가시고/아버지는 어물도부로/북향 십리밖 용치리에 가시고/여름해 길다.//"(박재삼, 추억에서)

모래부리 명 모래톱. #"해빛이 초롱불같이 희맑은데/해정한 **모래부리** 플랫폼에선/모두들 쩔쩔 끓는 구수한 귀이리차를 마신다//"(백석, 함남도안)

모랭이 명 함지 모양의 작은 목기. #"그리고 새벽녘이면 고방 시렁에 채국채국 얹어둔 **모랭이** 목판 시루며 함지가 땅바닥에 넘너른히 널리는 집이다//"(백석, 외갓집)

모롱고지 명 모롱이. #"삼리밖 강 쟁변엔 자개들에서/비멀이한 옷을 부숭부숭 말려 입고 오는 길인데/산 **모롱고지** 하나 도는 동안에 옷을 또 함북 젖었다//"(백석, 구장로)

모를따마는 형 모르겠다마는. #"참말로 참담키는 날이 가물때 제/한 분은 어는 철인고 **모릴따마는**/오뉴월 한 시절, 비가 한 빠알도 귀경/할 수가 없었는데,/가슴패기가 서늘한 기 윈통 텅 빈 거 겉은데/등짹이는 안팎으로 뱃짝 말라붙어가주고/줄라카이 줄끼 있나, 받을라 카이 받을끼 있나,/숫제, 안고 있는 알라는 젖 돌라꼬 울어 쌓는데/젖토오 젖은 하나도 없고 젖꼭따리가 뱃짝/말라붙어 뿐 거 겉했다 카이끼네//"(상희구, 琴湖江/대구.100)

모매꽃 명 메꽃. 꽃이 연분홍, 뿌리와 잎이 식용임. #"띄염띄염 보히는 그림쪼각은/압밭에 보리밧헤 말매나물 캐러간/가신애는 가신애와 종달새소리에 반해//빈바구니 차고오긴 너무도 부끄러워/술래짠 두뺨우에 **모매꽃**이 피엿고//"(이육사, 초가, 68)

모밀내 명 메밀 내음새. #"거리에는 모밀내가 났다/부처를 위하는 정갈한 노친네의 내음새 같은 **모밀내**가 났다//"(백석, 북신)

모밀묵 명 메밀묵. #"**모밀묵**이 먹고 싶다./그 싱겁고 구수하고/못나고도 소박하게 점잖은/촌 잔칫날 팔모상에 올라//"(박목월, 적막한 식욕)

모본단 명 비단의 한 종류, 짜임새가 촘촘하고 무늬가 아름답다. 실제는 模本緞이지만 대구에서는 '모빈단'으로 읽는다. #"저 萬丈깃치/질쭉한 푸른 띠/물결은 푸르러 푸르러/잘 필치 논 파아란/模本緞 같고나//"(상희구, 琴湖江/대구.100)

모빈단 명 '모본단'의 방언으로 비단의 한가지. #"옹기전/장작, 소깝전은/南門市場//청어, 대구/비릿한 어물전에다/양단, **모빈단**겉은 포목전은/西門市場//능금, 과일/남새꺼리는/七星市場//싱싱한 회간꺼리, 소천엽에다/너비아니, 명란, 창란겉은/우쭈씨 찬꺼리는/廉賣市場//우시장은/內唐洞 땅골//"(상희구, 대구의 장터/대구.39)

모양하다 형 어떤 형상을 나타내다. #"悲哀! 너는 **모양할** 수도 없도다./너는 나의 가장 안에서 살았도다.//"(정지용, 불사조)

모이 명 먹이. #"눈보라는 풀. 풀./붕어새끼 꾀여내는 **모이** 같다.//"(정지용, 새빩안 機關車)

모작별 명 저녁때의 금성의 이름. #"**모작별** 삼성이 떠러질 때//"(김소월, 달마지)

모초리 명 털꼬랑지. 털꽁지. '모초리'는 남북한검색프로그램(2003)에 의하면 '메추라기'의 방언형으로 함경북도나 훈춘지역에서 '모초리', '뫼추리'와 같이 사용된다고 보고하고 있으나 '모초리'를 메추라기로 본다면 이 시의 의미 해석이 전혀 불가능하다. 왜냐하면 메추라기라는 새는 닭목 꿩과의 새로서 몸길이 약 18cm 정도가 되는 대표적인 사냥새로서 겨울새이다. 그런데 이 새는 수염이 없기 때문에 '모초리'를 '메추라기' 새로 해석될 수 없다. 그렇다면 '모초리'란 무엇일까? '모(毛)'와 '꼬리' 또는 '닳아서 짧아진 털꼬리'의 의미를 가진 '초리'가 결합된 '모초리' 곧 '털꼬랑지'라는 의미의 함경도 방언이다. #"땀내 나는/고달픈 사색 그 복판에/소낙비 맞은 허수애비가 그리어졌다/**모초리** 수염을 꺼리는 허수애비여/주잖은 너의 귀에/풀피리 소리마저 멀어졌나봐//"(이용악, 고독)

모태ㅅ불 명 모닥불. #"**모태ㅅ불** 이운듯 다시 살어난다//"(정지용, 盜掘)

모티 명 모퉁이. #"강새이는 삽짝서 졸고/달구새끼는 횃대 우에서 졸고/괘네기는 실겅 밑에서 졸고/할배는 담삐라다 바지게/걸치놓고 살핑사서 졸고/할매는 마늘 까다가 졸고/알라는 할매 젓태서 졸고/에미는 콩밭 매다가 졸고/에비는 소 몰민서 졸고//팔공산 **모티**는 가몰가몰/아지래이 속에서 졸고/영천군 청통면 신원리 마실이/마카 졸고 있는데//居祖庵 靈山殿/五百羅漢 부처님만/마실 지키니라고/누이 말똥말똥하다//"(상희구, 자부래미 마실-永川 淸通 居祖庵 가서/대구.8) #"엄마야! 고만 새이집 한쭉 **모티**가 찌불텅하기 니리

앉은 곁은기 아모래도 그 안에 구신이 들앉은 갑드라, 놀란 달구새끼/홧대줄똥을 싸듯이 줄행낭을 놓는데, 마첨 하늘을 올리다 보이끼네, 핑소에 세숫대야만하던 허옇던 보름달도 따라 식겁을 했는지, 낯짝이 왼통 쪼막손 만 한 기, 포리쪽쪽해 졌드마는.//"
(상희구, 새이(喪輿)집/대구.27)

목거지 명 모꼬지. 饗宴. 김춘수(『이상화 연구』, 1981, 새문사, 41쪽)는 "「나의 寢室로」 표현이 모호한 데가 있어 해석하기가 곤란한 부분이 있다. 우선 제1연의 '목거지'라든가 제2연 제1행의 '눈으로 유전하던 진주' 등만 해도 그렇다. '목거지'라는 말은 무슨 말인지 의미 불통이다."라고 하여 의미를 해석할 수 없는 어휘로 다루었다. 역시 『문학사상』에서도 ☆를 표시하여 미상의 어휘로 처리하여 오랫동안 이 단어가 뜻하는 바가 무엇인지 해명되지 못했다. 그러나 김용직(『한국문학의 비평적 성찰』, 1974, 민음사, 132-133쪽)에서 처음으로 '목거지'는 '모꼬지'라고도 발음되는 대구 지방의 사투리로서, "여러 사람이 모여 홍청대는 잔치마당"으로 풀이를 하였다. 그 이후 이기철(1982)도 '목거지'를 '饗宴, 잔치마당, 모임'의 뜻을 가진 경상지방의 方言으로 처리하였다. '목거지'를 '饗宴, 잔치마당, 모임'의 뜻을 가진 대구 方言으로 처리하는 근거로서 중세어 "두서돌마닉 ᄡᅳ리 婚姻ᄒᆞᆫ 몯ᄀᆞ지예 녀러와서(번역소학, 10-1), 몯ᄀᆞ지ᄂᆞᆫ ᄌᆞ조ᄃᆞㅣ 례도ᄂᆞᆫ ᄇᆞᄌᆞ런ᄒᆞ고(번역소학, 10-32)"에 서 '몯ᄀᆞ지'라는 어휘는 '잔치, 모임, 宴會'라는 뜻을 가지고 있어 매우 타당한 듯하다. 그러나 문제는 이상화 시에서 여러 군데 등장하는 '목거지'를 '饗宴, 잔치마당, 모임'의 뜻으로 해석하면 시의 문맥이 잘 통하지 않는 예가 많다. 곧 "마돈나 지금은 밤도 모든 목거지에 다니노라." 이 구절을 필자가 "마돈나 지금은 밤도 모든 한계에 도달하여 다니노라"로 해석할 수 있는 가능성을 제시하고자 한다. 대구방언에서 "어떤 일이 임박하여 다되어 가는 상황을" 가리켜 "목전에 다달았다"라고 하는데, 바로 이 '목전'은 '목+전(前)'의 합성어인데 '전(前)' 대신에 '-까지, -꺼지'라는 특수조사가 결합하여 '목거지'라는 단어가 합성되었다고 판단된다. 따라서 '목거지'는 '어떤 일이 급박하거나 다되어 가는 상황에 이름'이라는 뜻을 지닌 대구방언이라고 할 수 있다. 경상방언에서 "목거지 차 올랐다."라는 표현이 있는데 이는 "목이 있는 곳까지 차다."라는 뜻이 아니라 '어떤 일이 거의 다 이루어져 감', '어떤 일이 한계에 도달함'이라는 의미로 사용된다. #"한낮 또약빛이 쪼는지도 모르고/온몸이 아니 넋조차 깨온-아찔 하여지도록/뼈저리는 좋은맛에 자스러지기는/보기좋게 잘 도자란 果樹園의 **목거지다**.//"(이상화, 나는 해를 먹다)

목도꾼 명 산판에서 나무를 베어 놓으면 그 나무를 줄로 매어 여러 사람이 어깨에 메고 내려오는 일을 하는 사람. #"담뱃집 작은머슴 공사판 몽달귀신/바람 속에는 그애 울음이 들리지만/**목도꾼**의 어여차 노래처럼 들리지만//"(신경림, 달래강 옛나루에)

목이 자겼다 구 '목이 자겼다'로 자연스럽게 읽을 수 있다. 여울의 물소리가 마치 임과의 이별이 서러워 목이 잦어(잠겨)들어 버린 것처럼 들린다. 이숭원 교수의 『원본 정지용 시집』에는 '여울목에 물이 줄어들었다.'고 풀이하였다. #"날이 날마다 님 보내기/**목이 자겼다**…여울 물소리…//"(정지용, 鴨川)

몬지 명 먼지. #"그대의 웃는눈에 샛별이 반짝일제/때아닌 한폭이꽃 돌틈에 붉었고야/저아래 뵈는세상도 **몬지**걷혀 그림이네//"(박용철, 失題)

몰개 명 모래. #"무태에는 **몰개**가 많고"(상희구, 대구풍물 / 대구.4)

몰놀이 치다 구 물놀이 하다. #"저믄저녁에, 쫓겨난쇠북소리 한울넘어로사라지고, 이날의마지막노리로, 어린고기들**물노리칠**때/내머리속에서 단잠깬 記憶은, 새로히, 이곳온까닭을생각하노라//"(池畔靜景)

몰리 부 모르게. #"엇지면 너와나 떠나야겟스며 아모래도우리는 난호야겟느냐?/남**몰리** 사랑하는 우리사이에 우리몰리 離別이 올줄은 몰랏서라.//"(이상화, 離別을하느니)

몰매로 부 전부. 모두. 몰밀어. #"다시 전쟁이 일어/내 외로운 친구 숨죽여 떠돌다가/저 느티나무 아래/**몰매로** 묻힌 고장이다//"(신경림, 개치나루에서)

몰풀 명 말풀. '마르-(乾),'의 함북 북부 방언형은 '모르-'이다. 역사적으로 'ᄆᆞ르>모르,'의 변화, 즉 'ㆍ>ㅗ' 원순모음화의 예이다. '몰풀'은 수초(水草)의 하나인 '말(藻)'(혹은 '바닷말')의 방언으로 역시 'ᄆᆞᆯ>몰'의 변화를 겪은 예이다(곽충구, 2002). #"영영 돌아가신 아버지의 외롬이/가슴에 옴츠리고 떠나지 않는 것은 나의 슬픔/**몰풀** 사이 사일 헤어가는 휘황한 꿈에도/나는 두터운 아이 몸소 귀뿌리를 돌린다//"(이용악, 푸른 한나절)

몸살을 치다 구 몸부림을 치다. 어떤 일을 하려고 애쓰고 노력하다. #"장마진내물의여울속에빠저서나/는살련다/게서팔과다리를허둥거리고/붓그럼업시**몸살을처보다**/죽으면—죽으면—죽어서라"(이상화, 獨白)

몸소지 명 몸을 불태우는 일. #"칠월에 산그늘엔 살기 찬 칼날/**몸소지** 올려라 부정지소 올려라/발 일곱의 황룡 아래 부정소지 올려라/둥두 둥두둥 둥두 둥두둥/빛 바랜 애버들엔 허연 바람/햇살따라 온 고을에 엉기는 요기//"(신경림, 백화)

못살이라 동 못살리라, '바람불고 눈보래'치는 것은 순편한 생활의 반대 상황이다. 따라서 이것은 일종의 반어에 속한다. #"슬픔도 자랑도 집어삼키는 검은 꿈/파이프엔 조용히 타오르는 꽃불도 행기론데/연기는 돛대처럼 나려 항구에 들고/옛날의 들창마다 눈동자엔 짜운 소금이 저려//바람불고 눈보래 치잖으면 **못살이라**/매운 술을 마셔 돌아가는 그림자 발자최소리//"(이육사, 자야곡, 37)

못씬다 형 못쓴다. #"옛날 이부제 큰일에 푸마씨 음석으로는/주로 단술, 잡채, 묵같은 거로 했는데/그중에 묵을 기중 마이 했다//묵이 마시실라카마/첫째로 묵은 차바야 한다/묵이 떠뜨무리하기나 미적지건하마/그 묵은 **못씬다**//"(상희구, 묵/대구.85)

몽둥발이 명 손발이 불에 타버려 몸뚱아리만 남은 상태의 물건. #"모닥불이 어려서 우리 할아버지가 어미아비 없는 서러운 아이로 불상하니도 **몽둥발이**가 된 슬픈 역사가 있다//"(백석, 모닥불)

뫼 명 산. #"放浪性을품은 에매랄드널판의바다가 말업시업대엿슴이/**뫼**머리에서 늣녀름의한낫숩흘보는듯—조으는얼골일너라.//"(이상화, 原始的 悒鬱)

뫼꽃 명 나팔꽃과 유사하게 생긴 꽃. 주변에서 흔히 볼 수 있는 꽃으로 나팔꽃과 닮았지만 잎 보양이 다르다. #"나는 그녀의 아버지를 안다/자전거를 타고 술배달을 하던/다부지고 신명 많던 그를 안다./몰매 맞아 죽어 묻힌 느티나무 밑/**뫼꽃** 덩굴이 덮이던 그 돌더미도 안다.//"(신경림, 친구)

뫼풀 명 산에서 자라는 풀. #"가슴은 **뫼풀** 우거진 벌판을 묻고/가슴은 어느 초라한 자리에 묻힐지라도/만날 것을/아득한 다음날 새로이 만나야 할 것을//"(이용악, 무자리와 꽃)

무감자 명 고구마. #"흙담벽에 볕이 따사하니/아이들은 물코를 흘리며 **무감자**를 먹었다//돌덜구에 天上水가 차게/숭아나무에 시라리타래가 말러갔다.//"(백석, 初冬日)

무너치다 동 #"강 위에 다리를 놓였던 것을!/나는 왜 건너가지 못했던가요./「때」의 거친 물결은 볼 새도 없이/다리를 **무너치고** 흐릅니다려//"(김소월, 機會)

무르끓다 형 끓을 대로 푹 끓다. #"내일같은 명절날인 밥은 부엌에 쩨듯하니 불이 밝고 솥뚜껑이 놀으며 구수한 내음새 곰국이 **무르끓고** 방안에서는 일가집 할머니가 와서 마을의 소문을 펴며 조개송편에 달송편에 죈두기송편에 떡을 빚는 곁에서//"(백석, 古夜)

무르녹이다 형 물렁물렁하게 녹이다. #"풀쪽을 樹木을 땅을/바윗덩이를 **무르녹이는** 열기가 쏟아져도/오직 너만 냉정한 듯 차게 흐르는/강아/天痴의 江아//"(이용악, 天痴의 江아)

무륵무륵 부 무럭무럭. #"짜작돌을 쓸어넣은 듯 흐리터분한 머리에/새벽은 한없이 스산하고/가슴엔 **무륵무륵** 자라나는 불만//"(이용악, 오늘도 이 길을)

무릅 명 무릎. #"내어려젓먹을째/**무릅**우헤다,/나를고이안고서/늙음조차모르든/그웃음을아즉도/보는가하니/외로움의조곰이/살아지고,거긔서/가는깃븜이비로소온다//"(이상화, 어머니의 웃음)

무리 명 구름이 태양이나 달의 표면을 가릴 때, 태양이나 달의 둘레에 생기는 불그스름한 빛의 둥근 테. 대기 가운데 떠 있는 물방울에 의한 빛의 굴절이나 반사 때문에 생긴다. #"은장도 매운 恨을 가슴 깊이 간직한 채/복숭아 환한 눈물 三春은 値千金을/소쩍새 우는 밤이란 달도 **무릴** 쓰더이다.//"(정완영, 사모곡)

무리돌 명 많은 돌. #"무리돌이 구러나리는 건 중의 발굼치에선가//"(백석, 秋日山朝), #"밤이면 무엇이 기와골에 **무리돌**을 던지고 뒤우란 배나무에 쨋듯하니 줄등을 헤여달고 부뚜막의 큰솥 적은솥을 모조리 뽑아놓고 재통에 간 사람의 목덜미를 그냥그냥 나려 눌러선 잿다리 아래로 처박고//"(백석, 외갓집)

무리새 명 '새의 무리'의 준말. 새떼. #"한 그릇 세숫물에도 가을은 와 닿는 건데/지난 밤 귀를 적시며 嶺을 넘던 서리하며/이 아침 쏟아져 오는 저 **무리새** 울음소리//"(정완영, 아침 한 때)

무마 죽는다 카이 동 먹으면 죽는다니까. #"이거 묵어마 킬 난데이/좀 실까바 옷에 넣는 좀약인데/**무마 죽는다 카이**/엄마가 아이들이 사탕으로 잘못 알고/먹을가봐 닥달을 하시면서 반짝반짝/광채가 나면서 하얀 박하사탕같은 것을/코앞으로 디밀었는데 이 희안한/異邦의냄새//"(상희구, 나후따링/대구.89)

무망간에 부 예고도 없이 갑자기. #"에미가 반디시 누븐 머시마 눈까풀을 까디집고는 빨간/새 끝으로 누 난을 요게조게 핥기 시작디마는 마츰네 개자씨만쿰/쪼맨한 까망 점같은 기 에미 빨간 새 끝에 묻어 나왔다/머시마가 **무망간에** 발딱 일어 나민서 만세, 엄마 인자 갠/찮다 카이끼네, 에미가, 아이고 고노무 자석 하민서 또 한분/머시마 궁디를 찰싹 때린다//"(상희구, 살을 섞다/대구.44)

무삼일로 구 무슨일로, 무슨 까닭으로.

#"너는 **무삼일로** 사막의 공주같아 연지찍은 붉은 입술을/내 근심에 표백된 돛대에 거느뇨 오 안타가운 신월//때론 너를 불러 꿈마다 눈덮인 내 섬속//"(이육사, 해후, 52)

무시 솥띠끼우에다 명 무쇠 솥뚜껑위에다. #"배추찌짐은 디집어 얹어/논, **무시 솥띠끼우에다**/꿉어야, 지맛이다/둥굴오목한 솥띠끼를/후끈 달구어/돼지지름을 아지매들/성질대로 알라들/호작질 하딧이 마구잽이로/문질러 놓고서는/큼지막한 배추잎사구로 하나/머얼건 밀가루반죽에다 담뿍 적셔 내어,/솥띠끼우에다 찌지직 앉히는 것이다.//"(상희구, 배추煎/대구.37)

무심타 형 무심하다. #"돌아서면 **무심타** 말이/그 무슨 뜻인 줄을 알았으랴./제석산 붙는 불은 옛날에 갈라선 그 내 님의/무덤의 풀이라도 태웠으면!//"(김소월, 나는 세상 모르고 살았노라)

무싯날 명 공휴일이나 장날 등과 같이 지정된 날자가 아닌 평일. #"장날인데도 **무싯날**보다 한산하다./가뭄으로 논에서는 더운 먼지가 일고/지붕도 돌담도 농사꾼처럼 지쳤다.//"(신경림, 산읍기행)

무연하다 형 아득히 너르다. #"흙꽃 니는 이른 봄의 **무연한** 벌을 경편철도가 노새의 맘을 먹고 지나간다//"(백석, 광원), #"**무연한** 벌 우헤 드러다 노흔듯한 이 집//"(상쾌한아침), #"**무연한** 이 벌 심거서 자라는 꽃도 업고 멧꽃도 없고//", #"다만 되는 대로 되고 잇는 대로 잇는 **무연한** 벌//"(김소월, 상쾌한 아침)

무울 때 명 먹을 때. #"해가 짱짱하다//이리키 가문데/비 올 요랑은 안하고//내사마 **무울 때** 입 아이/꺼끄러브 가주고/조밥은 싫다 카이끼네//해가 짱짱하다//"(상희구, 조밥/대구.38)

무울 때는 동 먹을 때는. #"미느리가 상추쌈을 **무울때는**/시에미 앞에서 누늘 뿔씨고//미느리가 말쌈을 무울때는/시할매 앞에서 누늘 뿔씬다//"(상희구, 말쌈/대구.63)

무이밭 명 무밭. #"**무이밭**에 흰나비 나는 집 밤나무 머루넝쿨 속에 키질하는 소리만 들린다//"(백석, 彰義門外)

무이징게국 명 징거미(민물새우)에 무를 숭덩숭덩 썰어 넣고 끓인 국. #"문창에 텅납새의 그림자가 치는 아침 시누이 동세들이 욱적하니 홍성거리는 부엌으로 샛문틈으로 장지문틈으로 **무이징게국**을 끓이는 내음새가 올라오도록 잔다//"(백석, 여우난골족)

무지개 명 무지기, 무지개. '겨울은 강철로 된 무지갠가 보다'라는 마지막 구절에서 '강철로 된 무지개'에 대해 권영민(1999)은 해석 방법을 근본적으로 달리하고 있다. 곧 문제가 되는 것은 '무지개'라는 말이다. '무지개'와 유사한 말 가운데 '무지기'라는 말이 있다. '무지기'는 大巳, 즉 큰 뱀을 일컫는 말이다. 이희승 선생의 『국어대사전』에도 '무지기'는 경상도 지역 방언으로 '무지개'를 뜻한다고 표시되어 있다. 그러나 경상도 방언에서 '무지기'가 '무지개'를 뜻하기 때문에, 경상도 방언에 익숙한 어떤 편집자가 '무지기'라는 말의 본래 뜻이 '큰 뱀'이라는 사실을 잘 모르고 이를 '무지개'로 고쳤을 가능성이 있다고 하여 권영민은 이 시구를 '겨울은 독룡(강철)으로 변해버린 큰 뱀'이라는 뜻으로 해석하고 있다. 경상도 방언에서 '문딩 깡철이'라는 어구가 있는데 여기서 '강철'을 '깡철이(이무기, 용으로 승천하지 못한 뱀)'로 해석하고 또 '무지개'를 '무지기(무자수, 뱀의 일종)'로 해석한 결과이다. 물론 경상도 방언에서 '무지기', '무자수' 등의 뱀을 지칭하는 방언이 있으나 실재로 '무자수'는 독한 뱀이 아니라 독이 전혀 없는 뱀이라는 점을 고려한다면 권영민(1999)의 논의의 근거는 매우 박약한 것이라고 할 수밖에 없다. #"어데다 무릎을 꾸러야하나?/한발 재겨디딜 곳조차 없다//이러매 눈깜아 생각해볼밖에/겨울은 강철로된 **무지갠**가보다//"(이육사, 절정)

무지개ㅅ발 명 '무지갯발'이란 "무지개로 드리워 놓은 발"이란 뜻이다. (대구문인협회)에서 이것을 '무지개 빛'으로 교열한 것은 잘못이다. #"**무지개ㅅ발**과가티 오고쏘가고/해와함께 허공의호흡을쉬다가/저녁이면 구실가티 반작이며/달빗과바람과 어우러지도다.//"(이상화, 새세계)

무질레밭 명 묵밭. 휴경지밭. #"길 잃은 송아지/구름만 보며/초저녁 별만 보며/밟고 갔나베/**무질레밭** 약초길//"(박목월, 산그늘)

묵내기 명 주로 60, 80년대 농촌 생활에서 행해졌는데 묵을 사 먹는 것을 목적으로 한 화투나 투전놀이. #"우리는 협동조합 방앗간 뒷방에 모여/**묵내기** 화투를 치고/내일은 장날, 장꾼들은 왁자지껄/주막집 뜰에서 눈을 턴다.//"(신경림, 겨울밤)

묵어마 동 먹으면. #"이거 **묵어마** 킬 난데이/좀 실까바 옷에 넣는 좀약인데/무마 죽는다 카이/엄마가 아이들이 사탕으로 잘못 알고/먹을가봐 닥달을 하시면서 반짝반짝/광채가 나면서 하얀 박하사탕같은 것을/코앞으로 디밀었는데 이 희안한/異邦의냄새//"(상희구, 나후따링/대구.89)

문 쪼오로 덩더리를 비이게 하고는 구 문 쪽으로 등을 보이게 하고는. #"고구마로 푸욱 삶아 돌라 케 가주고는 불도 키지/않은 어독어독한 바아서 **문 쪼오로 등더리를 비/이게 하고는** 엎디려서 고구마껍디기로 조근조근/빗기서 야물야물 씹어 자시는 기 그 니째 맛이고//"(상희구, 家親五味/대구.54)

문디 명 문둥이. #"보리밭에 **문디**야/해 빠졌다 나오너라//"(상희구, 보리밭에 문디야/대구.22)

문바지 명 문 앞에 버려 놓은 아이. 경상도에서는 '아이를 버릴 때 다른 사람의 집 대문 앞에 몰래 버리는', 곧 '그렇게 버려진 아이'라는 뜻으로 '문바지'를 사용한다. '문바지'의 낱말 구성은 '문(門)+-바지(접사)'와 같은 파생어 구성이다. '-바지'는 '씨받이'와 같은 접사 '-받이'이라고 할 수 있다. 이원조 편(1946)에서는 '문바지'를 '가랭이가 벌어진, 입는 옷의 일종인 바지'로 해석한 것을 근거로 하여 '버려진'을 '벌어진'으로 교합하였다. '문바지'가 '바지'로 해석될 수 없음은 1년 1행의 시 구절이 '청다리 아래에서 주어온 아이'라는 의미 맥락과 연결하여 보면 '버려진 문바지였은지'는 '버려진 문바지었는지'로 교합되어야 한다. 그러니 '문바지'는 '남의 집 대문 앞에 버려져, 남이 이를 받아 키우는 아이'라는 뜻으로 해석되어야 한다. 곧 '나는 진정 강언덕 그 마을에 버려진 문바지었는지 몰라?'라는 구절에서처럼 작자 자신이 바로 영주, 안동지역에 전해오는 설화의 주인공처럼 남의 집 대문 앞에 버려진 아이, 곧 일제치하에서 조국을 잃어버린 '고아' 또는 '실향 의식'을 훌륭하게 표현한 대목이라고 할 수 있다. 이를 더 실증적으로 입증해 줄 수 있는 근거로는 안동방언에서 '-바지'라는 파생접사가 매우 생산적이다. 곧 '성(姓)+-바지', '타성(他姓)+-바지', '씨+-바지'와 같은 파생어형에서처럼 '문(門)' 앞에 '버려진 아이'로 해석해야 할 것이다. 작가의 유년기 시절 할머니가 놀리기 위해 '너는 청돌다리목에서 주워왔다'는 말이 참인 것처럼 느껴지는 현실, 곧 필자 스스로가 일제에 침략당한 조국에서 어쩌면 '버려진 고아'임을 나타내고 있다. 이러한 해석을 전제로 한다면 '이미 버려졌던 아이'이라면 과거의 사실을 회상 추측하는 '문바지었는지'로 이해되어야 할 것이다. #"너는 돌다리목에 줘왔다든/할머니 핀잔이 참이라고하자//나는 진정 강언덕 그마을에/버려진 **문바지**였은지몰라?//그러기에 열여덟 새봄은/버들피리 곡조에 부러보내고//"(이육사, 年譜)

문의할삼어도 구 問議한다 하더라도. #"야밤에 안식하시옵니까./내가 홀로 속에ㅅ소리로 그대의 기거를 **문의할**

삼어도 어찌 홀한 말로 붙일법도 한 일이오니까.//"(정지용, 슬픈 偶像)

문장 명 門長. 한 문중에서 항렬과 나이가 제일 위인 사람. #"재당도 초시도 **문장**(門長) 늙은이도 더부살이 아이도 새 사위도 갓 사둔도 나그네도 주인도 할아버지도 손자도 붓 장수도 땜쟁이도 큰 개도 강아지도 모두 모닥불을 쪼인다//"(백석, 모닥불)

문장지 명 문풍지. 문에 바람이 새어 들지 않도록 하기 위해 문종이로 문틀에 깃처럼 붙이는 종이. #"울가에 黃菊도 이미 늦은 뜰에 내려/겨울맞이 **문장지**를 바르노라면/하얀 종이의 석양볕에 눈에 스밈이여//"(유치환, 문을 바르며)

문주 명 빈대떡 또는 부침개. #"약물터엔 사람들이 백재일 치듯하였는데/봉갓집에서 온 사람들도 만나 반가워하고/깨죽이며 **문주**며 섭가락 앞에 송구떡을 사서 권하거니 먹거니 하고//"(백석, 칠월 백중)

문짓문짓 부 뭉깃뭉깃. 뭉긋뭉긋. 제 자리에 앉은 채로 나아가듯 비비대는 모습. 충청도 방언에서는 '길/질', '기저귀/지저귀', '기울다/지울다'에서처럼 'ㄱ'이 'ㅈ'으로 바뀌는 것이 흔하다. 이숭원 교수의 『원본 정지용 시집』에서는 '문칫문칫'(망설이고 주저하는 모습)으로 풀이하였다. #"문득 앞을 가리는 검은 海賊같은 외딴섬이/흩어저 나는 갈메기떼 날개 뒤로 **문짓 문짓** 물러나가고,//"(정지용, 甲板 우)

문후다 동 무너뜨리다(倒). '문후다', '문우다', '뭉궇다'와 같은 대구방언형이 있다. 중세어에서도 "우리 집 담도 여러 돌림이 믄허졔시니"(박신해 1-10)에서처럼 '믄허지다(倒)'라는 어형이 나타난다. '남의 끌뜯는 집을 무너뜨릴지도 나는 모른다'라는 의미로 해석이 가능하다. 따라서 '무늘지'나 '문흘지'로 교열하는 것은 유의어인 방언분화형으로 다시 씀으로써 원래의 시의 의미를 왜곡시킬 수도 있는 것이다. #"아모래도 내하고저움은 미친짓뿐이라/남의꿀듯는집을 **문훌지** 나도모른다.//"(이상화, 先驅者의 노래)

문희우고 동 무너지게하고. '무너지게 하다'의 활용형. #"밭이랑 **문희우고**/곡식 앗어가고/이바지 하올 가음마자 없어/錦衣는 커니와/戰塵 떨리지 않은/융의 그대로 뵈일밖에!//"(정지용, 그대들 돌아오시니, (在外革命同志에게))

물 복숭아꽃 명 껍질이 잘 벗겨지고 매우 달고 맛있는 복숭아의 꽃. #"극락산 **물 복숭아꽃** 절망보다 곱더이다/한 곡조 버들피리면 3월 춘풍 풀어지고/먼 들녘 장다리 밭에 노오란 해가 숨더이다.//"(정완영, 懷鄕 / 4)

물괘기 명 생선. #"**물괘기**는 눈까리가

마씻고/뱁추짐치는 꼬개이가 마씻고/수루매는 다리가 마씻고/다꾸앙은 복파이 마씻고/써리 논 짐밥은 다꾸앙이나/우붕뿌리이 것튼 기 삐쭉삐쭉/티나온 가아따리 끄티쪼오가/마씻고//" (상희구, 幼年五味/대구.53)

물구지떡 명 물구지는 파나 마늘과 비슷하게 생긴 야생초 '무릇'의 함경도 방언이다. '무릇'은 백합목 백합과의 외떡잎식물로 여러해살이풀이다. 줄기는 곧게 서며 높이는 50cm 정도이다. 꽃은 줄기 끝에 4~7cm 정도의 길이로 여러 송이의 잔 모양의 꽃이 촘촘히 난다. '물구지떡'은 물구지(=무릇)와 둥굴레의 뿌리를 삶은 다음 여기에 다른 곡물과 섞어 범벅처럼 만든 떡인데 가랑잎에 담아 먹는다. #들창을 열면 **물구지떡** 내음새 내달았다./쌍바라지를 열어제치면/썩달나무 썩는 냄새 유달리 향그러웠다//(이용악, 두메산곬 1)

물구지우림 명 물구지는 '무릇'(백합과의 여러해살이풀. 파, 마늘과 비슷한데 봄에 비늘줄기에서 마늘잎 모양의 잎이 두세 개가 난다)을 의미함. '물구지우림'은 무릇의 뿌리를 물에 우려내서 엿처럼 고아낸 음식. #"나는 벌써 달디단 **물구지우림** 둥굴레우림을 생각하고/아직 멀은 도토리묵 도토리범벅까지도 그리워한다//"(백석, 가즈랑집)

물김 명 물안개. #"풀숲에 **물김** 뜨고,/달빛에 새 놀래는,/고운 봄 夜半에도/내 사람 생각이어.//"(김소월, 浪人의 봄)

물꼬시나무 명 멀구슬나무의 방언으로 '멀구슬나무'를 해남지방에서는 '물꼬시나무' 혹은 '몰꼬시나무'라고 불른다. 전남 해남군청 임업서기인 최우영님의 도움으로 '물꼬시나무'의 학명을 알게 되었다. 시인 문효치는 "바다의 문"이라는 시에서 "물 넘겨다 보던 머리 센 나무를 아시나요. 청별 여객선 고동 소리 아득한데 심심한 우리의 꿈 속을 문열고 들어 오는 몰꼬시나무를 아시나요. 바람은 잠들지 못한다. 하얀 공간을 가득 채우는 생각의 가지마다 무참히 칼질되어 피흐르는 상처가"처럼 몰꼬시나무를 시에 활용한 예가 있다. '물꼬시나무'나 '몰꼬시나무'는 '멀구슬나무'를 의미한다. 멀구슬나무(Melia azedarah var. japonica)는 쥐손이풀목, 구주목이라고도 한다. 잎은 어긋나고 기수 2~3회 깃꼴겹잎(羽狀複葉)으로 잎자루의 밑부분이 굵다. 작은 잎은 달걀모양 또는 타원형이며 가장자리에 톱니 또는 깊이 패어 들어간 모양(缺刻)이 있다. 꽃은 5월에 피고 자줏빛이며 원추꽃차례(圓錐花序)에 달린다. 5개씩의 꽃잎과 꽃받침조각, 10개의 수술이 있다. 열매는 핵과로 넓은 타원형이고 9월에 황색으로 익으며 겨울에도 달려 있다. 열매는 이뇨·하열 및 구충제로 사용한다. 가로수·정원수로도 이용된다. 한국(전남·전북·경남·경북)·일본·타이완·서남 아시아에 분포한다. #"그래 그랬었다 그는/소가 아프면 읍내로 약을 지으러 간다 수의사를 부르러 간다 허둥지둥 바빴으되/배가 아파 내가 죽는 시늉을 하면 건성으로 한 마디 할 뿐이다/거시기 뭐냐 뒤안에 가서 **물꼬시나무** 뿌리 좀 캐서 달여 맥여//"(김남주 아버지, "조국은 하나다")

물낯 명 수면(水面). 1968년『박용철시집』에는 '물낱'으로 잘못 표기됨. #"나는 누를향해쓰길래 이런하소를 하고 있단가…/이러한 날엔 어느강물 큰애기하나 빠저도 자최도 아니남을라…/전에나 뒤에나 빗방울 **물낯**을 튀길뿐이지…/누가 울어보낸 무루 아니고 설기야 무어 설으리마는…/저기가는 나그내는 누구이길래 발자최에 물이 괸다니…/마음있는 듯 없느느듯 공여한비는 조록 조록 한결같이 나리네…//"(박용철, 비)

물노이고 부 물론이고. #"漲水가 나마 또 우짜는데,/대구시내는 **물노이고** 永川, 慶山 언저리에/숫채라는 숫채는 말할꺼도 없고 온갖 하수도/도랑, 봇도랑, 개랑, 개천, 하천마중 물이/쏟아져 들오는데 내사마 장디이가 뿌러지는거/것더마는//"(상희구, 琴湖江/대구.100)

물닭 명 뜸북새. 비오리. 오리과에 딸린 물새. 쇠오리와 비슷한데 좀 크고 부리는 뾰족하며, 날개는 자주색이 많아 오색이 찬란함. 원앙처럼 암수가 함께 놀고, 주로 물가나 호숫가에서 물고기, 개구리, 곤충류 따위를 잡아먹음. 뜸닭. #"벌로 오면/논두렁에 **물닭**의 소리/갈밭에 갈새 소리//"(백석, 적막강산)

물띠미 명 개울물이나 강물이 흘러 가다가 휘돌아 가거나 다리밑이나 웅덩이가 패인 곳 같은 데에 이르러 잠시 서행하면서 물때가 끼이고 물이끼같은 것이 생성하면서 주변에 잡풀 따위가 어우러진 곳을 말한다. 순수하고도 아름다운 우리말 사투리이며 특히 먹이가 많아 고기가 많이 산다. #"청천 금호강 /**물띠미**쪼오는/물이 말따//청천 금호강/**물띠미**에는/귀기가 많이 산다//청천 금호강/**물띠미** 귀기는/비린내가 많이 난다//그래서 청천 금호강/**물띠미** 귀기는/맛이 좋다//"(상희구, 淸泉 금호강 물띠미/대구.21)

물모루 명 물이 휘돌아 가는 곳. #"해 넘어가기 전 한참은/유난히 다정도 할세라/고요히 서서 **물모루** 모루모루/치마폭 번쩍 펼쳐들고 반겨오는 저

달을 보시오.//”(김소월, 해 넘어가기 前 한 참은)

물바래 명 물보라. #“사랑이라 하는 길도 여러 가지,/길마다 거기는 그 기쁨이 있다하네/그러면 더 바랄 무엇없이 내게로 오소/물결치는 바다가 밤을 새우며/뭍으로 불어보내는 **물바래** 같이.//”(박용철, 물바래)

물버큼 명 물거품. ‘버큼’은 ‘거품’의 방언형으로 여러 지역에서 광범위하게 사용된다. #“마술의집에 갇히여 **물버큼**이는 험한바다로 열린창에/기대선이를 질거이했든고 이세상아닌 아득한 나라에서//”(박용철, 나이팅게일의 詩)

물벼 명 익지 않은 벼. #“밭에는 밭곡식/논에는 **물벼**/눌하게 익어서 수그러졌네!//”(김소월, 옷과 밥과 자유)

물벼 이삭 명 익지 않은 벼 이삭. #“자라는 **물벼 이삭** 벌에서 불고/마을로 은(銀) 숫듯이 오는 바람은/눅잣추는 향기(香氣)를 두고 가는데/인가(人家)들은 잠들어 고요하여라.//”(김소월, 여름의 달밤)

물알 명 물 아래. #“궂은 일들은 다 물알로 흘러지이다/강가에서 빌어 본 사람이면 이 좋은 봄날/휘드린 수양버들을 그냥 보아 버릴까.//아직도 손끝에는 때가 남아 부끄러운/봄날이 아픈 내 마음 복판을 뻗어/떨리는 가장가지를 볕살 속에 내 놓아……//”(박재삼, 수양산조)

물여울 명 물결. 강이나 하천에 흘러내리는 물결. #“산은 날더러 들꽃이 되라 하고/강은 날더러 잔돌이 되라 하네/산서리 맵차거든 풀 속에 얼굴 묻고/**물여울** 모질거든 바위 뒤에 붙으라 네//”(심경림, 목계장터)

물외 명 오이를 ‘참외’에 대하여 구별해 이르는 말. #“먼바루 개가 짖는 밤은/어데서 **물외** 내음새 나는 밤이다//”(백석, 夜雨小懷), #“인간들이 모두 터앞에 나와서 **물외**포기에 당콩포기에 오줌을 주는 때 터앞에 밭마당에 샛길에 떠도는 오줌의 매캐한 재릿한 내음새//”(백석, 童尿賦)

물이 오르자 구 비가 개고 멀리 짙푸른 바다가 보이는 모양. #“白樺 가지 건너/짙푸르러 찡그린 먼 **물이 오르자**,/꼬아리 같이 붉은 해가 잠기고,//”(정지용, 꽃과 벗)

물잠자리 명 물잠자릿과의 곤충. 몸의 길이는 4.5cm, 편 뒷날개의 길이는 3.7~4cm이며, 몸빛은 금빛을 띤 녹색이다. 수컷은 날개가 푸른빛을 띤 녹색으로 반사하며 암컷은 연한 갈색으로 구릿빛을 반사한다. 한 쌍의 더듬이가 있고 암컷에만 날개 가장자리에 흰무늬가 있다. 여름에 야산의 개울에서 볼 수 있는데 유럽에서 극동에 걸쳐 분포한다. 파랑물잠자리. (Calopteryx japonica) 『표준국어대사전』 #"돌 한 개 던져볼까/아니야 그만 둘래/바람 한 번 불러볼까/**물잠자리** 잠을 깰라/창포 꽃 포오란 생각이/오월 못물을 열고 섰다.//"(정완영, 창포꽃 있는 못물)

물지르다 형 물들이다. #"그러나 그러나 고이도 붉으스레 **물 질러** 와라/하늘 밟고 저녁에 섰는 구름./반(半)달은 중천(中天)에 지새일 때.//"(김소월, 새벽)

물쿤 부 물큰. 1. 냄새 따위가 한꺼번에 확 풍기는 모양. 2. 연하고 부드러운 느낌이 날 정도로 물렁한 모양. #"아카시아들이 언제 흰 두레방석을 깔었나/어데서 **물큰** 개비린내가 온다//"(백석, 비), #"마음이 맞아서 사랑은 물쿨물쿤/기쁨에 떠 도는 두 마음은 둥실둥실 좋다//"(석금성, 오돌독)

물티이 명 한때 노태우 전 대통령을 물태우, 물태우라고 하면서 비아냥거린 적이 있는데 이처럼 사람이 맵짜지 못하고 물렁한 사람을 말한다. #"가리늦게 머시마만 너이로/둔 어떤 오마이가 사할뒤리/씨부렁거리 쌓는 기라꼬는//큰 늠은 **물티이** 겉고/둘째 늠은 쫌쌔이고/시째 늠은 배막띠이고/그라마 끄티이는 쫌 크기 될랑강?//이었다//"(상희구, 물티이/대구.72)

뭇개 명 여러 마리의 개. '뭇개'가 대구 방언에서는 '뭇 개'와 같은 관형구절 구성이라기보다 '온갖 잡다한 여러 마리의 개'라는 의미를 지닌 파생어로 처리하는 것이 타당하다. #"마돈나구석지고도어둔마음의거리에서, 나는두려워떨며기다리노라,/아, 어느듯첫닭이울고—**뭇개**가짓도다, 나의아씨여, 너도듯느냐.//"(이상화, 나의 寢室로)

뭇조려함니다 동 "한우님! 나는 당신께 뭇조려함니다"에서 '뭇조려함니다'는 의고적인 경상방언형이다. 곧 '묻(問)+줍(겸양선어말어미)+으려(의도선어말어미)+합니다'로 구성되었다. 아직 경상도 班家에서는 '묻조려하다'라는 투의 말씨를 사용하고 있다. #"한우님! 나는 당신께 **뭇조려함니다**/쌍에업대여 한울을우럴어 창자비-ㄴ소리로/밉게드를지 쉽게드를지모르는 당신께뭇조려합니다.//"(이상화, 이해를보내는노래)

뭇지릅니다 동 무찌릅니다. #"가즉이 들리는 시냇물소리도 귀찮고/개고리우름은 결딜수없이 내 부아를 건드립니다./내가 고개숙이고 들어가지 아니치못할/저 숨막히는 초가집웅을 생각고/나는 열 번이나 돌쳐서 나무칼을 휘둘러서는/애믄 풀입사귀를 수없이 **뭇지릅니다**.//"(박용철, 小惡)

뭉텅이 명 뭉치. #"忘却**뭉텅이**가튼, 이밤속으론/해쌀이비초여오지도못하고/한우님의말슴이, 배부른군소리로들리노라//"(이상화, 비음)

미구 명 멀지 않아. 未久. #"깊어가는 대륙의 밤,/**미구**에 먼동은 트려니 햇살이 피려니/성가스런 향수를 버리자/제비 같은 소녀야/소녀야…//"(이용악, 제비 같은 소녀야)

미리치 명 멸치. #"엄마가 잘 아는 건어물가게에서 시시로 한 자루씩이나 얻어 오곤 하는 **미리치**대가리를 어지간한 삼비보재기에 담뿍 싸서 꽁꽁 묶어 솥에다가 지엽도록 우라낸 국물에다가 무시시레기랑 배추시레기를 우기 넣어마 매끼 훌륭한 시레기국이 되는 것이다//"(상희구, 시레기국/대구.75)

미명계 명 어둠이 채 가시지 않은 땅. #"**미명계**未明界"(백석, 미명계)

미실네들 명 마실 나온 사람들, 곧 바람 쐬러 나온 사람들. #"처음에 가사령과 성법령을 갖 지내와서는/동네 미역감는 꼬매이들 친구도 되 주다가/마실마줌 널찍한 갱빈도 맨들어서 **마실네들**/쉼터도 맨들어 주다가/永川 와서, 자양천 상신천을 합류하고/부터는 제법 江의 틀이 째이이끼네/점점 할일이 많에진다//"(상희구, 琴湖江/대구.100)

미역오리 명 미역줄기. 미역줄거리. #"**미역오리** 같이 말라서 굴껍질처럼 말없이 사랑하다 죽는다는 이 천희의 하나를 나는 어느 오랜 객주 집의 생선 가시가 있는 마루방에서 만났다//"(백석, 통영 1)

미영새 명 '박새'의 전남방언. 박샛과의 새. 이로운 텃새로 날개의 길이는 7cm, 꽁지 6cm쯤에 머리와 날개는 검고 뺨은 희다. #"솔닢사이 지저괴는 **미영새**를/네귀맞훈 노래 노래인줄 아지말아/둘(이)만나 깃부디(치)며 건넌골로 사라진다…/끝없는 시냇물은 흘러흘러 나려간다//"(박용철, 선녀의 노래)

미우다 동 메우다. 봉을 박아 넣거나 테를 돌려 매는 것. #"제2조/어매와 아배는/섬기는기라./글로 머하노./도끼자루 **미우는** 것부터/배우는기라.//"(박목월, 눌담)

미욱하다 형 하는 짓이나 됨됨이가 매우 어리석고 미련하다. 잠에서 채 깨어나지 못한 상태. #"내 나로써 安在하랴 홀로만의 영광의 땅/사랑은 **미욱한** 정 죄마저도 어여쁜데/이 한밤 恩讐를 넘어 희눈이여 내려라.//"(정완영, 겨울이야기), #"정이 이리 **미욱하여** 다시 뜨는 순이 생각/홀로 사는 처마 밑이 그 얼마나 끌었을까/내가 준 손톱자국이 초승달로 걸렸다.//"(정완영, 歸故 / 3.), #"**미욱한** 꿈이나 구어를 보지//"(김소월, 개여울의 노래), #"내 맘에 **미욱함**이 불서럽다고//"(김소월, 달밤), #"**미욱한** 잠과 벼개를 벗어나/부르는이 없이 불려 나가다.//"(정지용, 달)

미적지건하다 형 따뜻하지 않고 차지도 않은 정도의 온도. #"언젠가 우리가 자연의 계시에 충동이 되어서 인생의 의식을 실현한 적이 조선의 기억에 있느냐 없느냐? 두더지같이 살아온 우리다. **미적지건한** 빛에서는 건강을 받기보담 권태증을 얻게 되며 잇대연 멸망으로 나도 몰래 넘어진다.//"(이상화, 청량세계)

미칠째 명 며칠째. #"**미칠째** 묵고 기시던 고모가/휭 가버리니 참 허전했는데/마침 이모가 와서 괜찮았다"(상희구, 조야동/대구.5)

민서 조 -면서. #"쌀이나 보리쌀 마련키가 쉽지 않았던 시절, 우리나라 최대의 야채 집산지**민서** 바로 우리 이부제였던 칠성시장은 여름, 겨울철 할 것 없이 항상 싱싱한 푸른 배추잎 사구와 무시시레기를 끝없이 공짜로 제공하는 무진장의 공급처였다//"(상희구, 시레기국/대구.75)

믿븜 명 믿음. #"자그마한붓그름과 서로아는**밋븜**사이로 눈감고오는放任을 마지하자./아 주름접힌네얼골—離別이주는哀痛이냐 離別은쏫고 내게로오느라./象牙의十字架가튼네허리만더위잡는 내팔안으로 달려만오느라.//"(이상화, 離別을하느니)

밀보리 명 밀과 보리를 아울러 이르는 말. 쌀보리. #"통곡으로 쏟아버릴 인생도 내겐 없고/사는 날의 짜증인양 **밀보리**만 타는 날을/해종일 덕 너머에서 울어예는 뻐꾸기.//"(정완영, 首首片片 1 / 뻐꾸기)

밍태껍띠기 여어서 끓인 딘자아서 구 명태껍데기를 넣어서 끓인 된장에서. #"밥반찬으로는 **밍태껍띠기 여어서 끓인 딘자아서**/젓까치로 몰랑몰랑 익은 **밍태껍디기**로 조신조신/건져 밥우에 얹어서 몰랑몰랑 씹어 자시는 기/그 첫째 맛이고//"(상희구, 家親五味/대구.54)

및 분 명 몇 번. #"쏘내기가 한줄기 할랑강//뒷산 산삐얄쪼오서 번갯불이/**밑 분** 뺏뜩거리 쌓티마는/이내 자질구리한 천둥소리가/줄방구띠방구로 엮끼나온다//쏘내기가 억수로/퍼벘다가 그친다//마당 한쪼오는/따리아가 되리 붉다//하늘에는 발씨로/식은 낮달이/시큰둥하다//"(상희구, 뒷산 산삐얄쪼오서 자질구리한 천둥소리가 줄방구띠방구로 엮끼나오다-고산골에서/대구.32)

ㅂ

ㅂ내다 미 -니다. #"오월어느날 그하루 무덥던날/떨어져 누운 꽃잎마저/시들어 버리고는/천지에 모란은 자취도 없어지고/뻗쳐 오르던 내보람/서운케 무너졌느니/모란이 지고말면 그뿐/내 한해는 다가고말아/삼백 예순날 하냥/섭섭해우**옵내다**//"(김영랑, 모란이 피기까지)

ㅂ쇼, ㅂ시오 미 #"아 한우님!/이해를 바드시고 오는새해아츰부턴 벼락을내려**줍쇼**/惡도善보담 더착할때잇슴을 아옵든지 모르면죽으리다."(이상화, 이해를보내는노래)

바가지꽃 명 박꽃. #"당꽃밥에 가지냉국의 저녁을 먹고 나서/**바가지꽃** 하이얀 지붕에 박각시 주락시 붕붕 날아오면 집은 안팍 문을 휑하니 열젖기고/"(백석, 박각시 오는 저녁)

바다가 구길 때 구 멀리 바다에서 파도가 밀려오는 모습. 파도치는 모습을 솔바람 소리와 함께 그려낸다. #"風蘭이 풍기는 香氣, 꾀꼬리 서로 부르는 소리, 濟州회파람새 회파람 부는 소리, 돌에 물이 따로 굴으는 소리, 먼 데서 **바다가 구길 때** 솨,솨, 솔소리//"(정지용, 백록담)

바득하다 형 물기가 많지 않다. #"의관을 바로하고/이제는/방황하지 않는다./알맞은 위치에 항상 시선을 모은다./(처마보다 한치 높이./허나 하늘로 흘러보내지 않는)/**바득하게** 고인 물의/팽창한 수면을//"(박목월, 넥타이를 매면서)

바라다 형 바라 지내다. 희망하다. #"뵈올가 바란 마음 그마음 지난 바램/하로가 열흘같이 기약도 아득해라/**바라다** 지친 이 넋을 잠재울가 하노라//잠조차 없는 밤에 촉태워 안젓으니/리별에 병든 몸이 나을길 없오매라/저달 상기보고 가오니 때로 볼가하노라.//"(이육사, 옥룡암에서 신석초에게)

바랃고 동 어떤 사람이나 때가 오기를 바라다. #"어머니 어디 가셨나/마당에 나가 봤더니/어머니는 시름없이/둥그린 달님을 **바랃고**/호올로 계시더라.//"(박용철, 달밤)

바람받이 명 나쁜 일을 함께 맞이하여 돕고 살아감. #"그의 형제와/그의 사촌들을 더불고 있듯이/**바람받이** 잘하고/햇살받이 잘하며/어린 섬들이 의좋게 논다.//어떤 때는 구슬을 죱듯이 머리를 수그리고/어떤 때는 고개 재껴 티없이 웃는다.//"(박재삼, 섬을 보는 자리)

바람벽 명 집안의 안벽. #"오늘 저녁 이 좁다란 방의 흰 **바람벽**/어쩐지 쓸쓸한 것만이 오고 간다//"(백석, 흰 바람벽이 있어), #"흰 그림자 **바람벽**을 거닐어/이어이어 사라지는 흰 그림자 등을 묻어 무거운데/아무 은혜도 받들지 못한 여러 밤이 오늘 밤도/유리창은 어두워//"(이용악, 등을 동그리고)

바람세 명 바람의 강약. 風勢. #"**바람세**는 연사흘 두고 유달리도 밋그러워/한창때 삭신이 덧나기도 쉬웁단다.//"(정지용, 뻣나무 열매)

바랑 명 길 가는 중이 등에 지는 자루 같은 큰 주머니. #"나뭇게 끄을며 절길 오른 **바랑**,/산골길 칠백리엔 이마 훔치던 원효선사./"(신동엽, 여름이야기)

바래다 형 세월이 오래되어 색깔이 날라가 본래의 색깔이 희미해지다. #"돌도 씻기고 **바래이면**, 죽도록을 그립다 샇는/長天에 뜨고 싶은 마음이 따로 있을까./……아마 없으리.//돌들이 그런 대신 또 아무것도 여기 못 온다./그득한 바닷물, 바닷바람, 햇빛 별빛 밖에는./오히려 사는 일 끝에 묻은 어려운 먼지가/돌밭 위에 서성이다 하늘로 뜨는 걸 보았다.//"(박재삼, 물먹은 돌밭 경치)

바로 부 시간적인 간격을 두지 아니하고 곧. #"들 끝에 날아가는 나는 구름은/밤쯤은 어디 **바로** 가 있을 텐고/삭주 구성은 산너머/먼 육천 리//"(김소월, 朔州龜城)

바루 명 거리의 대략적인 정도를 나타내는 접미어(평북 방언). -쯤(장소의 대력 위치). 곧. #"이러면서 그 무슨 제비의 침이라는 燕巢湯이 맛도 있는 것과 또 어느 **바루** 새악씨가 곱기도 한 것 같은 것을 생각하는 것일 것인데//"(백석, 澡堂에서)

바리깨 명 주발 뚜껑. #"벌개늪에서 **바리깨**를 뚜드리는 쇳소리가 나면/누가 눈을 앓아서 부증이 나서 찰거마리를 부르는 것이다/마을에서는 피성한 눈숡에 저린 팔다리에 거마리를 붙인다//"(백석, 오금덩이라는 곳)

바리깨돌림 명 '바리깨'는 주발 뚜껑. '바리깨돌림'은 주발 뚜껑을 돌리며 노는 아동들의 유희. #"밤이 깊어가는 집안엔 엄매는 엄매들끼리 아룻간에서들 웃고 이야기하고 아이들은 아이들끼리 웃간 한 방을 잡고 조아질하고 쌈방이 굴리고 **바리깨돌림**하고 호박떼기하고 제비손이 구손이하고//"(백석, 여우난골족)

바리때 명 중이 쓰는 나무로 대접같이 만들어 안팎을 칠한 그릇. #"나는 너무 애지고 막막하여져서 사립을 벗어나/먼발치로 **바리때**를 든 여승의 뒤를 따라 돌며/동구 밖가지 따라 나섰다.//" (송수권, 여승)

바사지다 동 부서지다. #"나는 애당초 꿀벌, 밀원 찾아가는 꿀벌/時調라는 촉기 하나로 採蜜하는 작은 일벌/여든 해 役事를 했더니 이젠 날개도 **바사졌네.**"(정완영, 꿀 따러 가세), #"누이야 그래 네심장이 물마른데뛰는 고기처럼 두근거리느냐/마른잎사귀같이 그냥 **바사지려하는냐**/기름마른 뷘 물레돌아가듯 돌아간단말이냐/아,애처로워라 그림서도 너는 걱정이/오빠의얼굴빛이 피끵벗이 누르다는것/가슴에피는 동백꽃잎이 배알어나오는것/아,우리의 손이 서로닿으면 하얀초같이 싸늘하고나//"(박용철, 두 마리의 새)

바시여라 동 바수다. 두드리어 잘게 깨뜨리다. #"찬 모래알 쥐여 짜는 찬 사람의 마음, 쥐여 짜라. **바시여라**. 시언치도 않어라.//"(정지용, 鴨川)

바우섶 명 바위 옆. #"나는 이런 저녁에는 화로를 더욱 다가 끼며, 무릎을 꿇어 보며,/어니 먼 산 뒷옆에 **바우섶**에 따로 외로이 서서/어두워 오는데 하이야니 눈을 맞을, 그 마른 잎새에는//" (백석, 南新義州 柳洞 朴時逢方)

바위낭 명 '바위+낭'의 합성어로 바위로 된 낭떠러지라는 의미이다. #"깜안 **바위낭** 아래 푸른쏘/모든 그림자를 늘름 삼키다/조건 가지끝에 감츠름한 새/그래도 제그림자를 노래하고있다//" (박용철, 솔개와 푸른 쏘)

바위너설 명 험한 바위나 돌 따위가 삐죽삐죽 나온 곳. #"한 점 섬이더이다, 못 감을 욕망이더이다/바다는 영원의 손짓, 인생은 갈매기 떼/푸섶에 **바위너설**에 둥지 틀고 살더이다."(정완영, 제주도 기행시초 / 섬사람들)

바이 부 응당. #"갈래갈래 갈린 길/길이라도/내게 **바이** 갈 길은 하나 없소.//" (김소월, 길)

바자 명 수숫대나 사리나무로 엮어 만든 울타리. #"칠팔월 역병막이 수수깡 **바자**/동네 사람 돌팔매에 목 움츠리고 /삼밭에 숨어 서서 그이 오길 기다렸다/어둠 속에 달처럼 환희 뜨길 기다렸다//"(신경림, 돌개바람), #"**바자**에 까치 한 마리 까각이다 가도 어머님은/지향 없는 기다림에 조바심해 살았느니//누구렛집 막동이의 돌날이라도/돌이 돌이 한울안 같은 적은 모꼬지었다.//"(유치환, 고원)

바자니다 형 반복적으로 돌아다니다. 여기저기를 급하게 돌아다니다. #"저 칠칠한 대밭 둘레길을 내 마음은 늘 **바자니고** 있어요. 그러면, 훗날의 당신의 구름 같은 옷자락이 불각스레 보여 오는 것이어요. 눈물 속에서는,

반짝이는 눈물 속에서는, 당신 얼굴이 여러 모양으로 보여 오다가 속절없이 사라지는, 피가 마를 만큼 그저 심심할 따름이어요. 그러니 이 생각밖에는요.//"(박재삼, 대인사), #"닦이고 허물 없는 웃음이나 서로 비추며/노래는 조용히 익어 안소리로 가꾸는/가난은 물새 **바자니듯** 그러구러 살더니라.//만져서 화안하여 염주 같은 마음일레/고운 임이여! 손들고 헤어져보면/다시도 넘치는 둘레 연분하여 뵙는데.//"(박재삼, 환도부)

바재이다 형 망설여지다. #"어렷두렷하엿달지 저리도 해는 산머리에서 **바재이고** 잇습니다 그런데//"(김소월, 길차부)

바잽 명 망설임. #"**바잽**의 모래밭에/돋는 봄풀은/매일 붓는 벌불에 터도 나타나//"(김소월, 고독)

바지게 명 싸릿대 등으로 엮은 바구니를 얹어 놓은 지게. #"강새이는 삽짝서 졸고/달구새끼는 횃대 우에서 졸고/괘네기는 실겅 밑에서 졸고/할배는 담빼라다 **바지게**/걸치놓고 살핑사서 졸고/할매는 마늘 까다가 졸고/알라는 할매 젓태서 졸고/에미는 콩밭 매다가 졸고/에비는 소 몰민서 졸고//팔공산 모티는 가몰가몰/아지래이 속에서 졸고/영천군 청통면 신원리 마실이/마카 졸고 있는데//居祖庵 靈山殿/五百羅漢 부처님만/마실 지키니라고/누이 말똥말똥하다//"(상희구, 자부래미 마실－永川 淸通 居祖庵 가서/대구.8)

바텃다 형 말랐다. #"아니라 그산들 매마르고 시내는 **바텃다**/우리 노래는 우리꿈을 안떠나는 慾望의 말소리요 마음의 괴롬이라/그 마음속 흐릿한 憧憬과 이룰ㅅ길없는 머언 히망은/사라지는 음률과 긴 한숨 아모런 우리 재조로도 나타낼수없느니.//"(박용철, 나이팅게일)

바트고 형 마르고. #"그때부터 나의몸이 **바트고**/그리움에 마음이 죽을듯하다/저 불상한 계집이/눈물로 내게 독약을 먹인게다(귀향 14)//"(박용철, 바다는 멀리 번쩍인다)

박각시 명 박각시 나방. 해질 무렵에 나와서 주로 박꽃 등을 찾아 다니며 긴 주둥아리 호스로 꿀을 빨아 먹으며 공중에 난다. 날면서 먹이를 먹는 까닭에 언제나 소리가 붕붕하게 크게 난다. #"당콩밥에 가지 냉국의 저녁을 먹고 나서/바가지꽃 하이얀 지붕에 **박각시** 주락시 붕붕 날아오면/집은 안팎 문을 횅 하니 열젖기고/인간들은 모두 뒷등성으로 올라 멍석자리를 하고 바/람을 쐬이는데/풀밭에는 어느새 하이얀 다림질감들이 한불 널리고/돌우래며 팟중이 산옆이 들썩하니 울어댄다/이리하여 한울에 별이 잔콩마당 같고/강낭밭에 이슬이 비 오듯

하는 밤이 된다//"(백석, 박각시 오는 저녁)

박나비 명 박나방. 박각시나비. 숨을 헐떡이는 어린애의 모습을 박각시나비가 배를 벌떡이는 모습에 비유하고 있다. #"가쁜 숨결을 드내 쉬노니, **박나비** 처럼,/가녀린 머리, 주사 찍은 자리에, 입술을 붙이고/나는 중얼거리다, 나는 중얼거리다, 부끄러운줄도 모르는 多神教徒와도 같이.//"(정지용, 發熱)

박우물 명 바가지로 물을 뜨는 얕은 우물. 두레우물. #"그리고 甘露같이 단샘이 솟는 **박우물**도 자작나무다/山너머는 平安道 땅도 뵈인다는 이 山골은 온통 자작나무다//"(백석, 白樺)

반거치 명 반거충이. 배우던 것을 중도에 그만두어 다 이루지 못한 사람. #"타협과 **반거치**일에 들지않게 하시고/완고하고 굳건한 자랑을 가지고/마침내 싸홈을 이기는 때이라도/하나님 내가 만족지 않게 지켜줍소서.//"(박용철, 祈禱)

반끄히 부 반끗히. 살짝. #"네 소리는 조금 썩심하니 쉬인 듯하다/네 소리에 내 마음을 **반끗히** 밝어오고 또 호끈히 더워오고 그리고 즐거워 온다//"(백석, 촌에서 온 아이)

반디시 부 반듯이. #"에미가 **반디시** 누븐 머시마 눈까풀을 까디집고는 빨간/새 끝으로 누 난을 요게조게 핥기 시작디마는 마츰네 개자씨만쿰/쪼맨한 까망 점같은 기 에미 빨간 새 끝에 묻어 나왔다/머시마가 무망간에 발딱 일어 나민서 만세, 엄마 인자 갠/찮다 카이끼네, 에미가, 아이고 고노무 자석 하민서 또 한분/머시마 궁디를 찰싹 때린다//"(상희구, 살을 섞다/대구.44)

반디젓 명 밴댕이젓. '반디'는 '밴댕이'의 평북 방언. #"배나무접을 잘하는 주정을 하면 토방돌을 뽑는 오리치를 잘 놓는 먼 섬에 **반디젓** 담그려 가기를 좋아하는 삼춘 삼춘엄매 사춘누이 사춘동생들/"(백석, 여우난골족)

반마 명 '반마(班馬)'의 오식. 얼룩말. #"班馬같이 海狗같이 어여쁜 섬들이 달려오건만/—히 만저주지 않고 지나가다.//"(정지용, 다시 海峽)

반묘 명 한자어로 딱정벌레과에 속하는 곤충의 일종. 가뢰, 토가뢰, 토반묘라고도 한다. 그러나 여기서는 고운 빛깔의 점박이 고양이를 가리키는 듯하다. #"**반묘**(班猫)/어느 사막(沙漠)의 나라 유폐(幽閉)된 후궁(後宮)의 넋이기에/몸과 마음도 아롱져 근심스러워라.//"(이육사, 반묘, 46)

반봉 명 생선 종류의 통칭. 커다랗고 좋은 생선을 골라 제사상에 올려 놓은 것. #"한 해에 몇 번 매연지난 먼 조상들의 최방등 제사에는 컴컴한 고방 구석을 나와서 대벌머리에 외얏맹건을 지르터 맨 늙은 제관의 손에 정갈히 몸을 씻고 교우 위에 모신 신주 앞에 환한 촛불 밑에 피나무 소담한 제상 떡, 보탕, 식혜, 산적, 나물지짐, **반봉**, 과일들을 공손하니 받들고 먼 후손들이 공경스러운 절과 잔을 굽어보고 또 애끓는 통곡과 축을 귀애하고 그리고 합문 뒤에는 흠향오는 구신들과 호회 접하는 것//"(백석, 木具)

반이운 형 절반 정도 시든. #"살작이 등지고 앉어서/**반이운** 꽃을 가여워 하는듯/피여나는 꽃을 어엽버 하는체/뒤에 들리는 발자최만/……기다리네/……/……와멈추는 발자최//"(박용철, 기다리든때)

반자지 명 절반은 쌀, 절반은 보리쌀로 지은 쌀밥, 그 시절 아버지와 형만 생일날 나보다 더 하얀 쌀밥을 준다고 필자가 빗대어서 만들어 낸 말이다. #"맨자지는 아부지 생일밥/반자지는 형 생일밥/반**반자지**는 내 생일밥/꼽삶이 꽁보리밥은 엄마 생일밥//"(상희구, 맨자지/대구.9)

반츨하다 형 손 때가 묻어 반질반질하다. 반들반들하고 모양새가 또렷하다. #"**반츨한** 돌기둥이 안개에 감기듯/아물아물 사라질 때면/욧스런 웃음이 배암처럼 기어들 것만 같애/싸늘한 마음에 너는 오시러운 피를 흘린다//"(이용악, 금붕어)

반팅이 명 이남박. 안쪽에 여러 줄로 고랑이 지게 돌려 파서 만든 함지박. 쌀 따위를 씻어 일 때에 돌과 모래를 가라앉게 한다. '이남박'의 경상도 방언형은 '쌀배기, 살배기, 쌀뚝배기, 쌀람박, 쌀람박이, 함백이, 나무함백이, 함박, 함지, 나무함지, 박바가치, 나무바가치, 나무바아치, 솔바가지, 구멍구시, 반팅이' 등이며 이와 함께 사용되는 방언형 중에 '반팅이장사, 반팅이장시'가 있는데 이는 '목판에 물건을 놓고 파는 노점상'을 이르는 말이다. '시장에 가면 바구니 하나 놓고 하는 작은 노점상'이 있는데 이들을 일컫는 말이다.『한국방언자료집 7, 8 경상도편』 #"모진 목숨, 못 죽제. 모녀가 뱃머리에 나가서 **반팅이** 장사를 하는데 뱃머리 그곳이 좀 험한 곳가?"(박경리, 토지,9,167), #"**반팅이**장시를 하든, 뭣을 해도 입이사 못 묵고 살까마는, 머안된다고 카믄 할 수 없고 아이 아배 올때꺼지 다리 밑에 막을 쳐도 못 살기야."(박경리, 토지, 3,418)

발바닥 꼬아리 명 꽈리 모양으로 둥글게 물집이 잡힌 부분. 이숭원 교수는『원본 정지용 시집』에서 '꽈리처럼 둥글게 파인 부분'이라고 풀이한다. #"아래ㅅ절 불켜지 않은 장방에 들어 목침을 달쿠어 **발바닥 꼬아리**를 슴슴지지며 그제사 범의 욕을 그놈 저놈 하

고 이내 누었다.//"(정지용, 진달래)

발뿌리 명 발부리. #"가진바 씨앗을/뿌리면서 가거라/**발뿌리**에 돌이 채이거든/감았던 눈을 와짝 떠라//"(윤동주, 눈감고 간다)

발사슴 명 팔과 다리를 움직이며 몸을 비틀어서 부스대는 짓. 여기서는 '꿈틀거리며 솟구쳐 오르는'의 의미로 쓰임. #"가을날우는듯한 애올린소리따라/마련없는 나그내길로 나를불러내느냐/무엇 찾어야할줄도 모르는길로/**발사슴**하는욕망에 가슴죄이며 걸으랴느냐//"(박용철, 센티멘탈)

발씨로 부 벌써. #"쏘내기가 한줄기 할랑강//뒷산 산삐얄쪼오서 번갯불이/밑분 뺏뜩거리 쌓티마는/이내 자질구리한 천둥소리가/줄방구띠방구로 엮끼나온다//쏘내기가 억수로/퍼볐다가 그친다//마당 한쪼오는/따리아가 되리붉다//하늘에는 **발씨로**/식은 낮달이/시큰둥하다//"(상희구, 뒷산 산삐얄쪼오서 자질구리한 천둥소리가 줄방구띠방구로 엮끼 나오다 – 고산골에서/대구.32)

발차최 명 발자취. '발자최'의 오식으로 보임. #"동방을 차자드는 신부의 **발차최** 같이/조심스리 거러오는 고이한 소리!/해조의 소리는 네모진 내들창을 열다/이밤에 나를 부르는니 업스련만//"(이육사, 해조사, 65)

발치 명 발 아래. #"나는일즉 이세상박그로/남모를야릇한나라를 찻든나이다/그러나 지금은넘치는만족으로/나의발**치**에서 놀나고잇노라.//"(이상화, 새세계)

밝는다 동 볽다. 껍질을 벗겨 속에 들어있는 알맹이를 집어내다. '바르다'의 평북 방언. #"어진 사람의 짓을 어진 사람의 마음을 배워서/수박씨 닦은 것을 호박씨 닦은 것을 입으로 앞니빨로 **밝는다**//"(백석, 수박씨, 호박씨), #"제삿날이면 귀머거리 할아버지 가에서 왕밤을 **밝고** 싸리꼬치에 두부산적을 께었다//"(백석, 고방)

밤낙기 명 밤낚시. #"斜線언덕우흐로 쑥으리고안즌 두어집 울타리마다/걸어둔그물에 틈틈이끼인조개껍지는 머-ㄹ리서웃는니ㅅ발일너라./마을압흐로 업대여잇는 모래길에는 아모도업고나/지난밤 **밤낙기**에 나련하여—낫잠의단술을 마심인가보다.//"(이상화, 原始的 悒鬱)

밤대거리 명 주로 광산에서, 밤낮 교대로 일하는 경우 밤에 일하는 대거리. #"느린 벽시계가 세시를 치면/자다 일어난 **밤대거리**들이 지분댔다/활석광산 아래 마을에는/아침부터 비가 오고//"(신경림, 동행)

밥집 명 밥을 해서 파는 집. 공장장이나 직장에서 전속으로 밥을 대놓고 먹거나 참을 제공하는 집. #"녹슨 트렉터 뒤에 가 숨고/그 유월에 아들을 잃은

밥집 할머니가/넋을 잃고 안장 비를 맞는 장마철//"(신경림, 장마), #"바람은 진종일 읍내를 돈다/**밥집**을 기웃대고 소줏집을 들락인다/싸전 윷놀이판을 구경하고 섰다가/골목을 빠져 언덕 토담집들을 뒤진다//"(신경림, 바람)

밥퇴기 명 밥알. #"그래 그랬었다 그는/지푸라기 하나 헛반데 쓰지 못하게 했다/어쩌다 내가 **밥퇴기** 한 알 바닥에 떨치면 죽일 듯이 눈알을 부라렸다//"(김남주 아버지, "조국은 하나다")

방고개 만데이 명 반고개 꼭대기. 방고개는 半고개, 만데이는 꼭대기를 말한다. #"초지역이 이역할 때 쭘 해서 질을 나서는데, 안티골 새이집은 건너 지실마을 끝타아, 막은안창집 옆푸라다 배껕마당을 가로질러, 호무래이로 돌아서 야산을 올라가마, **방고개 만데이** 지나서 쪼만한 산삐얄 못미쳐 비탈, 위진 곳에 살찌이맹쿠로 숨었는기라//"(상희구, 새이(喪輿)집/대구.27)

방고래 명 불을 때면 방바닥 밑으로 불길이 들어가는 길목. #"흙 묻은 속옷 바람으로 누워/아내는 몸을 떨며 기침을 했다./온종일 **방고래**가 들먹이고/메주 뜨는 냄새가 역한 정미소 뒷방./십촉 전등 아래 광산 젊은 패들은/밤이슥토록 철 늦은 섰다판을 벌여/아내 대신 묵을 치고 술을 나르고/풀무를 돌려 방에 군불을 때고//"(신경림, 경칩)

방뇨를 한다 구 오줌도 팥과 마찬가지로 흉사를 막고 악귀를 쫓아내는 액막이의 구실을 하던 상징물이다. 방뇨를 한다는 것은 팥을 뿌리는 행위와 마찬가지로 민간의 속신을 쫓아서 흉사를 막으려는 행위이다. #"술취한 시인이 **방뇨를 하던** 인사동 골목길을 사랑하고 돌아왔다.//"(정호승, 시계의 잠)

방두깨 명 소꿉질, 소꿉놀이. 아이들이 자질구레한 그릇 따위의 장난감을 가지고 살림살이 흉내내는 것을 '소꿉질, 소꿉놀이'라고 하는데 이것의 경상방언형은 '동도깨비, 동두깨비, 동더까래, 동더깨미, 동디깨미, 동지깨미, 방두깨미, 방두깽이, 방즈깽이, 방주깽이, 방더깽이, 방뜨깨미, 빵주깽이, 빵또깽이, 빵깽이, 세간살이' 등이 있다.『한국방언자료집 7-8 경상도편』 참조. #"아 내맘의잠근문을, 쑤다리는이여, 네가누냐?이어둔밤에/榮譽!/**방두**꽤살자는榮譽여 !너거든 오지말어라/나는 네게서 오즉가엽슨선웃음을볼뿐이로라.//"(이상화, 訪問拒絶, 1982, 137)

방두꽤 명 소꿉질. 소꿉놀이. '방두께미', '빵깽이' 등과 같은 방언분화형이 있다. 『표준국어사전』에서는 '방두깨미'를 '소꿉질'의 잘못이라고 설명하고 있을 뿐이다. 따라서 표제어로도 등재되어 있지 않는 '방두께'로 교정하여서는 안 될 것이다. 『한국방언자료집 7 경상북도편』에서는 '소꿉질'(표제어 '소꿉질'의 잘못)에 대한 방언형을 '동도깨비, 동두깨비, 동더까래, 동더깨미, 동디깨미, 동지깨미'형과 '방두깨미, 방두깽이, 방즈깽이, 방주깽이, 방더깽이, 방뜨깨미, 빵주깽이, 빵또깽이, 빵깽이'형과 '세간살이'와 같은 방언형이 분포하고 있음을 보여주고 있다. #"아 내맘의잠근문을, 쑤다리는이여, 네가누냐?이어둔밤에/榮譽!/방두쌔살자는榮譽여! 너거든 오지말어라/나는네게서 오즉가엽슨선웃음을볼쑨이로라.//"(이상화, 訪問拒絶, 1982, 137)

방물장수 명 잡동사니를 매고 다니며 파는 장사치. #"하늘은 날더러 구름이 되라 하고/땅은 날더러 바람이 되라 하네/청룡 흑룡 흩어져 비 개인 나루/잡초나 일깨우는 잔바람이 되라네/뱃길이라 서울 사흘 목계나루에/아흐레 나흘 찾아 박가분 파는/가을볕도 서러운 **방물장수** 되라네//"(신경림, 목계장터)

방우 명 바위. 부피가 매우 큰 돌. '바위'에 대응되는 경상 방언형에는 '바오, 바우, 방우, 방구, 바구, 방이' 등이 사용되고 있다. 이와 함께 '반굿돌'은 '바위돌'을 뜻한다. #"그 물 맞고 **방구**가 널다란 게 있는데 거 올라가서 뜨거운 데 찌지고 절에 약숫물 있는 데 미역 갖고 가서 국 끓이 가지고 먹고 그래 그래 쪼금씩 나았어."(구술/성춘식, 편집/신경란, 이부자리 피이 놓고, 1992, 29)

방우돍 명 바위돌. #"목이메이고 청이잠겨서 가슴속에끌는마음이 말이되야나오지못하고 불김가튼숨결이 켜이질쑨이엇다 손도들이지안코 발도써러지지안코 가슴우헤싸힌**방우돍**을 떼밀려고애쓸쑨이엇다."(이상화, 夢幻病)

방천쑥 명 '방천'은 고유명사로서 대구 중심을 지나가는 신천의 방천둑을 가리킨다. 대륜중·고등학교가 이전하기 전에는 수성방천 뚝 가에 있었다. #"반남아 문허진 달구성 녯터에나/숩그늘 욱어진 도수원 노리터에/오고가는 사람이 만키야 하여도/**방천쑥** 고목처럼 여윈이 얼마랴//"(이상화, 대구행진곡)

밭최뚝 명 밭두둑. #"**밭최뚝**에 즘부러진 땅버들의 버들개지 피여나는 데서/볕은 장글장글 따사롭고 바람은 솔솔 보드라운데/나는 땅입자 老王한테 석상디기 밭을 얻는다//"(백석, 歸農)

배껕마당 명 주로 공용으로 쓰이는 바깥에 있는 마당. #"아이고 무섭어라!/한 동네 사는 신태랑, 그 단에 배루고 배루던 저 건너 마실, 안티골에 숨어 있는 새이(喪輿) 집을 염탐키로 작정을 했다./초지역이 이역할 때 쭘 해서 질을 나서는데, 안티골 새이집은 건너 지실마을 끝타아, 막은안창집 옆푸라다 **배껕마당**을 가로질러//"(상희구, 새이

(喪輿)집/대구.27)

배론땅 명 배론(舟論)성지. 충청북도 제천시 봉양면 구학리에 있는 이곳은 1791년 천주교 박해를 피해온 교우들이 농사를 짓고 옹기를 구워 생활하며 신앙공동체를 이룬 곳으로 마을에 위치한 계곡이 배(舟) 밑창을 닮았다 하여 배론으로 부른다. #"헐벗은 가로수에 옹기전에 전봇줄에/잔비가 뿌리고 바람이 매달려 울고/나는 진종일 여관집 툇마루에 나와/잿빛으로 바랜 먼산을 보고 섰다/**배론땅**은 여기서도 삼십리라 한다/궂은 날 여울목에서 여자 울음 들리는/강 따라 후미진 바윗길을 돌라 한다//"(신경림, 다시 남한강 상류에 와서)

배루고 동 벼르고. #"아이고 무섭어라!/한 동네 사는 신태랑, 그 단에 **배루고** 배루던 저 건너 마실, 안티골에 숨어 있는 새이(喪輿) 집을 염탐키로 작정을 했다.//"(상희구, 새이(喪輿)집/대구.27)

배막띠이 명 배막둥이 혹은 배막동이의 말인 듯, 주로 사리판단에 있어 앞 뒤가 막히고 전연 융통성이 없는 아이나 어른을 말한다. #"가리늦게 머시마만 너이로/둔 어떤 오마이가 사할뒤리/씨부렁거리 쌓는 기라꼬는//큰늠은 물티이 겉고/둘째 늠은 쫌쌔이고/시째 늠은 **배막띠이**고/그라마 끄티이는 쫌 크기 될랑강?//이었다//"(상희구, 물티이/대구.72)

배미리기 명 아기가 기기 전 배로 밀어서 움직이는 것. #"배는 고파 죽겠는데/서산에 해는/안주 짱짱하다//엄마가 저녁 이아 물 양으로/보리죽 한 사발을/실겅우에 유룸해 논 거를/내가 밨는데//해는 여죽지/빠질 기척도 안하고/자꼬 **배미리기**만/해 쌓는다//"(상희구, 보릿고개/대구.60)

배슬리다 동 '배다'의 사동형. 배 속에 아이나 새끼를 가지게 하다. '배슬다'라는 어휘는 '아이를 배이다'를 나타내는 방언인데 '배(다)+슬다' 혹은 '배(에)+슬다'라는 짜임새로 이해할 수 있다. '슬다'는 '벌레나 물고기 따위가 알을 깔기어 놓다.'의 의미이다. #"장안사 사장의 부인은 아이를 **배슬려**(**배스려**) 보지도 못한 사람이라 양녀를 삼을 만한 아이를 구하고 있던 중이었다."(서정범, 숨어사는 외톨박이1, 늙은 기생 초향이, 1978), #"열 달 **배슬려** 낳은 제 자식이라고 다 그럴까. 우리 홍이 장개갈 때까지, 늘 그래 쌌더마는 며느리 손에 밥 한 끼못 얻어묵고, 공 안 든임네는 며느리 시중받아감서 죽었는데."(박경리, 토지, 10, 258)

배암 명 뱀. '배암, 배미'는 '뱀'의 경상 방언형이다. '뱀'의 고어형은 'ᄇᆡ얌'(ᄇᆡ야미 가칠 므러『龍歌 7장』, ᄇᆡ암(蛇)『月釋二十一:42, 杜詩一:43』)인데 경상 지방에서는 이 고어형과 유사한 형이 아직 사용되고 있다. 이와 함께 표준어 대사전에 등재된 '배미'는 '논배미'나 '구획진 논을 세는 단위'로 쓰이는 말이다. #"넓은 들에 두둑마다 **배미**마다 일꾼들이 구부리고 있었다."(오유권, 대지의 학대), "소가 지나가며 건넌 **배미**의 벼 포기로 주둥이를 가져간다."(황순원, 신들의 주사위), "열두 배미 논을 한 **배미**로 만들어 농지를 개량하니 농사짓기가 편해졌다. 우리 집은 겨우 두 마지기짜리 논 한 배미로 먹고살았다.", "검푸른 풀섶을 헤치고 온다/**배암**이 알 까는 그윽한 냄새에 불그스레/취한 얼굴들이 해와 같다//"(이용악, 벽을 향하면), #"반츨한 돌기둥이 안개에 감기듯/아물아물 사라질 때면/욧스런 웃음이 **배암**처럼 기어들 것만 같애/싸늘한 마음에 너는 오시러운 피를 흘린다//"(이용악, 금붕어), #"그러나아즉도—/쉴사이업시올머가는자연의변화가내눈에내눈에보이고/죽지도살지도안는너는생명이아니다란내맘의비웃음까지들린다들린다./아서리마즌**배암**과가튼이목숨이나마 끗허지기전에/입김을 부러너차 핏물을되뤄보자.//"(이상화, 오늘의 노래), #"비가 조록 조록 세염없이 흘러나려서…/나는 비에 홈출젖은닭같이 네게로 달려가련다…/물 건너는 한줄기 **배암**같이 곧장 기여가련다…/감고 붉은제비는 매끄름이 날러가는것을…//"(박용철, 비), #"그녀의/인간적인 몸부림./죽음의 밤의 불빛 새는 방문 밑으로/기어간 **배암**./절단된 세계의/꿈틀거리는 전화 코오드는 늘어지고,/절벽에서 추락하는/한 여인의/散髮과 절규는 굳어진 채//"(박목월, 나그네, 砂樂質, 1995, 100), #"이리와 **배암**떼는 흙과 바위 틈에 굴을 파고 숨는다./이리로 오너라. 비가 오면 비 맞고, 바람 불면 바람을 마시고, 천둥이며 번갯불 사납게 흐린 날엔, 밀빛 젖가슴 호탕스리 두드려보자.//"(김춘수, 꽃을 위한 서시, 숲에서, 1997, 19), #"처치할 수 없이 무상한/계절의 허무/그 독한 樹陰에 안기어/**배암** 한 마리 熱을 앓는다//…/네 살을 네가 뜯어 피 흘리며/늘어져라 배암!/눈감고 장그럽게 늘어져라/배암!//"(김춘수, 꽃을 위한 서시, 蛇, 1997, 28), #"풀밭에 **배암**이 눈뜨는 소리/논두렁에 밈둘레가 숨쉬는 소리//"(김춘수, 꽃을 위한 서시, 봄B, 1997, 46)

배암들 명 뱀 여러 마리. '배암'은 '뱀'의 경상방언형이며 여기에 복수접미사가 붙은 여형이다. #"제가 내게 볐지않길 맹세하든/옛ㄴ리 회당안에 들어와보니,/그때 저의 눈물 떨어지든곳/**배암들**이 나와 기고있어라.(귀향 19)//"(박용철, 그 집에 들어와보니)

배차 명 배추. '배차'는 중국어 '白菜'에서 유래되었는데 경상방언에서는 '배추'를 '배차'라고 한다. 배차를 재리났았다가 양님을 해가 버물리야 댄데이(영천), 올개는 배차깝이 똥갑이다. 작년에 배차깝이 좀 노프디이 올개는 지나개나 다 심가가 배차깝이 똥갑이 됐다카더라(칠곡, 의성) #"**배차**속 처럼 피ㅅ기없는 얼굴에도/푸른빛이 비최여 생기를띠고/더구나 가슴에는 깨끗한 가을입김을 안은채/능금을 바수노라 해를 지우나니.//"(이상화, 나는 해를 먹다)

배창 명 船倉. 배 안 갑판 밑에 있는 짐칸. #비린내 나는 물과 나쁜 음식 따위는 아무 문제도 아니리/구겨진 채로 엔진 기름 냄새 황홀한/어두운 **배창** 바닥에 귀를 대고 누우면/깊고 차가운 바다의 푸른 음성/고래의 합창처럼 귓속으로 밀려들고//(김요한, 밀항)

배척하다 형 조금 비린 맛이나 냄새가 나는 듯하다. '배척지근하다'를 변형시키는 말이다. '배척지근하다'는 조금 비리다는 뜻이다. #"시큼한 **배척한** 퀴퀴한 이 내음새 속에/나는 가느슥히 女眞의 살내음새를 맡는다//"(백석, 北關)

배추꼬리 명 배추뿌리. #"거북이는 **배추꼬리**를 씹으며 달디달구나 **배추꼬리**를 씹으며/꺼무테테한 아배의 얼굴을 바라보면서 **배추꼬리**를 씹으며/거북이는 무엇을 생각하누//"(이용악, 하늘만 곱구나)

백령조 명 몽고의 종달새. #"고방엔 그득히 감자에 콩곡석도 들여 쌓이고 노왕은 채매도 힘이 들고 하루종일 **백령조**(白翎鳥) 소리나 들으려고 밭을 오늘 나한테 주는 것이고/"(백석, 귀농)

백복령 명 구멍장이버섯과의 버섯으로 공 모양 또는 타원형의 덩어리. 땅속에서 소나무 따위의 뿌리에 기생한다. 백복령은 빛깔이 흰 복령을 말하는데 오줌이 잘 나오게 하고 담병, 浮腫, 습증 따위를 다스리거나 몸을 보하는 데 쓴다. #"토방에서는 질화로 위에 곱돌탕관에 약이 끓는다/삼에 숙변에 목단에 **백복령**에 산약에 택삭의 몸을 보한다는 육미탕이다/"(백석, 탕약(湯藥))

백인 동 박힌. #"내가 그날에 사랑해 만지든 말이 이제 내 눈앞에 있다./그 털의 윤택함 빛나는 흰눈ㅅ자위 뒤ㅅ다리의 탐스러움/자랑스럽든 그태도를 어디하나 남겨있진 않으나./나는 다만 깊히**백인** 사랑의 총명함으로 알아볼수 있느니.//"(박용철, 사랑하든말)

백재일 명 白遮日. '백재일 치듯'은 흰옷 입은 사람들이 많이 모인 모양을 이르는 말. #"약물터엔 사람들이 **백재일** 치듯하였는데/봉갓집에서 온 사람들도 만나 반가워 하고/깨죽이며 문

주며 섭가락 앞에 송구떡을 사서 권하거니 먹거니 하고//"(백석, 칠월 백중)

백중 명 음력으로 칠월 보름날. 여름 동안 安居를 마치고 제각기 허물을 대중 앞에서 드러내어 懺悔를 구하는 날로 불교에서 유래한 名日. 나중에는 전통 민속의 날로 발전하여 이날에는 농사꾼들이 일을 하지 않고 쉬며 운동이나 그 밖의 오락으로 하루를 보내는 날로 인식되어졌다. #"마을에서는 세불 김을 다 매고 들에서/개장취념을 서너 번 하고 나면 **백중** 좋은 날이 슬그머니 오는데//백중날에는 새악씨들이/생모시치마 천진푀치마이 물팩치기 껑추렁한 치마에/"(백석, 칠월 백중)

백찜 명 백설기. #"참, 언선시럽두룩 죽을 마이 묵었다//보릿고개 급한 救荒에는 보리죽/비 오는 날에는 대개 콩죽/집에 半불 들오는 날 저녁에는 으레 갱죽/식은 밥에다 먹다 남은 짐치랑 온갖 잡동사이/집어 넣어서 끓인 갱식이죽/엄마 아풀 때는 그나마 흰죽/알라들 엄마젖 모지랠 때는 암죽/강낭콩이나 팥네끼가 **백찜**에/까망콩이나 건포도겉은 호박범벅죽/지체있는 집안의 영감님이나 마님들, 속이/허할 때는 잣죽 아이마 전복죽, 홍합죽, 깨죽/동짓날에는 당연히 팥죽/중간중간에 녹띠죽/이것도 저것도 아닌 풀때죽//"(상희구, 죽/대구.95)

백탕 명 '백탕'은 '맹물을 끓인 물'을 뜻하는 함북 방언이다. #"여덟 구멍 피리며 앉으랑 꽃병/동그란 밥상이며 상을 덮은 흰 보재기/아내가 남기고 간 모든 것이 그냥 그대로/한때의 빛을 머금어 차라리 휘휘로운데/새벽마다 뉘우치며 깨는 것이 때론 외로워/술도 아닌 차도 아닌/뜨거운 **백탕**을 훌훌 마시며 차마 어질게 살아보리//"(이용악, 길)

뱌죽히 부 '비죽이'의 작은 말. #"**뱌죽히** 떠오르는 쥬홍의 저녁//"(김소월, 져녁)

버드남 명 버드나무. #"백 년 기다리는 구렝이 숨었다는 **버드남**엔/하루살이도 호랑나비도 들어만 가면/다시 나올 성싶잖은/검은 구멍이 입벌리고 있었건만//"(이용악, 버드나무)

버들개지 명 버들가지. #"실개천 **버들개지**도 눈을 뜨는 사랑으로/진달래 묵은 등걸에 더운 숨을 불어넣고/게으른 눈녹이 마을 녹 쓴 종을 울려라.//"(정완영, 봄바람에)

버들치 명 버들개. #"돌다리에 앉어 날 **버들치**를 먹고 몸을 말리는 어이들은 물총새가 되었다//"(백석, 夏畓)

버러지 명 벌레. #"갈부던 같은 藥水터의 山 거리/여인숙이 다래나무 지팽이와 같이 많다/시냇물이 **버러지** 소리를 하며 흐르고/대낮이라도 산 옆에서는/승냥이가 개울물 흐르듯 운다//"

(백석, 山地). #"오로지 어질고 약하던 자가/이같이 강하고 성할줄이야./**버러지**만 같은 겨레의 하나마다/빠개어 볼라치면 석유알 같은/자유와 조국의 아아 이 목마른 갈망이여.//"(유치환, 소리 있는 곳)

버레 명 벌레. #"푸른밤 달비췬데서는 이슬이 구슬되고/길ㅅ바닥에 고인물도 호수같이 별을 잠금니다/조그만 반디불은 여름밤**버레**라도/꼬리로 빛을뿌리고 날아다니는 헤성입니다//"(박용철, 빛나는 자최)

버레소리 명 벌레 소리. #"말소리 **버레소리** 석겨남도 한해ㅅ녀름/높은 목청으로 강물을 놀랫거든/님이여 하날을 바라고 우슴이나 마소서//"(박용철, 哀詞1)

버력 명 흙이나 돌. #"볏섬을 싣고 온 마차꾼까지 끼여/판이 어우러지면 어느 새 닭이 울어/**버력**을 지러 나갈 아내를 위해 나는/개평을 뜯어 해장국을 시키러 갔다.//"(신경림, 경칩)

버력더미 명 흙이나 돌더미. #"그날 끌려간 삼촌은 돌아오지 않았다./소리개차가 감석을 날라 붓던 **버력더미** 위에/민들레가 피어도 그냥 춥던 사월/지까다비를 신은 삼촌의 친구들은/우리 집 봉당에 모여 소주를 켰다.//"(신경림, 폐광)

버부리 명 벙어리. 언어 장애로 말을 못하는 사람. '벙어리'의 경상도 방언형은 '버버리, 버부리, 버뽀, 벌보' 등이고, 이와 함께 '반버부리'라는 말도 쓰이고 있는데 이는 '말더듬이'이의 방언형이다.『한국방언자료집 7-8 경상도편』 참조. #"그 어른도 독자를, 삼대 독자를 그렇기 일찍 잃어 뿌시고 고만 화가 나게서 돌아기실 무렵엔 말씀을 못하셔, 조금 화가 나시믄 못하셔, 고만 **반버버리** 글앴어."(구술/성춘식, 편집/신경란, 1992, 25), #"사램이 **버부리**가 아닌 바에야 말 안 하고 우찌 살 기요. 시답지도 않는 말 가지고 꼬타리를 잡을라 카믄 한이 있겄소?(박경리, 토지, 1, 51) 아니 이눔으 자식이 불각처 **버부리**가 됐나?"(박경리, 토지, 2, 250), #"마음을 말로는 다 못하지. 골백분을 말해보아야 그럴수록 마음과는 딴판이제. 죽으믄 육신이야 썩어서 흙이 될 기지마는. 맘은 남아서 허공을 떠다니까? 그런다 카더라도 썩는 송장하고 멋이 다를꼬. 살아서도 **버부리** 혼이 떠다닌다고 일을 열까?"(박경리, 토지, 4, 310), #"누가 되고 저버서 봉사가 되었겠고, 누가 되고 저버서 **버부리**가 되었겄소. 보고 듣고, 복 많은 년놈들, 앞 못본다고 속이 묵고 빽아묵고, 말 못한다고 속이묵고 빽아묵고 세상이 그런 거라요."(박경리, 토지, 11, 369), #"**벙어리**입설로/쩌도는 침묵은/추억의 녹긴 窓을/죽일숨쉬며

엿보아라."(이상화, 單調, 1982, 106)

버지기 명 자배기보다 조금 깊고 아가리가 벌어진 큰 그릇. '조금 큰 아가리가 벌어진 그릇'을 '버치'라고 하는데 이 '버치'의 경상도 방언형이 '버지기, 버재기'이다. 경상도에서는 '엄버지기'라는 말도 쓰이는데 '아주 가득, 많이'라는 뜻을 가지고 있다. '버지기'는 또한 '자배기'의 경남 방언형이며, '버치'의 경상, 함경 방언형이며, '보자기'의 경상, 충북 방언형이다. #"콩이 가지껏 불으면 인제 새벽에 일나 가주고, 불갔는 물을 쏟아뿌고 새 물을 그릇에다, **버재기** 겉은 데다 담아 가주고, 방구석에다 틀을 맨들지."(김점호, 베도 숱한 베 짜고38), #"옛날에 통이파리를 한 **버지기** 삶아가지고 그걸 헤우자믄 공기 얼매나 드는데, 멧물을 울꽈 가지고 줄거리 신거는 후비고 짜 가지고 쌀 쪼매 안친 솥에다 쪘어."(성춘식, 이부자리 피이 놓고)

버치 명 자배기보다 조금 깊고 크게 만든 그릇. #"엄매와 나는 앙궁 위에 떡돌 위에 곱새담 위에 함지에 **버치**며 대냥푼을 놓고 치성이나 드리듯이 정한 마음으로 냅일눈 약눈을 받는다//"(백석, 古夜)

벅구 명 농악에 쓰이는 작은 북. #"면장은 곱사춤을 추고/지도원은 **벅구**를 치고/양곡증산 13.4프로에/칠십리 밖엔 고속도로//"(신경림, 오늘), #"변전소에 직공으로 다니던/그 여자의 남편은 내 시골 선배였다/**벅구**를 치며 잘도 씨름판을 돌았지만/이상한 소문이 떠돌다가 과부가 된/그 여자는 이제 그 일도 잊은 것 같다//"(신경림, 해후)

벅작궁 명 법석대는 모양. #"집에는 언제나 센개 같은 게사니가 **벅작궁** 고아내고 말 같은 개들이 떠들썩 짖어대고 그리고 소거름 내음새 구수한 속에 엇송아지 히물쩍 너들씨는데//"(백석, 넘언집 범 같은 노큰마니)

벅작궁 고아내고 구 법석대며 떠들어대고. '벅작'은 '여러 사람이 어수선하게 떠드는 모양'을 나타내는 평북 방언. 평북 방언에 '벅작 고다'라는 용례가 있다. #"집에는 언제나 센개 같은 게사니가 **벅작궁 고아 내고** 말 같은 개들이 떠들썩 짖어 대고 그리고 소거름 내음새 구수한 속에 엇송아지 히물쩍 너들씨는데/"(백석, 넘언집 범 같은 노큰마니)

번적이다 형 반짝이다. '번쩍이다'는 빛이나 번개 등과 같이 어감이 매우 크며, '반짝이다'는 어감이 상대적으로 작은데 이 시에서 '햇살에 반짝이는 나무'가 시 문맥에 더 적확한 것으로 보인다. #"脉풀린해ㅅ살에, **번적이는**, 나무는, 鮮明하기東洋畵일너라"(이상화, 가을의 풍경)

번제 명 구약시대에, 짐승을 통째로 태워 제물로 바친 제사. 안식일, 매달 초하루와 무교절, 속죄제에 지냈다. #"나릿한 남만의밤/**번제**의 두레ㅅ불 타오르고//옥돌보다 찬 넋이 있어/홍역이 만발하는 거리로 쏠려//"(이육사, 아편, 30)

번질러놓다 형 어수선하게 어질러놓다. #"잠자듯 어슴프레히 저놈의 소가 항시 바라보는 것은 하늘이/높디높다란 푸른 하늘이 아니라 **번질러놓은** 수레바키가/아니라 흙이다 검붉은 흙이다//"(이용악, 흙)

벋지다 동 벋어지다. #"차고 짓밟고/당황하는 억압 발길이 무도할수록 이 꽃은/요원의 불 같이 뛰어 **벋지기만** 하여/짐즛 뉘들 알았으랴.//"(유치환, 소리 있는 곳)

벌 명 매우 넓고 평평한 땅. #"얼굴에 별자국이 솜솜 난 말수와 같이 눈도 껌벅거리는 하루에 베 한 필을 짠다는 **벌** 하나 건너 집엔 복숭아나무가 많은 신리 고무 고무의 딸 이녀 작은 이녀//"(백석, 여우난골족)

벌가 명 들판 가. #"나는 꿈꾸었노라, 동무들과 내가 가지런히/**벌가**의 하루 일을 다 마치고/석양에 마을로 돌아오는 꿈을,/즐거이, 꿈 가운데.//"(김소월, 바라건대는 우리에게 우리의 보습 대일 땅이 있었더면)

벌개늪 명 뻘건 빛깔의 이끼가 덮여 있는 오래된 늪. #"**벌개늪**에서 바리깨를 뚜드리는 쇳소리가 나면/누가 눈을 앓아서 부증이 나서 찰거마리를 부르는 것이다/마을에서는 피성한 눈숡에 저린 팔다리에 거마리를 붙인다//"(백석, 오금덩이라는 곳)

벌개늪녘 명 벌건 빛깔의 늪 방향. '벌개'는 '벌겋어(빨간)'가 줄어 변한 말. '늪'은 '늪'의 평북 방언. '녘'은 '방향', '쪽'. #"**벌개늪녘**에서 바리깨를 뚜드리는 쇳소리가 나면 누가 눈을 앓어서 부증이 나서 찰거마리를 부르는 것이다 마을에서는 피성한 눈숡에 저린 팔다리에 거마리를 붙인다/"(백석, 오금덩이라는 곳)

벌목정정 명 伐木丁丁. 『시경』의 '小雅 伐木'편에 있는 구절. 커다란 나무를 산에서 벨 때 쩡 하고 큰 소리가 난다는 뜻. #"伐木丁丁이랬거니 아람도리 큰 솔이 베혀짐즉도 하이 골이 울어 멩아리 소리 쩌르렁 돌아옴즉도 하이//"(정지용, 長壽山1)

벌배 명 산과 들에 저절로 나는 야생 배. #"어치라는 산새는 **벌배** 먹어 고흡다는 골에서 돌배 먹고 앓던 배를 아이들은 열배 먹고 나었다고 하였다//"(백석, 여우난골족)

벌배채 명 들의 배추. 들배추. '배채'는 '배추'의 평북 방언. #"오이밭에 벌

배채 통이 지는 때는/산에 오면 산소리/벌로 오면 벌 소리//"(백석, 적막강산)

벌배채 통이 지는 때 구 '통'은 '속이 차게 자란 배추나 박 따위의 몸피'를 말한다. 따라서 이 구절은 들배추의 통이 사그라지는 때를 말한다. #"오이밭에 **벌배채 통이 지는 때**는/산에 오면 산소리/벌로 오면 벌 소리//"(백석, 적막강산)

벌불 명 들불. #"봄철날 한종일내 노곤하니 **벌불** 장난을 한 날 밥이면 으레히 싸개동당을 지나는게 잘망하니 누어 싸는 오줌이 넙적다리로 흐르는 따근따근한 맛 자리에 펑하니 괴이는 척척한 맛//"(백석, 동뇨부), #"바잽의 모래밭에/돋는 봄풀은/매일 붓는 **벌불**에 터도 나타나//"(김소월, 孤獨)

벌새 명 벌샛과의 새를 통틀어 이르는 말. 작은 것은 길이가 5cm, 몸무게는 2.8그램 정도로 새 가운데 가장 작으나, 큰 것은 22cm에 달하는 것도 있다. #"비마자 나른해서 **벌새**가 운다//"(김소월, 왕십리), #"울며 돌든 **벌새**의 떼무리//"(김소월, 장별리)

벌씨 놓고 동 벌려 놓고. #"깜동콩을 볶아서 쌀 뉘 골리딧이 床 우에다 가지러히/**벌씨 놓고** 한 알씩 입 안으로 톡톡 던져 넣고는 바짝/에빈 뽈때기가 오막오막 하민서 올캉졸캉 씹어 자시는/기 그 다섯 분째 맛이다//"(상희구, 家親五味/대구.54)

벌어지다 동 버려지다. 내버려지다. #"'너는 돌다리ㅅ목에서 줘왔다'던/할머니 핀잔이 참이라고 하자//나는 진정 강언덕 그마을에/**벌어진** 문바지였는지 몰라//"(이육사, 년보 27)

벙어리 명 벙어리. 말을 듣지 못하는 사람. '말을 듣지 못하는 사람'의 뜻을 가진 대구방언으로 '버버리, 벙어리, 버부리, 벌보'가 있는데 이 가운데 '벙어리'를 정음사, 미래사에서 '병아리'로 교정한 것은 엄청난 잘못이다. 곧 '벙어리 입술로'로 바로 잡아야 한다. #"**벙어리**입설로/써도는 침묵은//"(이상화, 단조)

베람빡 명 바람벽. 벽. #"산ㅅ골에서 자란 물도/돌**베람빡** 낭떨어지에서 겁이 났다.//"(정지용, 폭포)

벼랑탁 명 벼랑턱. #"**벼랑탁**의 어두운 그늘에 아침이면/부헝이가 무거웁게 날러온다./낮이되면 더 무거웁게 날러가버린다//"(백석, 산지)

벼루ㅅ길 명 강가나 바다와 접해 있는 벼랑길. #"春川三百里 **벼루ㅅ길**을 냅다 뽑는데/그런 喪章을 두른 表情은 그만하겠다고 꽥, 꽥,//"(정지용, 流線哀傷)

벼름질 명 무디어진 쇠붙이 연장을 불에 달구어 두들겨 날카롭게 하는 행위. 주로 낫과 같은 날카로운 연장을 만드는 데 벼름질이 많이 쓰인다. #"벼름질로 돌아오는 낫이 나를 다리려 왔다/달구지 타고 산골로 삿자리의 벼슬을 갔다//"(백석, 늙은 갈대의 독백)

변개머리 명 '벼개머리(베개머리)'의 오식. #"언제는 둘이 자든 **변개머리**에//"(김소월, 원앙침)

변죽 명 그릇이나 세간의 가장자리. '변죽을 둘러'에서는 바닷가 모래 위로 밀려오는 바닷물이 모래밭의 작은 조개껍질이나 바둑돌의 가장자리를 둘러치고 다시 흘러 내려가면 물기가 모래 속으로 스며들어 없어지는 모습을 그려낸다. 바다(물)가 조개껍질이나 바둑돌의 변죽을 둘러 물기를 씻어버리는 것처럼 말하고 있다. #"가까스루 몰아다 부치고/**변죽**을 둘러 손질하여 물기를 시쳤다.//"(정지용, 바다2)

별납다 형 벨랍다. 별스럽다. #"이상하고 **별납은** 사람의 맘//"(김소월, 부부)

별을 잔치하는 밤 명 별들이 많이 떠 있는 밤. 별을 구경하기 좋은 밤이라는 뜻이 포함된다. #"**별을 잔치하는 밤**/흰옷과 흰자리로 단속한다.//"(정지용, 별)

별자국이 솜솜 난 형 얽은 자국이 나 있는. #"명절날 나는 엄매 아배 따라 우리집 개는 나를 따라 진할머니 진할아버지가 있는 큰집으로 가면/얼굴에 **별자국이 솜솜 난** 말수와 같이 눈도 껌적거리는 하루에 베 한 필을 짠다는 벌 하나 건너 집엔 복숭아나무가 많은 新里 고무 고무의 딸 李女 작은 李女/(백석, 여우난골족)

볕바르다 형 햇볕이 바로 비치어 밝고 따뜻하다. #"카렌다 밝은 한 장이 재껴지는 序章 위에/까치가 깍깍 울고 간 **볕바른** 아침나절/말없는 늙은 우체부 소식 한 장 전코 가고.//"(정완영, 平日)

볕살 명 볕살. 내쏘는 햇빛. #"눈물의 또 **볕살**의 나라 사람이여/당신의 그 고요한 가슴 안에 온순한 눈가에/당신네 나라의 맑은 한울이 떠오를 것이고/당신의 그 푸른 이마에 삐여진 어깻죽지에/당신네 나라의 따사한 바람결이 스치고 갈 것이다//"(백석, 허준)

보겠도우 명 포켓. 주머니. #"오마이를 먼저 앞세운/올개 국민학교에 갓 입학한/막내손주 **보겠도우**에/노랑 콧수건을 메달아 주면서/할매가 다짐을 한다//기철아, 차에 받칠라/먼산 보지 말고/패내기 댕기 온너래이/내 엿 녹카 노오꾸마,//한잠 늘어지게 자고 난/앞마다아 강새이가/하품을 크게 하고는/머리뚱하이/먼 산을 본다//"(상희구, 立春 – 먼 산 보다/대구.92)

-보고 조 –에게. #"날이맛도록/왼데로헤매노라—/나련한몸으로도/시들푼맘으로도/어둔부억에,/밥짓는어머니의/**나보고** 웃는빙그래웃음!//"(이상화, 어머니의 웃음)

보고을 동 '보고'의 오식인 듯. #"남생

이 등같이 외로운 이서-ㅁ 밤을/싸고 오는 소리! 고이한 침략자여!/내 **보고**을 문을 흔드난건 그누군고?/영주인 나의 한마듸 허락도 없이//"(이육사, 해조사)

-보담 조 -보다. #"그래 늬는 아조 그만 잊었늬?/늬맘을 그리오래 내 차지했든 일을,/그리 달금한 조그만 거짓 많은 늬마음,/**보담** 달금한 거짓된 것은 세상 없을라,//"(박용철, 늬는 아조 잊었니), #"쏙두로 오르는情熱에 가삼과 입설이떠러 말**보담**숨결조차 못쉬노라./오늘밤 우리둘의목숨이 쑴결가치 보일 애타는네맘속을 내어이모르랴.//"(이상화, 離別을하느니), #"언젠가 우리가 自然의 啓示에 衝動이 되어서 人生의 意識을 實現한 적이 조선의 記憶에 있느냐 없느냐? 두더지같이 살아온 우리다. 미적지건한 빛에서는 健康을 받기**보담** 倦怠症을 얻게 되며 잇대연 滅亡으로 나도 몰래 넘어진다.//"(이상화, 淸凉世界)

보득지근하다 형 보드득거리는 듯하다. #"내가 언제나 무서운 외갓집은/초저녁이면 안팎 마당이 그득하니 하이얀 나비수염을 물은 **보득지근한** 복족제비들이 씨굴씨굴 모여서는 쨩쨩쨩쨩 쇳스럽게 울어 대고/"(백석, 외갓집)

보랃고 동 바라보고. 전남방언에서 '보랃다'는 '바라보다'의 의미로 쓰임. 활용형으로 '보라코', '보랏고' 등이 있음. #"세마리가 다아/나를 **보랃고** 있네/저거 못 잡을거나!//"(박용철, 참새 세 마리), #"두손 안고 얼굴 가만히 **보랃으며**/다만 할말은 그대여 나를 용서하라/둘이맘 다시 사개맞힘같이 어울려 녹는 사이에/나는 영원의 평화와 잠의 나라로 떠나 가련다.//"(박용철, 로만스)

보래구름 명 보랏빛 구름. '보래'는 '보라'의 평북 방언. 많은 흩어져 날리고 있는 작은 구름덩이. #"이미 해는 늙고 달은 파리하고 바람은 미치고 **보래구름**만 혼자 넋없이 떠도는데//"(백석, 북방에서)

보리누름 명 춘궁기에 봄보리를 맷돌에 눌러서 죽을 끓여 먹는 것. 곧 춘궁기를 뜻한다. 표준어에서 '보리누름'은 '보리가 누렇게 익는 철'을 뜻한다. "보리누름에 선늙은이 얼어 죽는다"는 '보리가 누렇게 익을 무렵에는 따뜻해야 할 것이나 바람이 불고 춥기까지 하므로 더워야 할 계절에 도리어 춥게 느껴지는 때가 있음'을 비유적으로 이르는 말이다. 이와는 다르게 경상방언에서는 이른 봄 춘궁기에 덜 익은 보리를 찍어 죽이나 보리밥을 지어먹었는데 이 기간에 '풋보리 쌀을 눌러 찧은 것'을 '보리누름'이라고도 하고 이것으로 쑨 죽을 의미하기도 한다. #"도르고 싶은 슬픔처럼/누엿누엿 익어 가는 **보리누름**고개/어쩌자고 하늘은 저렇게 희멀건고/나의 간장속 깊은 어디메 숨어 앉아/뻐꾹이는 뻐국이는 저리도 울어대고.//"(유치환, 보리누름)

보리죽 명 여기서 보리죽은 보릿고개 때 추수를 가다릴새도 없이 급한김에 아직 덜 여문 풋보리를 베어 끓이는 죽을 말한다. #"참, 언선시럽두룩 죽을 마이 묵었다//보릿고개 급한 救荒에는 **보리죽**/비 오는 날에는 대개 콩죽/집에 半불 들오는 날 저녁에는 으레 갱죽/식은 밥에다 먹다 남은 짐치랑 온갖 잡동사이/집어 넣어서 끎인 갱식이죽/엄마 아풀 때는 그나마 흰죽/알라들 엄마젖 모지랠 때는 암죽/강낭콩이나 팥네끼가 백찜에/까망콩이나 건포도겉은 호박범벅죽/지체있는 집안의 영감님이나 마님들, 속이/허할 때는 잣죽 아이마 전복죽, 홍합죽, 깨죽/동짓날에는 당연히 팥죽/중간중간에 녹띠죽/이것도 저것도 아닌 풀때죽//"(상희구, 죽/대구.95)

보시기 명 조그마한 모양으로 질그릇으로 만든 접시나 냄비. 사발보다는 조금 작은 그릇. #"저저아래는 누부야가 와서/봄똥배추짐치 담가 놓고 가고//저아래는 누부야가 와서/이불홑청 빨아 놓고 가고//아래는 누부야가 햇찐쌀/한 **보시기** 갖다 놓고 가고//어제는 누부야가 안 왔다//오늘은 누부야가 올랑강?//"(상희구, 태평로 2街/대구.51), #"오늘 나의 밥상에는/냉이국 한그릇./풋나물무침에/신태/미나리김치./투박한 **보시기**에 끓는 장찌게//"(박목월, 소찬)

보십 명 보습. 쟁기의 술바닥에 맞추어 땅을 갈아 흙덩이를 일으키는 데 쓰는 삽 모양의 쇳조각. #"대들보 위에 베틀도 채일도 토리개도 모도들 편안하니/구석구석 후치도 **보십**도 소시랑도 모도들 편안하니//"(백석, 연자간)

보이잖는 준 보이지 않는. #"폭풍/暴風/거리 거리의 整頓美가 뒤집힌다/지붕이 독수리처럼 날아가고/벽은 교활한 未練을 안은 채 쓰러진다/대지에 거꾸러지는 대리석 기둥,/**보이잖는** 무수한 화석으로 장식된/도시의 넋이 폭발한다//"(이용악, 폭풍)

보재기 명 보자기. #"여덟 구멍 피리며 앉으랑 꽃병/동그란 밥상이며 상을 덮은 흰 **보재기**/아내가 남기고 간 모든 것이 그냥 그대로/한때의 빛을 머금어 차라리 휘휘로운데/새벽마다 뉘우치며 깨는 것이 때론 외로워/술도 아닌 차도 아닌/뜨거운 백탕을 훌훌 마시며 차마 어질게 살아보리//"(이용악, 길), #"바라지 않는 무거운 손이 어깨에 놓여질 것만 같습니다/붉은

보재기로 나의 눈을 가리우고 당신은/눈먼 사나이의 마지막을/흑 흑 느끼면서 즐길 것만 같습니다//"(이용악, 밤이면 밤마다)

보짐장사 명 봇짐장수. '옷장수', '엿장수'는 대구방언으로 '옷장사', '엿장사' 등으로 실현된다. #"두터운이불을,/포개덮허도,/아즉칩은,/이겨울밤에,/언길을, 밟고가는/장돌림,**보짐장사**,/재넘어마을,/저자보려,/중얼거리며/헐덕이는숨결이,/아—/나를보고, 나를/비웃으며지난다.//"(이상화, 嘲笑)

보해 부 뻔질나게 연달아 자주 드나드는 모양. 혹은 물건 같은 것을 쉴 사이 없이 분주하게 옮기며 드나드는 모양. 뽀해. '뽀해'는 '뻔질나게'의 평북 방언. #"송아지 잘도 놀고/까치 **보해** 짖고//"(백석, 연자간)

복 명 보자기. #"계집을 사랑커든 수염이 너무 주체스럽다도/취하면 행랑 뒤ㅅ골목을 돌아서 단이며/**복**보다 크고 흰 귀를 자조 망토로 가리오//그러나 나와는 몇 천겁 동안이나/바루 비취 녹아 나는듯한 돌샘이ㅅ가에/"(이육사, 나의 뮤즈)

복 명 수리취. 땅버들 따위의 겉을 둘러싸고 있는 하얀 솜털. #"산까마귀만 울며 날고/도적갠가 개 하나 어정어정 따러간다/이스라치전이 드나 머루전이 드나/수리취 땅버들의 하이얀 **복**이 서러웁다/뚜물같이 흐린 날 동풍이 설렌다//"(백석, 쓸쓸한 길)

복대기 명 볏짚이나 나무 잔가지와 같은 가늘고 작은 부스러기. #"늙은 덕대가 접어준 딱지를 세었다./바람은 **복대기**를 몰아다가 문을 때리고/낙반으로 깔려죽은 내 친구들의 아버지/그 목소리를 흉내내며 울었다.//"(신경림, 폐광)

복숭낡 명 복숭아 나무. #"돌덜구에 천상수가 차게/**복숭낡**에 시라리타래가 말라졌다//"(백석, 초동일)

복장노루 명 복작노루. 고라니. 사슴과에 딸린 짐승. 몸이 작으며 암수 모두 뿔이 나지 않음. #"그래도 그 쉬영꽃 진달래 빨가니 핀 꽃 바위 너머/산 잔등에는 가지취 빼국채 게루기 고사리 산 나물판/산나물 냄새 물씬 물씬 나는데/나는 **복장노루**를 따라 뛰었다//"(백석, 산)

복쪽재비 명 福족제비. 복을 가져다주는 족제비. #"**복쪽재미**들이 씨술씨굴 모여서는 짱짱 짱짱 쇳스럽게 울어대고/밤이면 무엇이 기왓골에 무릿돌을 던지고 뒤울안 배나무에 쩨듯하니 줄동을 헤여달고/"(백석, 외갓집)

복파이 명 복판, 가운데. #"물괘기는 눈까리가 마씻고/뱁추짐치는 꼬개이가 마씻고/수루매는 다리가 마씻고/다꾸앙은 **복파이** 마씻고/써리 논 짐밥은 다꾸앙이나/우붕뿌리이 것튼 기 삐쭉 삐쭉/티 나온 가아따리 끄티쪼오가/마 씻고//"(상희구, 幼年五味/대구.53)

본바닥 명 제 곳. 그 곳. 어떤 장소에서 그 인근에서 태어난 사람. #"깡마른 **본바닥** 장정이/타곳 씨름꾼과 오기로 어우러진/상씨름 결승판/아이들은/깡통을 두드리고 악을 쓰고/안타까워 발을 동동 구르지만//"(신경림, 씨름), #"**본바닥** 젊은이들은 눈이 뒤집혀 나그네를 뒤졌지만/죽음보다 더 두려운 것이/무엇인가를 생각하는 내 귀에//"(신경림, 산역)

본숭만숭 부 건성으로 보는 체만 하고 주의 깊게 보지 않는 모양. #"거제도 말없는 어부는 늙어 과시 장부더라/행객을 봐도 **본숭만숭** 구름을 봐도 본숭만숭/한평생 해진 바다의 그물코만 깁더라.//"(정완영, 거제도에 와서 / 老漁夫에게)

볼너 동 불러, 곧 '불너'의 오식인 듯. #"하날이 사모치는 거룩한 기봄의 소리!/해조는 가을을 **볼너** 내 가슴을 어르만지며/잠드는 넋을 부르다 오 해조! 해조의 소리!//"(이육사, 해조사)

볼을 받아 동 볼 받다. 해진 버선의 앞뒤 바닥에 헝겊을 덧대어 깁다. #"검은 버선에 흰 **볼을 받아** 신고/山과일처럼 얼어 붉은 손,/길 눈을 헤쳐/돌 틈에 트인 물을 따내다.//"(정지용, 붉은손)

봄신령 명 봄神靈. 李相和의 詩 「비음」, 「극단」, 「엿장수」, 「청량세계」, 「오늘의 노래」, 「도-교-에서」, 「본능의 노래」, 「쓸어져 가는 미술관」 등에서 '신령'이라는 시어가 여러 군데 등장한다. 그 뿐만 아니라 이상화의 산문 「新年을 弔喪한다」(時代日報, 時代文藝欄, 1926년 1월 4일)에서 '그러나우리신령의눈섭사이에 쑤리를박은듯이덥고잇는검은 구름을 한겹두겹빗길' 뿐만 아니라 시에서도 여러 군데 '神靈'이라는 시어가 등장한다. 이것은 아마 이상화의 주요한 소재인 '검아'와 더불어 최남선의 '弗咸文化論'의 영향으로 추정된다. 그리고 상화는 최남선과 서로 사돈집안의 연사연비가 있는 사이어서 개화기시대의 檀君神話를 존중하던 지식인들의 사상적 맥락과 같이하고 있다. #"나는 온몸에 풋내를 띄고/푸른웃슴 푸른설음이 어우러진사이로/다리를절며 하로를것는다 아마도 **봄신령**이 접혓나보다./그러나 지금은― 들을빼앗겨 봄조차 빼앗기겟네//"(이상화, 빼앗긴들에도 봄은오는가)

봇물 명 보에 괸 물. 또는 거기서 흘러내리는 물. #"빈교실에 누군가 오르간을 탔다/빨래바위 **봇물**에 놓은 어항에는/좀체 불거지들이 들지 않아/배꼽에도 차지 않는 물에 드나들며/뜨거운 오후를 참외만 깎았다.//"(신경림, 어느 8월)

봉가집 명 本家집. 종가집. #"그러다는 백중 물을 내는 소내기를 함뿍 맞고/호주를 하니 젖어서 달아나는데/이번에는 꿈에도 못 잊는 **봉갓집**에 가는 것이다//"(백석, 칠월 백중)

봉당 명 바닥을 깔지 않은 흙바닥. #"그날 끌려간 삼촌은 돌아오지 않았다./소리개차가 감석을 날라 붓던 버력더미 위에/민들레가 피어도 그냥 춥던 사월/지까다비를 신은 삼촌의 친구들은/우리 집 **봉당**에 모여 소주를 켰다.//"(신경림, 폐광)

봉당개 명 뜰에 있는 개. #"고향도 오래고 보면 이역보다 더 먼 건가/산마을 **봉당개** 소리 등불은 켜 무얼하나/하나 둘 별 돋는 소리만 헤다 잠이 들었다.//"(정완영, 귀향 서정 夜冬燈無), #"나뭇잎 져 내리면 붉은 감도 따 내리고/문창살 가로 놓고 세로 놓는 밤이 오면/먼 마을 다듬이 소리 **봉당개**가 잠든다.//"(정완영, 月令歌 다듬이 소리)

봉사꽃 명 '鳳仙花'를 뜻하는 함경도 방언. 주요한의 『봉사꽃』(1930)이라는 시집에서도 '봉사꽃(봉선화)'은 일제 강점기에 억압받는 민중의 울분을 토로하거나 일제의 압박에 수난당하는 설움을 상징하고 있다. #"**봉사꽃** 유달리 고운 북쪽 나라/우리는 어릴 적/해마다 잊지 않고 우물가에 피웠다//"(이용악, 아이야 돌다리 위로 가자)

봉지쌀 명 봉지에 담아 파는 쌀. #"이발 최씨는 그래도 서울이 좋단다/자루에 기계하나만 넣고 나가면/**봉지쌀**에 꽁치 한 마리를 들고 오는/그 질척거리는 저녁 골목이 좋단다/통걸상에 앉아 이십원짜리 이발을 하면/나는 시골 변전소 옆 이발소에 온 것 같다//"(신경림, 골목), #"이 지겨운 서울을 뜨자고 별러댔다/허나 **봉지쌀**을 안고 들어오는 아내의/초췌하고 고달픈 얼굴은 내 기운을 꺾었다//"(신경림, 처서기)

봉창 명 종이로 바르거나 유리도 된 조그마한 창문. 이상화의 「빈촌의 밤」이라는 시에서도 '봉창구멍으로 나려, 하여조으노라'처럼 나타나고 있다. 그런데 이것을 '동창'으로 교열한다면 원본의 시의 의미와 너무나 달라질 것이다. #"눈보라 모라치는 겨울맛도 업시/고사리가튼 주먹에 진땀물이 구비치더라./저한울에다 **봉창**이나쑤르랴 숨결이막힌다.//"(이상화, 朝鮮病), #"**봉창**구멍으로/나려—ㄴ하여조으노라/깜작이는호롱불—/해비츨써리는늙은눈알처럼/세상밧게서알는다, 알는다.//"(이상화, 빈촌의 밤)

봋나무 명 '봋나무'는 '봇나무'의 오기이며 이는 자작나무(백화)를 뜻한다. 고은 시인의 시 「큰 눈」에서도 '삼지연 도령 돌석이/쩌렁쩌렁 **봇나무** 찍어 넘어뜨리니/봇나무는 비 맞아도/불에 잘 탄다'와 같이 '봊나무'가 나타난다. #"뒷산에두 봊나무/앞산두 군데 군데 **봊나무**//"(이용악, 두메산골1)

뵈짜배기 명 베쪼가리. 천조각. '뵈'는 '베'의 옛말이다. #"황토 마루 수무나무에 얼럭궁 덜럭궁 색동헝겊 뜯개조박 **뵈자배기** 걸리고 오쟁이 끼애리 달리고 소삼은 엄신 같은 딥세기도 열린 국수당고개를 몇 번이고 튀튀 춤을 뱉고 넘어가면 골안에 아늑히 묵은 영동이 무겁기도 할 집이 한 채 안기었는데//"(백석, 넘언집 범 같은 노큰마니)

부너올렸는지 동 불어 올렸는지. #"하날이 놉기도 하다/고무풍선갓흔 첫겨울 달을/누구의 입김으로 **부너올렷는지**?/그도 반넘어 서쪽에 기우러젓다//행랑뒤골목 휘젓한 상술집엔/팔녀온 냉해지처녀를 둘너싸고/대학생의 지질숙한 눈초리가/사상선도의 염탐 밋혜 떨고만잇다//"(이육사, 실제)

부려놓다 동 짐을 풀어서 내려놓다. #"저 수박덩이처럼 그냥은/둥글 도리가 없고/저 참외처럼 그냥은/달콤할 도리가 없는,/이 복잡하고도 아픈 짐을/사랑하는 사람아/나는 여기 **부려놓고** 갈까 한다.//"(박재삼, 과일가게 앞에서)

부르는니 업스련만 구 부르는 이 없으련만. #"동방을 차자드는 신부의 발차최 같이/조심스리 거러오는 고이한 소리!/해조의 소리는 네모진 내들창을 열다/이밤에 나를 **부르는니 업스련만**//"(이육사, 해조사)

부릇내라 동 부서뜨리다. #"小蒸氣船처럼 흔들리는 窓./透明한 보라ㅅ빛 누뤼알아,/이 알몸을 끄집어 내라, 때려라, **부릇내라**.//"(정지용, 유리창2)

부복하다 동 고개를 숙이고 엎드리다. #"주검다운 儀式을 가추어 三冬내, **俯伏하였다**//"(정지용, 禮裝)

부불 명 '부리'의 함경 방언형은 '부부리'인데 '부불'은 '부부리'에서 어간말모음 'ㅣ'가 탈락한 것이다. 함경 방언에서 어간말의 'ㅣ'는 모음으로 시작하는 조사 앞에서 종종 탈락되는 경우가 있다. 가령 뒤는 모음으로 시작하는 어미 앞에서는 '두우로(뒤으로)'와 같이 교체된다. #"어디서 멎는 것일까/달리는 뿔사슴과 말발굽 소리와/밤중에 **부불**을 치어든 새의 무리와//"(이용악, 벨로우니카에게)

부사귀 명 傅思歸. (천룡팔부) 대리국 황궁 사대 호위 중 한명. 숙동제미곤을 잘 다룬다. #"지는 해 등에 업고 긴 그림자로/꿈속에서 고향을 찾게 한다/엿도가에서 옹기전에서 달비전에서/**부사귀** 몽달귀 동무되어 뛰게 한다/새벽에 눈뜨고 강물소리 듣게 한다//"(신경림, 소리)

부승기다 형 버성기다. 벌어져 틈이 있다. 사귀어 지내는 사이가 버름하다.

#“**부승기는** 맘에 갈기는 뜻에//”(김소월, 달밤)

부승부승 뷔 보송보송(잘 말라서 물기가 없고 보드라운 모양)을 변형시킨 말. #삼리박 강 쟁변엔 자갯돌에서/비멀이하 ㄴ옷을 **부숭부숭** 말려 입고 오는 길인데/산 모롱고지 하나 도는 동안에 옷은 또 함북 저젓다//한이십리 가면 거리라든데/한겻 남아 걸어도 거리는 뵈이지 안는다/나는 어니 외진 산 길에서 만난 새악시가 곱기도 하든 것과 어니메/강 물속에들여다 뵈으든 쏘가리가 한 자나 되게 크든 것을 생각하며/산비에 저젓다는 말렷다 하며 오는 길이다//(백석, 구장로), #하늘을 쳐다보는 유월의 눈두덩이 **부승부승** 부어 있다/밖에서 개들이 으르렁 거리는 소리가 들린다/뭐 먹고 살 판 났다고 허구헌날 저기 와서들 으르렁거릴까/

부엿하다 형 부옇다. #“**부엿한** 하눌날도 채 밝지 안앗는데//”(김소월, 전망)

부잇하다 형 빛이 조금 부연 듯하다. #“바람은 서늘하고 **부잇하다**/잎새는 흐름을 따라 떠나간다,/강물은 조을음 가운데서 나와/다시 꿈속으로 사라진다.//”(박용철, 구월 어느날)

부정소지 명 부정스러운 것을 종이에 말아서 태워 올리는 일. #“칠월에 산그늘엔 살기 찬 칼날/몸소지 올려라 부정지소 올려라/발 일곱의 황룡 아래 **부정소지** 올려라/둥두 둥두둥 둥두 둥두둥/빛 바랜 애버들엔 허연 바람/햇살따라 온 고을에 엉기는 요기//”(신경림, 백화)

부증 명 심장병, 신장병, 국부, 혈액 순환 부족 등으로 전신 또는 국부의 몸이 퉁퉁 붓는 병. #“벌개늪에서 바리깨를 뚜드리는 쇳소리가 나면/누가 눈을 앓아서 **부증**이 나서 찰거마리를 부르는 것이다/마을에서는 피성한 눈숡에 저린 팔다리에 거마리를 붙인다//”(백석, 오금덩이라는 곳)

부폭러 동 ‘부풀어’의 오식. #“고이한 소리! 발밑을 지나며 흑흑 늣기는건/어느 사원을 탈주해온 어엽분 청춘의 반역인고/시드렀던 내 항분도 해조처름 **부폭러** 오르는 이밤에//”(이육사, 해조사, 66)

북고이다 형 부글부글 고이다. #“적황의 포말은 **북고여라** 그대의 가슴속의//”(김소월, 불운에우는 그대여)

북덕불 명 짚이나 풀 따위가 함부로 뒤섞여 엉클어진 뭉텅이에 피운 불. #“딜옹배기에 **북덕불**이라도 담겨오면,/이것을 안고 손을 쬐며 재 위에 뜻없이 글자를 쓰기도 하며,/또 문 밖에 나가지두 않고 자리에 누워서,/머리에 손깍지베개를 하고 굴기도 하면서,/나는 내 슬픔이며 어리석음이며를 소처

럼 연하여 쌔김질하는 것이었다.//"(백석, 南新義州 柳洞 朴時逢方)

북새 명 노을. #"**북새**는 정을애껴 서녁하날 물드린다/맺남을 언약하나 어나길로 일우로리/같은꽃 사람다름을 한탄말게 하소서//"(박용철, 漢詩習作)

북석이 부 북새기, 짚 또는 풀이 매마른 채 쌓인 더미. #"다만 불ㅅ길없는 얇은 연기가/**북석이** 풀덤불에서 오른다/그러나 이것은 마찬가지로 가리라//"(박용철, 興亡을 등지고)

북어쪼가리 명 북어 조각. #"두만강 저쪽에서 온다는 사람들과/자무스에서 온다는 사람들과/험한 땅에서 험한 변 치르고/눈보라치기 전에 고향으로 돌아간다는/남도 사람들과/**북어쪼가리** 초담배 밀가루떡이랑/나눠서 요기하며 내사 서울이 그리워/고향과는 딴 방향으로 흔들려 간다//"(이용악, 하나씩의 별)

분 명 먼지나 밀가루 같은 가루. #"구경꾼이 돌아가고 난 텅 빈 운동장/우리는 **분**이 묻은 얼룩진 얼굴로/학교 앞 소줏집에 몰려 술을 마신다.//"(신경림, 농무)

분지르다 동 부러뜨리다. #"너 핵교 파하면 핑 와서 소 띧겨야 한다/길가에서 놀았다만 봐라 다리몽댕이를 **분질**러놓을 팅께//"(김남주, 아버지)

분질르다 형 뿌르다. 꺾다. #"바닷가에서 자라/꽃게를 잡아 함부로 다리를 **분질렀던** 것,/생선을 낚아 회를 쳐 먹었던 것,/햇빛에 반짝이던 물꽃무늬 물살을 마구 헤엄쳤던 것,/이런 것이 일시에 수런거리며 밑도 끝도 없이 대들어 오누나.//"(박재삼, 新綠을 보며)

분틀 명 국수를 짜는 틀. #"이것은 어느 양지귀 혹은 능달쪽 외따른 산옆 은댕이 예데가리밭에서/하룻밤 뽀오햔 흰김 속에 접시귀 소기름불이 뿌우현 부엌에/산멍에 같은 **분틀**을 타고 오는 것이다//"(백석, 국수)

불거지 명 산란기에 붉은 혼인색을 띤 수컷인 피라미. #"빈교실에 누군가 오르간을 탔다/빨래바위 봇물에 놓은 어항에는/좀체 **불거지**들이 들지 않아/배꼽에도 차지 않는 물에 드나들며/뜨거운 오후를 참외만 깎았다.//"(신경림, 어느 8월)

불기 명 佛器. 부처에게 올릴 밥을 담는 놋그릇. 모양은 佛鉢과 같으나 불발은 巳時 공양에만 쓰는 데 비하여 아무 때나 쓴다. #"하폄도 남즉하니 **불기**와 유종들이/묵묵히 팔장끼고 쭈구리고 앉었다/"(백석, 고사)

불도 키지 않은 어독어독한 바아서 명 불도 켜지 않은 어둑어둑한 방에서. #"고구마로 푸욱 삶아 돌라 케 가주고는 **불도 키지/않은 어독어독한 바아**서 문 쪼오로 등더리를 비/이게 하고는 엎디려서 고구마껍디기로 조근조근

/빗기서 야물야물 씹어 자시는 기 그니째 맛이고//"(상희구, 家親五味/대구.54)

불림 명 부름. '불림'은 '부름'의 뜻으로 사용된 경상방언형이다. 그런데 대구문협(1998)에서는 '불림받은'으로 교열하였으나 이것은 표준어에서나 방언에서 모두 실현되지 않는 표현이다. #"嵐風에, 돗대꺽긴木船과가티, 나는 彷徨해가는도다./아, 人生의쓴饗宴에, **불림**바든나는, 졂은幻夢의속에서//"(二重의 死亡)

불마진 관 불을 맞은. #"이밤에 날부를이 업거늘! 고이한 소리!/광야를 울니는 **불마진** 사자의 신음인가?/오 소리는 장엄한 네 생애의 마지막 포효!/내 고도의 매태낀 성곽을 깨트려다오!//"(이육사, 해조사)

불부다 형 부럽다. 남의 좋은 일이나 물건을 보고 자기도 그런 일을 이루거나 그런 물건을 가졌으면 하고 바라는 마음이 있다. #"애이라예, 기다릴라느메, 서방님, 지는 집 지킬라느메./팔푸이 디라쿠믄/ 온시상 여편네들이 **불버하는** 우리 서방님 만세./"(정숙, 신처용가, 팔푸이만세)

불삐체 명 불빛에. #"딘장은 짜박짜박/끓어쌓고//젓믹이 에비는/오도 안 하고//시에미 새짜래기 잔소리는/ 짜다라 예지랑시럽은데//새댁이 갓 볶은/뽀글 파마머리가/티미한 **불삐체**/기양 자글자글 하다//"(상희구, 平日/대구.24)

불서럽다 형 불쌍하고 쓸쓸한 정경이 깊은 느낌을 주다. 경상도 방언. '불서러워', '불서럽고' 등으로 활용. #"낸 맘에 미욱함이 **불서럽다고**//"(김소월, 달밤), #"누나라고 불러보랴/오오 **불설워**/시새움에 몸이 죽은 우리 누나는/죽어서 접동새가 되었습니다//"(김소월, 접동새)

불수레 명 화차. 기차. 불술기. #"옹골찬 믿음의 **불수레** 굴러 조마스런 마암을 막아보렴/앞선 사람 뒤떨어진 벗 모두 입다물어 잠잠//"(이용악, 등불이 보고 싶다)

불술기 명 불수레. '불술기'는 함경북도 지역에서 일반적으로 널리 쓰이는 방언으로 기차를 뜻한다. 특히 석탄을 때어서 달리는 火車인데 '술기'가 함경도 방언에서는 '수레'이니 '불(火)+수레(車)', 곧 기차를 뜻한다. 소나 말이 끄는 '우마차'를 '쉐술기'(쉐(牛)+술기)라 하는데 '쉐'가 '불'로 대체되어 만들어진 방언이다. 개화기에 일본과 중국에서 각각 차용된 '기차'와 '화륜차'가 널리 쓰인 점을 고려하면 '불술기'는 순수 고유어만으로 만들어진 방언에서 형성된 새로운 문명어로서 흥미로운 존재이다. 기차가 증기에 초점을 두고 만들어진 방언형이라면, '화륜차'와 '불술기'는 '불'에

초점을 두어 만들어진 것인데 '불술기'는 함경도 지방이 중국에 가까운 탓으로 중국어 '화륜차'의 영향을 받아 만들어진 것으로 보인다.(곽충구, 2001) #"두 낮 두 밤을 두루미처럼 울어 울어/**불술기** 구름 속을 달리는 양 유리창이 흐리더냐//"(이용악, 전라도 가시내)

불슷다 동 (바람이) 불다. #"잎 누런 시닥나무/철 이른 푸른 버들,/해 벌써 석양인데/**불슷는** 바람이어.//"(김소월, 浪人의 봄)

붓그럼성 명 '-성'은 '입성'(옷을 입은 모양 또는 옷차림새), '붙임성'(남을 잘 따르고 잘 사귀는 것)과 같은 말에 쓰이고 있는 접미사이다. 따라서 '부끄럼을 타는 듯한 숫된 모습 또는 성질'로 풀이한다. #"젓가슴과 **붓그럼성**이/익을 대로 익었구나.//"(정지용, 따알리아)

붓그럼성스런 낯가림 구 부끄럼성스럼 낯가림. 부끄러움을 타는 듯한 낯가림. 이숭원 교수의 원본『정지용 시집』은 '부끄러운 성품에 어울리는 낯가림'이라고 풀이하였다. #"窓밖에는 참새떼 눈초리 무거웁고/窓안에는 시름겨워 턱을 고일때,/銀고리 같은 새벽달/**붓그럼성스런 낯가림**을 벗듯이,/그모양으로 오시랴십니가.//"(정지용, 풍랑몽 1)

붓다 동 붓다. 경남방언에서는 '붓어'와 같이 활용하고 있다. #"눈이 **붓어**, 저것은 꽃핀 것가 꽃진 것가 여겼더니, 피는것 지는것을 같이한 그러한 꽃밭의 저것은 저승살이가 아닌것가 참. 실로 언짢달것가. 기쁘달것가.//거기 정신없이 앉았는 섬을 보고 있으면,/우리는 살았닥해도 그 많은 때는 죽은 사람과 산 사람이 숨소리를 나누고 있는 반짝이는 봄바다와도 같은 저승 어디즘에 호젓이 밀린 섬이 되어 있는 것이 아닌것가.//"(박재삼, 봄바다에서)

붕어곰 명 붕어를 알맞게 지지거나 구운 것. #"호박잎에 싸오는 **붕어곰**은 언제나 맛있었다//"(백석, 酒幕)

비 올 요랑은 안하고 구 비 올 생각은 않고. #"해가 짱짱하다//이리키 가문데/**비 올 요랑은 안하고**//내사마 무울때 입 아이/꺼끄러브 가주고/조밥은 싫다 카이끼네//해가 짱짱하다//"(상희구, 조밥/대구.38)

비기다 형 비교하다. #"겨울엔 역시 엉뎅이가 뜨뜻해야 제일이니 뭐니 하다가도/옥에 갇힌 네게 **비기면** 못 견딜게 있느냐고 하면서 너에게/차입할 것을 늦도록 손질하던 아내오 인젠 잠이 들었다//"(이용악, 유정에게)

비난수 명 무당이나 소경이 귀신에게 비는 말. 귀신에게 비는 소리. #"**비난수**

를 내 마음에다 도로줍소사 아아 내가 왜 이렇게 되엿노//"(김소월, 기원), #"함께 하려노라 **비난수**하는 나의 맘이어//떠도러라 **비난수**하는 맘이어 갈메기가치//또는 **비난수**하는 나의 맘 헐버슨 산 우헤서//"(김소월, 비난수하는 맘), #"이윽고 **비난수**도 머구리 소리와 함께 자자저라//"(김소월, 묵념)

비닭이명 비둘기. '닭이 아니다'라는 의미의 비닭(非닭)에서 나왔다고 하는데, '날아다니는 닭(飛닭)'을 의미했을 가능성도 있다. 빛닭이 어원으로 '빛이 나는 닭'을 의미했다는 설도 있다. 이 외에도 비두로기, 비다라기, 비달기, 비다리, 비다라 따위로도 쓰였다. #"검은 세기에 상장이 갈갈이 찌저질 긴 동안/**비닭이** 같은 사랑을 한번도 속삭여 보지도 못한/가엽슨 빡쥐여! 고독한 유령이여!//"(이육사, 79), #"한낫은 햇발이/백공작 꼬리우에 합북 퍼지고//그넘에 **비닭이** 보리밧헤 두고온/사랑이 그립다고 근심스레 코고을며//"(이육사, 소공원 70), #"졂은 사랑이 잠들어누어/일년에도 오월달에/나리꽃들 속에/부드런 빛에싸여/힌 양들 풀뜩으러와/힌 **비닭이**는 집지으러와/그의 둘레에는/산마자 떨기히다//"(박용철, 新春)

비렁땅명 '비렁땅'은 '바위가 군데군데 박혀 있는 돌투성이 땅'을 의미하는 경상방언형이다. 이와 함께 '비렁밭' 또한 '바위밭'으로 '험한 박토'의 비유이다. 별개로 경상도에서는 '비렁뱅이, 비름배이'도 함께 사용되고 있는데 이는 '동냥아치, 거지'를 뜻한다. #"금싸래기믄 머하고 산몰랭이 **비렁땅**이믄 머하노. 말해보아야 죽은 자식 불알 만지기지."(박경리, 토지 5, 78), #"나는 웅어어매기 칼 들고 나왔다는 말 듣고 **비렁밭**에다 내다버리도 살아남을 사람이라 생각했제요."(박경리, 토지 14, 283)

비멀이하다동 비에 온몸이 젖다. #"삼리밖 강 쟁변엔 자개들에서/**비멀이한** 옷을 부숭부숭 말려 입고 오는 길인데/산 모롱고지 하나 도는 동안에 옷을 또 함북 젖었다//"(백석, 구장로(球場路))

비비새명 '오디새'의 옛말. 鶌鵧 비비새『한청 15:36』 #"내 시름 오르는 날 작약 순이 더 오르고/**비비새** 우는 날에 꽃은 문득 이우리니/보내고 어여쁠 봄 앞에 우리 향불 놓으리.//"(정완영, 芍藥 순 오르는 날)

비ㅅ돌명 비석. #"내손에는 보배구슬 놓여있고/우에는 높은**비ㅅ돌** 세워졌네/내가 잠들었다 울지말게/나는 사랑에 어질었나니//"(박용철, 희랍민요)

비슷이부 1. 약간 기울게. 2. 비슷하게. #"버선을 다시 또 깁기 위해 잡고선/당신의 간장도 그렇게 기운 양/그를 쓰다듬는 심사로/당신은 그리 많이/노래를 불렀던가,/심정도 **비슷이**/팔짜처럼 기울어버린/아픔의 노래를 불렀었던가.//"(박재삼, 어머님 전 상서)

비얘고지 명 중봉동 근처에 있는 마을. 정확히는 덕언면 신창동으로 옛날에는 '비파부락'이라고 불렀음. 그러나 여기에서는 제비의 지저귐 소리로 파악된다. 시인이 비얘고지라는 마을을 염두에 두고 의도적으로 쓴 의성어로 볼 수 있다. #"**비얘고지** 비얘고지는/제비야 네 말이다/저 건너 노루섬에 노루 없드란 말이지/신미두 삼각산엔 가무래기만 나드란 말이지//"(백석, 大山洞)

비여진다 동 비어지다. 베어지다. 청대나무로 만든 채찍을 휙 내두르니 허공을 가르는 모양이 마치 하늘을 베어 놓는 것처럼 보인다. #"짠 조수물에 흠뻑 불리워 휙 휙 내둘으니 보라ㅅ빛으로 피여오른 하늘이 만만하게 **비여진다**./채축에서 바다가 운다./바다우에 갈메기가 흩어진다.//"(정지용, 말1)

비웃 명 정어리. 함북 청진 방언이 실려 있는 『한글』 9권 9호, 함남 定平 방언이 실려 있는 『한글』 5권 2호에는 '비웃'이 '정어리'의 방언이라 되어 있다. 그러나 김태균(1986)의 『함북방언사전』은 '청어'의 방언으로 풀이하였다. #"다시 만나면 알아 못 볼/사람들끼리/**비웃**이 타는 데서/타래곱과 도루모기와/피 터진 닭의 볏 찌르르 타는/아스라한 연기 속에서/목이랑 껴안고/웃음으로 웃음으로 헤어져야/마음 편쿠나/슬픈 사람들끼리//"(이용악, 슬픈 사람들끼리), #"썩은 나무다리 걸쳐 있는 개울까지/개울 건너 또 개울 건너/빠알간 숯불에 **비웃**이 타는 선술집까지//"(이용악, 뒷길로 가자)

비자웁다 형 비좁다. 운율을 맞추기 위한 개인어. #"첫가을! 금호강 구비쳐 흐르고/벼이삭 배부르게 느러져섰는/이별판 한가운데 주저앉어서/두볼이 **비자웁게** 해같은능금을 나는먹는다.//"(이상화, 나는 해를 먹다)

비잡다 형 '자리가 비좁거나, 생각이나 마음이 좁음'을 나타내는 '비좁다'의 경상방언형. #"첫가을! 琴湖江 구비쳐 흐르고/벼이삭 배부르게 느러져섰는/이별판 한가운데 주저앉어서/두볼이 **비자웁게** 해같은능금을 나는먹는다.//"(이상화, 나는 해를 먹다)

빈다 동 보인다. #"어이 종달새야, 자지 **빈다**/어서 내리 온나//어이 종달새야, 자지 **빈다**/어서 내리 온나//"(상희구, 종달새/대구.94)

빈줄라 가주고 구 어떤 정해진 양에서 한 쪽의 양을 줄이고 그 줄인 양만큼 다른 쪽에 쓰는 것. #"아이구 우얐끼네라, 자, 속옷이 지리상갈상 떨어졌구나! 딴 거로 **빈줄라 가주고**라도 퍼

떡 니 내복부터 한 불 사재이//"(상희구, 지리상갈상)

빌 명 별. #"할매 내 좀 보소, 저게 하늘에 **빌**이 많제, 그라마/저 빌 중에 첩싸이 빌이 어는 **빌**인지/그라고 큰오마씨 **빌**이 어는 **빌**인지 맞차보소/그만 춤 마이 알마//"(상희구, 소전꺼래 알분다이 할매/대구. 15)

빌붓칠 동 빌붙을. #"운명의 제단에 가늘게 타는 향 불마자 꺼젓거든/그많은 새즘승에 **빗붓칠** 애교라도 가젓단말가?/상금조처럼 고흔 뺨을 채롱에 팔지도 못하는 너는/한토막 꿈조차 못꾸고 다시 동굴로 도라가거니//"(이육사, 81)

빗기다 동 벗기다. '빗기이다'는 '벗(脫)-기(사동접사)-이(사동접사)-다(어미)'의 구성으로 사동접사가 중과된 예이다. #"오랜 오랜녯적부터/아 몃百년 몃千년녯적부터/호미와가래에게 등심살을**빗기이고**/감자와기장에게 속기름을빼앗기인/山村의뼈만남은 짱바닥우에서/아즉도사람은 收獲을 바라고 잇다.//"(이상화, 暴風雨를 기다리는 마음)

빗기서 동 벗겨. #"고구마로 푸욱 삶아 돌라 케 가주고는 불도 키지/않은 어독어독한 바아서 문 쪼오로 등더리를 비/이게 하고는 엎디려서 고구마껍디기로 조근조근/**빗기서** 야물야물 씹어 자시는 기 그 니째 맛이고//"(상희구, 家親五味/대구.54)

빗돌 명 돌을 세워두고 돌로 쳐서 넘어지게 하는 놀이에서 세워두는 돌을 말한다. #"그러나 너는 보드러운 손을/가슴에 얹은 대로 떼지 않았다/내 곳곳을 헤매어 살길 어두울 때/**빗돌**처럼 우두커니 거리에 섰을 때/고향아/너의 부름이 귀에 담기어짐을/막을 길이 없었다//"(이용악, 고향아 꽃은 피지 못했다)

빗두른 형 빛 두른. 갓 익어 붉은 색깔이 도는. 여기서는 무언가 조금 아는 것이 있지만 설익은 지식뿐이라는 자조적 의미로 이 말을 쓰고 있다. 『학조』에는 '갓익은'이라고 표기되어 있는데 정지용 시집에 수록되면서 '빗두른'으로 고쳤다. '비뚤어진'으로 읽을 수도 있지만 『학조』원문의 뜻을 반영하여 읽는 것이 좋다. #"이 놈의 머리는 **빗두른** 능금/또 한놈의 心臟은 벌레 먹은 薔薇/제비처럼 젖은 놈이 뛰여 간다.//"(정지용, 카페·프란스)

빗보다 동 낮추어 보다. #"말할 아무것이 다시 없는가!/그냥 먹먹할 뿐, 그대로/그는 일어나, 닭의 홰치는 소리,/깨어서도 늘, 길거리의 사람을/밝은 대낮에 **빗보고는** 하노라.//"(김소월, 꿈으로 오는 한 사람)

빗살 명 볕살. 내쏘는 햇빛. 빗살은 '볕(光)-+살(파생접사)'의 구성인 대구방언이며 '햇살'이라는 뜻을 가지고 있다. 곧 음지가 아닌 태양볕이 쪼이는 곳이라는 뜻도 있다. #"꽃 봐라 꽃 봐라 떠들던 소리가 잠결에 들은 듯이 흐려져 버리고/숨가뿐 이 더위에 떡깔잎 잔디풀이 까지끗지 터졌다. 오래지 않아서 찬 이슬이 내리면 **빗살**에 다 쬐인 능금과 벼알에 배부른 단물이 빙그레 돌면서 그들의 生命은 完成이 될 것이다."(이상화, 淸凉世界)

빘다 형 비었다. #"철개이 한 마리/또랑우에/안질락 말락/안질락 말락//꼬랑대기로/또랑물에 점을/꼭꼭 찍어 쌓는다//하늘이/터-엉 **빘다**//"(상희구, 夏至)-칠성동 한도랑에서/대구.31)

빚 명 빛. #"가무락조개 난 뒷간거리에/빚을 얻으려 나는 왔다/**빚**이 안되어 가는 탓에/가무래기도 나도 모도 춥다//"(백석, 가무래기의 樂)

빠개다 동 작고 단단한 물건을 두 쪽으로 가르다. 작고 단단한 물건의 틈을 넓게 벌리다. #"오로지 어질고 약하던 자가/이같이 강하고 성할줄이야./버러지만 같은 겨레의 하나마다/**빠개**어 볼라치면 석유알 같은/자유와 조국의 아아 이 목마른 갈망이여.//"(유치환, 소리 있는 곳)

빠안하다 형 매우 드러나게 분명하다. #"어린 예닐곱 살의 맑은 시냇물에 손발 담그던 카랑카랑한 목소리를/뒷덜미 가려운 곁에 하도 희게 느껴라.//평생 **빠안한** 죽음의 한자락에 이었기로,/땅 밟은 우리 목숨이 말짱히 눈물 가시고/머언 그 하늘 뒤안에 별들 듯이 가리아.//"(박재삼, 구름결에)

빠알 명 방울. #"두째로 묵은 탱글탱글 야물어야 한다/(묵을 썰라꼬 칼을 묵에다 갔다댔일 때/묵이 너무 야물어 가주고 칼이 한 발이나/우로 팅기오리마 그 묵이 채곤기다)//끝으로 묵맛은 양념장이/받쳐줘야 하는 것이다/저렁에다가 다진 마늘,/맵싹한 고치가리를 풀고/창지름이 두어 **빠알**/자청파를 쫑쫑 썰어 넣어마 그마이다//"(상희구, 묵/대구.85)

빠조롬히 부 바깥으로 뽀족히 모습을 드러내는 모습. #"어제 오늘을 우리집 굽어 보고/대까치 우짖어 저렇게 야단 은/이따금 산들바람 풍경 건드리는 뜨락에/이제 첫 세상을 **빠쪼롬히**/작약 새순 흙 뚫고 나옴을 알림이로고.//"(유치환, 소식)

빠줗다 형 '빠줗다'는 '빼다'의 의미를 가지고 있는 대구방언형이다. 접속어미 '-어서'는 대구방언에서는 '-개주고', '-가아', '-주고' 등으로 실현된다. 대구방언에서 '빼다'는 자의에 의해서나 또는 타의에 의해 이루어지는 일이라면 '빠줗다'라고 사용한다. 이와 함께 경상방언에서 '빠줗다'가 '빠뜨리다'의 의미로도 사용되기도 한다. #"이 동네, 윗동네, 저 아룻동네 싯 샘물 여다 밥 하믄 좋다고 짚따베이를 하나씩 해가지고 먼저 가서 그 따베이 샘물에 **빠줬고** 오믄 누가 왔다 갔나 알지."(성춘식, 이부자리 피이 놓고), #"사람만 다라워진줄로 알엇더니/필경 에는 밋고 밋든 한울 까지 다라워 젓다/…/보리 가 팔 을 버리고 달라 다가 달라 다가/이제는 고라진 몸으로 목을 대자나 **빠주고** 섯구나!//"(이상화, 비를다고)

빨갛게 질들은 구 팔모알상 빨간 칠을 한 팔각 모양의 상이 길이 잘 들어 반짝반짝한 모양. #"부엌에는 **빨갛게 질들은** 팔모알 상이 그 상 우엔 새파란 싸리를 그린 눈알만한 잔(盞)이 뵈였다.//"(백석, 주막)

빨딱 부 벌떡. 전남방언. #"나는 스케,트를 지친다/귀바퀴가 새빨갛게 되었다…/손에는 장갑/머리에는 털모자…/하낫 둘! 아차 미끌렸다…/하낫 둘! 하마터면 **빨딱** 재주를 할번했네.//"(박용철, 스케트)

빨뿌리 명 담배 물뿌리. #"이빨 자욱 하얗게 홈 간 **빨뿌리**와 담뱃재 소복한 왜접시와/인젠 불살라도 좋은 몇 권의 책이 놓여 있는 거울 속에/너는 있어라//"(이용악, 오월에의 노래)

빰을 돌어 구 '빰을 돌려' 혹은 '빰을 들어'의 오식인듯. #"해오래비 청춘을 물가에 흘여보냇다고/힌오리때만 분주히 밋기를차저/자무락칠지는 소리 약간들이고//언덕은 잔디밧 파라솔 돌이는 황국소년둘/해당화가튼 **빰을돌어** 망향가도 부른다//"(이육사, 소공원)

빤지리하게 부 반드레하게. #"여섯 살쯤 된 사내아이가 큼지막한 사진 한 장을 들고/난리를 친다/엄마아, 이거는 누부야 얼굴이 아이다 카이/아이고 이노무 자석이 와 이카노/부엌일을 하던 엄마는 종내 부지깽이를 내려놓고는/손아래 시누에게 푸념을 늘어 놓는다/아이구 우짜꼬, 사진일랑 고마, 아무 데서나 찍을꺼로,/얼굴로 너무 **빤지리하게** 맨들어 낳구마는,/저 너무 자석이 나쭝에 머라 안 카까, 우쨌던지 쟈가/시집 가서 잘 살아야 될낀데.//"(상희구, 명성사진관/대구.30)

빨간 새 끝 구 빨간 혀 끝. #"에미가 반디시 누븐 머시마 눈까풀을 까디집고는 **빨간/새 끝**으로 누 난을 요게조게 핥기 시작디마는 마츰네 개자씨만쿰/쪼맨한 까망 점같은 기 에미 빨간 새끝에 묻어 나왔다/머시마가 무망간에 발딱 일어 나민서 만세, 엄마 인자 갠/찮다 카이끼네, 에미가, 아이고 고노무 자석 하민서 또 한분/머시마 궁디를 찰싹 때린다//"(상희구, 살을 섞다/대구.44)

빽쭘하이 형 뱄죽히. #"아이고 자잘궂

에라!/작년에 냉기논 쑥갓씨로 삽짝가 새/다문다문 흩쳐논 지가 한 달포는 됐시까, 엊지역에 깨굼발비가 살째기/니리는 거 겉디마는 그단새 좁쌀네끼/겉은 포란 새싹이 **뺄쭘하이** 돋았구마는//"(상희구, 春三月/대구.7)

뺏쪽하기 형 뾰죽함보다 더 날카롭게. #"살찌매를 삐무리내는 겉치/아구락시럽기도 날이 칩은데/희뿜한 하늘에는/기기 삐간지 겉은/**뺏쪽하기** 에빈 초생달이/새초무리하다//"(상희구, 七星洞의 섣달 초사흘/대구.81)

빵돌이의자 명 회전의자. 사무를 보는 사람이 앉는 편안한 회전의자. #"그는 내가 커서 어서 어서 커서/면서기 군서기가 되어 쥐를 바랬다/손에 흙 안 묻히고 **빵돌이의자**에 앉아/펜대만 까닥까닥하는 그런 사람이 되어주기를 바랬다/그는 금판사가 되면 돈을 갈퀴질한다고 늘 부러워했다/금판사가 아니라 검판사라고 내가 고쳐 말해주면/끝내 고집을 꺾지 않고 금판사가 되면 골방에 금싸라기가 그득그득 쌓인다고 했다//"(김남주, 아버지)

뻐개지려 동 빠개지려고. #"아,그러나/故鄕! 故鄕!/이말속에는 無上의 命令이 숨어있네/나는 억센 팔장에서 몸을뻔히려 부등거리는 애기와같이/나의 가슴은 두쪼각으로 **뻐개지려**하네/여보게/내가 이故鄕을 사랑하지않게되는 수를 가르쳐주게//"(박용철, 無題)

뻐국채 명 국화과의 여러해살이 풀. #"그래도 그 쉬영꽃 진달래 빨가니 핀 꽃 바위 너머/산 잔등에는 가지취 **뻐국채** 게루기 고사리 山 나물판/산나물 냄새 물씬 물씬 나는데/나는 복장노루를 따라 뛰었다//"(백석, 산)

뻐뜩도 않하는데 구 움쩍도 않는데. #"대구에 봄이 들어오는/초입인 巴洞의 龍頭防川,/앞산 안지래이쪽은 봄이 안주/**뻐뜩도 않하는데**//칠성시장에는 발써로/봄이 爛漫하다//"(상희구, 대구의 봄은/대구.93)

뻐틔는 동 버티는, 주장 따위를 굽히지 않는. 뻐기는. 우쭐거리며 자랑하는. #"아주 헐벗은 나의 뮤—즈는/한번도 기야 싶은 날이 없어/사뭇 밤만을 왕자처럼 누려 왔소//아무것도 없는 주제였만도/모든 것이 제것인듯 **뻐틔는** 멋이야//"(이육사, 나의 뮤즈)

뻑국채 명 국화과에 속하는 다년생 풀. 6, 9월에 자주색의 꽃이 핀다. #"絶頂에 가까울수록 **뻑국채** 꽃키가 점점 消耗된다.//"(정지용, 백록담)

뻣뜩거리다 동 번쩍거리다. #"쏘내기가 한줄기 할랑강//뒷산 산삐얄쪼오서 번갯불이/밀 분 **뻣뜩거리** 쌓티마는/이내 자질구리한 천둥소리가/줄방구띠방구로 엮끼나온다//쏘내기가 억수로/퍼벘다가 그친다//마당 한쪼오는/따리아가 되리 붉다//하늘에는 발씨로/식은 낮달이/시큰동하다//"(상희구, 뒷산 산삐알쪼오서 자질구리한 천둥소리가 줄방구띠방구로 엮끼 나오다－고산골에서/대구.32)

뼈마치다 형 뼈가 마주치다. #"우리의 무릎을 고쳐, 무릎 고쳐 **뼈마치는** 소리에 우리의 귀는 스스로 놀라고,/절로는 신물이 나, 신물나는 입맛에 가슴 떨리어,/다만 우리는 혹시 형리의 손아픈 후예일라.//"(박재삼, 포도)

뼉다구 명 뼈다구. #"기름기 없는 살림을 보지만 말아도/토실토실 살이 찔 것 같다/**뼉다구**만 남은 마을…/여기서 생활은 가장 평범한 인습이었다//"(이용악, 도망하는 밤)

뽈때기 명 뺨. #"기념품으로 주는/우리나라에서는 난생 처음인 나일론보자기를 하나씩 얻기/위해서였다./희안하기도 해라, 석탄 덩거리로 맨들었다 카던데/우째 끄시름이 하나도 안 묻노/하면서 **뽈때기**에다가 문질러대는 아낙도 있었다./소 심줄은 커잉 철사보다도 더 질기다 카더마는/오늘도 시골 할매들, 나일론이라는 말은 빼버리고 백 뿌로,/백 뿌로 해 쌓는다.//"(상희구, 나이롱 백 뿌로/대구.48) #"시레기국을 엄청 좋아했는데 후루룩 후루룩 하면서 시레기국을 먹을 때는 **뽈때기**와 아래턱의 움직임이 기묘했다 의과대학을 마치고 동네에다 덕수의원이라는 의원을 열었는데 참 환자가 많았다 키가 크고 인물이 훤출한 참한 색씨를 얻어 장가를 들었는데 잘 살다가 얼마 안 있어 그만 죽어버렸다는 것이다 엄마가 끌끌 혀를 찻다//"(상희구, 德壽醫院 삐때기 원장/대구.73)

뿡뿡차 명 기동차(汽動車). #"고원선 종점인 이 작은 정거장엔/그렇게도 울쭐대며 달가불시며 뛰어오던 **뿡뿡차**가/가이없이 쓸쓸하니도 우두머니 서 있다//"(백석, 咸南道安)

뿔따귀 명 뿔. 여기서 '이뿔따귀 저뿔따귀'는 '이곳 저곳'의 경상도 사투리식 표현. #"개아미 마치 개아미다 젊은 놈들 겁이 잔뜩나 참아 참아하는 마음은 널 원망에 비겨 잊을 것이었다 깍쟁이.//언제나 여름이 오면 황혼의 **이뿔따귀 저뿔따귀**에 한줄식 걸처매고 짐짓 창공에 노려대는 거미집이다 령비인.//"(이육사, 서울)

뽈매 명 수리보다 작은 매의 하나로 소골이라고도 하며 사냥매로 길들이기도 한다. 여기서는 뽈매 한 마리가 포르르 날아오르는 모양을 그린다. 이 대목을 '돌팔매질'(최동호, 『정지용사전』)로 보기도 하지만 '포르르 포르르'라는 말은 시 「이른봄 아침」에도 새가 날아 오르는 모양을 묘사한다. #"포르르 **풀매**…온산중 紅葉이 수런 수런거린다//"(정지용, 진달래)

뿌죽뿌죽한 형 뾰족뾰족한. #"**뿌죽뿌죽한** 멧봉오리//"(김소월, 길손)

삐무리내다 동 가위로 오려내다. 칼로 도려내다의 뜻. #"살찌매를 **삐무리내**는 겉치/아구락시럽기도 날이 칩은데/희뿜한 하늘에는/기기 삐간지 겉은/뺏쪽하기 에빈 초생달이/새초무리하다//"(상희구, 七星洞의 섣달 초사흘/대구.81)

삐비 명 삘기. 띠의 애순. 띠는 볏과의 여러해살이풀. 줄기는 높이가 30-80cm이고 원추형으로 똑바로 서 있으며, 잎은 뿌리에서 모여난다. 5-6월에 이삭 모양의 흰색 또는 흑자색 꽃이 가지 끝이나 줄기 끝에 穗狀 꽃차례로 핀다. 삘기라고 하는 어린 꽃이삭은 단맛이 있어 식용하고 뿌리는 茅根이라 하여 약용한다. 들이나 길가에 무더기로 나는데 아시아, 아프리카 등지에 널리 분포한다. #"한 치 땅 봄만 얻어도 사는 날이 즐겁고나/어여쁜 햇살의 자리 **삐비**처럼 목을 뽑으면/민들레 하나만큼의 환한 둘레, 내 둘레."(정완영, 採春譜 1, 歎春)

삐우고 동 뿌리고. 금단추 달린 제복을 자랑스럽게 여기다가 그런 마음이 시들해지자. 금단추를 떼어내어서 바다 위에 뿌리고 가자고 말한다. 격식과 허울을 벗어던지자는 뜻으로도 해석할 수 있으며 식민지 청년으로서 제복을 입고 있는 자신의 모습에 대한 자괴감을 암시하는 것으로 볼 수 있다. 이숭원 교수의 『원본 정지용 시집』에서는 '삐우고'를 '끼우고'라고 풀이하고 있다. #"아리랑쪼 그도 저도 다 늦었읍네, 인제는 버얼서,/금단초 다섯 개를 **삐우고** 가쟈, 파아란 바다 우에.//"(정지용, 船醉)

삐운 동 삐우다. '뿌리다'에 해당하는 충청도 지역의 방언. 여기서는 '송화 가루 뿌린 듯 뿌연'으로 풀이한다. 이숭원 교수의 원본 정지용 시집에는 '끼게 한'으로 풀이하고 있다. #"그끄제 밤에 늬가 참버리처럼 닝닝거리고 간 뒤로,/불빛은 송화ㅅ가루 **삐운** 듯 무리를 둘러 쓰고/문풍지에 아름푸시 어름 풀린 먼 여울이 떠는구나.//"(정지용, 뻣나무 열매)

쌕다구 명 뼈다구. #"아—문동이의송장**쌕다구**보다도 더더럽고'/毒蛇의석은등성이뼈보다도 더무서운이骸骨을/태워버리자! 태워버리자!//"(이상화, 오늘의 노래)

쎈추명 직박구리. #"홀아비 시름시절 내어이 니칠니야/돌담새에 귀쏘람이 별그린 정을읇고/수수밧치 성그리면 차분한맘 바이업서/초여드래 달이저도 밤거리를 해매든닐/서리발선 보리골이 보글보글 허러지고/짜랑짜랑 악기시야 말은 흐득이며/애틋히 쓸쓸히 홀아비**쎈추**노래/하로종일 듯고섯든 그시절 니칠니야//"(김현구, 홀아비시절)

ㅅ

-사(첨) 야. #"사람이 지독하대도 저승 앞엔 죽어 오는/남쪽 갈대밭을 맞서며 깃이 지는/다 같은 이 저 목숨이 살아 다만 고마와.//그리고 저녁서부터 달은 밝은 한밤을/등결 허전하니 그래도 아니 눈물에/누이사 하마 오것다 싶어 기울어지는 마음.//"(박재삼, 蘆岸), #"너도 공주 아니언디 내사무슴 왕자라냐/이야기 가운데 나오는 사람같이/떨어저 서러기리기만은 무슴일고 싶어라//"(박용철, 정희를 가름하야)

사개맞힘같이 구 상자 따위의 네 귀퉁이가 맞춘듯이 서로 들어맞음. #"두손 안고 얼굴 가만히 보랃으며/다만 할 말은 그대여 나를 용서하라/둘이맘 다시 **사개맞힘같이** 어울려 녹는 사이에/나는 영원의 평화와 잠의 나라로 떠나 가련다.//"(박용철, 로만스)

사경 명 남의 집에 일정 기간 동안(대개 1년 동안) 일을 해 주고 받는 품값. #"그 딸기코의 병신 아들의 이름은 무엇이던가/**사경**을 받으러 다니던 딸의 이름은 무엇이던가//"(신경림, 골목)

사금을 흘리는 은하 구 은하수가 마치 사금을 뿌린 듯하다. #"찬물에 씻기여/**砂金을 흘리는** 銀河!//"(정지용, 별)

사금파리 명 사기그릇의 깨어진 작은 조각. #"**사금파리** 갖고 놀다 손을 베어 흘리던 피/아니면 당신 생각 대낮에도 뜨던 별빛/엄마야! 어쩌면 좋아 온 산 불똥 튀겠네."(정완영, 패랭이꽃)

사기방등 명 사기로 만든 등잔불. '방등'은 '등잔'의 평북 방언. #"이야기하고 아이들은 아이들끼리 웃간 한 방을 잡고 조아질하/고 쌈방이 굴리고 바리깨돌림하고 호박떼기하고 제비손이구손이/하고 이렇게 화디의 **사기방등**에 심지를 몇 번이나 돋구고 홍게/닭이 몇번이나 울어서 졸음이 오면 아룻목싸움 자리싸움을 하며/히드득거리다 잠이 든다 그래서는 문창에 텅납새의 그림자가/치는 아침 시누이 동세들이 욱적하니 흥성거리는 부엌으론 샛문/틈으로 장지 문틈으로 무이징게국을 끓이는 맛있는 내음새가/올라오도록 잔다//"(백석, 여우난골족)

사나 명 사나이, 곧 남편을 말함. #"이 전장 저 전장 난리판에/**사나** 있는 저 이핀네는/호시뺑빼이로 살겠구마는//이핀네 주거뿐 지 석삼 월 만에/처녀장개 든 저 **사나는**/호시뺑빼이로 살겠구마는//누부야 많은 저 머시마는/업어 줄 누부야들 많아서/호시뺑빼이로 살겠구마는//"(상희구, 호시뺑빼이/대구.26)

사나도 명 사나이도, '남편'을 말함. #"새빅에 이말무지로/새미 가새 한 분 가보소/감이 얼매나 널찌실랑강//새빅에 이말무지로/장터꺼래 한 분 가보소/돈이 얼매나 널찌실랑강//이말무지로 한 분 기다리보소/지집질하는 **사나도**/지엽으마 오겠지//"(상희구, 이말무지로/대구.80)

사는답다 형 사는 것 같다. #"아침이다./여름이 웃는다. 한해 가운데서 가장 힘차게 **사는답게** 사노라고 꽃불같은 그 얼굴로 선잠 깬 눈들을 부시게 하면서 조선이란 나라에도 여름이 웃는다.//"(이상화, 淸凉世界)

사랑다려 구 사랑에게 #"너의 사랑다려 무어라 말을하랴/세상버리는 시악시야/너의 **사랑다려** 무슨 말을하랴/너헐된세상 버린때에.//"(박용철, 傳言)

사랑옵게 형 사랑스럽게. #"너의 파란 두눈으로/나를 **사랑옵게** 바라보면,/내 마음은 꿈꾸는 듯이 되여/말도 하는 수가 없단다.//"(박용철, 新春)

사려 명 여러 가지 일에 대하여 깊게 생각함. 또는 그런 생각. #"黃岳 어진 영마루 흰 구름이 멎은 것은/땀 개인 내 이마에 **사려**가 닿은 것인지/이 가을 하늘 한 장을 네게 돌리고 싶다.//"(정완영, 天下 秋)

사루다 동 불사르다. 불지르다. #"하늘과 땅의 금실이 하도 좋아 꽃은 피고/세상은 한 疋 비단을 **사루는** 듯 졸립네요/추녀 끝 제비도 쌍쌍 뉘랑 뉘랑 사올까요.//"(정완영, 春日詞 / 뉘랑뉘랑)

사리 명 살이. '사리'는 '살-이(명사화파생접사)'의 조어로 대구방언형이다. 이기철(1989)은 '사리'의 주석을 "국수, 실, 새끼들을 풀어서 사리어 놓은 것"과 같이 달아 놓았으나 이는 잘못이다. #"헛웃음속에 세상이 잊어지고/끄을리는데 사람이 산다면/검아 나의 신령을 돌맹이로 만들어다고/제 **사리**의 길은 제 찾으려는 그를 죽여다고//"(이상화, 무제)

사리다 동 그릇이나 용기에 담다. #"아배 앞에 그 어린 아들 앞에 아배 앞에는 왕사발에 아들 앞에는 새끼사발에 그득히 **사리워** 오는 것이다//"(백석, 국수)

사리다 동 부리로 새의 날개 깃을 길대로 정리하다. 어떤 일에 적극적으로 나서지 않고 살살 피하며 몸을 아끼다. #"서리 까마귀 울고 간 北天은 아득하고/수척한 산과 들은 네 생각에 잠겼는데/내 마음은 나뭇가지에

깃 **사린** 새 한 마리.//"(정완영, 애모)

사복 명 '사북'의 옛말. 육사는 '대갈목'이나 '압정'을 뜻하는 말로 사용한 듯 보인다. #"박쥐같은 날개나 펴면/아주 흐린날 그림자 속에/떠서는 날잖아 **사복**이 됨세//닭소리 들리면 가랴/안개 뽀얗게 나리는 새벽/그곳을 가만히 나려서 감세//"(이육사, 독백)

사부재기 부 조용히. #"초지역이 이역할 때 쭘 해서 질을 나서는데, 안티골 새이집은 건너 지실마을 끝타아, 막은안창집 옆푸라다 배껕마당을 가로질러, 호무래이로 돌아서 야산을 올라가마, 방고개 만데이 지나서 쪼만한 산삐얄 못미쳐 비탈, 위진 곳에 살찌이맹쿠로 숨었는기라, 둣 뉨이 이망빼기에 땀을 팥죽겉치 흘리면서 **사부재기** 손을 뿥잡고 새이집을 가망가망 내리다 보는데, 엄마야!//"(상희구, 새이(喪輿)집/대구.27)

사부제기 부 조용히. #"큰 오마씨와 작은 오마씨가 한테 사는 웅이네에 지역답이 되자/이집 영감이 대문을 들어섰다. 영감재이가 하마나 오까, 하마나/오까 하민서 누이 빠지게 기다리던 작은 오마씨가 엉기불통하고/좇아 나가는 데, 고만 고모신코에 발가락이 잘못 끼였는지 발딱/나자빠지고 말았다. 이 꼬라지를 외미닫이 밖으로 얼치거이 없이/내다보고 있던 큰 오마씨가 **사부제기** 내뱉었다./아이고 고고 꼬방시에라.//"(상희구, 꼬방시다/대구.47)

사뿟이 부 조용하고 사뿐히. #"이제 험한 산빨이 등을 일으키리라/보리밭 사이 노랑꽃 노랑꽃 배추밭 사잇길로/**사뿟이** 오너라 나의 사람아//"(이용악, 슬픈 일 많으면)

사상선도 명 일제가 한반도의 사상 감시를 선도라는 이름으로 달리 말했다. 여기 '사상선도'는 그들의 기관원을 가리킨다. #"하날이 놉기도 하다/고무풍선갓흔 첫겨울 달을/누구의 입김으로 부너올렷는지?/그도 반넘어 서쪽에 기우러젓다//행랑뒤골목 휘젓한 상술집엔/팔녀온 냉해지처녀를 둘너싸고/대학생의 지질숙한 눈초리가/**사상선도**의 염탐 밋헤 떨고만잇다//"(이육사, 실제)

사슴이 명 사슴. #"붉은 해는 서산 마루에 걸리었다./**사슴이**의 무리도 슬피운다./떨어져나가 앉은 산 위에서/나는 그대의 이름을 부르노라.//"(김소월, 招魂)

사운재 구 사그라든 재가. #"설업다 말을하랴 돌처생각 우스워라/어젠 듯 만지든손 **사운재**가 되단말까/이혈됨 아노라건만 서름또한 어찌하리//"(박용철, 哀詞2)

사위다 동 불이 사그라져서 재가 되다.

늑삭다 #"쓰르라미 매운 울음이 다 흘러간 극락산 위/내 고향 하늘빛은 열무김치 서러운 맛/지금도 등 뒤에 걸려 **사윌** 줄을 모르네.//"(정완영, 고향 생각)

사위어지다 동 차츰차츰 기세가 약해져 가다. 사그러지다. #"산이 날 에워싸고/그믐달처럼 **사위어지는** 목숨/그믐달처럼 살아라 한다/그믐달처럼 살아라 한다//"(박목월, 산이 날 에워싸고)

사재이 동 사자꾸나. #"빨래꺼리를 뒤적거리던 엄마가/숨 끊어진 다음의 자투리같은/끓는 소리로 내뱉었다/아이구 우얐끼네라, 쟈, 속옷이/지리상갈상 떨어졌구나! 딴 거로/빈줄라 가주고 라도 퍼떡 니 내복/부터 한 불 **사재이**.//"(상희구, 지리상갈상/대구.40)

사틋하다 형 '살틋하다'라는 대구방언의 의미는 '귀여워 어쩔 줄 모를 만큼 한 편으로는 애틋하고 아깝고 귀엽다'는 뜻이다. #"점으는저녁입설 내이마를 태우고/밤은두팔로 나를안으며,/녯날의살틋한맘 다저바리지안코/하이얀눈으로 머리굽혀웃는다.//"(이상화, 새세계)

사할 뒤리 구 사흘에 한 번씩, 그러니까 '자주, 많이'의 뜻이 있음. #"가리늦게 머시마만 너이로/둔 어떤 오마이가 **사할뒤리**/씨부렁거리 쌓는 기라꼬는//큰 늠은 물티이 겉고/둘째 늠은 쫌쌔이고/시째 늠은 배막띠이고/그라마 끄티이는 쫌 크기 될랑강?//이었다//"(상희구, 물티이/대구.72)

삭낭하다 형 상냥하다. 사근사근하고 부드럽다. #"**삭냥한** 태양이 씨슨듯한 얼굴로//"(김소월, 건강한 잠)

산국 명 아이를 낳은 산모가 먹는 미역국. #"컴컴한 부엌에서는 늙은 홀아비의 시아부지가 미역국을 끓인다/그 마을의 외따른 집에서도 **산국**을 끓인다//"(백석, 적경(寂境))

산날맹이 명 '산등성이'를 뜻하는 산말랭이의 오식으로 보인다. #"나는 **산날맹이** 잔디밭에 앉어/기(口令)를 부르지요.//"(정지용, 내 맘에 맞는 이)

산날맹이외솔 명 산등성이의 소나무 한 그루. #"가벼운 실들메로 굳센다리 자랑삼고/웃노란 말삼으로 진댈래 꺾어갈제/저멀리 **산날맹이외솔**은 치워란 듯 하여라//"(박용철, 漢詩習作)

산대 명 산대배기. 산꼭대기. #"골이 다한 **산대** 밑에 자그마한 돌능와집이 한 채 있어서/이 집 남길동 단 안주인은 겨울이면 집을 내고/산을 돌아 거리로 나려간다는 말을 하는데/"(백석, 산곡)

산드랗다 형 '산득하다'와 유사하게 쓰이는 말. 몸에 갑자기 찬 느낌을 받거나 놀란 느낌을 받다. #"戀情은 그림자 마자 벗쟈/**산드랗게** 얼어라! 귀뜨람이 처럼.//"(정지용, 毘盧峯)

산뜨시 부 산뜻하게. #"**산뜨시** 살에 숨는 바람이 좇키도 하다//"(김소월, 건강한잠)

산뜩키 부 #"**산뜩키** 서려오는 머리칼이어//"(김소월, 바다까의밤)

산머리 명 산마루. #"어렷두렷 하엿달지 저리도 해는 **산머리**에서 바재이고 잇습니다//"(김소월, 길차부)

산멍에 명 산몽아. 산몽애. 전설상의 커다란 뱀 '산무애뱀'의 고어. 이무기. #"이것은 어느 양지귀 혹은 능달쪽 외따른 산옆 은댕이 예데가리밭에서/하룻밤 뽀오햔 흰김 속에 접시귀 소기름불이 뿌우현 부엌에/**산멍에** 같은 분틀을 타고 오는 것이다//"(백석, 국수)

산모루 명 산모퉁이. #"**산모루** 돌아가는 차, 목이 쉬여/이밤사 말고 비가 오시랴나?//"(정지용, 무서운 時計)

산모퉁고지 명 산모퉁이. #"비멀미한 옷을 부승부승 말려 입고 오는 길인데/**산모퉁고지** 하나 도는 동안에 옷은 또 함북 젖었다/"(백석, 구장로)

산몰랑 명 산마루. #"**산몰랑**에 올라서니/공연이 여러생각 나는고나./「날르는 새나 되었더면!」/하는 한숨도 몇천번인지.//"(박용철, 산우에 올라서니)

산비알 명 높은 곳에서 산비탈 아래 방향. #"누군/왜 살아 사는 건가./그저 살믄/오늘 같은 날/지게목발 받쳐 놓고/어슬어슬한 **산비알** 바라보며/한 잔 술로/소회도 풀잖는가//"(박목월, 기계장날)

산빨이 명 산등성이. 산판. #"이제 험한 **산빨이** 등을 일으키리라/보리밭 사이 노랑꽃 노랑꽃 배추밭 사잇길로/사뿟이 오너라 나의 사람아//"(이용악, 슬픈일 많으면)

산삐알 명 산비탈. #"초지역이 이역할 때 쭘 해서 질을 나서는데, 안티골 새이집은 건너 지실마을 끝타아, 막은 안창집 옆푸라다 배껕마당을 가로질러, 호무래이로 돌아서 야산을 올라가마, 방고개 만데이 지나서 쪼만한 **산삐알** 못미쳐 비탈, 위진 곳에 살찌이맹쿠로 숨었는기라//"(상희구, 새이(喪輿)집/대구.27)

산삐얄 쪼오서 구 산비탈 쪽에서. #"쏘내기가 한줄기 할랑강//뒷산 **산삐얄쪼오서** 번갯불이/밑 분 뺏뜩거리 쌓티마는/이내 자질구리한 천둥소리가/줄방구띠방구로 엮끼나온다//쏘내기가 억수로/퍼벘다가 그친다//마당 한쪼오는/따리아가 되리 붉다//하늘에는 발씨로/식은 낮달이/시큰둥하다//"(상희구, 뒷산 산삐얄쪼오서 자질구리한 천둥소리가 줄방구띠방구로 엮끼 나오다－고산골에서/대구.32)

산사나무 명 장미과의 낙엽 활엽 교목. 높이는 6미터 정도이며, 잎은 어긋나고 깃 모양으로 얕게 갈라진다. 초여름에 흰 꽃이 산방(繖房) 화서로 피고 가을에 '산사자'라는 붉은 열매가 열리는데 약용 또는 식용한다. #"그의 과수 며느리는 내 먼 척 고모였다/**산사나무**에 흰옷 뒤집어 걸어놓고/반평생을 밤마다 남정네를 기다렸다/아우성 울부짖음 속에 세상 뜬 제 사내를//"(신경림, 나루터 일기)

산사자 명 산사나무의 열매. #"나는 뵈지도않느니 내발아래 무슨꽃이 있는지/가지에는 무슨 부드러운 향기가 걸렸는지/허지만 향기품은 어둠속에 나는,/철맞은달이, 풀과 떨기와 들ㅅ과일나무와/하얀 **산사자**와 牧歌같은 찔레꽃과/잎사귀에 싸인 사라지기 쉬운 시르미꽃/오월 가운데의 맛아기/이슬방울 가득한 피어나올 사향장미/여름 해으름에 날버레 잉잉거리는곳에/나려준 가즌향기를 짐작하느니.//"(박용철, 나이팅게일의 詩)

산서리 명 산에서 내리는 서리. #"산은 날더러 들꽃이 되라 하고/강은 날더러 잔돌이 되라 하네/**산서리** 맵차거든 풀 속에 얼굴 묻고/물여울 모질거든 바위 뒤에 붙으라네//"(심경림, 목계장터)

산숙 명 산에서의 숙박(山宿). #"여인숙이라도 국수집이다./모밀가루포대가 그득하니 쌓인 웃간은 들믄들믄 더웁기도 하다./"(백석, **산숙**)

산약 명 마의 뿌리를 한방에서 이르는 말. 강장제(强壯劑)로서 유정(遺精), 대하, 소갈, 설사 따위를 치료하는 데에 쓴다. #"삼에 숙변에 목단에 백복령에 **산약**에 택사의 몸을 보한다는 육미탕이다/약탕관에서는 김이 오르며 달큼한 구수한 향기로운 내음새가 나고/약이 끓는 소리는 삐삐 즐거웁기도 하다//"(백석, 탕약)

산양바치 명 사냥바치. 사냥꾼. #"억게우헤 총 메인 **산양바치**//"(김소월, 전망)

산엣새 명 산에 있는 새. 백석은 '산새'와 '산엣새'를 구별해서 썼다. #"눈이 많이 와서/**산엣새**가 벌로 나려 멕이고/눈구덩이에 토끼가 더러 빠지기도 하면/마을에는 그 무슨 반가운 것이 오는가보다//"(백석, 국수)

산읍 명 산마을에 있는 읍소재지. #"생각한다 그의 개가한 아내를/생각한다 아무렇게나 살아갈/것인가 이 **산읍**에서/아이들 코묻은 돈을 빼앗아/연탄을 사고 술을 마시고/숙직실에서 모여 섰다를 하고/불운했던 그 시인을 생각한다/다리를 저는 그의 딸을/생각한다 먼 마을의//"(신경림, 산읍일지), #"가난한 사람들의 음모가 펼쳐질 때/조국은 우리를 버렸다 이 **산읍**에/또다시 삼월 일일이 올 때.//"(신경림, 3월 1일)

살강 명 그릇을 얹어 놓기 위해 시골집 부엌의 벽 중턱에 드린 선반. #"횃대 위에서 잠든 닭의 똥구멍에 손을 넣어 속을 파먹기도 하며/ **살강** 위에 엎어놓은 사기그릇을 떨어뜨려 박살을

내고는/ 쏜살같이 밖으로 내빼는 것이다/"(송진권, 외갓집)

살길 명 '고샅, 고샅길'의 잘못으로 추정됨. #"그러나 너는 보드러운 손을/가슴에 얹은 대로 떼지 않았다/내 곳곳을 헤매어 **살길** 어두울 때/빗돌처럼 우두커니 거리에 섰을 때/고향아/너의 부름이 귀에 담기어짐을/막을 길이 없었다//"(이용악, 고향아 꽃은 피지 못했다)

살달다 형 몸이 달아오르다. #"확실히 그때부터였던가. 그 둘러쳤던 비단치마를 새로 풀며 우리에게까지도 설레는 물결이라면/우리는 치마 안자락으로 코 훔쳐주던 때의 머언 향내 속으로 **살달아** 마음달아 젖는단것가.//돛단대 두엇, 해동갑하여 그 참 흰나비 같네.//"(박재삼, 봄바다에서)

살음즉이 부 살아갈 만큼. #"지금부터 두여들 좋은 年光/다시 와서 내게도 있을 말로/전부터 좀더 전보다 좀더/**살음즉이** 살는지 모르련만/거울 들어 마주 온 내 얼굴을/좀더 미리부터 알았던들!//"(김소월, 부귀공명)

살이 접 살이. '쌀이'는 '살이'의 오기이며, '살(生)-이(명사화파생접사)' 구성의 파생어이다. 흔히 '인생살이, 살림살이'와 같은 합성구성의 일부로서 대구방언에서는 파생어 단독형으로도 사용된다. #"남의입에서 세상의입에서/사람령혼의목숨까지 끈흐려는/비웃슴의**쌀이**/내송장의불상스런그꼴우흐로//"(이상화, 獨白), #"오 두려워라 붓그러워라/그들의꼿답은**사리**가 눈에 보인다.//"(이상화, 先驅者의 노래)

살째기 부 살짜기. 남의 눈을 피하여 재빠르게. 힘들이지 아니하고 가볍게. 심하지 아니하게 아주 약간. 표 나지 아니하게 가만히. #"지나간 날의 애인의 새로 듣는 목청이며/그 갈증나는 눈썹 언저리/**살째기** 내 가슴에 더러는 올 줄도 아는 걸 보면/이대로 수렁에 빠지지는 말란 것인가./아, 시방 지붕 위에는/나 몰래 구름 한 송이 피어/가장 아름답게 머물고 있는지도 모를 일이라!//"(박재삼, 집 보는 날), #"향수는 또한/검정 망토를 쓴 병 든 고양이런가./해만 지면 은밀히 기어와/내 대신 내 자리에 **살째기** 앉나니.//"(유치환, 사향)

살찌매 명 살점. #"**살찌매**를 삐무리내는 겉치/아구락시럽기도 날이 칩은데/희뿜한 하늘에는/기기 삐간지 겉은/빳쪽하기 에빈 초생달이/새초무리하다//"(상희구, 칠성동(七星洞)의 섣달 초사흘/대구.81)

살찌이맹쿠로 부 고양이처럼. '살찌이'는 '고양이'의 경상방언. #"초지역이 이역할 때 쭘 해서 질을 나서는데, 안티골 새이집은 건너 지실마을 끝타아, 막은안창집 옆푸라다 배껕마당을 가로질러, 호무래이로 돌아서 야산을 올라가마, 방고개 만데이 지나서 쪼만한 산삐얄 못미쳐 비탈, 위진 곳에 **살찌이맹쿠로** 숨었는기라//"(상희구, 새이(喪輿)집/대구.27)

살틀하다 형 너무나 다정스러우며 허물없이 위해주고 보살펴주다. #"내가 오래 그려오든 처녀가 시집을 간 것과/그렇게도 **살틀하든** 동무가 나를 버린 일을 생각한다//"(백석, 내가 생각하는 것은)

살틋하다 형 애가 타는 듯하다. 아쉽고 섭섭하다, 근히 정을 끄는 느낌이 있다. '사틋하다', '살틋하다'라는 대구 방언의 의미는 '귀여워 어쩔 줄 모를 만큼 한편으로는 애틋하고 아깝고 귀엽다'는 뜻이다. #"무지개ㅅ발과가티 오고 또가고/해와함께 허공의 호흡을 쉬다가/저녁이면 구실가티 반작이며/달빗과 바람과 어우러지도다//점으는 저녁입설 내이마를태우고/밤은두팔로 나를안으며,/녯날의**살틋한**맘 다저바리지안코/하이얀눈으로 머리굽혀웃는다//"(이상화, 새 世界)

살포시 부 『조선지광』의 원문에는 '설푸시'로 표기되어 있다. '살포시'와 '설푸시'는 그 의미가 전혀 다르다. 전자는 '부드럽고 가볍게'의 뜻이지만, 후자는 '얼핏 설은'의 뜻을 지닌다. 그러므로 전자를 택할 경우에는 부드럽게 잠이 든 모양을 말하지만, 후자의 경우는 얼핏 선점이 든 상태를 말한다. #"간 밤에 잠 **살포시**/머언 뇌성이 울더니,//"(정지용, 바다1)

살픈 부 살짝. #"그의 음양의 따뜻한 홰 임안에 나는 눈을 뜨고 감았다. 다만 한오라기 안개가 그의 신비를 **살픈** 가리고 있었다. 어머니라는 말씀이 풀리지 않게 또한 굳지 않게//"(박목월, 산·소묘)

살핑사 명 평상(平床). #"강새이는 삽짝서 졸고/달구새끼는 횃대 우에서 졸고/괘네기는 실경 밑에서 졸고/할배는 담삐라다 바지게/걸치놓고 **살핑사**서 졸고/할매는 마늘 까다가 졸고/알라는 할매 젓태서 졸고/에미는 콩밭 매다가 졸고/에비는 소 몰민서 졸고//팔공산 모티는 가몰가몰/아지래이 속에서 졸고/영천군 청통면 신원리 마실이/마카 졸고 있는데//거조암(居祖庵) 영산전(靈山殿)/오백나한(五百羅漢) 부처님만/마실 지키니라고/누이 말똥말똥하다//"(상희구, 자부래미 마실-영천(永川) 청통(淸通) 거조암(居祖庵) 가서/대구.8)

살끼 명 몸에 살이 붙은 정도. '살끼'는 '살+기(氣)'와 같은 구성으로 된 복합어이다. 이것을 '살(같은)'으로 해석하는 것은 잘못이다. #"오늘이 다되도록 日本의서울을 헤메여도/나의꿈은 문둥이**살끼**가튼 朝鮮의땅을 밟고돈

다."(이상화, 「도―교―」에서)

삼굿 명 삼의 껍질을 벗기기 위해 수증기로 삼(大麻)을 익히는 과정. 구덩이를 파고 그 바닥에 솥을 걸거나, 솥 대신 돌무더기를 달군 다음 그 위에 풀을 한 겹 깔고 삼단을 세우고 위에서 물을 부어 넣어, 그 뜨거운 증기로 삼 껍질을 익히게 함. #"마을에서 **삼굿**을 하는 날/건넌마을서 사람이 물에 빠져 죽었다는 소문이 왔다//"(백석, 여우난골족)

삼긴 동 삶기다. 물에 넣어 끓이다. 여기서 '인동 삼긴 물'은 '인동을 넣어 삶은 물'이다. 이숭원 교수의 『원본 정지용 시집』에는 '삼기다'를 '삼키다'의 고어로 추정하고 있으나 이는 잘못된 풀이다. #"老主人의 腸壁에/無時로 忍冬 **삼긴** 물이 나린다.//"(정지용, 忍冬茶)

삼밭 명 삼나무밭. #"칠팔월 역병막이 수수깡 바자/동네 사람 돌팔매에 목 옴츠리고/**삼밭**에 숨어 서서 그이 오길 기다렸다/어둠 속에 달처럼 환희 뜨길 기다렸다//"(신경림, 돌개바람)

삼비보재기 명 삼베보자기. #"엄마가 잘 아는 건어물가게에서 시시로 한 자루씩이나 얻어 오곤 하는 미리치대가리를 어지간한 **삼비보재기**에 담뿍 싸서 꽁꽁 묶어 솥에다가 지엽도록 우라낸 국물에다가 무시시레기랑 배추시레기를 우기 넣어마 매끼 훌륭한 시레기국이 되는 것이다//"(상희구, 시레기국/대구.75)

삼십만 송이 명 천주교 신자 십삼만 명의 이름을 비유적으로 표현한다. #"외교의 거친 덤풀을 밟고 잘아나는/주의 포도ㅅ다래가/올해에 十三萬 송이!//"(정지용, 勝利者 金 안드레아)

삼이웃 명 이쪽저쪽의 가까운 이웃. #"하루해 하 심심하여 흰 畵紙에 봄을 옮기니/서투른 솜씨라 그런지 세상보단 훨씬 곱다/**삼이웃** 애들이 몰려와 참새처럼 날 찌지고.//아랫목 다 식어도 정이 남아 훈훈하고/쌀독 쌀 다 떨어져도 밤새도록 내리던 눈/삼이웃 둘러만 앉아도 만석같은 밤이더라.//"(정완영, 採春譜 3 / 2. 畵春)

삽짝 명 사립문. #"강새이는 **삽짝**서 졸고/달구새끼는 횃대 우에서 졸고/괘네기는 실경 밑에서 졸고/할배는 담삐라다 바지게/걸치놓고 살핑사서 졸고/할매는 마늘 까다가 졸고/알라는 할매 젓태서 졸고/에미는 콩밭 매다가 졸고/에비는 소 몰민서 졸고//팔공산 모티는 가몰가몰/아지래이 속에서 졸고/영천군 청통면 신원리 마실이/마카 졸고 있는데//거조암(居祖庵) 영산전(靈山殿)/오백나한(五百羅漢) 부처님만/마실 지키니라고/누이 말똥말똥하다//"(상희구, 자부래미 마실 – 영천(永川) 청통(淸

通) 거조암(居祖庵) 가서/대구.8)

삽짝가새 명 싸립문 가에. #"아이고 자잘궂에라!/작년에 냉기논 쑥갓씨로 **삽짝가새**/다문다문 흩쳐논 지가 한 달포는 됐시까, 엇지역에 깨굼발비가 살째기/니리는 거 겉디마는 그단새 좁쌀네끼/겉은 포란 새싹이 뺄쭘하이 돋았구마는//"(상희구, 춘삼월(春三月)/대구. 7)

삿 명 갈대를 엮어서 만든 자리. #"바람은 세게 불고, 추위는 점점 더해 오는데,/나는 어느 목수 네 집 헌 **삿**을 깐,/한방에 들어서 쥔을 붙이었다.//"(백석, 남신의주 유동 박시봉방)

삿귀 명 '삿'은 '삿자리', 곧 갈대를 엮어서 만든 자리를 의미한다. '삿귀'는 갈대를 엮어서 만든 자리의 가장자리이다. #"엄매와 둘이 소기름에 쌍심지의 불을 밝히고 밤이 들도록 바느질하는 밤 같은 때 나는 아룻목의 **삿귀**를 들고 쇠든 밤을 내여 다람쥐처럼 밝아먹고 은행여름을 인두불에 구어도 먹고 그러다는 이불 위에서 광대넘이를 뒤이고 또 누어 굴면서 엄매에게 웃목에 두른 평풍의 새발간 천두의 이야기를 듣기도 하고//"(백석, 고야(古夜))

상기 부 속, 아직, 아직도. 어떤 일이나 상태 또는 어떻게 되기까지 시간이 더 지나야 함을 나타내거나, 어떤 일이나 상태가 끝나지 아니하고 지속되고 있음을 나타내는 말. '상구, 상기'는 '아직, 아직도, 계속'의 의미를 가진 경상방언형이다. 이와 함께 '상구하다'는 '계속하다'에 대응되는 경상방언형이다. #"이제 소년은 자랐다 굽이굽이 흐르는 은하수에 꿈도 슬픔도 세월도 흘렀건만…먼 수플 질고은 나무에 **상기** 가느른 가느른 핏빛 연륜이 감긴다."(박목월, 연륜), #"젊음도 안타까움도/흐르는 꿈일다/애달픔처럼 애달픔처럼 아득히/**상기** 산그늘은/나려간다//"(박목월, 산그늘), #"곰곰이 불씨를 모아 **상기** 먼 봄을 가늠하며/간구한 米鹽의 길에 옷깃 여며 사노라면/이 철도 회포라리까, 절로 겨운 이 마음.//"(정완영, 조그만 날의 곡조), #"뵈올가 바란 마음 그마음 지난 바램/하로가 열흘같이 기약도 아득해라/바라다 지친 이 넋을 잠재울가 하노라//잠조차 없는 밤에 촉태워 안젓으니/리별에 병든 몸이 나을길 없오매라/저달 **상기**보고 가오니 때로 볼가하노라//"(이육사, 옥룡암에서 신석초에게) #"흐르는 꿈일다/애달픔처럼 애달픔처럼 아득히/**상기** 산그늘은 나려간다/워어어임아 워어어임//"(박목월, 산그늘)

상나들이옷 명 가장 좋은 나들이 옷. #"쇠주푀적삼 항라적삼의 자지고름이 기드렁한 적삼에/한끝나게 **상나들이옷**을 있는 대로 다 내입고//"(백석, 칠월

백중)

상나무 명 '향나무'의 강원도 사투리. #"청미래덩굴 덮인 서낭당 돌무덤/당산에 모여드는 검은 먹구름/**상나무** 그늘에서 날 저무는 걸 보았다/묵밭에서 우는 풀벌레소리 들었다//"(신경림, 돌개바람)

상반밥 명 쌀과 보리쌀을 반반씩 섞어서 지은 밥. 쌀이 부족하던 시절에 집안 어른 분에게만 쌀과 보리쌀을 반반씩 섞어 지은 밥을 드리고 아이들이나 여자들은 보리쌀밥을 먹었다. #"하늘 천 따지를 가르치며 산다한다./그리고/죽기전에 고향산나물을 참기름에 덤북히 무쳐/햇보리 **상반밥**에 팥을 두어 실컷 먹고 싶은 게 원이라고 간혹 인편에 전해 오기도 했다.//"(박목월, 치모)

상밥집 명 시골장터에 밥을 해서 파는 집. #"소주잔을 거머쥔 네 손아귀에 친구여/날카로운 칼날이 숨겨져 있음을 나는 안다/**상밥집**에서 또는 선술집에서 다시 만났을 때/네 눈속에 타고 있는 불길을 나는 모았다//"(신경림, 친구여 네 손아귀에)

상사말 명 야생마. 거친말. 생마, 즉 '야생마'의 평북 방언. #"내가 엄매등에 업혀가서 **상사말**같이 항약에 야기를 쓰면 한창 피는 함박꽃을 밑가지채 꺾어주고 종대에 달린 제물배도 가지채 쪄주고 그리고 그 애끼는 게사니 알도 두 손에 쥐어주곤 하는데//"(백석, 넘언집 범 같은 노큰마니)

상장 명 용례가 없는 한자. #"검은 세기에 **상장**이 갈갈이 찌저질 긴 동안/비닭이 같은 사랑을 한번도 속삭여 보지도 못한/가엽슨 빡쥐여! 고독한 유령이여!//"(이육사, 편복)

상제 명 상좌. 절간에 들어가 불도를 닦는 행자. #"중, 중, 때때 중,/우리 애기 **상제**로 사갑소.//"(정지용, 三月 삼질날)

상추비 명 상추에 내리는 단비. #"어젯밤 도란도란 **상추비**가 내리더니/오늘 아침 텃밭에는 파란 싹이 돋아났네/언제쯤 예쁜 속잎이 나비만큼 자랄까//"(정완영, 봄생각)

샇는 미 -쌓다. #"흐느낌으로 피던 살구꽃 등속(等屬)이 또한 흐느끼며 져버린 것을 어쩌리요./세상은 더욱 너른 채 소리내여 울고 있는 녹음을,/언제면 소득 본단 말이요./피릿구멍 같은. 옥(獄)에 내린 달빛 서린 하늘까지가 이내 몸에 파고들어/가쁜 명(命)줄로 앓아**샇는** 저것을 어쩌리오.//"(박재삼, 녹음(綠陰)의 밤), #"돌도 씻기고 바래이면, 죽도록을 그립다**샇는**/장천(長天)에 뜨고 싶은 마음이 따로 있을까./…아마 없으리.//돌들이 그런 대신 또 아무것도 여기 못 온다./그득한 바닷물, 바닷바람, 햇빛 별빛밖에는./오히려 사는 일 끝에 묻은 어려운 먼지

가/돌밭 위에 서성이다 하늘로 뜨는 걸 보았다.//"(박재삼, 물먹은 돌밭 경치)

새 명 사이. #"먼 北쪽 曠野에/크낙한 가을이 소리 없이 내려 서면//잎잎이 몸짓하는 高粱밭 十里 이랑 **새**로/무량한 탄식 같이 떠 오로는 하늘!/夕陽에 두렁길을 호올로 가량이면/애꿎이도 눈부신 체 옷자락에/설흔 여섯 나이가 보람 없이 서글퍼/이대로 활개 치고 萬里라도 가고지고//"(유치환, 北方秋色), #"어디선지 말똥 냄새 풍기는 푸른 밤이 고요히 드리워져/보슬보슬 별빛 내리는 채전 **새**로/환안히 불 밝힌 성글은 창마다/단란한 그림자 크다랗게 서리고.//"(유치환, 사만둔부근)

새꾼 명 나무꾼. #"산마루를 탄 사람들은 **새꾼**들인가/파란 한울에 떨어질 것 같이/웃음소리가 더러 산밑까지 들린다//"(백석, 추일산조(秋日山朝))

새끼달은치 명 새끼다랑치. 새기줄을 엮어서 만든 끈이 달린 바구니. #"벌논의 눞 옆에 쭈구렁 벼알 달린 짚검불을 널어놓고/닭이짖 올코에 **새끼달은치**를 묻어놓고/동둑넘에 숨어서/하로진일 너를 기다린다//"(백석, 오리)

새끼락 명 커지며 나오는 손톱, 발톱. #"도적괭이 **새끼락**이 나고/살진 족제비 트는 기지개 길고//"(백석, 연자간)

새끼오리 명 새끼줄 조각. '오리'는 실, 나무, 대 따위의 가늘고 긴 조각을 말한다. #**새끼오리**도 헌신짝도 소똥도 갓신창도 개니빠디도 너울쪽도 짚검불도 가락잎도/머리카락도 헝겊조각도 막대꼬치도 기왓장도 닭의 짓도 개터럭도 타는 모닥불//재당도 초시도 문장 늙은이도 더부살이 아이도 새사위도 갓사둔도/나그네도 주인도 할아버지도 손자도 붓장사도 땜장이도 큰개도 강아지도 모두/모닥불을 쪼인다//(백석, 모닥불)

새다리 명 사다리. #"좁은산길을 구비구비 돌아서/나무새다리를 기여오르노니/위태한 돌길을 또다시 돌아올라/새다리 위에 세운 **새다리**//어느 천국에서 오는소리뇨/딱치어다 뵈는 한발로 머리위에/사람도 뵈지 않고 내려지는 말소리/겁많은 사내는 採勝//"(현구 김현구전집, 上八潭, 84)

새라 새로운 구 새롭고 새로운. #"그러나 집 잃은 내 몸이여,/바라건대는 우리에게 우리의 보습 대일 땅이 있었더면!/이처럼 떠돌으랴, 아침에 저물손에/**새라 새로운** 탄식을 얻으면서.//"(김소월, 바라건대는 우리에게 우리의 보습 대일 땅이 있었더면)

새레 미 -는커녕. '말할 것도 없거니와 도리어'의 의미. #"애초 달랑거리는 버릇 때문에 궂은날 막잡어부렸다./함초롬 젖여 새초롬하기는**새레** 회회 떨어 다듬고 나선다.//"(정지용, 流線哀傷)

새록돋다 동 연이어 나타나다. #"燈皮 호 호 닦어 끼우어 심지 튀기니 불꽃이 **새록돋다**//"(정지용, 나븨)

새미 가새 구 샘 가에. #"새빅에 이말무지로/**새미 가새** 한 분 가보소/감이 얼매나 널찌실랑강//새빅에 이말무지로/장터꺼래 한 분 가보소/돈이 얼매나 널찌실랑강//이말무지로 한 분 기다리보소/지집질하는 사나도/지엽으마 오겠지//"(상희구, 이말무지로/대구.80)

새빅에 부 새벽에. #"**새빅에** 이말무지로/새미 가새 한 분 가보소/감이 얼매나 널찌실랑강//새빅에 이말무지로/장터꺼래 한 분 가보소/돈이 얼매나 널찌실랑강//이말무지로 한 분 기다리보소/지집질하는 사나도/지엽으마 오겠지//"(상희구, 이말무지로/대구.80)

새빅이마 명 새벽이면. #"매양 주고 받음이 넉넉해서/부리는 손이 크다/**새빅이마** 시골머시마아들이/줄줄이 들고 나오는 할배 오좀요강/부시는 것도 선연쿠로 받아주고/새댁이 이고 나온 알라들 똥기저기도/수얼찮키 받아주고/촌동네 처녀아아들이 보듬고 나온/부끄러븐 서답빨래도 순순히/받아주고/시골아낙네, 공장서 일하는 신랑들, 기름/묻은 작업복 기름빨래도 천연시럽기 받아/주고/하늘아래 온갖 잡동사이 빨래도/다 받아준다//"(상희구, 금호강(琴湖江)/대구.100)

새살이 명 집을 일정한 돈을 지불하고 빌어씀. 새살이. (대구문인협회)에서처럼 '새 살이'로 띄어쓰기를 하면 시의 의미가 달라지게 된다. #"自足 屈從에서 내길을찻기보담/남의목숨에서 내사리를얽매기보담/오 차라로 죽음—죽음이 내길이노라/다른나라 **새사리**로 드러갈그죽음이!//"(이상화, 極端)

새암 명 샘(泉). #"젊은이야 가슴죄여하지말아/달을잠근 맑은**새암** 같은눈이 곧웃음 지어보냄 너를괴려함이라고/끝없는 지냇물은 흘러흘러 나려간다.//"(박용철, 선녀의 노래)

새암물 명 샘물. #"덩쿨우거진 어느 공짜구니를 맑고 찬 **새암물** 돌돌 가느다랗게/흐르는가 나비사 이미 날지 않고 오랜 나무 마디마디에/휘휘 감돌아 맺힌 고운 무늬모양 버섯은/그늘에만 그늘마다 피어//"(이용악, 흙)

새에서 부 사이에서. #"아이구 고시에라/아이구마 달구마는/구시다카이 구시다 안 카덩교/그냥 꼬오옥 꼬오옥 씹어보소 얼마나 단지//제리 묵는 열무는/경산 자인 논두렁,/콩밭 **새에서** 키운 열무가/젤이구마는.//"(상희구, 경산(慶山) 자인(慈仁) 열무/대구.28)

새워 동 사위다. 불이 다 타서 재가 되다. #"옵바가 가시고 난 방안에/숫불이 박꽃처럼 **새워** 간다.//"(정지용, 무서운 時計)

새짜래기 잔소리 구 새는 '혀', 짜래기는 '짧은 사람'을 말하므로 '혀가 짧은 사람의 잔소리'란 말로, 이는 곧 '되지도 않는 잔소리'란 뜻. #"딘장은 짜박짜박/끓어쌓고//젖먹이 에비는/오도 안 하고//시에미 **새짜래기 잔소리**는/ 짜다라 예지랑시럽은데//새댁이 갓 볶은/ 뽀글 파마머리가/티미한 불삐체/기양 자글자글 하다//"(상희구, 평일(平日)/대구.24), #"새벽부터 시에미 **새짜래기 잔소리**가 깐알라 많은 집에/ 똥기저기 망쿰이나 여게저게 퍼널려 쌓는다//"(상희구, 상추쌈/대구.65)

새초무리하다 형 대개 계집아이의 경우 추울 때나 성이 났을 때 입술이 파랗게 질리는 경우 그 입술에 파란색의 기운을 말한다. 예) 계집애가 성이 났는지 뾰루퉁해서 입술이 새초무리 해졌다. #"살찌매를 삐무리내는 겉치/아구락시럽기도 날이 칩은데/희뿜한 하늘에는/기기 삐간지 겉은/빽쪽하기 에빈 초생달이/**새초무리하다**//"(상희구, 칠성동(七星洞)의 섣달 초사흘/대구.81)

새하다 동 땔나무를 장만하다. '나무하다'의 평북 방언. #"**새하려** 가는 아배의 지게에 지워 나는 산으로 가며 토끼를 잡으리라고 생각한다/맞구멍 난 토끼굴을 아배와 내가 막어서면 언제나 토끼새끼는 내 다리 아래로 달아났다//"(백석, 오리 망아지 토끼)

색이며 동 새기다. 마음에 두다. 하나하나를 챙겨보다. #"고비 고사리 더덕순 도라지꽃 취 삿갓나물 대풀 石茸 별과 같은 방울을 달은 高山植物을 **색이며** 醉하며 자며 한다.//"(정지용, 백록담)

샛더미 명 빈터에 높다랗게 쌓아놓은 땔감더미. #"붉은 수탉이 높이 **샛더미** 위로 올랐다/텃밭가 재래종의 임금나무에는 이제도 콩알만한 푸른알이 달렸고 히스무레한 꽃도 하나 둘 피여 있다/돌담 기슭에 오지항아리 독이 빛난다//"(백석, 창외문외)

샛득하다 형 '샛득하다'는 마음에 즐거운 느낌이 나는, 상쾌하고 기쁜 경우에 사용하는 방언 어휘이다. #"업고 댕기기는 넷째삼촌이 마이 업고 죴고, 둘째아아는 석건인데 하나도 하늘 글은데 둘을 났으이 아이고 **샛득하데**. 야들 아부지도 언간이 좋아그고(많이 좋아하고). 이월달인데 해동 비가 왔는동 저 앞에 거렁에 물이 불었어. 다리도 없는데 식전에 물을 건너가서 발을 벗고 물을 건네 갔다와도 추운 줄 모리고 미역을 사 가 왔어."(성춘식, 이부자리 피이 놓고)

생강집 명 생강즙. #"소라가 살오르고/아아, **생강집**가치/맛드른 바다//"(정지용, 바다2)

생채기 명 바닷물에 부딪치는 돌과 모래를 비유적으로 표현한 것. '생치기'

(생채기)는 손톱으로 할퀴어 생긴 작은 상처를 말한다. #"흰 발톱에 찢긴 珊瑚보다 붉고 슬픈 **생채기**!//"(정지용, 바다2)

서 발 준 세 발. #"곱지**서발**을 해 올라와/봄철 안개는 스러져가/강 위에 둥실 뜬 저 배는/서도 손님을 모신 배라.//"(김소월, 대수풀 노래)

서껀 형 성긴. #"어젯밤 그 별빛이 산색을 더 하더니/돌아와 **서껀** 머리에 흰 터럭을 보탰어라/저 달이 天心에 오면 내가 귀뚜리겠네.//"(정완영, 天下 秋)

서답 명 더러운 옷이나 피륙 따위를 물에 빠는 일, 빨랫감. '빨래'의 경상방언형은 '서답, 서댑, 새답, 서대비' 등이다.[한국방언자료집 7, 8 경상도편] 이 중 '서답'은 '빨래'의 방언형(경상, 제주, 충북, 평안)이기도 하고, '개짐'(여성이 월경할 때 샅에 차는 물건. 주로 헝겊 따위로 만든다.)의 방언형(경남, 충청)이기도 하다. '서답돌'은 '다듬잇돌'을 뜻하며, '서답줄'은 '빨랫줄'을 의미한다. #"산짐승처럼 사는 그늠들이사 초개 목숨 아인가." "괴기장사도 때리치아뿔고 감나무집 **서답** 수발하며 정지때기로 눌러앉아뿐갑지러예?" "생기묵은 낯빤대기 바라. 작은서씨가 침흘릴 만큼 색기가 흐르제. 정지때기로 눌러 있을 상판이 아인기라."(김원일, 불의 제전 2, 62), #"갑해야, 곰곰이 생각해봐라. 우린 여기서 더 살 수가 없어. 어느 세월까지 아버지 기둘리며 무작정 이렇게 살 수만은 없어. 엄마가 이모님 집 일해주구 장돌뱅이 **서답**해주구, 그렇게 쫓아다녀두 어디 삼 시 세끼 밥 들퍽지게 먹어봤냐."(김원일, 불의 제전 3, 74), #"장사가 하도 안 돼서예. 부엌일 **서답**(빨래)일을 봐주고 자슥들 하고 그저 입이나 삽니더." 아치골댁이 눈길을 내리깔며 대답한다 남에게 말을 잘 걸지 않는 무뚝뚝한 박도선 선생이 웬일인가 싶다.(김원일, 불의 제전 4, 30), #"언니가 밥을 짓다니, 당분간 부엌일은 저한테 맡겨요. 봉주댁이 말을 받는다. 사촌오라버니네 부엌일과 **서답**일을 해주면 식구들 양식 걱정은 덜겠거니 하는 궁리가 그네의 머리에 스쳤던 것이다."(김원일, 불의 제전 5, 68)

서답빨래 명 생리대. #"매양 주고 받음이 넉넉해서/부리는 손이 크다/새빅이마 시골머시마아들이/줄줄이 들고나오는 할배 오좀요강/부시는 것도 선연쿠로 받아주고/새댁이 이고 나온 알라들 똥기저기도/수얼찮키 받아주고/촌동네 처녀아아들이 보듬고 나온/부끄러븐 **서답빨래**도 순순히/받아주고/시골아낙네, 공장서 일하는 신랑들, 기름/묻은 작업복 기름빨래도 천연시립기 받아/주고/하늘아래 온갖 잡

ㅅ

동사이 빨래도/다 받아준다//"(상희구, 금호강(琴湖江)/대구.100)

서러이 부 서럽게. #"푸르른 바다와 거리 거리를/설움 많은 이미열차의 흐린 창으로/그저 **서러이** 내다보던 골짝 골짝을/갈 때와 마찬가지로/헐벗은 채 돌아오는 이 사람들과/마찬가지로 헐벗은 나요//"(이용악, 하나씩의 별)

서리 까마귀 명 갈가마귀. #"하늘에는 석근 별/알수도 없는 모래성으로 발을 옮기고,/**서리 까마귀** 우지짖고 지나가는 초라한 지붕,/흐릿한 불빛에 돌아 앉어 도란 도란거리는 곳//"(정지용, 鄕愁)

서리서리 부 여기저기 사려놓은 모양. 도는 사려 있는 모양. #"어스름저녁 국수당 돌각담의 수부나무 가지에 녀귀의 탱을 걸고 나물매 갖추어 놓고 비난수를 하는 젊은 새악시들/,잘 먹고 가라 **서리서리** 물러가라 네 소원 풀었으니 다시 침노 말아라//"(백석, 오금덩이라는 곳)

서림이 명 모자라서 이유없이 잘 울거나 웃는 사람. #"보름달은 밝아 어떤 녀석은/꺽정이처럼 울부짖고 또 어떤 녀석은/**서림이**처럼 해해대지만 이까짓/산구석에 처박혀 발버둥친들 무엇하랴//"(신경림, 농무)

서마서마 부 조마조마하며 마음 조리는 상태를 나타내는 흉내말. #"옵바가 가시고 나신 방안에/時計소리 **서마 서마** 무서워.//"(정지용, 무서운 時計)

서부터 조 -에서부터. #"사람이 지독하대도 저승 앞엔 죽어 오는/남쪽 갈대밭을 맞서며 깃이 지는/다 같은 이 저 목숨이 살아 다만 고마와.//그리고 저녁**서부터** 달은 밝은 한밤을/등결 허전하니 그래도 아니 눈물에/누이사 하마 오것다 싶어 기울어지는 마음.//"(박재삼, 노안(蘆岸))

서이서 구 세 명이서 #"아침 일즉이 강가에 나가/**서이서** 기다리고 있었더니//히 부잇한 넓은 강물에/흔들흔들 오는 것은 水晶배//"(박용철, 水晶배)

석근 형 성기다. 사이가 배지 아니하고 뜨다. 이 말은 『조선지광』에 처음으로 발표될 때 '석근'으로 표기되었고, 『정지용 시집』에도 마찬가지였다가 『지용시선』(1946)에서 '성근'으로 고쳐졌다. '성글다'라는 말의 방언이다. #"하늘에는 **석근** 별/알수도 없는 모래성으로 발을 옮기고,/서리 까마귀 우지짖고 지나가는 초라한 지붕,/흐릿한 불빛에 돌아 앉어 도란 도란거리는 곳//"(정지용, 鄕愁)

석박디 명 섞박지. 김장할 때 절인 무와 배추, 오이를 썰어 여러 가지 고명에 젓국을 조금 쳐서 익힌 김치. #"닭이 두 홰나 울었는데/안방 큰방은 홰즛하니 당등을 하고/인간들은 모두 웅성웅성 깨여 있어서들/오가리며 **섯박디**를 썰고/생강에 파에 청각에 마늘을 다지고//"(백석, 추야일경(秋夜一景))

석상디기 명 석섬지기. #"밭최둑에 즘부러진 땅버들의 버들개지 피여나는 데서/볕은 장글장글 따사롭고 바람은 솔솔 보드라운데/나는 땅입자 노왕(老王)한테 **석상디기** 밭을 얻는다//"(백석, 귀농(歸農))

석용 명 석용(石茸)은 '석이(石耳)'의 오식이므로 바로 잡는다. #"고비 고사리 더덕순 도라지꽃 취 삿갓나물 대풀 **石茸** 별과 같은 방울을 달은 高山植物을 색이며 醉하며 자며 한다.//"(정지용, 백록담)

섟 명 서슬에 불끈 일어나는 감정. #"심찬수가 **섟** 김에 몸을 일으킨다."(김원일, 불의 제전)

선연쿠로 부 흔쾌히. #"매양 주고 받음이 넉넉해서/부리는 손이 크다/새빅이마 시골머시마아들이/줄줄이 들고나오는 할배 오좀요강/부시는 것도 **선연쿠로** 받아주고/새댁이 이고 나온 알라들 똥기저기도/수얼찮키 받아주고/촌동네 처녀아아들이 보듬고 나온/부끄러븐 서답빨래도 순순히/받아주고/시골아낙네, 공장서 일하는 신랑들, 기름/묻은 작업복 기름빨래도 천연시럽기 받아/주고/하늘아래 온갖 잡동사이 빨래도/다 받아준다//"(상희구, 금호강(琴湖江)/대구.100)

선우슴 명 별로 우습지 않은 일에 능청스럽게 남의 환심을 사기 위해 억지로 웃는 웃음. #"들녘 사내 **선우슴** 소리,/신엣 색씨/얼골 와락 붉었더라.//"(산엣 색씨 들녘 사내)

선장 명 이른 장. 선 장터. '선장'에서 '선'은 장이 '서다'라는 뜻으로 추정됨. #"행길에는 **선장** 대여가는 장꾼들이 종이등(燈)에 나귀눈이 빛났다//"(백석, 미명계(未明界))

선취 명 배멀미. 정지용의 시 제목에 등장한다. #해협이 일어서기로만 하니깐/배가 한사코 기어오르다 미끄러지곤 한다.//괴롬이란 참지 않어도 겪어지는 것이/주검이란 죽을 수 있는것 같이.//뇌수(腦髓)가 튀어나올랴고 지긋지긋 견딘다./꼬꼬댁 소리도 할 수 없이//(정지용, **船醉**)

설게 명 섧게. #"가는 봄 삼월, 삼월은 삼질/강남 제비도 안 잊고 왔는데./아무렴은요/**설게** 이때는 못 잊게, 그리워.//"(김소월, 가는 봄 三月)

설레다 동 가만히 있지 아니하고 자꾸만 움직이다. #"뚜물같이 흐린 날 동풍東風이 **설렌다**"(백석, 쓸쓸한 길)

설룽하다 형 서늘한 기운이 있어 좀 추운듯 하다. 텅 빈 듯이 휑뎅그렁하다. 분위기가 어수선하거나 한적하며 고요하다. #"**설룽한** 마음 어느 구석엔

가/숱한 별들 떨어지고/쏟아져내리는 빗소리에 포옥 잠겨 있는/당신의 소년은//"(이용악, 당신의 소년은), #"露領을 다니면서까지/애써 자래운 아들과 딸에게/한마디 남겨두는 말도 없었고/아무을灣의 파선도/설룽한 니코리스크의 밤도 완전히 잊으셨다/목침을 반듯이 벤 채//"(이용악, 풀벌레 소리 가득 차 있었다)

설리도 형 섧기도. #"잊으시기야, 했으랴, 하마 어느새,/님 부르는 꾀꼬리 소리./울고 싶은 바람은 점도록 부는데/**설리도** 이때는/가는 봄 삼월, 삼월은 삼질.//"(김소월, 가는 봄 三月)

설지 형 서럽지. #"이울어 하롱 하롱 지는 꽃닢,/**설지** 않으랴, 푸른물에 실려가기,//"(정지용, 小曲)

설차다 형 덜 차다. 어떤 기대에 못미치다. #"아침저녁으로 쌀쌀히 기온을 내리우고/한낮에는 졸음을 주더니라.//어찌할까나,/그대를 진정으로 사랑하면서/나에게는 **설찬** 듯 미련이 남고,/그대에게 온전한 것을 붓지 못하는/이 사실을 아는 듯/아른아른 봄날이 서러운지고.//"(박재삼, 봄날)

설키도다 형 설키다. 전에 듣던 것과는 달리 고르지 못하고 거칠다. #"연연턴 綠陰, 水墨色으로 짙은데/한창때 곤한 잠인양 숨소리 **설키도다**.//"(정지용, 달)

설핏하다 형 해가 질무렵 햇살이 강하지 않고 어둑어둑해지는 모습. #"해가 **설핏하면** 미장원 계집애들이/고기 잡는 구경을 나와/마침내 한데 어울려 해롱대었으나/써늘한 초저녁 풀 이슬에도 하얀/보름달에도 우리는 부끄러웠다/샛길로 해서 장터로 들어서면/빈 교실에는 오르간 소리도 그치고//"(신경림, 어느 8월), #"해만 **설핏하면** 아랫말 장정들이/소주병을 들고 나를 찾아왔다./창문을 때리는 살구꽃 그림자에도/아내는 놀라서 소리를 지르고//"(신경림, 실명), #"더러는 찌가 떨리면 따라 마음 설레이고/알맞은 손무게 끝에 비늘 이는 고기 한 마리/빛나는 하늘 아래선 법열(法悅)보다 크던가.//해가 **설핏하면** 무료(無聊)도 절로 거두어/군색(窘塞)하지 아니, 가는 논두렁길로/가만히 시나 그 한 수 외면서 가던가.//"(박재삼, 낚시 생각), #"절터ㅅ드랬는데/바람도 모히지 않고/山그림자 **설핏하면**/사슴이 일어나 등을 넘어간다.//"(정지용, 九城洞)

섬돌 명 토방돌. 집채의 앞뒤에 오르내릴 수 있게 놓은 돌층계. #"간밤엔 **섬돌** 아래 승냥이가 왔었다는 이야기/어느메 산골에선간 곰이 아이를 본다는 이야기//"(백석, 가즈랑집)

섰다 명 화투놀이의 일종. #"흙 묻은 속옷바람으로 누워/아내는 몸을 떨며 기침을 했다./온종일 방고래가 들먹이고/메주 뜨는 냄새가 역한 정미소 뒷방./십촉 전등 아래 광산 젊은 패들은/밤 이슥토록 철 늦은 **섰다**판을 벌여/아내 대신 묵을 치고 술을 나르고/풀무를 돌려 방에 군불을 때고//"(신경림, 경칩), #"생각한다 그의 개가한 아내를/생각한다 아무렇게나 살아갈/것인가 이 산읍에서/아이들 코묻은 돈을 빼앗아/연탄을 사고 술을 마시고/숙직실에서 모여 **섰다**를 하고/불운했던 그 시인을 생각한다/다리를 저는 그의 딸을/생각한다 먼 마을의//"(신경림, 산읍일지)

성 명 형(兄). #"뒤뜰 돌배나무 아래 가서 우러르면/**성**이 치어 든 장대끝 그 새파란 하늘!//"(유치환, 歲月)

성가스럽다 형 성가시다. 성가시거나 귀찮게 하다. #"깊어가는 대륙의 밤,/미구에 먼동은 트려니 햇살이 피려니/**성가스런** 향수를 버리자/제비 같은 소녀야/소녀야…//"(이용악, 제비 같은 소녀야)

성궁미 명 부처에게 바치는 쌀. '성궁'은 '칠성굿'의 평북 방언. '칠성굿'은 '칠성신(七星神)'에게 치성(致誠)을 드리는 행위를 말한다. 칠성신은 본래 북두칠성에 근거한 신으로 다른 가정신과 달리 '제사를 지낸다'고 하지 않고 유독 이 신에게만 '치성을 드린다'고 하는 것에서 알 수 있듯이 본래 불신(佛神)이다. 따라서 '성궁미'는 부처에게 바치는 쌀로 풀이된다. #"부뚜막이 두길이다/이 부뚜막에 놓인 사닥다리로 자박수염난 공양주는 **성궁미**를 지고 오른다//"(백석, 고사(古寺))

성그리다 형 서글거리는 듯. 천연한 태도로 연해 가볍게 눈웃음치는 듯. #"목소리 들리는 듯 **성그리는** 듯 내살은 부댓기렸다./가는그대 보내는나 그저 아득 하여라//"(박용철, 밤기차에 그대를 보내고)

성글다 형 빽빽하지 않고 드물다. #"또한 **성근** 풀잎새에/잠자리를/마련하듯.//"(박목월, 아가)

성기다 형 사이가 배지 않고 뜨다. #"**성긴** 눈이 별도 없는 거리에 날리어라.//"(정지용, 溫正)

성깃하다 형 엉성하다. 앙상하다. #"아득한 퍼스레한 하늘 아래서/회색의 지붕들은 번쩍거리며,/**성깃한** 섶나무의 드문 수풀을/바람은 오다가다 울며 만날 때,/보일락말락하는 멧골에서는/안개가 어스러히 흘러 쌓여라.//"(김소월, 가을 아침에)

성주님 명 성주(成主). 상동신(上棟神)이라고도 하여 가옥의 안전을 다스리는 신이다. 참지(창호지)를 접어서 용마루에 매달거나 안방 문지방 위에 이 종이를 걸고 그 밑 조그만 선반 위에 헝겊 조각과 돈을 담은 조그만 당지기(덮개가 있는 바구니)를 올려 놓는다. 시월이면 성주굿이라고 하여 무당을 불러다가 굿을 하지만 웬만하면 가장이 간결하게 신곡(新穀)으로 제(성주맞이)를 지내기도 한다. 이 성주굿 때에 '에라 만수, 에라 대신이여' 하는 무당의 푸념이 발전하여 시정에서 부르는 노래 <성주풀이>가 된 것이다. #"나는 무서워 오력을 펼 수 없다/자 방안에는 **성주님**/나는 **성주님**이 무서워 토방으로 나오면 토방에는 다운구신//"(백석, 마을은 맨천구신이 돼서)

섶구슬 명 풀섶의 구슬. 즉 풀잎에 맺히 이슬 방울. #"아침볕에 **섶구슬**이 한가로히 익는 골짝에서 꿩은 울어 산울림과 장난을 한다//"(백석, 추일산조(秋日山朝))

섶누에 번디 명 섶누에(산누에)의 번데기. #"이방 거리는/콩기름 쫄이는 내음새 속에/**섶누에 번디** 삶는 내음새 속에//"(백석, 안동)

섶벌 명 나무섶에 집을 틀고 항상 나가서 다니는 벌. 울타리 옆에 놓아 치는 벌통에서 꿀을 따 모으려고 분주히 드나드는 재래종 꿀벌. #"**섶벌**같이 나아간 지아비 기다려 십년(十年)이 갔다/지아비는 돌아오지 않고/어린 딸은 도라지꽂이 좋아 돌무덤으로 갔다//"(백석, 여승(女僧))

세괏다 형 세괃은. '매우 기세가 억센'이라는 뜻의 평북 방언이다. #"우리들은 모두 욕심이 없어 희여졌다/착하디 착해서 **세괏은** 가시 하나 손아귀 하나 없다/너무나 정갈해서 이렇게 파리했다//"(백석, 선우사(膳友辭))

세다 동 헤다. #"혼자서 깁흔 밤에 별을 보옵에/갓모를 白砂場에 모래알 한아가치/그리도 적게 **세인** 나인 듯하야/갑갑하고 애닯다가 눈물이 되네.//"(이상화, 叡智)

세모래 명 가늘고 고운 모래. #"물밑이 **세모래** 닌함박은 콩조개만 일다/모래장변,바다가 널어놓고 못미더워 드나드는 명주필을 짓궂이 발뒤축으로 찢으면/날과 씨는 모두 양금줄이 되어 짜랑짜랑 울었다//"(백석, 물계리(物界里))

세불 명 세 벌. 일정한 기간을 두고 세 번. #"마을에서는 **세불** 김을 다 매고 들에서/개장취념을 서너 번 하고 나면/백중 좋은 날이 슬그머니 오는데//"(백석, 칠월 백중)

세염도 없다 구 쉼도 없이. 쉬지 않고. 하염없이. 쉬엄쉬엄 가다라는 표현에서는 천천히 느긋하게라는 의미가 있지만 쉼도없이라는 표현은 쉬지 않고라는 의미로 해석되어야 한다. 기세(氣勢)도 없이. 세험도없이. 김재홍에서는 '쉴새없이', '하염없이'로 해석함. #"**세염도없이** 왼하로 나리는비에/내맘이 고만 여위여 가나니/아까운 갈매기들은 다젖어 죽었겠다//"(박용철, 비나리는날), #"비가 조록 조록 **세염없이** 나려와서…/쉬일줄도 모르고 일도 없이 나려와서…/나무를 지붕을 고만 이세워놓고 축여준다…/올라가는 기차소리도 가즉이 들리나니…/비에 홈추리젖은 기차모양은 애처롭겠지…/내마음에서도 심상치 않은놈이 흔들려 나온다…//"(박용철, 비)

센개 명 털빛이 흰 개. #"집에는 언제나 **센개** 같은 게사니가 벅작궁 고아내고 말 같은 개들이 떠들썩 짖어대고 그리고 소거름 내음새 구수한 속에 엇송아지 히물쩍 너들씨는데//"(백석, 넘언집 범 같은 노큰마니)

소 미 -십시오. #"보이**소** 아는 양반 앙인기요/보이**소** 웃마을 이생원 앙인기요/서로 불러 길을 가며 쉬며 그 마지막 주막에서/걸걸한 막걸리 잔을 나눌 때/절로 젓가락이 가는/쓸슬한 음식//"(박목월, 적막한 식욕)

소간 명 소관(所關). 볼 일. 관계되는 바. #"돌 같이 얼어 붙은 땅에 괭이질 하는/電車線路工의 소득 없는 勞力을 보다가/그 거리를 오늘 나는/나의 哀歡의 人生에도 가장 연고 없는/적은 **소간**을 보러 다시 가는 것이었다."(유치환, 어느 날), #"무슨 **소관**이 있어서 왔습니까?/급한 볼일은 아니나 무슨 소관이 있어 나를 만나자고 한 것인데 정작 그 **소관**이 무엇이었던지는 지금 생각이 나지 않는다."(김소운, 일본의 두 얼굴)

소개 명 소개(疎開). 공습이나 화재의 피해를 줄이기 위해 한 자리에 있던 사람이나 건조물을 분산시켜 생겨난 공터. #"**疎開**터/눈 우에도/춥지 않은 바람//"(정지용, 曲馬團)

소곰토리 명 소금을 굽는 가마. 소금을 팔러 다니는 수레. #"**소곰토리** 지웃거리며 돌아오는가/열두 고개 타박타박 당나귀는 돌아오는가/방울소리 방울소리 말방울소리 방울소리//"(이용악, 두메산골4)

소깔 명 소나무가리. 소나무 가지. 솔가지. #"그래 그랬었다 그는/지각할까봐 아침밥 먹는 둥 마는 둥 사립문을 나서면 내 뒷통수에 대고 재촉했다/학교 파하면 핑 와서 **소깔** 비어라이 길목에서 놀았다만 봐라 다리몽댕이를 분질러 놓을 텡게//"(김남주, 아버지)

소깝 명 땔감으로 엮은 소나무 바리. #"옹기전/장작, **소깝**전은/남문시장(南門市場)//청어, 대구/비릿한 어물전에다/양단, 모빈단겉은 포목전은/서문시장(西門市場)//능금, 과일/남새꺼리는/칠성시장(七星市場)//싱싱한 회간꺼리, 소천엽에다/너비아니, 명란, 창란겉은/우쭈씨 찬꺼리는/염매시장(廉賣市場)//우시장은/내당동(內唐洞) 땅골//"(상희

구, 대구의 장터/대구.39)

소대다 동 장난이 심하여 여기 저기를 마구잡이로 돌아다니다. 애를 쓰며 여기저기를 마구 돌아다니다. #"詩人아 너의榮光은/밋친개꼬리도밟는 어린애의짬업는그마음이되야/밤이라도낫이라도/새世界를나흐려소댄자욱이詩가될때//"(이상화, 詩人에게)

소라방등 명 소라의 껍질로 만들어 방에서 켜는 등잔. #"저문 유월의 바닷가에선 조개도 울을 저녁 **소라방등**이 붉그레한 마당에 김냄새 나는 비가 나렸다//"(백석, 통영 1)

소리개 명 솔개. 수릿과의 새. 편 날개의 길이는 수컷이 45~49cm, 암컷이 48~53cm, 꽁지의 길이는 27~34cm이며, 몸빛은 어두운 갈색이다. 다리는 잿빛을 띤 청색이고 가슴에 검은색의 세로무늬가 있다. 꽁지에는 가로무늬가 있고 끝은 누런 백색인데 꽁지깃은 제비처럼 교차되어 있다. 다른 매보다 온순하고, 시가지 · 촌락 · 해안 등지의 공중에서 날개를 편 채로 맴도는데 들쥐 · 개구리 · 어패류 따위를 잡아먹는다. 우리나라에서는 겨울에 흔한 나그네새로 유라시아, 오스트레일리아 등지에 분포한다. #"돌다리래두 있으면 돌층계를 기어내려/짚이랑 모아 불지르고 어두워지리/흙인듯 어두워지면 나의 가슴엔 설레이는 구름도/구름을 헤치고 솟으려는 **소리개**도 없으리//"(이용악, 술에 잠긴 쎈트헤레나), #"목숨은 불멸의 流轉 구원의 鄕愁는 멀다/解土 삼천리 기약처럼 밝아올 봄을/내 좌표 아득히 높이 **소리개**를 돌리자."(정완영, 採春譜 2 / 5. 봄의 座標), #"언덕에 올라서서 두 팔을 들면/**소리개**가 한 마리 빙빙 도네요."(정완영, 초봄), #"한 주름 소나기가 산을 씻고 내려간 후/천왕봉 **소리개**는 반공중에 솟아올라/초록을 빙빙 돌린다 萬丈峰을 다 돌린다."(정완영, 智異山 詩抄 / 天王峰 소리개), #"**소리개**도 높피 떠서라//"(김소월, 들도리)

소리개소리 명 솔개 소리. #"바람 좋은 한벌판에서 물닭이 소리를 들으며 단이슬 먹고 나이들은 탓이다/외따른 산골에 **소리개소리** 배우며 다람쥐 동무하고 자라난 탓이다//"(백석, 선우사(膳友辭))

소리개차 명 삭도, 하늘찻길. 삭도의 공중 운반 모양이 솔개와 비슷하다고 해 **소리개차**라고 불렸다. #"그날 끌려간 삼촌은 돌아오지 않았다./소리개차가 감석을 날라 붓던 버력더미 위에/민들레가 피어도 그냥 춥던 사월/지까다비를 신은 삼촌의 친구들은/우리 집 봉당에 모여 소주를 켰다.//"(신경림, 폐광)

소릿길 명 좁은 길. #"한석산/해으름은/

하얀 **소릿길**/눈물 도는/산그늘에/어리는 달빛//"(박목월, 한석산)

소삼다 동 소(疏) 삼다. 성글게 엮어나 짜다. #"황토 마루 수무나무에 얼럭궁 덜럭궁 색동헝겊 뜯개조박 뵈자배기 걸리고 오쟁이 끼애리 달리고 소**삼은** 엄신 같은 딥세기도 열린 국수당고개를 몇 번이고 튀튀 춤을 뱉고 넘어가면 골안에 아늑히 묵은 영동이 무겁기도 할 집이 한 채 안기었는데//"(백석, 넘언집 범 같은 노큰마니)

소삽스럽다 형 낯설고 막막하다. #"오! 나의 애인이여!/그러나 당신이 그 동안에 내 가슴 속에 숨어 계셔서 무슨 그리 **소삽스러운** 일을 하셨는지 나는 벌써 다 알고 있지요. 일로 앞날 당신을 떠나서는 다만 한 시각이라도 살아 있지 못하게끔 된 것일지라도 말하자면 그것이 까닭이 될 것 밖에 없어요./"(김소월, 깊은 구멍)

소색이며 동 속삭이며. #"맹세에 맹세를 새로 거듭하고,/웃으며 **소색이며,** 입마추며./내가 맹세를 잊을세라고/늬는 내손가락을 깨밀었지.//"(박용철, 옛날의 꿈을 다시 보노라)

소소리 바람 명 음산하면서도 살 속을 파고 드는 것같이 찬 바람. '회오리바람'을 말하는 경우도 있다. #"돌에/그늘이 차고,/따로 몰리는/**소소리 바람.**//"(정지용, 비)

소솔비 명 소슬비. 아주 가느다란 비. #"**소솔비** 나리며 달무리 둘녀라//"(김소월, 애모)

소스듬 명 '소스뜨다'의 명사형. 몸이 위로 솟구쳐 뜨다. #"몇킬로 휘달리고 나서 거북처럼 興奮한다./징징거리는 神經방석우에 **소스듬** 이대로 견딜 밖에.//"(정지용, 流線哀傷)

소슬비 명 서늘하고 으스스하게 오는 비. #"들에는 **소슬비**//"(김소월, 바리운몸)

소시랑 명 쇠소랑. 쇠스랑. 땅을 파헤쳐 고르거나 두엄, 풀무덤 따위를 쳐내는 데 쓰는 갈퀴 모양의 농기구. #"대들보 위에 베틀도 채일도 토리개도 모도들 편안하니/구석구석 후치도 보십도 **소시랑도** 모도들 편안하니//"(백석, 연자간)

소전꺼래 명 우시장 어디쯤. 소전은 우시장을 말하니 '소전꺼래'는 우시장 어디 어디 쯤이라고 할 수 있다. #"돌다리 건너 **소전꺼래**/알분다이 할매가 살았다/얼매나 다사시럽었던지 마실에/뉘집 미느리가 하로에 방구로 및 분/낏는지 다 꿰고 있을 정도였다//"(상희구, 소전꺼래 알분다이 할매/대구. 15)

소태 명 1. 소태껍질. 2.『식』=소태나무. #"목숨이 비탄을 섬겨 **소태**보다 이 날이 쓰네/꽃보다 아픈 신열은 눈물로도 식지 못하고/한가슴 삭아 내리는 세월이요 憶情일레//"(정완영, 시화전

을 하며)

속살거리다 동 소곤소곤 하거나 꼼지락거리다. 남이 알아듣지 못하도록 작은 목소리로 자질구레하게 자꾸 이야기하다. 귓속말. '소곤소곤 하거나 꼼지락거리는 모습'이라는 뜻을 지니고 있다. '소곤거리다'의 경상방언은 '속살거리다', '속살그리다', '속살대다'이다. #"두어린아히가적은배에몸을실고 고기를낙그면서 무엇이라고천진란만하게**속살거린다**"(이상화, 淑子), #"나무엽 마다에서/저즌 **속살그림이**/끄니지 안흘때일너라 내생각의/거믜줄 끗마다에서도/저근속살거림은/줄곧쉬지안허라"(이상화, 單調), #"푸른 하늘 흰구름 솔바람 소리/속살로 **속살대는** 속치마 하얀 빛깔"(홍해리, 은자의 북별빛 미학), #"눈물에 싸여 오는 모든 기억은/피 흘린 상처조차 아직 새로운/가주난 아기같이 울며 서두는/내 영을 에워싸고 **속살거려라.**//"(김소월, 가을 아침에)

솎아 동 솎다. 촘촘히 있는 것을 군데군데 골라 뽑아 성기게 하다. #"우리 엄마 나물 **솎아** 먹어보라 나눠주면/철이 엄마 장국 끓여 맛보라고 들고 오고/울 넘고 담 넘어가는 정 그게 바로 이웃사촌//"(정완영, 이웃사촌)

손 간 데 구 손이 닿은 데, 곧 정성이나 관심이 깃든 곳. #"하야니 바랜 빨래가 햇살보다 눈부시어/이제 속일 수 없어, 지낸 날이 비쳐 오는/어머님 **손 간 데**마다 도 하나 큰 은혜여!//그 날은 뒷덜미가 가렵도록 부끄러워/들내어 무엇 하나 자랑할 수도 없는데/하늘이 첨 열리던 날에 다시 있게 하여라.//"(박재삼, 어느 날)

손 하나 타지 않고 구 사람이나 물건이 많은 사람의 손길이 미쳐 약하여지거나 나빠지지 않았다. #"붉은단기 울넘으로 번득이는 자랑스러움,/거리낄데 하나없이 굴러가든 너이들 웃음,/이것이 어느새 남의일같이 이야기 될줄이야!/**손하나 타지 않고** 산골에 밝은 힌나리꽃송이같이,/매인데 굽힐데없이 자라나는 큰아기시절을/내 이제 뒤으로 머리돌려 아까워 할줄이야!//"(박용철, 시집가는 시악시의 말)

손소 부 손수. #"젊은이의 무덤에는 시르미꽃,/한창때 가신이겐 월게화를;/내게 드릴 것은 마른입사귀라/입즉이 **손소** 걷워 두었느니.//"(박용철, 노래)

손씨 명 솜씨. #"고요히 그싯는 **손씨로**/방안하나 차는 불빛!//"(정지용, 촉불과 손)

손치다 형 솟치는. '손치는'에 대해 여러 가지 해석이 가능하다. 『표준국어대사전』에는 '1. 물건을 매만져 바로잡다. 2. 가지런히 되어 있는 물건의 일부가 없어지거나 어지럽게 되다. 3. 돈을 받고 손님을 묵게 하다.'와 같이 되어 있는데, 3의 의미로 해석하는 경우, 시상의 이미지 연결이 가능하지만 매우 어색하다. 곧 '밤마다 손님을 치는 그이 눈으로'로 해석이 되는데 어색하기 짝이 없다. '솟구치다'라는 대구방언형으로 '솟치다'의 오기(誤記)로 본다면 '밤마다 솟구치는 그이 눈으로'으로 해석되어 시상의 이미지 전개에 별 무리가 없다. 그런데 「도쿄에서」라는 작품에서 '나의記憶은 自然이준등불 해금강(海金剛)의달을 새로히손친다.'는 대구문협편저(1998)에서 '손친다'를 '솟친다'로 교열하고 있으나 이 작품에서 '손치다'는 그대로 '손치다'로 둔 이유를 밝히지 않고 있다. 그렇지 않다면 원문을 중시하여 대구방언에서 천연두(天然痘)를 '손'이라고 한다. 곧 천연두의 '손'에 동사파생접사 '-치다'(잔치(饗宴)-치다)라는 접사가 결합하여 '매우 힘들고 어려운 일들을 치러내다'라는 의미의 방언형 '손치다'로 해석될 가능성이 있다. 곧 '밤마다 천연두 병을 치르듯 애를 먹는 그이 눈으로'로 해석될 여지도 있다. 여기서는 '솟구치다'라는 대구방언형으로 '솟치다'의 오기(誤記)로 보고 '솟치는'으로 교열한다. #"너는 나를보네/밤마다 **손치는** 그이눈으로—/달아 달아/질거운 이 가슴이 압흐기전에/잠재워다오—내가 자야겟네.//"(이상화, 달아), #"동경의밤이 밝기는낫이다—그러나내게 무엇이랴!/나의기억은 자연이준등불 해금강(海金剛)의달을 새로히**손친다**.//"(이상화, 도—교—에서)

솔곳이 부 온 정신과 힘을 한 곳으로 집중시켜. #"귀 기울고 **솔곳이** 엿듯노라면//"(김소월, 산우헤)

솔직하다 형 몸이 가늘고 길다. 끝이 뾰족하고 가늘고 길다. 살이 빠지고 몸이 야위다, 안으로 오무라져 있다. #"그 둥글게 살찐 억개의 윤곽과 **솔직한** 허리가 매력에 넘치엇섯다."(현진건, 지새는 안개) 여기서의 '솔직하다'는 '허리'와 어울려 '(허리가)가냘프다'의 뜻을 보인다. 그렇게 보면 '솔직하다'의 '솔-'은 '공간이 좁다'라는 뜻의 '솔다'의 어간으로 볼 수 있다. 이 '솔-'에 접미사 '-직하,'가 결합된 형태가 바로 '솔직하다'인 것이다. 경상방언에서는 '홀쭉하다'의 의미로 '솔직하다'를 쓴다. '높직하다', '굵직하다', '되직하다' 등과 같은 단어 구조임을 알 수 있다. 『현진건 20세기 전반기 단편소설 어휘조사』 참조.

솔쳐나자 동 솔쳐나다. 솟쳐나다. 여럿 가운데 뚜렷이 앞으로 나타나다. #"허리가 모조리 가느래지도록 슬픈 行列에 끼여/아주 천연스레 굴던 게 옆으로 **솔쳐나자**//"(정지용, 流線哀傷)

솜솜하다 형 뚜렷하게 떠오르다. #"**솜솜하게도** 감도록 그리워오네//"(김소월, 닭은꼬꾸요)

솟으라선다 동 솟아 일어서다. #"무너진 하늘을 헤치며 별빛 흘러가고/마음의 도랑을/시들은 풀잎이 저어가고/나의 병실엔 초라한 돌문이 높으게 **솟으라선다**//"(이용악, 등을 동그리고)

송구떡 명 송기(松肌)떡. 송구지떡. 소나무 속껍질을 삶아 우려내어 멥쌀가루와 섞어 절구에 찧은 다음 반죽하여 솥에 쪄내어 떡메로 쳐서 여러 가지 모양을 만든 엷은 분홍색의 떡으로 봄철 단오가 되면 많이 먹음. #"낡은 질동이에는 갈 줄 모르는 늙은 집난이 같이 **송구떡**이 오래도록 남아 있었다//"(백석, 고방)

송침 명 솔잎의 바늘, 솔가지. #"화라지 **송침**이 단채로 들어간다는 아궁지/이 험상궂은 아궁지도 조앙님은 무서운가보다/농마루며 바람벽은 모두들 그느슥히/흰밥과 두부와 튀각과 자반을 생각나 하고/"(백석, 고사)

송탄 명 소나무를 구운 숯. 송탄(松炭). #"친구여. 곳집 뒤 솔나무밭은 이제/나 혼자도 갈 수 있다./나의 삼촌과 친구들이 **송탄**을 굽던 곳, 친구여./밀겨와 방아소리에 우리는 더욱 취해/아깨를 끼고 장거리로 나온다./친구여, 그래 부끄러운가.//"(신경림, 친구)

쇠드랑볕 명 쇠스랑볕. 쇠스랑 형태의 창살로 들어와 실내의 바닥에 비치는 햇살. #"달빛도 거지도 도적개도 모다 즐겁다/풍구재도 얼럭소도 **쇠드랑볕**도 모다 즐겁다//"(백석, 연자간)

쇠든 밤 명 말라서 새들새들 생기가 없어진 밤(栗). #"엄매와 둘이 소기름에 쌍심지의 불을 밝히고 밤이 들도록 바느질하는 밤 같은 때 나는 아룻목의 샛귀를 들고 **쇠든 밤**을 내여 다람쥐처럼 밝아먹고 은행여름을 인두불에 구어도 먹고 그러다는 이불 위에서 광대넘이를 뒤이고 또 누어 굴면서 엄매에게 웃목에 두른 평풍의 새빨간 천두의 이야기를 듣기도 하고//"(백석, 고야)

쇠리쇠리하다 형 눈이 부시다. 눈이 시우린, 시리운. #"투박한 북관(北關)말을 떠들어대며/**쇠리쇠리한** 저녁해 속에/사나운 집승같이들 사러졌다//"(백석, 석양(夕陽)), #"바닷가는 개지꽃에 개지 아니 나오고/고기비늘이 하이얀 햇볕만 **쇠리쇠리하야**/어쩐지 쓸쓸만 하구려 섧기만 하구려//"(백석, 바다)

쇠메 명 쇠로된 메. 묵직한 쇠토막에 구멍을 뚫고 자루를 박음. #"승냥이가 새기를 치는 전에는 **쇠메** 든 도적이 났다는 가즈랑고개//"(백석, 가즈랑집)

쇠조지 명 식용산나물의 한가지. #"토끼도 살이 오른다는 때 아르대즘퍼리에서 제비고리 마타리 **쇠조지** 가지취 고비 고사리 두릅순 회순 산나물을 하는 가즈랑집 할머니를 따르며//"(백석, 가즈랑집)

쇠주푀적삼 명 중국 소주(蘇州)에서 생산된 고브 명주실로 짠 적삼. #"**쇠주푀적삼** 항라적삼의 자지고름이 기드렁한 적삼에/한끝나게 상나들이옷을 있는 대로 다 내입고//"(백석, 칠월 백중)

쇳스럽게 부 카랑카랑하게. #"초저녁이면 안팎마당이 그득하니 하이얀 나비수염을 물은 보득지근한 복쪽재비들이 씨굴씨굴 모여서는 짱짱짱쟝 **쇳스럽게** 울어대고//"(백석, 외갓집)

수구나무 명 누릅나무과에 속하는 활엽수. #"황토 마루 **수구나무**에 얼럭궁 덜럭궁 색동헝겁 뜯개조박 뵈짜배기 / 걸리고 오쟁이 끼애리 달리고 소삼은 엄신 같은 딥세기도 열린/"(백석, 넘언집 범 같은 노큰마니)

수굿하다 형 일반적으로 순한 모양을 가리키나 여기서는 '생기가 없는'의 뜻으로 쓰였다. #"흣트러진 갈기/후주군한 눈/밤송이 가튼 털/오!먼길에 지친말/채죽에 지친 말이여!//**수굿한** 목통/축 처진 꼬리/서리에 번적이는 네굽/오! 구름을 헷치려는 말//"(이육사, 말)

수그리다 동 몸이나 머리를 아래로 숙이다. 굽히다. #"그의 형제와/그의 사촌들을 더불고 있듯이/바람받이 잘하고/햇살받이 잘하며/어린 섬들이 의좋게 논다.//어떤 때는 구슬을 줍듯이 머리를 **수그리고**/어떤 때는 고개 재껴 티없이 웃는다.//"(박재삼, 섬을 보는 자리), #"볼수록 넓은 벌의/물빛을 물끄러미 들여다보며/고개 **수그리고** 박은 듯이 홀로 서서/긴 한숨을 짓느냐. 왜 이다지!//"(김소월, 저녁때), #"나는 죄인처럼 **수그리고**/나는 코끼리처럼 말이 없다/두만강 너 우리의 강아/너의 언덕을 달리는 찻간에/조고마한 자랑도 자유도 없이 앉았다//"(이용악, 두만강 너 우리의 강아)

수껑 명 나무를 숯가마에 넣어 구워 낸 검은 덩어리의 연료. '숯'에 대응되는 경상지역 방언형은 '수껑'이다. '수껑'이라는 말은 15세기에 '숡'로서 '숡이, 숡을, 숡으로'로 곡용되었는데 이 '숡'에다가 '-엉'이라는 접사가 첨가되어 '숡엉'형이 이 방언에서는 고스란히 남아 있는 셈이다. 충청방언에서는 어말 'ㅅㄱ'가 'ㄱ'이 탈락한 '숫'의 형태로 남아 있으며, 경기방언에서는 어말파찰음화를 거쳐서 '숯'으로 되었다. #밍밍한 밀가리냄새/귀퉁이가 까맣게 탄 칼국시 꽁다리//울 엄마/안 계신지 그 언젠데//입서버리 **수껑**에 검던/누른국시 꼬랑대기가 왜 생각이 날까//(작자 미상, 누른국시 꼬랑대기)

수라 명 싸움을 일삼는 귀신. #"나는 가

슴이 메이는 듯 하다/ 내 손에 오르기라도 하라고 나는 손을 내어미나 분명히 울고 불고 할 이 작은 것은 나를 무서우이 달아나버리며 나를 서럽게 한다/"(백석, 수라)

수런거리다 형 여러 사람이 한데 모여 수선스럽게 자꾸 지껄이다. #"바닷가에서 자라/꽃게를 잡아 함부로 다리를 분질렀던 것,/생선을 낚아 회를 쳐 먹었던 것,/햇빛에 반짝이던 물꽃무늬 물살을 마구 헤엄쳤던 것,/이런 것이 일시에 **수런거리며** 밑도 끝도 없이 대들어 오누나.//"(박재삼, 신록(新綠)을 보며), #"자작나무 숲 속에서 포르르 매 한 마리가 날자, 그 소리에 고요하던 단풍 든 산중이 모두 수선스럽게 느껴진다.//포르르 풀매…온산중 紅葉이 **수런 수런 거린다**//"(정지용, 진달래)

수렷겹다 형 어떤 일을 더하고자 미련이 남아 있다. #"놀기에 **수렷 겨워** 울고 돌아가면/그때사 정녕 가리마 고와셨을 어머님/하늘 같은 품안이 있었으니//"(유치환, 세월)

수루매 명 오징어. #"필자가 유년시절 즐겨 먹었던 다섯 가지 음식의 맛,/아주 가난한 시절의 어릴 때라 그 시절 서민층 어/린이들 특유의 먹거리 취향을 엿볼 수 있다//물괘기는 눈까리가 마씻고/뱁추짐치는 꼬개이가 마씻고/**수루매**는 다리가 마씻고/다꾸앙은 복파이 마씻고/써리 논 짐밥은 다꾸앙이나/우붕뿌리이 것튼 기 삐쭉삐쭉/티 나온 가아따리 끄티쪼오가/마씻고//"(상희구, 유년오미(幼年五味)/대구.53)

수리취 명 어거시과에 속하는 다년초로 야산에 자생하며 어린잎은 식용함. #"산까마귀만 울며 날고/도적갠가 개하나 어정어정 따러간다/이스라치전이 드나 머루전이 드나/**수리취** 땅버들의 하이얀 복이 서러웁다/뚜물같이 흐린 날 동풍이 설렌다//"(백석, 쓸쓸한 길)

수무낡 명 느릅나무과에 속하는 낙엽활엽 교목. 스무나무. '시무나무'라고도 한다. 높이는 20미터 정도이며, 잎은 어긋나고 톱니가 있다. 산기슭 양지 및 개울가에서 자란다. #"황토 마루 **수무나무**에 얼럭궁 덜럭궁 색동헝겊 뜯개조박 뵈자배기 걸리고 오쟁이 끼애리 달리고 소삼은 엄신 같은 딥세기도 열린 국수당고개를 몇 번이고 튀튀 춤을 뱉고 넘어가면 골안에 아늑히 묵은 영동이 무겁기도 할 집이 한 채 안기었는데//"(백석, 넘언집 범 같은 노큰마니)

수숫대 명 수수깡. 수수의 줄기. #"**수숫대** 울섭짓고 새집웅 가츤한데/골목에 사람그처 네련 듯 괴괴하다/아마도내 들은소식 헐된줄만 싶어라//"(박용철, 哀詞3)

수영 명 수양(收養). 다른 사람의 자식을

맡아서 제 자식처럼 기름. #"내가 날 때 죽은 누이도 날 때/무명필에 이름을 써서 백지 달어서 구신간시렁의 당즈깨에 넣어 대감님께 수영을 들였다는 가즈랑집 할머니//"(백석, 가즈랑집)

수이 부 쉬. #"영영변하지 안는다 밋든 해속에도 검은점이돗처/―세상은 수이 식고말려 녀름철부터 모르리라―/맛거나 말거나 덩짜라 걱정은 하나마//"(이상화, 지구흑점의 노래)

수저븐 형 수줍은. 수줍다. #"**수저븐** 듯 노힌 유리 컾/바쟉 바쟉 씹는대도 배곺으리.//"(정지용, 저녁 해ㅅ살)

수집고 형 수줍다. #"다람쥐같이 **수집고** 제비같이 날래여/강물에 비최인 제 날개에 마조치려/재조넘어 물차는 제비같이 날래여/날때보다 머물을때 저는 더 날래보이나니//"(박용철, 나의사랑)

수히 부 쉽게. #"느으릿 느으릿 한눈 파는 겨를에/사랑이 **수히** 알어질가도 싶구나./어린아이야, 달려가쟈.//"(정지용, 새빩안 機關車)

숙변 명 숙지황(熟地黃). 지황 뿌리의 날것을 아홉 번 찌고 아홉 번 말려서 만든 약재. 보혈(補血) 보음(補陰)하는 효능이 있어 여러 가지 허손(虛損)과 통경(通經)의 치료와 강장제로 쓰인다. #"삼에 **숙변**에 목단에 백복령에 산약에 택사의 몸을 보한다는 육미탕(六味湯)이다/약탕관에서는 김이 오르며 달큼한 구수한 향기로운 내음새가 나고//"(백석, 탕약)

숙우리다 동 수그리다. #"머리 **숙우리고** 안잣든 그대는//"(김소월, 돈과밥과맘과들), #"고개 **숙우리고** 박은드시 홀로 섯서//"(김소월, 저녁때), #"눌하게 닉어서 **숙으러젓네**//"(김소월, 옷과밥과자유), #"머리 **숙으리며** 그대 탄식하리//"(김소월, 신앙), #"드러봐 사람은 한둘식 모혀서서 **숙은여라**//"(김소월, 불탄자리), #"비가 온다 비가 쉬임도없이 그침도 없이/페이브멘트의 으른거리는 물우이를/예리를 세우고 촉촉이 젖어 걸어간다/유연히 태연히/돌아갈집, 고개를 **숙으리고** 들어가야할 대문/불ㅅ기 없는 방/그는 다만 돌아다닌다//"(박용철, 꿇은 날개)

순막집 명 '순막'은 '숫막'에서 유래하였는데 '술을 파는 주막집'의 의미이다. #"**순막집** 불도 지고 귀뚜람이 우러라//"(김소월, 귀뚜람이), #"짐싯고 닷든 말도 **순막집**의//"(김소월, 추회)

순즉하다 형 순하고 정직하다. #"**순즉한** 사람은 죽어 하늘 나라에 가고//"(김소월, 돈과밥과맘과들)

술레짠 명 둥글게 메꽃으로 엮어 잔 화관(花冠). #"씌염씌염 보히는 그림 쪼각은/압밭에 보리밧에 말매나물 캐러간/가신애는 가신애와 종달새소리에 반해//빈바구니 차고오긴 너무도 부끄러워/술래짠 두쁨우에 모맷곳이 피였고.//"(심원섭, 이육사, 草家, 1982, 31) 『비판』에 실린 「초가」라는 작품의 일부이다. 예에서 '술래짠'은 의미가 확실하지 않다. 심원섭은 '얼굴빛이 상기된 모습을 뜻하는 것'으로 파악하고 있으나 전혀 근거는 미약하다. '술레'는 '원형, 둥근 것'을 의미하며 '술레짠'이란 '둥글게 메꽃으로 엮어 짠 화관(花冠)'을 의미하는 것으로 추정된다.

술막 명 '술막'은 '숫막'에서 유래하였는데 '술을 파는 주막집'의 의미이다. #"바람소리도 호개도 인젠 무섭지 않다만/어두운 등불 밑 안개처럼 자욱한 시름을 달게 마시련다만/어디서 흉참한 기멸이 뛰어들 것만 같애/두터운 벽도 이웃도 못 미더운 북간도 **술막**//"(이용악, 전라도 가시내)

술청 명 임시로 만든 술자리. 주막집에 술을 안장서 먹을 수 있도록 만든 마루. #"마작판에서 주머니를 털린 새벽./거리로 나서면 얼굴을 훑는 매운 바람./노랭이네 집엘 들러/새벽 댓바람부터 술이 취한다.//**술청**엔 너저분한 진흙 묻은 신발들./아직 해가 뜨지 않은 새벽인데도//"(신경림, 3월 1일 전후), #"나주는 인심 좋아 이 봄날이 무등 좋아/**술청**도 마을 집도 문이 활짝 열려 있고/속 이빨 드러낸 배꽃 그도 활짝 웃고 있다.//"(정완영, 春風千里抄 / 羅州)

숨굴막질 명 숨바꼭질. #"저녁술을 놓은 아이들은 외양간섶 밭마당에 달린 배나무동산에서 쥐잡이를 하고 **숨굴막질**을 하고 꼬리잡기를 하고 가마타고 시집가는 놀음 말 타고 장가 가는 놀음을 하고 이렇게 밤이 어둡도록 북적하니 논다//"(백석, 여우난골족)

숨그르다 동 숨을 멈추다. #"돌아다 보이는 무쇠다리/얼결에 뛰어 건너서서/**숨그르고** 발 놓는 남의 나라 땅.//"(김소월, 남의 나라 땅)

숨ㅅ기내기 명 숨바꼭질. #"**숨ㅅ기내기** 해종일 하면은/나는 슬어워진답니다//"(정지용, 숨ㅅ기내기)

숨여사는 동 숨어사는. #"서리 빛을 함복 띄고/하늘 끝없이 푸른데서 왔다.//강바닥에 갈여 있다가/갈대꽃 하얀우를 스처서//장사의 큰 칼집에 **숨여서는**/귀향가는 손의 돈대도 불어주고//"(이육사, 서풍)

숫기되다 형 숯이 되다. #"그 누가 기억하랴 다북동에서/피 물든 옷을 입고 외치던 일을/정주성 하룻밤의 지는 달빛에/애끊긴 그 가슴이 **숫기** 된 줄을//"(김소월, 물마름)

숫더리다 형 펄떡이다. 두근거리다. #"조그만 열로 지금 **숫더리는** 피가 멈추고/가는 숨길이 여기서 끝맺는다면/아 얇은빛 들어오는 영창아래서/참아

흐르지못하는 눈물이 온가슴에 젖어 나리네//"(박용철, 이대로가랴마는)

숫도림 명 따로 도려낸 듯 사람의 발길이 닿지 않는 외진 곳. 여기서 '숫'은 '본디 그대로'라는 뜻의 접사이며, '도림'은 '따로 도려내다'의 뜻을 가진 동사 '도리다'의 명사형이다. 인적이 드문 외진 곳을 '도린곁'이라고 하는 것도 '도리다'라는 말에서 연유한다. #"골이 속속 접히어 들어/이내(晴嵐)가 새포롬 서그럭거리는 **숫도림**.//"(정지용, 玉流洞)

숫채 명 하수도보다는 더 작은 규모의 하수도. #"창수(漲水)가 나마 또 우짜는데,/대구시내는 물노이고 영천(永川), 경산(慶山) 언저리에/**숫채**라는 숫채는 말할꺼도 없고 온갖 하수도/도랑, 봇도랑, 개랑, 개천, 하천마중 물이/쏟아져 들오는데 내사마 장디이가 뿌러지는거/것더마는//"(상희구, 금호강(琴湖江)/대구.100)

숭 명 흉. #"해변에선 얼마나 너이들이 욱자지껄하며 멕이기에/해변땅에 나들이 갔든 할머니는/오리새끼들은 장뫃이나 하듯이 떠들썩하니 시끄럽기도 하드란 **숭**인가//"(백석, 오리)

숭가리 명 송화강(松花江)의 만주어. 백두산에서 발원하여 북으로 흘러 눈강과 합류하여 흑룡강으로 빠짐. #"부여(扶餘)를 숙신(肅愼)을 발해(渤海)를 여진(女眞)을 요(遼)를 금(金)을/흥안령(興安嶺)을 음산(陰山)을 아무우르를 **숭가리**를/범과 사슴과 너구리를 배반하고/송어와 메기와 개구리를 속이고 나는 떠났다//"(백석, 북방에서)

숭굴숭하다 형 모나지 않고 둥글둥글하다. #"잠이나 자자./돌아 누우면 언제나 황홀한/그 망각/글럴 테지,/**숭글숭글한**/운석.//"(박목월, 운석)

슻 명 숱. #"다람쥐 꼬리/**슻**이 짙다.//"(정지용, 毘盧峯)

쉬영꽃 명 수영꽃. 마디풀과에 딸린 여러해살이 풀. 5, 6월에 녹색 또는 담홍색 꽃이 들이나 길가에 핌. #"그래도 그 **쉬영꽃** 진달래 빨가니 핀 꽃 바위 너머/산 잔등에는 가지취 뻐국채 게루기 고사리 산(山) 나물판/산나물 냄새 물씬 물씬 나는데/나는 복장노루를 따라 뛰었다//"(백석, 산)

쉬이다 동 잠시 머무르게 하고, 쉬게 하다. #"희미한 십오촉 전등이 지치운 불빛을 내어던지고/때글은 다 낡은 무명샷쯔가 어두운 그림자를 **쉬이고**//"(백석, 흰 바람벽이 있어)

스란치마 명 예전에 궁중이나 반가(班家) 부녀자의 예장용 치마에 장식한 금박(金箔) 또는 금직(金織)의 단 치마. #"어제는 6·25 때 홀어미된 누님의 **스란치마**가 그냥/벽에 걸린 채 스르르 떨고 있어/「아! 내 조국!」하고,/오늘은 적적한 고궁 안/노란 은행잎 점점이/가을하늘 실바람에 떨고 있어/「아! 내 조국!」한다.//"(박재삼, 조국 사랑)

스럽더라 형 서럽더라. #"시골로나 대처로나 가나 오나/량친 몬보아 **스럽더라**.//"(정지용, 말2)

스럽지도 미 -스럽다. '서럽다'의 충청도 방언. #"-**스럽지도** 안은 이야기와 같이//"(엽서에 쓴 글)

스르시 부 #"보랏빛 노을 은은이끼여 고요한 들에/구슬픈꿈 아스프라니 떠도는 여름해으름/찔레꽃 순한향기 **스르시** 지처오는/냇갈가 보드레한 풀밭에 누어/뽀얀하날에 기리 피여오르는/나의 애달픈 한숨이여!//"(김현구, 풀우에 누어서)

스스로웁다 형 자연스럽다. #"모도들 욕심 사납게 지게굳게 일부러 청을 돋혀서/어린아이들 치고는 너무나 큰 소리로 너무나 튀겁많은 소리로 울어대는데/너만은 타고난 외마디 소리로 **스스로웁게** 삼가면서 우는구나//"(백석, 촌에서 온 아이)

슬어워 형 서러워. #"숨ㅅ기내기 해종일 하며는/나는 **슬어워** 진답니다.//"(정지용, 숨ㅅ기내기)

슬지다 형 스러지다. #"골짜기 이는 연기/메 틈에 잠기는데,/산마루 도는 손의/**슬지는** 그림자여.//"(김소월, 낭인의 봄)

슬지라도 동 서다. 설지라도. #"랑을 위하얀 입맛도 일는다./외로운 사슴처럼 벙어리 되어 山길에 **슬지라도**//"(정지용, 또 하나의 다른 太陽)

슴슴지지며 동 가볍게 슬슬 지지다. 발바닥의 물집이 아물게 하기 위해 뜨거워진 목침을 가볍게 슬슬 물집 잡힌 발바닥에 문지르다. #"아래ㅅ절 불켜지 않은 장방에 들어 목침을 달쿠어 발바닥 꼬아리를 **슴슴지지며** 그제사 범의 욕을 그놈 저놈 하고 이내 누었다.//"(정지용, 진달래)

슷다 동 스치다. 슳다. 손가락을 대어서 스쳐 지나가다. #"평양의 긴 단장은 **슷고** 가든 때//"(김소월, 기억), #"맑은 바람 **슷쳐라**//"(김소월, 불탄자리)

승 나신 형 성이 나신. 화가 나신. #"아이들 총중에서 **승나신** 장님막대/함부루 내두루다 빼기고 말엇것다/얼굴붉은 이친구분네 말습하는 법이다.//"(정지용, 마음의 日記에서, 시조 아홉首)

싀멋없다 형 망연하다. 아무 생각도 없다. #"달 아래 **싀멋업시** 섯든 그 여자//오오 그 싀멋업시 섯든 여자여//"(김소월, 기억), #"우둑키 **싀멋업시** 잡고 섯든 그대를//"(김소월, 월색)

싀진하다 형 시진하다. 기운이 쑥 빠져 없어지다. #"비와 한가지로 **싀진한** 맘이어 드러안즌 몸에는//"(김소월, 비소리)

시골 머시마아들이 명 시골 사내애들이. #"매양 주고 받음이 넉넉해서/부리는 손이 크다/새빅이마 **시골머시마아들이**/줄줄이 들고나오는 할배 오좀요강/부시는 것도 선연쿠로 받아주고/새댁이 이고 나온 알라들 똥기저기도/수얼찮키 받아주고/촌동네 처녀아아들이 보듬고 나온/부끄러븐 서답빨래도 순순히/받아주고/시골아낙네, 공장서 일하는 신랑들, 기름/묻은 작업복 기름빨래도 천연시럽기 받아/주고/하늘아래 온갖 잡동사이 빨래도/다 받아준다//"(상희구, 금호강(琴湖江)/대구.100)

시궁치 명 시궁의 근처, 곧 시궁발치. 시궁은 물이 잘빠지지 않고 썩어서 질척질척하게 된 도랑. 심원섭(1998 : 254)은 '시궁창'의 경상도 방언형으로 풀이하고 있다. 손병희(2004)은 '시궁의 근처, 곧 시궁발치. 시궁은 물이 잘빠지지 않고 썩어서 질척질척하게 된 도랑'으로 풀이하고 있다. 그러나 경상도 방언에서 '시궁창'은 명사형이며, 이 명사형에 '-치다'라는 접사가 결합할 가능성은 전혀 없으며, 결합 가능하다고 하더라도 시의 문맥이 전혀 통하지 않는다. '시궁치다'는 경북방언에서 '꽁치다, 꽁치다'의 변이형에 강세의 접두사 '치-'의 결합형으로 '세차게 끝이 오물어들다'라는 의미를 가진 방언형이다. #"그리운 지평선을 한숨에 기오르면/**시궁치**는 열대식물처럼 발목을 오여쌌다//새벽 밀물에 밀려온 거미이냐/다 삭아빠즌 소라 껍질에 나는 붙어 왔다//"(이육사, 로정기)

시금트레하다 형 좀 검고 거칠게 생겼다. #"부두의 인부꾼드은/흙은 씹고 자라난 듯 꺼머틱틱했고/**시금트레한** 눈초리는/푸른 하늘을 쳐다본 적이 없는 것 같았다/그 가운데서 나는 너무나 어린/어린 노동자였고,//"(이용악, 항구)

시다 형 시리다. #"내손에 호미를 쥐여다오/살찐 젓가슴과가튼 부드러운 이흙을/발목이 **시도록** 밟어도보고 조흔땀조차 흘리고십다.//"(이상화, 빼앗긴들에도, 봄은오는가)

시닥나무 명 단풍나무과에 속하는 낙엽활엽의 작은 교목. 단풍나무. #"**시닥나무**의 꼽을어진 가진 우에//"(김소월, 가을), #"잎 누런 시닥나무/철 이른 푸른 버들,/해 벌써 석양인데/불슷는 바람이어.//"(김소월, 浪人의 봄)

시달품 명 '시달프다'의 명사형. 마음에 맞갖잖고(바로 들지 않고) 시들하다. 금단추를 다섯 개나 달고 있는 제복을 입은 모습을 자랑스럽게 여기다가 이내 그런 생각이 마음에 들지 않고 시들해짐을 말한다. 이숭원 교수의 『원본 정지용 시집』에서는 '시달리는 데서 오는 수고로움'이라고 풀이하였다. #"金단초 다섯개 달은 자랑스러

움, 내처 **시달품**/아리랑 쪼라도 찾어 볼가, 그전날 불으던//"(정지용, 船醉)

시답잖다 형 볼품이 없어 만족스럽지 못하다. #"신록도 풀어지고 나도 맥이 풀어지고/**시답잖은** 세상살이가 모두 흥이 풀어진 날/한 곡조 태평소 소리가 먼 산 숲을 일으킨다.//"(정완영, 봉두난발의 노래)

시들프다 형 고달프다. '고닳-브-'나 '애닳-브-'와 같이 형용사파생접사와의 결합형이 '시들하다'라는 형용사에 일종의 보충법(complement)으로 '시들프다'라는 대구방언형 형용사가 조어된 결과이다. 이를 '시들하게' 정도로 교열하더라도 시어의 본래의 맛깔을 잃게 될 것이다. 대구방언에서 '시들프다'는 '대수롭지 않고 또 관심도 없다.'라는 매우 독특한 향토적인 의미를 갖는다. 『표준국어대사전』에서 '시들프다'는 '마음에 마뜩찮고 시들하다'로 해석하고 있다. <대구문인협회>에서는 '시들한'으로 교열해 두었으나 이는 잘못이다. '시들하다'는 '힘이나 맥이 빠지다.'라는 의미여서 이미지 전개상 적절하지 못한 대목이다. 이상화의 산문 「무산작가와 무산작품」에서 "언젠지도몰래 그로하야곰 모든인간에대하야 알수업는 시들픈마음을 가지게하는동시에 굿센교양을가진 그는 이른바군중의무지에까지 내려가서 그속에 뒤석기고만말고 그런 취미를 가지지못한 것이다."에서도 사용되고 있다. #"날이맛도록/왼데로 헤매노라—/나련한몸으로도/**시들푼** 맘으로도/어둔부억에,/밥짓는어머니의 /나보고웃는빙그래웃음!//"(이상화, 어머니의 웃음), #"밤새도록, 하늘의꽃바치, 세상으로옵시사비는 입에서나,/날싹에팔려, 과년해진몸을모시는 흙마루에서나/알는이의 조으는숨결에서나, 다시는,/모든것을 **시들프게**아는, 늙은마음우에서나,/어대서, 언제일는지//"(이상화, 본능의 놀애), #"갈대는 핀 꽃 아니라 **시들퍼서** 흩어진 꽃/冠하여 하늘을 쓰고 憶하여 땅을 짚고/홍망도 바람에 부쳐 虛虛 세월 지켜 선 꽃.//"(정완영, 가을 산조 / 4. 갈대)

시라리타래 명 시래기를 길게 엮은 타래. #"돌덜구에 천상수(天上水)가 차게/복숭낡에 **시라리타래**가 말라졌다//"(백석, 초동일(初冬日))

시렁 명 물건을 얹어놓기 위해 방이나 마루 벽에 두 개의 긴 나무를 가로질러 선반처럼 만든 것. #"그리고 새벽녘이면 고방 **시렁**에 채국채국 얹어둔 모랭이 목판 시루며 함지가 땅바닥에 넘너른히 널리는 집이다//"(백석, 외갓집), #"다시는 그대의 환도소리 들을 길없고,/그대의 칼도 헐되히 **시렁**우에 걸리여,/프리암스큰영웅의 겨레 여기 그치단말가?/그대 참으로 가시려나 해 빛나지않는곳/거친들에 눈물의강 우름우는곳으로?/그대의 사랑도 레테의 물에 사라지리로다//"(박용철, 헥토르의 이별)

시르미꽃 명 제비꽃. #"**시르미꽃** 웃고 속살거리며/하날의 별을 치어다본다./장미는 저이끼리 귀에 대이고/향기로운 이야기를 가만이한다.//"(박용철, 노래의 날개에 너를 실고), #"이런봄밤 너는무엇에 쫓겨 다니느냐?/너는 꽃들을 못견디게 맨들었다./**시르미꽃** 놀라깨이고/장미꽃은 붓그럼에 밝애지고,/나리꽃은 죽은 듯이 파래졌다/모도 서러하고 어쩔줄몰라 기운빠졌다.//"(박용철, 新春)

시메산골 명 두메산골. #"산새도 오리나무/위에서 운다/산새는 왜 우노, **시메산골**/영 넘어가려고 그래서 울지.//"(김소월, 산)

시새우다 형 시새움하다. '시샘하다.'의 경상도 방언형. #"한주름 소나기에도 푸르러 온 나의 영토/일찍이 **시새워서** 벙그러진 한 송이 꽃아/이제는 내 가슴속에 褪色해진 초상화다.//"(정완영, 病妻에게 주는 시)

시시덕거리다 형 시시하게 쓸데없는 이야기를 주고받다. 여기서는 대나무 잎사귀가 바람에 스치는 소리를 뜻한다. #"정녕 무슨 좋은 일이 있나 보오./저렇게 까치떼가 우짖고/대밭들이 **시시덕거리고**/구름송이가 핑핑 날아가는길 보면/정녕 내 모를 좋은 일이 오늘 어디메에 있나 보오.//"(유치환, 설레임), #"서귀포 귤밭에서 술래 잡던 밝은 바람/모슬포 돌아오는 길엔 장다리꽃 흩어놓고/님 오실 바다를 향해 **시시덕여** 갑니다.//"(정완영, 제주도 기행시초/바람)

시시롭다 형 시시하다. #"세월이 絶海란다면 인생이야 孤島 아닌가/만파에 귀 기울이면 霧笛같은 너희 목소리/들릴까 **시시로운** 내 마음 선착장에 나가서 본다.//"(정완영, 霧笛)

시악 명 마음 속에서 공연히 생기는 심술. #"오리치를 놓으려 아배는 논으로 내려간 지 오래다/오리는 동비탈에 그림자를 떨어트리며 날아가고 나는 동말랭이에서 강아지처럼 아배를 부르며 울다가/**시악**이 나서는 등뒤 개울물에 아배의 신짝과 버선목과 대님오리를 모다 던져 버린다//"(백석, 오리 망아지 토끼)

시연찬은 형 시연찮다. 시원찮다. 변변하지 못하다. #"그러나 이것이 모도다/그 녜전부터 엇던 **시연찬은** 사람들이/씃닛지 못하고 그대로 간 니야기어니//"(정지용, 니약이 구절)

시울 명 입술. 여기서 '자줏빛 얼핏한 시울'은 포도주가 묻어 푸르스름하게

ㅅ

보이는 입술, 자줏빛으로 얼룩진 입술 정도로 이해할 수 있다. #"오,다순남방의 미주 가득채운 큰잔을!/확근붉은 진정한 신선의술/구슬진 방울이 가장(자리)에 복금거리고/자주빛 얼핏한 **시울**,/나는 그를마시고 보이지않게 이세상을 떠나/어두운 숲속으로 너를 딸아 사라지리.//"(박용철, 나이팅게일의 詩)

시울다 형 환하게 눈이 부시다. #"개 하나 얼린하지 않는 마을은/해밝은 마당귀에 맷방석 하나/빨갛고 노랗고/눈이 **시울은** 곱기도 한 건반밥/아 진달래 개나리 한참 피었구나//"(백석, 고성가도), #"빛갈도/너를 가리지않어//안에서 스사로 트이고/**시울다아** 아니 넘는다//"(박용철, 萬瀑洞)

시융 명 시늉. #"너댓 살은 문 머시마가 곽중에 누 난에 티꺼풀이 드러가서/까끄러브 죽겠다고 죽는 **시융**을 하는데 에미가, 아이고 이/노무 자석, 하민서 머시마 궁디를 찰싹 때리민서 자리에다/닙힌다//"(상희구, 살을 섞다/대구.44)

시쳤다 동 씻었다. 기본형을 '시치다'(스치다)로 보아서는 안 된다. 충청도 방언에서는 '씻었다'를 '씻쳤다'라고 말한다. 바로 다음 연에 '손을 싯고'에도 같은 말이 등장한다. #"가까스루 몰아다 부치고/변죽을 둘러 손질하여 물기를 **시쳤다**//"(정지용, 바다2)

시펄하다 형 시퍼렇다. 위풍이나 권세가 당당하게. #"손톱을 **시펄하니** 길우고 기나긴 창꽈쯔를 즐즐 끌고 싶었다/만두(饅頭)고깔을 눌러쓰고 곰방대를 물고 가고 싶었다/이왕이면 향(香) 내 높은 취향리(梨) 돌배 움퍽움퍽 씹으며//"(백석, 안동)

식 접 -씩. #"사람은 온몸에 달비츨입은줄도 모르는가/둘식 셋식짝을지어 예사롭게 짓거린다/아니다 웃슬때는 그들의입에 달비치잇다 달니야긴가보다//"(이상화, 달밤— 都會)

식겁을 하다 동 질겁을 하다. #"엄마야! 고만 새이집 한쪽 모티가 찌불텅하기 니리 앉은 겉은기 아모래도 그 안에 구신이 들앉은 갑드라, 놀란 달구새끼/횃대줄똥을 싸듯이 줄행낭을 놓는데, 마침 하늘을 올리다 보이끼네, 핑소에 세숫대야만하던 허옇던 보름달도 따라 **식겁을 했는지**, 낯짝이 왼통 쪼막손 만 한 기, 포리쪽쪽해 졌드마는.//"(상희구, 새이(喪輿)집/대구.27)

식새리 명 쓰르라미. #"이윽고 식새리의 우는 소래는//**식새리**의 울음의 넘는 곡조요//"(김소월, 녀름의달밤)

신 주무이 명 신주머니. #"**신 주무이**, 하면 금방 연상되는 것은 초등학교 2, 3학년은 됨직한 사내애들이 엄마한테서 용돈을 후히 얻었을 때 너무나 신이 나서 **신 주무이**를 든 오른손을 크게 원을 만들어 흔들며 풍차처럼 돌리면서 문밖을 뛰쳐나가는 모습 아닐까,/학교에서 **신 주무이**를 가지러 집으로 쫓겨나던 날, 길 양켠의 민들레들은 왜 그리 아름답든지, '단순히 신발을 담는 주머니' 이상으로 나에겐/아련한 추억의 의미를 가졌던, 6 년내내 내 소중한 책가방의 귀여운 동생벌이었던 **신 주무이**!//"(상희구, 신 주무이/대구.49)

신개지 명 새로 개발된 땅이나 지역. #"**신개지**에도 봄은 와서 간열픈 빗줄은//"(김소월, 상쾌한 아침)

신뚝 명 방이나 마루 앞에 신발을 올리도록 놓아둔 돌. #"오대(五代)나 나린다는 크나큰 집 다 찌그러진 들지고방 어득시근한 구석에서 쌀독과 말쿠지와 숫돌과 **신뚝**과 그리고 옛적과 또 열두 데석님과 친하니 살으면서//"(백석, 목구(木具))

신령 명 신령(神靈). 이상화의 산문 <新年을 弔喪한다>, <時代日報>(時代文藝欄, 1926년 1월 4일)에서 "그러나 우리신령의눈섭사이에 쑤리를박은듯이 덥고잇는검은 구름을 한겹두겹빗길" 뿐만 아니라 시에서도 여러군데 '신령(神靈)'이라는 시어가 등장한다. 이것은 아마 '검아'와 더불어 최남선의 '弗咸文化論'의 영향으로 추정된다. 그리고 상화는 최남선과 서로 사돈집안의 연사연비가 있는 사이어서 개화기시대의 檀君神話를 존중하던 지식인들의 사상적 맥락과 같이하고 있다. #"바람결을, 안으려나붓기는, 거믜줄가티,/헛웃음웃는, 미친계집의 머리털로묵근—/아, 이내**신령**의, 낡은 거문고줄은//"(이상화, 二重의 死亡)

신미두 명 신미두(지명). 평북 신천군 운종면에 속한 큰 섬. 조기의 명산지이기도 함. #"비애고지 비애고지는/제비야 네 말이다/저 건너 노루섬에 노루 없드란 말이지/**신미두** 삼각산엔 가무래기만 나드란 말이지//"(백석, 대산동(大山洞))

신비(神秘)가 한끗 저자 선 한낮 구 신기롭기 그지없음. 사방에 신비로움이 가득한 상태를 말한다. 여기서 '저자 선'은 '저자가 서다'(장이 서다)에서 비롯된 말다. '신비가 한끗 저자 선 한낮'은 '신비로움이 마치 장이 선 것처럼 한껏 펴져 있음'을 뜻한다. #"들새도 날리들지 않고/**神秘가 한끗 저자 선 한낮**//"(정지용, 玉流洞)

신새벽 명 이른 새벽. #"진주 남강 맑다 해도/오명 가명/**신새벽**이나 밤빛에 보는 것을, 울엄애의 마음을 어떠했을꼬/달빛 받은 옹기전의 옹기들같이/말없이 글썽이고 반짝이던 것인가.//"(박재삼, 추억에서)

신영길 명 친영(親迎). 혼례식에 참석할 새신랑을 모시러 가는 행차. 또는 신랑이 신부의 집에 가서 신부를 직접 맞이하는 의식. 평안북도에서는 신랑이 장가든 날에 말이나 소에 예장을 바리 싣고 신부집으로 가는 것을 말한다. #"**신영길** 말이 울고 가고/장돌립 당나귀도 울고 가고//"(백석, 연자간)

신장님 명 신장(神將), 귀신 가운데 무력을 맡은 장수신. #"언제나 병을 앓을 때면/**신장님** 단련이라고 하는 가즈랑집 할머니/구신의 딸이라고 하면 슬퍼졌다//"(백석, 가즈랑집)

신장님 단련 명 귀신에게 받는 시달림. #"언제나 병을 앓을 때면/**신장님 단련**이라고 하는 가즈랑집 할머니/구신의 딸이라고 하면 슬퍼졌다//"(백석, 가즈랑집)

실꾸리 명 둥글게 감아 놓은 실몽당이. ≒꾸리01 #"산이 높아 골이 깊고 골이 깊어 절은 사는 데/**실꾸리** 감았다 풀 듯 겨울 가면 봄은 또 오고/새 울면 새가 운다고 지줄대며 흐르는 물.//"(정완영, 직지사 그 산 그 물)

실리다 동 고여서 담기다. #"네 설움은 짙은 향기 지척도 천리인 밤/생각의 오솔길을 더듬어 사무치면/太白山 칠칠한 숲 속 단물 **실린** 머루 다래.//"(정완영, 인경)

실벗듯하다 형 실이 벋어 가듯하다. #"달 아래 싀멋없이 섰던 그 여자./서 있던 그 여자의 해쓱한 얼굴,/해쓱한 그 얼굴 적이 파릇함./다시금 **실벗듯한** 가지 아래서/시커먼 머리길은 번쩍거리며,/다시금 하룻밤의 식는 강물을,/평양의 긴 단장은 숯고 가던 때./오오 싀멋없이 섰던 여자여!//"(김소월, 기억)

실빗기다 형 실이 비스듬이 놓이다. #"**실빗기듯** 건너 맨 땅끗 아래로//"(김소월, 저녁)

심심찮이 부 심심하지 않게. #"햇볕이 쨍쨍하고/**심심찮이** 바람도 부는 날은/허리를 펴고 일어서던/저 남해안의 언덕들//그것은 임진란 때부터였던가/그 언제부터였던가/풀잎처럼 울 수 있었던/마지막 힘으로/우쭐우쭐 일어서기도 했었다.//"(박재삼, 남해안 언덕들)

심줄 명 힘줄. #"기념품으로 주는/우리 나라에서는 난생 처음인 나일론보자기를 하나씩 얻기/위해서였다./희안하기도 해라, 석탄 덩거리로 맨들었다 카던데/우째 끄시름이 하나도 안 묻노/하면서 뽈때기에다가 문질러대는 아낙도 있었다./소 **심줄**은 커잉 철사보다도 더 질기다 카더마는/오늘도 시골 할매들, 나일론이라는 말은 빼버리고 백 뿌로,/백 뿌로 해 쌓는다.//"(상희구, 나이롱 백 뿌로/대구.48)

십겁하다 동 뜻밖의 일로 가슴이 두근거

리다, 매우 놀라거나 힘들거나 시련을 당하거나 하여서 정신이 빠질 지경에 이르다. #"그래 콩 덩걸이 밑에 요래 웅크리고 앉아 있으이께네 비행기가 고만 슬쩍 지내갔어. 아이구, 고만. 들에 댕기다가 그클 **십겁을 했니더.**"(김점호, 베도 숱한 베 짜고) '몹시 놀라거나 혼이 나는 경우'에 경상지역에서는 '십겹하다, 식겁하다'라는 표현을 쓴다. 위의 예에서도 한국전쟁 당시 비행기가 지나가서 화자가 무척 놀라서 '십겁했다'라고 말하고 있다.

십이성좌 명 황도십이궁(黃道十二宮). 곧 황도대에 있는 열두 별자리를 이른다. #"저 **십이성좌**의 반짝이는 별들에게도/종ㅅ소리 저문 삼림속 그윽한 수녀들에게도/쎄멘트 장판우 그 많은 수인들에게도/의지 가지없는 그들의 심장이 얼마나 떨고 있는가//"(이육사, 황혼)

십장 명 공사판이나 막일을 하는 곳에서 인부들 가운데 뽑아 인부들을 대표하는 일종의 감독. #"삼태기 속의 돌이 무겁지 않고/**십장**은 고함을 질러대고, 이 멀고/외딴 공사장에는 가을해도 길다.//"(신경림, 원격지)

싯치다 동 씻다. #"물 **싯치든** 돌 우행물때뿐이라//"(김소월, 마른강두덕에서), #"강물 히게 흘러가고 꽃들 곱게 피인곳에/우리의 부엌간과 너의방을 맨들리니/아침에 오느비와 밤에나린 이슬로서/너의 빨래 헹겨빨고 네몸맑게 **싳으렴아**//"(박용철, 나그내노래)

싸개동당 명 오줌을 참다가 기어코 싸는 장소. 오줌싸개의 왕. #"봄철날 한종일내 노곤하니 벌불 장난을 한 날 밤이면 으레히 **싸개동당**을 지나는게 잘 망하니 누어 싸는 오줌이 넙적다리로 흐르는 따근따근한 맛 자리에 평하니 괴이는 척척한 맛//"(백석, 동뇨부(童尿賦))

싸리갱이 명 싸리깽이. 싸리나무. #"손자 증손자를 방구석에 들매나무 회채리를 단으로 쩌다 두고 따리고 **싸리갱이**에 갓 신창을 매여놓고 따리는데"(백석, 넘언집 범 같은 노큰마니)

싸전 명 쌀을 파는 가게. #"돌과 몽둥이와 곡괭이로 어지럽던/좁은 닭전 골목. 농사꾼들과/광부들의 싸움질로 시끄럽던 이발소 앞./의용소방대원들이 달음질치던 **싸전** 길.//"(신경림, 산읍일지)

쌈박한 형 쌈박하다. 물건이나 어떤 대상이 시원스럽도록 마음에 들다. #"나를 사랑하얀다면 다만 사랑을 위한밖에/다른 무엇이 있을세라 없을것이 이런말슴/「내가 저를 사랑하긴 저의웃음…저의외양…/그 말할제 순한 태도…**쌈박한** 어느생각/나와 언 듯 서로맞어 내게 기쁨 줘서」라고/이러한 것들이란 스사로도 변하려든/그렇지 않드래도 그대눈에 다르려든/일로 맺인 사랑이란 일로 풀려지려니/내불상한 빰의눈물 씻어 말리려는/그대 귀하신 자비로 날사랑 하올세라//" (박용철, 葡萄牙人의 소넬)

쌈방이 명 주사위. #"밤이 깊어가는 집안엔 엄매는 엄매들끼리 아릇간에서들 웃고 이야기하고 아이들은 아이들끼리 웃간 한 방을 잡고 조아질하고 **쌈방이** 굴리고 바리깨돌림하고 호박떼기하고 제비손이 구손이하고//"(백석, 여우난골족)

쌈방이 굴리고 구 '쌈방이'라는 평북 지방의 토속적인 풍물을 굴리면서 노는 것을 말한다. #"엄매는 엄매들끼리 아르간에서들 웃고 이야기하고 아이들은 아이들끼리 웃간 한 방을 잡고 조아질하고 **쌈방이 굴리고** 바리깨돌림하고 호박떼기하고 제비손이구손이하고/"(백석, 여우난골족)

쌍가매 명 쌍가마. 가마는 머리 정수리에 소용돌이 모양으로 난 머리털로, 옛날 대구지방에서는 사내아이가 머리에 쌍가마를 이고 태어나면 장가를 두 번 간다는 속설이 있었다. #"아이고 방아깐에 청송댁이 손자로/밨는데 글케 알라가 짱배기에 **쌍가매**/로 이고 났다 카더마는, 아모래도 장개로/두 분 갈꺼로 칸다//"(상희구, 소전꺼래 알분다이 할매/대구. 15)

쌍골라 명 중국인을 지칭하는 속어. #"저기 드란 **쌍골라**는 大腸/뒤처젓는 왜놈은 小腸.//"(정지용, 爬虫類動物)

쌍그란 형 쌍그랗다. 바람이 차갑고 쓸쓸한 느낌을 주다. #"이마에 觸하는 **쌍그란** 季節의 입술/거리에 燈불이 함폭! 눈물 겹구나.//"(정지용, 歸路)

쌍날씨 명 좋은 날씨. 어떤 일을 하기에 매우 알맞은 날씨. #"첫아침 일찍부터 먼 골짝에/씨앗이 씨앗이 씨앗이를 갓는다./길손은 버얼서 주막을 떠났다/아이들아 아이들아 어서 오너라/오늘도 쨍이 낡이 **상날씨**라고.//"(유치환, 씨앗이)

쌍디이못 명 쌍둥이못. 신천교(新川橋)에서 동대구역 방향으로 가다가 왼쪽 켠에 있었다. #"**쌍디이못**에는 물이 많고"(상희구, 대구풍물 / 대구.4)

쌍바라지 명 쌍닫이로 된 문. #"당신께로의 불길이/나를 싸고 타올라도/나의 길은/캄캄한 채로 닫힌 **쌍바라지**에 이르러/언제나 그림자도 없이 끝나고//" (이용악, 당신의 소년은), #"들창을 열면 물구지떡 내음새 내달았다/**쌍바라지** 열어제치면/썩달나무 썩는 냄새 유달리 향그러웠다//"(이용악, 두메산골1)

쌔가랍다 형 맛이 시다. 경상도에서 '쎄가랍다, 쎄그럽다'는 '맛이 시다'는 것을 말하는데 신맛의 정도가 아주 강한 경우에 속한다. #"인도라는 사과는/최고의 당도(糖度)에다/씹는 맛이 하박하박하고//홍옥(紅玉)이라는 사과는/때깔이 뿔꼬 달기는 하지마는/그 맛이 너무 **쌔가랍고**//"(상희구, 대구사과/대구.66)

쌔비리다 형 매우 많다. 그어 가마 몬 시는 나무동가리 쌔비랐더라.(경산), 모래사지이, 쌀미꾸리지 그튼 쌔비린 온갖 물고기(예천), 어지 지사 지낸 나물도 쌔빌랐고(김천). #"앞으로는 琵瑟山 뒤로는 八公山/그복판을 흘너가는 琴湖江 물아/쓴눈물 긴한숨이 얼마나 **쌧기에**//"(이상화, 大邱行進曲)

쌔우치다 동 세차게 불다. #"바람은 **쌔우친다** 때에 바닷가/무서운 물소리는 잦 일어온다./켱킨 여덟 팔다리 걷어채우며/산뜩히 서려오는 머리칼이여.//"(김소월, 바닷가의 밤)

쌧다 형 많다. '쌧다'는 대구방언에서 '많다'라는 뜻으로 사용된다. '쌔비리다', '쌔삐까리다' 등의 대구방언 변이형이 있다. 이상규(1999)의 『경북방언사전』에 '쌧다' 항목을 다음과 같이 기술하고 있다. 거랑물을 딜따보면 민경겉치 마뜩은 물에 뚜구리하고 빠들묵지 하고 쌧더라(청송), 그어 가마 몬 시는 나무동가리 쌧더라.(경산), 쓴눈물 긴한숨이 얼마나 쌧기에(李相和/大邱行進曲)(전역), 서울서도 정승어 아들이 쌨는데 시골에 해필 시골에 있는 아들이 머슨 공부를 했겠소(구미)(봉화), 쌨다(구미), 하늘 고을 낭ㄱ은 조선서도 쌨입니더(영덕), 공출 안해도 죽 묵는 농사꾼 쌨다. 그것도 어제 오늘 일이 아니거마는… [쌧입니더[(많습니다)](전역)

써리 논 짐밥 구 썰어 놓은 김밥. #"물괘기는 눈까리가 마씻고/뱁추짐치는 꼬개이가 마씻고/수루매는 다리가 마씻고/다꾸앙은 복파이 마씻고/**써리 논 짐밥**은 다꾸앙이나/우붕뿌리이 겉튼 기 삐쭉삐쭉/티 나온 가아따리 끄티 쪼오가/마씻고//"(상희구, 유년오미(幼年五味)/대구.53)

썩달나무 명 삭정이. 삭다리. 썩은 나뭇가지나 그루터기. #"뚝장군의 전설을 가진 조고마한 늪/늪을 지켜 숨줄이 마른 **썩달나무**에서/이제/늙은 올빼미 凶夢스런 울음을 꾀이려니/마을이 떨다/이 밤이 떨다/어서 지팽이를 옮겨놓아라//"(이용악, 도망하는 밤), #"들창을 열면 물구지떡 내음새 내달았다/쌍바라지 열어제치면/**썩달나무** 썩는 냄새 유달리 향그러웠다//"(이용악, 두메산골1)

썩심하다 형 목이 쉰 소리를 내다. #"네 소리는 조금 **썩심하니** 쉬인 듯하다/네 소리에 내 마음을 반끗히 밝어오고 또 호끈히 더워오고 그리고 즐거워온다//"(백석, 촌에서 온 아이)

쎄이다 동 삭아지다. #"검은 구름은 멧

기슭에서 어정거리며,/애처롭게도 우는 산의 사슴이/내 품에 속속들이 붙안기는 듯./그러나 밀물도 쎄이고 밤은 어두워/닻주었던 자리는 알 길이 없어라./市井의 홍정일은/외상으로 주고받기도 하건마는.//"(김소월, 無信)

쏠론 명 쏠론족. 중국 동북지방에 거주하는 소수민족의 하나. 중국 흑룡강 유역에 분포되어 있다. #"오로촌이 멧돌을 잡어 나를 잔치해 보내든 것도/**쏠론**이 십리길을 따러나와 울든 것도 잊지 않었다/"(백석, 북방에서)

쑥꾹새 명 '뻐꾸기'의 방언. #"아내가 날 보채면 나는 청산 그는 **쑥꾹새**/막내가 날 달래면 나는 석불 그는 종다리/세상길 화창한 눈물의 어룽이라 이르리까.//"(정완영, 首首片片), #"지난해 五臺山 上院寺 돌밭 길을 혼자 거닐며/**쑥꾹새** 울음소리가 곱게 잠긴 돌을 찾으며/쑥꾹인 전생의 나였고 돌은 너였다 생각해봤다.//"(정완영, 禾谷洞 가는 길-潤兒에게), #"두 줄기 하얀 전선이 산마루를 넘어가고/**쑥꾹이** 울음소리가 그 전선에 걸려있고/늦은 봄 장다리 밭엔 노오란 해가 숨었지요.//"(정완영, 시인의 고향)

쓰래 명 '쓸개'의 방언(강원, 경북, 전남, 충남). #"중한 보배구슬을 손소산산 깨트리는/세상없는 귀한향을 진흙에 파묻어보리는 심사는/쓰나쓴 **쓰래**를 씹는대로 삼켜가며/험상한 바위에 몸을 퍼더버리고 앉어있노니//"(박용철, 나는 그를 불사르노라), #"터지듯한 우슴에도 눈물이 있으렸다/삼키여 넘기려면 **쓰래**까지 배일것을/그날에 말없이 늣기든일 겨우알아 집내다//"(박용철, 哀詞1)

쓰렁쓰렁 부 남이 모르게 비밀리 하는 모양. #"나주볕이 가득 들이운 밝은 방안에 혼자 앉어서/실감기며 버선짝을 가지고 **쓰렁쓰렁** 노는 아이를 생각한다//"(백석, 촌에서 온 아이)

쓴도라 명 툰드라(tundra). 스칸디나비아 반도 북부부터 시베리아 일부, 알래스카. #"오히려 꽃은 빨갛게 피지 않는가/내 몸숨을 꾸며 쉬임 없는 날이여//북쪽 **쓴도라**에도 찬 새벽은/눈속 깊이 꽃 맹아리가 옴자거려/제비떼 까맣게 날라오길 기다리나니//"(이육사, 꽃)

쓸리다 동 휩쓸리다. #"바람에 별도 **쓸리다**./회회 돌아 살어나는 燭불!//은하수가 마치 사금을 뿌린 듯하다.//"(정지용, 별)

씨가리 명 이의 알. #"지집아들 짱배기마중 **씨가리**랑/깔방이가 억시기 많고"(상희구, 대구풍물/대구.4)

씨거리다 동 삭아내리다. #"그러나 나는, 오히려 나는/소리를 들어라 눈석이물이 **씨거리는**/땅 위에 누워서, 밤마다 누워/담 모도리에 걸린 달을 내

가 또 봄으로.//"(김소월, 찬 저녁)

씨굴씨굴하다 형 수두룩하게 많이 들끓어 시끄럽고 수선스러운 모양. #"초저녁이면 안팎마당이 그득하니 하이얀 나비수염을 물은 보득지근한 복쪽재비들이 **씨굴씨굴** 모여서는 쨩쨩쨩쨩 쇳스럽게 울어대고//"(백석, 외갓집)

씨달프다 형 시들프다. 마음에 바로 맞지 않고 쓰라리다. #"길손이어,/별빛에 푸르도록 푸른 밤이 고요하고/맑은 바람은 땅을 씻어라./그대의 **씨달픈** 마음을 가다듬을 지어다//"(김소월, 길손)

씨레나무 명 홍수가 나서 쓸려 내리는 나무. #"그네줄에 비가오면 풍년이든다더니/압내강에 **씨레나무** 밀려나리면/젊은이는 젊은이와 떼목을타고/서리ㅅ발 입저도 못오면 바람이 분다//"(이육사, 초가)

씨롱 부 주로 아이들이 상대를 애를 돋구기 위해 반복적으로 '매롱씨롱'이라고 한다. 아마 계속하여 어떤 행동이나 말을 반복적으로 하는 것을 이르는 말로 추정된다. #"만 갈래 시름 겨웁도 타고 보면 아지랑이/동저고리 맨발이 좋아 밝은 사래 밟고 서면/마음은 **씨롱** 흔드는 마냥 좋다리어라.//"(정완영, 採春譜 1 / 麗日)

씨부렁거리 쌓는 기라꼬는 구 중얼거리 쌓는 것이라고는. #"가리늦게 머시마만 너이로/둔 어떤 오마이가 사할뒤리/**씨부렁거리 쌓는 기라꼬는**//큰 늠은 물티이 겉고/둘째 늠은 쫌쌔이고/시째 늠은 배막띠이고/그라마 끄티이는 쫌 크기 될랑강?//이었다//"(상희구, 물티이/대구.72)

씨신 듯이 구 씻은 듯이. #"딸꾸비가 하로 정일/놋날것치/퍼버쌓티마는/지역답이 되이끼네/**씨신듯이** 그친다//" (상희구, 딸꾸비 / 대구.2)

씨앗이 명 씨아. 매미의 한가지. #"첫아침 일찍부터 먼 골짝에/**씨앗이 씨앗이 씨앗이**를 갓는다./길손은 버얼서 주막을 떠났다/아이들아 아이들아 어서 오너라/오늘도 쨍이 낚이 상날씨라고.//"(유치환, 씨앗이)

씹어 놓이는 구 씹어 놓게 하는. #"때로 백조를 불러 휘날려보기도 하것만/그만 기슭을 안고 돌아누어 흑흑 느끼는 밤//희미한 별 그림자를 **씹어 놓이는** 동안/자주ㅅ빛 안개 가벼운 명모같이 나려씨운다//"(이육사, 호수)

ㅇ

아개미 명 아가미. #"전복에 해삼에 도미 가재미의 생선이 좋고/파래에 **아개미**에 호루기의 젓갈이 좋고//"(백석, 통영 2)

아구락시럽다 형 맛이나 어떤 기운이 극단적으로 센 경우를 말함. #"살찌매를 삐무리내는 겉치/**아구락시럽기도** 날이 칩은데/희뿜한 하늘에는/기기 삐간지 겉은/빽쪽하기 에빈 초생달이/새초무리하다//"(상희구, 칠성동(七星洞)의 섣달 초사흘/대구.81)

아궁지 명 아궁이. #"부엌 **아궁지**에서 지피는 불빛이 환하다/무쇠솥에서 끓는 밥물 넘치는 소리/그 솥뚜껑 가에도 흰 눈이 자옥하다/"(송수권, 새벽은 부엌에서 온다)

아람 명 밤이나 상수리 따위가 충분히 익어 저절로 떨어질 정도가 된 상태. 또는 그런 열매. #"**아람**은 벌고만 싶고 대추는 붉고만 싶고/할아버지 백발은 높아 나 대로인 왕자였었네/이 밤엔 날 따라와서 날 우리는 고향 달아.//"(정완영, 가을 산조 2, 추석)

아래 명 어제의 전날, 때로는 가까운 며칠 전을 뜻하기도 함. '아래'는 중부방언의 '그제, 그저께'에 해당하는 경상방언형이다. 시간 계열어가 중부방언에서는 '긋그제, 그제, 어제, 오늘, 내일, 모래, 글피, 그글피, 그그글피'와 같이 연쇄배열을 보이는데 비해 경북과 경남지역의 경우는 매우 상이한 어휘 대립체계를 보여주고 있다. 경북은 '저아래, 아래, 어제, 오늘, 내일, 모래, 저모래', 경남은 '그제, 아래, 어제, 오늘, 내일, 모래, 저모래'와 같은 배열을 보이고 있다. 경북지역이나 경남지역에서는 시간 계열어가 오늘을 기준으로 하여 전후 3일까지만의 개념이 분화되어 있을 뿐이다. 곧 '긋그제, 그글피, 그그글피' 등은 계열관계의 체계적인 빈자리를 보인다. 아울러 그 대립 명칭도 '저-', '그-'가 붙은 다른 지역의 대립체계에 비해 훨씬 간단하고 단순한 체계를 보여주고 있다. #"기집이 사나하고 눈만 마차도 서방질이라꼬?/우짜고! **아래** 화전놀이에서 갈쌈해서/뚝 기생 오라비 겉은 장구쟁이하고 눈마차뿟는데//"

(정숙, 신처용가, 눈마찼다고예?), #아래 추석에도 왔길래 내가 그랬니더. "기중니가 고생 마이 했다" 이름이 순한데, 밑에 아아덜도 그러지. "언니가 기중고생 마이 했다"꼬.(김점호, 베도 숱한 베짜고), #아래도 야들 삼촌이 추석에 산소 가 제살 지냈는데, 산소가 바로 우리집 뒤에 있거든요, "가직흔 산소에 날마중 한달에 두 번은 못가고 세 번은 못가느냐"고, "어째 그래 안가느냐"꼬, "제사 지냈다고 안 가는가" 그래.(성춘식, 이부자리 피이 놓고)

아래 명 어제의 하루 전 날, 그제를 말한다. #"저저아래는 누부야가 와서/봄똥배추짐치 담가 놓고 가고//저아래는 누부야가 와서/이불홑청 빨아 놓고 가고//아래는 누부야가 햇찐쌀/한 보시기 갖다 놓고 가고//어제는 누부야가 안 왔다//오늘은 누부야가 올랑강?//"(상희구, 태평로 2가(街)/대구.51)

아래웃방성 명 방성(榜聲). 예전에 과거에 합격한 사람을 알리는 방꾼이 방을 전하기 위하여 크게 외치던 소리. 방군이 방(알리는 말)을 전하려고 아래윗마을로 다니면서 크게 외치는 소리. #"이 무서운 밤을 아래웃방석 마을 돌아다니는 사람은 있어 개는 짖는다//"(백석, 개)

아랫전 명 아랫 자리, 곧 하품(下品)이라는 뜻. #"식은 배추찌짐을 쭈우욱 쭉/찢어서 눈집장에 콕 찍어서/먹는 맛이란,/잔치음석으로는 배추전이 아랫전/이지마는 뒷잔치 음석으로는/배추전이 웃전일세.//"(상희구, 배추전(煎)/대구.37)

아량 명 너그럽고 깊은 마음씨. #"바다는 하늘을 간절너본다/여기 바다의 아량이 간직여잇다//날근 그물은 바다를 얽고/바다는 대륙을 푸른 보로싼다/여기 바다의 음모가 서리어있잇다//"(이육사, 바다의 마음, 78)

아롱범 명 알롱알롱 무늬가 있는 범. #"걸어온 길가에 찔레 한 송이 없었대도/나의 아롱범은/자옥자옥을 뉘우칠 줄 모른다/어깨에 쌓여도 하얀 눈이 무겁지 않고나//"(이용악, 우라지오 가까운 항구에서)

아롱사 명 여러 가지 빛깔의 작은 점이나 줄 따위가 고르고 조금 성기게 무늬를 이룬 비단이나 천. #"色彩의音響이 生活의華麗로운 아롱紗를짜는—/옙분日本위서울에서도 나는暗滅을 설흡게—달게꿈꾸노라//"(이상화, 도—교—에서)

아룻목 명 애랫목. #"엄매와 둘이 소기름에 쌍심지의 불을 밝히고 밤이 들도록 바느질하는 밤 같은 때 나는 아룻목의 삿귀를 들고 쇠든 밤을 내여 다람쥐처럼 밝아먹고 은행여름을 인두불에 구어도 먹고 그러다는 이불 위에서 광대넘이를 뒤이고 또 누어 굴면서 엄매에게 웃목에 두른 평풍의 새발간 천두의 이야기를 듣기도 하고 //"(백석, 고야)

아르굳 명 아랫목. #"그리고 담배 내음새 탄수 내음새 또 수육을 삶는 육수국 내음새 자욱한 더북한 샅방 쩔쩔 끓는 **아르굳**을 좋아하는 이것은 무엇인가//"(백석, 국수)

아르대다 형 아른거리다. #"가는스럼한 손낄은 **아르대여라**//"(김소월, 분얼골)

아르대즘퍼리 명 '아래쪽에 있는 진창으로 된 펄'이라는 평안도식 지명. #토끼도 살이 오른다는 때 **아르대즘퍼리**에서 제비꼬 나물을 하는 가즈랑집 할머니를 따르며/나는 벌써 달디단 물구지우림 둥굴레우림을 생각하고/아직 멀은 도토리묵 도토리범벅까지도 그리워한다(백석, 가즈랑집)

아름아름 알어질 일 구 서서히 이리 저리 살펴 몸에 익어 알 수 있게 되는 일. #"아지랑이 조름조는 마을길에 고달펴/**아름 아름 알어질 일**도 몰라서/여읜 볼만 만지고 돌아 오노니.//"(정지용, 紅椿)

아름푸시 부 아렴풋이. #"그끄제 밤에 늬가 참버리처럼 닝닝거리고 간뒤로,/불빛은 송화ㅅ가루 삐운 듯 무리를 둘러 쓰고/문풍지에 **아름푸시** 어름 풀린 먼 여울이 떠는구나.//"(정지용, 뻣나무 열매)

아룻간 명 아래채. #"밤이 깊어가는 집안엔 엄매는 엄매들끼리 **아룻간**에서 들 웃고 이야기하고 아이들은 아이들끼리 웃간 한 방을 잡고 조아질하고 쌈방이 굴리고 바리깨돌림하고 호박떼기하고 제비손이 구손이하고//"(백석, 여우난골족)

아룻동리 명 아랫동네. #"**아룻동리**선가 말 웃는 소리 무서운가, **아룻동리** 망아지 네 소리 무서울라. 담모도리 바윗잔등에 다람쥐 해바라기하다 조은다//"(백석, 황일(黃日))

아리다 형 혀를 찌를 듯이 아프다. #"病든 짐승처럼 憂患의 **아리는** 날/어디에도 갈데 없어/마당가에 나와 앉았노라면/聖푸란시스와 비둘기 아닌 참새/곁에 내려 와 나를 희학하여 깡똥거린다.//"(유치환, 참새)

아무런 줄도 없이 구 #"소리도 없이 바람은 불며, 울며 한숨지어라/**아무런 줄도 없이** 섧고 그리운 새카만 봄밤/보드라운 습기는 떠돌며 땅을 덮어라.//"(김소월, 봄밤)

아무우르 명 흑룡강 유역. 흑룡강을 중국에서는 '헤이룽강'이라 부르고, 러시아에서는 '아무르강Amur'이라 부른다. #"부여(扶餘)를 숙신(肅愼)을 발해(勃海)를 여진(女眞)을 요(遼)를 금(金)을/흥안령(興安嶺)을 음산(陰山)을

아무우르를 숭가리를/"(백석, 북방에서)

아배 명 아버지의 호칭어. #"거북이는 배추꼬리를 씹으며 달디달구나 배추꼬리를 씹으며/꺼무테테한 아배의 얼굴을 바라보면서 배추꼬리를 씹으며/거북이는 무엇을 생각하누//"(이용악, 하늘만 곱구나)

아사리하다 형 움츠려들면서 바르르 떨다. #"밤 이윽자 화롯불 아쉽어 지고 촉불도 치위타는 양 눈썹 아사리느니//"(정지용, 溫正)

아슴아슴 부 정신이 흐릿하고 몽롱한 모양. #"어머님 생각만 하면 그믐밤도 달 뜹니다/징검다리 건너편이 저승인 줄 아셨는지/이웃집 나들이 가듯 아슴아슴 갔습니다.//"(정완영, 다시 사모곡)

아슴프라니 부 어렴풋이. #"모기때 가느란한 소리 설리 앵앵그리면/풀뜯는 황소는 게울리 꼬리를 치며/보랏빛 노을 은은이끼여 고요한 들에/구슬픈 꿈 아슴프라니 떠도는 여름해으름/찔레꽃 순한향기 스르시 지처오는/냇갈가 보드레한 풀밭에 누어/뽀얀하날에 기리 피여오르는/나의 애달픈 한숨이여//"(김현구, 풀우에 누어서)

아우래비접동 명 '아홉 오라비 접동'이라는 뜻의 접동새의 울음소리. #"접동/접동/아우래비 접동//"(김소월, 접동새)

아이 명 아예. 애초부터. #"정말 우리는 빨아 대리는수도 없이 되었습니다/한번 진흙이 튀기거나 기계기름이 묻고 보면/아모 도리도 없소이다/아이 설은 일입네다/푸새 다드미도 길이없고/졸졸 흐르는물에 정궈 헤우는수도 없다면/空中分解로 헐갈려 떨어지는 비행기는 얼마나 호수울까/걱구로 매달려 바람에 펄렁거리는 빨래만해도/한끗 부럽소이다/우리 어머니들의 방방이 소리는/골ㅅ작마다 들리는데//"(박용철, 사티르), #"밤이슥 고요히 잠드신 님의얼골/야윈볼 가는목이 보기 아이 애닯아요//깨웠을적 서른마음 꿈에든들 기쁘오랴/푸른 밤 어느별과 슬픈신세 한하셔요//내짐짓 못드른체 이불쓰고 누었으면 바늘상자 앞에놓고 혼자몰래 불든노래//"(김현구, 님의노래)

아이까바 형 아닐까바. #"너 댓살 먹었을 때 쯤이었을까/무더운 한 여름 밤/초저녁 선잠에서 막 깨었는데/엄마랑 엄마친구 아낙네들이/우물가에서 목욕을 하고 있었다/사방이 온통 캄캄했지만/여인네들의 알몸이 어둠 속에서/언듯언듯 비쳐 보이는 듯했다/목욕이 끝나면,/용수네, 내 내미치매 입었구마/아이고 누구는 아이까바, 마카다/내미치매 바람이제/하면서 수선들을 떨곤 했다//"(상희구, 내미치매/대구.74)

아이다 카이 구 아니라고 하니까. #"여섯 살쯤 된 사내아이가 큼지막한 사진 한 장을 들고/난리를 친다/엄마아,

이거는 누부야 얼굴이 아이다 카이/아이고 이노무 자석이 와 이카노/부엌일을 하던 엄마는 종내 부지깽이를 내려놓고는/손아래 시누에게 푸념을 늘어 놓는다/아이구 우짜꼬, 사진일랑 고마, 아무 데서나 찍을꺼로,/얼굴로 너무 빤지리하게 맨들어 났구마는,/저 너무 자석이 나쫑에 머라 안 카까, 우쨌던지 자가/시집 가서 잘 살아야 될낀데.//"(상희구, 명성사진관/대구.30)

아이마 뷔 아니면. #"참, 언선시럽두룩 죽을 마이 묵었다//보릿고개 급한 구황救荒에는 보리죽/비 오는 날에는 대개 콩죽/집에 반(半)불 들오는 날 저녁에는 으레 갱죽/식은 밥에다 먹다 남은 짐치랑 온갖 잡동사이/집어 넣어서 끓인 갱식이죽/엄마 아풀 때는 그나마 흰죽/알라들 엄마젖 모지랠 때는 암죽/강낭콩이나 팥네끼가 백찜에/까망콩이나 건포도겉은 호박범벅 죽/지체있는 집안의 영감님이나 마님들, 속이/허할 때는 잣죽 아이마 전복죽, 홍합죽, 깨죽/동짓날에는 당연히 팥죽/중간중간에 녹띠죽/이것도 저것도 아닌 풀때죽//"(상희구, 죽/대구.95)

아이보개 명 애보개. 아이를 돌보는 일을 맡아 하는 사람. #"계집아이는 몇해고 內地人 駐在所長 집에서/밥을 짓고 걸레를 치고 아이보개를 하면서/이렇게 추운 아침에도 손이 꽁꽁 얼어서 찬물에 걸레를 쳤을 것이다//"(백석, 팔원)

아이서려야 구 아예 서러워야. #"제깃에 무드면/두말개가 촉촉이 젖겠구나//가다가 푸른숲우를 지나거든/홧홧한 네 가슴을 식혀나가렴//불행이 사막에 떠러져 타죽어도/아이서려야 않겠지//"(이육사, 잃어진 고향, 84)

아재 명 종숙이나 재종숙을 부르는 호칭. #"희죽이 웃으며 우리집 문턱을 넘어오는 치모/길씀한 얼굴이 말상진 치모/팔뚝만한 덧니가 정다운 치모/소쿠리만한 입이 탐스러운 치모/,또 왜 왔노. 일 안하고 이놈./할아버지가 호통치면/,아재요./놀아가믄 일도 해야지 앙는기요.//"(박목월, 치모)

아주까리 명 피마자(蓖麻子). #"산턱 원두막은 비었나 불빛이 외롭다/헝겊심지에 아주까리 기름이 쪼는 소리가 들리는 듯하다//"(백석, 정주성(定州城))

아즈내 명 초저녁. 이즈내. 아지내. '아지내'는 '초저녁'의 평북 방언. #"어득한 기슭의 행길에 얼굴이 해쓱한 처녀가 새벽달같이 아즈내인데 병인(病人)은 미역 냄새 나는 덧문을 닫고 버러지같이 누었다//"(백석, 시기(柿崎)의 바다)

아즈대즘퍼리 명 '아래쪽에 있는 진창으로 된 펄'이라는 평안도식 지명. #"토끼도 살이 오른다는 때 아르대즘퍼리에서 제비고리 마타리 쇠조지 가지취 고비 고사리 두릅순 회순 산나

물을 하는 가즈랑집 할머니를 따르며//"(백석, 가즈랑집)

아즉 부 아직. #"두터운이불을,/포개덥허도,/**아즉**칩은,/이겨울밤에,/언길을,밟고가는/장돌림, 보짐장사,/재넘어마을,/저자보려,/중얼거리며/헐덕이는숨결이,/아—/나를보고, 나를/비웃으며지난다.//"(이상화, 嘲笑), #"애인아 하늘을보아라 하늘이까라젓고 땅을보아라 땅이꺼젓도다/애인아 내몸이 어제가치보이고 네몸도**아즉**살앗서 네겨테안젓느냐?//"(이상화, 이별을하느니)

아지도 동 알지도. #"비오는줄 **아지도** 못하려니/쉬지 않고 괴로운 듯 노래하는/밤꾀꼬리 노래도 못들으리/더어두음 밝음없이 한양같은/어슨밝음 꿈속으로 지나갈제/어찌하면 이세상일 안잊히리/어찌하면 아조잊어 모르오리.//"(박용철, 노래)

아지래이 명 아지랑이. #"강새이는 삽짝서 졸고/달구새끼는 횃대 우에서 졸고/괘네기는 실겅 밑에서 졸고/할배는 담삐라다 바지게/걸치놓고 살핑사서 졸고/할매는 마늘 까다가 졸고/알라는 할매 젓태서 졸고/에미는 콩밭 매다가 졸고/에비는 소 몰민서 졸고//팔공산 모티는 가몰가몰/**아지래이** 속에서 졸고/영천군 청통면 신원리 마실이/마카 졸고 있는데//거조암(居祖庵) 영산전(靈山殿)/오백나한(五百羅漢) 부처님만/마실 지키니라고/누이 말똥말똥하다//"(상희구, 자부래미 마실–영천(永川) 청통(淸通) 거조암(居祖庵) 가서/대구.8)

아지랭이 명 아지랑이. #"내가 그 사람을 잊지 않고/먼 데서 예쁘게 지켜보며 온 것을/그러나 아직도 천신(천신)은 몰라 주어,/홀로 **아지랭이**만 봐도/살아 있는 기운의 마음 아픔에/쓰러질 듯 어지럽노니.//"(박재삼, 보리밭 가에서서)

아츰 명 아침. #"**아츰**과져녁에만 보이는거러지야!/이러케도 완악하게된 세상을/다시더 가엽게녀여 무엇하랴 나오느라.//"(이상화, 거러지)

악지바르다 형 손아귀의 힘이 세다. 이러한 의미에서 전용된 관용구에서는 '하려고 마음먹은 것을 기를 쓰고 하는 데서, 눈치가 빠르고 약삭 빠름'을 이르는 말. #"滅亡될그瞬間에까지도「初試」의 **악지바른**搾取慾으로말미암아 治療를못밧고죽엇스며"(이상화, 시와소설), #"저녁바다의, 씃도업시朦朧한머–ㄴ길을,/運命의**악지바른**손에쓰을려, 나는彷徨해가는도다,//"(이상화, 二重의 死亡)

안 카덩교 동 말 안 하던가. #"아이구 고시에라/아이구마 달구마는/구시다카이 구시다 안 **카덩교**/그냥 꼬오옥 꼬오옥 씹어보소 얼마나 단지//제리 묵는 열무는/경산 자인 논두렁,/콩밭

새에서 키운 열무가/젤이구마는.//"(상희구, 경산(慶山) 자인(慈仁) 열무/대구.28)

안간 명 안방. #"이 그득히들 할머니 할아버지가 있는 **안간**에들 모여서 방안에서는 새옷의 내음새가 나고//"(백석, 여우난골족)

안돌이 명 지돌이. 험한 벼랑길에 바위 같은 것을 안고 겨우 돌아가게 된 곳(안돌이)과 반대로 바위를 등에 대고 돌아가는 곳(지돌이)을 말한다. 안돌이 지돌이하다. #"石壁 깎아지른/**안돌이** 지돌이,/한나잘 긔고 돌았기/이제 다시 아스아슬 하고나.//"(정지용, 꽃과 벗)

안득이다 형 '아득이다'의 힘준 말. #"흐터지는 물꼿뿐 **안득입니다**//"(김소월, 산우헤)

안스럽다 형 애틋하고 안타깝다. #"돛단배 가물가물/먼 나라로 갈듯이 떴네.//오, **안스러운** 저것들,/어디까지 가서야 지치는 것이랴./지쳐서는 돌아오는 것이랴.//"(박재삼, 한 경치)

안심쩍다 형 안심이 되지 않다. #"뒷산마루 넘어 온/휘영청 하늘이 언제나 **안심쩍어**//"(유치환, 故園)

안온하다 형 조용하고 편안하다. #"마음도 더워오는 훈훈한 덧저고리/한 권 詩 펼쳐놓고 졸다 깼다 하는 호사/**안온한** 사색 그 너무 호수 같은 日歷이여.//"(정완영, 靜日)

안으올 때 구 '끝없는 우름 바다를 안으올 때'에서 '안다'의 주어는 '울음'으로 보는 것이 적절하다. 물론 여기서는 끝없는 파도치는(울음)바다를 말하는 것이므로, '바다가 끝없이 울음을 울고 있는 것처럼 파도를 칠 때, 포도빛의 밤이 밀려 오듯이'라고 전체 구절을 풀이할 수 있다. #"끝없는 우름 바다를 **안으올때**/葡萄빛 밤이 밀려 오듯이,/그모양으로 오시랴십니가.//"(정지용, 풍랑몽 1)

안장코 명 말의 안장처럼 콧등이 잘룩하게 생긴 코. #"영감들은/말상을 하였다 범상을 하였다 쪽재비상을 하였다/개발코를 하였다 **안장코**를 하였다 질병코를 하였다//"(백석, 석양(夕陽))

안존하다 형 행동거지나 성품이 조용하고 고요하다. '안존하다'는 사람의 키가 그리 크지 않으며 성품이 조용하고 행동거지도 크지 않고 조용조용한 모습을 뜻한다. 주로 사람의 모습을 표현하는데 사용되지만 이 시에서는 조용한 상황적 분위기를 설명하는데 사용되고 있다. #"밤차를 타면/아침에 내린다./아아 경주역//이처럼/막막한 지역에서/하룻밤을 가면/그 **안존하고** 잔잔한/영혼의 나라에 이르는 것을//"(박목월, 사향가)

안주 부 아직. #"대구에 봄이 들어오는/초입인 파동(巴洞)의 용두방천(龍頭防

川),/앞산 안지래이쪽은 봄이 **안주**/뻐뜩도 않하는데//칠성시장에는 발씨로/봄이 난만(爛漫)하다//"(상희구, 대구의 봄은/대구.93) #"배는 고파 죽겠는데/서산에 해는/**안주** 짱짱하다//엄마가 저녁 이아 물 양으로/보리죽 한 사발을/실경우에 유룸해 논 거를/내가 밨는데//해는 여죽지/빠질 기척도 안 하고/자꼬 배미리기만/해 쌓는다//"(상희구, 보릿고개/대구.60)

안질락 말락 구 앉을까 말까. #"철개이 한 마리/또랑 우에/**안질락 말락**/**안질락 말락**//꼬랑대기로/또랑물에 점을/꼭꼭 찍어 쌓는다//하늘이/터-엉 빘다//"(상희구, 하지(夏至)-칠성동 한도랑에서/대구.31)

안카까 동 얘기 안 할까. #"여섯 살쯤 된 사내아이가 큼지막한 사진 한 장을 들고/난리를 친다/엄마아, 이거는 누부야 얼굴이 아이다 카이/아이고 이노무 자석이 와 이카노/부엌일을 하던 엄마는 종내 부지깽이를 내려놓고는/손아래 시누에게 푸념을 늘어놓는다/아이구 우짜꼬, 사진일랑 고마, 아무 데서나 찍을꺼로,/얼굴로 너무 뺀지리하게 맨들어 낳구마는,/저너무 자석이 나쭝에 머라 **안 카까**, 우짰던지 쟈가/시집 가서 잘 살아야 될낀데.//"(상희구, 명성사진관/대구.30)

안티골 명 안티는 산모의 태(胎)를 말한다. #"아이고 무섭어라!/한 동네 사는 신태랑, 그 단에 배루고 배루던 저 건너 마실, **안티골**에 숨어 있는 새이(喪輿) 집을 염탐키로 작정을 했다.//"(상희구, 새이(喪輿)집/대구.27)

앉으랑 명 앉은뱅이. #"여덟 구멍 피리며 **앉으랑** 꽃병/동그란 밥상이며 상을 덮은 흰 보재기/아내가 남기고 간 모든 것이 그냥 그대로/한때의 빛을 머금어 차라리 휘휘로운데/새벽마다 뉘우치며 깨는 것이 때론 외로워/술도 아닌 차도 아닌/뜨거운 백탕을 훌훌 마시며 차마 어질게 살아보리//"(이용악, 길)

알라 명 아기. #"강새이는 삽짝서 졸고/달구새끼는 횃대 우에서 졸고/괘네기는 실경 밑에서 졸고/할배는 담삐라다 바지게/걸치놓고 살핑사서 졸고/할매는 마늘 까다가 졸고/**알라**는 할매 젓태서 졸고/에미는 콩밭 매다가 졸고/에비는 소 몰민서 졸고//팔공산 모티는 가물가물/아지래이 속에서 졸고/영천군 청통면 신원리 마실이/마카 졸고 있는데//거조암(居祖庵) 영산전(靈山殿)/오백나한(五百羅漢) 부처님만/마실 지키니라고/누이 말똥말똥하다//"(상희구, 자부래미 마실-영천(永川) 청통(淸通) 거조암(居祖庵) 가서/대구.8)

알라 아부지 명 아기 아버지. #"우리 마실에는/덩더꾸이가 마이 산다//뒷집에는/맨날 알라만 울리는/덩더꾸이 **알라**

아부지//"(상희구, 덩더꾸이/대구.42)

알라들 명 아기들. #"참, 언선시럽두룩 죽을 마이 묵었다//보릿고개 급한 구황救荒에는 보리죽/비 오는 날에는 대개 콩죽/집에 반(半)불 들오는 날 저녁에는 으레 갱죽/식은 밥에다 먹다 남은 짐치랑 온갖 잡동사이/집어 넣어서 끓인 갱식이죽/엄마 아풀 때는 그나마 흰죽/**알라들** 엄마젖 모지랠 때는 암죽/강낭콩이나 팥네끼가 백찜에/까망콩이나 건포도겉은 호박범벅죽/지체있는 집안의 영감님이나 마님들, 속이/허할 때는 잣죽 아이마 전복죽, 홍합죽, 깨죽/동짓날에는 당연히 팥죽/중간중간에 녹띠죽/이것도 저것도 아닌 풀때죽//"(상희구, 죽/대구.95)

알로 구 아래로. #"어름**알로** 잔돌사이 뚫로라 죄죄대든 개울물 소리 긔여 들세라//"(정지용, 삽사리), #"마스트 **알로** 섬들이 항시 달려 왔었고/별들은 우리 눈썹기슭에 아스름 港口가 그립다//"(정지용, 별)

알른다 형 앓는다. '앍-고, 알-지, 앍-아, 앍-으니'로 활용한다. #"봉창구멍으로/나려-ㄴ하여조으노라/깜작이는호롱불─/해비츨써리는늙은눈알처럼/세상밧게서**알는다**, **알는다**.//"(이상화, 貧村의 밤)

알리움 명 알림. 여기서는 바람을 '어떤 일을 미리 알려주는 좋은 징조'로 보고 있다. #"바람은 音樂의 湖水./바람은 좋은 **알리움**!//"(정지용, 바람)

알분다이 명 무엇이든지 많이 알고 싶어하는, 또 많이 알고, 많이 아는 체하는 아이나 어른을 말함. #"돌다리 건너 소전꺼래/**알분다이** 할매가 살았다/얼매나 다사시럽었던지 마실에/뉘집 미느리가 하로에 방구로 및 분/낏는지 다 꿰고 있을 정도였다//"(상희구, 소전꺼래 알분다이 할매/대구. 15)

알아 집내다 #"터지듯한 우슴에도 눈물이 있으렸다/삼키여 넘기려면 쓰래까지 배일것을/그날에 말없이늣기든일 겨우**알아 집내다**//"(박용철, 哀詞1)

암암히 부 그윽하게, 혹은 잊어지지 않고 가물가물 보이는 듯하게, (눈앞에) 아른히, 선히. 『신조선』(1935.12)에 발표된 원전에는 '정정히'로 되어 있었다. 시집에서 이렇게 된 것을 자의적이라고 본 예가 있다. 그러나 시집 발간을 주재한 것은 이육사의 아우 이원조였다. 그가 생전에 이 부분을 오식임을 들었을 공산이 있어 현형이 타당하다고 본다. #"내 오월의 골ㅅ방이 아득도 하니/황혼아 내일도 또 푸른커─텐을 걷게 하겠지/**암암히** 사라지긴 시내ㅅ물 소리 같아서/한번 식어지면 다시는 돌아 올줄 모르나보다//"(이육사, 황혼)

암팡스럽다 형 하는 행동이 기대치 이상

으로 놀라운 행동을 한다. #"보리밭 없고/흐르는 뗏노래라곤/더욱 못 들을 곳을 향해/**암팡스럽게** 길떠난/너도 물새 나도 물새/나의 사람아 너는 울고 싶고나//"(이용악, 그래도 남으로만 달린다)

앙가슴 명 '앙가슴'은 '두 젖 사이의 가슴팍'이라는 뜻으로 대구방언에서는 '가심패기', '가숨패기' 등의 방언형이 있다. #"죽음과삶이 숨밧굼질하는 위태로운 짱덩이에서도/엇재 여게만은 눈빠진 금음밤조차 더내려쏠려/애닯은 목숨들이 — 길욱하게도 못살가엽슨 목숨들이/무엇을 보고 엇지살쏘 **앙가슴**을 쑤다리다 밋처나 보앗든가.//"(이상화, 地球黑點의 노래)

앙광이 명 얼굴이 검정이나 먹 따위로 함부로 칠해 놓은 것. #"뽈다구에는 징기징기 **앙광이**를 그리고 머리칼리 놀한 아이여/힘을 쓸랴고 벌써부터 두 다리가 푸등푸등하니 살찐 아이여//"(백석, 촌에서 온 아이)

앙궁 명 아궁이. #"엄매와 나는 **앙궁** 위에 떡돌 위에 곱새담 위에 함지에 버치며 대냥푼을 놓고 치성이나 드리듯이 정한 마음으로 냅일눈 약눈을 받는다//"(백석, 고야(古夜))

앙당하다 형 앙당그리다. 춥거나 겁이 날 경우 몸을 조금 움츠리다. 여기서는 백화나무들이 잎을 떨군 채 추위에 움츠리고 있는 모양을 그렸다. #"白樺수풀 **앙당한** 속에/季節이 쪼그리고 있다.//"(정지용, 바다2)

앙사하게 형 앙상하다. #"자네는 琉璃같은 幽靈이되여/뼈만 **앙사하게** 보일수 있나?//"(정지용, 피리)

앙인기요 준 아닙니까? '아인교'도 같은 의미. #"보이소 아는 양반 **앙인기요**/보이소 웃마을 이생원 **앙인기요**/서로 불러 길을 가며 쉬며 그 마지막 주막에서/걸걸한 막걸리 잔을 나눌 때/절로 젓가락이 가는/쓸슬한 음식//"(박목월, 적막한 식욕)

앙장 명 상장(喪葬). #"오늘도 젊은이의 상여는 훨훨 날리는 **앙장**도 없이 대대로/마지막 길엔 덮어보내야 덜 슬프던 개우도 제쳐버리고 다만/조선민주청년동맹 깃발로 가슴을 싸고 민주청년들 어깨에/매여 영원한 청춘 속을 어찌하여 항쟁의 노래 한마디도/애곡도 없이 지나가는 거리에//"(이용악, 다시 오월에의 노래)

앞대 명 평안도를 벗어난 남쪽지방. 멀리 해변가. 본도(平北) 내지 평안도를 벗어난 남쪽 지방. 즉 황해도·강원도에서부터 제주도까지에 이르는 각지. #"어느 먼 **앞대** 조용한 개포가의 나즈막한 집에서/그의 지아비와 마주 앉어 대구국을 끓여놓고 저녁을 먹는다//"(백석, 흰 바람벽이 있어)

앞마다아 부 앞마당에. #"오마이를 먼

저 앞세운/올개 국민학교에 갓 입학한/막내손주 보겠도우에/노랑 콧수건을 메달아 주면서/할매가 다짐을 한다//기철아, 차에 받칠라/먼산 보지 말고/패내기 댕기 온너래이/내 엿 녹카노오꾸마,//한잠 늘어지게 자고 난/앞마다아 강새이가/하품을 크게 하고는/머리뚱하이/먼 산을 본다//"(상희구, 입춘(立春)–먼 산 보다/대구.92)

앞앞이 부 한 사람 한 사람 일일이. #"안 어기고 돌아오는 어지러운 봄을 두고/**앞앞이** 말 못하고 속속들이 병들어/울아버진 애터지고/진달래꽃 피던가.//일본 동경 갔다가/못살고선 돌아와/파버리지도 못한 민적에 가슴 찢던/이 강산에 진달래꽃 피었다.//"(박재삼, 진달래꽃)

앞잽이 명 앞잡이. #"그러나 아느냐 동포여 우리에게 총부리를 겨누고 다가서는/틀림없는 동포여 자욱마다 절그렁거리는 사슬에서 너희들까지도/완전히 풀어놓고자 인민의 **앞잽이** 젊은 전사들은/원수와 함께 나란히 선 너희들 앞에 일어섰거니//"(이용악, 機關區에서)

애긏다 형 억울하다. #"**애구즌** 조가는 빗겨올때//"(김소월, 신앙)

애껴서 형 아끼다. 아껴서. #"당신도 땀을 흘려야 되지오,/넘우 몸을 **애껴서** 점잖아서/일을하기 싫은것만 아니면/그러잖지?//"(박용철, 路上)

애꾸눈 명 왜눈박이. 한쪽 눈이 멀어서 보이지 않는 사람. #"그래 그는 머슴이었다/십년 이십년 남의 집 부자집 머슴살이였다/나이 서른에 **애꾸눈** 각시 하나 얻었으되/그것은 보리 서말에 얹혀 떠맡긴 주인집 딸이었다//"(김남주 아버지, "조국은 하나다")

애꿏이 부 조금 억울하게. #"먼 北쪽 曠野에/크낙한 가을이 소리 없이 내려서면//잎잎이 몸짓하는 高粱밭 十里이랑 새로/무량한 탄식 같이 떠 오로는 하늘!/夕陽에 두렁길을 호올로 가량이면/**애꿏이**도 눈부신 체 옷자락에/설흔 여섯 나이가 보람 없이 서글퍼/이대로 활개 치고 萬里라도 가고지고//"(유치환, 北方秋色)

애끊다 형 애를 끊다. 속을 썩이고 간장을 태우다. #"**애끈친** 그 가슴이 숫기된 줄을//"(김소월, 물마름)

애닯다 형 애달프다. 1. 마음이 안타깝거나 쓰라리다. 2. 애처롭고 쓸쓸하다. #"옙분人形들이노는 이都會의豪奢로운거리에서/나는 안니치는조선의한울이그리워 **애닯은**마음에노래만부르노라.//"(이상화, 도—교에서), #"푸르다 푸르다 못해 울고파진 하늘 아래/촛불처럼 타 흐르는 **애닯은** 목숨일레/흐느껴 새기는 보람 눈물 같은 유열이여.//"(정완영, 愛生 無限), #"한울을 우럴어/울기는 하여도/한울이 그리워 울음이 아니다/두발을 못뻣는 이짱이 애닯어/한울을 흘끼니/울음이 터진다./해야 웃지마라/달도 쓰지마라//"(이상화, 통곡)

애믄 형 엉뚱한. 상관이 없는. #"가즈이 들리는 시냇물소리도 귀찮고/개고리 우름은 결딜수없이 내 부아를 건드립니다./내가 고개숙이고 들어가지 아니치못할/저 숨막히는 초가집웅을 생각고/나는 열 번이나 돌쳐서 나무칼을 휘둘러서는/애믄 풀입사귀를 수없이 뭇지릅니다.//"(박용철, 小惡魔)

애버들 명 어린 버들. #"칠월에 산그늘엔 살기 찬 칼날/몸소지 올려라 부정지소 올려라/발 일곱의 황룡 아래 부정소지 올려라/둥두 둥두둥 둥두 둥두둥/빛 바랜 애버들엔 허연 바람/햇살따라 온 고을에 엉기는 요기//"(신경림, 백화)

애비 명 아버지. #"너는 어미 없이 자란 청년/나는 애비 없이 자란 가난한 사내/우리는 봄이 올 것을 믿었지/식아/너는 때로 피를 토하는 슬픈 동무였다//"(이용악, 너는 피를 토하는 슬픈 동무였다), #"네 슬픔을 깨닫기도 전에 흙으로 갔다/별이 뒤를 따르지 않아 슬프고나/그러나 숙아/항구에서 피 말라간다는/어미 소식을 모르고 갔음이 좋다/아편에 부어 온 애비 얼굴을/보지 않고 갔음이 다행타//"(이용악, 검은 구름이 모여든다), #"다리를 건너/아이야/네 애비와 나의 일터 저 푸른 언덕을 넘어/풀냄새 깔앉은 대숲으로 들어가자//"(이용악, 아이야 돌다리 위로 가자), #"네 애비 흘러간 뒤/소식 없던 나날이 무거웠다/너를 두고 네 어미 도망한 밤/흐린 하늘은 죄로운 꿈을 머금었고/숙아/너를 보듬고 새우던 새벽/매운 바람이 어설궂게 회오리쳤다//"(이용악, 검은 구름이 모여든다), #"누가 울긴들 했느냐 낫과 호미와 갈쿠리와 삽과/괭이와 불이라 불이라 불이라 에미네도 애비도 자식놈도…/「정권을 인민위원회에 넘기라」한결같이 일어선 시월은 자랑이기에 이름없이 간 너무나 많은 동무들로 하여 더욱 자랑인 시월은 이름없이 간 모든 동무들의 이름이기에 시월은 날마다 가슴마다 피어 함께 숨쉬는 인민의 준엄한 뜻이기에 뭉게치는 먹구름 속 한 점 트인 푸른 하늘은 너의/길이라 이 고장 인민들이 피 뿌리며 너를 부르며 부딪치고 부딪쳐 뚫리는 너의 길이라//"(이용악, 다시 오월에의 노래), #"물결처럼 날리는 그물 밑에서/애비의 근로를 준비하는/어부의 아들 딸//"(이용악, 새벽 동해안)

애자지다 형 애끊다. 마음이 너무 슬퍼서 창자가 끊어질 듯하다. #"아아,

이 애가 **애자지게** 보채노나!/불도 약도 달도 없는 밤,/아득한 하늘에는/별들이 참벌 날으듯 하여라.//"(정지용, 發熱)

애조롭다 형 '애처럽다'라는 의미의 개인어. #"고胡人의 말몰이 고함/높낮아 지나는 말몰이 고함,/뻐저린 채찍소리/젖가슴을 감아치는가/너의 노래가 어부의 자장가처럼 **애조롭다**/너는 어느 凶作村이 보낸 어린 희생자냐//"(이용악, 제비 같은 소녀야)

앵도꽃 명 앵두꽃. #"내 잘못을 거울처럼 받아 비추는/물 같은 이마를 어찌하고,/복사꽃 피는 **앵도꽃** 피는/정다운 동네어귀 입술은 어찌하고,//우거진 숲이여/네 시원한 머리카락은 어찌하고,//"(박재삼, 신 아리랑)

야 미 -겠니. #"시방도 안 죽을 것 같은/남편 문씨 부인의 마음가에 사랑일로서/햇무리로 손 잡고 놀던 날 생각하면/왜 안기뻐, 세상은 왜 안 기뻐**야**.//"(박재삼, 광명)

야기 명 어린아이들이 억지를 쓱 마구 떼쓰는 짓. #"내가 엄매등에 업혀가서 상사말같이 항약에 **야기**를 쓰면 한창 피는 함박꽃을 밑가지채 꺾어주고 종대에 달린 제물배도 가지채 쪄주고 그리고 그 애끼는 게사니 알도 두 손에 쥐어주곤 하는데//"(백석, 넘언집 범 같은 노큰마니)

야말로 미 -야말로. #"**야말로** 제 고생을 제가 사서는 잡을 데 다시 없어 엄나무지요/무거운 짐지고서 닫는 사람은/길가의 청풀밭에 쉬어가시오//"(김소월, 苦樂)

야물어야 동 탱탱하게 굳어있어야의 뜻. #"두째로 묵은 탱글탱글 **야물어야** 한다/(묵을 썰라꼬 칼을 묵에다 갔다댔일 때/묵이 너무 야물어 가주고 칼이 한 발이나/우로 팅기오리마 그 묵이 채곤기다)//끝으로 묵맛은 양념장이/받쳐줘야 하는 것이다/저렁에다가 다진 마늘,/맵싹한 고치가리를 풀고/창지름이 두어 빠알/자청파를 쫑쫑 썰어 넣어마 그마이다//"(상희구, 묵/대구.85)

야젓이 부 살며시. '의젓이'의 작은 말. #"나이 차지면서 가지게 되었노라/숨어 있던 사람이, 언제나 나의,/다시 깊은 잠속의 꿈으로 와라/불그레한 얼굴에 가늣한 손가락의,/모르는 듯한 거동도 전날의 모양대로/그는 **야젓이** 나의 팔에 누워라.//"(김소월, 꿈으로 오는 사람)

약자 명 약재료. #"산골사람의 손을 핥으며/**약자**에 쓴다는 홍정소리를 듣는 듯이/새까만 눈에 하이얀 것이 가랑가랑한다//"(백석, 노루)

얄망긋다 형 좀 괴상하고 얄궂다. #"그 얼골 **얄망구즌** 그 얼골이//"(김소월, 성색)

얄푸르다 형 좀 덜 푸르다. '얄푸른'의 '얄-'은 경상방언에서 '얄잡사보다(얄

잡아보다)'라는 의미이고, 접두사 '얄-'은 '조금 낮다'의 의미를 가지고 있기 때문에 '좀 덜 푸른'이라는 의미로 해석이 가능하다. #"羊털가튼바람결에 도窒息이되어, **얄푸른**연긔로써지려는도다.//"(이상화, 나의 寢室로)

얇게 형 얇게. #"말없으신 무덤곁에 호젓이앉어/마음도 쓸쓸하야 눈물겹느니/은벽색 **얇게**타는 저녁하날에/슬픈꿈담은 향로 피어오르다//"(김현구, 산소)

양금 명 사다리꼴의 넓적한 오동나무 통위에 56개의 줄로 이어진 현악기. #"물밑이 세모래 닌함박은 콩조개만 일다/모래장변,바다가 널어놓고 못미더워 드나드는 명주필을 짓궂이 발뒤축으로 찢으면/날과 씨는 모두 **양금**줄이 되어 짜랑짜랑 울었다//"(백석, 물계리(物界里))

양지귀 명 햇빛 잘 드는 곳. 양지 귀퉁이. #"남방토 풀 안돋은 **양지귀**가 보인다/햇비 멎은 저녁의 노을 먹고 산다//"(백석, 자류)

양지받이 명 추울 때 양지바른 곳에 나와 햇볕을 쬐는 일. 햇볕이 잘 드는 곳이나 방향. #"어린 봄 **양지받이** 부끄리던 진달래꽃/연분홍 곱다 못해 다홍으로 물을 쏟고/새벽닭 홰울음 치듯 만산중에 울더라.//"(정완영, 採春譜 3 / 3. 진달래), #"16대 한 산자락에 도래솔을 키워놓고/산 사람 죽은 사람 이 등을 맞대 살던 마슬/우리게 **양지받이**엔 봄도 먼저 오더니.//"(정완영, 고향의 봄 / 4. 먼저 온 봄), #"온 세상 서리 밝아 천지에 죄 없는 날/**양지받이** 퇴에 앉아 구슬인양 씻기우면/내 마음 백팔번뇌가 다 타올라 향불인가.//"(정완영, 霜秋의 想)

양짓갓 명 해와 달이 제일 먼저 뜨는 곳. #"여기 알들이 다정한 나의 적은 패아리가 있다/그는 들만말마 살포시든 잠결속에 사노니/나라드는 봄나비, 이슬비 소곤거린 여름花園/초밤별 엿보는 가을黃昏 강변의 어둔숲길/또 **양짓갓** 까끔속 겨울산새의 모양하고/나의 얕든 잠결속에 아양지며 아른덴다//"(김현구, 妖精)

어구시다 형 마음먹은 바를 이루려는 뜻이나 행동이 억척스럽고 세차다. 경상지역에서는 '어구시다'라는 어휘를 사용하는데 이는 행동이나 기운이 억척스럽고 세찬 것을 의미한다. #"미느리는 내맨치로 뻣뻣하고 **어구신** 게 없니더. 날 닮아가 시마(고집이 세면)는 안 좋을 겐데 그런 게 없어. 가마는 용돈이라도 마이 못드리가 한스럽다카지. 우리 둘째 미느리는 참 다 착하니더. 그래 내가 이래 자랑을 하니더."(김점호, 베도 숱한 베 짜고)

어그점인들 형 멋없이 교만하게 굴거나 함부로 으스댄들. #"서로 **어그점인들**

또 잇스랴//"(김소월, 부부)

어긋저 형 어긋나. #"구름은 번득밧버 달얼골을 스처가고/나르는 꼿은 술잔에 한가롭다/인심도 이렇듯어긋저 돌아올줄 없어라//"(박용철, 漢詩習作)

어깨가 적이 무거웁다 구 어깨가 축 처진 모습을 나타냄. #"鋪道로 나리는 밤안개에/어께가 적이 무거웁다.//"(정지용, 歸路)

어느메 명 어느 곳. #"옛적본의 휘장마차에/어느메 촌중의 새 새악시와도 함께 타고/먼 바닷가의 거리로 간다는데//"(백석, 이두국주가도)

어니 관 '어느'의 평북 방언. #"어니젠가ㄴ 새끼 거미 쓸려 나간 곳에 큰 거미가 왔다/나는 가슴이 짜릿한다//"(백석, 수라)

어니메 구 어느 곳에. '어디'의 평북 방언. #"낮배 어니메 치코에 꿩이라도 걸려서 산너머 국수집에 국수를 받으려 가는 사람이 있어도 개는 짖는다//"(백석, 개)

어덕 명 언덕. '어덩. 어덩턱. 어덩텅'과 같은 방언형도 있음. #"휘파람 날리기도 흐들펐노니/지루한 봄날은 길기도 길다//햇빛은 누굴 누굴 조름도 오락 가락/아리랑 옛곡조나 골러볼거나//어덕에 실바람은 호리호리/먼산에 아지랑이 아롱 아롱//뻐국이 재서름에 흐느껴 우름울면/神鶴山 고개넘어 해는 저무러//"(김현구, 권태), #"쫓겨하는 마음인들 무어 다를거냐/돌아다보는 구름에는 바람이 희살짓는다/앞대일 어덕인들 마련이나 있을거냐//"(박용철, 떠나가는 배), #"나는 일어나 바로가리, 언제나 밤낮으로/내귀에 들리나니, 그 호수의 어덕에/낮읏이 찰싹 거리는 물소리//"(박용철, 이니스쯰리)

어데 부 어디에. #"까마득한 날에/하늘이 처음 열리고/어데 닭 우는 소리 들렷스랴//모든 산맥들이/바다를 연모해 휘달릴 때도/참아 이곳을 범하든 못하였으리라//"(이육사, 광야)

어데 하난들 구 어디에 하나인들, 이때의 '어데'는 부정적 서술부에 연결되는 부사이다. #"높대보다 높다란 어깨/얕은 구름쪽 거미줄 가려/파도나 바람을 귀밑에 들네//갈메긴양 떠도는 심사/어데 하난들 끝간델 아리/으릇한 사념을 기폭에 흘리네//"(이육사, 독백)

어데다 준 어디에다. #"서리빨 칼날진 그 우에서다/어데다 무릎을 꿇어야 하나/한발 재겨 디딜곳조차 없다//이러매 눈 감아 생각해 볼 밖에/겨울은 강철로 된 무지갠가 보다//"(이육사, 절정)

어데멘가 준 어디에 잇는 것인가. 어딘가. #"사막은 끝없이 푸른 하늘이 덮여/눈물먹은 별들이 조상오는 밤//밤은 옛ㅅ일을 무지개보다 곱게 짜내나디/한가락 여기두고 또 한가락 어데멘

가/내가 부른 노래는 그 밤에 강건너 갔소//"(이육사, 강건너 간 노래, 42)

어두어 형 어둡다. '어두어'는 '어둡-어'에서 'ㅂ'불규칙용언이기 때문에 '어두워'로 표기되어야 한다. 그런데 경상도방언에서는 'ㅂ'불규칙 용언이 아닌 '어두버'와 '어두어'와 같은 방언형이 공존한다. #"아, 밤이어두어 오도다,/사람은 헛것일너라//"(마음의꽃)

어두어라 형 어둡다(아두워라)의 활용형. 이상화의 시(單調)에서 '어두어라'는 대구방언에서는 '어둡-+-어라'로 'ㅂ' 정칙활용이 되기 때문에 방언형 '어두버라'로 표기되든지 중부 방언형처럼 'ㅂ'불규칙활용이 반영된 '어두워라'로 교정되어야 한다. 그런데도 '고요롭은(池畔靜景)' <개벽>, <형설사>, '슬기롭은' <先驅者의 노래>, <개벽>, <형설사>처럼 혼란스럽게 표기되어 있다. #"비오는밤/까러안즌하날이/꿈꾸듯어두어라.//"(이상화, 單調)

어둔하다 형 능란하거나 능숙하지 못하고 서툴다. #"금강(金剛)! 너는너의관미롭은미소로써나를보고있는듯나의가슴엔 말래야 말수없는 야릇한친애와 까닭도모르는경건한감사로 언젠지어늬듯 채워지고 채워져넘치도다. 어제까지어둔사리에울음을우노라― 때아닌늙음에쭈구러진나의가슴이 너의자안과너의애무로 다리미질한듯 자그마한주름조차 볼수없도다.//"(이상화, 김강송가)

어드러한 형 어떤. #"외루깃을 세우고 바쁜 거름 하는사람아/너는 저쪽 비탈의 어드러한 집으로 돌아가느냐/내게 일러라 새야/너도 기다리는 한동무게로 돌아가느냐/이제/나뭇가지의 그늘 마다/그 으스므레한 가운데서 새로운 얼굴이 생겨나고 ,未完,//"(박용철, 곯은 날개)

어득시근하다 형 채광이 잘 안되어 어두컴컴하다. #"오대(五代)나 나린다는 크나큰 집 다 찌그러진 들지고방 어득시근한 구석에서 쌀독과 말쿠지와 숫돌과 신뚝과 그리고 옛적과 또 열두 데석님과 친하니 살으면서//"(백석, 목구)

어디매 명 어디쯤. #"그러면 이 동그란 地球의 어디메에 그가 있단 말인가./저 空漠한 空으로라도 내쳐 사라져 가버렸단 말인가.//"(유치환, 돌아오지 않는 飛行機)

어라 미 -도록. -아라고. '달거라'를 (대구문인협회)에서도 그대로 교열하지 않은 채 두었으나 이것은 '열을 받을 정도로 반복하다'라는 의미를 가진 '달다'에서 '-도록'에 대응되는 방언형 '-거로'와 결합한 곧 '입술이 달도록'으로 해석이 된다. 혹은 '닳다'에서 '-도록'에 대응되는 방언형 '-거로'와 결합한 곧 '입술이 닮도록', '입이 닳아 빠지도록'의 의미로도 해석이 가능하다. #"금강(金剛)! 벌거벗은 朝鮮— 물이마른朝鮮에도 自然의恩寵이별달리있음을보고 애틋한생각— 보바롭은생각으로 입술이달거라— 노래부르노라.//"(이상화, 金剛頌歌)

어렴없이 부 어김없이. #"밤되달은 저 의사내/그빛으로 저를 깨우면/저는 정결한 꽃의얼굴을/어렴없이 그앞에 내여놓는다.//"(박용철, 련꽃은 두려워서)

어렷두렷 부 흐리멍텅하여 말과 짓이 활발하지 않고 맥없이 움직이는 모양. #"어렷두렷하였달지, 저리도 해도 산머리에서 바재이고 있습니다. 그런데 왜, 아직아직 내 조그마한 가슴 속에는 당신한테 일러 둘 말이 남아 있요.//"(김소월, 길차부)

어렷하다 형 어렴풋하다. #"백양가지에 우는 전등은 깊은 밤의 못물에/어렷하기도 하며 어득하기도 하여라./어둡게 또는 소리없이 가늘게/줄줄의 버드나무에서는 비가 쌓일 때.//"(김소월, 公園의 밤)

어룰없다 형 얼굴없다. 소리 소문이 없다. #"어룰업시 지는 꽃츤 가는 봄인데//"(김소월, 봄비)

어룰한 형 더듬거리며 분명하지 않은. #"바람소리도 아모 뜻을 이루지 못하고 그저 겨우 어룰한 소리로 떠돌아다닐뿐이었읍니다.//"(정지용, 슬픈 偶像)

어룽 명 얼룩짐. 『표준국어대사전』에서는 '1. 어룽어룽한 점이나 무늬. 또는 그런 점이나 무늬가 있는 짐승이나 물건. 2. 색깔의 짙음과 엷음의 정도나, 또는 활자의 두께나 크기가 고르지 못하고 가지런하지 아니한 것'으로 뜻풀이를 하고 있다. #"아내가 날 보채면 나는 청산 그는 쑥꾹새/막내가 날 달래면 나는 석불 그는 종다리/세상길 화창한 눈물의 어룽이라 이르리까.//"(정완영, 首首片片 3 / 1. 어룽), #"갈수록 설레이는 허구한 나달이요/그 누가 엎질러 논 죄 모습의 거울 앞에/어룽진 구비를 돌아 나 여기를 왔구나.//"(정완영, 待春賦)

어룽지다 동 어룽어룽한 점이나 무늬가 생기다. 어룽어룽한 점이나 무늬가 있다. #"願城은 멀기도 하여 끝내 못 갈 꿈이든가/인간사 어룽진 하소 墨衣도 잠이 들고/寂寂山 타 돌아가는 漆夜 三更 紅葉이여.//"(정완영, 부석사 야도)

어룽지다 형 아롱지다. #"목이 휘인 채 꽂진 꽃대같이 조용히 춘향이는 잠이 들었다. 칼 위엔, 눈물방울이 어룽져 꽃이파리의 겹쳐진 그것으로 보였다. 그렇다, 그것은 달밤일수록 영롱한 것이 오히려 아픈, 꽃이파리 꽃이파리, 꽃이파리들이 되어 떨고 있었다.//"(박재삼, 화상보)

어릅쓸다 동 더듬다. #"눈업시 **어릅쓰는** 이 손길은//"(김소월, 서로미듬)

어린거린다 동 어른거리다. 어떤 형상이 희미하게 유리창에 얼비치어 나타났다 없어졌다 하는 모습을 형언한 말. 원문에는 '어린거리다'로 표기되어 있지만, 방언에서 모음 '으'와 '이'의 교체 현상이 흔하게 나타난다. #"琉璃에 차고 슬픈것이 **어린거린다.**//"(정지용, 유리창1)

어마 어마 부 '서마 서마', '조마 조마' 등과 같이 '위태로운 느낌으로 마음 조리는 상태'를 일컫는 말. 여기서는 험하고 위태로운 산골짜기를 겁을 벅고 마음 조리며 기어 나왔다는 뜻이다. 이숭원 교수의 『원본 정지용 시집』에는 '어마어마 한 곳을 간신히 기어 나왔다는 뜻이 내포되어 있다'고 풀이한다. #"**어마 어마** 긔여 살어 나온 골//"(정지용, 진달래)

어무이예 명 어머니예, 여기서는 며느리가 시어머니를 정겹게 부를 때 쓰는 말이다. #"**어무이예,**/상추쌈 마씻기 잡숫고/지발 쫌 마이 자부이세이//어무이예,/상추쌈 마씻기 잡숫고/지발 쫌 마이 자부이세이//"(상희구, 상추쌈/대구.65)

어미 명 어머니. #"네 애비 흘러간 뒤/소식 없던 나날이 무거웠다/너를 두고 네 **어미** 도망한 밤/흐린 하늘은 죄로운 꿈을 머금었고/숙아/너를 보듬고 새우던 새벽/매운 바람이 어설궂게 회오리쳤다//"(이용악, 검은 구름이 모여든다), #"너는 **어미** 없이 자란 청년/나는 애비 없이 자란 가난한 사내/우리는 봄이 올 것을 믿었지/식아/너는 때로 피를 토하는 슬픈 동무였다//"(이용악, 너는 피를 토하는 슬픈 동무였다)

어벌쩡스럽다 형 두려워 어색한 모습이나 표정을 한 행동을 하다. #"누구인가 **어벌쩡스럽게**/두려움에 꽁무니 빼고 숨어 앉았는 者는./어서 나오라/어서 다들 나와/저 무서운 진노 앞에 조아리며 늘어 서서/진심으로 뉘우침의 마음의 고사를 드려 빌어라.//"(유치환, 山火)

어선 명 '어선 없다'는 뒤에서 감당해 줄 사람 또는 의지할 사람이 없다는 뜻이다. 어린아이들이 부모와 같이 든든한 사람이 옆에 있을 때 그를 믿고 큰소리를 치면 '어선 있다'라고 한다. #"말없이 쳐다보는 눈이/흐린 수정알처럼 외롭고/때로 입을 열어 시름에 젖는/너의 목소리 **어선** 없는 듯 가늘다//"(이용악, 그래도 남으로만 달린다)

어설궂다 형 행동이나 말이 어설프거나 좀 불완전한 사태나 상황의 모습을 말한다. #"네 애비 흘러간 뒤/소식 없던 나날이 무거웠다/너를 두고 네 어미 도망한 밤/흐린 하늘은 죄로운 꿈을 머금었고/숙아/너를 보듬고 새우던 새벽/매운 바람이 **어설궂게** 회오리쳤다//"(이용악, 검은 구름이 모여든다)

어스러한 형 어스름한. 발지 않은 어둑한. #"꽃촟불 켜는 밤 **어스러한** 창 아래 마나라//"(김소월, 꽃촟불켜는밤), #"녀름의 **어스러한** 달밤속에서//"(김소월, 녀름의달밤), #"**어스러한** 등불에 밤이 오면은//"(김소월, 옛니야기)

어스러히 부 짙지 않게. #"아득한 퍼스레한 하늘 아래서/회색의 지붕들은 번쩍거리며,/성깃한 섶나무의 드문 수풀을/바람은 오다가다 울며 만날 때,/보일락말락하는 멧골에서는/안개가 **어스러히** 흘러 쌓여라.//"(김소월, 가을아침에)

어스럿하다 형 어슴프레하다. #"붉은 전등./푸른 전등./널따란 거리면 푸른 전등./막다른 골목이면 붉은 전등./전등은 반짝입니다./전등은 그물입니다./전등은 또다시 **어스럿합니다**./전등은 죽은 듯한 긴 밤을 지킵니다.//"(김소월, 서울밤), #"꽃촟불 켜는 밤 **어스러한** 창 아래 마나라//"(김소월, 꽃촟불켜는밤), #"녀름의 **어스러한** 달밤속에서//"(김소월, 녀름의달밤), #"**어스러한** 등불에 밤이 오면은//"(김소월, 옛니야기), #"밝은 등불 **어스렷한데**//"(김소월, 닭은꼬꾸요)

어스름 명 어둑어둑함. 저녁 무렵 차츰 어두워질 무렵. #"사랑사랑 사랑에 **어스름**을 맛춘 님//"(김소월, 기분전환), #"이달 스무날 달 뜨거든 **어스름** 달 되어주소//"(김소월, 단장), #"저녁해는 지고서 **어스름**의 길//"(김소월, 맛나려는 심사), #"육월 **어스름** 때의 빗 줄기는//"(김소월, 여수), #"그러나 해 느즈니 **어스름**인가//"(김소월, 봄비), #"**어스름** 타고서 오신 그 여자는//"(김소월, 꿈꾼 그옛날)

어슬렁히 부 천천히. 행동이 느리게. #"아이는 엊그제 죽고 **어슬렁히** 나섰더니/항상 틔어 있던 낭랑한 재롱이 오늘/어느새 시냇물 되어 내게 나아오더니라.//이 우리 동무들을 아이는 보라고 한다./아주 친하디친한 잎이여 꽃이여 잎이여,//"(박재삼, 산골 물 옆에서)

어슴프러이 부 어슴프레. #"낙엽이 발이 숨는 못물가에/우뚝우뚝한 나무 그림자/물빛조차 **어슴프러이** 떠오르는데(김소월, 새벽)

어쪄자고 부 어찌하자고. #"도르고 싶은 슬픔처럼/누엿누엿 익어 가는 보리누름고개/**어쪄자고** 하늘은 저렇게 희멀건고/나의 간장속 깊은 어디메 숨어 앉아/뻐꾹이는 뻐국이는 저리도 울어대고.//"(유치환, 보리누름)

어쩔래 준 어찌하겠는가. 어찌하겠나? #"사랑이여 **어쩔래**,/그대 대하는 내 눈이/눈물 괴면서 혼이 나가면서/아, 머리 풀면서 저승 가면서.//"(박재삼, 미

루나무)

어치 명 까마귀과의 새. 몸길이 34cm. 비둘기보다 조금 작으며 몸은 포도색, 머리털은 적갈색임. 목소리가 고우며 다른 새들의 흉내를 잘 냄. #"**어치**라는 산새는 벌배 먹어 고흡다는 골에서 돌배 먹고 아픈 배를 아이들은 떨배를 먹고 나었다고 하였다/"(백석, 여우난골족)

어험스런 형 어험스럽다. 짐짓 위엄 있어 보인다. 텅 비고 우중충하다. 여기서는 전자의 뜻을 따른다. 어둠 속에서 잣나무가 위엄 있어 보이는데 캄캄한 하늘과 맞닿아 나무의 키를 헤아리기 어려운 상태임을 알 수 있다. #"내어다 보니, 아조 캄캄한 밤,/**어험스런** 뜰앞 잣나무가 자꼬 커올라간다.//"(정지용, 유리창2)

억병 명 술을 매우 많이 마시는 모양. #"오늘 교향의 내집에 있는다면/새 옷을 입고 새 신도 신고 떡과 고기도 **억병** 먹고/일가친척들과 서로 묘여 즐거이 웃음으로 지날 것이련만//"(백석, 두보(杜甫)나 이백(李白)같이)

억시기 부 매우. #"지집아들 짱배기마중 씨가리랑/깔방이가 **억시기** 많고"(상희구, 대구풍물/대구.4)

억시기 분답지마는 구 많이 바쁘지마는. #"토까이가 풀로 무울때는/입수부리가 야물야물거리 쌓는기/입수부리 하나사/**억시기 분답지마는**/누는 너무 쥐영타 카이끼네.//"(상희구, 토까이/대구.64)

언선시럽두룩 부 지겹도록. #"참, **언선시럽두룩** 죽을 마이 묵었다//보릿고개 급한 구황(救荒)에는 보리죽/비 오는 날에는 대개 콩죽/집에 반(半)불 들오는 날 저녁에는 으레 갱죽/식은 밥에다 먹다 남은 짐치랑 온갖 잡동사이/집어 넣어서 끓인 갱식이죽/엄마 아풀 때는 그나마 흰죽/알라들 엄마젖 모지랠 때는 암죽/강낭콩이나 팥네끼가 백찜에/까망콩이나 건포도겉은 호박범벅죽/지체있는 집안의 영감님이나 마님들, 속이/허할 때는 잣죽 아이마 전복죽, 홍합죽, 깨죽/동짓날에는 당연히 팥죽/중간중간에 녹띠죽/이것도 저것도 아닌 풀때죽//"(상희구, 죽/대구.95)

언짢달것가 준 언짢다고 할 것인가. #"눈이 붓어, 저것은 꽃핀 것가 꽃진 것가 여겼더니, 피는것 지는것을 같이한 그러한 꽃밭의 저것은 저승살이가 아닌것가 참. 실로 **언짢달것가**. 기쁘달것가.//거기 정신없이 앉았는 섬을 보고 있으면,/우리는 살았닥해도 그 많은 때는 죽은 사람과 산 사람이 숨소리를 나누고 있는 반짝이는 봄바다와도 같은 저승 어디즘에 호젓이 밀린 섬이 되어 있는 것이 아닌것가.//"(박재삼, 봄바다에서)

얼게미 명 어레미. 바닥의 구멍이 굵은 체. #“뻘밭을 훑으며/바람은 치마를 끌며 스스로 **얼게미**를 만든다./마을 속에 떨어진/마을을 건지려고/얼게미를 만든다//”(노향림, 바람은 치마를 끌며-압해도)

얼결 부 엉겁결. #“돌아다 보이는 무쇠다리 **얼결**에 띄워 건너서서 숨 고르고 발 놓는 남의 나라 땅.//“(김소월, 남의 나라 땅)

얼구다 동 얼리다. 얼게 하다. #“알룩조개에 입맞추며 자랐나/눈이 바다처럼 푸른 뿐더러 까무스레한 네 얼굴/가시내야/나는 발을 **얼구며**/무쇠다리를 건너온 함경도 사내//”(이용악, 전라도 가시내)

얼기빗 명 어레빗. #“골목골목이 바다를 향해 머리칼 같은 달빛을 빗어내고 있었다. 아니, 달이 바로 **얼기빗**이었었다. 홍부의 사립문을 통하여서 골목을 빠져서 굼꾸는 숨결들이 바다로 간다. 그 정도로 알거라.//”(박재삼, 가난의 골목에서는)

얼다 동 남녀가 육체적으로 관계함. 교합하다. (七大萬法)에서도 “이븟집 머섬과 사괴야 남진도 어러 가문도 더러이며” ≪칠대만법(七大萬法) 21≫에서와 같이 ‘교합하다’의 의미로 사용되고 있다. 이것을 ‘엮어보다’ 또는 ‘어울어보다’로 교열한 것은 잘못이다. 이상화 시에 나타난 ‘얼어보고십다’에서 ‘얼다’란 ‘교합하다’의 의미를 가지고 있다. #“오렴으나더갓가히내가삼을안으라 두마음한가락으로 **얼어보고십다**.//”(이상화, 離別을 하느니)

얼라 명 태어난 지 얼마 되지 아니한 아이. 경상도에서 ‘갓난아이’에 대응되는 방언형으로 ‘갓난아, 갓넌아, 간언나, 갈얼라, 깐난아, 깐얼라, 간난얼라, 간난안나, 갓난알라, 갓난얼라, 가늘라, 갓난애, 간난아아, 간난지이’ 등이 있는데 지역마다 다양하게 쓰인다. ‘갓난아’와 ‘갓난+얼라’와 같은 두 계열의 방언분화형들이 있다.[한국방언자료집 7-8 경상도편] #옛날에는 스물서이 되도록 **얼라**를 안 낳으이께 시어른이 말씀하시는데 “아이구, 저 애비도 눈도 옳잔은데 아아를 안낳아가 우짜노?”카고 걱정을 많이 했어요. 내 모리구러. 내 안듣는 데서요.(김점호, 베도 숱한 베 짜고), #“우리 큰 딸아 눕해 놓고, 우리 친정에 가가 지사(제사)지내고 오이께네 발 뒤꾸무리가, **간얼라** 뒤꾸머리가 발갛게 홀딱 까져 부랬던데, 뭐 우니라꼬 자리에 비비 갖고.”(김점호, 베도 숱한 베 짜고), #“내 말 너무 냉정하게 들리겠지만, 용순이사 아직 젖 묵던 **가늘라**(갓난아이)라 지금같이 에러분 처지에 오히려 큰집 들었다고 생각해라. 다듬잇돌 같은 그걸 업고

동네방네 장사 댕겼으이 오죽 다리심 빠졌겠나."(김원일, 불의제전)

얼럭소 명 얼룩소. #"달빛도 거지도 도적개도 모다 즐겁다/풍구재도 **얼럭소**도 쇠드랑볕도 모다 즐겁다/"(백석, 연자간)

얼룩배기 명 겉이 얼룩얼룩한 동물이나 물건. #"산 따라 올라가고 물을 밟아 내려오니/흰 구름 도는 곁에 내가 짐짓 사슴 같다/슬픔도 기쁨도 반점 **얼룩배기** 사슴 같다.//"(정완영, 흰 구름 도는 곁에)

얼린하다 형 얼씬하다. 아무것도 나타나지 않다. #"개 하나 **얼린하지** 않는 마을은/해밝은 마당귀에 맷방석 하나/빨갛고 노랗고/눈이 시울은 곱기도 한 건반밥/아 진달래 개나리 한참 피었구나//"(백석, 고성가도)

얼붙는다 동 얼어붙는다. #"피로가군 이삭에 참새로 날라가고/곰처럼 어린 놈이 북극을 꿈꾸는데/늘근이는 늘근이와 싸호는 입김도//벽에서 성애끼는 한겨울 밤은/동리의 밀고자인 강물조차 **얼붙는다**//"(이육사, 초가)

얼사쿠나 감 흥겨워 떠들 때 아주 좋다고 지르는 감탄사. #"온 세상을 얼사쿠나 다 뒤덮는 것 같더니//봄 동산을 **얼사쿠나** 도맡아 놀 것 같더니//가을 올줄은 **얼사쿠나** 아는 이가 적드니// **얼사쿠나** 아헤이요 하로밤 서리에 에헤요//"(김소월, 박넝쿨타령)

얼없다 형 어림없다. #"두루 나는 찾는다 가신 네가 행여나/다시 올까 올까고 하지만은 **얼없다**//"(김소월, 잠)

얼치거이 없이 부 넋 잃은 듯 정신없이. #"큰 오마씨와 작은 오마씨가 한테 사는 웅이네에 지역답이 되자/이집 영감이 대문을 들어섰다. 영감재이가 하마나 오까, 하마나/오까 하민서 누이 빠지게 기다리던 작은 오마씨가 엉기불통하고/쫓아 나가는 데, 고만 고모신코에 발가락이 잘못 끼었는지 발딱/나자빠지고 말았다. 이 꼬라지를 외미닫이 밖으로 **얼치거이 없이**/내다보고 있던 큰 오마씨가 사부제기 내뱉었다./아이고 고고 꼬방시에라.//"(상희구, 꼬방시다/대구.47)

얼클여서 구 얽고 헝클어서. #"밤마다 야광충들의 고흔 불아래 모혀서 영화로운 잔체와 쉴새없는 해조에 따라 푸른 하늘을 꾀했다는 이얘기//왼 누리의 심장을 거기에 느껴 보겠다고 모든 길과길들 핏줄같이 **얼클여서** 역마다 느릅나무가 늘어서고//"(이육사, 서울)

얼흔이 나다 구 얼과 혼이 나가다. 정신이 나가다. #"나는 이번에는 굴통 모퉁이로 달아가는데 굴통에는 굴대장군/**얼흔이 나서** 뒤울 안으로 가면 뒤울 안에는 곱새녕 아래 털능귀신//"(백

석, 마을은 맨천귀신이 돼서)

얽매다 동 얽어매다. #"자갈을밥으로, 햇채를마서도/마구나, 가젓드면, 단잠은**얽맬**것을—/사람을만든검아, 하로일즉/차라로주린목숨빼서가거라!//"(가장悲痛한祈慾)

엄 명 움. 초목 따위의 새로 돋아나는 싹. #"新開地에도 봄은 와서 가냘픈 빗줄은/뚝가의 어슴푸레한 개버들 어린 **엄**도 축이고,/난벌에 파릇한 뉘 집 파밭에도 뿌린다.//"(김소월, 상쾌한 아침), #"마른 나무 새 **엄**을//"(김소월, 고나두 풀노래를)

엄고란 명 암고란(岩高蘭). 시로미 나무. 제주도 한라산에 자생하는 다년생으로 흔히 불로초로 불리기도 한다. 이 나무에 가을에 익는 검은 열매를 진정제, 해열제와 같은 약용으로 사용한다. #"**암고란**, 丸藥같이 어여쁜 열매로 목을 축이고 살어 일어섰다.//"(정지용, 백록담)

엄매 명 엄마. #"배나무접을 잘 하는 주정을 하면 토방돌을 뽑는 오리치를 잘 놓은 먼섬에 반디젓 담그러 가기를 좋아하는 삼촌 **엄매** 사춘 누이 사춘 동생들//"(백석, 여우난골족)

엄신 명 엄짚신. 상제가 초상 때부터 졸곡 때 까지 신은 짚신. #"황토 마루 수무나무에 얼럭궁 덜럭궁 색동헝겊 뜯개조박 뵈자배기 걸리고 오쟁이 끼애리 달리고 소삼은 **엄신** 같은 딥세기도 열린 국수당고개를 몇 번이고 튀튀 춤을 뱉고 넘어가면 골안에 아늑히 묵은 영동이 무겁기도 할 집이 한 채 안기었는데//"(백석, 넘언집 범 같은 노큰마니)

엄이 트고 구 움이 트고. #"숲속에는 **엄이트고** 푸른빛 나고/아조 젊은 시악신듯 질검에 못견디어,/허나 해는 내려다 보고 웃어,/젊은 봄아 참 잘왔다!//"(박용철, 新春)

엄지 명 짐승의 어미. #"울파주 밖에는 장꾼들이 따라와서 **엄지**의 젖을 빠는 망아지도 있었다//"(백석, 주막)

엄첩다 형 대견하다. 기대 이상으로 잘하여 대견하다. '엄첩다'라는 시어는 '제법이다', '기대 이상이다'로 풀이할 수 있는 방언인데 이 시어를 표준어 '제법이다'로 바꾸면 전혀 다른 분위기가 될 것이다. #"간 고등어 한 손이믄/아배 소원 풀어드리련만/저승길 배고플라요/소금에 밥이나마 만히 묵고 묵고 가이소.//여보게 만술아비니 정성이 **엄첩다**/이승 저승 다 다녀도/인정보다 귀한//끝것 있을랄꼬.//"(박목월, 만술아비의 축문), #"어메야,/복이 따로 있나,/뚝심 세고/부지런하면 사는거지,/하늘이 물을 대는 천수답/그 논의 벼이삭,//니 말이 정말이데./**엄첩구나**/내 새끼야//"(박목월, 천수답)

업대다 동 엎드리다. '업딜어, 업딜고, 업딜어서, 업딜면'과 같이 활용한다. #"한우님! 나는 당신께 뭇조려함니다/짱에업대여 한울을우럴어 창자비-ㄴ소리로/밉게드를지 쉽게드를지모르는 당신께뭇조려합니다.//"(이상화, 이해를보내는노래)

업데다 동 엎디다. '업데다'는 '엎디다'의 고어(古語)이다. #"尊者끠 가 밥받줍고 짜헤 **업데여**/"≪석보상절, 24-34≫, #"눉믈 흘리고 悠悠히 벼개예 업데여서"≪두시초간본 11-14≫, #"물우흐로죽은듯**업대여**잇는/끗도업시열푸른한울의永遠性품은빗치//"(이상화, 池畔靜景)

업지러지다 동 배가 기우뚱거려도 바닷물은 흘러넘치지 않는다. #"海峽이 물거울 쓰러지듯 휘뚝 하였다./海峽은 **업지러지지** 않었다.//"(정지용, 다시 海峽)

없오매라 형 없을 것이다. #"뵈올가 바란 마음 그마음 지난 바램/하로가 열흘같이 기약도 아득해라/바라다 지친 이 넋을 잠재울가 하노라//잠조차 없는 밤에 촉태워 안젓으니/리별에 병든 몸이 나을길 **없오매라**/저달 상기보고 가오니 때로 볼가하노라//"(이육사, 옥룡암에서 신석초에게, 86)

없일끼이끼네 형 없을 것이니까. #"내사마 장디이가 뿌러지는거/것더마는/그렇다고 그런 것들로 밀치낼 수는 **없일끼이끼네**/이런 창수가 지내가고나마 얼매나 쥐영타꼬/달은 동무하자꼬 나오고 억새풀은 울어쌓고//"(상희구, 금호강(琴湖江)/대구.100)

엇득하다 형 어둑하다. 제법 어둡다. #"**엇득한** 퍼스렷한 하늘 아래서//"(김소월, 가을아츰에), #"논드렁 좁은 길 **엇득엇득 하지만**//"(김소월, 오일밤산보)

엇송아지 명 아직 다 자라지 못한 송아지. #"집에는 언제나 센개 같은 게사니가 벅작궁 고아내고 말 같은 개들이 떠들썩 짖어대고 그리고 소거름 내음새 구수한 속에 **엇송아지** 히물쩍 너들씨는데/"(백석, 넘언집 범 같은 노큰마니)

엇재 부 어찌. #"네가 주는 것이 무엇인가?/어린애게도 늙은이게도/즘생보담은 신령하단 사람에게/단맛뵈는 엿만이아니다/단맛넘어 그맛을 아는맘/아모라도가젓느니 잇지말라고/큰가새로 목닥치는네가/주는것이란 **엇재** 엿뿐이랴!//"(이상화, 엿장사)

엇저면 부 어쩌면. #"아이서려야 않겠지//그야 한떼 나라도 홀로 높고 빨라/어느 때나 외로운 넋이였거니//그곳에 푸른 하늘이 열리면/**엇저면** 네새고장도 될범하이//"(이육사, 잃어진 고향)

엇지면 부 어쩌면. #"그러나 **엇지면** 황송한 이 심정을 날로 나날이 내 압페는//"(김소월, 바라건대는우리에게)

엉기불통 명 '막무가내'의 의미가 있음. 염치불구하고 마구 내달음. #"엉기불통/시에미 심통/자동차 발통//"(상희구, 엉기불통/대구.43) #"큰 오마씨와 작은 오마씨가 한테 사는 웅이네에 지역답이 되자/이집 영감이 대문을 들어섰다. 영감재이가 하마나 오까, 하마나/오까 하민서 누이 빠지게 기다리던 작은 오마씨가 **엉기불통**하고/좇아 나가는 데, 고만 고모신코에 발가락이 잘못 끼였는지 발딱/나자빠지고 말았다. 이 꼬라지를 외미닫이 밖으로 얼치거이 없이/내다보고 있던 큰 오마씨가 사부제기 내뱉었다./아이고 고고 꼬방시에라.//"(상희구, 꼬방시다/대구.47)

엉기한 형 엉성한. #"**엉기한** 무덤들은 들먹거리며,/눈 녹아 황토 드러난 멧기슭의,/여기라, 거기 불빛도 떨어져 나와,/집짓고 들었노라, 오오 가슴이여//"(김소월, 찬 저녁)

엉뎅이 명 엉덩이. #"겨울엔 역시 **엉뎅이**가 뜨뜻해야 제일이니 뭐니 하다가도/옥에 갇힌 네게 비기면 못 견딜 게 있느냐고 하면서 너에게/차입할 것을 늦도록 손질하던 아내오 인젠 잠이 들었다//"(이용악, 유정에게)

엉머구리 명 울음소리가 큰 개구리. #"장대비 쏟으려나 흙탕 냇물 넘치려나/밤하늘 먹장구름 갈기갈기 찢으면서/상추쌈 싸먹는 소리로 **엉머구리** 울고 있다.//"(정완영, 여름은 너무 지쳐-농촌풍경 / 지친 밤), #"마소의 무리와 사람들은 돌아들고, 적적히 빈 들에,/**엉머구리** 소리 우거져라./푸른 하늘은 더욱 낮추, 먼 산 비탈길 어둔데/우뚝우뚝한 드높은 나무, 잘 새도 깃들여라.//"(김소월, 저녁때)

에를 조 -을. '-에를'에서 처격 다음에 '-를'이 통합되어 복합격으로 실현되는 점으로 보아 대격 '-를'과 향격 '-로'가 기원적으로 동일한 격범주에서 분화되었을 가능성을 보여주는 대구방언의 특징이다. #"산**에를** 가보이 눈이 하양이 싸있더래이.=산에 가보니 눈이 하얗게 쌓였더라.", #"아, 나의마음은,/사람이란이러케도,/光明을 그리는가—/담조차못가진거적문압**헤를**,/니르러드러니, 울음이, 돌더라.//"(이상화, 貧村의 밤)

에미네 명 계집아이들. 어머니들. #"그러나 누가 울긴들 했느냐 낫과 호미와 갈쿠리와 삽과/괭이와 불이라 불이라 불이라 **에미네**도 애비도 자식놈도…/「정권을 인민위원회에 넘기라」 한결같이 일어선 시월은 자랑이기에 이름없이 간 너무나 많은 동무들로 하여 더욱 자랑인 시월은 이름없이 간 모든 동무들의 이름이기에 시월은 날마다 가슴마다 피어 함께 숨쉬는 인민의 준엄한 뜻이기에 뭉게치는 먹구름 속 한 점 트인 푸른 하늘은 너의/길이라 이 고장 인민들이 피 뿌리

며 너를 부르며 부딪치고 부딪쳐 뚫리는 너의 길이라//"(이용악, 다시 오월에의 노래)

에빈 형 살이 빠진, 여윈. #"살찌매를 삐무리내는 겉치/아구락시럽기도 날이 칩은데/희뿜한 하늘에는/기기 삐간지 겉은/빽쪽하기 **에빈** 초생달이/새초무리하다//"(상희구, 칠성동(七星洞)의 섣달 초사흘/대구.81)

에빈 뽈때기 명 여윈 뺨. #"깜동콩을 볶아서 쌀 뉘 골리딧이 상(床) 우에다 가지러히/벌씨 놓고 한 알씩 입 안으로 톡톡 던져 넣고는 바짝/**에빈 뽈때기**가 오막오막 하민서 올캉졸캉 씹어 자시는/기 그 다섯 분째 맛이다//"(상희구, 가친오미(家親五味)/대구.54)

에우다 형 1. 둘러싸다. 2. 대신하다. #"댓잎에 달빛 댓잎그림자/매화가지에 매화가지그림자/스스로 마음에 **에우**는 달무리/스스로 풀리는 밤을//"(박목월, 월야)

에이다 동 1. 칼 따위로 도려내듯 베이다. 2. 마음을 몹시 아프게 하다. #"당신의 살을 저며 신이 나를 빚을 적에/뜨거운 피를 먹여 구비 **에인거냐**/오늘은 南溟의 땅을 울고 웃고 갑니다.//"(정완영, 제주도 기행시초 / 痛心曲)

여게 대 여기. '여기+에'의 축약형이 기저형으로 재구조화되었다. #"한우님을비웃을 自由가**여게**잇고/늙어지지안는 青春도**여게**잇다/눈물저즌세상을바리고 웃는내게로와서/아 生命이 變動에만잇슴을 깨처보아라//"(이상화, 바다의 노래)

여래 명 여래(如來). 부처. #"나는 북관(北關)에 혼자 앓아 누워서/어느 아침 의원(醫員)을 뵈이었다./의원은 **여래**(如來) 같은 상을 하고 관공(關公)의 수염을 드리워서/먼 옛적 어느 나라 신선 같은데/"(백석, 고향)

여름 명 열매. #"엄매와 둘이 소기름에 쌍심지의 불을 밝히고 밤이 들도록 바느질하는 밤 같은 때 나는 아룻목의 삿귀를 들고 쇠든 밤을 내여 다람쥐처럼 밝아먹고 은행**여름**을 인두불에 구어도 먹고 그러다는 이불 위에서 광대넘이를 뒤이고 또 누어 굴면서 엄매에게 웃목에 두른 평풍의 새발간 천두의 이야기를 듣기도 하고//"(백석, 고야(古夜))

여우가 우는 밤 구 민간의 속신에서 여우의 울음은 죽음을 의미하였고, 또 밤에 여우가 울면 불길하다고 하였다. #"**여우가 우는 밤**이면 잠 없는 노친네들은 일어나 팥을 깔이며 방뇨를 한다/여우가 주둥이를 향하고 우는 집에서는 다음날 으레히 흉사가 있다는 것은 얼마나 무서운 말인가/"(백석, 오금덩이라는 곳)

여죽지 부 아직까지. 아직도. #"식구들

이 쭈욱 둘러 앉아서 아침저녁 끼니로 이아 묵는 뜨겁은 한 그릇의 시레기국은 언제나 그 근기(根氣)를 온전히 보존 하였던 것이다/요새 와서 그 사실이 밝혀졌지만 배추잎사구와 무시시레기의 엽록소(葉綠素)는 비타민의 보고이며 미리치대가리의 칼슘 함량은 동급 식품중에 최고라고 한다/칠성동 시절의 우리 4남매가 **여죽지** 골골거리지 않고 건강한 것도 우리 엄마 시레기국 힘이 크다/아, 시레기국 만세!//"(상희구, 시레기국/대구.75) # "배는 고파 죽겠는데/서산에 해는/안주 짱짱하다//엄마가 저녁 이아 물 양으로/보리죽 한 사발을/실겅우에 유룸해 논 거를/내가 밨는데//해는 **여죽지**/빠질 기척도 안 하고/자꼬 배미리기만/해 쌓는다//"(상희구, 보릿고개/대구.60)

여호털 명 여우털. #"은빛 **여호털**로 놉은자리 베풀고/자지빛 아롱비단 앞을드리라/거기 아로새기라 비달기와석뉴/백개의눈이있는 공작의 날개를/금과은으로 포도넚과 열매를/힌빛으로 창포꽃을 새겨넣으라/내생명의 생일이 되였느니/내사랑이 내게 오셨느니.//"(박용철, 생일)

역거 동 엮어. #"바다가 수건을 날려 부르고/난 단숨에 뛰여 달여서 왔겠죠//천금같이 무거운 엄마의 사랑을/헛된 항도에 **역겨** 보낸날//그래도 어진 태양과 밤이면 뭇별들이/발아래 깃드려 오오//"(이육사, 산)

엮끼나온다 동 엮어나온다. #"쏘내기가 한줄기 할랑강//뒷산 산삐얄쪼오서 번갯불이/밑 분 뻿뜩거리 쌓티마는/이내 자질구리한 천둥소리가/줄방구띠방구로 **엮끼나온다**//쏘내기가 억수로/퍼벘다가 그친다//마당 한쪼오는/따리아가 되리 붉다//하늘에는 발씨로/식은 낮달이/시큰둥하다//"(상희구, 뒷산 산삐얄쪼오서 자질구리한 천둥소리가 줄방구띠방구로 엮끼 나오다 - 고산골에서/대구.32)

연달리다 형 연이어 달리다. 연이어 붙어 있다. #"**연달린** 산과 산 사이/너를 남기고 온/작은 마을에도 복된 눈 내리는가//"(이용악, 그리움)

연대 마른대로 바람에 울고 구 연꽃잎의 마른 자루가 바람에 부딪치는 모습. #"별도 잠기지 않은 옛못 우에/**蓮대 마른대로 바람에 울고**//"(정지용, 窓)

연미나리 명 미나리의 새순으로 아직 연한 순. #"이 밤을 다 기울여 부르는 봄소식은/얼음 속 뚫고 나온 **연미나리** 아픈 사랑/ 가지 끝 하늘도 풀릴 불을 지피 오리까.//"(정완영, 춘소우)

연소탕 명 연소탕(燕巢湯). 중국요리의 하나로 제비집으로 끓여 만든 고급 스프이다. #"이러면서 그 무슨 제비의 춤이라는 **연소탕**(燕巢湯)이 맛도 있는 것과 또 어느 바루 새악시가 곱

기도 한 것 같은 것을 생각하는 것일 것인데"(백석, 조당에서)

연연턴 동 연연하던. 연연(娟娟)하다. 빛이 엷고 곱다. #"**연연턴** 綠陰, 水墨色으로 짙은데/한창때 곤한 잠인양 숨소리 설키도다.//"(정지용, 달)

연자간 명 연자맷간. 연자매를 차려 놓고 곡식을 찧거나 빻는 큰 매가 있는 장소. #"밭 마당귀 여자간 앞을 지나가는데 **연자간**에는 또 연자당귀신/나는 고만 질겁을 하여 큰 행길로 나서서/마음을 놓고 화리서리 걸어가다 보니//"(백석, 마을은 맨천귀신이 돼서)

연자당귀신 명 연자간을 맡아 다스리는 신. #"밭 마당귀 여자간 앞을 지나가는데 연자간에는 또 **연자당귀신**/나는 고만 질겁을 하여 큰 행길로 나서서/마음을 놓고 화리서리 걸어가다 보니//"(백석, 마을은 맨천귀신이 돼서)

연잦을 때 구 연이어 들릴 때. #"반달 여울의 옅은 물에/여겻차 소리 **연잦을 때**/금실비단의 돛단배는/白日青天에 어리었네.//"(김소월, 대수풀 노래)

열두 데석님 명 열두 제석(帝釋). 무당이 섬기는 가신제(家神祭)의 여러 신들. #"오대(五代)나 나린다는 크나큰 집 다 찌그러진 들지고방 어득시근한 구석에서 쌀독과 말쿠지와 숫돌과 신뚝과 그리고 옛적과 또 **열두 데석님**과 친하니 살으면서//"(백석, 목구(木具))

열배 명 아직 채 익지 않은 풋배. #"어치라는 산새는 벌배 먹어 고흡다는 골에서 돌배 먹고 앓던 배를 아이들은 **열배** 먹고 나었다고 하였다//"(백석, 여우난골족)

열없이 형 열없다. 조금 부끄럽다. 담이 크지 못하고 겁이 많다. 여기서는 '조금 자연스럽지 못하고 겁을 먹은 듯이 어색하게'의 뜻으로 풀이할 수 있다. #"**열없이** 붙어서서 입김을 흐리우니/길들인양 언날개를 파다거린다.//"(정지용, 유리창1)

열적다 형 열없다. 성질이 묽고 째이지 못하다. #"그러나 당신의 **열적은** 오라범 하나가/먼데 갓가운데 가운데 불을 헤이며 헤이며/찬비에 함추름 휘적시고 왔오.//"(정지용, 엽서에 슨 글)

열푸르다 형 '열푸른'은 '엷다'와 '푸르다'가 혼태(blending)로 인해 '열푸르-' 곧 '엷고 푸른', '푸르스름한'의 의미를 지닌 대구방언이다. #"초가을열나흘밤 **열푸른**유리로 천정을한밤/거기서 달은 마중왔다 얼굴을 쳐들고 별은 기대린다 눈짓을한다//"(이상화, 逆天), #"우리의 가슴복판에 숨어사는/**열푸른** 마음의꽃아 피어버리라,/우리는 오늘을지리며, 먼길가는나그넬너라.//"(이상화, 마음의꽃)

엽초 순쓰래기 명 엽초 순시래기. '엽초'는 잎담배 말린 것이며, '순시래기'는 무청처럼 말린 것을 말한다. 여기서는 엽초 말린 시래기를 잎담배로 말아 피우는 것을 의미한다고 본다. #"山蔘순은 몸짓을 흔들엇다 심캐기 늙은이는 葉草 순쓰래기 피여 물은채 돌을 벼고//"(정지용, 盜掘)

엿게 동 엮기어. 엮여. #"내여던진 풀넙픈 **엿게** 떠갈 제//"(김소월, 풀따기)

엿궤 명 엿을 넣도록 나무로 네모나게 만든 그릇. '궤'는 물건을 넣도록 나무로 네모나게 만든 그릇. #"엿방 앞에 **엿궤**가 없다//양철통을 쩔렁거리며 달구지는 거리끝에서 강원도로 간다는 길로 든다//"(백석, 성외(城外))

엿도가 명 엿을 만드는 집. #"지는 해 등에 업고 긴 그림자로/꿈속에서 고향을 찾게 한다/**엿도가**에서 옹기전에서 달비전에서/부사귀 몽달귀 동무되어 뛰게 한다/새벽에 눈뜨고 강물소리 듣게 한다//"(신경림, 소리)

엿도갓집 명 엿을 고아 만드는 집. #"강하나 건너왔네 손도 몸도 내어주고/갯비린내 벽에 쩔은 **엿도갓집** 행랑방/감나무 빈 가지 된서리에 떨면서/내 여자 몸 무거워 뒤채는 그믐밤//"(신경림, 밤길)

엿장사 명 엿장수. #"네가 주는 것이 무엇인가?/어린애게도 늙은이게도/즘생보담은 신령하단 사람에게/단맛뵈는 엿만이아니다/단맛넘어 그맛을 아는맘/아모라도가젓느니 잊지말라고/큰가새로 목닥치는네가/주는것이란 엇재 엿뿐이랴!//"(이상화, 엿장사)

엿태 부 아직까지. 지금까지. #"**엿태** 자지 안코 잇드냐 다심도 하지 그대요 밤새면 내일 날이 또//"(김소월, 돈과밥과맘과들)

엿튼 형 옅은. #"또 한끗 호쥬군한 **엿튼** 몽상에//"(김소월, 바다까의밤)

영 명 영혼. #"눈물에 싸여 오는 모든 기억은/피 흘린 상처조차 아직 새로운/가주난 아기같이 울며 서두는/내 **영**을 에워싸고 속살거려라.//"(김소월, 가을 아침에)

영동 명 영동(楹棟). 기둥과 서까래. #"황토 마루 수무나무에 얼럭궁 덜럭궁 색동헝겊 뜯개조박 뵈자배기 걸리고 오쟁이 끼애리 달리고 소삼은 엄신 같은 딥세기도 열린 국수당고개를 몇 번이고 튀튀 춤을 뱉고 넘어가면 골안에 아늑히 묵은 **영동**이 무겁기도 할 집이 한 채 안기었는데//"(백석, 넘언집 범 같은 노큰마니)

영머리 명 고개머리. #"일찌기 우리 할아버지 할머니가/이 호박 박넌출을 극진스리 돌보드키/나도 시골에 살며/푸른 **영머리** 끝으로/그 억센 잎새들이 번어 자람을 지극히 사랑하오//"(유치환, 시골에서)

영창 명 방을 밝게 하기 위해 방과 마루

사이에 낸 두 쪽의 미닫이. #"선뜻! 뜨인 눈에 하나차는 **영창**/달이 이제 밀물처럼 밀려 오다.//"(정지용, 달)

옆댕길 명 옆길. #"한창 꿀벌이 닝닝거리는 살구꽃이 피어 있는/여기 동대신동(東大新洞) 한 모퉁이 채마밭 **옆댕길**을/시방 나비가 앞서가고 내가 따라가고/"(유치환, 봄바다)

옆차개 명 호주머니. #"어진 사람이 많은 나라에서는/오두미를 버리고 버드나무 아래로 돌아온 사람도/그 **옆차개**에 수박씨 닦은 것은 호박씨 닦은 것은 있었을 것이다//"(백석, 수박씨 호박씨)

옆푸라 부 옆으로. '푸라'는 별 의미가 없다. #"아이고 무섭어라!/한 동네 사는 신태랑, 그 단에 배루고 배루던 저 건너 마실, 안티골에 숨어 있는 새이(喪輿) 집을 염탐키로 작정을 했다./초지역이 이역할 때 쭘 해서 질을 나서는데, 안티골 새이집은 건너 지실마을 끝타아, 막은안창집 **옆푸라**다 배껕마당을 가로질러//"(상희구, 새이(喪輿)집/대구.27)

예 대 여기. #"종일 두고 우짖고 사는 벌레소리 새소리에/웃티 벗어 팔에 끼고 아아 나는 드디어 **예**까지 왔고나.//"(유치환, 새에게)

예가도 구 '울어 예가도'는 '울어도' 정도로 이해할 수 있다. #"넌 제왕왕 길드린 교룡/화석되는 마음에 잇기가 끼여//승천하는 꿈을 길러준 렬수/목이 째지라 울어 **예가도**//저녁 놀빛을 걷어 올리고/어데 비바람 잇슴즉도 안해라//"(이육사, 남한산성)

예니레 명 6~7일. #"온 집안에 퀴퀴한 돼지 비린내/사무실패들이 이장집 사랑방에/중돋을 잡아 날궂이를 벌인 덕에/우리들 한산 인부는 헛간에 죽치고/개평 돼지비계를 새우젓에 찍는다/끗발나던 금광시절 요릿집에 얘기 끝에/음담패설로 신바람이 나다가도/벌써 **예니레**째 비가 쏟아져//"(신경림, 장마)

예다 동 가다. '예다'는 '가다'의 옛말. #"조찰한 벼개로 그대 **예시니** 내사 나의 슬기와 외롬을 새로 고를 밖에!//"(정지용, 溫正)

예대가리밭 명 예데가리밭. 산의 맨 꼭대기에 있는 오래된 비탈밭. 쓰고 남은 귀퉁이 밭. 예재(餘在)는 쓰고 남은 물건임. '예데가리밭'은 '예재 쪼가리 밭'이라는 뜻으로 보인다. #"이것은 어느 양지귀 혹은 능달쪽 외따른 산 옆 은댕이 **예데가리밭**에서/하룻밤 뽀오햔 흰김 속에 접시귀 소기름불이 뿌우현 부엌에/산멍에 같은 분틀을 타고 오는 것이다//"(백석, 국수)

예지랑시럽다 동 과장되게 제법 격을 갖추어 점잖은 채 행동하다. 예) 그냥 산책이나 하고 말 것을, 간편하게 차리면 되는데, 갓에다 도포까지 행장을 꾸렸을 때, 이런 경우 '예지랑스럽다'고 할 수 있다. #"딘장은 짜박짜박/곯어쌓고//젓먹이 에비는/오도 안하고//시에미 새짜래기 잔소리는/ 짜다라 **예지랑시럽은데**//새댁이 갓 볶은/뽀글 파마머리가/티미한 불뻬체/기양 자글자글 하다//"(상희구, 평일(平日)/대구. 24)

옙부다 형 예쁘다. #"아 **옙부게**잘사는「東京」의밝은웃음속을 윈데로헤메나/내눈은 어둠속에서별과함께우는 흐린 호롱불을 넉업시볼뿐이다.//"(이상화, 도―교에서)

옛낯 명 옛얼굴. #"생각의 끝에는 졸음이 오고/그리움의 끝에는 잊음이 오나니/그대여, 말을 말아라, 이후부터/우리는 **옛낯**없는 설움을 모르리//"(김소월, 옛낯)

옛적본 명 옛날 분위기. 고전풍. #"**옛적본**의 휘장마차에/어느메 촌중의 새 새악시와도 함께 타고/먼 바닷가의 거리로 간다는데//"(백석, 이두국주가도)

오가리 명 박, 무, 호박 따위의 살을 오리거나 썰어서 말린 것. #"닭이 두 홰나 울었는데/안방 큰방은 홰즛하니 당등을 하고/인간들은 모두 웅성웅성 깨여 있어서들/**오가리**며 섯박디를 썰고/생강에 파에 청각에 마늘을 다지고//"(백석, 추야일경(秋夜一景))

오구작작 명 여러 사람이 뒤섞여 떠드는 수선스런 모양. #"샘터엔 **오구작작** 물을 긷는 처녀며 새악시들 가운데 내가 좋아하는 그이가 있을 것만 같고//"(백석, 통영 2)

오독독 부 화약을 재어 점화하면 터지는 소리를 자꾸 내면서 불꽃과 함께 떨어지게 만든 것. #"아, 이 정월(正月) 대보름 명절인데/거리에는 **오독독**이 탕탕 터지고 호궁(胡弓)소리 뻴뻴 높아서//"(백석, 두보(杜甫)나 이백(李白)같이)

오두미 명 오두미(五斗米). 도연명의 월급. 당시 현감의 월급이 오두미에 해당. #"어진 사람이 많은 나라에서는/**오두미**를 버리고 버드나무 아래로 돌아온 사람도/그 옆차개에 수박씨 닦은 것은 호박씨 닦은 것은 있었을 것이다//"(백석, 수박씨 호박씨)

오들막 명 오두막. #"하얀 박꽃이 **오들막**을 덮고/당콩 너울은 하늘로 하늘로 기어올라도/고향아/여름이 안타깝다 무너진 돌담//"(이용악, 고향아 꽃은 피지 못했다)

오라베 명 오빠. 결혼한 오빠를 부르는 호칭. 지칭. #"우리 고장에서는/오빠를/**오라베**라고 했다./그 무뚝뚝하고 왁살스러운 악센트로/오오라베라고 부르면/나는/앞이 칵/막히도록 좋았다.//"(박목월, 사투리)

오랩동생 명 남동생. #"아홉이나 남아

되던 **오랍동생**을/죽어서도 못 잊어 차마 못 잊어/야삼경 남 다 자는 밤이 깊으면/이산 저산 옮아가며 슬피 웁니다.//"(김소월, 접동새)

오력 명 오금. 무릎을 구부리는 안쪽. #"마을은 맨천귀신이 돼서/나는 무서워 **오력**을 펼 수 없다//"(백석, 마을은 맨천귀신이 돼서)

오로촌 명 만주의 유목민족. 중국의 동북지방에 거주하는 소수민족의 하나. 러시아에서는 바이칼호 이동(以東)에서부터 아무르강 유역에, 중국에서는 내몽골의 대흥안령(大興安嶺), 흑룡강성(黑龍江省)의 소흥안령(小興安嶺), 두 산맥 안에 산다. 매우 예절 바른 부족으로 한국인과 비슷함. #"갈대와 장풍의 붙드든 말도 잊지 않었다/**오로촌**이 멧돌을 잡어 나를 잔치해 보내든 것도/쏠론이 십리길을 따러나와 울든 것도 잊지 않었다/"(백석, 북방에서)

오롯하다 형 모자람이 없이 온전하다. #"별들이 뜨기를 기다려/가고 오지 않는 것들의/ **그오롯한** 슬픔 사이에 놓이리//"(박두규, 당몰샘)

오리치 명 평북지방의 토속적인 사냥용구로 야생오리를 잡으려고 만든 그물. 오리가 잘 다니는 물가에 세워 놓은 것으로 삼베로 노끈을 해서 만든 동그런 올가미. #"**오리치**를 놓으려 아배는 논으로 내려간 지 오래다/오리는 동비탈에 그림자를 떨어트리며 날아가고 나는 동말랭이에서 강아지처럼 아배를 부르며 울다가/시악이 나서는 등뒤 개울물에 아배의 신짝과 버선목과 대님오리를 모다 던져 버린다//"(백석, 오리 망아지 토끼), #"배나무접을 잘 하는 주정을 하면 토방돌을 뽑는 **오리치**를 잘 놓은 먼섬에 반디젓 담그러 가기를 좋아하는 삼춘 엄매 사춘 누이 사춘 동생들이 그득히들 할머니 할아버지가 있는 안간에들/모여서 방안에서는 새옷의 내음새가 나고//"(백석, 여우난골족)

오마이 명 엄마. #"가리늦게 머시마만 너이로/둔 어떤 **오마이**가 사할뒤리/씨부렁거리 쌓는 기라꼬는//큰 늠은 물티이 겉고/둘째 늠은 쫌쌔이고/시째 늠은 배막띠이고/그라마 끄티이는 쫌 크기 될랑강?//이었다//"(상희구, 물티이/대구.72)

오마이를 먼저 앞세운 구 엄마가 먼저 세상을 떠난. #"**오마이를 먼저 앞세운**/올개 국민학교에 갓 입학한/막내손주 보겠도우에/노랑 콧수건을 메달아 주면서/할매가 다짐을 한다//기철아, 차에 받칠라/먼산 보지 말고/패내기 댕기 온너래이/내 엿 녹카 노오꾸마,//한잠 늘어지게 자고 난/앞마다아 강새이가/하품을 크게 하고는/머리뚱하이/먼 산을 본다//"(상희구, 입춘(立春) – 먼 산

보다/대구.92)

오명가명 구 오면서 가면서. #"진주 남강 맑다 해도/**오명 가명**/신새벽 이나 별빛에 보는 것을/울 엄매의 마음은 어떠했을꼬//"(박재삼, 추억에서)

오솝소리 부 조용하게. 남모르게. '오솝소리'라는 말은 참 재미있고 정감 있는 방언이다. 이 '오솝소리'를 윤영천(1988)은 '다소곳'이라고 주석을 달아 두고 있다. 그러나 그보다는 조용하게(소리없이) 남모르게 부산을 떨거나 수선을 피지 않고 '조용조용히'라는 뜻이다. #"나를 반듯이 눕힌 널판을 허비다도/배와 두 다리에/징글스럽게 감긴 누더기를 쥐어뜯다도/밥/뛰어 뛰어 높은 재를 넘은 어린 사슴처럼/**오솝소리** 맥을 버리고/가벼이 볼을 만지는 야윈 손//"(이용악, 밤)

오시랴십니가 구 당신은 어떻게(어떤 방식으로, 어떤 모습으로)오시려 하십니까? #"당신께서 오신다니/당신은 어찌나 **오시랴십니가**.//"(정지용, 풍양몽 1)

오시럽다 형 '걱정스럽고 불안하다'는 의미로 함경도 방언에서는 '오시랍다'가 사용된다. '오시랍다'는 김태균의 『함북방언사전』과 곽충구(2001)에서도 '어떤 일이 걱정이 되어 근심스럽고 불안하다'는 뜻으로 해석하고 있다. #"반츨한 돌기둥이 안개에 감기듯/아물아물 사라질 때면/욋스런 웃음이 배암처럼 기어들 것만 같애/싸늘한 마음에 너는 **오시러운** 피를 흘린다//"(이용악, 금붕어)

오시이소 구 오십시오. #"타지 않는 저녁 하늘을/가벼운 병처럼 스쳐흐르는 시장기/어쩌면 몹시두 아름다워라/앞이건 뒤건 내 가차이 모올래 **오시이소**//"(이용악, 집)

오실까구 구 오실까 하고. #"봄이 다 가기 전,/이 꽃이 다 흩기 전/그린 님 **오실까구**/뜨는 해 지기 전에.//"(김소월, 그리워)

오여싸다 동 둘러싸다, 에워싸다. #"그리운 지평선을 한숨에 기오르면/시궁치는 열대식물처럼 발목을 **오여쌌다**//새벽 밀물에 밀려온 거미이냐/다 삭아빠즌 소라 껍질에 나는 붙어 왔다//"(이육사, 로정기)

오쟁이 명 짚으로 작게 엮어 만든 섬. #"황토 마루 수무나무에 얼럭궁 덜럭궁 색동헝겊 뜯개조박 뵈자배기 걸리고 **오쟁이** 끼애리 달리고 소삼은 엄신 같은 딥세기도 열린 국수당고개를 몇 번이고 튀튀 춤을 뱉고 넘어가면 골안에 아늑히 묵은 영동이 무겁기도 할 집이 한 채 안기었는데//"(백석, 넘언집 범 같은 노큰마니)

오지기 부 오달지게. 허술한 데가 없이 야무지고 알차게. 경상방언에서 '오지게, 오지기'는 '오달지게, 야무지개,

알차게, 아주 감쪽같이, 되게, 무척이나' 등의 다양한 의미를 가지고 있다. 이와 함께 형용사 '오지다'는 '내실이 있다, 살이 많고 알차다, 실속이 있다.'라는 의미의 어휘이다. #"덤불을 헤치며 들어가는데/머가 내 발등에/미키적하였다./나는 고마/가슴이 펄떡하였다./가만히 보니/짝두꼬지가 그랬다/짝두꼬재한테 **오지게**도 속았다.//"(이오덕, 일하는 아이들, 딸 따 먹기), #"참내. 잠 좀 잘라 캤더이 오지기(어지간히) 씨부려쌌는다(말한다)."(박경리, 토지 2, 283), #"못받는 돈이사 그렇고, 그년 **오지기** 당하기는 기이 고소해서 내사마 춤이라도 추고 접다."(박경리, 토지 4, 341), #"또 훑는 데도 좋고, 몬 익허 가주고 쪼금 설었다 하는 거는 오래 담과(담가) 놓고, 또 벗기는 데도 제릅 살이 붙어 부래. 찔개 가주고. 삼도 **오지지**도 안하고."(김점호, 베도 숱한 베 짜고)

오지락시립기도 부 아주 야무지고도 끈질김. #"참 **오지락시립기도** 시레기국을 마이 묵었다 그런대도 한 분도 물리지를 않았다 한 평생 묵는 밥이 한 분도 물리지를 않듯이,우리집이 절량(絶糧)이었을 때 시레기국은 우리 집의 소중한 식량이었다//"(상희구, 시레기국/대구.75)

오지항아리 명 오짓물을 발라 만든 항아리. '오짓물'이란 흙으로 만든 그릇에 발라 구우면 그릇에 윤이 나는 잿물. #"돌담 밑 **오지항아리**/저녁별을 안고 망설일 즈음/우리 아운 나를 불러 불러 외롭단다//"(이용악, 아이야 돌다리 위로 가자), #"붉은 수탉이 높이 샛더미 위로 올랐다/텃밭가 재래종의 임금 나무에는 이제도 콩알만한 푸른알이 달렸고 히스무레한 꽃도 하나 둘 피여있다/돌담 기슭에 **오지항아리** 독이 빛난다//"(백석, 창의문외(彰義門外)), #"**오지항아리**에는 삼춘이 밥보다 좋아하는 찹쌀탁주가 있어서/삼춘의 임내를 내어가며 나와 사춘은 시큼털털한 술을 잘도 채어 먹었다//"(백석, 고방)

오지화로 명 흙으로 빚어 구운 화로. #"참나무 불이 이글이글한/**오지화로**에 감자 두어 개 묻어놓고/멀어진 서울을 그리는 것은/도포 걸친 어느 조상이 귀양 와서/일삼던 버릇일까/돌아갈 때면 당나귀 타고 싶던/여러 영에/눈은 내리는데 눈은 내리는데//"(이용악, 두메산골3)

온이 부 온전히. 통째. #"너히는 산을넘는 개아미 무리/산넘어 또산이요 구름은 겹겹이란디/한번가신님은 다시올 길이없다/무심한 두견아 봄사람의 가슴을 울리지말아/피를 모조리 뿌린다한들 꽃마다 진달래곶되여 피묻히라/한시절 청춘을 압뒷 돌보지말고

온이 질기자//"(박용철, 三部曲)

올감기다 형 착 달라붙다. #"燭臺 든 손에/올감기는/산뜻한 감촉!//"(이용악, 포도원)

올개 명 올해. #"오마이를 먼저 앞세운/올개 국민학교에 갖 입학한/막내손주 보겠도우에/노랑 콧수건을 메달아 주면서/할매가 다짐을 한다//기철아, 차에 받칠라/먼산 보지 말고/패내기 댕기 온너래이/내 엿 녹카 노오꾸마,//한잠 늘어지게 자고 난/앞마다아 강새이가/하품을 크게 하고는/머리뚱하이/먼 산을 본다//"(상희구, 입춘(立春) - 먼 산 보다/대구.92)

올고올 명 흔들면 고운 소리가 나는 악기. #"낮인데도 귀뚤이는 섬돌 뒤에/제를 달래어 종일을 가만히 올고올을 흔들고 있고/먼 글밭엔 수숫대 잎새 쇠붙이 소리로 울어 쌓는데/계절의 이미 急한 風雲이/미닫이 안 夫人의 돋보기에 그림자 얼이다.//"(유치환, 尋莊記)

올랑강 동 오려나 몰라. #"저저아래는 누부야가 와서/봄똥배추짐치 담가 놓고 가고//저아래는 누부야가 와서/이불홑청 빨아 놓고 가고//아래는 누부야가 햇찐쌀/한 보시기 갖다 놓고 가고//어제는 누부야가 안 왔다//오늘은 누부야가 올랑강?//"(상희구, 태평로 2가(街)/대구.51)

올에 명 올해. #"올에는 날씨가 알맞지 않았는지/나의 가꾸기가 글렀던지/우리집에 영근 것이 겨우 호박 일곱덩이/오늘 마지막 죄 따다 멍석 위에 굴러뜨리니/한량없이 데려 온 촌뚜기 아이들이요.//"(유치환, 시골에서)

옮어가다 동 1. 자리나 위치를 옮겨가다. 2. 어떤 자리나 위치에서 차츰차츰 번져가다. #"그러나아즉도—/쉴사이업시올머가는自然의變化가내눈에내눈에보이고/「죽지도살지도안는너는生命이아니다」란내맘의비웃음까지들린다들린다./아서라마즌배암과가튼이목숨이나마 끈허지기전에/입김을 부러너차핏물을듸뤄보자.//"(이상화, 오늘의 노래)

옴시런이 부 고스란히. 전라방언으로 '오쓰라기, 오쓰락허니, 옴쓰레기, 옴씨락' 등의 어휘가 함께 사용됨. #"나는 손에 내마음 내어들고/나는 죽지 않고 살으리다/당신이 이런대로 불렀으니,/당신앞에 나와 섰나이다…/내가진 것 남김없이 가져오고,/옴시런이 나를 바칩니다,/그대「여」웃으시면 나는 노래하오리다,//"(박용철, 두 번), #"해파란 저달빛을/이몸에 비최과저/왼밤을 비최과저/오랜병에 여윈뺨에/피어리어 싸늘한이몸에/핼슥한 저달빛을/옴시런이 비최과저//"(박용철, 무덤과 달)

옴자거리다 동 옴작거리다. #"오히려

꽃은 빨갛게 피지 않는가/내 몸숨을 꾸며 쉬임 없는 날이여//북쪽 쓴도라에도 찬 새벽은/눈속 깊이 꽃 맹아리가 **옴자거려**/제비떼 까맣게 날라오길 기다리나니//"(이육사, 꽃)

옴직 않다 동 옴찍대지 않다. 조금도 움직이지 않다. #"東海는 푸른 挿畵처럼 **옴직 않고**/누뤼 알이 참벌처럼 옴겨 간다.//"(정지용, 毘盧峯)

옴짓 부 옴찔. 깜짝 놀라 몸을 움츠리는 모양. 여기서는 몸을 움츠린 채 꼼짝하지 않고 있음을 뜻한다. #"**옴짓**/아니 긘다.//"(정지용, 玉流洞)

옴치다 동 옴츠리다. #"香그런 꽃뱀이 高原꿈에 **옴치고** 있소.//"(정지용, 절정)

옵바 명 오빠. #"날 맛도록 오기도하는 파-란비라고　설어움이아니다./나는 이봄이되자 어머니와 **옵바**말고 낫선 다른이가 그리워젓다./그러기에 나의 설음은 파-란비가 오면부터 남붓그러 말은못하고 가슴깁히 쌔리가박혓다.//"(이상화, 파-란 비)

옹그라져 동 웅크러져. 전남방언 '옹글다(웅크리다)의 활용형. #"이같이 말라붙고/**옹그라져**/이 험한 바위가 되렴아//너를 참아 사루다니/무언다시 않사루라//"(박용철, 다시)

와 이카노 구 왜 이러느냐. #"여섯 살쯤된 사내아이가 큼지막한 사진 한 장을 들고/난리를 친다/엄마아, 이거는 누부야 얼굴이 아이다 카이/아이고 이노무 자석이 **와 이카노**/부엌일을 하던 엄마는 종내 부지깽이를 내려놓고는/손아래 시누에게 푸념을 늘어 놓는다/아이구 우짜꼬, 사진일랑 고마, 아무 데서나 찍을꺼로,/얼굴로 너무 뺀지리하게 맨들어 났구마는,/저너무 자석이 나쫑에 머라 안 카까, 우쨌던지 자가/시집 가서 잘 살아야 될낀데.//"(상희구, 명성사진관/대구.30)

왕구새자리 명 왕골새자리. 왕골의 껍질이나 띠 등을 엮어서 만든 자리. '새'는 띠, 억새 따위의 볏과 식물을 통틀어 이르는 말이다. #"이슥하니 물기에 누굿이 젖은 **왕구새자리**에서 저녁상을 받는 가슴앓는 사람은 참치회를 먹지 못하고 눈물겨웠다/"(백석, 시기의 바다)

외ㅅ가마귀 명 혼자서 날아가는 가마귀. '외기러기'에서와 같은 의미의 '외,'가 붙어 있다. #"**외ㅅ가마귀** 울며 나른 알로/허울한 돌기둥 넷이 스고,/이끼 흔적 푸르른데/黃昏이 붉게 물들다//"(정지용, 봄)

외얏맹건 명 오얏망건. 망건을 잘 눌러 쓴 폼이 오얏꽃 같이 단정하게 보인다는 데서 온 말. #"한 해에 몇 번 매연지난 먼 조상들의 최방등 제사에는 컴컴한 고방 구석을 나와서 대별머리에 **외얏맹건**을 지르터 맨 늙은 제관의 손에 정갈히 몸을 씻고 교우 위에 모신 신주 앞에 환한 촛불 밑에 피나무 소담한 제상 떡, 보탕, 식혜, 산적, 나물지짐, 반봉, 과일들을 공손하니 받들고 먼 후손들이 공경스러운 절과 잔을 굽어보고 또 애끊는 통곡과 축을 귀애하고 그리고 합문 뒤에는 흠향오는 구신들과 호회 접하는 것//"(백석, 목구(木具))

외역고 구 외를 엮고. '외'는 흙벽을 바르기 위하여 벽 속에 엮은 나뭇가지. 댓가지, 수수깡, 싸리 잡목 따위를 가로세로로 얽는다. #"나는 일어나 바로가리, 이시스쁘리,로 가리,/**외역고** 흙을 발러 조그만 집을 얽어/아홉니랑 콩을 심고 꿀벌의 집은 하나,/숲가운데 뷔인따에 벌 잉잉거리는곳/내홀로 게서 살으리.//"(박용철, 이니스쁘리)

외오 부 이 말은 '잘못', 또는 '그릇'의 뜻과 '외따로', '멀리'의 뜻으로 쓰인다. 여기서는 뒤에 연결되는 '바로 돌아지라'라는 구절로 미루어 전자의 뜻으로 풀이한다. #"허울 벗기우고/**외오** 돌아섰던/山하! 이제 바로 돌아지라.//(정지용, 그대들 돌아오시니)

왼데 구 온 곳. 여기 저기 모든 곳. #"아 옙부게잘사는 「東京」의밝은웃음속을 **왼데**로헤메나/내눈은 어둠속에 서별과함께우는 흐린호롱불을 넉업시볼뿐이다.//"(이상화, 도—교에서), #"날이맛도록/**왼데**로헤매노라—/나련한몸으로도/시들픈맘으로도/어둔부억에,/밥짓는어머니의/나보고웃는빙그래웃음!//"(이상화, 어머니의 웃음)

요리 부 이리. #"당신은 웨나를보고 외면하십니까/그피로한 얼골을 **요리**좀 돌리시오/苦海豊波에 거치러진 손목이나 만저봅시다//그대 뜰앞에 넘처흐르는 샘물한머금 원치않는내게/문을 굳이 닫고 도라섬은 어인일이십니까/그대가 아끼고 탐내하시는 보화야//"(김현구, 우리 좋은 길동무로)

요새 명 요사이. #"아, 쫓아내고 노래하고/쫓아내고는 딴 임자가 와 노래하고…/내 마음 햇볕 찬란한 가지 끝/**요새**는/그 동안의 딴 노래의 임자들을 쫓아내고/명창(名唱) 임방울(林芳蔚)의 「쑥대머리」가 한자리 자리차지하였다.//"(박재삼, 노래의 임자)

용녀 명 1. 전설에 나오는 용왕의 딸. 2. 용궁에 산다는 선녀. #"저 멀리 들리는 것!/봄철의 밀물 소리/물나라의 영롱한 구중궁궐 궁궐의 오묘한 곳,/잠 못 드는 **용녀**의 춤과 노래, 봄철의 밀물 소리.//"(김소월, 애모)

우 명 위(上). #"내어려젓먹을째/무릅우헤다,/나를고이안고서/늙음조차모르든/그웃음을아즉도/보는가하니/외로움의조곰이/살아지고, 거긔서/가는깃븜이비로소온다//"(이상화, 어머니의 웃음), #

"새하얀 눈송이를 낳은 두 하늘은 은어의 항수처럼 푸르다/얼어죽은 山토끼처럼 지붕 지붕은 말이 없고 모진 바람이/굴뚝을 싸고돈다 강 건너 소문이 그 사람보다도 기다려지는/오늘 폭탄을 품은 젊은 사상이 피에로의 비가에 숨어와서/유령처럼 나타날 것 같고 눈 **우**에 크다아란 발자국을 또렷이 남겨줄 것 같다 오늘//"(이용악, 국경), #"아 한낮이다./이미 **우**으로 내려쪼이는 백금실 같은 날카로운 광선이 머리가닥마 다를 타고 골속으로 스며들며 마음을 흔든다 마음을 흔든다―나무잎도 번쩍이고 바람결도 번쩍이고 구름조차 번쩍이나 사람만 홀로 번쩍이지 않는다고―.//"(이상화, 청량세계), #"구빅비 노인길은 하얏케 빗남니다/님이여 강물이 몹시도 퍼렂습니다//헤여진 성ㅅ돌에 떨든 해ㅅ살도 사라지고/밤비치 어슴어슴 들**우**에 깔니여 감니다/홋홋달른 이얼골 식여줄 바람도 업는 것을/님이여 가이업는 나의미암을 아르심니까//"(현구, 김현구전집, 님이여 강물이 몹시도 퍼렂습니다, 23), #"지금/차는 차대로 달리고/바람이 이리처럼 날뛰는 강 건너 벌판엔/나의 젊은 넋이/무엇인가 기다리는 듯 얼어붙은 듯 섰으니/욕된 운명은 밤 **우**에 밤을 마련할 뿐//"(이용악, 두만강 너 우리의 강아), "지금/차는 차대로 달리고/바람이 이리처럼 날뛰는 강 건너 벌판엔/나의 젊은 넋이/무엇인가 기다리는 듯 얼어붙은 듯 섰으니/욕된 운명은 밤 **우**에 밤을 마련할 뿐//"(이용악, 두만강 너 우리의 강아)

우긋하다 형 웅성하다. 무성하다. #"**우긋한** 풀대들은 춤을 추면서/갈잎들은 그윽한 노래 부를 때./오오 내려 흔드는 달빛 가운데/나타나는 영원(永遠)을 말로 새겨라.//"(김소월, 여름의 달밤)

우기 넣어마 동 우겨 넣어면. #"엄마가 잘 아는 건어물가게에서 시시로 한 자루씩이나 얻어 오곤 하는 미리치대가리를 어지간한 삼비보재기에 담빡 싸서 꽁꽁 묶어 솥에다가 지엽도록 우라낸 국물에다가 무시시레기랑 배추시레기를 **우기 넣어마** 매끼 훌륭한 시레기국이 되는 것이다//"(상희구, 시레기국/대구.75)

우단 명 벨벳. #"많은것에서 意味가 우리게 남었읍니다./特히 부드러운것과 아담한것에는/우리는 약간 아는 것이 있읍니다/남모르는 그 정원이라든가/잠든아래 밀어넣주는/**우단** 벼개라든가/迷惑시키는 애정을가지고/우리를 사랑하는 그무엇이라든가//"(박용철, R・M・릴케시편)

우두머니 명 우두커니. #"고원선(고원선) 종점인 이 작은 정거장엔/그렇게도 우쭐대며 달가불시며 뛰어오던 뽕

뽕차(車)가/가이없이 쓸쓸하니도 **우두머니** 서 있다//"(백석, 함남도안(咸南道安))

우둘두툴하다 형 표면이 고르지 않고 울퉁불퉁하다. #"바보//이반은/순토종 사투리를 썼다./동아밧줄처럼 굵고 질기고 **우둘두툴한** 경상도 사투리를.//"(박목월, 눌담)

우라 낸 동 우려 낸. #"엄마가 잘 아는 건어물가게에서 시시로 한 자루씩이나 얻어 오곤 하는 미리치대가리를 어지간한 삼비보재기에 담뿍 싸서 꽁꽁 묶어 솥에다가 지엽도록 **우라낸** 국물에다가 무시시레기랑 배추시레기를 우기 넣어마 매끼 훌륭한 시레기국이 되는 것이다//"(상희구, 시레기국/대구.75)

우련하다 형 1. 형태가 약간 나타나 보일 정도로 희미하다. 2. 빛깔이 엷고 희미하다. 나타날 듯 말 듯 하면서도 분명하다. #"새로 바른 亞字 鹿皮끈 언저리에/과꽃과 국화잎을 **우련히** 繡를 놓고/어머님 자장가처럼 밝아오던 有情한 달.//"(정완영, 실솔과 더불어)

우렷하고 형 우렷하다. 우련하다. #"포름한하날에 해빛이 **우렷하고**/은빛 비늘구름이 반짝반득이며 「나아가잣구나 나아가잣구나」/가자니 아,어디를 가잔말이냐//"(박용철, 센티멘탈)

우로 명 위로. #"두째로 묵은 탱글탱글 야물어야 한다//(묵을 썰라꼬 칼을 묵에다 갔다댔일 때/묵이 너무 야물어 가주고 칼이 한 발이나/**우로** 팅기오리마 그 묵이 채곤기다)//끝으로 묵맛은 양념장이/받쳐줘야 하는 것이다/저렁에다가 다진 마늘,/맵싹한 고치가리를 풀고/창지름이 두어 빠알/자청파를 쫑쫑 썰어 넣어마 그마이다//"(상희구, 묵/대구.85)

우멍구멍하다 형 면이 우무러지기도 하고 두드러지기도 하여 평탄하지 못하다. #"흰눈이 **우멍구멍** 쌔운 새벽//"(김소월, 전망)

우무주러지다 형 우무러지고 줄어지다. #"**우무주러진** 나무 그림자//"(김소월, 희망), #"이울어 향기 깊은 가을밤에/**우무주러진** 나무 그림자/바람과 비가 우는 낙엽 위에.//"(김소월, 희망)

우얄꼬 준 어찌할까나. #"우얄꼬, 물감은 바래지는데/**우얄꼬**, 도포자라기는 헐어지는데/바람은 불고/지향 없는 인연의 사람 세상//"(박목월, 도포 한 자락)

우얐끼네라 동 어쩌겠나. #"빨래꺼리를 뒤적거리던 엄마가/숨 끊어진 다음의 자투리같은/끓는 소리로 내뱉었다/아이구 **우얐끼네라**, 쟈, 속옷이/지리상갈상 떨어졌구나! 딴 거로/빈줄라 가주고 라도 퍼떡 니 내복/부터 한 불 사재이.//"(상희구, 지리상갈상/대구.40)

우없다 형 그 이상이 없다. 최고이다. #"질기다면 질긴 것이 사람 몸에 우

없으리//"(김소월, 절제)

우정 뷔 일부러. #"눈ㅅ뎅이 옆에서 졸다가/꽃나무 알로 **우정** 돌아//"(정지용, 폭포)

우줄우줄 뷔 우쭐우쭐. #"한마디의 말도 배운 적 없는 듯한 많은 사람 속으로/어질게 생긴 이마며 수수한 입술이며/그저 좋아서/나도 한마디의 말 없이 **우줄우줄** 걸어나가면/저리 산 밑에서 들려오는 돌 깨는 소리//"(이용악, 다시 항구에 와서)

우쭈씨 명 '상품(上品)' 이란 뜻의 대구 지방 사투리. #"옹기전/장작, 소깝전은/남문시장(南門市場)//청어, 대구/비릿한 어물전에다/양단, 모빈단겉은 포목전은/서문시장(西門市場)//능금, 과일/남새꺼리는/칠성시장(七星市場)//싱싱한 회간꺼리, 소천엽에다/너비아니, 명란, 창란겉은/**우쭈씨** 찬꺼리는/염매시장(廉賣市場)//우시장은/내당동(內唐洞) 땅골//"(상희구, 대구의 장터/대구.39)

욱실욱실 뷔 득시글득시글. 많은 사람이 떼를 지어 들끓는 모습. #"일가들이 모두 범같이 무서워하는 이 노큰마니는 구덕살이같이 **욱실욱실**하는 손자 증손자를 방구석에 들매나무 회채리를 단으로 쩌다 두고 때리는 싸리갱이에 갓신창을 매여놓고 때리는데//"(백석, 넘언집 범 같은 노큰마니)

울니도 준 울리지도. #"앵무와 함께 종알대여 보지도 못하고/딱자구리처름 고목을 쪼아 **울니도** 못하거니/만호보다 노란눈깔은 유전을 원망한들 무엇하랴/서러운 주문일사 못외일 고민의 잇빨을 갈며//"(이육사, 80)

울력하는 듯이 구 힘으로 몰아붙이는 듯이. '울력'은 위력威力에서 온 말. #"내 가슴은 너무도 많이 뜨거운 것으로 호젓한 것으로 사랑으로 슬픔으로 가득찬다/그리고 이번에는 나를 위로하는 듯이 나를 **울력하는 듯이**/눈질을 하며 주먹질을 하며 이런 글자들이 지나간다/-하늘이 이 세상을 내일 적에 그가 가장 귀해 하고 사랑하는 것들은 모두/가난하고 외롭고 높고 쓸쓸하니 그리고 언제나 넘치는 사랑과 슬픔 속에 살도록 만드신 것이다//"(백석, 흰 바람벽이 있어)

울속 명 새둥지 속. #"무서워하는 바보같이 나는 물러났습니다./어리석은 사람이 잘 웃는 빙그레한 우슴을/남 모르는 **울속** 외로운 보금자리위에/참을성있게 앉았는 어미새에게 보내면서.//"(박용철, 어미새)

울아버지 명 우리 아버지. #"안 어기고 돌아오는 어지러운 봄을 두고/앞앞이 말 못하고 속속들이 병들어/**울아버진** 애터지고/진달래꽃 피던가.//일본 동경 갔다가/못살고선 돌아와/파버리지도 못한 민적(民籍)에 가슴 찢던/이

강산에 진달래꽃 피었다.//"(박재삼, 진달래꽃)

울장 명 울타리. #"진홍금백(眞紅錦帛) 발가득 펴 **울장**에 너는 한 여인이 있도다/그는 원래 우리와 종족이 다르냐?//"(백석, 설의(雪衣))

울지는 형 울부짖는. #"물가의 닳아져 널린 굴 꺼풀에/붉은 가시덤불 뻗어 늙고/어둑어둑 저문 날을/비바람에 **울지는** 돌무더기/하다못해 죽어 달래가 옳나/방의 고요한 때라도 지켰으면!//"(김소월, 하다못해 죽어 달래가 옳나)

울파주 명 대, 수수깡, 갈대, 사리 등을 엮어 놓은 울타리. '울바자'의 평북 방언. '울바자'는 '울타리'를 의미한다. #"**울파주** 밖에는 장꾼들이 따라와서 엄지의 젖을 빠는 망아지도 있었다//"(백석, 주막(酒幕)), #"한울은/**울파주**가에 우는 병아리를 사랑한다/우물돌 아래 우는 돌우래를 사랑한다/그리고 또/버드나무 밑 당나귀 소리를 임내나는 시인을 사랑한다//"(백석, '호박꽃 초롱' 서시), #"지붕에 바람벽에 **울파주**에 볕살 쇠리쇠리한 마을을 가르치며/노왕(老王)은 나귀를 타고 앞에 가고/나는 노새를 타고 뒤에 따르고//"(백석, 귀농(歸農))

움으로 구 싹으로. #"하나님 나는 당신께 돌아갑니다 四月날에/시골길로 당신이 나와같이 걸으실때/내 믿음은 피여납니다 가장일즉 터지는 **움으로**/매마른세계를 부끄럽히는 나무 같이.//"(박용철, 의심)

움즐기고 구 움찔거리고, 감동하고. #"검푸른 밤이 거륵한 기운으로/온 누리를 덮어싼제,/그대 아침과 저녁을 같이하는/사랑온 눈의앞을 몰래 떠나,/뒷산 언덕우에 혼잣몸을 뉘라./별 많은 하늘 무심히 바래다가/시름없이 눈감으면./더빛난 세상의문 마음눈에 열리리니,/기쁜가슴 물결같이 **움즐기고**/뉘우침과 용서의 아름답고 좋은생각/헤염치는 물고기 떼처럼 뛰어들리.//"(박용철, 새로워진 幸福)

움질기는 구 움찔거리는. 감동하는. #"아즉 노래안하는 새들아 나는 네안에서 **움질기는**/가락을 안다/어둡고 有情한 해의 始初에서/반쯤 맨들려진 너의 노래/이 이른철에 너의는 너의 말음을 생각고있다/나는 그를 다 외여있다/비에 다수어저 숨어있는 꽃씨의 비밀을 나는 안다//"(박용철, 早春)

웃녘 명 웃마을. 윗쪽. #"허구한 말 서방님 뜻 높을진저 바라면, 맑은 정신 속을 구름이 흐르고 있었고, **웃녘**에 돌림병이 퍼져 서방님 살아 계시기를 빌었을 때에도 웃마을의 복사꽃이 웃으면서 뜻을 받아 말하고 있던 거라요.//"(박재삼, 무봉천지(無縫天地))

웃동 명 윗도리. #"이렇게 추운데 **웃동**

에 무슨 두룽이 같은 것을 하나 걸치고 아랫도리는 쪽 발가벗은 아이여//"(백석, 촌에서 온 아이)

웃말 명 윗마을. #"**웃말** 색시 모셔두고/반달 색시 모셔두고/꾸륵꾸륵 비둘기야//"(박목월, 밭을 갈아)

웃전 명 위엣 자리, 곧 상품(上品)이라는 뜻. #"식은 배추찌짐을 쭈우욱 쭉/찢어서 눈집장에 콕 찍어서/먹는 맛이란,/잔치음석으로는 배추전이 아랫전/이지마는 뒷잔치 음석으로는/배추전이 **웃전**일세.//"(상희구, 배추전(煎)/대구.37)

웃지방 명 일각대문의 심방 끝에 세우는 나무의 윗부분. #"우리집 대문 **웃지방**에//"(김소월, 빗)

웃티 명 윗옷. 윗저고리. 위에 걸치는 옷. '상의(上衣)'를 뜻하는 경상방언형이다. 경상도에서는 주로 '우투리, 윗도리, 웃두리, 웃드리, 웃또리' 등의 방언형이 있으며 '웃티'는 고어(古語) 형식이다. #"종일 두고 우짖고 사는 벌레소리 새소리에/**웃티** 벗어 팔에 끼고 아아 나는 드디어 예까지 왔고나.//"(유치환, 새에게), #"바람 절로 빛나고 절로 구름 흐르고/종일 두고 우짖고 사는 벌레소리 새소리에/**웃티** 벗어 팔에 끼고 아아 나는 드디어 예까지 왔고나/마음 외로운 대로 내 푸른 그늘에 앉아 쉬노라면/한 마리 맷새 가지에 와 하염없이 노래부르나니/새야 적은 새야//"(유치환, 생명의 서/새에게)

웅디이 명 웅덩이. #"때로는 가다가 **웅디이**에 물도 채워놓고 가고/곳곳에 물띠미를 엮어 기기 집도 만들어 주고/덥은 여름나절에는 개구쟁이 하동(河童)들과/물장구도 같이 하고/가꿈식은 그 너른 가슴팍을 열어 나룻배 거룻배/한테 물길도 내어 주고//"(상희구, 금호강(琴湖江)/대구.100)

원소 명 원소절에 먹는 떡. #"그 조상들이 대대로 하든 본대로 **원소**(元宵)라는 떡을 입에 대며/스스로 마음을 느꾸어 위안하지 않았을 것인가//"(백석, 두보(杜甫)나 이백(李白)같이)

위진 곳 구 외딴 곳. #"초지역이 이역할 때 쭘 해서 질을 나서는데, 안티골 새이집은 건너 지실마을 끝타아, 막은 안창집 옆푸라다 배껕마당을 가로질러, 호무래이로 돌아서 야산을 올라가마, 방고개 만데이 지나서 쪼만한 산삐알 못미쳐 비탈, **위진 곳**에 살찌이맹쿠로 숨었는기라//"(상희구, 새이(喪輿)집/대구.27)

유룸해 논 거를 구 갈무리해 놓은 것을. #"배는 고파 죽겠는데/서산에 해는/안주 짱짱하다//엄마가 저녁 이아 물양으로/보리죽 한 사발을/실경우에 **유룸해 논 거를**/내가 밨는데//해는 여죽지/빠질 기척도 안 하고/자꼬 배미리기만/해 쌓는다//"(상희구, 보릿고개/대구.60)

유성이 묻힌다 구 별똥(流星)이 떨어진다는 뜻. #"골작에는 흔히/流星이 묻힌다.//"(정지용, 九城洞)

유종 명 놋그릇으로 만든 종발. #"하폄도 남작하니 불기와 유종들이/묵묵히 팔장끼고 쭈구리고 앉었다//"(백석, 고사(古寺))

유폐 명 구속되어 신체의 자유가 없는 것. 갇힘. #"어느 사막의 나라 유폐된 후궁의 넋이기에/몸과 마음도 아롱져 근심스러워라//칠색 바다를 건너서 와도 그냥 눈동자에 고향의 황혼을 간직해 서럽지 안뇨//"(이육사, 반묘)

육미탕 명 숙지황, 산약, 산수유, 박복령, 목단피, 택사 따위를 넣어서 달여 만드는 보약. #"눈이 오는데/토방에서는 질화로 우에 곱돌탕관에 약이 끓는다/삼에 숙변에 목단에 백복령에 산약에 택사의 몸을 보한다는 육미탕六味湯이다/약탕관에서는 김이 오르며 달큼한 구수한 향기로운 내음새가 나고/약이 끓는 소리는 삐삐 즐거웁기도 하다//"(백석, 탕약)

융의 명 싸움터에서 입은 옷. 군복. #"밭이랑 문희우고/곡식 앗어가고/이바지 하올 가음마자 없어/錦衣는 커니와/戰塵 떨리지 않은/戎衣 그대로 뵈일밖에!//"(정지용, 그대들 돌아오시니,(在外革命同志에게))

으고 미 -어고. #"그래 그랬었다 그는/저녁 먹고 등잔불 밑에서 숙제 좀 하고 있으면/벌써 한숨 자고 일어나 재촉했다/아직 안 자냐 석유 닳아진다 어서 불끄고 잠자거라//"(김남주 아버지, "조국은 하나다")

으능잎 명 은행잎. '으능'은 은행의 강원, 경남, 충남방언. #"화투장 깔아논 듯 가을볕이 고운 날은/고궁도 찾아들면 으능잎만 한 것이고/언약도 낮달로 걸리면 銀錢만한 것이더라.//"(정완영, 가을 하루 / 언약)

으릇하다 형 모자람이 없어 온전한. '오롯한의 잘못. #"높대보다 높다란 어깨/얕은 구름쪽 거미줄 가려/파도나 바람을 귀밑에 듣네//갈메긴양 떠도는 심사/어데 하난들 끝간델 아리/으릇한 사념을 기폭에 흘리네//"(이육사, 독백)

은근스러움 명 '은근하다'의 명사형. #"오오 빛나는 태양은 내려쪼이며/새무리들도 즐거운 노래, 노래불러라./오오 은혜여, 살아 있는 몸에는 넘치는 은혜여,/모두 은근스러움이 우리의 맘 속을 차지하여라.//"(김소월, 밭고랑 위에서)

은댕이 명 언저리. #"이것은 어느 양지귀 혹은 능달쪽 외따른 산옆 은댕이 예데가리밭에서/하룻밤 뽀오햔 흰김 속에 접시귀 소기름불이 뿌우현 부엌에/산명에 같은 분틀을 타고 오는 것이다//"(백석, 국수)

ㅇ

은동곳 명 은과 동을 섞어서 만든 비녀. #"날로 밤으로/왕거미 줄치기에 분주한 집/마을서 흉집이라고 꺼리는 낡은 집/이 집에 살았다는 백성들은/대대손손에 물려줄/**은동곳**도 산호관자도 갖지 못했니라//"(이용악, 낡은 집)

은행여름 명 은행나무 열매. '여름'은 '열매'의 평북 방언. #"불을 밝히고 밤이 들도록 바느질을 하는/밤 같은 때 나는 아룻목의 삿귀를 들고 쇠든 밤을 내여/다람쥐처럼 발거먹고 **은행여름**을 인두불에 구어도 먹고/"(백석, 고야(古夜))

을란다 미 -련다. -려고 한다. #"풀잎에나 부는 바람 아니라 가을 天空 가는 바람/마달밭 조, 수수들도 안경만한 이삭을 달았네/秋 9월, 달 뜨거들랑 滿身으로 앉**을란다**.//"(정완영, 秋無題)

음석 명 음식. #"옛날 이부제 큰일에 푸마씨 **음석**으로는/주로 단술, 잡채, 묵 같은 거로 했는데/그중에 묵을 기중 마이 했다//묵이 마시실라카마/첫째로 묵은 차바야 한다/묵이 떠뜨무리하기나 미적지건하마/그 묵은 못 씬다//"(상희구, 묵/대구.85)

의 접 -희. 복수접사. #"오를지어다, 잇다는너**의**들의天國으로―/내려보내라, 잇다는너의들**의**地獄으로―//"(이상화, 虛無敎徒의 讚頌歌)

의연 명 의원. 소의 병을 침술로 낫게 해주던 사람. #"너를 팔어 술 먹는 노(盧)장에 영감은/홀아비 소**의연** 침을 놓는 영감인데/나는 너를 백동전 하나 주고 사오누나//"(백석, 오리)

의지 가지없는 구 의지할만한 대상이 없는, 또는 다른 방도가 없는. #"저 십이성좌의 반짝이는 별들에게도/종ㅅ소리 저문 삼림속 그윽한 수녀들에게도/쎄멘트 장판우 그 많은 수인들에게도/**의지 가지없는** 그들의 심장이 얼마나 떨고 있는가//"(이육사, 황혼)

이 조 -의. 소유격 조사. #"「아가야 엄마는?/너**이**집은 어디?」/울다 말고 말구러미 쳐다보는/가득 눈물 어린 끝없이 어진 눈.//"(유치환, 황혼에서)

이까리 명 말이나 소를 몰거나 부리려고 재갈이나 코뚜레, 굴레에 잡아매는 줄. '이까리'는 '고삐'에 대응되는 경상방언형으로 이 외에도 경상지역에서는 '곱삐, 꼬삐, 꼬빼이, 고빼이, 소고삐, 소꼬빼이, 세꼬빼이, 이까리, 이타리, 이까래, 소타리, 소이까리, 소붓줄, 타래기, 꼴빼이, 꼰딩이, 꾼딩이, 꼬벵이, 코꾼지, 꾼지, 쾌뜨래기' 등이 다양하게 사용되고 있다.[한국방언자료집 7, 8 경상도편] #"옛날엔 마구에 못 겉은 거 굵다라이 무쇠로 지이 가주고 박아 놓는데, 나는 그게 보이는데, 이 어른이 소를 몰고 와 가주고는 소**이까리**를 매는데 고마 못을 못 찾는

거래. 나는 정지에 앉아 가주고도 이애 내다 보이는데 고마 못을 못 찾아."(김점호, 베도 숱한 베 짜고)

이깔나무 명 전나무과에 속하는 침엽교목. 높이 30cm 가량이고 잎은 바늘모양이다. #"사슴과 너구리를 배반하고/송어와 메기와 개구리를 속이고 나는 떠났다//나는 그때/자작나무와 이깔나무의 슬퍼하던 것을 기억한다/갈대와 장풍의 붙드던 말도 잊지 않았다/"(백석, 북방에서)

이내 부 해가 질 무렵 멀리 보이는 푸르스름하고 흐릿한 기운. 남기(嵐氣). 여기서는 '열은 안개'라고 보아도 무리가 없다. #"골이 속속 접히어 들어/이내(晴嵐)가 새포롬 서그럭거리는 숫도림.//"(정지용, 玉流洞)

이내 준 이 나의. #"바람결을, 안으려나 붓기는, 거믜줄가티,/헛웃음웃는, 미친계집의머리털로묵근—/아, 이내신령의, 낡은 거문고줄은,//"(이상화, 二重의 死亡)

이냥 부 이대로. #"갈피없는 걱정 쓸데없는 앙탈을 이냥 삼키고, 나는 떠나가네/싸늘한 두손으로 얼굴을 싸만지며//"(박용철, 시집가는 시악시의말)

이녀 명 李女 '이녀李女', '승녀承女', '홍녀洪女', '홍洪동이' 등은 평북지방에서 아이들을 지칭할 때 쓰는 애칭이다. 아버지가 홍가洪家일 경우 아들아이에게 '홍(洪)동이', 딸아이에겐 '홍녀(洪女)'라고 부른다. #"고무의 딸 이녀(李女) 작은 이녀/"(백석, 여우난 골족)

이리 부 이렇게. #"오늘은 멀리 창선도(昌善島) 쪽/아까운 것 없을 듯 불붙은 저녁놀에/스물몇 살 때의 열기(熱氣)를 다시 얻어/이리 흔들리는 혼을 앗기며/사랑하는 사람아,/입가에 뇌어 보았다.//"(박재삼, 바닷가 산책)

이리키 부 이렇게. #"해가 짱짱하다//이리키 가문데/비 올 요량은 안하고//내사마 무울 때 입 아이/꺼끄러브 가주고/조밥은 싫다 카이끼네//해가 짱짱하다//"(상희구, 조밥/대구.38)

이마 바르히 구 이마 바로. 이마 바로 위에. 이숭원 교수의 『원본 정지용 시집』에는 '이마를 바르게 드니'라고 풀이했다. 여기서 '이마 바르히'는 동사가 아니라 위치와 방향을 나타내는 데에 쓰이는 관용구이다. 이마 바로위쪽에 해가 떠 있음을 말한다. #"이마바르히/해도 향그롭어//"(정지용, 비로봉)

이마받이 명 이마와 마주대다. 여기서는 눈 덮인 산봉우리를 바로 마주 대하게 됨을 뜻한다. #"새삼스레 눈이 덮인 뫼뿌리와/서늘옵고 빛난 이마받이하다.//"(정지용, 春雪)

이마적 명 지나간 얼마 동안의 가까운 때. 이 맘쯤. #"바라뵈는 앞산 자락에 누워 있는 저 무덤이/이마적 고향처럼 느껴워 지는 것도/목숨이 은혜 그 앞엔 정녕 낙과라설까.//"(정완영, 天下秋)

이말무지로 부 되든 안 되든 간에. #"새빅에 이말무지로/새미 가새 한 분 가보소/감이 얼매나 널찌실랑강//새빅에 이말무지로/장터꺼래 한 분 가보소/돈이 얼매나 널찌실랑강//이말무지로 한 분 기다리보소/지집질하는 사나도/지엽으마 오겠지//"(상희구, 이말무지로/대구.80)

이망빼기 명 이마. #"초지역이 이역할 때 쭘 해서 질을 나서는데, 안티골 새이집은 건너 지실마을 끝타아, 막은 안창집 옆푸라다 배껕마당을 가로질러, 호무래이로 돌아서 야산을 올라가마, 방고개 만데이 지나서 쪼만한 산삐얄 못미쳐 비탈, 위진 곳에 살찌이맹쿠로 숨었는기라, 둣 넘이 이망빼기에 땀을 팥죽겉치 흘리면서 사부재기 손을 뿥잡고 새이집을 가망가망 내리다 보는데, 엄마야!//"(상희구, 새이(喪輿)집/대구.27)

이모도 명 미상. #"아,무얼하리 임군의 겨레!/아, 다시없는 고은 양자!/곧은 마음 닦은 행동/로-쓰 에일머 이모도 그대 갖었던것//"(박용철, 로-쓰에일머)

이물바닥 명 본바닥. 이곳 바닥. #"녹두적 기름내가 나루에 번지는/강 건너 읍내에 세밑 장날이 오면/이물바닥 헌 소반 툇마루에도 붙은 원귀들/내 형제들을 업고 멀리 떠날 준비를 한다//"(신경림, 오지일기)

이부제 명 이웃에. #"옛날 이부제 큰일에 푸마씨 음석으로는/주로 단술, 잡채, 묵같은 거로 했는데/그중에 묵을 기중 마이 했다//묵이 마시실라카마/첫째로 묵은 차바야 한다/묵이 떠뜨무리하기나 미적지건하마/그 묵은 못씬다//"(상희구, 묵/대구.85)

이서ㅁ밤 명 어스름한 밤. #"남생이 등같이 외로운 이서,ㅁ밤을/싸고오는 소리! 고이한 침략자여!/내 보고을 문을 흔드난건 그누군고?/영주인 나의 한마듸 허락도 없이//"(이육사, 해조사)

이소 미 -십시오. #"아즈바님/잔 드이소./환갑이 낼모랜데/남녀가 어디 있고/상하가 어딨는기요..//"(박목월, 한탄조)

이스라치 명 앵두꽃. 이스랒(櫻)『훈몽자회』, # 거적장사 하나 산뒷옆 비탈을 오른다/아— 따르는 사람도 없이 쓸쓸한 쓸쓸한 길이다/산까마귀만 울며 날고/도적갠가 개 하나 어정어정 따러간다/아스라치전이 드나 머루전이 드나/수리취 땅버들의 하이얀 복이 서러웁다/뚜물같이 흐린 날 동풍東風이 설렌다//(백석, 쓸쓸한 길)

이스라치전 명 앵두가 지천에 깔려 펼쳐져 모여 있는 곳. #"산까마귀만 울며 날고/도적갠가 개 하나 어정어정 따러간다/**이스라치전**이 드나 머루전이 드나/수리취 땅버들의 하이얀 복이 서러웁다/뚜물같이 흐린 날 동풍이 설렌다//”(백석, 쓸쓸한 길)

이슥하다 형 이윽하다. #“흙 묻은 속옷 바람으로 누워/아내는 몸을 떨며 기침을 했다./온종일 방고래가 들먹이고/메주 뜨는 냄새가 역한 정미소 뒷방./십촉 전등 아래 광산 젊은 패들은/밤 **이슥토록** 철 늦은 섰다판을 벌여/아내 대신 묵을 치고 술을 나르고/풀무를 돌려 방에 군불을 때고//”(신경림, 경칩)

이슬마꽃 명 이슬+마꽃(堇). 곧 제비꽃으로 추정된다. #“나는 머루처럼 투명한/밤하늘을 사랑했다./그리고 오디가 샛까만/뽕나무를 사랑했다./혹은 울타리 섶에 피는/**이슬마꽃** 같은 것을…//”(박목월, 사투리)

이실 명 이슬. #“懇曲한 한숨이 뉘게로 사모치느뇨?/室息한 靈魂에 다시 사랑이 이실 나리도다.//”(思惠), #“우리가 눈감고 한밤 자고 나면/**이실**이 나려와 가치 자고 가고,//”(정지용, 해바라기 씨)

이약 명 이야기. #“참나무 보금자리에서 늙은 참새가/새끼들에게 이런 **이약**을 한다;/어미새는 그동안 수없이 지저귀고,/명예로운 그 자리우에 올라앉었다.//”(박용철, 新春)

이역할 때 명 이슥할 때. #“초지역이 이역할 때 쭘 해서 질을 나서는데, 안티골 새이집은 건너 지실마을 끝타아, 막은안창집 옆푸라다 배껕마당을 가로질러, 호무래이로 돌아서 야산을 올라가마, 방고개 만데이 지나서 쪼만한 산삐얄 못미쳐 비탈, 위진 곳에 살찌이맹쿠로 숨었는기라//”(상희구, 새이(喪輿)집/대구.27)

이운다 동 #“저달이 다시 이운다/둥그렀다 다시**이운다**/서리품은 구름이 어른거리니/바수수 나무닢이 지레듯는다/九月 十月 동지 섣달/九月 十月 동지섯달/이렇게 헤이노라니/스르르 눈물이 눈에서돈다//”(박용철, 失題)

이울다 동 꽃이 시들다. 여기서는 불꽃이 사그러짐을 뜻한다. #“모태ㅅ불 **이운** 듯 다시 살어난다 警官의 한쪽 찌그린 눈과 빠안한 먼 불 사이에 銃견양이 조옥 섰다//”(정지용, 盜掘), #“丹楓이 **이울고** 峯마다 찡그리고 눈이 날고 嶺우에 賣店은 덧문 속문이 닫히고 三冬내, 열리지 않었다//”(정지용, 호랑나븨), #“내 시름 오르는 날 작약 순이 더 오르고/비비새 우는 날에 꽃은 문득 **이우리니**/보내고 어여쁠 봄 앞에 우리 향불 놓으리.//”(정완영, 芍藥순 오르는 날), #“팔 벌려 낙화에 서면 나는 欣天地 탕아로세/피 뱉듯 낭자한 꿈을 화폐처럼 소진하고/이 봄도 **이울고** 말면 두견 따라 떠날라.//”(정완영,

春日詞 / 피 뱉듯)

이울다 형 1. 꽃이나 풀 따위가 말라 생기가 없어지다. 2. 몸의 기력이나 기운이 빠져서 생기가 없어지다. 3. 기세가 약해지다. 4. 기술이나 재능 따위가 피어나지 못하고 빛을 잃어 스러져 가다. '이울고'(구황룡), '이운다'(폐원) '이우는데'의 예에서 역시 고대국어 '이울다(이볼다)' 곧 '시들다, 익다'라는 경주방언에 그대로 방언형으로 남아 있음을 보여주는 예이다. #"모란꽃 **이우는** 하얀 해으름//강을 건너는 청모시 옷고름//"(박목월, 목단여정), #"아아/상황용에는/다래가/거멓게 익어 제물에 **이운다**.//"(박목월, 구황룡)

이울다 형 (달이, 꽃이) 지다. #"사랑하는 사람아/네 눈을 늘 달밤이 되어 있었다.//**이울** 줄 모르는/보름달이 떠//간혹은 기쁜 듯이/소슬바람도 어리고//나는 잘못도 없으면서/한없이 빌고 싶었다.//"(박재삼, 달밤이 어느새), #"어엽분 꼿 한가지 **이울어** 갈 제//"(김소월, 고락), #"**이울어** 향기 깊은 가을밤에/우무주러진 나무 그림자/바람과 비가 우는 낙엽 위에.//"(김소월, 희망)

이울어갈 제 구 (꽃이) 져 갈 때. #"어여쁜 꽃 한 가지 **이울어갈 제**/밤에 찬이슬 되어 축여도 주고/외로운 어느 길손 창자 주릴 제/길가의 찬 샘 되어 누궈도 주오//"(김소월, 苦樂)

이윽달 명 만월에 가까운 달. #"큰봉을 돌아 둥그레 둥긋이 넘쳐오든 **이윽달**도 선뜻 나려 설세라//"(정지용, 삽사리)

이윽한 형 이윽하다. 이슥하다. 원래는 '밤이 깊어지다'의 뜻이지만, 여기서는 '시간이 좀 지나다'의 뜻으로 쓰이고 있다. #"해ㅅ살 피여/**이윽한** 후, 머흘 머흘/골을 옮기는 구름//"(정지용, 朝餐)

이장 명 농기구. 농기연장. '이장'이란 '농기구(農器具)'를 뜻하는 대구방언이다. 그런데 이것을 <朝之>, <문사>, <상시>, <작품집>, <형설>, <범우사>, <선영사>, <상아>, <미래사>, <청목사>, <문현>, <대구문협>에서 '이랑'으로 교열한 것은 시의 문맥을 전혀 다르게 만든 오류이다. 『한국방언자료집』(경북편)에 '농기구' 항목을 보면 '연장', '농구연장', '농기이장', '농기연장', '이장' 등의 방언분화형이 실현된다. 특히 경북 (문경), (예천), (안동), (영양), (김천), (고령), (청도), (경주) 등지에 '이장'이라는 방언형이 실현된다. #"반갑지 도 안흔 바람 만 냅다 부러/가엽게도 우리 보리 가 달증이 든듯이 뇌랏타/풀을 뽑너니 **이장**에 손 을 대보너니 하는것도/이제 는 헛일을 하는가 십허 맥이 풀려만 진다!//"(이상화, 비를다고)

이저리 서대든 구 이리저리 왔다 갔다 하면서 서성대는. #"**이저리 서대든** 것이러냐 삽사리 그리 굴음즉도 하이//"(정지용, 삽사리)

이즈막하다 형 시간이 그리 많이 흐르지 않다. 여기서 '이즈막'은 이제까지에 이르는 가까운 과거를 지칭하는 말이다. #"아슥한 시간이 되어서. 벌써 어린 것도 생겨서 옆에 끼고 저녁을 먹는다/그런데 또 **이즈막하야** 어느 사이엔가/이 흰 바람벽엔/내 쓸쓸한 얼굴을 쳐다보며/이러한 글자들이 지나간다//"(백석, 흰 바람벽이 있어)

이핀네 명 여편네, 곧 아내를 말함. #"이 전장 저 전장 난리판에/사나 있는 저 **이핀네**는/호시뺑빼이로 살겠구마는//이핀네 주거뿐 지 석삼 월 만에/처녀장개 든 저 사나는/호시뺑빼이로 살겠구마는//누부야 많은 저 머시마는/업어 줄 누부야들 많아서/호시뺑빼이로 살겠구마는//"(상희구, 호시뺑빼이/대구.26)

익후다 동 익히다. #"오늘밤 무서리는 등불들을 **익후는데**/단란한 집을 얽는 조그만 곤충처럼/우리도 입김을 모아 고된 꿈을 재우자.//"(정완영, 살얼음), #"청산, 보은, 물빛 곱대나 골골마다 인심 좋대나/목청 뽑아 활개 쳐 가면 날 따르는 이 고장 山色/8, 9월 대추 익후는 하늘빛은 더 곱대나.//"(정완영, 湖西 巡歷抄 / 靑山, 報恩)

인 미 -은. #"게으름을 비저내는 이느**진**봄날/「나는 이러케도 시달렷노라」/돍맹이를 내보이는논과밧—/거게서 조으는 듯 호미질하는/농사짓는사람이 목숨을나는본다.//"(이상화, 暴風雨를 기다리는 마음)

인두불 명 인두를 달구려고 피워 놓은 화롯불. #"엄매와 둘이 소기름에 쌍심지의 불을 밝히고 밤이 들도록 바느질하는 밤 같은 때 나는 아룻목의 삿귀를 들고 쇠든 밤을 내여 다람쥐처럼 밝아먹고 은행여름을 **인두불**에 구어도 먹고 그러다는 이불 위에서 광대넘이를 뒤이고 또 누어 굴면서 엄매에게 웃목에 두른 평풍의 새발간 천두의 이야기를 듣기도 하고"(백석, 고야(古夜))

인자 부 이제야. #"아이고 삐때기총각, 불쌍에서 우짜꼬, 고상, 고상해서 참한 색씨 얻어서 **인자** 살만 하디마는, 지발 저승에 가서라도 낯쨱이 쫙 피이 질랑강//"(상희구, 덕수의원(德壽醫院) 삐때기 원장/대구.73)

인제 부 이제. #"바람소리도 호개도 **인젠** 무섭지 않다만/어두운 등불 밑 안개처럼 자욱한 시름을 달게 마시련다만/어디서 흉참한 기별이 뛰어들 것만 같애/두터운 벽도 이웃도 못 미더운 북간도 술막//"(이용악, 전라도 가시내)

인증수 명 어떤 사태나 시간 변화를 인용하여 증거로 삼는 나무. #"天增 세월 **인증수**라니 흰 터럭도 새 솔 돋듯/春分淸明 화창한 날이 내 눈앞에 또 열린다/한 치 봄 匹夫의 땅에 情은 한 萬里로고.//"(정완영, 採春譜 2 / 3. 人增壽)

일깐 명 일터. '일깐'은 '일-+깐(間)', 곧 '일터'라는 의미를 지닌다. 고유어와 한자어가 합쳐진 매우 특이한 조어(造語)형이다. #"우리의 목숨을 기르는이들/들에서 **일깐**에서 돌아 오는 때다./사람아 감사의 웃는 눈물로 그들을씻자/한울의 한아님도 쪼처낸 목숨을 그들은 기른다.//"(이상화, 저므는놀안에서)

일는 동 일다. 일어나다. #"문득, 령혼 안에 외로운 불이/바람처럼 **일는** 悔恨에 피여오른다.//"(정지용, 별)

일라 미 -일라. -이겠는가. #"우리의 무릎을 고쳐, 무릎 고쳐 뼈마치는 소리에 우리의 귀는 스스로 놀라고,/절로는 신물이 나, 신물나는 입맛에 가슴 떨리어,/다만 우리는 혹시 형리(刑吏)의 손아픈 후예(後裔)**일라**…//"(박재삼, 포도(葡萄))

일로 부 이쪽으로. #"붐비던/시외뻐스터미널이/명절끝이라 그런지/소읍(小邑)인양 한적하다/화원(花園), 옥포(玉浦), 고령(高靈),/합천陜川,으로 가시는 손님은/**일로** 오이소//창녕(昌寧), 신반(新反), 남원(南原),/마산(馬山)으로 가시는 손님은/절로 가이소//화원, 현풍, 신반, 남원…/저 많은 고향을/머리에 인채/변두리에 쓸쓸히 서 있는/내당주차장//"(상희구, 내당주차장(內唐駐車場)/대구.99)

일연감색 명 잘 익은 감의 빛깔과 같은 진한 주황색. #"**일연감색**으로 물든 西天을 보도 못하고/날은 저물고 어둠이 치밀어든다/여인아/너의 노래를 불러다오/찌르레기 소리 너의 전부를 점령하기 전에/그렇게 명랑하던 너의 노래를 불러다오//"(이용악, 嶺)

임금(林檎)나무 명 능금(사과)나무. #"붉은 수탉이 높이 샛더미 위로 올랐다/텃밭가 재래종의 **임금(林檎) 나무**에는 이제도 콩알만한 푸른알이 달렸고 히스무레한 꽃도 하나 둘 피여 있다/돌담 기슭에 오지항아리 독이 빛난다//"(백석, 창외문외(彰義門外))

임내 명 흉내. #"오지항아리에는 삼춘이 밥보다 좋아하는 찹쌀탁주가 있어서/삼춘의 **임내**를 내어가며 나와 사춘은 시큼털털한 술을 잘도 채어 먹었다//"(백석, 고방)

임내나다 동 흉내내다. #"울파주가에 우는 병아리를 사랑한다/우물돌 아래 우는 돌우래를 사랑한다/그리고 또 버드나무 밑 당나귀 소리를 **임내내는** 詩人을 사랑한다//"(백석, '호박꽃 초롱' 서시) #"한울은/울파주가에 우는 병아리를 사랑한다/우물돌 아래 우는 돌우래를 사랑한다/그리고 또/버드나무 밑 당나귀 소리를 **임내나는** 시인을 사랑한다//"(백석, '호박꽃 초롱' 서시)

입 아이 구 입 안이. #"해가 짱짱하다//이리키 가문데/비 올 요랑은 안하고//내사마 무울 때 **입 아이**/꺼끄러브 가주고/조밥은 싫다 카이끼네//해가 짱짱하다//"(상희구, 조밥/대구.38)

입닢 명 대롱이처럼 구멍이 있는 줄기닢. #"어느 처녀가 내 잎을 따 갈부던 결었노/어느 동자(童子)가 내 **잎닢**을 따 갈나발을 불었노//"(백석, 늙은 갈대의 독백(獨白))

입살이 명 입술. #"수많은 **입살이** 욕념의입살이 미칠 듯 빠든손이여/문어발같이 얼싸감기며 굵은목도 숙이든손이여//"(박용철, 三剖曲)

입설 명 입술. #"애야 연아 저꽃을 보아라/젊은이 가슴에 흔들이는 사랑꽃//그**입설** 그눈초리 재양감춘 복사꽃/담밑에 수집어서 혼자피는 밈들레꽃//외로운꿈 숨은 한숨 고개숙인 할미꽃/시악시 서른사랑 눈물어린 땅찔레꽃//"(김현구, 사랑꽃 서름꽃)

입수부리 명 입술, 그러나 그냥 입술이라고 하기에는 뉘앙스가 좀 다를 때가 있다. #"토까이가 풀로 무울때는/**입수부리**가 야물야물거리 쌓는기/**입수부리** 하나사/억시기 분답지마는/누는 너무 줘영타 카이끼네.//"(상희구, 토까이/대구.64)

입저도 구 잎이 져도, 잎이 떨어져도. #"그네줄에 비가오면 풍년이든다더니/압내강에 씨레나무 밀려나리면/젊은이는 젊은이와 떼목을타고/서리ㅅ발 **입저도** 못오면 바람이 분다//피로가군 이삭에 참새로 날라가고/곰처럼 어린놈이 북극을 꿈꾸는데//"(이육사, 초가)

있드란가 구 있었는가. #"서울 십일월도 이처럼 다정한 적이 **있드란가**/종로 공기도 이렇게 가슴 넓히는 적이 있드란가/하, 하, 하, 우슴에 주름살이 펴이여 하날이 웃죽 물러선다//"(박용철, 유쾌한 밤)

있을라듸야 구 있겠느냐. #"내노래에는 독이 들어있다./아니그럴수 **있을라듸야**?/내사랑아, 내가슴에는/많은 배암이 그리고 늬가/들어있지않으냐…(서정삽곡 57)…//"(박용철, 내노래는 독이 들었다)

있이 말라 구 있게 하지 말라. #"추위와 욕됨을 가릴수 있겠거늘/아내여/가난함에 애태우지 말라./또한 가난함에 허물 **있이 말라**./진실로 貧寒보다 죄된/숫한 不義가 있음을 우리는 알거니//"(유치환, 문을 바르며)

ㅈ

자갈마당 명 대구의 이름난 유곽촌. #"칠성시장에는 장화가 많고/**자갈마당**에 자갈은 하나도 안 보인다"(상희구, 대구풍물/대구.4)

자개 명 조개. #"말해보아라/예너스가 너보다/더엡벗다나/제가 **자개**로 배를 타고/언덕으로 밀려오며, 굼틀리는 물ㅅ결우에/둥실 떠올랐을제?/보티쎌리의 얽어보든 그림인들/내해보다 더 고았다나?/그의 그림속에 귀한부인/꾸며놓은 장미송인들/넘우갸륵한 너의 아름다움을/흐릿한 얇은 銀의/포장으로인 듯 가리려/너의몸가에 불어보낸/나의말슴보다 더 나었다나?//"(박용철, 말해보아라)

자개빛 명 금조개 껍데기를 썰어 낸 조각의 빛. #"내사랑가는곳은 해으름 모든그림자 서로지워지는지음/포란빛 다홍빛 놀미야한**자개빛** 하날에피었다 사라지는빛갈/귀ㅅ속에 거문고줄을 살작울리고는 고만 사라지는소리/바람없는 푸른거울물결 자마리 날개스치고 지나가는듯한 가는우슴/그애의 주정체 입을마초련다고 그애가 귀쌈을 족였지 사람은 싸록 사랑스러 아차 저애들 둘의 소리가 나는구나.//"(박용철, 三剖曲)

자개짚세기 명 작고 예쁜 조개껍데기들을 주워 짚신에 그득히 담아 둔 것. #"나의 정다운 것들 가지, 명태, 노루, 뫼추리, 질동이, 노랑나뷔, 바구지꽃, 모밀국수, 남치마, **자개짚세기** 그리고 천희(千嬉)라는 이름이 한없이 그리워지는 밤이로구나//"(백석, 야우소회(夜雨小懷))

자갯 명 자갈. 조약돌. 자갯돌. #"**자갯**돌밭에서도 풀이 피듯이//"(김소월, 기억)

자구나무 명 자귀나무. 함수초과에 속하는 낙엽 활엽의 작은 교목. 밤중에 잎이 접혀지기 때문에 자귀나무라고 불린다. 콩과의 낙엽 활엽 소교목으로 높이는 5m 정도이다. #"장진(長津)땅이 지붕 넘에 넘석하는 거리다/**자구나무** 같은 것도 있다//"(백석, 노루 / 함주시초(咸州詩抄))

자꼬 부 자꾸. #"찻집 통나무뺀취에 걸어앉어/가깝한 날씨를 꾸지젔다//철없는 동무는 **자꼬** 길을졸르고/나의 마음

ㅈ

은 짜장 스러웠다//서운한손 스틱을 끄을며/다시오기 어려운 이곳 버리고 가렸드니//"(김현구, 비로봉)

자래우다 동 '키우다'의 사동형. #"露領을 다니면서까지/애써 **자래운** 아들과 딸에게/한마디 남겨두는 말도 없었고/아무을灣의 파선도/설룽한 니코리스크의 밤도 완전히 잊으셨다/목침을 반듯이 벤 채//"(이용악, 풀벌레 소리 가득 차 있었다)

자류 명 자류(柘榴). 산뽕나무 열매. 즉 오디를 말함. #"남방토 풀 안돋은 양지귀가 보인다/햇비 멎은 저녁의 노을먹고 산다/"(백석, **자류**)

자마리 명 잠자리. #"내사랑가는곳은 해으름 모든그림자 서로지워지는지음 /포란빛 다홍빛 놀미야한자개빛 하날에피었다 사라지는빛갈/귀ㅅ속에 거문고줄을 살작울리고는 고만 사라지는소리/바람없는 푸른거울물결 **자마리** 날개스치고 지나가는듯한 가는우슴/그애의 주정체 입을마초련다고 그애가 귀쌈을 족였지 사람은 싸록 사랑스러 아차 저애들 둘의 소리가 나는구나.//"(박용철, 三剖曲)

자무락질 명 무자맥질. 물에 잠겼다 나왔다 하며 노는 짓. #"해오래비 청춘을 물가에 흘여보냇다고/흰오리때만 분주히 밋기를차저/**자무락질**치는 소리 약간들이고//언덕은 잔디밧 파라솔 돌이는 황국소년둘/해당화가튼 밤을 돌어 망향가도 부른다//"(이육사, 소공원)

자미스러워 형 자미스럽다. #"삭은 가지에 참새가 앉었다/가미스러워./삭은 가지고 흔들리고/참새가 흔들리고/**자미스러워**//"(박용철, 은가지)

자박수염 명 다박나룻. 다보록하게 아래로 젖혀진 콧수염. #"부뚜막이 두길이다/이 부뚜막에 놓인 사닥다리로 **자박수염**난 공양주는 성궁미를 지고 오른다//"(백석, 고사(古寺))

자배기 명 둥글넓적하고 아가리가 넓게 벌어진 질그릇. #"제주도 앞바다도 실눈 뜨고 바라보면/우물물 길어놓은 **자배기**를 닮았더라/통통선 떠나는 배도 종이배를 닮았더라.//"(정완영, 제주도 감귤 밭도), #"내 곁에 아내가 눕고 아내 곁에 손주 잠들 듯/장독 곁에 빈 항아리 항아리 곁에 또 **자배기**/서로들 어여쁜 흔들이 머리 맞대 살더니라.//"(정완영, 눈 내리는 밤)

자벌기 명 자벌레. 자벌레나방의 애벌레. 몸은 가늘고 긴 원통형이다. 가슴에 세쌍의 발이 있고 배에 한 쌍의 발이 있다. 꽁무니를 머리 쪽에 갖다 대고 몸을 길게 늘이기를 반복하여 움직인다. 벌기는 '벌레'의 평북 방언. #"나무등걸에서 **자벌기**가 고개를 들었다/멧비둘기켠을 본다//"(백석, 산비)

자부래미 명 툭하면 시도 때도 없이 잘

조는 아이나 어른을 말함. 접미사로 '-래미'를 붙이면 특정한 버릇을 가진 아이나 어른을 말한다. 예) 울래미 : 잘 우는 아이 #"강새이는 삽짝서 졸고/달구새끼는 횃대 우에서 졸고/괘네기는 실경 밑에서 졸고/할배는 담뻬라다 바지게/걸치놓고 살핑사서 졸고/할매는 마늘 까다가 졸고/알라는 할매 젓태서 졸고/에미는 콩밭 매다가 졸고/에비는 소 몰민서 졸고//팔공산 모티는 가몰가몰/아지래이 속에서 졸고/영천군 청통면 신원리 마실이/마카 졸고 있는데//거조암(居祖庵) 영산전(靈山殿)/오백나한(五百羅漢) 부처님만/마실 지키니라고/누이 말똥말똥하다//"(상희구, **자부래미** 마실 - 영천(永川) 청통(淸通) 거조암(居祖庵) 가서/대구.8)

자부럽다 동 졸리다. 자고 싶은 느낌이 들다. '졸리다'에 대응되는 경상방언 어휘형은 '자부럽다, 자불린다'이다. '자불다'는 '졸다', '자부람, 자부럼, 자브람'은 '졸음'을 뜻한다. #"무삼으로 저녁에 이래 한줌을 까지껏 하거든? 무삼 톪았는 거, 그거 삼다가, 자부는 사람도 있거든? 자불다가 몬 삼으믄 갖다 내삐리 분다. 마 다리 모르게. 시집 사니라고 마구 고생은 하고 늦게 얼라는 또 옆에 끼고 삼을라하만 밤은 깊지. **자부럽기는** 하지. 삼다가 앉아서 꾸벅 꾸벅 자는데, 뭐 자불다가 몬 삼으은 몰래 갖다 버리지.//"(김점호, 베도 숱한 베 짜고96), #"태산 글은 빨래를 다리자만 **자부럽고** 괴롭고 모개이 달라들고 하제. 그때는 그래도 여사 그래 하는 법인 줄 알고 재미로 알고 하제. 아아 재이 놓으만 깨제."(성춘식, 이부자리 피이 놓고)

자스러지다 형 혼절하다. #"한낮 또약빛이 쪼는지도 모르고/온몸이 아니 넋조차 깨온—아찔 하여지도록/뼈저리는 좋은맛에 **자스러지기는**/보기좋게 잘도자란 果樹園의 목거지다.//"(이상화, 나는 해를 먹다)

자시는 기 명 잡수시는 것이. #"씹어마 씹히는 그 맛이 쫀닥쫀닥하다 카시민서,/밥우에다 찐 팥잎사구를, 짜박짜박 끓인 강딘장에,/하얀 맨자지 쌀밥으로 쌈을 사서 쫀닥쫀닥 씹어/**자시는 기** 그 둘째 맛이고//"(상희구, 가친오미(家親五味)/대구.54)

자시동북팔십천희천 명 자시동북팔십천희천(自是東北八○粁熙川). '여기서부터 동북방향으로 희천까지는 팔십 킬로미터'라는 뜻. 구한말 이후의 지적도를 보면 '八○'이 '八十'이라는 의미로 쓰였다. '粁'은 Km를 의미하는 일본식 한자이며 '희천(熙川)'은 평안북도 묘향산 위쪽 방면에 위치해 있다. #"'**자시동북팔십천희천**(自是東北八○천희川)'의 팻말이 선 곳/돌능와집에 소달구지에 싸리신에 옛날이 사는 장거리에/어느 근방 산천에서 덜거기 껙껙 건방지게 운다//"(백석, 월림장)

자야곡 명 한밤의 노래. 이육사의 시 제목이 '자야곡'으로 한문에서 '자야'는 한밤중인 자시를 가리킨다. 따라서 '자야곡'이란 '한밤중의 노래'라는 뜻이다. #수만 호 빛이래야 할 내 고향이언만/노랑나비도 오잖는 무덤 우에 이끼만 푸르러라//슬픔도 자랑도 집어삼키는 검은 꿈/파이프엔 조용히 타오르는 꽃불도 향기론데//연기는 돛대처럼 내려 항구에 들고/옛날의 들창마다 눈동자엔 짜운 소금이 저려//바람 불고 눈보라 치잖으면 못 살리라/(이육사, **자야곡**)

자옥히 부 '자욱히'보다 작은 말. #"하늘이 해오리의 꿈처럼 푸르러/한 점 구름이 오늘 바다에 떨어지련만/마음에 안개 **자옥히** 피어오른다/너는 해바라기처럼 웃지 않아도 좋다/배고프지 나의 사람아/엎디어라 어서 무릎을 엎디어라//"(이용악, 장마 개인 날)

자우룩이 부 자우룩하게. #"흰 눈발 **자우룩이** 온 누리를 덮은 날은/고목나무 가지 끝에 새 한 마리 앉아 있다/어디로 날아 갈 건가 내 心頭에 앉아 있다.//"(정완영, 雪日)

자우룩하다 형 연기나 안개 따위가 잔뜩 끼어 매우 흐리고 고요한 느낌이 있다. #"시인이 외로운 날은 봄 하늘이 내려와서/우리 집 빈 뜨락에 모닥불을 피워 놨다/젖은 흙 **자우룩** 일으켜 작약 순을 올려놨다.//"(정완영, 芍藥 순 오르는 날)

자욱 명 자국. 경상도 방언에서는 '자국'과 '자욱', '자죽'이 변이형으로 실현된다. 『표준국어대사전』에서는 '자욱'은 '자국'의 방언형 또는 잘못 쓰인 것으로 설명하고 있다. #"나제도밤―밤에도밤―/그밤의어둠에서씀여난, 뒤직이가튼신령은,/光明의목거지란일홈도모르고/술취한장님이머-ㄴ길을 가듯/비틀거리는**자욱**엔, 피물이흐른다!//"(이상화, 비음)

자위 돌아 구 자위(가) 돌다. 밑이 돌아 틈이 생기다. 위태롭게 솟아 있는 산봉우리들의 땅과 맞닿은 밑부분이 돌아 틈이 생겨 금방이라도 사풋 떨어져 내려 앉을 것 같음을 묘사한다. #"**자위 돌아** 사폿 질ㅅ듯/위태로히 솟은 봉오리들.//"(정지용, 玉流洞)

자잘굿다 형 행동이 밉지 않게 장난기가 심하다. #"한 줌 흙 영토 위에 피어난 목숨이여/가난한 마음씨엔 외로움도 낙일런가/**자잘굿** 씨앗을 품고 기도처럼 서럽다.//"(정완영, 해바라기)

자잘궂다 형 아주 자잘한 것들을 귀염성스럽게 보았을 때 '자잘궂다'라는 표현을 쓴다. #"아이고 **자잘궂에라!**/작년에 냉기논 쑥갓씨로 삽짝가새/다문 다문 흩쳐논 지가 한 달포는 됐시까, 엊지역에 깨굼발비가 살째기/니리는 거 겉디마는 그단새 좁쌀네끼/겉은 포란 새싹이 빼쭘하이 돋았구마는//" (상희구, 춘삼월(春三月)/대구.7)

자전거포 명 자전거를 수리하거나 또는 판매하는 집. #"**자전거포**도 순댓국집도 문을 닫았다/사람들은 모두 장거리로 쏟아져나와/주먹을 흔들고 발을 굴렀다//"(신경림, 폭풍)

자즈러붙다 동 지지러 붙다. 몹시 놀라 몸을 움츠리며 어떤 물체에 몸을 숨기다. #"날기멍석을 져간다는 닭보는 할미를 차 굴린다는 땅 아래 고래 같은 기와집에는 언제나 니차떡에 청밀에 은금보화가 그득하다는 외발 가진 조마구 뒷산 어느메도 조마구네 나라가 있어서 오줌 누러 깨는 재밤 머리맡의 문살에 대인 유리창으로 조마구 군병의 새까만 대가리 새까만 눈알이 들여다 보는 때 나는 이불 속에 **자즈러붙어** 숨도 쉬지 못한다.//"(백석, 고야(古夜))

자즌닭 명 자주자주 우는 새벽닭. #"**자즌닭이** 울어서 술국을 끓이는 듯한 추탕 집의 부엌은 뜨수한 것같이 불이 뿌연히 밝다//"(백석, 미명계)

자지고름 명 자주빛 고름. #"쇠주푀적삼 항라적삼의 **자지고름이** 기드렁한 적삼에/한끝나게 상나들이옷을 있는 대로 다 내입고//"(백석, 칠월 백중)

자진 마짐 동 지팡이를 자주 땅에 짚다. 지팡이가 닿는 길 위의 흰돌에서 지팡이 소리가 난다는 것을 '흰돌이 우놋다'라고 적고 있다. 이것은 주변이 고요함을 암시하기도 한다. 자작나무의 껍질이 벗겨진 모양. #"지팽이/**자진 마짐**/흰돌이/우놋다.//"(정지용, 비로봉)

자질자질 부 몸이 열이 나면서 뼈마디와 근육이 쑤시고 아픈 모양. '자글자글'의 방언형. 『표준국어대사전』에서 풀이한 의미는 '1. 적은 양의 액체나 기름 따위가 걸쭉하게 잦아들면서 자꾸 끓는 소리. 또는 그 모양. 2. 걱정스럽거나 조바심이 나거나 못마땅하여 마음을 졸이는 모양. 3. 어린아이가 아파서 열이 자꾸 나며 몸이 달아오르는 모양. 4. 햇볕이 지질 듯이 내리쪼이는 모양이다. 경북 방언에서는 '몸이 열이 나면서 뼈마디와 근육이 쑤시고 아픈 모양'이라는 의미로 사용된다. #"진실로 외로운 자에겐 병도 또한 정이러뇨/세상살이 시들한 날은 **자질자질** 몸이 아프다/매화도 한 그루 곡조, 봄을 두고 앓는걸까.//"(정완영, 가을 앓이)

자청파 명 쪽파, 혹은 실파의 한 종류. #"두째로 묵은 탱글탱글 야물어야 한다/(묵을 썰라꼬 칼을 묵에다 갔다댔일 때/묵이 너무 야물어 가주고 칼이 한 발이나/우로 팅기오리마 그 묵이 채곤기다)//끝으로 묵맛은 양념장이/받쳐줘야 하는 것이다/저렁에다가 다진 마늘,/맵싹한 고치가리를 풀고/창지름이 두어 빠알/**자청파**를 쫑쫑 썰어 넣어마 그마이다//"(상희구, 묵/대구.85)

자추다 동 동작을 재게하여 잇따라 재촉하다. '잦추다01'의 잘못. #"오를 때 울던 뻐꾸기 내려올 땐 **자춥디다**/돌아와 생각하니 물소리도 타옵던 골/두고 온 천년 寶殺이 보석일사 앓더이다.//"(정완영, 사찰 순례 / 松廣寺)

자치 명 조금. #"시름은 둘 곳 없어도 **자치** 남은 소망으로/여덟 구멍 구비구비 눈길 천리 불 지르면/ 산 넘어 오는 새봄이 사래마다 곱구나.//"(정완영, 퉁소)

자취 명 자리. #"**자취** 잃었던 물/옛 자리로 새소리 흘리어라./어제 하늘이 아니어니/새론 해가 오르라//"(정지용, 그대들 돌아오시니, (在外革命同志에게))

작은마누래 명 작은마마. 수두 또는 홍역. #"아이들이 큰마누래에 **작은마누래**에 제구실을 할 때면 종아지물본도 모르고 행길에 아이 송장이 거적뙈기에 말려나가면 속으로 얼마나 부러워하였고//"(백석, 넘언집 범 같은 노큰마니)

잔물 명 작은 못. 김재홍은 『시어사전』(1997)에서 '잔물결'로 풀이하고 있다. #"**잔물**은 봄바람에 해적일 때는//파릇한 풀포기가/돋아나오고/잔물은 봄바람에 해적일 때에//"(김소월, 개여울)

잔바람 명 바람이 잦아져 조용하게 밀려오는 바람. #"아무렇게 겪어온 세월일지라도 혹은 무방하여라 숨맥혀라/숨맥혀라 **잔바람** 불어오거나 구름 한 포기 흘러가는게 아니라/어디서 누가 우느냐//"(이용악, 거리에서)

잔조우리다 형 (움직이는 모양새가) 가늘고 잔잔하리라. 잔조롬하리라. #"그 적은 포효는 어느 선조 때 유전이길래/마노의 노래야 한층 더 **잔조우리라**//그보다 뜰안에 흰나비 나즉이 날라올땐/한낮의 태양과 튜립 한송이 지컴직하고//"(이육사, 반묘)

잔지르다 형 마음을 쓸쓸하게 울먹이다. #"두 손길 맞잡고/우두커니 앉았소./**잔지르는** 수심가 고만두라 합니다.//"(김소월, 고만두풀 노래를 가져 月灘에게 드립니다)

잔체 명 잔치. #"밤마다 야광충들의 고흔 불아래 모혀서 영화로운 **잔체**와 쉴새없는 해조에 따라 푸른 하늘을 꾀했다는 이얘기//원 누리의 심장을 거기에 느껴 보겠다고 모든 길과길들 피줄같이 얼클여서 역마다 느릅나무가 늘어서고//"(이육사, 서울)

잘 필치 논 구 잘 펼쳐 놓은. #"저 만장

(萬丈)것치/질쭉한 푸른 띠/물결은 푸르러 푸르러/**잘 필치 논** 파아란/모빈단(模本緞) 같고나//"(상희구, 금호강(琴湖江)/대구.100)

잘망하다 형 얄미우면서도 앙증스럽다. 시어인 '잘망하니'는 '얄밉게도'라는 의미. #"봄철날 한종일내 노곤하니 벌불 장난을 한 날 밥이면 으레히 싸개동당을 지나는게 **잘망하니** 누어 싸는 오줌이 넙적다리로 흐르는 따근따근한 맛 자리에 펑하니 괴이는 척척한 맛//"(백석, 동뇨부(童尿賦))

잠겨버리과저 동 잠겨버리고자. #"이세상에 바라는 모든가지 내모든생각/레테의 고요한 흐름에 **잠겨버리과저**,/허나 나의 사랑만은 안되느니/들어라 적병의 성벽에 지치는소리/설엄은 버리고 내허리에 칼을 채우라/헥토르의 사랑만은 레테도 어쩌지 못하느니//"(박용철, 헥토르의 이별)

잠착하다 동 잠착(潛着)하다. '참척하다'와 같은 말. 한 가지 일에만 골목하여 다른 생각이 없이 되다. #"흙냄새 훈훈히 김도 사리다가/바깥 風雪소리에 **잠착하다**.//"(정지용, 忍冬茶)

잠착히 부 조용히 고요하게. #"기름 같이 잠잠한 바다, 아조 푸른 하늘, 갈메기가 앉어도 알수 없이/흰 모래, 거기 아모것도 들릴 것을 찾지 못한 적에 조개껍질은 한갈로 듣/는 귀를 **잠착히** 열고 있기에 나는 그때부터 아조 외로운 나그내인 것을/깨달었나이다.//"(정지용, 슬픈 偶像)

잠풍 명 잔잔하게 부는 바람. #"내가 이렇게 외면하고 거리를 걸어가는 것은 **잠풍** 날씨가 너무나 좋은 탓이고/가난한 동무가 새 구두를 신고 지나간 탓이고 언제나 꼭 같은 넥타이를 매고 고은 사람을 사랑하는 탓이다//"(백석, 내가 이렇게 외면하고)

잠풍날씨 명 잔풍(殘風) 날씨. 잔잔한 바람이 부는 날씨. #"내가 이렇게 외면하고 거리를 걸어가는 것은 **잠풍 날씨**가 너무나 좋은 탓이고/가난한 동무가 새 구두를 신고 지나간 탓이고 언제나 꼭 같은 넥타이를 매고 고은 사람을 사랑하는 탓이다//"(백석, 내가 이렇게 외면하고)

잠풍하다 형 잔잔한 바람이 살랑살랑 부는 듯하다. #"돌각담이 머루송이 깜하니 익고/자갈밭에 아즈까리알이 쏟아지는/**잠풍하니** 볕바른 골짝이다//"(백석, 산곡(山谷))

잡차져서 형 '어떤 일에 몰입한 상태'를 말함. #"오늘도 나는 친구들 하고 노니라고/**잡차져서** 정시이 없는데/지역무라꼬 엄마가 부르는 곳은/언제나 우리 집 앞/골목 끄티서였다/골목 끝이라기보다는//"(상희구, 골목 끝과 골목 끄티/대구.59)

잣 부 자주. #"무섭은 물소래는 **잣**닐어 온다//"(김소월, 바다까의밤)

장고기 명 잔고기. 조그마한 물고기. 농다리와 비슷하다. #"아들 아이는 범이라고 **장고기**를 잘 잡는 앞니가 빠드러진 나와 동갑이었다//"(백석, 주막)

장근 부 늘. 『표준국어대사전』에서는 '늘'의 잘못으로 뜻풀이를 하고 있으나 경북 방언에서는 '늘', '계속하여'라는 의미로 사용된다. 만일 '장근'이 '늘'의 잘못이라면 여기에서 사용된 시어가 잘못되었다는 말이 된다. #"炎熱은 삼십오륙도 世情은 旱魃같은데/隊商도 아닌 내가 이 長夏를 어이 건널꼬/앞으로 **장근** 두 달이 사막보다 아득하다.//"(정완영, 하일장)

장글장글 부 햇살이 오밀조밀 내려 쪼이는 모습. 따글따글. #"밭최둑에 즘부러진 땅버들의 버들개지 피여나는 데서/별은 **장글장글** 따사롭고 바람은 솔솔 보드라운데/나는 땅입자 노왕한테 석상디기 밭을 얻는다//"(백석, 귀농)

장닭 명 수탉. #"뒷곁에 우물물이/말갛게 고입니다/감꽃 한 개 우물가에/톡 떨어져 구릅니다/**장닭**도 어디를 가고/고꼬 울지 않습니다.//"(정완영, 빈집)

장돌림 명 '장돌림'은 '장(市場), 돌(廻), 이(명사화파생접사), ㅁ(명사화파생접사)'의 구성이며, '장돌뱅이'라는 방언형과 공존하며, 그 뜻은 시장바닥을 돌아다니는 사람, 곧 장사꾼을 뜻한다. #"두터운이불을,/포개덮허도,/아즉칩은,/이겨울밤에,/언길을, 밟고가는/**장돌림**, 보짐장사,/재넘어마을,/저자보려,/중얼거리며/헐덕이는숨결이,/아―/나를보고, 나를/비웃으며지난다.//"(이상화, 嘲笑)

장렬 명 장례행렬. #"젊은 여자가 혼자서/상여 뒤를 따르며 운다/만장도 요령도 없는 **장렬**/연기가 깔린 저녁길에/도깨비 같은 그림자들//"(신경림, 그날)

장명등 명 처마끝이나 마당 기둥에 달아 불을 밝히는 등인데, 네모지게 길게 나무통으로 만들어 그 속에 등잔불을 넣어 불을 밝힌다. #"바람이 거센 밤이면/몇 번이고 꺼지는 네모난 **장명등**을/궤짝 밟고 서서 몇 번이고 새로 밝힐 때/누나는/별 많은 밤이 되어 무섭다고 했다//"(이용악, 다리 우에서)

장뭏이 명 장날이 되어 장터에 사람들이 와글와글 모여 붐비는 것. #"해변에선 얼마나 너이들이 욱자지껄하며 멕이기에/해변땅에 나들이 갔든 할머니는/오리새끼들은 **장뭏이**나 하듯이 떠들썩하니 시끄럽기도 하드란 숭인가//"(백석, 오리)

장반시계 명 쟁반같이 생긴 둥근 시계. #"얼마가서 감로(甘露) 같은 물이 솟는 마을 하이얀 회담벽에 옛적본의 **장반시계**를 걸어놓은 집 홀어미와 사

는 물새 같은 외딸의 혼삿말이 아즈랑이같이 낀 곳은//"(백석, 남향(南向))

장별리 명 뜻풀이. #"연분홍 저고리, 빨간 불붙은/평양에도 이름 높은 **장별리**/금실 은실의 가는 비는/비스듬히도 내리네, 뿌리네.//"(김소월, 將別里)

장산고지 명 황해도 장연군의 남쪽 끝에 위치하여 황해(黃海)로 쑥 내민 뾰족한 땅. 대청도(大靑島), 소청도, 백령도 등이 바라보인다. #"**장산고지**는 열두 고지/못 다닌다는 말도 있지/아하 산 설고 물 설은데/나 누구 찾아 여기 왔니.//"(김소월, 대수풀 노래)

장알 명 손바닥에 생긴 '굳은살'을 뜻하는 함경도 방언이다. 노동에 시달린 자의 손바닥에 새겨진 굳은살이 마치 동그스름한 바둑알 모양과 같다. 무료하게 손바닥을 드려다 보며 '장알'을 세는 노동자의 권태와 무료를 잘 드러내 주고 있다. #"손바닥을 거울인 양 들여다보고/버릇처럼 **장알**을 헨다/누우런 이빨을 내민 채/말라빠진 짐승처럼 방바닥에 늘어진다//"(이용악, 오늘도 이 길을)

장지 명 방과 방 사이, 또는 방과 마루 사이에 칸을 막아 끼우는 문. 미닫이와 비슷하나 운두가 높고 문지방이 낮다. #"하늘은 雪意를 머금고 해종일 意志를 앓다가/**장지** 밖 뜨락 위에 싸락눈의 舍利를 뱉누나/끝내 아무것 하나 거둘 것이 없는 따에.//"(정완영, 虛日 心書)

장지문 명 지게문에 장지 짝을 덧들인 문. #"**장지문** 꼭 닫아도 햇살만은 스며들어/달 한 덩이 따다 논 듯 잠든 아기 머리맡에/꿈길도 어여쁜 나라 무지개를 깔았어요.//"(정완영, 눈 아침)

장터꺼래 부 장터 근처에. #"새빅에 이 말무지로/새미 가새 한 분 가보소/감이 얼매나 널찌실랑강//새빅에 이말무지로/**장터꺼래** 한 분 가보소/돈이 얼매나 널찌실랑강//이말무지로 한 분 기다리보소/지집질하는 사나도/지엽으마 오겠지//"(상희구, 이말무지로/대구. 80)

장풍 명 창포(菖蒲). 천남성과의 여러해살이풀로서 뿌리는 약용하고 단옷날에 창포물을 만들어 머리를 감기도 한다. #"나는 그때/자작나무와 이깔나무의 슬퍼하든 것을 기억한다/갈대와 **장풍**의 붙드든 말도 잊지 않었다/오로촌이 멧돌을 잡어 나를 잔치해 보내든 것도//"(백석, 북방에서)

잦 부 뜻풀이. #"바람은 쌔우친다 때에 바닷가/무서운 물소리는 **잦** 일어온다./켱킨 여덟 팔다리 걷어채우며/산뜩히 서려오는 머리칼이여.//"(김소월, 바닷가의 밤)

잦아버리다 형 물기가 차츰 스며들어 줄어버리다. #"물은 땅으로 스며든다. 흐르는 땅으로 스며든다. 흐르는 동

안에 **잦아버리는** 물줄기를 나는 알고 있다.//"(박목월, 비유의 물)

잦아지다 형 대구방언에서 '잦아지다'는 '느낌이나 기운 따위가 속으로 깊이 스며들거나 베어들어 차차 없어지다.'라는 의미이다. #"갓없는생각 짬모를 꿈이 그만 하나둘 **자자지려는가**,/홀아비같이 헤매는 바람떼가 한배갓들 구비치네./가을은 구슬픈마음이 앓다못해 날뛸시절인가보다.//"(이상화, 病的 季節)

잦아지다 형 조용하게 내려앉다. 서서히 아래로 퍼지며 내려앉다. #"짖어귀는 새소리 뭇새소리/산록을 내려가면 **잦아지는데**//"(박목월, 산도화2)

잦어 갔지 구 '찾아 갔지'의 오식. #"오동나무 그늘에서 그리운 양 졸리운 양한 내 형제 말님을 **찾어 갔지**./「형제여, 좋은 아침이오.」/말님 눈동자에 엇저녁 초사흘달이 하릿하게 돌아간다./「형제여 빰을 돌려 대소. 왕왕.」//"(정지용, 말1)

잦추다 동 동작을 재개하여 잇따라 재촉하다. #"산보다 큰 침묵이 숨어 사는 골짜기에/초록은 피어올라 萬丈으로 불이 붙고/뻐꾸기 **잦추는** 소리만 혼자 재를 넘누나.//"(정완영, 智異山 詩抄 / 피아골 뻐꾸기)

재 안 드는 구 재(齋) 안 드는. 명복을 비는 불공이 없는. #"**재 안 드는** 밤은 불도 없이 캄캄한 까막나라에서/조앙님은 무서운 이야기나 하면/모두들 죽은 듯이 엎데였다 잠이 들 것이다//"(백석, 고사(古寺))

재갈이다 동 재깔이다. 조금 요란스럽고 떠들썩하게 지저귀거나 이야기하다. #"주으린 새무리는 마른 나무의/해 지는 가지에서 **재갈이던** 때/"(김소월, 물마름)

재기다 동 재키다. 뒤로 물러서다. #"서리빨 칼날진 그 우에서다/어데다 무릎을 끊어야 하나/한발 **재겨** 디딜곳조차 없다//이러매 눈 감아 생각해 볼밖에/겨울은 강철로 된 무지갠가 보다//"(이육사, 절정, 29)

재끼다 동 잦히다. 뒤로 기울이다. 어떤 일을 하지 않고 빼 먹다. 경상방언 '재끼다'는 '젖히다, 넘긴다, 넘기어 버티다'라는 여러 의미를 가지는데 유치환의 시에서 '재껴'는 '젖혀'의 의미로 사용된 것이다. #"푸른 풋감은 떫어도/한없이 마음 감치어 아이들은 즐겁다오./그 파아란 그늘 아래 모여/적은 고개 **재껴**/세어 보기도 하고/종일을 놀아도 겨웁잖다오.//"(유치환, 풋감), #"옛날에는 아아 무데기(아기 무덤) 천지래. 여우가 막 파 **제끼고** 다니고. 인제는 없지. 다 밍그져 뿌고. 옛날에는 돌미 하나썩 얹어 놓고, 어떤 데는 가마 지게 갖다가 눌리 놓고, 까시덤배기 갖다 놓고. 마캐 눌

리 놨어."(김점호, 베도 숱한 베 짜고)

재끼다 [동] 재치다. 젖히다. #"그의 형제와/그의 사촌들을 더불고 있듯이/바람받이 잘하고/햇살받이 잘하며/어린 섬들이 의좋게 논다.//어떤 때는 구슬을 줍듯이 머리를 수그리고/어떤 때는 고개 **재껴** 티없이 웃는다.//"(박재삼, 섬을 보는 자리)

재당 [명] 향촌의 최고 어른에 대한 존칭. #"**재당**도 초시도 門長늙은이도 더부살이 아이도/새사위도 갓사둔도 나그네도 주인도 할아버지도/손자도 붓장시도 땜쟁이도 큰 개도/강아지도 모두 모닥불을 쪼인다//"(백석, 모닥불)

재밤 [명] 깊은 밤. '한밤'의 평북 방언. #"날기멍석을 져간다는 닭보는 할미를 차 굴린다는 땅 아래 고래 같은 기와집에는 언제나 니차떡에 청밀에 읍금보화가 그득하다는 외발 가진 조마구 뒷산 어느메도 조마구네 나라가 있어서 오줌 누러 깨는 **재밤** 머리맡의 문살에 대인 유리창으로 조마구 군병의 새까만 대가리 새까만 눈알이 들여다 보는 때 나는 이불 속에 지즈러붙어 숨도 쉬지 못한다.//"(백석, 고야(古夜))

재식 [명] 재식(才識). 재주와 식견. #"재식이 고금을누르고/보람도 없이 정교한 세계지도를 그리여/군주와 고나장의 눈을열은 나라의 산 보배 안드레아!//"(정지용, 勝利者 金 안드레아)

재양 [부] 재주와 모양. #"애야 연아 저꽃을 보아라/젊은이 가슴에 흔들이는 사랑꽃//그입설 그눈초리 **재양**감춘 복사꽃/담밑에 수집어서 혼자피는 밈들레꽃//외로운꿈 숨은 한숨 고개숙인 할미꽃/시악시 서른사랑 눈물어린 땅찔레꽃//"(김현구, 사랑꽃 서름꽃)

재재발렀다 [형] '재바르다'에서 비롯된 말. 몹시 재치있고 빠르다. #"푸른 도마뱀떼 같이/**재재발렀다**//"(정지용, 바다2)

재통 [명] 측간. 변소. #"밤이면 무엇이 기와골에 무리돌을 던지고 뒤우란 배나무에 째듯하니 줄등을 헤여달고 부뚜막의 큰솥 적은솥을 모조리 뽑아놓고 **재통**에 간 사람의 목덜미를 그냥그냥 나려 눌러선 잿다리 아래로 처박고//"(백석, 외갓집)

잿다리 [명] 재래식 변소에 걸쳐놓은 두 개의 나무. #"밤이면 무엇이 기와골에 무리돌을 던지고 뒤우란 배나무에 째듯하니 줄등을 헤여달고 부뚜막의 큰솥 적은솥을 모조리 뽑아놓고 재통에 간 사람의 목덜미를 그냥그냥 나려 눌러선 **잿다리** 아래로 처박고//"(백석, 외갓집)

쟁강 [부] 얇은 쇠붙이나 유리 따위가 가볍게 떨어지거나 부딪쳐 맑게 울리는 소리. #"가락지 **쟁강**하거든요/은봉채

쟁강하거든요/대동강 십 리 나룻길에 물 길러 온 줄 자네 아소.//"(김소월, 대수풀 노래)

쟁긍 뿌 댕가당. #"아홉 층 돌을 포개어 아홉 층이 무거운 탑/층층이 고인 하늘은 누가 닦은 거울인가/소쩍새 한 번만 울어도 금이 **쟁긍** 가더이다.//"(정완영, 石南寺)

쟈 명 저 애. #"빨래꺼리를 뒤적거리던 엄마가/숨 끊어진 다음의 자투리같은/끓는 소리로 내뱉었다/아이구 우얐끼네라, **쟈**, 속옷이/지리상갈상 떨어졌구나! 딴 거로/빈줄라 가주고 라도 퍼떡 니 내복/부터 한 불 사재이.//"(상희구, 지리상갈상/대구.40)

쟈가 명 저 애가, 곧 딸을 말함. #"여섯 살쯤 된 사내아이가 큼지막한 사진 한 장을 들고/난리를 친다/엄마아, 이거는 누부야 얼굴이 아이다 카이/아이고 이노무 자석이 와 이카노/부엌일을 하던 엄마는 종내 부지깽이를 내려놓고는/손아래 시누에게 푸념을 늘어 놓는다/아이구 우짜꼬, 사진일랑 고마, 아무 데서나 찍을꺼로,/얼굴로 너무 빼지리하게 맨들어 낫구마는,/저너무 자석이 나죵에 머라 안 카까, 우쨌던지 **쟈가**/시집 가서 잘 살아야 될낀데.//"(상희구, 명성사진관/대구.30)

저게 대 저기. '저게'는 대구방언에서는 '저기-+-에'가 축약된 형태이기 때문에 단독형 '저기'로 교열하는 것보다 '저기에'로 교열하는 것이 더 적절하다. '여게'도 마찬가지이다. #"보아라 **저게!**/아—니 또 여게!//"(이상화, 반딧불)

저너무 자석 구 저놈의 자식, 곧 딸의 남편이 될 사람. #"여섯 살쯤 된 사내아이가 큼지막한 사진 한 장을 들고/난리를 친다/엄마아, 이거는 누부야 얼굴이 아이다 카이/아이고 이노무 자석이 와 이카노/부엌일을 하던 엄마는 종내 부지깽이를 내려놓고는/손아래 시누에게 푸념을 늘어 놓는다/아이구 우짜꼬, 사진일랑 고마, 아무 데서나 찍을꺼로,/얼굴로 너무 빼지리하게 맨들어 낫구마는,/**저너무 자석**이 나죵에 머라 안 카까, 우쨌던지 쟈가/시집 가서 잘 살아야 될낀데.//"(상희구, 명성사진관/대구.30)

저녁 이아 물 양으로 구 저녁끼니로 쳐서 먹을 작정으로. 옛날 보릿고개 시절 끼니걱정은 정말 눈물겨웠다. 곡식이 귀하니 으레 감자나 고구마, 호박 따위를 끼니 대용식으로 하곤 했다. #"배는 고파 죽겠는데/서산에 해는/안주 짱짱하다//엄마가 **저녁 이아 물 양으로**/보리죽 한 사발을/실겅우에 유룸해 논 거를/내가 밨는데//해는 여죽지/빠질 기척도 안 하고/자꼬 배미리기만/해 쌓는다//"(상희구, 보릿고개/대

구.60)

저녁술 명 저녁밥. 저녁숟갈. #"또 인절미 송구떡 콩가루차떡의 내음새도 나고 끼때의 두부와/콩나물과 뽂운 잔디와 고사리와 도야지비계는 모두 선득선득/하니 찬 것들이다/**저녁술**을 놓은 아이들은 외양간섶 밭마당에 달린 배나무 동산/에서 쥐잡이를 하고 숨굴막질을 하고 꼬리잡이를 하고 가마/타고 시집가는 놀음 말 타고 장가가는 놀음을 하고 이렇게 밤/이 어둡도록 북적하니 논다/밤이 깊어가는 집안엔 엄매는 엄매들끼리 아르간에서 들 웃고//"(백석, 여우난골족)

저렁 명 간장. #"두째로 묵은 탱글탱글 야물어야 한다/(묵을 썰라꼬 칼을 묵에다 갔다댔일 때/묵이 너무 야물어가주고 칼이 한 발이나/우로 팅기오리마 그 묵이 채곤기다)//끝으로 묵맛은 양념장이/받쳐줘야 하는 것이다/**저렁**에다가 다진 마늘,/맵싹한 고치가리를 풀고/창지름이 두어 빠알/자청파를 쫑쫑 썰어 넣어마 그마이다//"(상희구, 묵/대구.85)

저릅등 명 겨릅등. '저릅'은 겨릅, 곧 삼의 껍질을 벗겨낸 하얀 속대를 말한다. 옛날에는 이 겨릅으로 벽을 바르기 전에 흙이 흘러내리지 않도록 이것을 엮어서 벽을 치고 그 위에 흙을 발랐다. 뜨물을 가라앉힌 앙금에다가 겨를 섞어 반죽한 것을 겨릅대에 얇게 발라 말린 다음, 불을 붙여 밤에 조명용으로 사용하는 것이 '겨릅등'이다. 경북 북부지역이나 강원도와 함경도 산간지역에서는 벽에다 받침대를 만들거나 혹은 벽에다가 '코쿨, 코쿤'이라고 하는 벽난로와 같은 구덕을 만들어서 그곳에 이 겨릅대나 소나무 괭이를 태워 불을 밝히기도 한다. 연기가 많이 나는 것이 흠이지만 촛불과 같은 정도의 밝기를 가지며 하룻저녁에 대개 서너 개를 쓴다고 한다. #"털보네는 또 아들을 봤다우/송아지래두 불었으면 팔아나 먹지/마을 아낙네들은 무심코/차거운 이야기를 가을 냇물에 실어보냈다는/그날 밤/**저릅등**이 시름시름 타들어가고/소주에 취한 털보의 눈도 일층 붉더란다//"(이용악, 낡은 집)

저물손 명 해질녘. #"그러나 집 잃은 내 몸이여,/바라건대는 우리에게 우리의 보습 대일 땅이 있었더면!/이처럼 떠돌으랴, 아침에 **저물손**에/새라 새로운 탄식을 얻으면서.//"(김소월, 바라건대는 우리에게 우리의 보습 대일 땅이 있었더면)

저볏는 형 저빗저빗하다. 주뼛주뼛하다. 어떻게 하면 좋을지 몰라 머뭇거리다. #"건너가지 안코서 **저볏는** 동안//"(김소월, 기회)

저아래 명 그제의 하루 전 날. #"저저아

래는 누부야가 와서/봄똥배추짐치 담가 놓고 가고//저아래는 누부야가 와서/이불홑청 빨아 놓고 가고//아래는 누부야가 햇찐쌀/한 보시기 갖다 놓고 가고//어제는 누부야가 안 왔다//오늘은 누부야가 올랑강?//"(상희구, 태평로 2가(街)/대구.51)

저어가다 동 저어가다. #"무너진 하늘을 헤치며 별빛 흘러가고/마음의 도랑을/시들은 풀잎이 **저어가고**/나의 병실엔 초라한 돌문이 높으게 솟으라선다//"(이용악, 등을 동그리고)

저운 형 '싫은'의 경상도 방언. 접다(싫다). #"내여달리고 **저운** 마음이련마는/바람에 씻은 다시 명상하는 눈동자//때로 백조를 불러 휘날려보기도 하것만/그만 기슭을 안고 돌아누어 흑흑 느끼는 밤//"(이육사, 호수)

저자 명 시장. #"두터운이불을,/포개덥허도,/아즉칩은,/이겨울밤에,/언길을, 밟고가는/장돌림, 보짐장사,/재넘어마을,/저자보려,/중얼거리며/헐덕이는숨결이,/아—/나를보고, 나를/비웃으며 지난다.//"(이상화, 嘲笑)

저저아래 명 그제의 이틀 전 날. #"저저아래는 누부야가 와서/봄똥배추짐치 담가 놓고 가고//저아래는 누부야가 와서/이불홑청 빨아 놓고 가고//아래는 누부야가 햇찐쌀/한 보시기 갖다 놓고 가고//어제는 누부야가 안 왔다//오늘은 누부야가 올랑강?//"(상희구, 태평로 2가(街)/대구.51)

적경 명 적경(寂境). 고요하고 평온한 지경 또는 장소. 인적이 드문 곳. #"신살구를 잘도 먹드니 눈오는 아침/나어린 아내는 첫아들을 낳었다/인가(人家) 멀은 산(山)중에/까치는 배나무에서 즛는다/"(백석, **적경**(寂境))

적다 형 작다. 대구방언에서는 '적다(少)'와 '작다(小)'가 의미차이 없이 혼용되어 사용된다. (미래사)에서 '젓은'으로 잘못 교열하였다. #"**적은** 창문을 가려 우거졌던 잎들이 모조리 지고 나니/겨울 햇빛이 행결 많이 비쳐 들건만/둥주리를 나드는 그의 초라한 양은 볼 수 없어/종일을 집안에서 쪼구리고 앉아만 있는지.//"(유치환, 겨울의 까치 둥주리를 보면 우리 어머님 생각이 나오)

적력한 형 하얀 백묵으로 원을 그린 것처럼 뚜렷하게 보이는 바다. '적력(的歷)하다'는 '분명하고 뚜렷하다'는 뜻을 지닌다. #"正午 가까운 海峽은/白墨 痕迹이 **的歷한** 圓周//"(정지용, 다시 海峽)

적수다 동 물 따위의 액체를 묻혀 젖게 하다. #"어젯밤 실실 단비 산과 들을 다 **적수고**/새아침 하늘 문 열고 종달새 비비비 울은/저 언덕 할미꽃 하나 고개 들라 함이라.//"(정완영, 採春譜 1 / 종달새와 할미꽃)

적이 부 꽤 많이. 적지 않게. #"달 아래 싀멋없이 섰던 그 여자./서 있던 그 여자의 해쓱한 얼굴,/해쓱한 그 얼굴 **적이** 파릇함./다시금 실버듯한 가지 아래서/시커먼 머리길은 번쩍거리며,/다시금 하룻밤의 식는 강물을,/평양의 긴 단장은 숯고 가던 때./오오 싀멋없이 섰던 여자여!//"(김소월, 기억)

전장 명 전쟁. #"이 **전장** 저 **전장** 난리판에/사나 있는 저 이핀네는/호시뺑빼이로 살겠구마는//이핀네 주거뿐 지 석삼 월 만에/처녀장개 든 저 사나는/호시뺑빼이로 살겠구마는//누부야 많은 저 머시마는/업어 줄 누부야들 많아서/호시뺑빼이로 살겠구마는//"(상희구, 호시뺑빼이/대구.26)

절로 부 저쪽으로. #"붐비던/시외뻐스 터미널이/명절끝이라 그런지/소읍(小邑)인양 한적하다/화원(花園), 옥포(玉浦), 고령(高靈),/합천(陜川),으로 가시는 손님은/일로 오이소//창녕(昌寧), 신반(新反), 남원(南原),/마산(馬山)으로 가시는 손님은/**절로** 가이소//화원, 현풍, 신반, 남원.../저 많은 고향을/머리에 인채/변두리에 쓸쓸히 서 있는/내당주차장//"(상희구, 내당주차장(內唐駐車場)/대구.99)

점도록 부 점두록. 저물도록. 날이 저물 때까지. #"잊으시기야, 했으랴, 하마 어느새,/님 부르는 꾀꼬리 소리./울고 싶은 바람은 **점도록** 부는데/설리도 이 때는/가는 봄 삼월, 삼월은 삼질.//"(김소월, 가는 봄 三月), #"(나도 일즉이, **점두록** 흐르는 강가에/이 아이를 뜻도 아니한 시름에 겨워/풀피리만 찍은일이 있다)//"(정지용, 太極扇)

점바치 명 점쟁이. 점치는 일을 직업으로 하는 사람. #"그라이 한번은 큰집이서 점을 보는데, 점쟁이가 말을 하는데 '왜 불쌍한 거를 토지를 그런걸 주노? 똑똑한 걸 한 뙈기 주지.' **점바치**가 말이래. 여러 사람들이 구경을 하는데, 그래 사램들이 '얄궂애라. 점바치도 희한하다. 희안하다.' 이랬어요."(김점호, 베도 숱한 베 짜고), #"하도 안 오이, 뭐 어데 봉사가 하나, **점바치**가 용하다꼬, 여봉사라 그며 봉사가 하나 용한 기 있다 캐. 그며 영주 시냐 사람들이 다 가서 점을 하고 하는데 그 사람한테 가서 점을 했어."(성춘식, 이부자리 피이 놓고)

접다 형 싶다. 대구방언에서 '싶다'는 '접다'로 실현된다. '하고 접다', '묵고 접다' 등으로 실현된다. #"언제보아도 웃든 그이와갓네/착해도보이는 달아/만저보고**저운** 달아/나는 혼자//"(이상화, 달아)

접히다 형 어떤 일에 신들린 듯이 정신을 집중한 상황이 되다. 대구방언에서 '신명이 잡히다'와 같이 '어떤 일에 신들린 듯이 정신을 집중한 상황'을 신명 '접혔다', '잡혔다'라고 한다. 따라서 '잡혔나'로 교열한다. #"나는 온몸에 풋내를 띄고/푸른웃슴 푸른설음이 어우러진사이로/다리를절며 하로를것는다 아마도 봄신령이 **접혓나보다.**/그러나 지금은— 들을빼앗겨 봄조차 빼앗기것네//"(이상화, 빼앗긴들에도, 봄은오는가)

젓갈 명 젓가락. #"겨울밤은 길어 묵을 먹고./술을 마시고 물세 시비를 하고/색시 **젓갈** 장단에 유행가 부르고//"(신경림, 겨울밤)

젓까치로 밍태껍디기로 구 젓가락으로 명태껍데기를. #"밥반찬으로는 밍태껍띠기 여어서 끓인 딘자아서/**젓까치**로 몰랑몰랑 익은 **밍태껍디기로** 조신조신/건져 밥우에 얹어서 몰랑몰랑 씹어 자시는 기/그 첫째 맛이고//"(상희구, 가친오미(家親五味)/대구.54)

젓태서 부 곁에서. #"강새이는 삽짝서 졸고/달구새끼는 횃대 우에서 졸고/괘네기는 실경 밑에서 졸고/할배는 담삐라다 바지게/걸치놓고 살핑사서 졸고/할매는 마늘 까다가 졸고/알라는 할매 **젓태서** 졸고/에미는 콩밭 매다가 졸고/에비는 소 몰민서 졸고//팔공산 모티는 가몰가몰/아지래이 속에서 졸고/영천군 청통면 신원리 마실이/마카 졸고 있는데//거조암(居祖庵) 영산전(靈山殿)/오백나한(五百羅漢) 부처님만/마실 지키니라고/누이 말똥말똥하다//"(상희구, 자부래미 마실-영천(永川) 청통(淸通) 거조암(居祖庵) 가서/대구.8)

정구지 명 부추. #"대구의 봄은/칠성시장에 제일/ 먼저 찾아온다//칠성시장의 봄은/칠성시장 채소전에서/시작는다//배겉 날씨는/아즉 칩은데//발씨로 불노(不老), 서촌(西村)/쪽서 쑥갓, 아욱이/들왔단다//중리(中里) 날뫼 쪽서/햇미나리, **정구지**가/들오고//하빈(河賓) 동곡(東谷)서는/시금치, 건대가/들오고//경산(慶山) 압량(押梁)서는/낭개 가지가 들오고//청도(淸道) 풍각(豊角) 각북(角北)/서는 풋고치, 오이가/들왔다//"(상희구, 대구의 봄은/대구.93)

정나아 명 변소에. #"다황 가주 온너라, 큰 바아/다황 가주 온너라, 정지에/다황 가주 온너라, **정나아**//작고 가냘픈 성냥개비/끄트머리에 앙증맞은/붉은 대가리의/꼬마 혁명가(革命家)//"(상희구, 다황/대구.77)

정문 명 정문(旌門). 충신, 효자, 열녀 등을 표창하기 위하여 그의 집 앞이나 마을 앞에 세우던 붉은 문. 작설(綽楔). 홍문(紅門). #"주홍칠이 날은 旌門이 하나 마을 어구에 있었다/'孝子盧迪之之旌門'(효자로적지지**정문**) 몬지가 겹겹이 앉은 木刻의 額에/나는 열 살이 넘도록 갈지字 둘을 웃었다//"(백석, 정문촌)

정영 부 정녕. #"욕된 나날이 **정영** 숨가쁜/곱새는 등곱새는/엎디어 이마를 적실 샘물도 없어//" (이용악, 해가 솟으면)

정지 명 부엌. #"다황 가주 온너라, 큰바아/다황 가주 온너라, **정지**에/다황 가주 온너라, 정나아//작고 가냘픈 성냥개비/끄트머리에 앙증맞은/붉은 대가리의/꼬마 혁명가(革命家)//"(상희구, 다황/대구.77)

정치못 명 정치못. #"머나먼 기억은 끝없는 나그네의 시름속에 자라나는 너를/간직하고 너도 나를 아껴 항상 단조한 물결에 익었다//그러나 물결은 흔들려 끝끝내 보이지 않고 나조차/계절풍의 넋이 가치 휩쓸려 **정치못** 일곱 바다에 밀렸거늘//"(이육사, 해후)

정코 부 정녕코. #"한세상 **정코** 못할 것도 분명 잇다합니다//"(김소월, 의와정의심)

젖몸살 명 젖을 제때 먹이지 못해 젖이 차올라 생기는 몸살. #"차일 친 날 빛처럼 덩그렇던 모란꽃도/**젖몸살** 가라앉듯 봄은 이내 가라앉고/빼꾸긴 또 찾아와서 푸른 애를 졸이네.//"(정완영, 月令歌 / 모란꽃 지고)

젖토오 명 젖통. #"참말로 참담키는 날이 가물때 제/한 분은 어는 철인고 모릴따마는/오뉴월 한 시절, 비가 한 빠알도 귀경/할 수가 없었는데,/가슴패기가 서늘한 기 왼통 텅 빈 거 겉은데/등짝이는 안팎으로 뱃짝 말라붙어 가주고/줄라카이 줄끼 있나, 받을라카이 받을끼 있나,/숫제, 안고 있는 알라는 젖 돌라꼬 울어 쌓는데/**젖토오** 젖은 하나도 없고 젖꼭따리가 뱃짝/말라붙어 뿐 거 겉했다 카이끼네//"(상희구, 금호강(琴湖江)/대구.100)

제 미 -지. #"한울 아 한해 열두달 남의일 해주고 겨오사는 이목숨이/고라죽으면 네맘에 씨원 할께 뭐란 말이냐/제—발 빌자! 밧헤서 갈닙 소리 가나기전에/무슨수 가 나주어야 올해는 그대로 살어나 가보제!//"(이상화, 비를다고)

제구실 명 홍역. #"아이들이 큰마누래에 작은마누래에 **제구실**을 할 때면 종아지물본도 모르고 행길에 아이 송장이 거적때기에 말려 나가면 속으로 얼마나 부러워하였고/"(백석, 넘언집 범 같은 큰마니)

제리 묵는 구 절여서 먹는. #"아이구 고시에라/아이구마 달구마는/구시다카이 구시다 안 카덩교/그냥 꼬오옥 꼬오옥 씹어보소 얼마나 단지//**제리 묵**는 열무는/경산 자인 논두렁,/콩밭 새에서 키운 열무가/젤이구마는.//"(상희구, 경산(慶山) 자인(慈仁) 열무/대구.28)

제물배 명 제물(祭物)로 쓰는 배. #"내가 엄매등에 업혀가서 상사말같이 항약에 야기를 쓰면 한창 피는 함박꽃을 밑가지채 꺾어주고 종대에 달린 제물배도 가지채 쪄주고 그리고 그 애끼는 게사니 알도 두 손에 쥐어주곤 하는데//"(백석, 넘언집 범 같은 노큰마니)

제물에 뷔 제 스스로. #"아아/상황용에는/다래가/거멓게 익어 **제물에** 이운다.//"(박목월, 구황룡)

제법 강(江)의 틀이 째이이끼네 구 제법 강의 틀이나 모양이 갖추어 지니까. #"처음에 가사령과 성법령을 갖 지내와서는/동네 미역감는 꼬매이들 친구도 되 주다가/마실마중 널찍한 갱빈도 맨들어서 마실네들/쉼터도 맨들어 주다가/영천(永川) 와서, 자양천 상신천을 합류하고/부터는 **제법 강(江)의 틀이 째이이끼네**/점점 할 일이 많에진다//"(상희구, 금호강(琴湖江)/대구. 100)

제비꼬리 명 제비꼬리. 제비꼬리고사리. 식용 산나물의 일종. #"토끼도 살이 오른다는 때 아르대즘퍼리에서 **제비꼬리** 마타리 쇠조지 가지취 고비 고사리 두릅순 회순 산나물을 하는 가즈랑집 할머니를 따르며 나는 벌써 달디단 물구지우림 둥굴레우림을 생각하고 아직 멀은 도토리묵 도토리범벅까지도 그리워한다//"(백석, 가즈랑집)

제비손이 명 다리를 서로 끼워넣어서 노는 놀이. #"밤이 깊어가는 집안엔 엄매는 엄매들끼리 아릇간에서들 웃고 이야기하고 아이들은 아이들끼리 웃간 한 방을 잡고 조아질하고 쌈방이 굴리고 바리깨돌림하고 호박떼기하고 **제비손이** 구손이하고//"(백석, 여우난골족)

제비손이구손이 명 1. 다리를 마주끼고 손으로 다리를 차례로 세며, '한알 때 두알 때 상사네 네비 오드득뽀드득 제비손이 구이손이 종제비 빠땅'이라 부르는 유희. 2. 군수놀이나 평양감사놀이를 할 때에 다리를 세는 소리. 아이들 여럿이 방 안에 두 줄로 마주 앉아서 저마다 두 다리를 뻗어 상대편의 다리 사이에 넣은 다음, 한 아이가 한쪽에서부터 소리하며 세어가다가 소리가 끝나는 곳에 걸린 다리는 구부린다. 제일 먼저 두 다리를 구부린 아이는 군수 또는 평양감사가 되고 다음은 차례로 좌수 사령 개 돼지 주인이 되고 맨 나중까지 남은 아이는 도둑이 된다. 도둑이 돼지를 훔치면 개가 짖고 주인이 군수에게 고발하면 군수는 사령에게 도둑을 잡으라고 명하는 식의 놀이이다. 다리를 세는 소리는 지역마다 다르다. #"밤이 깊어가는 집안엔 엄매는 엄매들끼리 아릇간에서들 웃고 이야기하고 아이들은 아이들끼리 웃간 한 방을 잡고 조아질하고 쌈방이 굴리고 바리깨돌림하고 호박떼기하고 **제비손이 구손이하고**//"(백석, 여우난골족)

제석산 명 무당이 모시는 신의 하나. 집안사람들의 수명, 곡물, 의류 및 화복에 관한 일을 맡아본다고 한다. #"「돌아서면 무심타 말이/그 무슨 뜻인 줄을 알았으랴./제석산 붙는 불은 옛날에 갈라선 그 내 님의/무덤의 풀이라도 태웠으면!//"(김소월, 나는 세상 모르고 살았노라)

제여금 명 제각각. 사람이나 물건이 모두 각각. #"난장진 피바다 속에 눈뜨고 목숨 지운 이/사백 년 흐른 오늘도 목이 마른 하늘가에서/이승을 바라는 곳에 은하(銀河)로 보일 수도(水道)여.//동백(冬柏)을 피워 올리고 있는 섬둘레마다/미향(微香) 어리인 것이 **제여금** 무리 일어/여기도 성좌(星座) 한자락 도란도란거리고나.//"(박재삼, 남해유수시(南海流水詩))

제자 명 시장거리. 이숭원 교수의 『원본 정지용 시집』에서는 '제자(題字)를 쓴'으로 풀이한다. #"이 아이는 내처 날개가 돋혀/꽃잠자리 **제자**를 슨 하늘로 도는지도 모른다.//"(정지용, 太極扇)

제주병 명 제사에 쓰이는 술병. #"이 눈세기 물을 냅일물이라고 **제주병**에 진상항아리에 채워두고는 해를 묵여가며 고뿔이 와도 배앓이를 해도 갑피기를 앓어도 먹을 물이다//"(백석, 고야(古夜))

제춤에 부 제 자신의 기분에. 제 흥에. #"어린아이들 **제춤에** 뜻없는 노래를 부르고/솜병아리 양지쪽에 모이를 가리고 있다.//"(정지용, 紅椿)

젤 부 제일. #"아이구 고시에라/아이구마 달구마는/구시다카이 구시다 안카덩교/그냥 꼬오옥 꼬오옥 씹어보소 얼마나 단지//제리 묵는 열무는/경산 자인 논두렁,/콩밭 새에서 키운 열무가/**젤**이구마는.//"(상희구, 경산(慶山) 자인(慈仁) 열무/대구.28)

조곰치도 부 조금도 보다 더 강조한 말. #"石段을 올라와/잔디에 조심스레 앉아/뾰족뾰족 올라온 새싹을 뜯어 씹으면서/**조곰치도** 아까운 줄 모르는 주림/지난밤/휘파람은 돌배꽃 피는 洞里가 그리워/북으로 북으로 갔다//"(이용악, 길손의 봄)

조금하면 준 자칫하면, 잘못하면. #"**조금하면** 잊혀지기 쉬운 이 청빈한 가족에게/"(유치환, 점경에서)

조마구 명 조막. 조무래기를 비유적으로 이르는 말. 옛 설화 속에 나오는 키가 매우 작다는 난장이. #"날기멍석을 져간다는 닭보는 할미를 차 굴린다는 땅 아래 고래 같은 기와집에는 언제나 니차떡에 청밀에 음금보화가 그득하다는 외발 가진 **조마구** 뒷산 어느메도 조마구네 나라가 있어서 오줌누러 깨는 재밤 머리맡의 문살에 대인 유리창으로 조마구 군병의 새까만 대가리 새까만 눈알이 들여다 보는 때 나는 이불 속에 지즈러붙어 숨도

쉬지 못한다.//"(백석, 고야(古夜))

조상 명 조상(弔喪). 사람의 죽음에 임해서 조의를 표하는 것. 문상과 같은 말. #"사막은 끝없이 푸른 하늘이 덮여/눈물먹은 별들이 **조상**오는 밤//밤은 옛ㅅ일을 무지개보다 곱게 짜내나니/한가락 여기두고 도 한가닥 어데던가/내가 부른 노래는 그 밤에 강건너 갔소//"(이육사, 강건너 간 노래)

조아질 명 부질없이 이것저것 집적거리며 해찰을 부리는 일. 평안도에서는 아이들의 공기놀이를 이렇게 부르기도 함. #"밤이 깊어가는 집안엔 엄매는 엄매들끼리 아룻간에서들 웃고 이야기하고 아이들은 아이들끼리 웃간한 방을 잡고 **조아질**하고 쌈방이 굴리고 바리깨돌림하고 호박떼기하고 제비손이 구손이하고//"(백석, 여우난골족)

조앙님 명 조왕(竈王)님. 부엌을 맡은 신. 부엌에 있으며 모든 길흉을 판단함. 부엌에서 챙기는 음식은 물론 심지어 아궁이에 부리 잘 들이지 않아도 이 신의 탓으로 여긴다. 부엌문 위벽이나 부뚜막에 참지(창호지)를 접어서 걸어놓고 여기에 신을 모신다. #"나는 성주님이 무서워 토방으로 나오면 토방에는 디운귀신/나는 무서워 부엌으로 들어가면 부엌에는 부뚜막에 **조앙님**/또 시렁에는 데석님//"(백석, 마을은 맨천귀신이 돼서), #"화라지송침이 단채로 들어간다는 아궁지/이 험상궂은 아궁지도 **조앙님**은 무서운가 보다//"(백석, 고사(古寺))

조으름 명 조름. '조으름'은 '조름'형에 대한 음절수를 늘인 어형이다. 대구방언에서는 '자부름'형이 주로 사용된다. #"**조으름**오는寂滅이//"(가을의 風景)

조이다 동 얼어붙다. 날씨가 매우 추워지다. 『표준국어대사전』에서는 '죄다'의 의미로 뜻풀이를 하고 있으나 '얼어붙다', 또는 '날씨가 매우 추어지다'의 의미로 사용되기도 한다. #"하루는 비가 오고 하루는 바람이 불고/애타는 실개천이 풀렸다가 **조였다가**/진실로 한 봄 오기가 이대도록 고되고나.//"(정완영, 待春賦)

조이밭 명 새밭. 띠나 억새가 우거진 곳. #"그 늙은인/암소 딸라 **조아밭** 저쪽에 사라지고/어느 길손이 밥 지은 자취지/끄슬은 돌 두어 개 시름겨웁다//"(이용악, 강가)

조찰히 형 맑고 그윽하게. 조촐하다. #"달도 보름을 기달려 흰 뜻은 한밤 이골을 걸음 이란다? 웃절 중이 여섯 판에 여섯 번 지고 웃고 올라 간뒤 **조찰히** 늙은 사나히의 남긴 내음새를 줏는다?//"(정지용, 장수산 1)

조히 명 종이. #"날마다 나는 **조히**로 지은 배를 흐르는 물에 하나 하나 띄워 보냅니다./크고 검은 글씨로 나의 힐홈과 나의 사는 마을 일홈을 그 우에 적습니다./어느 머언 나라에 모르는 이가 그 배를 주어보고 내가 누군줄을 알게 될것입니다.//"(박용철, 조히배)

좀 실까바 구 좀 쓸까봐. #"이거 묵어마 킬 난데이/**좀 실까바** 옷에 넣는 좀약인데/무마 죽는다 카이/엄마가 아이들이 사탕으로 잘못 알고/먹을가봐 닥달을 하시면서 반짝반짝/광채가 나면서 하얀 박하사탕같은 것을/코앞으로 디밀었는데 이 희안한/이방(異邦)의냄새//"(상희구, 나후따링/대구.89)

좁쌀네끼 명 곡식 같은 작은 낟알을 표현할 때 접미어로 '네끼'를 쓴다. 예) 쌀네끼, 좁살네끼. #"아이고 자잘굿에라!/작년에 냉기논 쑥갓씨로 삽짝가새/다문다문 흩쳐논 지가 한 달포는 됐시까, 엇지역에 깨굼발비가 살째기/니리는 거 겉디마는 그단새 **좁쌀네끼**/겉은 포란 새싹이 빼쭘하이 돋았구마는//"(상희구, 춘삼월(春三月)/대구.7)

종대 명 꽃이나 나무의 한가운데서 올라오는 줄기. #"내가 엄매등에 업혀가서 상사말같이 항약에 야기를 쓰면 한창 피는 함박꽃을 밑가지채 꺾어주고 **종대**에 달린 제물배도 가지채 쪄주고 그리고 그 애끼는 게사니 알도 두 손에 쥐어주곤 하는데//"(백석, 넘언집 범 같은 노큰마니)

종아지물본 명 '세상물정'이라는 말로 추정됨. 종아지는 홍역을 일으키는 귀신이고, 물본(物本)은 근본 이치, 까닭이므로 '홍역으로 죽어 나가는 까닭도 모르고'로 해석하여야 함. #"아이들이 큰마누래에 작은마누래에 제구실을 할 때면 **종아지물본**도 모르고 행길에 아이 송장이 거적뙈기에 말려 나가면 속으로 얼마나 부러워하였고//"(백석, 넘언집 범 같은 노큰마니)

종이때기 명 1. 종이. 2. 종이로 접은 딱지. 여기에서는 종이라는 의미로 사용되었다. #"그래 그랬었다 그는/내가 학교에서 상장을 타오면/이놈의 **종이때기**는 왜 이리 빳빳하냐면서/담배말이 종이로는 밑씻개로는 못쓰겠다면서/여기저기 구멍난 창구멍을 바르거나 도배지로 벽을 발라버렸다//"(김남주, 아버지)

종조리 명 종달새. 종다릿과의 새. 몸은 참새보다 조금 크며 붉은 갈색이고 검은색 가로무늬가 있다. '종조리'는 '종다리'와 '노고저리'의 혼태(blending)에 의해 '종-저리'의 변이형으로 '종조리'라는 방언형이 형성된 것이다. #"바람은 내귀에 속삭이며/한자욱도 섯지마라 옷자락을 흔들고/**종조리**는 울타리넘의 아씨가티 구름뒤에서 반갑다웃네.//"(이상화, 빼앗긴들에도, 봄은오는가)

좋이 부 좋게. 깨끗하거나 정갈하게. 충

분하게. 별 탈 없이 잘. #"아직도 손끝에는 따가 남아 부끄러운/봄날이 아픈 내 마음 복판을 뻗어/떨리는 가장가지를 볕살 속에 내 놓아…//이길 수 없다, 이길 수가 없다,/오로지 졸음에는 이길 수가 없다,/종일은 수양이 뇌어 강은 **좋이** 빛나네.//"(박재삼, 수양산조(垂楊散調)), #"시절도 시월쯤 되면 대구는 滋養이 찬다/악수도 대화들도 과일처럼 **좋이** 영글고/사과는 이고장 善心 뉘에게도 주어진다.//"(정완영, 遍歷詩抄 / 大邱 十月)

죄롭다 형 죄스럽다. 1920~30년대에 '-롭다'형의 형용사 파생형이 많이 사용되었다. #"행여나 내목숨이잇기때문에/그살림을못살까—아 **죄롭다**.//"(이상화, 先驅者의 노래), #"네 애비 흘러간 뒤/소식 없던 나날이 무거웠다/너를 두고 네 어미 도망한 밤/흐린 하늘은 **죄로운** 꿈을 머금었고/숙아/너를 보듬고 새우던 새벽/매운 바람이 어설궂게 회오리쳤다//"(이용악, 검은 구름이 모여든다)

죄롭다 형 '죄롭-'은 '가엾-'이라는 뜻을 지닌 함경도 방언이다. 이를 단순히 '죄'(罪)에 접사 '-롭-'이 결합된 파생어로 보고, '죄가 있는' 또는 '죄스러운'으로 이해해서는 안 된다. 위 시의 문맥 의미로 보아도 '가엾-'이 어울린다. 함경도에서는 '가엾-'이라는 말은 쓰이지 않는다. 대개 '죄롭-', '불쌍(쌍)하-'라는 말을 쓴다. #"그때의네눈엔, 간악한것이업고/**죄롭은**생각은, 네맘을밟지못하도다,/아, 만입을내가, 가진듯, 거륵한이동안을, 나는기리노라,//"(이상화, 本能의 놀애), #"금강(金剛)! 하루일즉 너를찾지못한 나의계으름— 나의鈍覺이 얼마만치나부끄러워, **죄로워** 붉은얼굴로 너를바라보지못하고 벙어리입으로너를바로읊조리지못하노라.//"(이상화, 金剛頌歌)

죈두기송편 명 진드기 모양처럼 작고 동그랗게 빚은 송편. #"내일같은 명절날인 밤은 부엌에 째듯하니 불이 밝고 솥뚜껑이 놀으며 구수한 내음새 곰국이 무르끓고 방안에서는 일가집 할머니가 와서 마을의 소문을 펴며 조개송편에 달송편에 **죈두기송편**에 떡을 빚는 곁에서//"(백석, 고야(古夜))

주거뿐 지 구 죽어버린 지. #"이 전장 저 전장 난리판에/사나 있는 저 이핀네는/호시뺑빼이로 살겠구마는//이핀네 **주거뿐 지** 석삼 월 만에/처녀장개 든 저 사나는/호시뺑빼이로 살겠구마는//누부야 많은 저 머시마는/업어 줄 누부야들 많아서/호시뺑빼이로 살겠구마는//"(상희구, 호시뺑빼이/대구.26)

주니 받니 하민서 구 주거니 받거니 하면서. #"이렇듯 장장(長長) 삼백여리를 헤쳐와/있은동 없은동, **주니 받니**,

하민서 오다가/마츰네 기진(氣盡)해서 명이 다하여/대구 달서구 파호동과 달성군 다사읍/죽곡리에 다다라 한 식구의 만형격인/낙동강에 의탁하니 앞의 강은 다하고/뒤의 강이 새로 일어 서는구나,//아 금호강,/그 흐름이 둔중하고 묵직해서/지극히 도도하니 유장(悠長)하구나!//"(상희구, 금호강(琴湖江)/대구.100)

주락시 명 주락시 나방. #"당콩밥에 가지 냉국의 저녁을 먹고 나서/바가지꽃 하이얀 지붕에 박각시 **주락시** 붕붕 날아오면/집은 안팎 문을 횅 하니 열젖기고/인간들은 모두 뒷등성으로 올라 멍석자리를 하고 바/람을 쐬이는데/풀밭에는 어느새 하이얀 다림질감들이 한불 널리고/돌우래며 팟중이 산옆이 들썩하니 울어댄다/이리하여 한울에 별이 잔콩 마당 같고/강낭밭에 이슬이 비 오듯 하는 밤이 된다//" (백석, 박각시 오는 저녁)

주룬히 부 주렁주렁. 어떤 물건이 줄지어 즐비하게. #"끼때에는 붓두막에 바가지를 아이덜 수대로 **주룬히** 늘어놓고 밥 한덩이 질게 한술 들어틀여서는 먹였다는 소리를 언제나 두고두고 하는데//"(백석, 넘언집 범 같은 노큰마니)

주림을 의논하였다 구 추위에 떨면서 허기를 채울 의논을 하다. #"삽시 掩襲해 오는/비ㅅ낮을 피하여,/김승이 버리고 간 石窟을 찾어들어,/우리는 떨며 **주림을 의논하였다**.//"(정지용, 꽃과 벗)

주먹다시 명 '주먹'을 거칠게 일컫는 말. #"나는 **주먹다시** 같은 떡당이에 꿀보다는 달다는 강낭엿을 샀다//"(백석, 월림장)

주사 명 주사(朱砂). 짙은 홍색의 광물이며 수은과 유황의 화합물이다. 정제하여 염료나 한방의 약재로 사용하기도 하는데, 성질이 차다고 하여 경기가 일었을 때 진정제로 사용한다. #"石壁에는/朱砂가 찍혀 있소./이슬같은 물이 흐르오./나래 붉은 새가/위태한데 앉어 따먹으오.//"(정지용, 절정), #"가쁜 숨결을 드내 쉬노니, 박나비처럼,/가녀린 머리, **주사** 찍은 자리에, 입술을 붙이고/나는 중얼거리다, 나는 중얼거리다, 부끄러운줄도 모르는 多神教徒와도 같이.//"(정지용, 發熱)

주저리 명 1. 너저분한 물건이 어지럽게 매달리거나 한데 묶여 있는 것. 2. 일정한 양의 볏짚의 끝을 모아 엮어서 무엇을 씌울 수 있도록 만든 물건. 겨울에 꽃나무나 김칫독 위에 덮어씌워 눈비를 가리며 추위를 막는 데 쓴다. 3. 포도와 같은 과일의 송이송이. #"저토록 푸른 하늘이 어디에나 가마(정완영, 窯) 걸고/이토록 붉은 열매를 **주저리**로 구워 내렸나/여든 해 이 땅에 살아도 가마터를 나는 몰라.//"(정완

영, 감을 따 내리며)

주절이주절이 부 주저리 주저리. 물건이 어지럽게 많이 매달려 있는 모양이나 이것저것 끊임없이 이야기 하는 모양. 비슷한말로 '주절주절'이 있다. #"내 고장 칠월은/청포도가 익어가는 시절/이 마을 전설이 **주절이주절이** 열리고/먼데 하늘이 꿈꾸며 알알이 들어와 박혀//"(이육사, 청포도)

주제였만도 구 주제(변변하지 못한 처지)였지만(도). #"아주 헐벗은 나의 뮤, 즈는/한번도 기야 싫은 날이 없어/사뭇 밤만을 왕자처럼 누려 왔소//아무것도 없는 **주제였만도**/모든 것이 제것인듯 뻐티는 멋이야//"(이육사, 나의 뮤-즈)

주홍칠이 날은 구 주홍칠이 바랜. 백석 시에서 '낡은'이라는 의미로 쓰였을 때에는 현대어 표기법 그대로 '낡은'이라고 표기되거나 또는 '날근'으로 표기된다. #"**주홍칠이 날은** 정문이 하나/마을 어귀에 있었다/먼지가 겹겹이 앉은 목각의 액에/나는 열살이 넘도록 갈지자 둘을 웃었다//"(백석, 정문촌)

죽지 명 1. 팔과 어깨가 이어진 관절의 부분. 2. 새의 날개가 몸에 붙은 부분. #"줄 한 번 튕겨주면 출렁이는 강물소리/엎드린 산과 들은 눈 아래로 굽어보고/솔개야 **죽지**를 들어라 하늘 빙빙 돌려라.//"(정완영, 연)

죽치다 동 아무 일도 하지 않고 앉거나 누워 베기다. #"온 집안에 퀴퀴한 돼지 비린내/사무실패들이 이장집 사랑방에/중돈을 잡아 날궂이를 벌인 덕에/우리들 한산 인부는 헛간에 **죽치고**/개평 돼지비계를 새우젓에 찍는다/끗발나던 금광시절 요릿집에 얘기 끝에/음담패설로 신바람이 나다가도/벌써 예니레째 비가 쏟아져//"(신경림, 장마)

준마 명 썩 잘달리는 늠름한 모양의 말. #"너는 **준마**처럼 달리며/죽도 져 곧은 기운을/목숨같이 사라했거늘//거리를 좇아 단여도/풍경속에/동상답게 서봐도 좋다//"(이육사, 소년에게)

줄라 카이 줄 끼 있나 받을라 카이 받을 끼 있나 구 주려니 줄 것이 있나 받으려니 받을 것이 있나. #"참말로 참담키는 날이 가물때 제/한 분은 어는 철인고 모릴따마는/오뉴월 한 시절, 비가 한 빠알도 귀경/할 수가 없었는데,/가슴패기가 서늘한 기 왼통 텅 빈 거 겉은데/등짹이는 안팎으로 뱃짝 말라붙어가주고/**줄라카이 줄끼 있나, 받을라 카이 받을끼 있나**,/숫제, 안고 있는 알라는 젖 돌라꼬 울어 쌓는데/젖토오 젖은 하나도 없고 젖꼭따리가 뱃짝/말라붙어 뿐 거 겉했다 카이끼네//"(상희구, 금호강(琴湖江)/대구.100)

줄방구띠방구 명 방귀소리가 줄줄이 떼를 지어서 연이어 나옴. 경상도에서는 떼를 '띠'로 발음한다. '떼' 말고도 어떤 무리나 집단을 말할 때에 '떼서리'란 말을 쓰기도 하는데 이 말을 경상도에서는 곧잘 '띠시리' 라고 쓰는 것이다. #"쏘내기가 한줄기 할랑강//뒷산 산삐알쪼오서 번갯불이/밑 분뺏뜩거리 쌓티마는/이내 자질구리한 천둥소리가/**줄방구띠방구**로 엮끼나온다//쏘내기가 억수로/퍼벘다가 그친다//마당 한쪼오는/따리아가 되리 붉다//하늘에는 발씨로/식은 낮달이/시큰둥하다//"(상희구, 뒷산 산삐알쪼오서 자질구리한 천둥소리가 줄방구띠방구로 엮끼 나오다–고산골에서/대구.32)

줄이다 동 굶주리다. #"죽음일다!/부들업게쒸노든, 나의가슴이,/**줄인**牝狼의 미친발톱에, 찌저지고,/아우성치는 거친어금니에, 깨물려죽음일다!//"(二重의死亡)

줏었네 동 주웠네. #"꼬부라진 사람이 꼬부라진 길을 가다/꼬부라진 담모퉁이서 꼬부라진 오전한푼 **줏었네**/그걸로 꼬부라진 괴양이를 샀더니 꼬부라진 생쥐를 잡았네/그래 꼬부라진 쪼고만집에서 다같이 살았드란다.//"(박용철, 꼬부라진 사람이)

중그마리 명 징구마리. 징검댕이. 중금다리. 징금당우. 중그미. 미꾸라지. #"**중그마리** 놀나리라//"(김소월, 리요)

중돋 명 중간 크기의 돼지. #"온 집안에 퀴퀴한 돼지 비린내/사무실패들이 이장집 사랑방에/**중돋**을 잡아 날궂이를 벌인 덕에/우리들 한산 인부는 헛간에 죽치고/개평 돼지비계를 새우젓에 찍는다/끗발나던 금광시절 요릿집에 얘기 끝에/음담패설로 신바람이 나다가도/벌써 예니레째 비가 쏟아져//"(신경림, 장마)

줘왔다 준 주워 왔다. #"너는 돌다리ㅅ목에서 **줘왔다던**/할머니 핀잔이 참이라고 하자//나는 진정 강언덕 그마을에/벌어진 문바지였는지 몰라//"(이육사, 년보)

쥐발 같다 구 쥐발 같이 앙증맞다. #"긴긴 겨울밤 인간들이 모두 한잠이 들은 재밤중에 나 혼자 일어나서 머리맡 **쥐발 같은** 새끼요강에 한없이 누는 잘 매럽던 오줌의 사르릉 쪼로록 하는 소리//"(백석, 동뇨부(童尿賦))

쥐영타꼬 형 조용하다고. #"내사마 장디이가 뿌러지는거/것더마는/그렇다고 그런 것들로 밀치낼 수는 없일끼이끼네/이런 창수가 지내가고나마 얼매나 **쥐영타꼬**/달은 동무하자꼬 나오고 억새풀은 울어쌓고//"(상희구, 금호강(琴湖江)/대구.100)

쥐영타카이끼네 형 조용하다니까. #"토까이가 풀로 무울때는/입수부리가 야물야물거리 쌓는기/입수부리 하나사/억시기 분답지마는/누는 너무 **쥐영타카이끼네**.//"(상희구, 토까이/대구.64)

쥔 명 주인. #"바람은 세게 불고, 추위는 점점 더해 오는데,/나는 어느 목수(木手) 네 집 헌 샷을 깐,/한방에 들어서 **쥔**을 붙이었다.//"(백석, 남신의주(南新義州) 유동(柳洞) 박시봉방(朴時逢方))

쥔 새는 구 손 안에 쥐고 있는 새는. #"앞집에는 밥 하민서/맨날 밥만 태우는/덩더꾸이 이집/작은 미느리//옆집에는/해거름만 되마/지 그렁지 붙잡아 볼라꼬/헛발질만 해 쌓는/덩더꾸이 칠복이 늠//한 집 건너 웃 집에는/맨날 헛타아다/총을 쏘아대 가주고/**쥔 새는** 놓치고 나는/새만 잡으로 댕기는/엉터리 포수/덩더꾸이 먹보영감//꽂 조코물 조흔/우리 마실/덩더꿍!/덩더꿍!//덩더꾸이가 많은/우리 마실/덩더꿍!/덩더꿍!//"(상희구, 덩더꾸이/대구.42)

쥔을 붙이었다 구 주인집에 세들었다. #"바람은 더욱 세게 불고, 추위는 점점 더해 오는데,/나는 어느 목수네 집 헌 샷을 깐,/한 방에 들어서 **쥔을 붙이었다**.//"(백석, 남신의주 유동 박시봉방)

즈려밟다 동 짓밟다. #"영변에 약산 진달래꽃/아름 따다 가실 길에 뿌리오리다/가시는 걸음 걸음 놓인 그 꽃을/사뿐히 **즈려 밟고** 가시옵소서/"(김소월, 진달래꽃)

즌퍼리 명 항상 습기가 차서 곡식을 심지 못하는 지대. #"**즌퍼리**의 물가에/우거진 고만두/고만두풀 꺾으며/「고만두라」 합니다.//"(김소월, 고만두풀 노래를 가져 月灘에게 드립니다)

즐즐하놋다 형 얼음 밑으로 흐르는 물소리가 마치 귀뚜라미 울음처럼 '즐즐(喞喞)'소리를 내고 있음을 말한다. 매우 섬세한 감각적 표현이라고 할 수 있다. #"어름이 굳이 얼어 드딤돌이 믿음즉하이 꿩이 긔고 곰이 밟은 자옥에 나의 발도 노히노니 물소리도 귀또리처럼 **喞喞하놋다**.//"(정지용, 長壽山 2)

즘생 명 짐승. #"네가 주는 것이 무엇인가?/어린애게도 늙은이게도/**즘생**보담은 신령하단 사람에게/단맛뵈는 엿만이아니다/단맛넘어 그맛을 아는맘/아모라도가젓느니 잇지말라고/큰가새로 목닥치는네가/주는것이란 엇재 엿뿐이랴!//"(이상화, 엿장사)

즘퍼리 명 축축이 젖어 있는 땅. #"토끼도 살이 오른다는 때 아르대**즘퍼리**에서 제비꼬리 마타리 쇠조지 가지취 고비 고사리 두릅순 회순/산(山)나물을 하는 가즈랑집 할머니를 따르며/나는 벌써 달디단 물구지우림 둥굴레우림을 생각하고/아직 멀은 도토리묵 도토리범벅까지도 그리워한다(백석, 가즈랑집)

지 그렁지 구 제 그림자. #"앞집에는 밥 하민서/맨날 밥만 태우는/덩더꾸이 이 집/작은 미느리//옆집에는/해거름만 되마/**지 그렁지** 붙잡아 볼라꼬/헛발질 만 해 쌓는/덩더꾸이 칠복이 늠//한 집 건너 웃 집에는/맨날 헛타아다/총을 쏘아대 가주고/쥔 새는 놓치고 나는/새만 잡으로 댕기는/엉터리 포수/덩더꾸이 먹보영감//꽃 조코 물 조흔/우리 마실/덩더꿍!/덩더꿍!//덩더꾸이가 많은/우리 마실/덩더꿍!/덩더꿍!//"(상희구, 덩더꾸이/대구.42)

지 있는 데서 ㉠ 자기가 있는 곳에서, 곧 잠자리가 있는 곳에서. #"여뀌향이 진동하는/봇또랑우에/철개이 한 마리/오도 가도 안하고/기양 겅고오 떠 있다//무얼 가만 엿듣고 있나?//아모래도 **지 있는데서**/봇또랑물 있는 데 까지/기럭지를 재(測) 보는 갑다//"(상희구, 철개이/대구.68)

지갯문 ㉣ 지개문. 마루에서 방으로 드나드는 곳에 안팎에 종이로 바른 외짝문. #"**지갯문**만 닥기고//"(김소월, 오과의읍)

지게굳다 ㉦ 타일러도 듣지 않고 고집스럽다. #"모도들 욕심 사납게 **지게굳게** 일부러 청을 돋혀서/어린아이들 치고는 너무나 큰소리로 너무나 튀겁 많은 소리로 울어대는데/너만은 타고난 외마디 소리로 스스로웁게 삼가면서 우는구나//"(백석, 촌에서 온 아이)

지게목발 ㉣ 지게짝대. #"누군/왜 살아 사는 건가./그저 살믄/오늘 같은 날/**지게목발** 받쳐 놓고/어슬어슬한 산비알 바라보며/한 잔 술로/소회도 풀잖는가//"(박목월, 기계장날)

지구에단 죄없는 노래를 ㉠ 지구에는 죄없는 노래를. #"렴리한 사람들을 다스리는 신이란 항상 거룩합시니/새별을 차저가는 이민들의 그틈엔 안끼며 갈테니/새로운 **지구에단 죄없는 노래**를 진주처럼 흣치자//"(이육사, 한개의 별을 노래하자)

지긋하이 ㉦ #"쓸쓸한 산골속에/혼자누어 한가한몸//한세상 슬픈생각/마음도 **지긋하이**//내무덤에 오실때는/아모것도 들지말고//"(김현구, 내무덤에 오려거든)

지까다비 ㉣ 지개다비. 일제 때 천으로 만든 신발. #"그날 끌려간 삼촌은 돌아오지 않았다./소리개차가 감석을 날라 붓던 버력더미 위에/민들레가 피어도 그냥 춥던 사월/**지까다비**를 신은 삼촌의 친구들은/우리 집 봉당에 모여 소주를 켰다.//"(신경림, 폐광)

지나는데 ㉧ 지내는데. #"멧도야지와 이웃사춘을 **지나는** 집//"(백석, 가즈랑집), #"일가친척들과 서로 모여 즐거우 웃음으로 **지날** 것이였만//"(백석, 두보나 이백같이)

지대바지를 하다 ㉠ 주로 손아래 사람이 손위의 사람에게 욱박지르면서 마구 대드는 모습을 말한다. 예) 못돼먹은 아들녀석이 다 늙은 에미에게 용돈을 주지 않는다고 지대바지를 하면서 대들다. #"팔공산 자락/낮은 곳에 찌를 듯이/입입(立立)한 나무들이/높은 곳에/솟을 듯이 총총(叢叢)한 /나무들에게 대들 듯한/기세로 **지대바지를/하고 있었다//**"(상희구, 지대바지/대구.10), #"아이고 방아깐에 청송댁이 손자로/봤는데 글케 알라가 짱배기에 쌍가매/로 이고 났다 카더마는, 아모래도 장개로/두 분 갈꺼로 칸다/이 할매, 얼매나 밉쌍시럽었던지 이부제/할마씨가 초저녁 마실 나온 할매한테/**지대바지를 한다**/할매 내 좀 보소, 저게 하늘에 빌이 많제, 그라마/저 빌 중에 첩싸이 빌이 어는 빌인지/그라고 큰오마씨 빌이 어는 빌인지 맞차보소/그 만춤 마이 알마//"(상희구, 소전꺼래 알분다이 할매/대구. 15)

지둥치며 동 기둥치며. #"언제나 제주에 오면 나는 깃발이 되고 싶다/말 달려오는 바람, **지둥치며** 오는 바람/파도를 말아 세우는 푸른 깃발이 되고 싶다.//"(정완영, 나는 깃발이 되고 싶다)

지레듯는다 동 #"저달이 다시 이운다/둥그렀다 다시이운다/서리품은 구름이 어른거리니/바수수 나무닢이 **지레듯는다**/九月 十月 동지 섣달/九月 十月 동지섯달/이렇게 헤이노라니/스르르 눈물이 눈에서돈다//"(박용철, 失題)

지렝이 명 지렁이. #"장마지면 비와 같이 하늘에서 나려왔습니다/뒤에 붕어와 농다리의 미끼가 되었습니다//"(백석, 나와 **지렝이**)

지르다 동 양쪽 사이를 막대기나 줄 따위로 가로 건너막거나 못으로 내리꽂다. #"잔등에 못을 **지르듯** 아파오는 이 세월도/꽃밭처럼 달아오르는 내 조석의 이 천식도/실상 저 인당수로 나 피 뱉으며 가는 거다.//"(정완영, 판소리로 가는 사람)

지르터 맨 구 망건 등을 쓸 때 뒤통수 쪽을 세게 눌러서 망건 편자를 졸라 맨. #"한 해에 몇 번 매연지난 먼 조상들의 최방등 제사에는 컴컴한 고방 구석을 나와서 대벌머리에 외얏맹건을 **지르터 맨** 늙은 제관의 손에 정갈히 몸을 씻고 교우 위에 모신 신주 앞에 환한 촛불 밑에 피나무 소담한 제상 떡, 보탕, 식혜, 산적, 나물지짐, 반봉, 과일들을 공손하니 받들고 먼 후손들이 공경스러운 절과 잔을 굽어보고 또 애끊는 통곡과 축을 귀애하고 그리고 합문 뒤에는 흠향오는 구신들과 호회 접하는 것//"(백석, 목구(木具))

지리 부 지그시. #"비개인뒤 장밋빛 구름의/게우른 거름/누리는 지금 春心에 가득 잠기여/ 한 눈초리를 **지리**감는다//"(김현구, 春心)

지리다 동 기리다. 경북방언에서는 t, k, h, 구개음화 현상이 실현된다. 이 지역이 특히 k-구개음화 현상의 개신 방사핵지역으로 알려져 있다. '지둥(기둥), 찌이다(끼이다, 쳉이, 칭이(키), 숭년(흉년)'으로 발음하는 것이 그 본보기이다. '지리다' 또한 '기리다'의 어두 k-구개음화가 적용된 경상방언형이다. 뛰어난 업적이나 바람직한 정신, 위대한 사람 따위를 추어서 말하다. 기대하거나 흠모하면서 예찬(禮讚)하다. 이 방언형의 의미가 제대로 파악되자 못해 (문학사상사)에서는 뜻을 알 수 없는 미상의 어휘로 처리하였으며, (형설사)에서는 '지키며'로 교정하는 오류를 범하고 있다. #"아, 밤이어두어오도다,/사람의 헛것일너라,/때는 지나가다/울음의 먼길가는 모르는 사이로//우리의 가슴복판에 숨어사는/열푸른 마음의꼿아 피어버리라,/우리는 오늘을**지리며**, 먼길가는나그넬너라.//"(이상화, 마음의 꽃), #"엇데 ᄆᆞᅀᆞᆷ히 仁厚ᄒᆞᆫ **기류믈** 要求ᄒᆞ리오"(두초 7, 36), #"ᄠᅳ들 펴 짓ᄂᆞᆫ 그른 魯候를 **지리고**"(두초 20, 25)

지리상갈상 㕫 산산조각, 갈기갈기의 뜻. #"빨래꺼리를 뒤적거리던 엄마가/숨끊어진 다음의 자투리같은/끓는 소리로 내뱉었다/아이구 우얐끼네라, 쟈, 속옷이/**지리상갈상** 떨어졌구나! 딴 거로/빈줄라 가주고 라도 퍼떡 니 내복/부터 한 불 사재이.//"(상희구, 지리상갈상/대구.40)

지맛이다 동 제맛이다. #"배추찌짐은 디집어 엎어/논, 무시 솥띠끼우에다/꿉어야, **지맛이다**/둥굴오목한 솥띠끼를/후끈 달구어/돼지지름을 아지매들/성질대로 알라들/호작질 하딧이 마구잽이로/문질러 놓고서는/큼지막한 배추잎사구로 하나/머얼건 밀가루반죽에다 담뿍 적셔 내어,/솥띠끼우에다 찌지직 앉히는 것이다.//"(상희구, 배추전(煎)/대구.37)

지발 저승에 가서라도 낮짹이 쫙 피이 질랑강 구 제발 저승에 가서라도 (삐딱했던) 얼굴이 쫙 펴지려나. #"아이고 삐때기총각, 불쌍에서 우짜꼬, 고상, 고상해서 참한 색씨 얻어서 인자 살만 하디마는, **지발 저승에 가서라도 낮짹이 쫙 피이 질랑강**//"(상희구, 덕수의원(德壽醫院) 삐때기 원장/대구.73)

지발 쫌 마이 자부이세이 구 제발 좀 많이 (낮잠을) 조세요. 시에미가 많이 졸면 그러는 동안은 아무래도 잔소리가 덜 할 것이다. '자불다'는 '졸다'의 뜻이다. #"어무이예,/상추쌈 마씻기 잡숫고/**지발 쫌 마이 자부이세이**//어무이예,/상추쌈 마씻기 잡숫고/**지발 쫌 마이 자부이세이**//"(상희구, 상추쌈/대구.65)

지분대다 동 집적거리다. 가만히 있는 사람에게 이유 없이 손을 대며 시비를 걸거나 말을 하다. #"느린 벽시계가 세시를 치면/자다 일어난 밤대거리들이 **지분댔다**/활석광산 아래 마을에는/아침부터 비가 오고//"(신경림, 동행)

지심 명 김. #"아주짜리 기름을바른이가 **지심**매든 그들이라 다보고십다.//"(이상화, 빼앗긴들에도, 봄은오는가)

지역 무라꼬 구 저녁밥 먹으라고. #"오늘도 나는 친구들 하고 노니라고/잡차져서 정시이 없는데/**지역 무라꼬** 엄마가 부르는 곳은/언제나 우리 집 앞/골목 끄티서였다/골목 끝이라기보다는//"(상희구, 골목 끝과 골목 끄티/대구.59)

지역답 명 저녁녘. #"큰 오마씨와 작은 오마씨가 한테 사는 웅이네에 **지역답**이 되자/이집 영감이 대문을 들어섰다. 영감재이가 하마나 오까, 하마나/오까 하민서 누이 빠지게 기다리던 작은 오마씨가 엉기불통하고/쫓아 나가는 데, 고만 고모신코에 발가락이 잘못 끼었는지 발딱/나자빠지고 말았다. 이 꼬라지를 외미닫이 밖으로 얼치거이 없이/내다보고 있던 큰 오마씨가 사부제기 내뱉었다./아이고 고고 꼬방시에라.//"(상희구, 꼬방시다/대구.47)

지엽도록 부 지루할 만큼. #"엄마가 잘 아는 건어물가게에서 시시로 한 자루씩이나 얻어 오곤 하는 미리치대가리를 어지간한 삼비보재기에 담뿍 싸서 꽁꽁 묶어 솥에다가 **지엽도록** 우라낸 국물에다가 무시시레기랑 배추시레기를 우기 넣어마 매끼 훌륭한 시레기국이 되는 것이다//"(상희구, 시레기국/대구.75)

지엽으마 형 지루하면. #"새빅에 이말무지로/새미 가새 한 분 가보소/감이 얼매나 널찌실랑강//새빅에 이말무지로/장터꺼래 한 분 가보소/돈이 얼매나 널찌실랑강//이말무지로 한 분 기다리보소/지집질하는 사나도/**지엽으마** 오겠지//"(상희구, 이말무지로/대구.80)

지웃거리다 형 기웃거리다. #"소곰토리 **지웃거리며** 돌아오는가/열두 고개 타박타박 당나귀는 돌아오는가/방울소리 방울소리 말방울소리 방울소리//"(이용악, 두메산골4)

지은 동 만든. #"날마다 나는 조히로 **지은** 배를 흐르는 물에 하나 하나 띄워 보냅니다./크고 검은 글씨로 나의 힐홈과 나의 사는 마을 일홈을 그 우에 적습니다./어느 머언 나라에 모르는 이가 그 배를 주어보고 내가 누군줄을 알게 될것입니다.//"(박용철, 조히배)

지음 명 사이, 경계. #"서풍 뺨을 스치고/하늘 한가 구름 뜨는곳/희고 푸른 **지음**을 노래하며//그래 가락은 흔들리고/별들 춥다 얼어붙고/너노차 미친들 어떠랴//"(이육사, 소년에게, 40)

지적시는 동 적시는. #"당신의 봉분 위에는 사시사철 비 내린다/오뉴월 장마철에도, 칠월 한낮 땡볕에도/내 가슴 **지적시는** 비, 내 잔등을 때리는 비.//"(정완영, 당신의 비)

지줄대다 동 '지절대다'의 방언. 수다스럽게 지껄이다. #"넓은 벌 동쪽 끝으로/옛이야기 **지줄대는** 실개천이 회돌아 나가고,/얼룩백이 황소가/해설피 금빛 게으른 울음을 우는 곳//"(정지용, 향수)

지중지중 부 곧장 나아가지 않고 아주 천천히 걸으면서 생각에 잠기는 모습을 나타내는 의태어. #"그리고 **지중지중** 물가를 거닐면/당신이 이야기를 하는 것만 같구려/당신이 이야기를 끊을 것만 같구려//"(백석, 바다)

지즐대다 형 수다하게 말을 하다. '지껄이다'라는 의미로 사용된다. #"어여쁜계집의, 씹는말과가티,/제혼자, **지즐대며**, 어둠에쓸는여울은, 다시고요히,/濃霧에휩사여, 脉풀린내눈에서, 썰덕이다.//"(二重의 死亡)

지지랑물 명 비가 온 뒤 초가집 처마에서 떨어지는 쇠지랑물 같은 빛깔의 낙숫물. #"지르르 누렇게 흐르는 **지지랑물**이/살다 간 사람의 냄새위에 수군수군/옛일을 되새겨 누워 흐르고 있다//"(문성현, 빈집)

지지리도 부 지독하게도. 철저하게. #"당신은 박씨 가문의/**지지리도** 못 사는 집에/시집왔다가 나중엔/쫓겨가듯 일본 땅에 가 살면서/거기서 어린 우리를 등에 업고/굽이굽이 한풀이 노래를/혼자서 불렀던 것을/나는 기억의 뒤안에서/어렴풋이 헤아려 낸다.//"(박재삼, 어머님 전 상서)

지질숙하다 형 변변하지 못하고 욕정이 섞여 지저분하게 느껴지는. #"하날이 높기도 하다/고무풍선갓흔 첫겨울 달을/누구의 입김으로 부너올렷는지?/그도 반넘어 서쪽에 기우러젓다//행랑뒤골목 휘젓한 상술집엔/팔녀온 냉해지처녀를 둘너싸고/대학생의 **지질숙한** 눈초리가/사상선도의 염탐 밋헤 떨고 만잇다//"(이육사, 실제)

지집질 명 계집질. #"새빅에 이말무지로/새미 가새 한 분 가보소/감이 얼매나 널찌실랑강//새빅에 이말무지로/장터꺼래 한 분 가보소/돈이 얼매나 널찌실랑강//이말무지로 한 분 기다리보소/**지집질**하는 사나도/지엽으마 오겠지//"(상희구, 이말무지로/대구.80)

지첬 명 지천(地天)의 오기. #"꿈과도같고 그림같고 어린이마음우와같은 나라가있서/아모리 불러도 멋대로못가고 생각조차못하게 **지첬**을떠는 이설음/벙어리같은 이아픈설음이 츩넝쿨같이 몃날몃해나 얽히여 트러진다.//"(이상화, 逆天)

지컴직하고 형 '지킴직하고'의 오식인 듯. 지켜낼 만하고. #"그 적은 포효는 어느 선조 때 유전이길래/마노의 노래야 한층 더 잔조우리라//그보다 뜰안에 흰나비 나즉이 날라올땐/한낮의 태양과 튜립 한송이 **지컴직하고**//"(이육사, 반묘)

지팽이 명 지팡이. #"뚝장군의 전설을 가진 조고마한 늪/늪을 지켜 숨줄이 마른 썩달나무에서/이제/늙은 올빼미 凶夢스런 울음을 꾀이려니/마을이 떨다/이 밤이 떨다/어서 **지팽이**를 옮겨 놓아라//"(이용악, 도망하는 밤)

지푼 맛 구 깊은 맛. #"풋사과가 달기로는/그 중에 유와이가 젤로 낫고//고리땡은 오래 나아 둘수록/지푼 단맛이 있고//아사히는 물이 많은데 달지만/**지푼 맛**이 적고//B품으로 나온 오래된 낙과(落果)는/그 맛이 허벅허벅하다//"(상희구, 대구사과/대구.66)

진갤논 명 골짝에 있는 기다란 논. #"그는 죽었다 홧병으로/내가 부자들의 모가지에 칼을 들이대고/경찰에 쫓기는 몸이 되었을 때/그는 죽어가면서 유언을 남겼다 한다/**진갤논** 일곱마지기는 두째놈한테 띠어 주라고/성찬이 한번 보고 죽었으면 싶다고"(김남주 아버지, "조국은 하나다")

진골목 명 대구의 명소, 묵은 부자가 많이 살았던 역사가 있는 골목으로, 골목이 길다고 진골목('길다'의 방언형+골목)으로 부른다. #"달성공원 앞에는 가짜 약장사가 많고/**진골목**에는 묵은디 부잣집이 많고"(상희구, 대구풍물/대구.4)

진두강 명 진두강(津頭江). #"진두강 가람가에 살던 누나는/**진두강** 앞마을에/와서 웁니다//"(김소월, 접동새)

진상항아리 명 허름하고 보잘 것 없는 항아리. #"이 눈세기 물을 냅일물이라고 제주병에 **진상항아리**에 채워두고는 해를 묵여가며 고뿔이 와도 배앓이를 해도 갑피기를 앓어도 먹을 물이다//"(백석, 고야(古夜))

진장 명 진간장(陳醬). 검정콩으로 쑨 메주로 담가 빛이 까맣게 된 간장. #"이렇게 젊은 나이로 코밑수염도 길러보는 탓이고 그리고 어느 가난한 집 부엌으로 달재 생선을 **진장**에 꼿꼿이 지진 것은 맛도 있다는 말이 자꾸 들려오는 탓이다//"(백석, 내가 이렇게 외면하고)

진진초록 명 매우 진한 초록. #"옛말속같이 **진진초록** 새 저고리를 입고/손잔등이 밭고랑처럼 몹시도 터졌다/"(백석, 팔원)

진창구 명 '진창'의 방언형. 땅이 질어서 질퍽질퍽하게 된 곳. ≒오녕(洿濘)˙이녕(泥濘). #"장대비가 두들기고 가면/다른 꽃들은 온통 **진창구**가 돼도/그는 오히려 고개를 번쩍 든다./샛바람은 그의 몸짓/무지개는 그의 음악이다.//"

(정완영, 해바라기처럼)

진할머니 명 친할머니. #"명절날 나는 엄매아배 따라 우리집 개는 나를 따라 **진할머니** 진할아버지 있는 큰집으로 가면 얼굴에 별자국이 솜솜 난 말수와 같이 눈도 껌벅거리는 하로에 베 한 필을 짠다는 벌 하나 건너 집엔/"(백석, 여우난골족)

진할아버지 명 친할아버지. #"명절날 나는 엄매아배 따라 우리집 개는 나를 따라 진할머니 **진할아버지** 있는 큰집으로 가면 얼굴에 별자국이 솜솜 난 말수와 같이 눈도 껌벅거리는 하로에 베 한 필을 짠다는 벌 하나 건너 집엔/"(백석, 여우난골족)

진히지 동 지니지. #"마음은 제고향 **진히지** 않고/머언 港口로 떠도는 구름.//"(정지용, 故鄕)

질 명 길. #"아이고 무섭어라!/한 동네 사는 신태랑, 그 단에 배루고 배루던 저 건너 마실, 안티골에 숨어 있는 새이(喪輿) 집을 염탐키로 작정을 했다./초지역이 이역할 때 쭘 해서 **질**을 나서는데, 안티골 새이집은 건너 지실 마을 끝타아, 막은안창집 옆푸라다 배껕마당을 가로질러//"(상희구, 새이(喪輿)집/대구.27)

질거이 형 즐거이. #"내 하얀 목덜미/잡어 당기자/부드러운 네 터럭/입으르 맞추자/부드러운 네 얼골/**질거이 질거**이 새해를 마지한다.//"(박용철, 봄)

질검 명 즐거움. #"네가 내안해 되는 날에는/너는 부러울 만도 하리라./한가로움에 날을 보내고/**질검**과 평화속에 살려니.//"(박용철, 내안해 되는 날에는), #"숲속에는 엄이트고 푸른빛 나고/아조 젊은 시악신 듯 **질검**에 못견디어,/허나 해는 내려다 보고 웃어,/젊은 봄아 참 잘왔다!//"(박용철, 新春)

질겁게 형 즐겁게. #"내가 얼마나 설고 병들고/밤쐬꼬리들이 이를 안다면/새 기운 살리는 저의노래를/**질겁게** 울어 들려주리라//"(박용철, 출처 미상)

질게 명 반찬. #"끼때에는 붓두막에 바가지를 아이덜 수대로 주룬히 늘어놓고 밥 한덩이 **질게** 한술 들어틀여서는 먹였다는 소리를 언제나 두고두고 하는데//"(백석, 넘언집 범 같은 노큰마니)

질기다 동 즐기다. #"너히는 산을넘는 개아미 무리/산넘어 또산이요 구름은 겹겹이란디/한번가신님은 다시 올 길이없다/무심한 두견아 봄사람의가슴을 울리지말아/피를 모조리 뿌린다한들 꽃마다 진달래곷되여 피묻히랴/한시절 청춘을 압뒷 돌보지말고 온이 **질기자**//"(박용철, 삼부곡)

질기자 동 '즐기다'의 청유형. #"너히는 산을넘는 개아미 무리/산넘어 또산이요 구름은 겹겹이란디/한번가신님은 다시 올 길이없다/무심한 두견아 봄

사람의가슴을 울리지말아/피를 모조리 뿌린다한들 꽃마다 진달래곶되여 피묻히랴/한시절 청춘을 압뒷 돌보지 말고 온이 **질기자**//"(박용철, 三剖曲)

질나라비 명 '질나래비, 훨, 훨'은 말귀를 갓 알아듣기 시작한 어린애에게 두 팔을 벌리고 날갯짓을 하라고 시키는 말. #"삼월 삼질 날,/**질나라비**, 훨, 훨,/제비 새끼, 훨, 훨,//"(정지용, 三月 삼질날)

질동이 명 질그릇 만드는 흙을 구워 만든 동이. #"낡은 **질동이**에는 갈 줄 모르는 늙은 집난이 같이 송구떡이 오래도록 남아 있었다//"(백석, 고방)

질들다 형 오래 사용하여 반들반들하다. '길들다'의 평북 방언. #"부엌에는 빨갛게 **질들은** 팔(八)모알상이 그 상 위엔 새파란 싸리를 그린 눈알만한 잔(盞)이 보였다//"(백석, 주막(酒幕))

질르다 형 지르다. #"떠날 임시(임시)해서는 울먹이며 흐르더라,/기러기 날개 밑의 비어나는 정든 나라,/강물을 차마 **질러서** 갈 수 없는 마음이여.//지내보면 홍부 동네 가난키야 했지만, 발톱에 묻은 흙이 바람에 떨어질까,//"(박재삼, 떠나는 기러기)

질병코 명 거칠고 투박한 오지병처럼 생긴 코. #"영감들은/말상을 하였다 범상을 하였다 쪽재비상을 하였다/개발코를 하였다 안장코를 하였다 **질병코**를 하였다//"(백석, 석양(夕陽))

질정없다 형 대책 없다. #"흰머리 다 살고도 갈피잡지 못할 생각/서산에 노을 뜨면 **질정없이** 흔들린다/한 세월 길 떠날거나 그냥 지고 말거나.//"(정완영, 엉겅퀴 꽃)

질쭉한 형 길쭉한. #"저 만장(萬丈)것치/**질쭉한** 푸른 띠/물결은 푸르러 푸르러/잘 필치 논 파아란/모빈단(模本緞) 같고나//"(상희구, 금호강(琴湖江)/대구.100)

짐장사 명 봇짐장사와 등짐장사를 통틀어 이르는 말. #"산길가 외론 주막,/어이그, 쓸쓸한데,/먼저 든 **짐장사**의/곤한 말 한 소리여.//"(김소월, 浪人의 봄)

짐즛 부 짐짓. 마음으로는 그렇지 않으나 일부러 그렇게. #"차고 짓밟고/당황하는 억압 발길이 무도할수록 이 꽃은/요원의 불 같이 뛰어 번지기만 하여/**짐즛** 뉘들 알았으랴.//"(유치환, 소리 있는 곳)

집난이 명 출가한 딸을 친정에서 부르는 말. 시집간 딸. #"낡은 질동이에는 갈 줄 모르는 늙은 **집난이** 같이 송구떡이 오래도록 남아 있었다//"(백석, 고방), #"밋친듯 우나니 **집난이**는//"(김소월, 첫치마)

집내다 미 -집니다. #"나물함 잦으심은 남들은 자애로서/머리일 히여지심 낫게살릴 근염에서/그로서 마조버리신가 가슴뛰여 **집내다**//"(박용철, 哀詞3)

집등색이 명 짚등석. 짚이나 칡덩굴로 짜서 만든 자리. 백석 시에서 '짚'이 '집'으로 표기되는 경우가 많다. '집신', '집검불' 등의 예가 그러하다. #"또 그 **집등색이**에 서서 재채기를 하면 산넘엣 마을까지 들렸다는/먼 옛적 큰 아버지가 오는 것같이 오는 것이다//"(백석, 국수)

집벼늘 명 벼를 탈곡하고 쌓아둔 볏집. #"[류벤] 어디 참 될말인가 어제 우리 모양으로/배속에 든것이란 조곰 없이/왼종일 투벅거려 길을 것도/그래 밤이 들어서는/**집벼늘** 아래 은신을 하다니/들어누어 이런저런 생각만//"(박용철, 路上)

집오래 명 집의 울 안팎. 집에서 가까운 부근. #"찰복숭아를 먹다가 씨를 삼키고는 죽을 것만 같어 하루종일 놀지도 못하고 밥도 안 먹은 것도/가즈랑집에 마을을 가서/당세 먹은 강아지같이 좋아라고 **집오래**를 설레다가 였다//"(백석, 가즈랑집)

짓두광주리 명 아이를 낳으면 방 안에 시렁에 올려 시렁귀신에게 장수무병을 기원하는데 이때 시렁에 올리는 큰 광주리를 뜻한다. #"찻길이 놓이기 전/노루 멧돼지 쪽제비 이런 것들이/앞 뒤 산을 마음놓고 뛰어다니던 시절/털보의 셋째아들은/나의 싸리말 동무는/이 집 안방 **짓두광주리** 옆에서/첫울음을 울었다고 한다//"(이용악, 낡은 집)

짓새 명 (하는)짓의 모양. #"칠색 바다를 건너서 와도 그냥 눈동자에/고향의 황혼을 간직해 서럽지 안뇨//사람의 품에 깃들면 등을 굽히는 **짓새**/산맥을 느낄사록 끝없이 게을너라//"(이육사, 반묘)

징글스럽게 부 징그럽게. #"나를 반듯이 눕힌 널판을 허비다도/배와 두 다리에/**징글스럽게** 감긴 누더기를 쥐어뜯다도/밥/뛰어 뛰어 높은 재를 넘은 어린 사슴처럼/오솝소리 맥을 버리고/가벼이 볼을 만지는 야윈 손//"(이용악, 밤)

징기징기 명 세수를 안해서 볼에 더러운 자국이 드문드문 있는 얼룩. #"뾜다구에는 **징기징기** 앙광이를 그리고 머리칼리 놀한 아이여/힘을 쓸랴고 벌써부터 두 다리가 푸둥푸둥하니 살찐 아이여//"(백석, 촌에서 온 아이)

짚검불 명 지푸라기. #"새끼오리도 헌신짝도 소똥도 갓신창도 개니빠디도 너울쪽도 **짚검불**도 가락잎도 머리카락도 헝겊조각도 막대꼬치도 기왓장도 닭의 짗도 개터럭도 타는 모닥불/"(백석, 오리)

짚새기 명 짚신. #"**짚새기** 세 켤레로도 다 못 넘던 재가 있어/옛날엔 이 마을 이름이 大峙라고 했다지만/이제는 시인이 늙어 예 와 사니 '老峙'랄까//"

(정완영, 大峙洞)

짜다라 부 많이. #“딘장은 짜박짜박/끓어쌓고//젓믹이 에비는/오도 안 하고//시에미 새짜래기 잔소리는/ **짜다라** 예지랑시럽은데//새댁이 갓 볶은/ 뽀글파마머리가/티미한 불삐체/기양 자글자글 하다//”(상희구, 평일(平日)/대구.24)

짜듯하다 형 물기가 다 말라가는 상태. #“냇가에 버들이 휘늘어지고/어린 종다리 파아란/航空을 시험할 때면/나는 봄볕 **짜듯한** 땅 우에 나서리라/죽은 듯 눈감은 명상,/나의 冬眠은 위대한 약동의 전제다//”(이용악, 冬眠하는 곤충의 노래)

짜리다 형 짧다. 잇닿아 있는 공간이나 물체의 두 끝의 사이가 가깝다. #“강원도 삼씨 좋은 거로 갈마는, 빌 임시에도 우에는 마디가 **짜리니더.**”(김점호, 베도 숱한 베 짜고)

짜운 형 짜다. 따라서 ‘짜운’은 ‘짠’의 경상도 사투리. #“연기는 돛대처럼 내려 항구에 들고/옛날의 들창마다 눈동자엔 **짜운** 소금이 저려/”(이육사, 자야곡)

짜작돌 명 ‘짜작돌’은 조약돌의 방언형이다. #“**짜작돌**을 쓸어넣은 듯 흐리터분한 머리에/새벽은 한없이 스산하고/가슴엔 무륵무륵 자라나는 불만//”(이용악, 오늘도 이 길을)

짝새 명 뱁새. 박새과에 달린 작은 새. 한여름 우리나라에서 흔히 볼 수 있는 텃새로 조그맣고 귀엽게 생겼다. #“**짝새**가 발뿌리에서 날은 논드렁에서 아이들은 개구리의 뒷다리를 구워먹었다//”(백석, 하답)

짬 명 ‘짬’이란 대구방언에서 ‘어떠한 일이 일어난 영문이나 사건의 앞과 뒤’(이상규, 2001)라는 의미로 해석하였다. 그런데 정한모 · 김용직(1900)의 『韓國現代詩要覽』에서는 ‘짬’에 대한 대구방언의 의미를 제대로 파악하지 못한 결과로 ‘짬’을 근거도 없이 ‘셈’으로 교열하기도 하였다. 곧 대구 · 경북방언에서의 ‘짬’을 ‘어떠한 일이 일어난 영문이나 사건의 앞과 뒤’ 또는 ‘겨를이 없음을 모르는’으로 해석하는 것은 무리가 있는 듯하다. 대구 · 경북방언인 이 ‘짬’이라는 시어는 ‘아무 영문도 모르고’, 또는 ‘사리분별이나 철이 없음’이라는 의미로 사용되었다. 그 외에도 ‘시도 때도 없이’라는 의미도 사용되고 있다. #“가없는 생각 **짬** 모를 꿈이 그만 하나 둘 잦아지려는가/홀아비같이 헤매는 바람 떼가 한 배 가득 굽이치네./가을은 구슬픈 마음이 앓다 못해 날뛸 시절인가 보다.//”(이상화, 병적 계절), #“강가에 나온 아이와 같이/**짬**도 모르고 끝도 없이 닫는 내 혼아/무엇을 찾느냐 어디로 가느냐 우스웁다 답을 하려무나.//”(이상화, 빼앗긴들에도 봄은 오는

가), #"시인(詩人)아 너의 영광(榮光)은/미친개 꼬리도 밟는 어린애의 짬없는 그 마음이 되어/밤이라도 낮이라도//"(이상화, 시인에게)

짱배기 명 머리 정수리. #"아이고 방아깐에 청송댁이 손자로/밨는데 글케 알라가 **짱배기**에 쌍가매/로 이고 났다 카더마는, 아모래도 장개로/두 분 갈 꺼로 칸다//"(상희구, 소전꺼래 알분다이 할매 /대구. 15)

짱배기마줌 명 머리통마다. #"지집아들 **짱배기마줌** 씨가리랑/깔방이가 억시기 많고"(상희구, 대구풍물 / 대구.4)

짱크 명 중국에서 연해나 하천에서 사람이나 짐을 실어 나르는데 쓰던 배인 정크. #"남들은 기뻤다는 젊은 날이었것만/밤마다 내 꿈은 서해를 밀항하는 **짱크**와 같애/소금에 절고 조수에 부프러 올랐다//"(이육사, 로정기)

째듯하다 형 환하다. #"밤이면 무엇이 기와곬에 무리돌을 던지고 뒤우란 배나무에/**쩨듯하니** 줄등을 헤여달고 부뚜막의 큰 솥 적은 솥을/모주리 뽑아놓고 재통에 간 사람의 목덜미를 그냥그냥 나려/눌러선 잿다리 아래로 처박고/"(백석, 외가집)

째리 명 짜리. 어떤 옷차림을 한 것으로 써 그 사람을 낮추어 보는 말. 예컨대. '양복짜리', '장옷짜리'와 같이 쓰인다. 여기서는 '단발머리짜리'라고 쓰인 것으로 본다. 이숭원 교수는 『원본 정지용 시집』에서 영어의 'Jerry(여자 아이 이름)'라고 설명한다. #"脫衣室에서 애기가 울었다/草綠 리본 斷髮 머리 **째리**가 드나들었다//"(정지용, 曲馬團)

째째시 부 쨋쨋이. 선명하게. 뚜렷이. #"어떤 아름답던 그 여자는 잊지 못할 생각을/그 사람에게 주고 갔어라./그는 꿈꿈 **째째시** 그 여자의 바쁜 날들을/다시금 울고나 가리라/"(김소월, 벗과 벗의 옛님)

쨋쨋하다 형 아주 선명하다. #"칠성(칠성)고기라는 고기의 쩜벙쩜벙 뛰노는 소리가/**쨋쨋하니** 들려오는 호수까지는/들죽이 한불 새까마니 익어가는 망연한 벌판을 지나가야 한다//"(백석, 함남도안)

쨍이 명 잠자리. '쨍이'라는 시어에 대해 김재홍(1997)은 '잠자리'의 방언으로 설명하고 있다. 노천명의 「창변」이라는 시에서도 '쨍이를 잡는 아이들의 모습이'처럼 이 어휘가 나타나고 있다. 그런데 <남한방언검색시스템>에서 '쨍이'라는 방언은 한 번도 나타나지 않는다. 유치환의 작품 중 「씨앗이」라는 작품에 '쨍이'가 또 나타나는데 여기서는 '쨍이=잠자리'라는 주석을 달아놓고 있으니 '쨍이'가 '잠자리'를 뜻하는 경남 거제방언임을 분명하게

ㅈ

확인할 수 있다. #"첫아침 일찍부터 먼 골짝에/씨앗이 씨앗이 씨앗이를 갓는다./길손은 버얼서 주막을 떠났다/아이들아 아이들아 어서 오너라/오늘도 쨍이 낚이 상날씨라고.//"(유치환, 씨앗이), #"빨-간 고추가 타는 듯 널리 지붕이…/쨍이를 잡는 나이들의 모습이…/차마 눈에서 안떠러져//"(노천명, 아무도모르게), #"이제 가을은 머언 콩밭짬에 오다//콩밭 너머 하늘이 한 걸음 물러 푸르르고/푸른 콩닢에 어쩌지 못할 노오란 바람이 일다//쨍이 한 마리 바람에 흘러흘러 지붕 너머로 가고/땅에 그림자 모두 다소곤히 근심에 어리이다//"(유치환, 입추)

쩌르렁 부 도끼로 나무를 찍는 소리가 산골짜기에 메아리가 되어 쩌르렁 울려옴을 그려낸다. #"철나무 치는 소리만/서로 맞어 **쩌 르 렁**!//"(정지용, 산넘어 저쪽)

쩔다 동 절다. 1.푸성귀나 생선 따위에 소금기나 식초, 설탕 따위가 배어들다. 배추가 소금에 절다/오이가 식초에 절다. 2.땀이나 기름 따위의 더러운 물질이 묻거나 끼어 찌들다. 기름때에 전 작업복/옷이 때에 절어 반질거리다/온몸이 땀에 절었다./그네의 손톱은 치자 물이 든 것처럼 누렇게 절어 있었다.(최명희 『혼불』), 3. 사람이 술이나 독한 기운에 의하여 영향을 받게 되다. 그는 술에 절어 거의 폐인이 되었다. 일이나 기술 따위가 아주 익숙해지다. 손에 절다. 어떤 행동이나 격식이 몸에 배어서 버릇으로 굳어지다. #"강 하나 건너왔네 손도 몸도 내어주고/갯비린내 벽에 **쩔은** 엿도갓집 행랑방/감나무 빈 가지 된서리에 떨면서/내 여자 몸 무거워 뒤채는 그믐밤//"(신경림, 밤길)

쩨듯하니 부 함북 지방에서는 '짜듯하-'보다는 '째듯하-'라는 말을 쓰는데, '햇볕이 따갑게 내려 쪼이다'라는 뜻을 가진다. 평안도 방언을 보여주는 백석의 시에서는 다음과 같이 '쩨듯하-'로 나타나는데 의미가 약간 다른 듯하다. '내일같이 명절날인 밤은 부엌에 쩨듯하니 불이 밝고 솥뚜껑이 놀으며 구수한 내음새 곰국이 무르끓고…'「고야」(김영배 : 1987), 이동순(1987)에서는 모두 '쩨듯하니'를 '환하게'라는 의미를 지닌 평북 정주 방언으로 보았다. 『조선말대사전』(1992, 평양)에는 '째듯하다'라는 표제어가 실려 있는데, '(빛이) 선명하고 뚜렷하다.'라 풀이하고 첩어 '째듯째듯' 대하여는 '내리비치는 햇볕이 몹시 따갑다.'라 풀이하였다. #"밤이면 무엇이 기와골에 무리돌을 던지고 뒤우란 배나무에 **쨰듯하니** 줄등을 헤여달고 부뚜막의 큰솥 적은솥을 모조리 뽑아놓고

재통에 간 사람의 목덜미를 그냥그냥 나려 눌러선 잿다리 아래로 처박고//"(백석, 외갓집)

쩨듯하다 형 환하다. #"내일같은 명절날인 밤은 부엌에 **쩨듯하니** 불이 밝고 솥뚜껑이 놀으며 구수한 내음새 곰국이 무르끓고 방안에서는 일가집 할머니가 와서 마을의 소문을 펴며 조개송편에 달송편에 죈두기송편에 떡을 빚는 곁에서//"(백석, 고야(古夜))

쪼다 명 기름이 타 들어가다. #"산턱 원두막은 비었나 불빛이 외롭다/헝겊심지에 아주까리 기름이 **쪼는** 소리가 들리는 듯하다//"(백석, 정주성(定州城))

쪼막손 명 작은 손. #"엄마야! 고만 새이집 한쪽 모티가 찌불텅하기 니리앉은 겉은기 아모래도 그 안에 구신이 들앉은 갑드라, 놀란 달구새끼/횃대줄똥을 싸듯이 줄행낭을 놓는데, 마첨 하눌을 올리다 보이끼네, 핑소에 세숫대야만하던 허옇던 보룸달도 따라 식겁을 했는지, 낯짝이 왼통 **쪼막손** 만 한 기, 포리쪽쪽해 졌드마는.//"(상희구, 새이(喪輿)집/대구.27)

쪼만한 형 조그마한. #"초지역이 이역할 때 쭘 해서 질을 나서는데, 안티골 새이집은 건너 지실마을 끝타아, 막은안창집 옆푸라다 배껕마당을 가로질러, 호무래이로 돌아서 야산을 올라가마, 방고개 만데이 지나서 **쪼만한** 산삐얄 못미쳐 비탈, 위진 곳에 살찌이맹쿠로 숨었는기라//"(상희구, 새이(喪輿)집/대구.27)

쪼맨한 형 아주 작은. #"에미가 반디시 누븐 머시마 눈까풀을 까디집고는 빨간/새 끝으로 누 난을 요게조게 핥기 시작디마는 마츰네 개자씨만쿰/**쪼맨한** 까망 점같은 기 에미 빨간 새 끝에 묻어 나왔다/머시마가 무망간에 발딱 일어 나민서 만세, 엄마 인자 갠/찮다 카이끼네, 에미가, 아이고 고노무 자석 하민서 또 한분/머시마 궁디를 찰싹 때린다//"(상희구, 살을 섞다/대구.44)

쪼아리는 동 쪼아리다. #"시커먼 머리채 풀어헤치고/아우성하면서 가시는 따님./헐벗은 벌레들은 꿈틀릴 때,/黑血의 바다. 고목동굴./啄木鳥의/**쪼아리는** 소리, **쪼아리는** 소리.//"(김소월, 悅樂)

쪼오는 명 쪽은. #"청천 금호강 /물띠미 **쪼오는**/물이 말따//청천 금호강/물띠미에는/귀기가 많이 산다//청천 금호강/물띠미 귀기는/비린내가 많이 난다//그래서 청천 금호강/물띠미 귀기는/맛이 좋다//"(상희구, 청천(淸泉) 금호강 물띠미/대구.21)

쪽재피 명 '쪽제비'의 강원도 방언. #"기왓골에 배암이 푸르스름히 빛난 달밤이 있었다/아이들은 **쪽재피**같이 먼길을 돌았다./"(백석, 정문촌(旌門村))

쫀닥쫀닥하다 카시민서 구 쫀닥쫀닥하

다고 말씀하시면서. #"씹어마 씹히는 그 맛이 **쫀닥쫀닥하다 카시민서,**/밥우에다 찐 팥잎사구를, 짜박짜박 끓인 강딘장에,/하얀 맨자지 쌀밥으로 쌈을 사서 쫀닥쫀닥 씹어/자시는 기 그 둘째 맛이고//"(상희구, 가친오미(家親五味)/대구.54)

쫌 크기 될랑강 구 조금 큰 사람이 되려나? #"가리늦게 머시마만 너이로/둔 어떤 오마이가 사할뒤리/씨부렁거리 쌓는 기라꼬는//큰 늠은 물티이 겉고/둘째 늠은 쫌쌔이고/시째 늠은 배막띠이고/그라마 끄티이는 **쫌 크기 될랑강**?//이었다//"(상희구, 물티이/대구.72)

쫌쌔이 명 원래는 쫌생이라고 하는데 속이 비좁고 융통성이 없는 사람을 말하는데 주로 돈을 쓸때 인색한 사람을 말한다. #"가리늦게 머시마만 너이로/둔 어떤 오마이가 사할뒤리/씨부렁거리 쌓는 기라꼬는//큰 늠은 물티이 겉고/둘째 늠은 **쫌쌔이**고/시째 늠은 배막띠이고/그라마 끄티이는 쫌 크기 될랑강?//이었다//"(상희구, 물티이/대구.72)

쭝그리다 동 몸을 웅크리다. #"애비도 종 할애비도 종 한뉘 허리굽히고 드나들던 토막/기울어진 흙벽에 **쭝그리고** 기대앉은 저 아이는 발가숭이 발가숭이/아이의 살결은 흙인 듯 검붉다//"(이용악, 흙)

쭝쿠레 부 몸을 웅크리거나 쪼그려. #"지금 오가는 네 마음이/탁류에 휩쓸리는 강가를 헤매는가/비 새는 토막에 누더기를 쓰고 앉았나/**쭝쿠레** 앉았나//"(이용악, 제비 같은 소녀야)

찌 명 낚시찌. #"세월은 꿈과 미소 삶은 또한 淡淡水로세/누구라 인생을 재어 한 치 水深을 아료마는/다만 지 생애를 지켜 **찌**를 가눌 뿐이다.//"(정완영, 낚싯대를 손질하며), #"설령 삼월마저를 춘곤 속에 놓친대도/반 뜨고 반은 잠긴 채 **찌**를 세운 丹心으로/또 한 봄 水深을 견주는 저 산란기 魚信이여.//더러는 찌가 떨리면 따라 마음 설레이고/알맞은 손무게 끝에 비늘 이는 고기 한 마리/빛나는 하늘 아래선 법열보다 크던가.//해가 설핏하면 무료도 절로 거두어/군색하지 아니, 가는 논두렁길로/가만히 시나 그 한 수 외면서 가던가.//"(박재삼, 낚시 생각)

찌다 동 베다. 삼이나 대나무 또는 싸리나무 등을 칼이나 낫으로 베어내다. '찌다'는 1. '살'이 찌다. 흙탕물 따위가 논이나 밭에 찌다. 2. 기세가 꺾여 형편없이 되다. 3. 들어온 밀물이 나가다. 4. 뜨거운 김을 쐬는 것같이 더워지다. 5. 나무 따위가 촘촘하게 들어서다. 등의 의미를 가지고 있는데 경상도방언에서는 삼이나 대나무 또는 싸리나무 등을 칼이나 낫으로 베어내다는 의미를 지니고 있다. #"대를 심어 바람 막고/대를 쪄서 통소 듧고/꾸륵꾸륵 비둘기야//"(박목월, 밭을 갈아)

찌불텅하기 형 구부러져 기울어진 모양. #"엄마야! 고만 새이집 한쪽 모티가 **찌불텅하기** 니리 앉은 겉은기 아모래도 그 안에 구신이 들앉은 갑드라, 놀란 달구새끼/횃대줄똥을 싸듯이 줄행낭을 놓는데, 마침 하늘을 올리다 보이끼네, 핑소에 세숫대야만하던 허옇던 보룸달도 따라 식겁을 했는지, 낯짝이 왼통 쪼막손 만 한 기, 포리쪽쪽해 졌드마는.//"(상희구, 새이(喪輿)집/대구. 27)

쏘처가다 동 쫓아가다. 따라가다. 달려가다. #"아, 가도다, 가도다, 쏘처가도다/이즘속에잇는間島와遼東벌로/주린목숨움켜쥐고, **쏘처가도다**//"(이상화, 가장悲痛한祈慾)

씻다 형 쩟다. '씻는'을 표기 잘못으로 보고 '씻는'으로 해석했을 경우 파란비가 촉촉하게 내리는 것과 명주베를 씻는 소리와 이미지 연결이 전혀 되지 않는다. 명주 천을 쭉쭉 찢는 소리와 파란비가 촉촉하게 내리는 소리와는 매우 자연스럽게 연결되는 결속성을 갖는다. 그런데 <대구문협>에서는 아무런 근거도 없이 이를 '명주 씻는'으로 교열하는 오류를 범하고 있다. 다. #"파-란비가 초-ㄱ초-ㄱ 명주**씻는** 소리를하고 오늘낫부터 아즉도 온다./비를부르는 개고리소래 엇전지 얼사년스로워 구슬픈마음이 가슴에밴다.//"(이상화, 파-란 비)

ㅊ

차굽다 [형] 차다. #"화병에 시들은 다알리아가/날개 부러진 두루미로밖에/그렇게밖에안 뵈는 슬픔,/무너질 성싶은/가슴에 숨어드는/**차군** 입김을 막아다오//"(이용악, 病)

차다 [형] 사무치다. #"먼 나라로 갈까나./가서는 허기져/콧노래나 부를가나,//이왕 억울한 판에는/아무래도 우리나라보다/더 서러운 일을/뼈에 **차도록**/당하고 살까나.//"(박재삼, 소곡(小曲))

차떡 [명] 인절미. '찰떡'의 평북 방언. '기장차떡'은 기장으로 만든 인절미를 말한다. #"그리고 물이라도 들 듯이 샛노랗디 샛노란 산골/마가슬 볕에 눈이 시울도록 샛노랗디 샛노란 햇기장쌀을/주무르며 기장쌀은 기장**차떡**이 좋고 기장차랍이 좋고/기장감주가 좋고 그리고 기장살로 쑨 호박죽은 맛도 있는 것을//생각하며 나는 기뿌다//"(백석, 월림장)

차라로 [부] 차라리. #"남몰리 사랑하는 우리사이에 우리몰리 離別이올줄은몰랏서라./우리둘이 난호여사람이되느니 **차라로**피울음우는 杜鵑이나되자!//"(이상화, 離別을하느니), #"사람을만든검아, 하로일즉/**차라로**취한목숨, 죽여바리라!//"(이상화, 가장悲痛한祈慾)

차랍 [명] '찰밥'의 평북 방언. #"그리고 물이라도 들 듯이 샛노랗디 샛노란 산골/마가슬 볕에 눈이 시울도록 샛노랗디 샛노란 햇기장쌀을/주무르며 기장쌀은 기장차떡이 좋고 기장**차랍**이 좋고/기장감주가 좋고 그리고 기장살로 쑨 호박죽은 맛도 있는 것을//생각하며 나는 기뿌다//"(백석, 월림장)

차림옷 [명] '나들이나 외출을 갈 때 입는 옷'이라는 의미의 대구방언으로 '가림옷', '차림옷'이라는 방언이 있다. #"구름은 **차림옷**에 놓기 알맞어보이고/하늘은 바다같이 깊다라-ㄴ 하다.//"(이상화, 나는 해를 먹다)

차바야 [형] 차거워야. #"옛날 이부제 큰 일에 푸마씨 음석으로는/주로 단술, 잡채, 묵같은 거로 했는데/그중에 묵을 기중 마이 했다//묵이 마시실라카마/첫째로 묵은 **차바야** 한다/묵이 떠뜨무리하기나 미적지건하마/그 묵은 못 씬다//"(상희구, 묵/대구.85)

ㅊ

차부없다 형 주착이 없다. #"자네의 **차부없는** 복도 빌으면/덧없는 삶이라 쓴 세상이라/"(김소월, 흘러가는 물이라)

차일 명 햇볕을 가리기 위해 천이나 비닐로 덮도록 만든 것. #"아침부터 당숙은 주정을 한다./**차일** 위에 덮이는 스산한 나뭇잎.//"(신경림, 잔칫날)

착하다 형 착하다. '착해도 보이는'은 '착하게도 보이는'이라는 의미인데 '착하다'의 사동형으로 '착하게'에 대응되는 대구방언형은 '착하이'이다. 따라서 '착하이도 보이는'에서 'ㅣ' 모음역행동화와 축약현상으로 '착해도'로 실현된 것이다. #"언제보아도 웃든 그이와갓네/**착해도보이는** 달아/만저보고저운 달아/나는 혼자//"(이상화, 달아)

참담키는 형 참혹하기는. #"참말로 **참담키는** 날이 가물때 제/한 분은 어는 철인고 모릴따마는/오뉴월 한 시절, 비가 한 빠알도 귀경/할 수가 없었는데,/가슴패기가 서늘한 기 왼통 텅 빈거 겉은데/등짹이는 안팎으로 뱃짝 말라붙어가주고/줄라카이 줄끼 있나, 받을라 카이 받을끼 있나,/숫제, 안고 있는 알라는 젖 돌라꼬 울어 쌓는데/젖토오 젖은 하나도 없고 젓꼭따리가 뱃짝/말라붙어 뿐 거 겉했다 카이끼네//"(상희구, 금호강(琴湖江)/대구.100)

참췱 명 참칡. 칡의 한 종류. #"하양병 던져라 열두 강 갈라지고/노랑병 던져라 불바다 재가 되네/열려라 돌대문 **참췱** 거적 위/내 아이들 무릎 안고 새벽잠이 든./아이들 들쳐업고 열두 강을 건넜네//"(신경림, 옥대문)

창꽈쯔 명 장괘자(長褂子). 중국식 긴 저고리. #"손톱을 시펄하니 길우고 기나긴 **창꽈쯔**를 즐즐 끌고 싶었다/만두(饅頭)고깔을 눌러쓰고 곰방대를 물고 가고 싶었다/이왕이면 향(香) 내 높은 취향리(梨) 돌배 움퍽움퍽 씹으며//"(백석, 안동)

창수(漲水) 명 홍수가 남. #"**창수**(漲水)가 나마 또 우짜는데,/대구시내는 물 노이고 영천(永川), 경산(慶山) 언저리에/숫채라는 숫채는 말할꺼도 없고 온갖 하수도/도랑, 봇도랑, 개랑, 개천, 하천마중 물이/쏟아져 들오는데 내사마 장디이가 뿌러지는거/겉더마는//"(상희구, 금호강(琴湖江)/대구.100)

창옷 명 소창옷. 예전에, 중치막 밑에 입던 웃옷의 하나. 두루마기와 같은데 소매가 좁고 무가 없다. #"**창옷**입은 우리 하라배들이 지어낸걸보면 그래도 하하 사람은 한편으로만 볼건아니야 그런데 이렇게 옷까지 벗은걸보면 하지만 또누이가 눈물흘리며 벗겨준 줄아나 백에 아흔이나 그게쉽지 딱한 일 그애는 웬눈물이람 그애도 시틀아는데 취한놈하고 총한사람하고는 딴

나라말로 이야기한단말인가 그애는 새벽을사랑하고 나도 새벽을사랑하는데 하기야 새벽보다 해으름을 더사랑하지만 그애에게는 밝은빛의 앞장임으로써이고 내게는 해으름이 해으름임으로써이다.//"(박용철, 三部曲)

창지름 명 참기름. #"두째로 묵은 탱글탱글 야물어야 한다/(묵을 썰라꼬 칼을 묵에다 갔다댔일 때/묵이 너무 야물어 가주고 칼이 한 발이나/우로 팅기오리마 그 묵이 채곤기다)//끝으로 묵맛은 양념장이/받쳐줘야 하는 것이다/저렁에다가 다진 마늘,/맵싹한 고치가리를 풀고/**창지름**이 두어 빠알/자청파를 쫑쫑 썰어 넣어마 그마이다//"(상희구, 묵/대구.85)

채곤기다 준 최고인 것이다. #"두째로 묵은 탱글탱글 야물어야 한다/(묵을 썰라꼬 칼을 묵에다 갔다댔일 때/묵이 너무 야물어 가주고 칼이 한 발이나/우로 팅기오리마 그 묵이 **채곤기다**)//끝으로 묵맛은 양념장이/받쳐줘야 하는 것이다/저렁에다가 다진 마늘,/맵싹한 고치가리를 풀고/창지름이 두어 빠알/자청파를 쫑쫑 썰어 넣어마 그마이다//"(상희구, 묵/대구.85)

채려 동 차려. 채리다('차리다' 방언). #"봄의 병정 나무들이/軍服을 **채려** 입었다/조으는 놈이 있을가보아/새가 파수를 보고있다/노래를 총속에 재여 가지고.//"(박용철, 軍服)

채마밭 명 채소밭. "한창 꿀벌이 닝닝거리는 살구꽃이 피어 있는/여기 동대신동(東大新洞) 한 모퉁이 **채마밭** 옆 댕길을/시방 나비가 앞서가고 내가 따라가고/"(유치환, 봄바다)

채매 명 채마밭. 채소밭. #"노왕(老王)은 **채매**도 힘이 들고 하루종일 백령조(白翎鳥) 소리나 들으려고/밭은 오늘 나한테 주는 것이고//"(백석, 귀농(歸農))

채수림 명 울음 끝에 오는 서러운 북받침. #"까만 동자에 비취는 세상이 그 얼마만 한들/오직 하나 세상보다 넓고 큰 것이여./너는 무어기에 어디로 가고 없이/이 설은 설은 **채수림**을 모르는가.//"(유치환, 黃昏에서)

채알 명 햇볕을 가리기 위하여 치는 포장. 차일. #"빛바랜 늙은 솔에 허연 햇살/흰 돌 자갈밭에 **채알**을 쳤네/둥두 둥두둥 둥두둥//"(신경림, 자화), #"대들보 위에 베틀도 **채일**도 토리개도 모도들 편안하니/구석구석 후치도 보십도 소시랑도 모도들 편안하니//"(백석, 연자간)

채죽 명 채찍. #"훗트러진 갈기/후주군한 눈/밤송이 가튼 털/오!먼길에 지친 말/**채죽**에 지친 말이여!//수굿한 목통/축 처진 꼬리/서리에 번적이는 네굽/오! 구름을 헷치려는 말//"(이육사, 말)

챔파의 명 이 꽃은 프렌지페니 또는 플

루메리아라고 한다. 꽃말은 '축복 받은 사람'이다. 16세기 멕시코 해변에서 처음 발견된 이 꽃은 탐정가의 이름을 따온 것으로, 하와이에서는 이 꽃을 러브하와이 또는 하와이 쟈스민이라 부른다. #"이렇다고 해보서요 내가 작난으로 **챔파의** 꽃이 되여 저 나무 높은가지우에 달리어서 웃노라 바람에 흔들리고 새로 핀 잎우에서 춤을추면 어머니는 나를 알아 보시겠습니까?//"(박용철, 챔파꽃)

천고 명 아득한 세월. #"지금 눈 나리고/매화향기 홀로 아득하니/내 여기 가난한 노래의 씨를 뿌려라//다시 **천고**의 뒤에/백마타고 오는 초인이 있어/이 광야에서 목놓아 부르게 하리라//"(이육사, 광야)

천두 명 천도 복숭아. #"엄매와 둘이 소기름에 쌍심지의 불을 밝히고 밤이 들도록 바느질하는 밤 같은 때 나는 아룻목의 삿귀를 들고 쇠든 밤을 내여 다람쥐처럼 밝아먹고 은행여름을 인두불에 구어도 먹고 그러다는 이불 위에서 광대넘이를 뒤이고 또 누어 굴면서 엄매에게 웃목에 두른 평풍의 새발간 **천두**의 이야기를 듣기도 하고//"(백석, 고야(古夜))

천상 부 영락없는. #"우리네의 산과 들, 언덕바지의/야트막한 둔덕들것치,/여게 저게, 어데서 많이 본듯한/**천상** 조선(朝鮮)의 강이다//"(상희구, 금호강(琴湖江)/대구.100)

천상수 명 '하늘 위의 물(天上水)'이란 뜻으로 빗물을 이르는 말. #"돌덜구에 **천상수**(天上水)가 차게/복숭낡에 시라리타래가 말라졌다//"(백석, 초동일(初冬日))

천연시립기 부 자연스럽게. #"매양 주고 받음이 넉넉해서/부리는 손이 크다/새빅이마 시골머시마아들이/줄줄이 들고나오는 할배 오좀요강/부시는 것도 선연쿠로 받아주고/새댁이 이고 나온 알라들 똥기저기도/수얼찮키 받아주고/촌동네 처녀아아들이 보듬고 나온/부끄러븐 서답빨래도 순순히/받아주고/시골아낙네, 공장서 일하는 신랑들, 기름/묻은 작업복 기름빨래도 **천연시립기** 받아/주고/하늘아래 온갖 잡동사이 빨래도/다 받아준다//"(상희구, 금호강(琴湖江)/대구.100)

천희 명 바닷가에 시집 안 간 여자를 '천희'라고 하였음. 또한 천희는 남자를 잡아먹는(죽게 만드는) 여자라는 속뜻도 있다. #"엣날엔 통제사(統制使)가 있었다는 낡은 항구의 처녀들에겐 옛날이 가지 않은 **천희**(千嬉)라는 이름이 많다//"(백석, 통영 1)

철개이 명 잠자리. #"여뀌향이 진동하는/봇또랑우에/**철개이** 한 마리/오도가도 안하고/기양 겅고오 떠 있다//무얼 가만 엿듣고 있나?//아모래도 지 있는데서/봇또랑물 있는 데 까지/기럭지를 재(測) 보는 갑다//"(상희구, 철개이/대구.68) #"**철개이** 한 마리/또랑 우에/안질락 말락/안질락 말락//꼬랑대기로/또랑물에 점을/꼭꼭 찍어 쌓는다//하늘이/터-엉 빘다//"(상희구, 하지(夏至)-칠성동 한도랑에서/대구.31)

철나무 치는 소리 구 나무꾼이 제때 땔감을 만들기 위해 도끼로 나무를 찍어내는 소리. #"**철나무 치는 소리**만/서로 맞어 쩌 르 렁!//"(정지용, 산넘어 저쪽)

첩싸이 명 첩의 속된 표현. #"할매 내 좀 보소, 저게 하늘에 빌이 많제, 그라마/저 빌 중에 **첩싸이** 빌이 어는 빌인지/그라고 큰오마씨 빌이 어는 빌인지 맞차보소/그만춤 마이 알마//"(상희구, 소전꺼래 알분다이 할매/대구. 15)

청가시 명 청미래과에 속하는 낙엽 활엽 관목. #"드문 드문 둘러선 백양나무에/**청가시**에 흰꽃이 두루루 달린 곳/"(김소월, 한식)

청눙 명 마을 입구의 그늘진 곳 도는 야산 끄트머리 그늘진 곳. #"젖먹이를 마을 **청눙** 그늘 밑에 삿갓을 씌워한 종일애 뉘어두고 김을 매러 다녔고//"(백석, 넘언집 범 같은 노큰마니)

청대나무 뿌리 명 말의 채찍을 만들기 위해 청대나무 뿌리를 잡아 뽑는다. #"**청대나무 뿌리**를 우여어차! 잡어 뽑다가 궁둥이를 찌였네.//"(정지용, 말)

청대나무말 명 잎이 달린 아직 푸른 대나무를 어린이들이 말이라 하여 가랑이에 넣어서 끄록 다니며 노는 죽마(竹馬). #"아이들은 늘늘히 **청대나무말**을 몰고/대모풍잠한 늙은이 또요한 마리를 드리우고 갔다//"(백석, 남향(南向))

청만틀 명 푸른 색의 망토. #"나는 車窓에 기댄대로 옥토끼처럼 고마운 잠이나 들쟈./**靑만틀** 깃자락에 마담. R의 고달픈 뺨이 붉으레 피였다, 고은 石炭불처럼 이글거린다./당치도 않은 어린아이 잠재기 노래를 부르심은 무슨 뜻이뇨?//"(정지용, 슬픈 汽船)

청맹관의 명 봉사. 소경. #"아! 妖精은傳說과가티 갑작이現顯 하엿다 그는하얀衣裳을 입엇다 그는偶像과가티 방그래우슴쑨이엇다 보햔얼골에— 샛깜안눈으로 연붉은입술로—소리도업시 우슴쑨이엇다나는 **청맹관의**視樣으로 바라보앗다—드려다보앗다. 오! 그얼골이엇다—그의얼골이엇다—잇처지지안는그의 얼골이엇다 내가항상 만들어보든것이엇다.//"(이상화, 夢幻病)

청밀 명 꿀. #"날기멍석을 져간다는 닭보는 할미를 차 굴린다는 땅 아래 고래 같은 기와집에는 언제나 니차떡에 **청밀**에 은금보화가 그득하다는 외발 가진 조마구 뒷산 어느메도 조마구네 나라가 있어서 오줌 누러 깨는 재밤 머리맡의 문살에 대인 유리창으로 조마구 군병의 새까만 대가리 새까만 눈알이 들여다 보는 때 나는 이불 속에 지즈러붙어 숨도 쉬지 못한다.//(백석, 고야(古夜))

청배 명 청배(靑梨). 푸른 배. 청배나무의 열매. #"허리다 남은 성문(城門)이/한울빛같이 훤하다/날이 밝으면 또 메기수염의 늙은이가 **청배**를 팔러 올 것이다//"(백석, 정주성(定州城))

청삿자리 명 푸른 왕골로 잔 삿자리. #"문기슭에 바다해자를 까꾸로 붙인 집/산듯한 **청삿자리** 위에서 찌륵찌륵/우는 전복회를 먹어 한여름을 보낸다//"(백석, 삼호(三湖))

청상 부 청상과부로 젊어서 남편을 잃고 홀로된 여자. #"햇살이 몹시도 따가웁구나/그늘에 들어 클러버나 찾아/**청상** 드릴곳도없는 네갈래 클로버,을/찾다 못찾거든 쓴담배나 피우자//평생을 장가도 못갈몸이/귀뜨람이처럼 외로워라//"(김현구, 홀아비 서름)

청포 명 푸른 빛깔의 도포. 조선시대 4·5·6품의 벼슬아치가 입은 공복, 또한 엷은 빛깔로 된 청포는 일의 상징으로 되어 왔음. #"내가 바라는 손님은 고달픈 몸으로/**청포**를 입고 찾아온다고 했으니//내 그를 맞아 이 포도를 따 먹으면//"(이육사, 청포도)

초담배 명 잎담배. #"두만강 저쪽에서 온다는 사람들과/쟈무스에서 온다는 사람들과/험한 땅에서 험한 변 치르고/눈보라치기 전에 고향으로 돌아간다는/남도 사람들과/북어쪼가리 **초담배** 밀가루떡이랑/나눠서 요기하며 내사 서울이 그리워/고향과는 딴 방향으로 흔들려 간다//"(이용악, 하나씩의 별)

초밤불 명 '초밤'은 결혼한 첫날밤을 가리킨다. '초밤불'은 결혼 첫날밤을 밝히는 불로 해석할 수 있다. #"그대의 붉은 손이/바위틈에 물을 따오다,/山羊의 젓을 옮기다,/簡素한 菜蔬를 기르다,/오묘한 가지에/薔薇가 피듯이/그대 손에 **초밤불**이 낳도다//"(정지용, 촉불과 손)

초시 명 초시(初試). 과거의 첫 시험. 또는 그 시험에 급제한 사람. 예전에 한문을 좀 아는 유식한 양반을 높여 이르던 말. #"재당도 **초시**도 문장(門長) 늙은이도 더부살이 아이도 새사위도 갓사둔도 나그네도 주인도 할아버지도 손자도 붓장사도 땜쟁이도 큰 개도 강아지도 모두 모닥불을 쪼인다/"(백석, 모닥불)

초조로이 부 초조하게. #"메레토스여 검은 피를 받은 이/밤이면 밤마다/내 **초조로이** 돌아가는 좁은 길이올시다//"(이용악, 밤이면 밤마다)

초지역 명 초저녁. #"**초지역**이 이역할

때 쭘 해서 질을 나서는데, 안티골 새이집은 건너 지실마을 끝타아, 막은 안창집 옆푸라다 배껕마당을 가로질러, 호무래이로 돌아서 야산을 올라가마, 방고개 만데이 지나서 쪼만한 산삐얄 못미쳐 비탈, 위진 곳에 살찌이맹쿠로 숨었는기라//"(상희구, 새이(喪輿)집/대구.27)

촉 태워 구 촛불이 타는 가운데. #"뵈올가 바란 마음 그마음 지난 바램/하로가 열흘같이 기약도 아득해라/바라다 지친 이 넋을 잠재울가 하노라//잠조차 없는 밤에 **촉태워** 안젓으니/리별에 병든 몸이 나을길 없오매라/저달 상기보고 가오니 때로 볼가하노라//"(이육사, 옥룡암에서 신석초에게)

촌뚜기 명 촌뜨기. 시골뜨기. '촌사람'을 낮잡아 이르는 방언. #"박 호박 등속은/村에만 사는 **촌뚜기** 같아/초갓지붕 크는 품이 한량없는 촌뚜기라오//"(유치환, 시골에서), #"어리숙한 **촌뜨기**/아무리 재 보아야 시골 **촌뜨기**로밖에는 안 보이니 상대로는 만만한 상대이다.//"(김소운, 일본의 두 얼굴), #"동경은 부랑자들이 우글거린다는데 그들 눈에 순하디순해 빠진 내가 무슨 봉이나 **촌뜨기**로 보이지 않을까 하고서 나도 꽤 눈을 똑바로 뜨면서 걸었다."(조풍연, 청사 수필)

최방등 제사 명 평북 정주 지방의 토속적인 제사 풍속으로 차손(次孫)이 맡아서 모시게 되는 5대 째부터의 제사. #"한 해에 몇 번 매연지난 먼 조상들의 **최방등 제사**에는 컴컴한 고방 구석을 나와서 대벌머리에 외얏맹건을 지르터 맨 늙은 제관의 손에 정갈히 몸을 씻고 교우 위에 모신 신주 앞에 환한 촛불 밑에 피나무 소담한 제상 떡, 보탕, 식혜, 산적, 나물지짐, 반봉, 과일들을 공손하니 받들고 먼 후손들이 공경스러운 절과 잔을 굽어보고 또 애끊는 통곡과 축을 귀애하고 그리고 합문 뒤에는 흠향오는 구신들과 호회 접하는 것//"(백석, 목구(木具))

추겁다 형 차갑다. #"푸른 구름의 옷 입은 달의 냄새./붉은 구름의 옷 입은 해의 냄새./아니 땀냄새, 때묻은 냄새./비에 맞아 **추거운** 살과 옷냄새.//"(김소월, 여자의 냄새)

추다 동 추스리다. #"수양산의 어느 오래된 절에서 칠십이 넘은 노장은 이런 이야기를 하며 치마자락의 산나물을 **추었다**//"(백석, 절간의 소 이야기)

추렷한 형 추렛한. 추레하다 #"여기 멍에아래 마차 끄으는 **추렷한** 말은/그시절 봄날빛아래 금잔디 넓은 마당에서/호,통소리치며 네굽놓고 달리다가 가볍게 잔거름 놓든/그 아름답든 나의 사랑하는 망아지 그놈이다.//"(박용철, 사랑하든말)

추슬러 동 추스르다. 몸을 가누어 움직이다. #"죽지 않고 살았더니 강산에는 봄이 오고/강 건너 마을에도 흐드러진 풀꽃 소식/또 한 봄 여윈 몸 추슬러 꿀 따러나 가 볼거나.//"(정완영, 꿀 따러 가세)

추키다 동 (춤을) 추게 하다. #"킬킬대고 고래고래 소리를 지르다가는/아내는 끌어내어 곱사춤을 **추켰다.**/참다못해 아내가 아랫말로 도망을 치면/금세 내 목소리는 풀이 죽었다.//"(신경림, 실명)

추탕 명 추어탕. #"그 여자는 내 얼굴을 잊은 것 같다/정거장 앞 후미진 골목 해장국집/우리는 서로 낯선 두 나그네가 되어/**추탕**과 막걸리로 요기를 했다//"(신경림, 해후)

축동길 명 둑길. #"아침 저녁 나는 돌아다닌다,/사람 많이나온 **축동길**로,/색시 모자마다 디려보아/나의 옙븐이를 찾으련다.//"(박용철, 新春)

축업다 형 추겁다. 축축하다. #"한때는 많은 날을 당신 생각에/밤가지 새운 일도 없지 않았지만/아직도 때마다는 당신 생각에/**축업은** 배갯가의 꿈은 있지만//…//당신을 생각하면 지금이라도/비오는 모래밭에 오는 눈물의/축업은 배갯가의 꿈은 있지만/당신은 잊어버린 설움이와다.//"(김소월, 님에게), #"비에 마자 **축업은** 살과 옷냄새//"(김소월, 여자의 냄새)

축하다 형 '축하다'는 얼굴이나 몸이 여윈 모습을 뜻하는 방언이다. 경상방언에서도 '얼굴이 축났다.(얼굴이 여윘다.)'라는 말을 사용한다. #"손도 얼굴도 끔찍히 **축했으리라만**/놀라지 말자/밤/곁에 잠든/수염이 길어 흉한 사내는/가을과 겨울 그리고 풀빛 기름진 봄을/이 굴에서 짐승처럼 살아왔단다//"(이용악, 밤)

출출이 명 뱁새. #"나타샤와 나는/눈이 푹푹 쌓이는 밤 흰 당나귀 타고/산골로 가자 **출출이** 우는 깊은 산골로 가 마가리에 살자/"(백석, 나와 나타샤와 흰 당나귀)

취향리 명 중국의 배. 맛이 좋음. #"손톱을 시펄하니 길우고 기나긴 창꽈쯔를 즐즐 끌고 싶었다/만두(饅頭)고깔을 눌러쓰고 곰방대를 물고 가고 싶었다/이왕이면 향(香)내 높은 **취향리**(梨) 돌배 움퍽움퍽 씹으며//"(백석, 안동)

츠다 명 치다. 치우다. #"해바라기 하기 좋은 볏곡간 마당에/볏짚같이 누우란 사람들이 둘러서서/어느 눈 오신 날 눈고 <u>**츠고**</u> 생긴듯한 말다툼 소리도 누우라니//"(백석, 삼천포(三千浦)), #"산골에서는 집터를 <u>**츠고**</u> 달궤를 닦고/보름달 아래서 노루고기를 먹었다//"(백석, 노루)

측넌출 명 칡넝쿨. #"물푸레 동백 떡갈

나무속에서 나는 길을 잘못 들었다가 다시 **측넌출** 긔여간 흰돌바기 고부랑 길로 나섰다.//"(정지용, 백록담)

츨츨히 부 숱이 충분히 많이. 넘치도록. 매우 길게. #"흘러내리는 머리칼도/목덜미에 점점이 찍혀/되레 복스럽던 검은 기미도/언젠가 쫓기듯 숨어서/시골로 돌아온 시골사람/이 녀석 속눈썹 **츨츨히** 길다란 우리 아들도/하 번은 갔다가/섭섭히 돌아와야 할 시골사람//"(이용악, 시골사람의 노래)

츰즛하다 형 춤측하다. 머츰하다. 잠깐 그쳐 뜸하다. #"우거진 나무 입새 속에 **츰즛한** 인간들//"(김소월, 불탄자리)

층층그네 명 층층으로 맨 그네. #"바람 불어요/바람이 분다고!/담 안에는 수양의 버드나무/채색 줄 **층층그네** 매지를 말아요//"(김소월, 널)

치레하다 동 치장하다. #"꽃이랑 꺾어 가슴을 **치레하고** 우리 휘파람이나 간간이 불어보자요/휠 휠 옷깃을 날리며 머리칼을 날리며 서로 헤어진 멀고먼 바닷가에서 우리 한 번은 웃음 지어 보자요//"(이용악, 항구에서)

치마를 둘렀지만 구 여자이지만. #"냇사 **치마를 둘렀지만**/아즈바님께/술 한 잔 못 권할 게/뭔기요.//"(박목월, 한탄조)

치맛살 명 치마주름살. #"이윽고 누님은 섬이 떠있듯이 그렇게 잠들리./그때 나는 섬가에 부딪치는 물결처럼 누님의 **치맛살**에 얼굴을 묻고/가늘고 먼 우음을 울음을/울음 울리라.//"(박재삼, 밤바다에서)

치여들다 동 치켜들다. #"첨탑의 시계가 밤 12시를 가리키고 있는 모습. 마치 시계 바늘이 피뢰침을 향해 손가락을 **치켜들고** 있는 것처럼 보인다.//", #"네거리 모퉁이에 씩씩 뽑아 올라간 붉은 벽돌집 塔에서는 거만스런 XII時가 避雷針에게 위엄있는 손까락을 **치여 들었소**.//"(정지용, 황마차)

치워서 형 추워서. '칩다'는 '춥다'의 방언형. #"이전에 하든그대로/저는 잠간 둘러보고/**치워서** 몸을 떨었다/저의 잠간닿임은 모든 것에게 죽엄이다/저의 눈의닿임은 植物病 이다/저는 흰 장미꽃닢을 떨어지게하고/붉은 장미는 희게 만들었다//"(박용철, 노래)

치위 명 추위. #"그대는 예와같이 노래하며 오시려나,/나도 예와같이 귀기울여 드를거나?/쏘는듯한 **치위**도 돌보쟎고/창문 열어맞으려 달려갈거나?//"(박용철, 겨울밤노래), #"**치위**와 어둠에 우리의 숨 끄치기전에/우리의 피ㅅ줄에 새피를 부어너주라/팔들은 마른 가지같이 하날로 뻗히고/눈은 그리움에 겨워 멀거니 바란나니//"(박용철, Innovation)

치장감 명 혼삿날 쓰이는 옷감. #"시집갈 처녀 막내 고무가 고개 너머 큰집으로 **치장감**을 가지고 와서 엄매와

둘이 소기름에 쌍심지의 불을 밝히고 밤이 들도록 바느질하는 밤//"(백석, 고야(古夜))

치코 명 키에 얽어맨 새잡이 그물의 촘촘한 코. 올가미. #"낮배 어니메 **치코**에 꿩이라도 걸려서 산너머 국수집에 국수를 받으려 가는 사람이 있어도 개는 짖는다//"(백석, 개)

칠성고기 명 망둥이 사촌쯤 되는 고기. 물 위를 뛰어 가는 버릇이 있다. #"**칠성(七星)고기**라는 고기의 쩜벙쩜벙 뛰노는 소리가/쨋쨋하니 들려오는 호수까지는/들죽이 한불 새까마니 익어가는 망연한 벌판을 지나가야 한다//"(백석, 함남도안(咸南道安))

칠성시장에는 장화가 많고 명 옛날 칠성시장에는 비만 오면 여간 진창길이 아니어서 장화가 없이는 도저히 다닐 수가 없었다. #"**칠성시장에는 장화가 많고**/자갈마당에 자갈은 하나도 안 보인다"(상희구, 대구풍물 / 대구.4)

칠칠하다 형 성격이나 하는 행동이 시원시원하게 잘하다. 성질이나 일 처리가 반듯하고 야무지다. 성질이 쾌활하며 하는 일 처리를 활달하게 잘하다. 주접이 들지 아니하고 깨끗하고 단정하다. 아주 씩씩하고 용감하게 일을 잘 처리하다. #"애타던 그리움의 거의 다/비워지는 언저리,/**칠칠한 칠칠한** 머릿단이 보인다.//이제는 반짝이는 숨결 가까이/눈정신(精神)이 멀어지는 나의 숨결을,//황금(黃金) 같은 것,/사랑하는 사람은/하늘 속에 서서 지낸다.//"(박재삼, 숲 2), #"그 시절 사랑은/뙤약볕 아래 물비늘로 반짝이고/**칠칠한** 머릿단으로 윤이 나고/호박꽃 위를 몇 바퀴 돌아도/날개에 더 힘이 남아/다시 몇 바퀴를 돌 수도 있던/넘치고 출렁거리는 이름이었다./호적 속보다 분명한 이름이었건만/그것을 어느새 버리고/허울 좋은 당호만 가지다니!//"(박재삼, 고추잠자리를 보며 2), #"사람이 죽고 짐승이 죽고/저 **칠칠하던** 나무들이 죽고/그 모든 것이 죽으면/한가지로 비가 되고 구름이 된다는데,/그 모든 것이 저렇게/개구쟁이 구름이 되어/이 세상에 다시 노는 간단한 이치를/나는 오늘 비로소 설악산중에 와/말없는 산봉우리를 보며 알았다.//"(박재삼, 개구쟁이 구름), #"산을 대하고 바다를 보는 마음으로/그 편지를 읽었다./그러면 내가 앉은 주변엔/갑자기 남쪽 고향의/**칠칠한** 산이 서 있기도 하고/그를 둘러 새파란 강이 흘러가기도 하는/아름다운 시골경치가 펼쳐지는 것이었다.//"(박재삼, 어머님 전 상서), #"네 설움은 짙은 향기 지척도 천리인 밤/생각의 오솔길을 더듬어 사무치면/太白山 **칠칠한** 숲 속 단물 실린 머루 다래.//"(정완영, 인경),

#"오는 줄 몰랐던 봄이 가는 정은 서러워서/鄕愁라 멍이 드는 푸른 산 깊은 골에/**칠칠이** 怨情을 감고 울어 예는 빼꾸기//"(정완영, 봄은 가고), #"조금자라 산 너무 마을 그리운 줄 알 나이에/직지사 인경소리가 목청 놓고 울고 가야/온 산천 **칠칠한** 단풍 불붙는 줄 알았어요.//"(정완영, 직지사 인경소리)

칠칠히 부 아주 미끈하게 길게. '칠칠하다'는 '아주 미끈하게 길다'의 의미. #"엇깨가 둥글고/머리ㅅ단이 **칠칠히**,/山에서 자라거니/이마가 알빛 같이 희다.//"(정지용, 붉은손)

칩다 형 춥다. '칩-다, 칩-고, 칩-지, 칩-어라, 칩-으이'와 같이 활용하여, '춥-다, 춥-고, 춥-지, 춥-어라, 춥-으이'와 같이 '칩-'과 '춥-'과 같이 쌍형어간이 공존한다. #"두터운이불을,/포개덥허도,/아즉칩은,/이겨울밤에,/언길을, 밟고가는/장돌림, 보짐장사,/재넘어마을,/저자보려,/중얼거리며/헐덕이는숨결이,/아—/나를보고, 나를/비웃으며지난다.//"(이상화, 嘲笑), #"그 일홈 아예 들추지 말어/그늘속 잠든 그대로 두라/장한 일홈이 들어남없이/**치운데** 뼈만 누어 있나니.//"(박용철, 일홈없는 愛國者의 무덤)

ㅋ

카이끼네 동 ~라고 말하니까. #"해가 짱짱하다//이리키 가문데/비 올 요량은 안하고//내사마 무울 때 입 아이/꺼끄러브 가주고/조밥은 싫다 **카이끼네**//해가 짱짱하다//"(상희구, 조밥/대구.38)

칵 부 콱. 갑자기 정지됨. #"우리 고장에서는/오빠를/오라베라고 했다./그 무뚝뚝하고 왁살스러운 악센트로/오 오라베라고 부르면/나는/앞이 **칵**/막히도록 좋았다.//"(박목월, 사투리)

커잉 조 커녕. #"기념품으로 주는/우리나라에서는 난생 처음인 나일론보자기를 하나씩 얻기/위해서였다./희안하기도 해라, 석탄 덩거리로 맨들었다 카던데/우째 끄시름이 하나도 안 묻노/하면서 뽈때기에다가 문질러대는 아낙도 있었다./소 심줄은 **커잉** 철사보다도 더 질기다 카더마는/오늘도 시골 할매들, 나일론이라는 말은 빼버리고 백 뿌로,/백 뿌로 해 쌓는다.//"(상희구, 나이롱 백 뿌로/대구.48)

켱키다 동 켕기다. 무슨 일이 생길까 마음이 불안하게 된다. 팽팽하게 되다. #"맘 **켱기는** 날//"(김소월, 맘 켱기는 날), #"바람은 쌔우친다 때에 바닷가/무서운 물소리는 잣 일어온다./**켱킨** 여덟 팔다리 걷어채우며/산뜩히 서려오는 머리칼이여.//"(김소월, 바닷가의 밤)

콩조개 명 아주 작은 조개. #"물밑,이 세모래 닌함박은 **콩조개**만 일다/모래장변,바다가 널어놓고 못미더워 드나드는 명주필을 짓궂이 발뒤축으로 찢으면/날과 씨는 모두 양금줄이 되어 짜랑짜랑 울었다//"(백석, 물계리(物界里))

크낙하다 형 아주 크다. #"아무것도 없는 데서 차라리/우리나라의 바다여!/심청전 속의 **크낙한** 꽃이/다시 솟아서/끝장이 좋을 날은 없는가,/오롯한 꿈으로서 묻노니.//"(박재삼, 꿈으로서 묻노니)

크던동 형 크던지. #"길이 아조 질어 터져서 뱀눈알 같은 것이 반쟉 반쟉 어리고 있소. 구두가 어찌나 **크던동** 거러가면서 졸님이 오십니다. 진흙에 챡 붙어 버릴 듯 하오. 철없이 그리워 동그스레한 당신의 어깨가 그리워. 거기에 내 머리를 대이면 언제든지 머언 따듯한 바다 울음이 들려 오더니…//"(정지용, 황마차)

큰 바아 명 큰방에. #"다황 가주 온너라, **큰 바아**/다황 가주 온너라, 정지에/다황 가주 온너라, 정나아//작고 가냘픈 성냥개비/끄트머리에 앙증맞은/붉은 대가리의/꼬마 혁명가(革命家)//"(상희구, 다황/대구.77)

큰 오마씨 명 본처를 말함. 옛날 첩은 작은 오마씨, 본처는 '큰 오마씨'라는 말을 썼는데 오마씨는 '엄마'라는 뜻으로 첩은 '작은 엄마', 본처는 '큰 엄마'라고도 했다. #"할매 내 좀 보소, 저게 하늘에 빌이 많제, 그라마/저 빌 중에 첩싸이 빌이 어는 빌인지/그라고 **큰오마씨** 빌이 어는 빌인지 맞차보소/그만춤 마이 알마//"(상희구, 소전꺼래 알분다이 할매/대구. 15)

큰마누래 명 큰마마. 손님마마. 천연두. #"아이들이 **큰마누래**에 작은마누래에 제구실을 할 때면 종아지물본도 모르고 행길에 아이 송장이 거적뙈기에 말려나가면 속으로 얼마나 부러워하였고//"(백석, 넘언집 범 같은 노큰마니)

큰마니 명 할머니. #"김치 가재미선 동치미가 유별히 맛나게 익는 밤//아배가 밤참 국수를 받으려 가면 나는 큰마니의 돋보기를 쓰고 앉어 개 짖는 소리를 들은 것이다//"(백석, 개)

큰일 명 잔치나 초상 같은 일. #"옛날 이부제 **큰일**에 푸마씨 음석으로는/주로 단술, 잡채, 묵같은 거로 했는데/그중에 묵을 기중 마이 했다//묵이 마시실라카마/첫째로 묵은 차바야 한다/묵이 떠뜨무리하기나 미적지건하마/그 묵은 못 씬다//"(상희구, 묵/대구.85)

키다 동 마시다. 들이키다. #"그날 끌려간 삼촌은 돌아오지 않았다./소리개차가 감석을 날라 붓던 버력더미 위에/민들레가 피어도 그냥 춥던 사월/지까다비를 신은 삼촌의 친구들은/우리 집 봉당에 모여 소주를 **켰다**.//"(신경림, 폐광)

킬 명 큰 일. #"이거 묵어마 **킬** 난데이/좀 실까바 옷에 넣는 좀약인데/무마 죽는다 카이/엄마가 아이들이 사탕으로 잘못 알고/먹을가봐 닥달을 하시면서 반짝반짝/광채가 나면서 하얀 박하사탕같은 것을/코앞으로 디밀었는데 이 희안한/이방(異邦)의내냄새//"(상희구, 나후따링/대구.89)

ㅌ

타관 명 타향. #"아배는 **타관** 가서 오지 않고 산비탈 외따른 집에 엄매와 나와 단 둘이서 누가 죽이는 듯이 무서운 밤 집 뒤로는 어늬 산골짜기에서 소를 잡어먹는 노나리꾼들이/"(백석, 고야(古夜)

타깝다 형 안타깝다. #"뜰 앞 백일홍에 하루해가 다 타는데/빠지지 불이 붙는 한 조각 **타까운** 정아/인생이 무엇이기에 이대도록 느껴운가.//"(정완영, 秋日點描 / 2. 昔日)

타래곱 명 타래처럼 생긴 돼지 곱창. '타래'는 '실 · 새끼 · 노끈 따위를 사려서 꼬아놓은 것'이고 '곱'은 함북방언에서 동물, 특히 '돼지의 창자에 붙은 누런 기름'을 의미한다. 중부방언에서는 '곱' 대신에 '기름'이라는 말을 쓰지만 함경도에서는 식물성 기름은 '기름', 동물성 기름은 '곱'이라 하여 구분하여 쓴다. 따라서 '타래곱'은 '타래처럼 꼬여 있는, 짐승의 창자에 붙어 있는 기름'을 의미한다. #"다시 만나면 알아 못 볼/사람들끼리/비웃이 타는 데서/**타래곱**과 도루모기와/피 터진 닭의 볏 찌르르 타는/아스라한 연기 속에서/목이랑 껴안고/웃음으로 웃음으로 헤어져야/마음 편쿠나/슬픈 사람들끼리//"(이용악, 슬픈 사람들끼리)

타박대다 형 성큼성큼 걷지 못하고 타박타박 걸어가다. #"바라보면 멀리 뻗친 고갯길/**타박대는** 외지 장꾼들 또 일소들./여자의 치마에 개흙이 묻어 돌아오는/미루나무가 누렇게 퇴색한 언덕길에서//"(신경림, 오지일기)

타발켔나요 형 타발하다. 자꾸 탓을 하며 불평을 늘어놓다. #"시내의 여지없는 물 한 방울도/흐르는 그만뜻이 이러하거든/어느 인생 하나이 저만 저라고/기구하다 이 길을 **타발켔나요**//"(김소월, 苦樂)

타붓고 동 타버리고. '타붓다'는 '타버리다'의 의미. #"다만 **타붓고** 업서지는 불꽃//"(김소월, 담배)

탁목조 명 탁목조(啄木鳥). #"시커먼 머리채 풀어헤치고/아우성하면서 가시는 따님./헐벗은 벌레들은 꿈틀릴 때,/黑血의 바다. 고목동굴./啄木鳥의/쪼아리는

소리, 쪼아리는 소리.//"(김소월, 悅樂)

탄수 명 식초. #"그리고 담배 내음새 **탄수** 내음새 또 수육을 삶는 육수국 내음새 자욱한 더북한 샷방 쩔쩔 끓는 아르궅을 좋아하는 이것은 무엇인가//"(백석, 국수)

탄수 내음새 명 식초냄새. #"그리고 담배 내음새 **탄수 내음새** 또 수육을 삶는 육수국 내음새 자욱한 더북한 샷방 쩔쩔 끓는 아르궅을 좋아하는 이것은 무엇인가//"(백석, 국수)

탕이 명 탕곰팡이. 장마 때 축축한 물체에 생기는 검푸른 곰팡이. #"지리한 장마속에 귀한 감정은 **탕이**가 피고/요행이 어리석음에 등말을타고 돌아다녀서/난장이가 재주란답시 뒤궁굴으면/당나귀의 무리는 입을 헤버리고 웃습니다.//"(박용철, 小惡魔)

터럭 명 #"내 하얀 목덜미/잡어 당기자/부드러운 네 **터럭**/입으르 맞추자/부드러운 네 얼골/질거이 질거이 새해를 마지한다.//"(박용철, 봄)

터앝 명 텃밭. 집의 울안에 있는 밭. #"집이 몇 집 되지 않는 골안은/모두 **터앝**에 김장감이 퍼지고/뜨락에 잡곡 난가리가 쌓여서/어니 세월에 뷔일듯한 집은 뵈이지 않었다//"(백석, 산곡(山谷))

터투는다 동 엿보느냐. #"우습다 선학이여 강가을 **더투는다**/누누면 멕이에 매이나니 새론일도 없어라//구름에 오르려다 따에 도로 굽히나니/사람의 걸은자최 개아미와 다름없다/하날은 높이한갈같이 사람불상 하여라//"(박용철, 漢詩習作)

털능구신 명 철륭귀신, 철륜대감(鐵輪大監). 주로 집의 뒤곁에 있는 울 안쪽 공간에 자리하는 가신(家神)이다. '철령' 혹은 '철능'이라고 부르기도 한다. 주로 터주신의 성격을 지닌다. #"나는 이번에는 굴통 모퉁이로 달아가는데 굴통에는 굴대장군/얼혼이 나서 뒤울안으로 가면 뒤울안에는 곱새녕 아래 **털능구신**/나는 이제는 할 수 없이 대문을 열고 나가려는데/대문간에는 근력 세인 수문장(백석, 마을은 맨천 구신이 돼서)

털메투리 명 짐승털로 만든 메투리. #"너는 오랑캐의 피 한 방울 받지 않아건만/오랑캐꽃/너는 돌가마도 **털메투리**도 모르는 오랑캐꽃/두 팔로 햇빛을 막아줄게/울어보렴 목놓아 울어나 보렴 오랑캐꽃//"(이용악, 오랑캐꽃)

텅납새 명 처마의 안 쪽 지붕이 도리에 얹힌 부분. '추녀(처마끝)의 평북 방언. #"이야기하고 아이들은 아이들끼리 웃간 한 방을 잡고 조아질하/고 쌈방이 굴리고 바리깨돌림하고 호박떼기하고 제비손이구손이/하고 이렇게 화디의 사기방등에 심지를 몇 번이나 돋구고 홍게/닭이 몇번이나 울어서 졸음이 오면 아릇목싸움 자리싸움을 하며/히드득 거리다 잠이 든다 그래서는 문창에 텅납새의 그림자가/치는 아침 시누이 동세들이 욱적하니 홍성거리는 부엌으론 샛문/틈으로 장지문틈으로 무이징게국을 끓이는 맛있는 내음새가/올라오도록 잔다//"(백석, 여우난골족)

토까이 명 토끼. #"**토까이**가 풀로 무울 때는/입수부리가 야물야물거리 쌓는기/입수부리 하나사/억시기 분답지마는/누는 너무 쥐영타 카이끼네.//"(상희구, 토까이/대구.64)

토리개 명 '씨아'의 평북 방언. 목화의 씨를 빼는 기구. #"대들보 위에 베틀도 채일도 **토리개**도 모도들 편안하니/구석구석 후치도 보십도 소시랑도 모도들 편안하니//"(백석, 연자간)

토막 명 움막을 이르는 말. #"지금 오가는 네 마음이/탁류에 휩쓸리는 강가를 헤매는가/비 새는 **토막**에 누더기를 쓰고 앉았나/쭝쿠레 앉았나//"(이용악, 제비 같은 소녀야)

토방 명 마루를 놓을 수 있는 처마 밑의 땅. #"노란 싸릿잎이 한불 깔린 **토방**에 햇츩방석을 깔고/나는 호박떡을 맛있게도 먹었다//"(백석, 여우난골족)

토방돌 명 집채의 낙수 고랑 안쪽으로 돌려가며 놓은 돌. 섬돌. 토방에 쌓았거나 쌓기 위한 돌. '토방'이란 방에 들어가는 문앞에 좀 높이 편평하게 다진 흙바닥을 말한다. #"배나무접을 잘 하는 주정을 하면 **토방돌**을 뽑는 오리치를 잘 놓은 먼섬에 반디젓 담그러 가기를 좋아하는 삼촌 엄매 사춘 누이 사춘 동생들//"(백석, 여우난골족)

토신묘 명 흙을 맡아 다스린다는 토신을 모신 당집. #"마을끝 충왕묘(蟲王廟)에 충왕을 찾아뵈러 가는 길이다/**토신묘**(土神廟)에 토신도 찾아뵈러 가는 길이다//"(백석, 귀농(歸農))

통걸상 명 통나무로 만든 걸상. #"팔월이 오면 우리는 들떠오르지만/삐꺽이는 사무실 의자에 앉아/아니면 소줏집 **통걸상**에서/우리와는 상광도 없는 외국의 어느/김빠진 야구경기에 주먹을 부르쥐고//"(신경림, 우리가 부끄러워애야 할 것은), #"이발 최씨는 그래도 서울이 좋단다/자루에 기계하나만 넣고 나가면/봉지쌀에 꽁치 한 마리를 들고 오는/그 질척거리는 저녁 골목이 좋단다/**통걸상**에 앉아 이십원짜리 이발을 하면/나는 시골 변전소 옆 이발소에 온 것 같다//"(신경림, 골목)

튀겁 명 겁(怯). #"모도들 욕심 사납게 지게굳게 일부러 청을 돋혀서/어린아이들 치고는 너무나 큰소리로 너무나 **튀겁**많은 소리로 울어대는데/너만은 타고난 외마디 소리로 스스로웁게 삼

가면서 우는구나//"(백석, 촌에서 온 아이)

튀튀새 명 티티새. 자빠귀. 개똥지빠귀. 딱샛과의 새. 편 날개의 길이는 12~14cm, 꽁지의 길이는 8~10cm이며, 대체로 검은 갈색이다. 다리가 길며 다른 새의 울음소리를 잘 흉내낸다. #"울밖 늙은 들매낡에 **튀튀새** 한불 앉었다. 흰구름 따러가며 딱장벌레 잡다가 연두빛 닢새가 좋아 올라왔나 보다.//"(백석, 황일(黃日))

틔다 형 열려 있거나 개방되어 있다. # "아이는 엊그제 죽고 어슬렁히 나섰더니/항상 **틔어** 있던 낭랑한 재롱이 오늘/어느새 시냇물 되어 내게 나아 오더니라.//이 우리 동무들을 아이는 보라고 한다./아주 친하디친한 잎이여 꽃이여 잎이여//"(박재삼, 산골 물 옆에서)

티꺼풀 명 티 같은 나부랭이. #"너댓 살은 문 머시마가 곽중에 누 난에 **티꺼풀**이 드러가서/까끄러브 죽겠다고 죽는 시용을 하는데 에미가, 아이고 이/노무 자석, 하민서 머시마 궁디를 찰싹 때리민서 자리에다/넙힌다//"(상희구, 살을 섞다/대구.44)

팅기오리마 동 튕겨오르면. #"두째로 묵은 탱글탱글 야물어야 한다/(묵을 썰라꼬 칼을 묵에다 갔다댔일 때/묵이 너무 야물어 가주고 칼이 한 발이나/우로 **팅기오리마** 그 묵이 채곤기다)//끝으로 묵맛은 양념장이/받쳐줘야 하는 것이다/저렁에다가 다진 마늘,/맵싹한 고치가리를 풀고/창지름이 두어 빠알/자청파를 쫑쫑 썰어 넣어마 그마이다//"(상희구, 묵/대구.85)

ㅍ

파다 동 말소하다. 지워버리다. #"안 어기고 돌아오는 어지러운 봄을 두고/앞앞이 말 못하고 속속들이 병들어/울아버진 애터지고/진달래꽃 피던가.//일본 동경 갔다가/못살고선 돌아와/파버리지도 못한 민적(民籍)에 가슴 찢던/이 강산에 진달래꽃 피었다.//"(박재삼, 진달래꽃)

파랑이 명 파란 빛깔을 띤 물건. #"파랑이를 대고 보면 파아란 세상이 되고/노랑이를 대고 보면 노오란 세상이 되고//"(유치환, 歲月)

파려하다 형 파리하다. 핏기가 없이 창백하고 여위다. #"코-가사스 평원을 달니는 말굽 소리보다/한층 요란한 소리! 고이한 침략자여!/내 정열 밖에 너들에 뺏길게 무었이료/가난한 귀향살이 손님은 **파려하다**//"(이육사, 해조사, 66)

판데목 명 경남 통영의 앞바다에 있는 수로 이름으로 1932년 해저터널이 완성된 곳이다. '판데다리'라고도 하며 옛날에는 '달고보리'라고 했음. #"오다 가수내 들어가는 주막 앞에/문둥이 품바타령 듣다가/열이레 달이 올라서/나룻배 타고 **판데목** 지나간다 간다//"(백석, 통영)

팔결고 동 팔걸고. '팔결다'는 '팔걸다'의 의미. #"들으소 벅국새 저녁노래가/클론더 숲에서 울리어나네/자,그럼 **팔결고** 걸어가자고/내엡븐 내사랑아.//"(박용철, 羊을 부르소)

팔모알상 명 테두리가 팔각으로 만들어진 개다리소반. #"호박잎에 싸오는 붕어곰은 언제나 맛있었다/부엌에는 빨갛게 질들은 **팔(八)모알상**이 그 상 우엔 새파란 싸리를 그린 눈알만한 잔(盞)이 뵈였다/아들아이는 범이라고 장고기를 잘 잡는 앞니가 빼드러진 나와 동갑이었다//"(백석, 주막(酒幕))

팟중이 명 메뚜기과에 속하는 곤충으로 크기는 3.2~4.5cm 정도로 갈색이다. #"당콩밥에 가지 냉국의 저녁을 먹고 나서/바가지꽃 하이얀 지붕에 박각시 주락시 붕붕 날아오면/집은 안팎 문을 횅 하니 열젖기고/인간들은 모두 뒷등성으로 올라 멍석자리를 하고 바/람을 쐬이는데/풀밭에는 어느새 하이얀 다림질감들이 한불 널리고/돌우래며 팟중이 산옆이 들썩하니 울어댄다/이리하여 한울에 별이 잔콩 마당 같고/강낭밭에 이슬이 비 오듯 하는 밤이 된다//"(백석, 박각시 오는 저녁)

팥네끼 명 팥알. #"참, 언선시럽두룩 죽을 마이 묵었다//보릿고개 급한 구황救荒에는 보리죽/비 오는 날에는 대개 콩죽/집에 반(半)불 들오는 날 저녁에는 으레 갱죽/식은 밥에다 먹다 남은 짐치랑 온갖 잡동사이/집어 넣어서 끓인 갱식이죽/엄마 아풀 때는 그나마 흰죽/알라들 엄마젖 모지랠 때는 암죽/강낭콩이나 팥네끼가 백찜에/까망콩이나 건포도같은 호박범벅죽/지체있는 집안의 영감님이나 마님들, 속이/허할 때는 잣죽 아이마 전복죽, 홍합죽, 깨죽/동짓날에는 당연히 팥죽/중간중간에 녹띠죽/이것도 저것도 아닌 풀때죽//"(상희구, 죽/대구.95)

팥을 깔이다 구 햇볕에 말리려고 멍석 위에 널어둔 팥을 손으로 이리저리 쓸어 모으거나 펴는 것을 말한다. 민간의 속신에서 팥은 흉사를 막고 악귀를 쫓아내는 액막이의 구실을 하던 상징물이다. 흉사가 있을 때 팥이나 팥죽을 뿌리는 행위가 오래 전부터 전해오고 있다. 여기서는 오줌 누는 소리에 비유함. #"여우가 우는 밤이면/잠 없는 노친네들은 일어나 팥을 깔이며 방뇨를 한다/"(백석, 오금덩이라는 곳)

팥잎사구 명 팥잎사귀. #"씹어마 씹히는 그 맛이 쫀닥쫀닥하다 카시민서,/밥우에다 찐 팥잎사구를, 짜박짜박 끓인 강딘장에,/하얀 맨자지 쌀밥으로 쌈을 사서 쫀닥쫀닥 씹어/자시는 기 그 둘째 맛이고//"(상희구, 가친오미(家親五味)/대구.54)

패내기 부 곧장, 똑바로. #"보이소, 달성공원쪽으로 갈라카마 어데로 가마 대능교/요 쪽으로 패내기 가서 시머리 다리를 찾어소,/거라고 거게서 새로 물어보소//보소, 북문시장으로 갈라카마 어데로 가마 대능교/저 쪽 호무래이를 돌아, 패내기 가서 시머리 다리를/찾어소, 거라고 거게서 또 물어보소//시머리 다리 밑,/맑은 개천에서/여인네들 곧잘 머리 감곤 하던//"(상희구, 시머리 다리(新川橋)/대구.18) #"오마이를 먼저 앞세운/올개 국민학교에 갓 입학한/막내손주 보겠도우에/노랑 콧수건을 메달아 주면서/할매가 다짐을 한다//기철아, 차에 받칠라/먼산 보지 말고/패내기 댕기 온너래이/내 엿 녹카 노오꾸마,//한잠 늘어지게 자고 난/앞마다아 강새이가/하품을 크게 하고는/머리뚱하이/먼 산을 본다//"(상희구, 입춘(立春)-먼 산 보다/대구.92)

패아리 명 fairy. 요정. #"여기 알들이 다정한 나의 적은 패아리가 있다/그는 들만말마 살포시든 잠결속에 사노니/나라드는 봄나비, 이슬비 소곤거린 여름花園/초밤별 엿보는 가을黃昏 강변의 어둔숲길/또 양짓갓 까끔속 겨울산새의 모양하고/나의 얕든 잠결속에 아양지며 아른덴다//"(김현구, 요정)

퍼뜩 부 얼른. #"빨래꺼리를 뒤적거리던 엄마가/숨 끊어진 다음의 자투리 같은/끓는 소리로 내뱉었다/아이구 우얐끼네라, 자, 속옷이/지리상갈상 떨어졌구나! 딴 거로/빈줄라 가주고 라도 **퍼떡** 니 내복/부터 한 불 사재이.//"(상희구, 지리상갈상/대구.40)

퍼붓다 동 퍼부은. '퍼붓는'일 경우 주절(主節)에서 "그 비도 그치고"보다 시상이 선행되어야 하기 때문에 <대구문협>에서는 '퍼붓던'으로 교열한 점은 타당성이 있다. 그러나 대구방언에서 '퍼붓는'을 '퍼부었는'이 축약되어 '퍼붓는'으로도 실현되기 때문에 '퍼부은'으로 수정하는 것이 더 타당하다. 곧 관형절에서 '퍼붓-었-는'의 구성은 대구방언에서는 가능하지만 중부방언에서는 '퍼붓-은'으로 교열하는 것이 옳다. #"밤이 새도록 **퍼붓든** 그비도근치고/동편하울이 이제야 붉으래하다/기대리는듯 고요한 이땅우로/해는 점잔하게 도더오른다.//"(이상화, 빼앗긴들에도 봄은오는가)

퍼스레하다 형 푸르스럼하다. #"아득한 **퍼스레한** 하늘 아래서/회색의 지붕들은 번쩍거리며,/성깃한 섶나무의 드문 수풀을/바람은 오다가다 울며 만날 때,/보일락말락하는 멧골에서는/안개가 어스러히 흘러 쌓여라.//"(김소월, 가을 아침에)

퍼언한 형 퍼언하다. 편편하다. 넓게 펼쳐지다. #"먼데 산이 軍馬처럼 뛰여오고 가까운데 수풀이 바람처럼 불려가고/유리판을 펼친듯, 瀨戶內海 **퍼언한** 물.물.물.물/손까락을 담그면 葡萄빛이 들으렀다./입술에 적시면 炭酸水처럼 끓으렀다./복스런 돛폭에 바람을 안고 뭇배가 팽이처럼 밀려가 다 간,/나비가 되여 날러간다.//"(정지용, 슬픈 汽車)

페로웠네 형 '괘로웠네'의 오식으로 봄. #"내가보든 히망이란 꿈이었네/다만 한낮 꿈이었네,/이제깨어보니/할수없이 외로웁고 늙고 **페로웠네**/한낮 꿈을 말미암아.//"(박용철, 헐보임)

포란 형 파란. #"아이고 자잘궂에라!/작년에 냉기논 쑥갓씨로 삽짝가새/다문다문 흩쳐논 지가 한 달포는 됐시까, 엊지역에 깨굼발비가 살째기/니리는 거 겉디마는 그단새 좁쌀네끼/겉은 **포란** 새싹이 빼쭘하이 돋았구마는//"(상희구, 춘삼월(春三月)/대구.7)

포름쪽쪽 부 추위에 파랗게 질려 쪼글쪼글한 모양. #"나이 어린것들은/왜놈

들이 남기고간 다다미 방에서/날무처럼 **포름쪽쪽** 얼어있구나.//”(박목월, 층층계)

포리쪽쪽한 형 포르스럼한. #“엄마야! 고만 새이집 한쪽 모티가 찌불텅하기 니리 앉은 겉은기 아모래도 그 안에 구신이 들앉은 갑드라, 놀란 달구새끼/횃대줄똥을 싸듯이 줄행낭을 놓는데, 마침 하늘을 올리다 보이끼네, 핑소에 세숫대야만하던 허옇던 보룸달도 따라 식겁을 했는지, 낯짝이 왼통 쪼막손 만 한 기, **포리쪽쪽해** 졌드마는.//”(상희구, 새이(喪輿)집/대구.27)

포족족하다 형 얼굴이 파르스름하고 성을 낸 듯한 얼굴. #“열여섯에 사십(四十)이 넘은 홀아비의 후처가 된 **포족족하니**/성이 잘 나는 살빛이 매감탕 같은 입술과 젖꼭지는 더 까만 예수/쟁이 마을 가까이 사는 토산(土山) 고무 고무의 딸 승려(承女)/아들 승(承)동이/육십리(六十里)라고 해서 파랗게 뵈이는 산을 넘어 있다는//”(백석, 여우난골족)

포효 명 사나운 짐승의 울음소리, 울부짖음. #“그 적은 **포효**는 어느 선조때 유전이길래/마노의 노래야 한층 더 잔조우리라//그보다 뜰안에 흰나비 나즉이 날라올땐/한낮의 태양과 튜립 한송이 지컴직하고//”(이육사, 반묘)

폭포 소리 차즘 불고 구 폭포 소리가 차츰 크게 들리고. 산중의 눈이 녹아 골짜기에 물이 많아져서 폭포에 흐르는 물소리가 점차 커진다. #“**瀑布 소리 차즘 불고** 푸른 하늘 되돌아서 오건만 구두와 안ㅅ신이 나란히 노힌채 戀愛가 비린내를 풍기기 시작했다//”(정지용, 호랑나븨)

표모 명 빨래하는 여인. #“시내ㅅ가 버드나무 이ㅅ다금 흐느적어립니다./**표모**의 방망이소린 웨저리 모날가요,/쨍쨍 이볏살에 누덱이만 빨기는 짜증이 난게죠.//”(이육사, 춘추삼제)

푸마씨 명 품앗이. #“옛날 이부제 큰일에 **푸마씨** 음석으로는/주로 단술, 잡채, 묵같은 거로 했는데/그중에 묵을 기중 마이 했다//묵이 마시실라카마/첫째로 묵은 차바야 한다/묵이 떠뜨무리하기나 미적지건하마/그 묵은 못씬다//”(상희구, 묵/대구.85)

푸새 명 옷 따위에 풀을 먹이는 일. #“정말 우리는 빨아 대리는수도 없이 되었습니다/한번 진흙이 튀기거나 기계기름이 묻고 보면/아모 도리도 없소이다/아이 설은일입네다/**푸새** 다드미도 길이없고/졸졸 흐르는물에 정귀헤우는수도 없다면/空中分解로 헐갈려 떨어지는 비행기는 얼마나 호수울까/격구로 매달려 바람에 펄렁거리는 빨래만해도/한끗 부럽소이다/우리 어머니들의 방방이소리는/골ㅅ작마다 들리는데//”(박용철, 사티-르)

푸섶 명 풀숲. 『표준국어대사전』에서 '섶나무'의 평북방언으로 뜻풀이를 하고 있으나 경상방언에서는 '풀숲'의 의미로 사용된다. #"한 점 섬이더이다, 못 감을 욕망이더이다/바다는 영원의 손짓, 인생은 갈매기 떼/**푸섶**에 바위너설에 둥지 틀고 살더이다.//"(정완영, 제주도 기행시초 / 섬사람들)

푼푼하다 형 잔졸하지 않고 활달하다. #"**푼푼한** 그대 말씨 나를 이내 잠들이고 옮기셨는다.//"(정지용, 溫正)

풀대 명 풀의 대. #"우굿한 **풀대**들은 춤을 추면서//"(김소월, 녀름의달밤)

풀때죽 명 풀물로 쓰는 죽. 주로 물김치를 담글 때 국물의 정도를 맞추기 위하여 밀가루나 쌀가루로도 멀겋게 죽을 쑤어 풀물로 쓰곤 했다. #"참, 언선시럽두룩 죽을 마이 묵었다//보릿고개 급한 구황(救荒)에는 보리죽/비 오는 날에는 대개 콩죽/집에 반(半)불들오는 날 저녁에는 으레 갱죽/식은 밥에다 먹다 남은 짐치랑 온갖 잡동사이/집어 넣어서 끓인 갱식이죽/엄마 아풀 때는 그나마 흰죽/알라들 엄마 젖 모지랠 때는 암죽/강낭콩이나 팥 네끼가 백찜에/까망콩이나 건포도겉은 호박범벅죽/지체있는 집안의 영감님이나 마님들, 속이/허할 때는 잣죽 아이마 전복죽, 홍합죽, 깨죽/동짓날에는 당연히 팥죽/중간중간에 녹띠죽/이것도 저것도 아닌 **풀때죽**//"(상희구, 죽/대구.95)

풀로 무울때는 구 풀을 먹을 때는. #"토까이가 **풀로 무울때는**/입수부리가 야물야물거리 쌓는기/입수부리 하나사/억시기 분답지마는/누는 너무 쥐영타카이끼네.//"(상희구, 토까이/대구.64)

풀매 명 물에 불린 멥쌀을 가는 작은 맷돌. '풀무'의 경남방언. #"까투리 깃치는 결에도 쩌르렁 울던 하늘/분통골 조약돌은 별보다도 고왔는데/할머니 가신 설움에 **풀맬** 자꾸 날렸다.//"(정완영, 추억 / 3. 풀매)

풀모가지 명 풀잎의 윗부분. 곧 풀의 모가지 부분. #"그리하여 부러지는 **풀모가지**/쓰러지는 나무기둥들을/아직도 우리가 보지 못했을 때//"(신경림, 나는 부끄러웠다 어린 누이야)

풀무 명 풍구. #"흙 묻은 속옷바람으로 누워/아내는 몸을 떨며 기침을 했다./온종일 방고래가 들먹이고/메주 뜨는 냄새가 역한 정미소 뒷방./십촉 전등 아래 광산 젊은 패들은/밤 이슥토록 철 늦은 섰다판을 벌여/아내 대신 묵을 치고 술을 나르고/**풀무**를 돌려 방에 군불을 때고//"(신경림, 경칩)

풀새 명 풀 사이. #"깨여나라 조그만 꽃아/너는 **풀새**에 고달파 누었고나./간밤에 나리던 비가/받들기에 너무나 무겁더냐//"(박용철, 힐다·콩클링의 詩)

풀엄 명 뜻풀이. #"뱊죽뱊죽한 **풀엄**을//"(김소월, 건강한잠)

풀이 죽었다 구 힘이 빠지거나 용기가 죽어서 힘없어 보이다. #"전깃불도 나가고 없는 신작로./씨름에 져 늘어진 장정 앞세우고/마을로 돌아가는 행렬은/참외 수박 냄새에도 이제 질리고/면장집 조상꾼처럼 **풀이 죽었다.**//"(신경림, 씨름)

풀죽 명 풀을 쑤듯한 묽은 죽. #"궂은 날만 빼고 아내는 매일/서울로 새로 트이는 길을 닦으러 나가고/멀건 **풀죽**으로 요기를 한 나는/버스 정거장 앞 만화 가게에서 해를 보냈다.//"(신경림, 동면)

풀풀의 명 풀마다의. #"온갖 어둠과의 접촉에서도/생명은 빛을 더불어 사색이 너그럽고/갖은 학대를 체험한 나는/날카로운 무기를 장만하리라/**풀풀**의 물색으로 평화의 依裝도 꾸민다//"(이용악, 冬眠하는 곤충의 노래)

품 명 어떤 모양. #"박 호박 등속은/村에만 사는 촌뚜기 같아/초갓지붕 크는 **품**이 한량없는 촌뚜기라오//"(유치환, 시골에서)

품겨나다 형 뿜어져 나오다. #"바람 앞에 **풍겨나**/제자리를 못잡아/몸을 한곳 못두어/애가 탈순 못물어/한때한때 지나다/가고 말 것뿐이라/다시 헛된 세상에/안정 박에 있겠구나//"(김소월, 봄못)

풋솜 명 실을 켤 수 없는 허드레 고치를 삶아서 늘여 만든 솜. 빛깔이 하얗고 광택이 나며 가볍고 따뜻하다. '풋솜'은 '부풀리어 놓은 솜'이라는 의미를 가진 대구방언이다. 솜을 부풀리는 작업을 흔히들 '탄다'고 한다. 곧 '솜을 타놓은 것', 곧 '부풀리어 놓은 것'이다. 『표준국어대사전』에는 '풋솜'을 '풀솜'의 잘못된 표현이라고 등재하고 있으나, '풋솜'은 '부풀리어 놓은 솜'이라는 의미를 가진 대구방언이다. 솜을 부풀리는 작업을 흔히들 '탄다'고 한다. 곧 '솜을 타놓은 것, 곧 부풀리어 놓은 것'이다. #"**풋솜**에나 비길 얇은구름이/달에게로 달에게로 날러만드러/바다우에 섯는듯 보는눈이 어지럽다.//"(이상화, 달밤― 都會)

풍경도 사치롭기로 오로지 가시인 후 구 모든 풍경이 사치롭게 생각되어 다 사라진 후. 여기서는 '바깥이 어둠에 싸여 버린 상태'를 말한다. #"**풍경도/사치롭기로/오로지 가시인 후**//"(정지용, 窓)

풍구재 명 1. 풍구. 곡물로부터 쭉정이, 겨, 먼지 등을 제거한 농기구. 2. 풀무. 불을 피울 때에 바람을 일으키는 기구. #"달빛도 거지도 도적개도 모다 즐겁다/**풍구재**도 얼럭소도 쇠드랑볕도 모다 즐겁다//"(백석, 연자간)

풍등이 명 풍뎅이. #"누가와서 두들긴

다/나의 저 조그만 문에와서/누가 와서 두들긴다/정말 정말 정말이야/들어보다가 나는 문을 열었다/이리 저리 둘러 보았다/그러나 고요한 밤의 어둠속에/거니는 아무것도 안 보였다./다만 검정 **풍등이**가/바쁜 듯이 벽에와 탁탁 부딧고/다만 저건너 숲속에서/부엉이 부르는 소리 들리고/다만 귀뜨라미 우는 소리/이슬은 방울지어 떨어지는데/대관절 누가 와서 두들겼나/몰라 몰라 나는 모를일이야.//"(박용철, 누가와서)

풍양 명 풍임과 같은 말. 곡식이 잘 익어 추수가 풍성한 모양. #"다같이 제멋에 알맞은 **풍양**한 지구의 주재자로/임자없는 한개의 별을 가질 노래를 부르자//한개의 별 한개의 지구 단단하다 저진 그 따우에/모든 생산의 씨를 우리의 손으로 휘뿌려보자//"(이육사, 한개의 별을 노래하자)

피로가군 구 피로 가꾼. #"그네줄에 비가오면 풍년이든다더니/압내강에 씨레나무 밀려나리면/젊은이는 젊은이와 떼목을타고/서리ㅅ발 입저도 못오면 바람이 분다//**피로가군** 이삭에 참새로 날라가고/곰처럼 어린 놈이 북극을 꿈꾸는데/(이육사, 초가)

피성하다 형 피멍이 크게 들다. #"벌개눞에서 바리깨를 뚜드리는 쇳소리가 나면/누가 눈을 앓아서 부증이 나서 찰거마리를 부르는 것이다/마을에서는 **피성한** 눈숡에 저린 팔다리에 거마리를 붙인다//"(백석, 오금덩이라는 곳)

핀퉁이 명 핀잔. #"아내는 뜨개질을 하러 나가 비운 방을 지키며/나는 애가 미치지 않은 것이 희한했다/때로 다큰 쥔집 딸을 잡고/객쩍은 농지거리로 **핀퉁이**를 맞다가/허기가 오면 미장원 앞에 참외를 놓고 파는/동향 사람을 찾아가 우두커니 앉았기도 했다//"(신경림, 처서기)

핑 부 빨리. 팬히. #"그래 그랬었다 그는/지각할까 봐 아침밥 먹는 둥 마는 둥 사립문을 나서면 내 뒷통수에 대고 재촉했다/,학교 파하면 **핑** 와서 소깔 비어라이 길목에서 놀았다만 봐라 다리몽댕이를 분질러 놓을 팅게//"(김남주, 아버지)

ㅎ

하고 조 -과. -하고. #"산하고 물하고 밖에는/그릴 수가 없었던 산수화가는/차라리 새소리는 구슬로/신령한테 바쳐버리고/햇빛과 바람도 다시/바쳐버리고//아지랑이 화필(畫筆)로/멍한 귀머거리 산수를 대할 수박에 없었다.//"(박재삼, 한 산수화가)

하고저움 명 하고 싶음. #"아모래도 내 하고저움은 미친짓뿐이라/남의잘듯는 집을 문흘지 나도모른다.//"(이상화, 先驅者의 노래)

하나 부 하지만. #"금강(金剛)! 나는꿈속에서몇번이나보았노라 自然가운데의 한 聖殿인너를—나는눈으로도몇번이나보았노라 詩人의노래에서 또는그림에서너를—하나, 오늘에야 나의눈앞에솟아 있는것은 朝鮮의精靈이 空間으론 宇宙마음에觸角이되고 時間으론無限의마음에映像이되어 驚異의創造로顯現된너의實體이여라.//"(이상화, 金剛頌歌)

하나사 명 하나만큼은. 하나는. #"토까이가 풀로 무울때는/입수부리가 야물야물거리 쌓는기/입수부리 하나사/억시기 분답지마는/누는 너무 쥐영타카이끼네.//"(상희구, 토까이/대구.64)

하나차다 형 가득하다. #"흰 구름/피여올오,/내음새 조흔 바람/하나 찻소,/미역이 휙지고//"(정지용, 바다 2)

하난고녀 동 하는구나. #"산실을 새여나는 분만의 큰 괴로움!/한밤에 차자올 귀여운 손님을 마지하자/소리! 고이한 소리! 지축을 메지게 달녀와/고요한 섬밤을 지새게 하난고녀.//"(이육사, 해조사,

하날 명 하늘. #"마침내 가슴은 동굴보다 어두워 설래안고녀/다만 한봉오리 피려는 장미 벌래가 좀 치렸다//그래서 더 예쁘고 진정 덧없지는 아니하냐/또 어데 다른 하날을 얻어/이슬 젖은 별빛에 가꾸련다//"(이육사, 일식)

하냥 부 마냥. #"겨우 예닐곱 살 난 우리를 그리 사라하신 남평 문씨 부인은/서늘한 모시옷 위에 그 눈부신 동전을 하냥 달고 계셨던 그와도 같이/마음 위에 늘 또하나 바래인 마음을 관올려 사셨느니라.//"(박재삼, 어지러운 혼)

하누바람 명 하늬바람. 농가나 어촌에서

북풍을 이르는 말. 강원도에서는 서풍을 이르기도 함. #"별 많은 밤/하누바람이 불어서/푸른 감이 떨어진다/개가 짖는다//"(백석, 청시(靑柿)), #"아득히 먼하날에 외로운 구름 가면/아아 으지없는 나의넋은 눈물집니다//저녁햇빛 붉게들어 슬픈산 줄기줄기/야워진 하날웨 가마귀때 나르고/마련없는 하누바람 大地를 부러가면/아아 나의꿈길은 無限에 닿습니다//"(김현구, 가을)

하눌서 명 하늘에서. #"눈물 짓지마 눈물 짓지마/꽃은 새해에 다시 피려니/우름 그치어 우름 그치어/뿌리 흰속에 새엄은 자느니/서름 거두어 서름 거두어/가슴의 멜로듸 재이는 수를/나는 하눌서 배화서 아느니/눈물 짓지 말아//"(박용철, 仙女의 노래)

하늑이다 형 하느적거리다. 가늘고 길고 부드러운 나뭇가지 같은 것이 계속하여 가볍고 경쾌하게 흔들리다. #"이렇게 한여름을 보내면서 나는 하늑이는/물살에 나이금이 느는 꽃조개와 함께/허리도리가 굵어가는 한사람을 연연해 한다//"(백석, 삼호(三湖))

하늘바래기 명 원래는 하늘에서 내리는 빗물만을 바라며 의지하는 천수답을 일컫는 말. 여기서는 '하늘바라기처럼 하늘만 바라보며 아무 일도 하지 못하고 있다가'로 풀이할 수 있다. #"하늘바래기 하늘만 치여다 보다가/하마 자칫 잊을 번했던/사랑, 사랑이//"(정지용, 비듥이)

하늘의 비극 구 큰곰 별자리가 움직이는 모양을 보고 그것을 '청려한 하늘의 비극'이라고 말한다. #"淸麗한 하늘의 悲劇에/우리는 숨소리까지 삼가다.//"(정지용, 별)

하라 드라고 구 하라고 하더라고. #"울려 가거라,/그집에 이르러/여러 꽃들 피였는데,/장미꽃을 보거든 말하라/내가 인사를 하라 드라고.//"(박용철, 新春)

하라배 명 할아버지. #"창옷입은 우리 하라배들이 지어낸걸보면 그래도 하하 사람은 한편으로만 볼건아니야 그런데 이렇게 옷까지 벗은걸보면 하지만 또누이가 눈물흘리며 벗겨준줄아나 백에 아흔이나 그게쉽지 딱한일 그애는 웬눈물이람 그애도 시를아는데 취한놈하고 총한사람하고는 딴나라말로 이야기한단말인가 그애는 새벽을사랑하고 나도 새벽을사랑하는데 하기야 새벽보다 해으름을 더사랑하지만 그애에게는 밝은빛의 앞장임으로써이고 내게는 해으름이 해으름임으로써이다.//"(박용철, 三剖曲)

하로 명 하루. #"뫼올가 바란 마음 그마음 지난 바램/하로가 열흘같이 기약도 아득해라/바라다 지친 이 넋을 잠재울가 하노라//잠조차 없는 밤에 촉태워 안젓으니/리별에 병든 몸이 나을 길 없오매라/저달 상기보고 가오니 때로 볼가하노라//"(이육사, 옥룡암에서 신석초에게)

하로진일 명 하루 종일. #"벌논의 늪 옆에 쭈구렁 벼알 달린 짚검불을 널어놓고/닭이짗 올코에 새끼달은치를 묻어놓고/동둑넘에 숨어서/**하로진일** 너를 기다린다//"(백석, 오리)

하릿하게 형 하릿하다. '흐릿하다'의 작은 말. 조금 흐릿하다. #"반디ㅅ불 **하릿하게** 날고/지렁이 기름불 만치 우는 밤,/모와 드는 훗훗한 바람에/슬프지도 않은 태극선 자루가 나붓기다.//"(정지용, 太極扇), #"오동나무 그늘에서 그리운 양 졸리운 양한 내 형제 말님을 찾어 갔지./「형제여, 좋은 아침이오.」/말님 눈동자에 엇저녁 초사흘달이 **하릿하게** 돌아간다./「형제여 뺨을 돌려 대소. 왕왕.」//"(정지용, 말1)

하마 부 벌써. 다 끝나거나 지난 일을 이를 때 쓰는 말. '벌써', '앞서'의 뜻을 나타낸다. 혹은 '이제 곧'이란 의미로 앞으로 닥칠 일을 의미하기도 한다. 유치환의 시 '입추'에서 나타나는 '하마'라는 부사는 경상도 방언 가운데 매우 독특한 것이다. '벌시로', '벌써'와 같이 '이미', '벌써'와 같은 의미를 갖는다. 『토지사전』 341쪽에 수록된 방언형 '하마'는 '이제 곧 또는 벌써'로 '미래'의 의미로도 해석된다고 밝히고 있다. 또한 경상방언에서 '하마, 하모'는 '벌써, 이미'와 다르게 '그래 맞다'라는 감탄사로서의 의미를 가지고 있다. #"당신의 營爲 앞엔 누리가 다 열리어/실실이 푸르러 올 回靑의 가락이여/목숨이 不知턴 것을 **하마** 깨워줍소서.//"(정완영, 춘소우), #"천지에 말없는 초가 죄 없어서 나는 흥부네/밤이면 은하를 닮아 어둠 속에 하얀한 박꽃/해만큼 밝고 둥근 뜻 **하마** 영글 소망이여." #"사람이 지독하대도 저승 앞엔 죽어 오는/남쪽 갈대밭을 맞서며 깃이 지는/다 같은 이 저 목숨이 살아 다만 고마와.//그리고 저녁서부터 달은 밝은 한 밤을/등결 허전하니 그래도 아니 눈물에/누이사 **하마** 오겄다 싶어 기울어지는 마음.//"(박재삼, 노안(蘆岸)), #"밤이면 슬기론 제비의 **하마** 치울 꿈자리 내 맘에 스미고/내 마음 이미 모든 것을 잃을 예비 되었노니//가을은 이제 머언 콩밭짬에 오다//"(유치환, 생명의 서 / 입추), #"저 처자(처녀)를 갖다가 아무꺼시 집에 권해 주믄 될따 싶었고 또 이 집에는 아들이가 있는데 **하마**(벌써) 눈이 좀 옳잖았어, 내 생각에는."(김점호, 베도 숱한 베 짜고)

하마나 오까 동 이제나 올까. #"큰 오마씨와 작은 오마씨가 한테 사는 웅이네에 지역답이 되자/이집 영감이 대문을 들어섰다. 영감재이가 하마나 오까, **하마나/오까** 하민서 누이 빠지게 기다리던 작은 오마씨가 엉기불통하고/쫓아 나가는 데, 고만 고모신코에 발가락이 잘못 끼었는지 발딱/나자빠지고 말았다. 이 꼬라지를 외미닫이 밖으로 얼치거이 없이/내다보고 있던 큰 오마씨가 사부제기 내뱉었다./아이고 고고 꼬방시에라.//"(상희구, 꼬방시다/대구.47)

하마하마 부 벌써. #"나는 시방/하늘 이불을 덮은/하늘의 아기 같은 아기가 자는 옆에서/인생이 닳아버린 내 숨소리가 커서/**하마하마** 깨울까 남몰래 두렵느니라.//"(박재삼, 그 기러기 마음을 나는 안다)

하반기 명 조기(弔旗). 기를 달 때 깃대 꼭지에서 조금 아래가 되게 한 것. #"도회의 검은 능각을담은/수면은 이랑이랑 떨여/**하반기**의 새벽같이 서럽고/화강석에 어리는 기아의 찬꿈/물풀을 나근나근 빠는/담수어의 입맛보다 애닯어라//"(이육사, 화제)

하소 명 하소연. (동정이나 도움을 받기 위해) 억울하고 딱한 사정을 간곡히 호소하는 것. #"나는 누를향해쓰길래 이런**하소**를 하고있단가…/이러한 날엔 어느강물 큰애기하나 빠저도 자최도 아니남을라…/전에나 뒤에나 빗방울 물낯을 튀길뿐이지…/누가 울어보낸 무루 아니고 설기야 무어 설으리마는…/저기가는 나그내는 누구이길래 발자최에 물이 괸다니…/마음있는 듯 없느느듯 공여한비는 조록 조록 한결같이 나리네…//"(박용철, 비), #"남다른 **하소**를 未然에 감추려는/여인의 웃음 끔찍히 믿음직하고/으스러히 잠든 등불은/未久의 세기를 설계하는/策士?//"(이용악, 다방)

하얀우를 구 하얀 위를. #"서리 빛을 함복 띄고/하늘 끝없이 푸른데서 왔다.//강바닥에 갈여 있다가/갈대꽃 **하얀우를** 스처서//장사의 큰 칼집에 숨여서는/귀향가는 손의 돈대도 불어주고//"(이육사, 서풍)

하잔히 부 하잔하다. 쓸쓸하고 차분하다. 잔잔하고 한가롭다. #"가까운 듯 瀑布가 **하잔히** 울고,/멩아리 소리 속에/돌아져 오는//"(정지용, 꽃과 벗), #"瀑布 소리 **하잔히**/봄우뢰를 울다.//"(정지용, 玉流洞)

하폄 명 하품. #"**하폄**도 남작하니 불기와 유종들이/묵묵히 팔장끼고 쭈구리고 앉었다//"(백석, 고사(古寺))

학실 명 노인들이 쓰는 안경. 특히 가운데를 접었다 폈다 할 수 있게 만든 안경. '돋보기'의 평북 방언. #"그 코에 모두 **학실**을 썼다/돌체 돗보기다 대모체 돗보기다 로이도 돗보기다//"

(백석, 석양(夕陽))

한 대서 구 한다고 해서. #"기라고 한대서 깁버 뛰고//아니라고 **한대서** 눈물 흘니고//"(김소월, 돈과밥과맘과들)

한 발 명 길이의 단위. #"두째로 묵은 탱글탱글 야물어야 한다/(묵을 썰라꼬 칼을 묵에다 갔다댔일 때/묵이 너무 야물어 가주고 칼이 **한 발**이나/우로 팅기오리마 그 묵이 채곤기다)//끝으로 묵맛은 양념장이/받쳐줘야 하는 것이다/저렁에다가 다진 마늘,/맵싹한 고치가리를 풀고/장지름이 두어 빠알/자청파를 쫑쫑 썰어 넣어마 그마이다//"(상희구, 묵/대구.85)

한 불 명 한 벌. #"빨래꺼리를 뒤적거리던 엄마가/숨 끊어진 다음의 자투리 같은/끓는 소리로 내뱉었다/아이구 우얐끼네라, 쟈, 속옷이/지리상갈상 떨어졌구나! 딴 거로/빈줄라 가주고 라도 퍼떡 니 내복/부터 **한 불** 사재이.//"(상희구, 지리상갈상/대구.40)

한 빠알 명 한 방울. #"참말로 참담키는 날이 가물때 제/한 분은 어는 철인고 모릴따마는/오뉴월 한 시절, 비가 **한 빠알**도 귀경/할 수가 없었는데,/가슴패기가 서늘한 기 왼통 텅 빈 거 겉은데/등짝이는 안팎으로 뱃짝 말라붙어가주고/줄라카이 줄끼 있나, 받을라카이 받을끼 있나,/숫제, 안고 있는 알라는 젓 돌라꼬 울어 쌓는데/젓토오 젓은 하나도 없고 젓꼭따리가 뱃짝/말라붙어 뿐 거 겉했다 카이끼네//"(상희구, 금호강(琴湖江)/대구.100)

한 장 명 장(市場)이 서는 시기. 한 장이란 1회 주기의 장이 서는 시간을 말한다. 1920년대 대구지역에 장이 서는 주기는 5일이다. #"보리는 발서 목이 말러 입에 대지도 안는다/이러케 **한 장** 동안 만 더 간다 면/그만—그만 이다 죽을수 밧게 업는 노릇이로구나!"(이상화, 비를다고)

한 해에 몇번 구 매년 지난 시제(時祭)나 기일제(忌日祭) 등 한 해에 몇 번씩 매년 제사를 지내는 것을 표현하는 것이다. #五代(5대)나 나린다는 크나큰 집 다 찌그러진 들지고방 어득시근한 구석에서 쌀독과 말쿠지와 숫돌과 신뚝과 그리고 녯적과 또 열두데 석님과 친하니 살으면서//**한 해에 몇번** 매연지난 먼 조상들의 최방등 제사에는 컴컴한 고향 구석을 나와서 대멀머리에 외얏맹건을 지르터 맨 늙은 제관의 손에 정갈히 몸을 씻고 교의 우에 모신 신주 앞에 환한 촛불밑에 피나무 소담한 제상 위에 떡 보탕 식혜 산적 나물 지짐 반봉 과일들을 공손하니 받들고 먼 후손들의 공경스러운 절과 잔을 굽어보고 또 애끊는 통곡과 축을 귀애하고 그리고 합문 뒤에는 흠향 오는 구신들과 호

호히 접하는 것//(백석, 목구)

한가 명 한쪽 가장자리. #"서풍 빰을 스치고/하늘 한가 구름 뜨는 곳/희고 푸른 지음을 노래하며//그래 가락은 흔들리고/별들 춥다 얼어붙고/너조차 몇 뜰 어떠랴//"(이육사, 소년에게)

한갓지다 형 1. 한가하고 조용하다. 2. 한쪽으로 잘 정돈되어 있다. #"홍엽에 둘린 섬이 먼 바다에 또 둘리면/한갓진 외로움에 돛배 하나 떠서 가고/洛迦山 쇠북소리에 절만 아득 다 묻힌다.//"(정완영, 普門寺에 올라)

한겻 명 하루에 1/4인 시간. 곧 여섯 시간. 반나절. #"한 이십리 가면 거리라든데/한겻 남아 걸어도 거리는 보이지 않는다/나는 어느 외진 산길에서 만난 새악시가 곱기도 하든 것과 어니메 강물 속에 들여다보이던 쏘가리가 한자나 되게 크던 것을 생각하며/산비에 젖었다 말랐다 하며 오는 길이다//"(백석, 구장로(球場路))

한기 명 한 것이. #"엄마야! 고만 새이집 한쭉 모티가 찌불텅하기 니리 앉은 겉은기 아모래도 그 안에 구신이 들앉은 갑드라, 놀란 달구새끼/횃대줄똥을 싸듯이 줄행낭을 놓는데, 마침 하늘을 올리다 보이끼네, 핑소에 세숫대야만하던 허옇던 보룸달도 따라 식겁을 했는지, 낯짹이 왼통 쪼막손만 한 기, 포리쪽쪽해 졌드마는.//"(상희구, 새이(喪輿)집/대구.27)

한끝나게 부 한껏 할 수 있는 데까지. #"쇠주푀적삼 항라적삼의 자지고름이 기드렁한 적삼에/한끝나게 상나들이옷을 있는 대로 다 내입고//"(백석, 칠월 백중)

한나잘 명 한나절. #"좇겨온 실구름 一抹에도 白鹿潭은 흐리운다. 나의 얼골에 한나잘 포긴 白鹿潭은 쓸쓸하다.//"(정지용, 백록담)

한뉘 명 한평생. #"애비도 종 할애비도 종 한뉘 허리굽히고 드나들던 토막/기울어진 흙벽에 쭝그리고 기대앉은 저 아이는 발가숭이 발가숭이/아이의 살결은 흙인 듯 검붉다//"(이용악, 흙), #"거짓을 별처럼 사랑는 노란 주둥이 있기에/곱게 늙은 발톱에 한뉘 흙을 긁어보지 못한다//"(이용악, 앵무새)

한데암즐러 구 으뜸이 되는 한 곳에 덧붙여서 하나로 되게 하여. '암즐러'는 '암질러'의 의미. #"그대와 사람 한데암즐러/마츰내 물ㅅ결에 삼켰을게라/로레라이선녀는 저의노래로/이런 짓거리 하였습네…(귀향2)…//"(박용철, 로레라이)

한머리 구 한 마리. #"저녁때 개고리 울더니/마츰내 밤을 타서 비가 나리네//여름이 와도 오히려 쓸쓸한 우리집 뜰우에/소리도 그윽하게 비가 나리네//그러나 이것은 또 어인 일가 어대선

지/한머리 버레소리 이따금 들리노나//"(박용철, 어느밤)

한불 명 상당히 많은 것들이 표면을 덮고 있는 상태. 한 무리. 하나 가득. 백석 시에서 '불'은 '무리'나 '횟수'를 지칭하는 단위명사로 쓰인다. #"울밖 늙은 들매낡에 튀튀새 **한불** 앉었다. 흰구름 따러가며 딱장벌레 잡다가 연두빛 닢새가 좋아 올라왔나 보다.//"(백석, 황일(黃日)), #"노란 싸릿잎이 **한불** 깔린 토방에 햇츩방석을 깔고/나는 호박떡을 맛있게도 먹었다//"(백석, 여우난골족), #"칠성(七星)고기라는 고기의 쩜벙쩜벙 뛰노는 소리가/쨋쨋하니 들려오는 호수까지는/들죽이 **한불** 새까마니 익어가는 망연한 벌판을 지나가야 한다//"(백석, 함남도안(咸南道安)), #"풀밭에는 어느새 하이얀 대림질감들이 **한불** 널리고/돌우래며 팟중이 산옆이 들썩하니 울어댄다//"(백석, 박각시 오는 저녁)

한솟이 부 대강대강. 대체로. #"오나오나 하면서 젊은 밤을 **한솟이** 조바심할 때//"(김소월, 기분전환)

한시름 놓다 구 걱정이나 금심거리가 해결되어 마음을 놓다. #"새소리 물소리 바람소리의 장단도 엎어 놓고,/이제는 그가 한 것도 다 잊고는/입을 벌리고 눈을 굴리는 사람들의/혓바닥 눈바닥 그 밑에서/**한시름 놓고** 그는/잠시 구경꾼으로 쉬고 있다.//"(박재삼, 한시름 놓고)

한양 부 함께. 더불어 늘. #"땅을 쪼기고 솟아 고힌 태고로 **한양** 더운물 어둠속에 홀로 지적거리고//"(정지용, 溫正)

한양 부 흠칫한 양. 흠칫하다. 놀라거나 겁이 나서 어깨나 목을 움츠리는 모양. #"귀또리도/흠식 **한양**//"(정지용, 玉流洞), #"비오는줄 아지도 못하려니/쉬지 않고 괴로운 듯 노래하는/밤꾀꼬리 노래도 못들으리/더어두음 밝음없이 **한양**같은/어슨밝음 꿈속으로 지나갈제/어찌하면 이세상일 안잊히리/어찌하면 아조잊어 모르오리.//"(박용철, 노래)

한울 명 하늘. #"碧玉의**한울**은 오즉네게서만볼 恩寵바덧단朝鮮의**한울**아 눈물도땅속에뭇고 한숨의구름만이흘으는 네얼골이보고십다//"(이상화, 도—교에서), #"별비치다듬질하는그사이로/나무가지쓰틀 바람이뭇지를때/귓두람이 웨우는가 말업는**한울**을보고?/이러케도 세상은 야밤에잇서라.//"(이상화, 極端), #"허리다 남은 성문(城門)이/**한울**빛같이 훤하다/날이 밝으면 또 메기수염의 늙은이가 청배를 팔러 올 것이다//"(백석, 정주성(定州城))

한자리 명 한 곳. #"노래하는 사람은 눈을감고/높은목소리로 **한자리** 불렀더라/騎士들은 용기를 돋아내고/부인네들 눈을내리 숙이더라/임금님은 이노래가 대단히/맘에드셔 그를아뢴 상급으로/황금사슬을 가져다 주라셨다//"(박용철, 노래하는 사람)

한정없다 형 계속하여 끝이 없다. 끝이 없이 많다. #"사랑하는 사람아,/네 맑은 눈/고운 볼을 나는 오래 볼 수가 없다./**한정없이** 말을 자꾸 걸어오는/그 수다를 나는 당할 수가 없다./나이 들면 부끄러운 것,//"(박재삼, 과일가게 앞에서), #"오백 년 정(精) 떨어지게/한정없이 맞고 **한정없이** 빌고//겨우 한 뼘짜리 간장(肝臟)밭이나/근근히 소작하고 살았던가.//시절 좋을쏜/굶고 울고 굶고 울고//"(박재삼, 원한(怨恨))

한정없이 부 끝없이. #"저저(底底)히 할 말을 뇌일락하면 오히려 사무침이 무너져 **한정없이** 멍멍한 거라요. 문득 때가치가 울어오거나 눈은 이미 장다리꽃밭에 홀려 있거나 한 거라요. 비 오는 날도, 구성진 생각을 앞질러 구성지게 울고 있는 빗소리라요. 어쩔 수 없는 거라요.//"(박재삼, 무봉천지(無縫天地))

한종일 명 왼종일. 하루 종일. #"해바른 봄날 **한종일** 두고/모래톱에서 나홀로 놀자.//"(정지용, 종달새)

한종일내 명 하루 종일 동안. '내'는 '동안'의 의미로 '생각하는 내'는 '생각하는 동안'이라는 의미이다. #"삿갓을 씌워 **한종일내** 뉘어두고 김을 매려 단녔고"(백석, 넘언집 범 같은 노큰마니)

한주룸 명 한줄기. 『겨레말큰사전』에서 "'한줄기(한 번 세게 쏟아지는 소나기 따위의 빗줄기)의 북한어'로 뜻풀이를 하고 있는데 '한주룸'은 '한줄굼'에서 어중 '-ㄱ-'이 탈락한 경북방언형이다. #"**한주름** 소나기에도 푸르러 온 나의 영토/일찍이 시새워서 벙그러진 한 송이 꽃아/이제는 내 가슴속에 褪色해진 초상화다.//"(정완영, 病妻에게 주는 시)

한줄기 할랑강 구 한줄기 오려나 보다. #"쏘내기가 **한줄기 할랑강**//뒷산 산삐얄쪼오서 번갯불이/밑 분 뺏뜩거리 쌓티마는/이내 자질구리한 천둥소리가/줄방구띠방구로 엮끼나온다//쏘내기가 억수로/퍼벘다가 그친다//마당 한쪼오는/따리아가 되리 붉다//하늘에는 발씨로/식은 낮달이/시큰동하다//"(상희구, 뒷산 산삐얄쪼오서 자질구리한 천둥소리가 줄방구띠방구로 엮끼 나오다-고산골에서/대구.32)

한쪼오는 명 한쪽에는. #"쏘내기가 한줄기 할랑강//뒷산 산삐얄쪼오서 번갯불이/밑 분 뺏뜩거리 쌓티마는/이내 자질구리한 천둥소리가/줄방구띠방구로 엮끼나온다//쏘내기가 억수로/퍼벘다가 그친다//마당 **한쪼오는**/따리아가 되리 붉다//하늘에는 발씨로/식은 낮달이/시큰동하다//"(상희구, 뒷산 산삐얄쪼 오서 자질구리한 천둥소리가 줄방구띠방구로 엮끼 나오다 - 고산골에서/대구.32)

한테 뷔 함께, 같이. #"큰 오마씨와 작은 오마씨가 **한테** 사는 웅이네에 지역답이 되자/이집 영감이 대문을 들어섰다. 영감재이가 하마나 오까, 하마나/오까 하민서 누이 빠지게 기다리던 작은 오마씨가 엉기불통하고/좇아 나가는 데, 고만 고모신코에 발가락이 잘못 끼였는지 발딱/나자빠지고 말았다. 이 꼬라지를 외미닫이 밖으로 얼치거이 없이/내다보고 있던 큰 오마씨가 사부제기 내뱉었다./아이고 고고 꼬방시에라.//"(상희구, 꼬방시다/대구.47)

할미집 명 할머니의 집. #"봄이 오기 전 **할미집**으로 돌아가던/너는 병든 얼굴에 힘써 웃음을 새겼으나/고동이 울고 바퀴 돌고 쥐었던 손을 놓고/서로 머리숙인 채/눈과 눈이 마주칠 복된 틈은 다시 없었다//"(이용악, 너는 피를 토하는 슬픈 동무였다)

함곡관 명 요동반도에서 북경을 가는 길목. 교통의 요지. 함곡관(函谷關). #"벌에 우는 새소리도 듣고 싶고 거문고도 한 곡조 뜯고 싶고/한 오천 말 남기고 **함곡관**도 넘어가고 싶고/기쁨이 마음에 뜨는 때는 희고 까만 씨를 앞니로 까서 잔나비가 되고/"(백석, 수박씨 호박씨)

함박조개 명 바다조개의 한가지. 조가비는 흰 바탕에 어지러운 검누런 꺼풀이 있다. #"크작게 파도치는/모랫벌엔/투명한 동화를 기억하는/**함박조개** 껍지들//"(이용악, 새벽 동해안)

함복 뷔 함빡. #"서리 빛을 **함복** 띠고/하늘 끝없이 푸른데서 왔다.//강바닥에 갈여 있다가/갈대꽃 하얀우를 스처서//장사의 큰 칼집에 숨여서는/귀향가는 손의 돋대도 불어주고//"(이육사, 서풍)

함빡 뷔 함뿍. #"불빛 노을 **함빡** 갈앉은 눈이라 노한 노한 눈들이라//"(이용악, 노한 눈들)

함뿍 뷔 함빡. #"내 그를 맞아 이 포도를 따 먹으면/두손은 **함뿍** 적셔도 좋으련//아이야 우리 식탁엔 은쟁반에/하이얀 모시수건을 마련해두렴//"(이육사, 청포도)

함지 명 나무로 네모지게 짜서 만든 그릇. 운두가 조금 깊으며 밑은 좁고 위는 넓다. #"섯달에 내빌날이드러서 비빌날 밤에 눈이오면 이밤엔 쌔하얀 할미귀신의 눈귀신도 내빌눈을 받노라 못난다는 말을 든든히녁이며 엄매와 아는 앙궁옿에 떡돌옿에 곱새담옿에 **함지**에 버치며 대냥푼을 놓고 치성이나 들이듯이 정한 마음으로 내빌 눈약 눈을 받는다./"(백석, 고야(古夜))

함초롬 형 함초롬하다. 가지런하고 곱다.

#"쪼그리고 앉은 한옆에 흰돌도/이마가 유달리 함초롬 곻아라.//"(정지용, 달)

함추름 형 함초롬. '함초롬하다'에서 나온 말. 가지런하고 곱다. 비에 젖어 모양이 가지런하고 차분해지다. #"흙에서 자란 내마음/파아란 하늘 빛이 그립어/함부로 쏜 활살을 찾으려/풀섶 이슬에 **함추름** 휘적시든 곳,//"(정지용, 鄕愁), #"그러나 당신의 열적은 오라범 하나가/먼데 갓가운데 가운데 불을 헤이며 헤이며/찬비에 **함추름** 휘적시고 왔오.//"(정지용, 엽서에 슨 글)

함폭 부 '함빡' 또는 '함뻑'과 같은 말이며 '꽉 차고도 남아 넘치도록 넉넉하게'라는 뜻을 지닌다. #"하늘이 **함폭** 나려 앉어/큰악한 암탉처럼 품고 있다.//"(정지용, 海峽)

함흡 명 하품, 하폄. #"마-장 구락부 간간은 **함흡**을 치고/'쎌딍'돌담에 꿈을 그리는 거지색기만/이 도시의 량심을 직하나부다//"(이육사, 실제)

합문 명 합문(闔門). 제사 절차 중 하나로 밥그릇의 뚜껑을 열고 젯메에 숟가락을 꽂은 다음 망자의 혼이 식사를 할 수 있도록 문을 닫거나 병풍을 치고 밖으로 나와 몇 분 정도 기다리는 것을 말한다. #맨 늙은 제관의 손에 정갈히 몸을 씻고 교의 우에 모신 신주 앞에 환한 촛불 밑에 피나무 소담한 제상 위에 떡 보탕 식혜 산적 나물 지짐 반봉 과일들을 공손하니 받들고 먼 후손들의 공경스러운 절과 잔을 굽어보고 또 애끓는 통곡과 축을 귀애하고 그리고 **합문** 뒤에는 흠향 오는 구신들과 호호히 접하는 것(백석, 합문)

합북 부 흠뻑. #"한낮은 햇발이/백공작 꼬리우에 **합북** 퍼지고//그넘에 비닭이 보리밧헤 두고온/사랑이 그립다고 근심스레 코고을며//"(이육사, 소공원)

핫옷 명 솜을 두어서 지은 옷. 솜을 넣어 겨울용으로 만든 옷이나 이불 등을 통칭하여 '핫것'이라고 한다. #"꽃 피기전 철아닌 눈에/**핫옷** 벗고 도로 칩고 싶어라.//"(정지용, 春雪)

항가새 명 국화과의 여러해살이풀. 높이는 50~100cm이며, 잎은 깃 모양으로 깊이 갈라지고 잎자루가 없다. 6~8월에 자주색 꽃이 피고 열매는 수과(瘦果)이며 잎은 식용한다. '엉겅퀴'의 방언형인 '항가새꽃'은 전국적으로 광범위한 지역에 분포하고 있음을 알 수 있다. '항가새'를 뜻하는 고어형을 '항것괴(『사성통해』)'와 '항것귀(『훈몽자회』)'에서 찾아 볼 수 있다. 『중정방약합편]』에서도 '항가식(大薊)'와 '조방가식(小薊)'라는 풀이름이 나타난다. 『만선식물자휘』에도 '大薊'(Centaurea monanthos, Georg.)를 '대계'라 부르며 '양홍화' 혹은 '항가새',

'엉겅퀴'라고 부르고 있다. 중세국어 형인 '항가새'가 '항가쿠', '항가꾸' 등으로 방언분화를 일으키다가 다시 '엉겅퀴'라는 이름으로 변모되는 과정을 확인할 수 있었다. #"어느 그린 이 있어 이같이 호젓이 살 수 있느니 **항가새꽃**/여기도 조으이 **항가새꽃** 되어 **항가새꽃**/생각으로 살기엔 여기도 좋으이/하세월 가도 하늘 건너는 먼 솔바람 소리도 내려오지 않는 빈/골짜기//"(유치환, 생명의 서, 항가새꽃)

항도 명 항도(港圖) 해도(海圖)에 해당되는 말로 시인의 조어인 듯하다. #"바다가 수건을 날려 부르고/난 단숨에 뛰여 달여서 왔겠죠//천금같이 무거운 엄마의 사랑을/헛된 **항도**에 역겨 보낸 날//그래도 어진 태양과 밤이면 뭇별들이/발아래 깃드려 오오."//(이육사, 산)

항라적삼 명 명주, 모시, 무명실 등으로 짠 저고리. 여름옷으로 적당함. #"백중날에는 새악시들이/생모시치마 천진푀치마의 물팩치기 껑추렁한 치마에/쇠주푀적삼 **항라적삼**의 자지고름이 기드렁한 적삼에/한끝나게 상나들이옷을 있는 대로 다 내입고/"(백석, 칠월 백중)

항쇄 명 죄인에게 씌우던 형틀의 칼. #"때론 너를 불러 꿈마다 눈덮인 내 섬속 영락으로/세운 집안에 머리 푼 알몸을 황금 **항쇄** 족쇄로 매여 두고//귀ㅅ밤에 우는 구슬과 사슬 끊는 소리 들으며 나는 일홈도/모를 꽃밭에 물을 뿌리며 머ㄴ다음 날을 빌었더니//"(이육사, 해후)

항약 명 악을 쓰며 대드는 것. 흔히 애들이나 젊은 여인의 행위를 두고 말할 때 쓴다. #"내가 엄매등에 업혀가서 상사말같이 **항약**에 야기를 쓰면 한창 피는 함박꽃을 밑가지채 꺾어주고 종대에 달린 제물배도 가지채 쪄주고 그리고 그 애끼는 게사니 알도 두 손에 쥐어주곤 하는데//"(백석, 넘언집 범 같은 노큰마니)

해거름 명 해가 질 때 쯤, 이때쯤이면 대개 사람의 그림자가 길어진다. #"앞집에는 밥 하민서/맨날 밥만 태우는/덩더꾸이 이집/작은 미느리//옆집에는/**해거름**만 되마/지 그렁지 붙잡아 볼라꼬/헛발질만 해 쌓는/덩더꾸이 칠복이 늠//한 집 건너 웃 집에는/맨날 헛타아다/총을 쏘아대 가주고/쥔 새는 놓치고 나는/새만 잡으로 댕기는/엉터리 포수/덩더꾸이 먹보영감//꽃 조코 물 조흔/우리 마실/덩더꿍!/덩더꿍!//덩더꾸이가 많은/우리 마실/덩더꿍!/덩더꿍!//"(상희구, 덩더꾸이/대구.42)

해까 명 바닷가. #"**해까**는 쓸쓸하고 밤은 어둡지//"(김소월, 바다까의밤)

해깝다 형 무게가 일반적이거나 기준이 되는 대상의 것보다 적다. 마음이 홀가분하고 경쾌하다. 무게나 마음이 홀가분하고 상쾌한 상태를 나타내는 '가볍다'의 경상방언형에는 '개급다, 개굽다, 개곱다, 개갑다. 개겁다, 기겁다. 개븝다, 해깝다, 해껍다' 등이 있다.[한국방언자료집 7-8 경상도편] #"아주 옛날겉이 어릴 때 장가를 가믄 해깝하이 사뭇 가매 타고 가지마는, 스물이 넘은 신랑은 무겁잖니껴? 그라이, 신랑 집에서 나서 가주고는, 빈 가매를 가마꾼이 지고, 신랑은 걸어가지. 색씨집 동네 입구에 다 가 가주곤 타니더."(김점호, 베도 숱한 베짜고)

해바른 형 양지바른. #"**해바른** 마당에는 꿀벌이 스무나문 통 있었다./"(백석, 함주시초)

해설피 형 해가 설핏할 때. 저물 녘. 해가 저물어 점차 어둑해질 때. #"넓은 벌 동쪽 끝으로/옛이야기 지줄대는 실개천이 회돌아 나가고,/얼룩백이 황소가/**해설피** 금빛 게으른 울음을 우는 곳//"(정지용, 향수)

해수 명 해수병. 기침하고 가래가 많이 끓는 병. #"갯바닥에 팽개쳐진 어지러운 철거민촌/천막을 들치면 **해수** 앓는 늙은 아내/극장을 돌며 과일 파는 다 큰 딸/일어나라 일어나라 들쑤셔대도/바람이 녹이기엔 절망이 너무 깊어//"(신경림, 바람)

해오래비 명 해오라기. #"사랑이 그립다고 근심스레 코고을며//**해오래비** 청춘을 물가에 흘여보냇다고/힌오리때만 분주히 밋기를차저/자무락질치는 소리 약간들이고//"(이육사, 소공원)

해오리 명 '해오라기'의 준말. #"하늘이 **해오리**의 꿈처럼 푸르러/한 점 구름이 오늘 바다에 떨어지련만/마음에 안개 자욱히 피어오른다/너는 해바라기처럼 웃지 않아도 좋다/배고프지 나의 사람아/엎디어라 어서 무릎을 엎디어라//"(이용악, 장마 개인 날)

해으름 명 해거름. #"우리는 공중에 모여드는 제비를보았다/채버들 덮힌섬에 저의소리를 들었다/우리는 여름의 질거움을 부러 돌아다볼 것도 없고/빛나는색살의 여름을 내어다볼 것도 없었다/다만 **해으름** 大地의 壯嚴 가운데/우리가 나란이서 걸어갈제 우리靈은 커어졌다//창옷입은 우리 하라배들이 지어낸결보면 그래도 하하 사람은 한편으로만 볼건아니야 그런데 이렇게 옷까지 벗은결보면 하지만 또누이가 눈물흘리며 벗겨준줄아나 백에 아흔이나 그게쉽지 딱한일 그애는 웬눈물이람 그애도 시를아는데 취한놈하고 총한사람하고는 딴나라말로 이야기한단말인가 그애는 새벽을사랑하고 나도 새벽을사랑하는데 하기야 새벽보다 해으름을 더사랑하지만 그애에게는 밝은빛의 앞장임으로써이고 내게는 해으름이 해으름임으로써이다.//"(박용철, 三剖曲), #"방안은 밤의고요 가득하고/적은 불ㅅ길속은 깜작 흔들린다/내맘속엔 그림자도 빛도없고/밤도 **해으름**도 새벽도 낮도없다//"(박용철, 의자에 앉어), #"모기때 가느란한 소리 설리 앵앵그리면/풀뜯는 황소는 게울리 꼬리를 치며/보랏빛 노을 은은이 끼여 고요한 들에/구슬픈꿈 아슴프라니 떠도는 여름**해으름**/찔레꽃 순한향기 스르시 지처오는/낵갈가 보드레한 풀밭에 누어/뽀얀하날에 기리 피여오르는/나의 애달픈 한숨이여//"(김현구, 풀우에 누어서)

해적이다 형 해우적거리다. 남길거리다. '해작이다'의 큰말. 자꾸 들추어 헤지는 모양. #"등불빗헤 거리는 **해적여라** 희미한 하느 편에//"(김소월, 합장), #"잔물은 바람에 **해적일** 때에//"(김소월, 개여울), #"꿈영의 봄 **해적임** 서름의 고향//"(김소월, 꿈), #"물쌀이 **해적해적** 품을 헤쳐요//"(김소월, 풀따기)

해적일 동 허우적거릴. #"파릇한 풀포기가/돋아나오고/잔물은 봄바람에 **해적일** 때에//"(김소월, 개여울)

해적해적 부 활갯짓을 하며 가볍게 자꾸 걷는 모양. #"흘러가는 시내의 물에 흘러서/내어던진 풀잎은 엷게 떠갈제/물살이 **해적해적** 품을 헤쳐요.//"(김소월, 풀따기)

해정하다 형 깨끗하고 맑다. #"해빛이 초롱불같이 희맑은데/**해정한** 모래부리 플랫폼에선/모두들 쩔쩔 끓는 구수한 귀이리차(茶)를 마신다//"(백석, 함남도안(咸南道安))

해조 명 '잘 조화 됨' 또는 '즐거운 가락'. 여기서는 '즐거운 가락'의 뜻. #"밤마다 야광충들의 고흔 불아래 모혀서 영화로운 잔체와 쉴새없는 **해조**에 따라 푸른 하늘을 꾀했다는 이얘기//왼 누리의 심장을 거기에 느껴보겠다고 모든 길과길들 피줄같이 얼클여서 역마다 느릅나무가 늘어서고//"(이육사, 서울)

해종일 명 하루 종일. #"통곡으로 쏟아버릴 인생도 내겐 없고/사는 날의 짜증인양 밀보리만 타는 날을/**해종일** 덕너머에서 울어예는 뻐꾸기//"(정완영, 首首片片 1 / 뻐꾸기)

해지다 형 해어지다. #"거제도 말없는 어부는 늙어 과시 장부더라/행객을 봐도 본숭만숭 구름을 봐도 본숭만숭/한평생 **해진** 바다의 그물코만 깁더라.//"(정완영, 거제도에 와서 / 老漁夫에게)

해채 명 하수구물. #"붓그러워라제입으로도거록하다자랑하는나의몸은/안흘수업는이괴롬을피하려이즈려/선웃음치고하품만 며**해채**속에서조을고잇다//"(이상화, 오늘의 노래)

해파란 형 파란빛이 짙은. '해파랗다'의

활용형. #"해파란 저달빛을/이몸에 비최과저/왼밤을 비최과저/오랜병에 여윈빰에/피어리어 싸늘한이몸에/핼슥한 저달빛을/옴시런이 비최과저//"(박용철, 무덤과 달)

햇가 명 바닷가. #"사랑은 달큼하지 쓰고도 맵지./**햇가**는 쓸쓸하고 밤은 어둡지./"(김소월, 바닷가의 밤)

햇뻐꾸기 명 그 해에 태어난 뻐꾸기. #"풀 수풀 깊은 골에 옛 마을은 말이 없고/내 남산 **햇 뻐꾸기** 혼자 울어 배고파라/하늘만 둥구나무에 물을 대고 있는데.//"(정완영, 고향에 와서 / 햇 뻐꾸기)

햇살받이 명 좋은 것을 함께 나누어가짐. #"그의 형제와/그의 사촌들을 더불고 있듯이/바람받이 잘하고/**햇살받이** 잘하며/어린 섬들이 의좋게 논다.//어떤 때는 구슬을 줍듯이 머리를 수그리고/어떤 때는 고개 재껴 티없이 웃는다.//"(박재삼, 섬을 보는 자리)

햇채 명 1. 시궁의 바닥. 또는 그 속. 2. 몹시 더럽거나 썩어 빠진 환경 또는 그런 처지를 비유적으로 이르는 말. 시궁창. 수채(下水溝). 金亨奎의 『한국방언연구』(1980, 서울대학교출판부, 23쪽)에서는 '수채(下水溝)' 항목에서도 '해채(hɛchɛ)(충남, 금산), (경남, 양산, 합천), 해추(hɛchu)(경북, 의성) '햇채'란 대구방언에서 '햇추', '힛추'와 같은 방언분화형이 있는데 이는 '더러운 개울 또는 시궁창물, 수채(下水溝)'이라는 뜻이다. '해체구딩이'라면 '더러운 물구덩이' 또는 '시궁창'이라는 뜻이다. 그런데도 <대구문인협회>에서는 '해채(海菜)'로 교열함으로써 엄청나게 시의 문맥을 다르게 해석하도록 오류를 범하고 있다. 주린 목숨을 움켜잡고 간도로 쫓겨가는 동포들의 아픔을 노래하는 대목으로 '진흙으로 밥을 해먹고 하수구물을 마시더라도'로 해석이 되어야 한다. #"자갈을밥으로, **햇채**를마서도/마구나, 가젓드면, 단잠은얽맬것을—/사람을만든검아, 하로일즉/차라로주린목숨빼서가거라!//"(가장悲痛한祈慾)

햇츩방석 명 햇칡방석. 그해에 새로 나온 칡덩굴을 엮어 만든 방석. #"노란 싸릿잎이 한불 깔린 토방에 **햇츩방석**을 깔고/나는 호박떡을 맛있게도 먹었다//"(백석, 여우난골족)

행결 부 한결. #"적은 창문을 가려 우거졌던 잎들이 모조리 지고 나니/겨울 햇빛이 **행결** 많이 비쳐 들건만/둥주리를 나드는 그의 초라한 양은 볼 수 없어/종일을 집안에서 쪼구리고 앉아만 있는지.//"(유치환, 겨울의 까치 둥주리를 보면 우리 어머님 생각이 나오)

행길 명 한 길. 큰 길. #"오늘도 **행길**을 동무들의 행렬이 지나는데/뒤이어 뒤를 이어 물결치는/어깨와 어깨에 및 및 찬란한데//"(이용악, 우리의 거리), # "살얼음이 언 냇물/행길 건너 술집/그날 밤에는 첫눈이 내렸다/교정에 깔리던 벽지의/좌절//"(신경림, 벽지), # "오라 어서 오라. 행길을 가도 훈훈한 바람결이 꼬옥/향긋한 네 살결 냄새가 나는구나.//"(유치환, 洛花)

향가새 명 예전에 '엉겅퀴'를 이르던 말. #"내가 단장을 이끌면 한 시간 이십분 길/단장이 날 이끌면 두 시간의 길이란다/잘 잤니! **향가새** 보고도 인사하는 내 산책 길//"(정완영, 冠岳山 詩 / 향가새 인사)

허거프다 형 허전하고 어이없다. #"**허거픈** 이 심사를 전해 볼까 할지라도//"(김소월, 생과돈과사)

허댈지라도 동 허둥댈지라도. '허대다'는 '허둥대다'의 의미. #"멀리 멀리 나는 네게로 날러가리라,/표범이 끄으는 바카스의 수레를 아니타고/보이지 않는 시의 날개에 실리어/비록 무딘 머리 길잃고 **허댈지라도**.//"(박용철, 나이팅게일의 詩)

허리께 명 허리춤 부근에. #"내게 와서는 무슨 원수가 졌다고/왜 이렇게 허리깨만/감고 돌며 쌀쌀하게 구는가.//내 장 쓰리고 아픈 곳/**허리께**를 쓰다듬어 주기는커녕/칼날을 세우고 와서는/난도질만 하누나.//"(박재삼, 바람을 받으며)

허벅허벅하다 형 씹히는 질감이 거의 없이 물컹물컹하다. #"풋사과가 달기로는/그 중에 유와이가 젤로 났고//고리땡은 오래 나아 둘수록/지푼 단맛이 있고//아사히는 물이 많은데 달지만/지푼 맛이 적고//B품으로 나온 오래된 낙과(落果)는/그 맛이 **허벅허벅하다**//"(상희구, 대구사과/대구.66)

허비다도 준 '허비다도'는 '허비-'와 '-다가도'와의 결합형이다. '허비-'는 '손으로 쥐어뜯다'라는 의미이다. 그 아래 '쥐어뜯다도'는 '쥐어뜯-'과 '-다가도'의 결합형이다. 경상도방언에서는 남을 헐뜯는 것을 '헤비뜯다'라고 한다. #"나를 반듯이 눕힌 널판을 **허비다도**/배와 두 다리에/징글스럽게 감긴 누더기를 쥐어뜯다도/밥/뛰어 뛰어 높은 재를 넘은 어린 사슴처럼/오솝소리 맥을 버리고/가벼이 볼을 만지는 야윈 손//"(이용악, 밤)

허뿌다 형 매우 허전하다. 텅 비어 있다. '허하다02(虛—)'의 방언(경남). #"망망한 대해에 오르면 인간사가 더 **허뿌고**/먼 수평 한 점 섬 만나면 환호라도 하고파서/손들어 聯陸의 情을 내가 잊지 못한다.//"(정완영, 聯陸의 情–紅島紀行詩抄에서)

허수롭다 동 허름하다. #"아아아 **허수롭다** 바로 사랑도/더욱여 **허수롭다** 살음은 말로./아 이봐 그만 일자 창이

희었다./슬픈 날은 도적같이 달려들었다.//”(김소월, 바닷가의 밤)

허수애비 명 허수아비. #“땀내 나는/고달픈 사색 그 복판에/소낙비 맞은 허수애비가 그리어졌다/모초리 수염을 꺼리는 **허수애비**여/주잖은 너의 귀에/풀피리 소리마저 멀어졌나봐//”(이용악, 고독)

허수하다 형 재능이 없는 사람이 관직을 맡음. 자기 생각을 버리고 다른 사람의 말을 들음. ‘허수히’는 ‘허수하다’의 부사형. #“한톨 겨자알도/**허수히** 않으시는 큰 뜻시여 굽어 보라./여기 한 아기 있어/四十度 가까운 열에 밤새도록 안타까이 쌔근대고/젊은 어버이들은 어쩔줄 어쩔줄을 모르오니.//”(유치환, 病兒)

허올 벗고 동 ‘앗다’의 피동형에 해당하는 방언. 구름이 바람에 흩어지는 것을 보고 마치 바람이 구름을 앗아가는 것처럼 묘사한다. #“白樺 흘흘/**허올 벗고**,/꽃 옆에 자고/이는 구름,//”(정지용, 비로봉)

허울하다 형 비어 있는 듯 허전하다. 여기서는 삽사리는 턱 수염이 드문드문 헙수룩한 모양을 그린다. #“삽사리 짖다 이내 **허울한** 나룻 도사리고//”(정지용, 삽사리)

허울한 형 허울하다. 비어 있는 듯 허전하다. #“외ㅅ가마귀 울며 나른 알로/**허울한** 돌기둥 넷이 스고,/이끼 흔적 푸르른데/黃昏이 붉게 물들다//”(정지용, 봄)

허재비 명 ‘허수아비’의 방언(강원, 경상, 평안). #“가을은 너무 무겁고 풍요도 오히려 답답네/목숨은 형벌이라기 애당초 갖지를 말았네/껄껄걸 활개를 떨치고 구름이나 날리네//”(정완영, 首首片片 2 / **허재비**)

허턱 부 『표준국어대사전』에서 ‘이렇다 할 이유나 근거가 없이 함부로’라는 의미의 북한어로 뜻풀이를 하고 있으나 경상방언형으로도 사용되는 예이다. #“산수유 망울지면 부연 끝 피어나고/한 세월 부처님도 산을 기대 조는 날은/때 묻어 살아온 길이 **허턱** 홍심 풀리네//”(정완영, 불국사 봄에 와서)

헐데느냐 동 헐떡대느냐, 헐떡거리느냐. #“내 정열 밖에 너들에 뺏길게 무었이료/가난한 귀향살이 손님은 파려하다//올때는 웨그리 호기롭게 올려와서/너들의 숨결이 밀수자 같이 **헐데느냐**//”(이육사, 해조사)

헐로 부 ‘홀로’의 오기인 듯. #“광명을 배반한 아득한 동굴에서/다 썩은 들보라 문허진 성재 위 너 **헐로** 도라단이는/가엽슨 빡쥐여! 어둠의 왕자여!/쥐는 너를 버리고 부자집 곳간으로 도망했고//”(이육사, 79)

험구진 형 험한. 험궂다. #“**험구진** 산막

지면/돌아서 가고,/모지른 바위이면/넘쳐 흐르랴.//"(김소월, 夜의 雨滴)

헛반데 부 헛곳에. 헛튼데. #"그래 그랬었다 그는/지푸라기 하나 **헛반데** 쓰지 못하게 했다/어쩌다 내가 밥퇴기 한 알 바닥에 떨치면 죽일 듯이 눈알을 부라렸다//"(김남주, 아버지)

헛타아다 부 엉뚱한 곳에다. #"앞집에는 밥 하민서/맨날 밥만 태우는/덩더꾸이 이집/작은 미느리//옆집에는/해거름만 되마/지 그렁지 붙잡아 볼라꼬/헛발질만 해 쌓는/덩더꾸이 칠복이 늠//한 집 건너 웃 집에는/맨날 **헛타아다**/총을 쏘아대 가주고/쥔 새는 놓치고 나는/새만 잡으로 댕기는/엉터리 포수/덩더꾸이 먹보영감//꽃 조코 물 조흔/우리 마실/덩더꿍!/덩더꿍!//덩더꾸이가 많은/우리 마실/덩더꿍!/덩더꿍!//"(상희구, 덩더꾸이/대구.42)

헛헛하다 형 허무하고 텅 빈 듯하다. #"滄茫한 水天에 진일을 郞郞히 할일없는 波浪을 굴르므로 **헛헛한** 欲情의 도리어 하늘 같이 부풀기만 함이여.//"(유치환, 格鬪)

헤내다 동 영혼을 불러내다. 밤중에 이상한 소리가 나면 할머니가 '애 헤내는 소리구나'라고 한다. 오하근(1995)은 '헤어나다', '헤치고 벗어나다'라고 뜻풀이를 하고 있는데 이는 잘못이다. #"그 누가 나를 **헤내는** 부르는 소리/불그스름한 언덕, 여기저기/돌무더기도 움직이며, 달빛에,/소리만 남은 노래 서러워 엉겨라,/옛 조상들의 기록을 묻어둔 그곳!//"(김소월, 무덤)

헤살지다 형 퍼져있다. #"우러러 하늘에는 구름이 **헤살졌고**/파고드는 설움에 고개가 무거워도/학의 목 좇는 꿈길은 외줄기 길 무지개//"(정완영, 해바라기)

헤어들다 형 헤저으며 들어오거나 스며들다. #"겨울이 다 갔다고 생각자/저 들창에/봄빛 다사로이 **헤어들게**//"(이용악, 너는 피를 토하는 슬픈 동무였다)

헤여나온 동 헤여 나오다. #"아 그런줄 알았거든 그러한줄 알았거든/머리들어라! 눈물에 싳긴얼굴/깊은물속 **헤여나온** 얼굴같이/엄숙하게 전에없든 빛나려니/내아이야 외롬참고 사는줄을 배호아라//"(박용철, 선녀의 노래)

헤여달고 동 켜 달고. '혀다'는 '(불을)켜다'의 고어. #"밤이면 무엇이 기왓골에 무릿돌을 던지고/뒤울안 배나무에 쩨듯하니 줄등을 **헤여달고**/부뚜막의 큰솥 적은솥을 모주리 뽑아놓고/재통에 간 사람의 목덜미를 그냥그냥 나려눌러선/잿다리 아래로 쳐박고//"(백석, 외갓집)

헤작이다 동 1. 무엇을 찾으려고 자꾸 들추거나 파서 헤치다. 2. 탐탁하지 아니한 태도로 무엇을 자꾸 께적거리며 헤치다. #"흰 구름 흘러가면 흰 구름을 건져먹고/풀이파리 **헤작이면** 풀잎 이슬 건져먹고/달뜨면 달빛이 꿈이래 달빛 이불 덮고 잔대//"(정완영, 버들붕어 두 마리는)

헷치다 형 헤쳐나다. "憂鬱을헷칠그날이 왓다!"에서 '헷칠'을 '헤쳐나다'의 의미로 해석해야 할 것이다. 그런데 <범우사>, <선영사>, <상아>, <미래사>, <청목사>, <문현>, <대구문인협회>에서 '해칠'로 교열하는 잘못을 범하였다. '해치-'로 해석하는 경우 '어떤 상태에 손상을 입혀 망가지게 하다'라는 의미로 해석하는 경우 시 문맥의 흐름이 자연스럽지 못하다. #"나의신령!/憂鬱을**헷칠**그날이 왓다!/나의목숨아!/發惡을해볼그때가 왓다.//"(이상화, 오늘의 노래)

현반 명 물건을 얹어 두기 위하여 까치발을 받쳐서 벽에 달아 놓은 긴 널빤지. 이에 대응되는 경북방언형에는 '선반, 전반, 잔반, 헨반, 현반, 실강, 실겅, 시루, 자반' 등이 있다.[한국방언자료집 7-8 경상도편] #"마느래 자리를 잡으러 댕기더니만 자기 가족들을 어데 자리를 잡아 놓고 나는 **현반**에 자라 그랬어. 요새 기차 **현반**엔 못 올라가지. 그 **현반**은 사람이 잘만 했어. 이사를 간다꼬 이불 한 보따리하고 또 내 옷 한 상자 옇은 것 있었는데 내 머리맡에 놓고 잤어."(성춘식, 이부자리 피이 놓고)

혈혈히 부 아주 작게. 의지할 곳이 없이 외롭게. #"새야 적은 새야./너는 또한 그 자리를 떠나면 **혈혈히** 어디메로 가서/푸른 그늘 우거진 곳에 앉아 이제 멈춘 노래,/한량없는 神의 은총과 평화와 광명의 사연을 다시 풀이하여 들릴게냐.//"(유치환, 새에게), #"단종 왕비는…**혈혈한** 단신이 이 세상을 떠나려 하시나 떠나실 수도 없고 버리려 하시나 버리실 자유조차 없었다.//"(박종화, 금삼의 피)

형적 명 사물의 형상과 자취를 아울러 이르는 말. 또는 남은 흔적. #"나는 두루 찾노라, 그곳에서!/**형적** 없는 노래 흘러퍼져,/그림자 가득한 언덕으로 여기 저기,/그 누구가 나를 헤내는 부르는 소리./부르는 소리, 부르는 소리,/내 넋을 잡아 끌어 헤내는 부르는 소리.//"(김소월, 무덤)

호개 명 '호개'는 '늑대'의 방언형으로 알려져 있다. 그런데 <남북방언검색시스템>에 '늑대'에 대한 북한지역의 분포형은 다음과 같은데 여기서 '호개'가 황해, 곡산, 신계에서 나타난다. '개승냉이 (평남)(영원)(평북)(자성, 후창), 말승량이(황해)(재령), 성양이(함남)(북청), 승내(함남)(북청), 승내이(평남)(개천, 덕천, 순천, 영원, 용강)(평북)(박천, 벽동, 영변, 용천, 운산, 철산)(함북)(경원, 길주, 학성, 온성, 종성, 회령, 경원), 승냥(함남)(정평), 승냥이(함남)(북청), 승내이(함남)(정평), 승앵(함북)(무산), 승양이(함북)(길주, 명천, 경성, 경원, 무산), 승앵(함북)(학성), 승얭이(함북)(학성, 명천, 청진, 경흥, 무산), 호개(황해)(곡산, 신계)' 등이다. 우리나라 북부지역에 늑대가 출몰했다는 증거가 없기 때문에 '호개'는 늑대가 아니라 '나이 먹은 늙은 호랑이'의 방언형이 '호까지'형과 같은 것이 아닌가 추정된다. #"바람소리도 **호개**도 인젠 무섭지 않다만/어두운 등불 밑 안개처럼 자욱한 시름을 달게 마시련다만/어디서 흉참한 기멸이 뛰어들 것만 같애/두터운 벽도 이웃도 못 미더운 북간도 술막//"(이용악, 전라도 가시내)

호끈히 㫮 '후끈히'이 작은 말. #"네 소리는 조금 썩심하니 쉬인 듯하다/네 소리에 내 마음을 반끗히 밝어오고 또 **호끈히** 더워오고 그리고 즐거워온다//"(백석, 촌에서 온 아이)

호루기 명 꼴뚜기의 경남 방언형. #"전복에 해삼에 도미 가재미의 생선이 좋고/파래에 아개미에 **호루기**의 젓갈이 좋고//"(백석, 통영 2)

호루기 젓갈 명 꼴뚜기 젓갈이나 살오징어 어린 것으로 만든 젓갈. 보통 몸통의 길이가 7~8cm 정도로 통째로 소금에 절이면 호루기젓이 된다. 호루기젓갈은 보리밥과 함께 먹기에 아주 좋다고 한다. #"전복에 해삼에 도미 가재미의 생선이 좋고/파래에 아개미에 **호루기의 젓갈**이 좋고//"(백석, 통영 2)

호리만치 㫮 조금이라도. #"나를 하염없이 눈물나게 하는, 풀잎 촉트는 것, 햇병아리 뜰에 노는 것, 아지랑이 하늘 오르는 그런 것들은 **호리만치**라도 저승을 생각하랴. 그리고 이들과 가장 가까운 곳에서 아주 이들을 눈물나게 사랑하는 나를 문득 저승에 보내 버려야 하랴.//"(박재삼, 천지무획(天地無劃))

호무래이 명 곡선으로 휘어진 길. #"초지역이 이역할 때 쭘 해서 질을 나서는데, 안티골 새이집은 건너 지실마을 끝타아, 막은안창집 옆푸라다 배꺹마당을 가로질러, **호무래이**로 돌아서 야산을 올라가마, 방고개 만데이 지나서 쪼만한 산삐얄 못미쳐 비탈, 위진 곳에 살찌이맹쿠로 숨었는기라//"(상희구, 새이(喪輿)집/대구.27)

호무래이 명 모퉁이. #"보이소, 달성공원쪽으로 갈라카마 어데로 가마 대능교/요 쪽으로 패내기 가서 시머리 다리를 찾어소,/거라고 거게서 새로 물어보소//보소, 북문시장으로 갈라카마 어데로 가마 대능교/저 쪽 **호무래이**를 돌아, 패내기 가서 시머리 다리를/찾어소, 거라고 거게서 또 물어보소//시 머리 다리 밑,/맑은 개천에서/여인네들 곧잘 머리 감곤 하던//"(상희구, 시머리 다리(新川橋)/대구.18)

호박떼기 명 말타기와 비슷한 놀이. 아이들이 차례로 앞에 있는 아이의 허리를 잡고 한 줄로 늘어앉아서 하는 놀이. 한 아이가 호박 따러온다고 하며 아이들이 앉은 자리 앞에 와서 "이 강이 얼마나 깊어요?"하고 물으면 "명주고리 하나 잠길 만큼 깊어요."하고 말을 주고받는다. #"밤이 깊어가는 집안엔 엄매는 엄매들끼리 아릇간에서들 웃고 이야기하고 아이들은 아이들끼리 웃간 한 방을 잡고 조아질하고 쌈방이 굴리고 바리깨돌림하고 **호박떼기**하고 제비손이 구손이하고//"(백석, 여우난골족)

호북히 부 흠뻑. 전라방언으로 '호복이, 호복허니'로 쓰임. #"아름다움만이 「비듥이발목」이야 붉히든마든 봄비만이 명주고름을 **호북히** 적시나니/나의 사랑은 가는그림자 첫줄과 열둣재줄 어울려나는소리/나의 질김은 하이얀 저손 나리꼿한송이/어루만짐으로 미묘한 감정을 말슴하는 손이여//"(박용철, 三剖曲)

호수운 형 재미있는. '호숩다'는 '재미있다'의 의미. 중부 지역 방언에서는 '호삽다'도 함께 쓰인다. (그네 타거나 무등 태울 때처럼) 긴장되고 짜릿하다. #"地球우로 기여가는 것이/이다지도 **호수운** 것이냐!//"(정지용, 다시海峽)

호수울까 형 재미있을까. '호숩다'의 활용형. #"정말 우리는 빨아 대리는수도 없이 되었습니다/한번 진흙이 튀기거나 기계기름이 묻고 보면/아모도리도 없소이다/아이 설은일입네다/푸새 다드미도 길이없고/졸졸 흐르는 물에 정궈 헤우는수도 없다면/空中分解로 헐갈려 떨어지는 비행기는 얼마나 **호수울까**/걱구로 매달려 바람에 펄렁거리는 빨래만해도/한끗 부럽소이다/우리 어머니들의 방방이소리는/골ㅅ작마다 들리는데//"(박용철, 사티-르)

호숩어질랴니 형 재미있어지려니. '호숩다. 호수워지다'로 사용. 중부지역 방언에서는 '호삽다'도 함께 쓰인다. (그네 타거나 무등 태울 때처럼) 높은 곳에서 무엇을 탈 때 긴장되고 짜릿하게 느껴지다. #"갑자기 **호숩어질랴니**/마음 조일 밖에.//"(정지용, 폭포)

호시뺑빼이 명 '아주 호사스럽게' 라는 뜻의 대구 방언, 뱅뱅 돈다는 말을 대구지방에서는 '뺑빼이 돈다' 라고 하는데 호시는 호사(豪奢)에서 나왔으니 요즘도 시골에서는 부모님의 칠순이나 팔순잔치에서 자식들이 부모님을 등에 업고 방안을 몇 번씩이나 뱅뱅 돌면서 축하하는 모습을 볼 수가 있는데 이런 것들에서 아주 극히 호사스러운 것을 '호시뺑빼이'라고 하지 않았을까. #"이 전장 저 전장 난리판에/사나 있는 저 이핀네는/**호시뺑빼이**로 살겠구마는//이핀네 주거뿐 지 석삼 월 만에/처녀장개 든 저 사나는/호시뺑빼이로 살겠구마는//누부야 많은 저 머시마는/업어 줄 누부야들 많아서/호시뺑빼이로 살겠구마는//"(상희구, 호시뺑빼이/대구.26)

호장저고리 명 회장으로 꾸민 여자 저고리. 반회장저고리와 삼회장저고리가 있다. #"풀섶아래 꿈구는 옹달샘/화류장농 안쪽에 **호장저고리**/새색씨 속눈썹에 어리는 이슬//"(박목월, 구황룡)

호주군하다 형 후즐근하다. #"한줌만 가는다란 좋은 허리는/품안에 차츰차츰 졸아들 때는/지새는 겨울 새벽 춥게 든 잠이/어렴풋 깨일 때다 둘도 다 같이/사랑의 말로 못할 깊은 불안에/또 한끝 **호주군한** 엷은 몽상에.//"(김소월, 바닷가의 밤)

호주를 하니 구 물기에 촉촉이 젖어 몸이 후줄근하게 되어. #"그러다는 백중 물을 내는 소내기를 함뿍 맞고/**호주를 하니** 젖어서 달아나는데/이번에는 꿈에도 못 잊는 봉갓집에 가는 것이다//"(백석, 칠월 백중)

혼지라도 구 혼자라도. #"**혼지라도** 가쁘게나 가자/마른 논을 안고 도는 착한 도랑이/젖먹이 달래는 노래를 하고 제 혼자 어깨춤만 추고 가네.//나비 제비야 깝치지마라/맨드램이 들마꽃에도 인사를해야지/아주까리 기름을 바른이가 지심매든 그들이라 다보고 싶다.//"(이상화, 빼앗긴들에도 봄은 오는가)

홀목숨 명 홀로의 목숨. #"눈들이 비단 안개에 둘리울 때,/그때는 **홀목숨**은 못살 때러라./눈 풀리는 가지에 당치마 귀로/젊은 계집 목매고 달릴 때러라.//"(김소월, 비단 안개)

홀하다 형 행동이 거칠고 가볍다. #"야밤에 안식하시옵니까./내가 홀로 속에ㅅ소리로 그대의 기거를 문의할 삼어도 어찌 **홀한** 말로 붙일법도 한 일이오니까.//"(정지용, 슬픈 偶像)

홈싹홈싹 부 속 깊이까지. #"**홈싹홈싹** 숨치우는 보드라운 모래 바닥과 같은 긴 길이, 항상 외롭고 힘없는 저의 발길을 그리운 당신한테로 인도하여 주겠지요.//"(김소월, 꿈자리)

홈추리젖은 구 흠뻑 젖은. #"비가 조록조록 세염없이 나려와서…/쉬일줄도 모르고 일도없이 나려와서…/나무를 지붕을 고만이세워놓고 축여준다…/올라가는 기차소리도 가즉이 들리나니…/비에 **홈추리젖은** 기차모양은 애처롭겠지…/내마음에서도 심상치 않은놈이 흔들려 나온다…//"(박용철, 비)

홍게닭 명 '새벽닭'의 평북 방언. #"**화디**의 사기방등에 심지를 몇 번이나 돋우고 **홍게닭**이 몇 번이나 울어서 졸음이 오면 아릇목싸움 자리싸움을 하며 히드득거리다 잠이 든다//"(백석, 여우난골족)

홍공당 댕기 명 붉은 공단으로 만든 댕기. #"갓 한 닢 쓰고 건시 한 접 사고 **홍공당 댕기** 한 감 끊고 술 한병 받아들고//"(백석, 통영)

홍작 명 홍방울새. #"거기서는 내마음도 얼마쯤 갈앉으리,/안개어린 아침에서 평화는 흘러나려,/귓도리 우는게로 가만이 흘러나려,/밤ㅅ중에도 환한기운 한낮 에 타는자주,/해으름은 **홍작**의 나래소리.//"(박용철, 이니스ᄯᅳ리)

화경 명 그림을 그린 듯 경치가 아름답고 맑은 곳. #"보람에 지친 꽃이여 다 못타는 기다림이여/**화경**같은 눈동자 감을 길 바이없어/샛노란 그리움만이 헛되이도 늙누나.//"(정완영, 해바라기)

화디 명 등경(燈檠). 등경걸이. 나무나 놋쇠 같은 것으로 촛대 비슷하게 만든 등잔을 얹어놓은 기구. '등잔걸이'의 평북 방언. #"**화디**의 사기방등에 심지를 몇 번이나 돋우고 홍게닭이 몇 번이나 울어서 졸음이 오면 아릇목싸움 자리싸움을 하며 히드득거리다 잠이 든다//"(백석, 여우난골족)

화라지 명 '나무의 곁가지가 길게 가로로 뻗은 것'을 말한다. #"심곡 핀 **화라지** 늘어져/외풍 내풍 오락가락 구오(驅烏)하니/"

화라지송침 명 소나무 옆가지를 쳐서 칡덩굴이나 새끼줄로 묶어 땔감으로 장만한 다발. #"**화라지송침**이 단채로 들어간다는 아궁지/이 험상궂은 아궁지도 조앙님은 무서운가 보다//"(백석, 고사(古寺))

화륜선 명 이전에 기선(汽船)을 이르던 말. #"**화륜선** 만져보려 선창 갔다//"(백석, 통영)

화리서리 명 마음 놓고 팔과 다리를 휘젓듯이 흔들면서. 마음 놓고 걸어가는 모습을 나타낸 말. #"밭 마당귀 연자간 앞을 지나가는데 연자간에는 또 연자당귀신/나는 고만 질겁을 하여 큰 행길로 나서서/마음을 놓고 **화리서리** 걸어가다 보니//"(백석, 마을은 맨천귀신이 돼서)

화미하다 형 화려하다. #"짐짓 그의 등 뒤에 심지를 불끈 도두고/**화미(華美)**한 여심(女心)을 산 너머로 훔쳐보는 태양의 연정(戀情)을 나는 동정해도 좋다//"(백석, 설의(雪衣))

화판 명 꽃잎귀ㅅ밤. 귀빰. '귀빰'은 빰의 귀 쪽 부분. #"귀ㅅ밤에 우는 구슬과 사슬 끊는 소리 들으며 나는 일홈도/모를 꽃밭에 물을 뿌리며 머ㄴ 다음 날을 빌었더니//꽃들이 피면 향기에 취한 나는 잠든 틈을 타 너는 온갖/화판을 따서 날개를 붙이고 그만 어데로 날러 갔더냐//"(이육사, 해후)

활처럼 휘여다 부친 밤한울이나 구 밤하늘의 둥긋한 모습을 형용한 말. #"이 집 문ㅅ고리나, 집붕이나,/늙으신 아버지의 착하되 착한 수염이나,/**활처럼 휘여다 부친 밤한울이나**,//"(정지용, 녯니약이 구절)

홧홧하다 형 홧홧. 달듯이 뜨겁다. #"춘삼월 **홧홧하던** 허물어진 화초들은/차라리 벗어버린 청춘의 의상일레./너 홀로 돌고 돌아서 온 여름을 지켜라.//"(정완영, 해바라기)

황화장사 명 황아장수. 집집을 찾아다니며 끈목, 담배쌈지, 바늘, 실 따위의 자질구레한 일용잡화를 파는 사람. #"집집이 아이만한 피도 안 간 대구를 말리는 곳/**황화장사** 영감이 일본말도 잘도 하는 곳/처녀들이 모두 어장주(어장주)한테 시집을 가고 싶어한다는 곳//"(백석, 통영 2)

홰냥닭 명 홰에 올라앉은 닭. #"**홰냥닭**은 알을 낳고 소리 치고/강아지는 겨를 먹고 오줌을 싸고//"(백석, 연자간)

홰즛하다 형 어둑하니 호젓한 느낌이 들다. #"닭이 두 홰나 울었는데/안방 큰방은 **홰즛하니** 당등을 하고/인간들은 모두 웅성웅성 깨여 있어서들/오가리며 섯박디를 썰고/생강에 파에 청각에 마눌을 다지고//"(백석, 추야일경(秋夜一景))

횃 명 새장이나 닭장 속에 새나 닭이 올라앉게 가로질러놓은 나무막대. #"만호보다 노란눈깔은 유전을 원망한들 무엇하랴/서러운 주문일사 못외일 고민의 잇빨을 갈며/종족과 **횃**을 일허도 갈곳조차 업는/가엽슨 빡쥐여! 영원한 '보헤미안'의 넉시여!//"(이육사, 80)

회동그란히 형 희동그랗다. '휘둥그라지다'(휘둘리어 동그라지다)의 뜻. #"**회동그란히** 바쳐 들었다!/地球는 蓮닢인 양 옴으라들고…펴고…//"(정지용, 바다2)

회파람 명 휘파람. #"새새끼 와도 언어수작을 능히 할가 싶어라./날카롭고도 보드라운 마음씨가 파다거리여./새새끼와 내가 하는 에스페란토는 **회파람**이라./새새끼야, 한종일 날어가지 말고 울어나 다오,/오늘 아침에는 나이 어린 코끼리처럼 외로워라.//"(정지용, 이른 봄 아침)

회한 명 뉘우침. 마음속에서 일어나는 후회. #"장토의 큰칼집에 숨여서는//귀향가는 손의 돋대도 불어주고//**회한**을 사시나무 잎처럼 흔드는/네오면 부길할것같어 좋와라//"(이육사, 서풍)

회호리바람 명 회오리바람. #"애국심이란 무엇이냐?…/나도 잘은 모른다/그것은 한해ㅅ동안 한날ㅅ동안/또는 한달ㅅ동안 잠자고있는 무엇,/가만이 소리없이 수명있는 무엇,/그러다가 문득

/종용한 가슴을 파도같이,/종용한 정신을 마술같이,/종용한 뜻을/**회호리바람** 같이 붙잡는것,//"(박용철, 愛國心)

후살이 명 남의 집에 소실로 들어가 삶. #"근일에 와서는 **후살이** 간다 하여라//"(김소월, 후살이)

후젓하다 형 무서운 느낌이 들 정도로 적적하고 고요하다. #"무엇에 **후젓허든** 맘 못뇌히길래 그리 짖었더라니//"(정지용, 삽사리)

후조이다 형 강하게 죄이다. 강하게 뒤쫓기다. #"차라리 **후조이더면** 하늘 밟아 가는 길에/억새풀 삭풍의 땅도 누려 福地 아니랴만/放賣家 서글프고나 사는 날이 섧구나.//"(정완영, 賣巢記)

후지레하다 형 낡고 깨끗하지 않다. #"벚꽃이 활짝 핀 공장 담벽 안/**후지레한** 초록색 작업복에 감겨/꿈 대신 분노의 눈물을 삼킬 때//"(신경림, 나는 부끄러웠다 어린 누이야)

후취감 명 후취로 삼을 만한 인물. #"그 날밤에사 山蔘이 담속 불거진 가슴팍이에 앙징스럽게 **后娶감**어리처럼 唐紅치마를 두르고 안기는 꿈을 꾸고 났다//"(정지용, 盜掘)

후치 명 훌칭이. '극제이, 극젱이'의 방언. 땅을 가는 데 쓰는 농기구. 쟁기와 비슷하나 쟁깃술이 곧게 내려가고 보습 끝이 무디다. 쟁기와 비슷하나 보습 끝이 무디고 술이 곧게 내려감. 쟁기로 갈아놓은 논밭에 골을 타거나 흙이 얕은 논밭을 가는 데 씀. #"대들보 위에 베틀도 채일도 토리개도 모도들 편안하니/구석구석 **후치**도 보십도 소시랑도 모도들 편안하니//"(백석, 연자간)

훸지고 동 훸지다. 분명하고 뚜렷하다. 『백록담』에 수록된 시 「장수산2」, 「별」에서는 '똑고르고 이지러짐이 없다'는 뜻으로 쓰였다. 정지용이 '훸지다'와 '휙지다'를 각기 사용하고 있는데 서로 다른 말이기보다는 '훸지다'의 방언으로서 표기가 달라졌다고 본다. 여기서는 똑고르고 실하게 자란 미역을 뜻하는 것으로 본다. #"흰 구름/피여 오르오,/내음새 조흔 바람/하나 찻소,/미역이 **훸지고**//"(정지용, 바다 2), #"별도 포기 포기 솟았기에/그 중 하나는 더 **훸지고**//"(정지용, 별)

휘두르고 동 '휘감고'의 경북방언형. #"세월에 불타고 우뚝 남아서서/차라리 봄도 꽃피진 말아라//낡은 거미집 **휘두르고**/끝없는 꿈길에 혼자 설내이는/마음은 아예 뉘우침 아니라//"(이육사, 교목)

휘떨다 동 휘감겨 떨다. #"내 몸을 에워싸고 **휘떨며** 찔너라//"(김소월, 여수)

휘뚝 부 휘청. 파도에 배가 기우뚱거리자 마치 거울이 쓰러지듯 휘뚝 바다의 수면이 눈에 비친다. #"海峽이 물

거울 쓰러지듯 **휘뚝** 하였다./海峽은 업지러지지 않었다.//"(정지용, 다시 海峽)

휘젓하다 형 호젓하다. 휘젓한. 때나 곳이 후미져 아주 고요하다. 외롭고 쓸쓸하다. '휘젓한'은 '호젓한'의 안동 방언형이다. #"행랑뒤골목 **휘젓한** 상술집엔/팔러온 냉해지처녀를 둘너싸고/대학생의 지질숙한 눈초리가/사상선도의 염탐밋헤 떨고만잇다//바람은 밤을 집어 삼키고/아득한 까스속을 흘너서가니/거리의 주인공인 해태의 눈깔은/언제나 말가케 푸르러오노//"(이육사, 失題)

휘휘롭다 형 호젓하고 외롭다. #"여덟 구멍 피리며 앉으랑 꽃병/동그란 밥상이며 상을 덮은 흰 보재기/아내가 남기고 간 모든 것이 그냥 그대로/한때의 빛을 머금어 차라리 **휘휘로운데**/새벽마다 뉘우치며 깨는 것이 때론 외로워/술도 아닌 차도 아닌/뜨거운 백탕을 훌훌 마시며 차마 어질게 살아보리//"(이용악, 길)

획진 형 획(劃)지다. 똑고르고 분명하며 이지러짐이 없다. '획진 시울'이란 '뚜렷하게 드러나 있는 하얀 눈의 능선'을 말한다. 방언에서 '획', '휙', '훽'이 제대로 분별되지 않음을 주목할 것. #"온산중 나려 앉는 **획진** 시울들이 다치지 안히! 나도 내더져 앉다//"(정지용, 長壽山 2)

휩새다 형 휩싸이다. #"불상한 속에서 네가 태어나/불상한 한숨에 **휩새고** 말것/어미아비 두가슴에 못이 박킨다.//"(이상화, 哭子詞)

흉참하다 형 비참하고 흉하다. #"바람소리도 호개도 인젠 무섭지 않다만/어두운 등불 밑 안개처럼 자욱한 시름을 달게 마시련다만/어디서 **흉참한** 기별이 뛰어들 것만 같애/두터운 벽도 이웃도 못 미더운 북간도 술막//"(이용악, 전라도 가시내)

흐늑이다 형 흐느적거리다. #"이저버린 記憶이 떠돔과갓치/沈鬱— 朦朧한/「칸빠스」 우헤셔 **흐늑이다**.//"(이상화, 單調)

흐늙이는 형 흐느적이다. 불빛이 포장도로에 가늘게 비치면서 가볍게 흔들리는 모양. #"밤비는 뱀눈처럼 가는데/페이브멘트에 **흐늙이는** 불빛/카떼·뜨란스에 가쟈.//"(정지용, 카떼·뜨란스)

흐득이다 형 흐느끼다. #"나의 가슴의 속모를 곳의/어둡고 밝은 그 속에서도/붉은 전등이 **흐득여** 웁니다./푸른 전등이 흐득여 웁니다.//"(김소월, 서울밤)

흔연히 부 기쁘거나 반가워 기분이 좋다. #"하늘 따 다 열렸네 죄마저도 어여쁘네/세상살이 쓰고 단맛도 뻐꾹 뻐꾹 다 폈는데/**흔연히** 초록에 앉아 백로인양 느껴웁네.//"(정완영, 首首片片 3 / 2. 오월)

흘긴 동 '흘기다'는 눈동자를 옆으로 굴

리어 못마땅하게 노려보다는 뜻. #"분명 라이풀선을 튕겨서 올나/그냥 화화처름 사라서 곱고//오랜 나달 연초에 끄스른/얼골을 가리면 슬픈 공작선//거츠는 해협마다 **흘긴** 눈초리/항상 요충지대를 노려가다//"(이육사, 광인의 태양)

흘씨다 동 흘기다. #"한울을 우럴어/울기는 하여도/한울이 그리워 울음이 아니다/두발을 못뻣는 이짱이 애닯어/한울을 **흘씨니**/울음이 터진다./해야 웃지마라/달도 쓰지마라//"(이상화, 慟哭)

흙꽃 명 흙먼지. #"**흙꽃** 니는 이른 봄의 무연한 벌을 경편철도(경편철로)가 노새의 맘을 먹고 지나간다//"(백석, 광원(曠原))

홋짐 명 홀로 되거나 의지할 곳이 없어 쓸쓸해짐. 이상규는 『문학과 방언』, 『경북방언사전』에서 '아!자추도업시/나를 쪄안는/이밤의 홋짐이 설어워라.'를 '아! 자취도 없이/나를 껴안는/이 밤의 흩어짐이 서러워라'로 해석하는 것이 무난한 것 같다고 밝히고 있다. 곧 '홑(單)-+-지-+ㅁ(명사화 접사)'의 구성으로 파악하고 있다. 또한 이상화가 1925년 1월호 『신여성』 18호에 '斷腸'이라는 번역 소설의 역자의 말에도 '그의 홋진사리는 갑절 더 외롭게 되려…'에서 '홋지-'형이 나타난다. 따라서 이상규는 '홋짐'을 '홑짐' 곧 '단출하고 외로움'이라는 의미로도 해석하고 있다. #"벙어리 입설로/떠도는 침묵은/추억의 녹긴 窓을 죽일 숨쉬며/엿보아라//아!자추도 업시/나를 쪄안는/이밤의 **홋짐**이 설어워라.//비오는밤/까라안즌 靈魂이/죽은듯 고요도하여라//"(이상화, 單調)

홋치자 동 흩뿌리자. #"렴리한 사람들을 다스리는 신이란 항상 거룩합시니/새별을 차저가는 이민들의 그틈엔 안끼며갈테니/새로운 지구에단 죄없는 노래를 진주처럼 **홋치자**//"(이육사, 한개의 별을 노래하자)

홋하다 형 홋홋하다. 홋지다. 딸린 사람이 없이 홀가분하다. #"透明한 魚族이 行列하는 位置에/**홋하게** 차지한 나의 자리여!//"(정지용, 海峽)

흥안령 명 흥안령(興安嶺). 중국 동북지방 흑룡강성(黑龍江省) 유역에 있는 산맥. 중국 동북지방의 대흥안령과 소흥안령을 아울러 일컬음. #"부여(扶餘)를 숙신(肅愼)을 발해(勃海)를 여진(女眞)을 요(遼)를 금(金)을/**흥안령**(興安嶺)을 음산(陰山)을 아무우르를 숭가리를/범과 사슴과 너구리를 배반하고/송어와 메기와 개구리를 속이고 나는 떠났다//"(백석, 북방에서)

흩쳐 논 지가 명 뿌려 놓은 지가. #"아이고 자잘궂에라!/작년에 냉기논 쑥갓씨로 삽짝가새/다문다문 **흩쳐논 지가**

한 달포는 됐시꺄, 엊지역에 깨굼발 비가 살째기/니리는 거 겉디마는 그 단새 좁쌀네끼/겉은 포란 새싹이 빼쭘하이 돋았구마는//"(상희구, 춘삼월(春三月)/대구.7)

희살짓다 형 남이 잘 못되도록 방해하거나 훼방하는 짓, 또는 장난기 있게 흩어놓는 것. #"쫓겨하는 마음인들 무어 다를거냐/돌아다보는 구름에는 바람이 **희살짓는다**/앞대일 어덕인들 마련이나 있을거냐//"(박용철, 떠나가는 배)

희안케 형 별스럽게. 보기 힘들게. #"잘못되어 눈감은 심봉살까./**희안케** 눈뜨고 딸 만나고 영화한 것 본받아서/잘못 미친 사람들도 맑은 기운을 맑은 기운으로/바로 받게 할 날이 없을까몰라.//"(박재삼, 무제)

희학하다 형 실없는 말로 농지거리를 하다. 또는 그 농지거리. #"病든 짐승처럼 憂患의 아리는 날/어디에도 갈데없어/마당가에 나와 앉았노라면/聖푸란시스와 비둘기 아닌 참새/곁에 내려 와 나를 **희학하여** 깡똥거린다.//"(유치환, 참새)

흰돌바기 고부랑길 구 흰 돌이 박혀 있는 고부랑길. #"물푸레 동백 떡갈나무속에서 나는 길을 잘못 들었다가 다시 측넌출 긔여간 **흰돌바기 고부랑길**로 나섰다.//"(정지용, 백록담)

흰시울 명 '시울'이라는 말은 두 가지의 의미가 있다. 첫째는 '눈시울' 등과 같은 말에서 볼 수 있듯이 '가장자리'를 의미한다. '흰 시울 알에 흰 시울이'라는 표현은 눈이 내려 쌓여 생긴 능선 위에 다시 또 눈이 덮여서 새로운 하얀 능선을 이루는 것을 말한다. #"피락 마락하는 해ㅅ살에 눈우에 눈이 가리어 앉다 **흰시울** 알에 흰시울이 눌리워 숨쉬는다//"(정지용, 長壽山 2)

힐끔한 형 힐끔하다. #"얼굴 **힐끔한** 길손이어,/지금 막, 지는 해도 그림자조차/그대의 무거운 발 아래로/여지도 없이 스러지고 마는데//"(김소월, 길손)

히근하다 형 희뿌옇다. #"초롱이 **히근하니** 물지게꾼이 우물로 가며/별 사이에 바라보는 그믐달은 눈물이 어리었다//"(백석, 미명계(未明界))

히더 부 식물 이름. #"양을 부르소 山으로 부르소,/**히더** 자란데로 양을 부르소,/시내ㅅ둑으로 양을 부르소/내엡븐 내사랑아.//"(박용철, 羊을 부르소)

히물쩍 부 씰룩거리는 모양. '히물거리다'는 '씰룩거리다'의 평북 방언이다. #집에는 언제나 센개 같은 게사니가 벽작궁 고아내고 말 같은 개들이 떠들석 짖어대고 그리고 소거름/내음새 구수한 속에 엇송아지 **히물쩍** 너들씨는데//(백석, 넘언집 범 같은 노큰마니)

힌말 명 흰말의 오식. #"흣트러진 갈기/후주군한 눈/밤송이 가튼 털/오!먼길에 지친말/채죽에 지친 말이여!//수굿한 목통/축 처진 꼬리/서리에 번적이는 네굽/오! 구름을 헷치려는 말/새해에 소리칠 **힌말이여!//"**(이육사, 말)

찾아보기

ㄴ

ㄷ

ㄹ

ㅁ

ㅂ

ㅅ

ㅈ

ㅋ

ㅌ

ㅍ

ㅎ

저자 소개

이 상 규

경북대학교 국어국문학과 교수로 재직 중이며 한국어의 지역적 분포 조사 사업의 사업 초대 추진 위원장을 맡았고, 제7대 국립국어원장을 역임하였다. 주요 수상 경력으로는 대통령 표창, 외솔 학술문화상, 봉암학술상, 일석학술장려상, 이슈투데이베스트칼럼상 등이 있으며, 『경북방언사전』, 『방언의 미학』, 『둥지 밖의 언어』, 『한글고문서연구』, 『여진어와 문자』 등의 대표 저서가 있다. 또한 1978년 현대시학 시인 천료, 『거대한 집을 나서며』 등 4권의 시집을 상재하였고, 소설 『포산들꽃』을 간행하였다.

홍 기 옥

경북대학교 외래교수로 있으며, 한민족언어정보화 사업의 문학방언 분과, 문학작품 어휘조사를 위한 기초연구 사업, 민족 생활어 조사 사업, 경북지역 내방가사 조사・정리 및 DB 구축 사업의 연구원으로 활동하였다. 『세시풍속・짚생활어・민속놀이・소목장』, 「바다 생물어 명명 기반 연구」, 「임신・출산 관련 어휘 연구」, 「조개류 생물어의 어휘 분화 양상 연구」, 「경남 남해군 어촌지역 생활어휘 연구」 등의 대표 저서, 논문이 있다.

시어 방언 사전

초판 인쇄 2015년 12월 18일
초판 발행 2015년 12월 28일

지은이 이상규 홍기옥
펴낸이 이대현
편 집 이소희
디자인 이홍주
펴낸곳 도서출판 역락
서울 서초구 동광로46길 6-6 문창빌딩 2층
전화 02-3409-2058(영업부), 2060(편집부)
팩시밀리 02-3409-2059
이메일 youkrack@hanmail.net
등록 1999년 4월 19일 제303-2002-000014호

ISBN 979-11-5686-268-0 91710
정 가 32,000원

* 파본은 구입처에서 교환해 드립니다.

이 도서의 국립중앙도서관 출판시도서목록(CIP)은 서지정보유통지원시스템 홈페이지(http://seoji.nl.go.kr)와 국가자료공동목록시스템(http://www.nl.go.kr/kolisnet)에서 이용하실 수 있습니다.(CIP제어번호 : CIP2015034277)